인간관계를
발 명 한
남 자

SELF HELP MESSIAH by Steven Watts
Copyright ⓒ 2013 by Steven Watts
Korean translation rights arranged with the author in care of Other Press, U.S.A. through Danny Hong Agency, Korea.
Korean translation copyright ⓒ 2014 by a tempo, an imprint of Munhakdongne Publishing Group.

이 책의 한국어 판 저작권은 대니홍 에이전시를 통한 저작권사와의 독점 계약으로 ㈜문학동네, 아템포에 있습니다.
신저작권법에 의해 한국 내에서 보호를 받는 저작물이므로 무단전재와 복제를 금합니다.

인간관계를
발명한
남자

스티븐 와츠 지음 | 정지현 옮김

현대 성공학의
메시아,
데일 카네기
평전

아템포

옮긴이 일러두기

1. 원서에는 하이픈(-)과 괄호 처리된 부분이 굉장히 많은데, 국내 독자들의 가독성을 높이기 위해 되도록 풀기 위해 노력했다. 간혹 그대로 두는 게 낫다고 판단되는 경우에만 원서 그대로 살려 옮겼다.
2. 데일 카네기 주요 저서 제목은 아래와 같이 옮겼다.
   《How to Win Friends and Influence People》→《카네기 인간관계론》
   《How to Stop Worrying and Start Living》→《카네기 행복론》
   《Lincoln the Unknown》→《데일 카네기의 링컨 이야기》
   《The Art of Public Speaking》→《대중연설 기법》
   《Public Speaking: The Standard Course of the United Y.M.C.A Schools》→《대중연설: 연합 YMCA 학교 표준 강좌》
   《Public Speaking: A Practical Course for Businessmen》→《대중연설: 비즈니스맨을 위한 실용 강좌》
3. 저자 스티븐 와츠는 데일 카네기의 핵심 업적으로 'therapy'를 들고 있다. 이 단어는 보통 '치료', 혹은 '테라피' 정도로 번역된다. 또한 비슷한 시대를 다룬 다른 책들을 봐도 '치료', '치유' 또는 '테라피' 정도로 번역하고 있다. 그런데 이 책 본문 내용상 '치료'나 '테라피'로 옮기면 전체적으로 어색한 느낌이 들어 편집부와의 논의를 통해 '치유' 또는 문맥에 따라 '마음 치유'나 '심리적인 치유', '치유를 통한 개선' 등으로 옮겼다.
4. 본문에 표시된 *는 옮긴이 주로 각주 처리하였다.

미주리 대학교의 모든 스승과 친구, 동료에게 바칩니다.

차례

여는 글 현대사회에서 '스스로를 돕는다'는 것 // 009

| 1부 | **성품에서 성격으로**

1장 신앙심과 가난 // 023
2장 저항과 회복 // 049
3장 상품을 팔아라, 자기 자신을 팔아라 // 071
4장 동쪽으로 간 젊은이 // 097
5장 가르치고 글을 쓰며 // 123
6장 마음의 힘과 긍정적 사고 // 151
7장 추방 그리고 잃어버린 세대 // 181
8장 비즈니스와 자기규제 // 217

2부 | 친구를 얻고 사람들에게 영향을 끼쳐라

9장 두려운 일을 하라 // 255

10장 사람은 자기계발에 굶주려 있다 // 289

11장 인간은 논리적인 존재가 아니라 감정적인 존재 // 317

12장 모든 행동의 이유는 무언가를 원하기 때문 // 351

13장 상대방에게 부응할 만한
훌륭한 명성을 갖도록 해주어라 // 381

14장 좋아하는 일을 찾아라 // 421

15장 세상을 얻는 자 // 455

16장 걱정을 없애지 않는 사업가는 일찍 죽는다 // 489

17장 열정이야말로 그의 가장 큰 매력이었다 // 521

닫는 글 데일 카네기가 남긴 자기계발의 유산 // 557
감사의 말 // 575
주석 // 579

여는 글

현대사회에서 '스스로를 돕는다'는 것

1936년 1월 어느 추운 저녁, 수많은 인파가 뉴욕 시 펜실베이니아 호텔로 몰려들었다. 약 3000명에 이르는 사람들이 연회장과 발코니에 꾸역꾸역 들어찼고 바깥의 인도에도 몇백 명이 발 디딜 틈도 없이 추위에 떨며 서 있었다. 호텔 직원들은 제발 소방대가 출동하지 않기만을 바라며 미친 듯 문을 걸어 잠갔다. '소득을 올려라', '효과적으로 말하는 법을 배워라', '리더십을 준비하라' 같은 내용을 강조한 〈뉴욕 선New York Sun〉지에 실린 전면광고를 보고 몰려든 인파였다.

그러나 그들은 암울한 대공황 시대에 생존을 위해 몸부림치는 노동계급이나 절박한 실직자들이 아니었다. 먹고 살기는 풍요롭지만 실패의 나락으로 떨어질까 봐 불안한 기업가들, 상점 주인, 세일즈맨, 중간 관리자, 화이트칼라 간부, 전문직 종사자들이었다. 청중이 한 시간에 걸쳐 열심히 귀 기울이는 동안, 15명이 무대에 마련된 마이크 앞으로 걸어가 각자 3분 동안 증언했다. 약제사, 체인점 매니저, 보험 판매원, 트럭 세일즈맨, 치과의사, 건축가, 변호사, 은행원 등으로 이루어진 연설자들은 사람을 다루는 법, 즉 인간관계의 원칙을 이해한 덕분에 일과 개인적인 삶에 극적인 변화가 일어났다고 설명했다.

추천 연설이 끝나자 아담한 키에 늘씬한 체격의 철 테 안경을 쓴 남자가 무대로 나왔다. 꼿꼿한 자세에 중서부 억양 특유의 콧소리가 섞인 진심이 담긴 부드러운 목소리가 돋보였다. 열렬한 반응을 얻고 있는 자기계발 강좌의 설립자 데일 카네기는 그토록 많은 사람이 와준 것에 기쁨을 표시했다. 그리고 재빨리 덧붙였다. "저는 여러분이 이곳에 온 이유를 확실히 알고 있습니다. 저에게 관심이 있어서가 아니죠. 여러분은 자기 자신과 안고 있는 문제를 해결하는 방법에 관심이 있어서 오신 겁니다." 그는 그 자리에 모인 사람 누구나 이미 수많은 사람의 삶을 개선한 기술을 배울 수 있다고 장담했다. 누구든 상대방의 말을 잘 들어주고, 즉각 호감을 얻고, 열정적인 태도를 보이고, 어려운 개인적 상황에 대처하고, 타인을 설득하는 법을 배울 수 있다고. 누구나 성공할 수 있다고. 그는 "자신감이 생기기 시작할 겁니다. 그들도, 여러분도 그러지 말라는 법이 있습니까?"라고 끝맺었다. 청중은 자리에서 일어나 우레와 같은 박수를 보냈고 그중 대부분이 연회장 뒤쪽에 마련된 테이블로 앞다투어 달려가 강좌에 등록했다. 훗날 '효과적인 연설 및 인간관계를 위한 데일 카네기 강좌Dale Carnegie Course in Effective Speaking and Human Relations'는 800만 명이 넘는 수료생을 배출했다.[1]

그로부터 1년 후, 데일 카네기를 전국적인 유명인사로 만든 더욱 굉장한 사건이 발생했다. 그가 강좌에서 가르치는 내용을 담은 책 《카네기 인간관계론How to Win Friends and Influence People》이 출간되자마자 단숨에 베스트셀러 1위에 오른 것이다. 첫해에만 17쇄를 찍었고 단

3개월 만에 25만 부가 팔려나가자, 얼떨떨해진 편집자 리언 심킨Leon Shimkin은 1937년 3월에 카네기에게 편지를 보냈다. "오늘 내가 25만 권째 팔린 책을 저자에게 보내게 될 것이라고 일 년 전에 친구가 나에게 말했다면, 필시 정신과에 가보라고 했거나 로버트 리플리*의 만화 〈믿거나 말거나〉를 추천했을 겁니다." 그 후 《카네기 인간관계론》은 수십 쇄를 더 찍었으며 몇십 년 동안 세계적으로 3000만 부 이상 팔려나갔다. 미국 역사상 성경책과 벤저민 스포크Benjamin Spock 박사의 《아이와 육아Baby and Child Care》 다음으로 가장 많이 팔린 비소설 부문 책이며, 지금까지도 매년 10만 부가량 판매되고 있다.²

《카네기 인간관계론》의 중심에는 독자들이 거부하기 어려운 메시지가 담겨 있다. 현대사회에서는 호감 가는 성격과 자신감, 인간관계 기술 개선으로 사람들에게 호감을 얻고 심리적인 관점으로 인간의 욕구를 가늠하고 충족시켜야만 성공할 수 있다는 메시지였다. 카네기는 안정된 직장에, 더 많은 수입을 올리고, 사람들의 존경까지 받는 남보다 앞선 삶을 살기 위해서는 성격을 새롭게 갈고닦아야 한다고 주장했다. 그는 모두에게 전염될 정도의 뜨거운 열정으로 다음과 같이 선언했다. 자신의 책은 그 누구라도 "판에 박힌 정신 상태에서 벗어나 새로운 생각과 비전과 야망을 품도록, 사람들을 설득할 수 있도록, 영향력과 명성과 목표 달성 능력을 높이도록, 새로운 고객과 소비자를 확보하고, 불만을 처리하고 언쟁을 피하고 인간관계를 매끄럽고 유쾌하게 유지하고, 일상적인 인간관계에서 쉽게 적용 가능한 심리 원

---

* 1890~1940, 미국의 만화가로 전 세계의 진기한 사실들을 소개하는 〈리플리의 믿거나 말거나〉를 만화로 연재하고 동명의 TV 쇼와 라디오 쇼도 진행했다.

칙을 만들 수 있도록" 도와줄 것이라고.³

이렇게 데일 카네기는 미국의 현대 역사에서 가장 대중적이고 영향력 있는 사람이 되었다. 빛나는 성격과 자존감, 인간관계, 심리적 안녕을 강조하는 그의 메시지는 널리 퍼져 나가 수백만 명을 끌어당겼고 그를 현대적 가치 형성에 기여할 만큼 막대한 영향력을 가진 인물로 만들었다. 〈라이프Life〉지는 카네기를 '20세기의 가장 중요한 미국인'이라고 명명했다. 미국의회도서관이 실시한 설문조사에서 《카네기 인간관계론》은 미국 역사상 가장 영향력 있는 책 7위에 뽑혔다. 대중적인 역사 잡지 〈아메리칸 헤리티지American Heritage〉는 1985년에 '정치적인 측면이 아니라 문화와 사회, 가정생활 측면에서' 미국인의 특성을 만드는 데 가장 크게 기여한 책 10권을 선정했다. 예상대로 마크 트웨인Mark Twain의 《허클베리 핀의 모험Huckleberry Finn》, 헨리 데이비드 소로Henry David Thoreau의 《월든Walden》, 소스타인 베블런Thorstein Veblen의 《유한계급론Theory of the Leisure Class》, W. E. B. 두보이스W. E. B. DuBois의 《흑인의 영혼The Souls of Black Folk》, 어니스트 헤밍웨이Ernest Hemingway의 《태양은 다시 떠오른다The Sun Also Rises》 같은 책들이 포함되었는데, 데일 카네기의 《카네기 인간관계론》도 그 이름을 올렸다.⁴

카네기가 거둔 성공은 무엇을 말하는가? 수백만의 평범한 사람들이 어째서 성격계발과 인간관계, 성공에 관한 그의 메시지를 받아들였는가? 어떻게 그는 현대 미국 사회에서 유력한 문화계 인사가 될 수 있었는가? 그 답은 부분적으로 카네기가 일하고 책을 썼던 20세기 초, 미국인의 생활에 거대한 방향 전환이 일어났다는 점에서 찾아볼 수 있다. 당시 미국은 촌락사회에서 삐걱대는 민족 다양성을 가진 도시사회로 급속히 변화하는 진통을 겪고 있었고, 관료제 도입과 함께 혼란스러운 사회 문제가 대두하고 있었다. 정확히 카네기의 청년기와 성인기가 맞물린 1880년대부터 1920년대에 이르기까지, 미국은 점점 산업화되어 갔고 이주의 물결은 거세졌으며 프런티어가 소멸*했을 뿐만 아니라 현대적인 소비자 경제가 급속도로 발전했다. 19세기에는 시장에서 활발한 물물교환이 이루어졌고 이른바 희소성이 지배하는 경제였지만, 20세기 들어서는 그와 대조적으로 물질적 풍요의 시대가 도래하면서 소비재 구입과 축적이 새로운 성취 기준이 되었다.

그러나 당시 카네기와 더욱 직접적으로 관련 있는 시대적 특징은 미국이 문화적 가치기준의 위기에 봉착했다는 점이다. 19세기 빅토리아 시대에는 근엄한 도덕성과 세심한 자기통제가 개인의 도덕성을 정의하고 대중의 행동을 규제했다. 그러나 1900년대 초에 이르러 그 전통이 흐트러지기 시작했다. 사회가 풍요로운 소비문화에 점점 심취하면서 여가, 오락, 자기충족(자기부정이 아니라) 같은 새로운 가치를 추구하는 이들이 증가했다. '성품character'에 대한 구속이 약해지고 '성격personality'이 새로운 개인주의의 핵심으로 떠올랐다. 자기통제 대신 자기충족이 미국인의 핵심적인 행동 특징으로 자리 잡았으므로, 건강하고 매력적이고 카리스마 넘치는 이미지는 성공의 필수 요소가 되었다. 이는 내면화된 도덕적 원칙을 강조하는 전통과는 반대되는 모습이었다. 특히 구성원 수백 명 간의 복잡한 상호작용이 이루어지고 점점 많은 화이트칼라 근로자들이 채용되는 새로운 관료주의와 기업

---

* 충분히 문명화되지 않은 변경 지대가 서부개척 운동으로 사라진 것을 말한다.

구조에서 성격의 힘은 더욱 커다란 호응을 얻었다.

이러한 역동적이고 새로운 분위기의 시대에는 기존의 성공법이 당연히 적합하지 않았다. 그전만 해도 벤저민 프랭클린의 《자서전 Autobiography》이나 《부에 이르는 길 The Way to Wealth》 같은 에세이, 허레이쇼 앨저Horatio Alger의 《성냥팔이 소년 마크Mark the Match Boy》나 《신분 상승 투쟁기Struggling Upward》 같은 소설 등에서 야망을 품은 미국인들에게 절약과 근면, 자기부정, 도덕적 위신을 토대로 흔들림 없는 성품을 쌓는 것이 부를 쌓고 존경받는 길이라고 가르쳤다. 그러나 물질적 풍요와 개인의 자기충족, 관료체제, 여가 기회, 넓은 도시와 시장이 지배하는 시대에 더 이상 단호한 성품을 강조하는 가치기준은 어울리지 않았다.

카네기는 이렇게 문화적 가치가 충돌하고 있는 사이로 발을 내디뎠다. 그는 1930년대 무렵 새로운 시대에 적합한 성공 원칙을 수립하기 시작했다. 일화를 통한 빠른 전개로 성공 원칙을 소개한 그의 책 《카네기 인간관계론》은 미국 현대사회의 성공 지침서가 되었다. 카네기의 강력한 주장대로 "이제 더 이상 열심히 일하는 것만이 우리의 소원을 이루는 열쇠가 아니다." 그는 복잡하고 도시적인 관료주의 사회에서 사람을 다루는 능력이야말로 성취와 지위, 번영의 열쇠라고 재차 주장했다. 현대사회에서는 타인과 잘 어울리고 관료주의 환경에서 매끄럽게 일하며 집단에서 리더십을 발휘하는 것이 성공을 좌우한다. 카네기는 현대인들에게 '상대방에게 중요한 사람이라는 기분을 느끼게 해주어라', '상대방을 비판하지 마라', '긍정적인 분위기를 조성하고 논쟁을 피해라', '진심으로 인정해주고 아낌없이 칭찬하라', '상대방으로 하여금 자신의 아이디어라고 느끼게 하라', '상대방에게 호감을 주어라'라고 주문했다. 얼마 후 제2차 세계대전이 끝나고 미국에 물질적 풍요가 넘쳐났다. 이에 카네기는 두 번째 베스트셀러 《카네기 행복론 How to Stop Worrying and Start Living》에서 안락해진 소비자 경제에 예기치 않게 따라온 심적 불안과 압박감을 극복하는 방법을 소개했다. 단호한 성품과 흔들림 없는 도덕성보다 인간관계와 성격적 매력에 의존한 그의 조언은 뜨거운 호응을 얻었다.

그러나 카네기의 업적은 그의 생각보다 훨씬 컸다. 그의 성공 메시지가 엄청난 위력을 발휘한 것은 심리적 관점과 기법을 활용한 덕분이었다. 그것 역시 중대한 문화 변동을 상징했다. 《치유법의 승리 The Triumph of the Therapeutic》를 쓴 필립 리프Philip Rieff를 비롯해 수많은 비평가와 역사가들의 평가처럼 현대사회의 압박 속에서 공동체의 유대와 종교적 믿음이 서서히 부식하고 새로운 '심리적 인간'이 등장하기 시작했다. 이 성격 유형은 자기인식, 개인 성장, 자존감, 심리적 안녕의 추구에 몰두했다. 심리적 인간은 마음 치유를 위해 도덕성을 버렸다. 이처럼 치유에 몰두하는 추세는 1900년대 초 미국 전역으로 퍼져나가 교육, 자녀양육, 정치 활동, 가족생활, 종교 등 현대인의 생활에 막대한 영향을 끼쳤다.

종종 자신을 '응용 심리학' 전문가라 칭하던 카네기는 정신 건강과 자존감을 강조하는 현대적 추세를 처음으로 대중화한 장본인이었다. 카네기 강좌는 '열등감'을 없애고 '현대 심리학의 새롭고 중대한 발견'을 활용한다는 점을 내세웠다. 《카네기 인간관계론》은 독자들에게 사람을 대할 때는 "논리적인 존재가 아니라 감정적인 존재를 대하고 있음을 기억하라"고 했다. 윌리엄 제임스William James, 알프레트 아들러 Alfred Adler, 지그문트 프로이트Sigmund Freud 같은 저명 심리학자들의 사상을 인용하면서 '긍정적 사고'와 모든 심리 기법 가운데 가장 쉬운 방법인 '찬사'가 '새로운 삶의 방식'을 만들어줄 것이라고 장담했다.

궁극적으로 카네기는 성공 이데올로기, 카리스마적 성격, 자기충족, 긍정적 사고, 인간관계, 치유를 통한 행복 같은 문화의 재료들로 자신의 가장 큰 유산을 만들어냈다. 즉, 활발한 자기계발 운동을 일으켜 현대 미국인의 가치 형성에 기여한 것이다. 카네기의 눈부신 성공 이후 몇십 년에 걸쳐 노먼 빈센트 필Norman Vincent Peale, 조이스 브라더스Joyce Brothers, 웨인 다이어Wayne Dyer, 앤서니 로빈스Anthony Robbins, 로버트 슐러Robert Schuller, 마리앤 윌리엄슨Marianne Williamson, M. 스캇 펙M. Scott Peck, 디팩 초프라Deepak Chopra, 스티븐 코비Stephen Covey, 오프라 윈프리Oprah Winfrey 등 자기계발 분야의 권위자들이 대거 등장하여 치유를 통한 적응과 성격 개선이 직업적 성공과 물질적 번영, 정신적 자기충족을 가져다준다는 메시지를 퍼뜨렸다. 《카네기 인간관계론》에 스며든 카네기의 기본 사상, 즉 "일상생활에서 사람들과 어울리는 기술을 배우는 사람은 더 많은 수익을 올리고 더 많은 여가를 즐길 수 있으며, 무엇보다 사업과 가정에서 더 큰 행복을 느낄 수 있다"는 메시지는 현대 미국인을 위한 성공학의 원본이 되었다.

그러나 치유적인 자기계발을 통해 성공을 거둔다는 카네기의 메시지가 20세기의 변화 상황과 밀접하게 연관되어 있었다는 점만으로는 그가 거둔 엄청난 성공을 전부 설명하지는 못한다. 《카네기 인간관계론》과 《카네기 행복론》에 담긴 강력한 사상은 문화 연금술로 어느 날

갑자기 마법처럼 등장한 것이 아니다. 카네기는 체계적으로 새로운 결론을 도출해낸 지식인도 아니었다. 그런 그가 혁신적인 현대식 성공법을 수립할 수 있었던 이유는 사회 문화 속에서 떠돌아다니는, 논란의 소지도 있는 새로운 사상을 흡수하여 대중적인 형태로 빚어내는 특별한 재능 덕분이었다. 그러나 그가 거둔 성공의 직접적인 원천은 허레이쇼 앨저의 소설 주인공에 버금갈 만큼 극심한 가난을 딛고 성공을 일구어낸 본인의 경험, 즉 개인적인 삶에서 나왔다.

깊숙한 내륙 지방에서 태어난 그는 종교의 부흥, 금주 운동, 민중주의 정치—현대화되어가는 국가의 주변부로 내몰려 사면초가에 처한 시골 인구층의 저항 운동—에 둘러싸여 극심한 가난 속에서 성장했다. 기회를 찾아 떠난 카네기는 1900년대 초 변화하는 불안한 사회 속에서 천직을 찾아 여러 직업을 전전했다. 새로운 이동성의 시대에 걸맞은 자동차 판매원, 인상과 이미지가 중요해지는 문화 속에서 연극배우와 신문 자유기고가, 변화하는 세상에서 현실적인 도움이 필요한 성인들에게 대중연설을 가르치는 강사, 여가와 유명인사가 중요해진 새로운 문화에 걸맞은 대중오락 쇼의 매니저, 영감을 찾아 해외로 떠난 소설가, 경제 확장과 번영의 시대인 1920년대에 어울리는 비즈니스 구루 등을 거쳤다. 어린 시절 천막 모임에서 '악惡의 럼주'를 주제로 연설하던 소년에서 제1차 세계대전 이후 영화 〈팔레스타인의 앨런비, 아라비아의 로런스〉를 흥행시킨 매니저까지, 불안에 휩싸인 화이트칼라 사무직에게 대중연설을 가르치는 강사에서 해외에 체류하는 미국 문인 '잃어버린 세대'에 합류하기까지, 성공한 기업인의 일화를 잡지에 기고하다가 대기업에 자문하기까지. 카네기의 다양한 시도는 당시 미국이 급격한 변화와 기회와 혼란의 시대였음을 분명히 보여주는 동시에 그가 수립한 성공원칙의 토대가 되었다.

자신만의 성격 이미지를 만들려는 카네기의 노력은《카네기 인간관계론》에 드러난 새로운 사회적 추세에도 기여했다. 카네기는 그 책에서 자기관리의 전통을 강조하는 한편 현대적인 변화도 주었다. 자기관리의 전통은 청교도로 거슬러 올라가 찾아볼 수 있는데, 자신을 철저히 되돌아보고 고결한 가치와 행동 증거를 찾는 것을 말한다. 카네기는 성인이 된 후 줄곧 '내가 저지른 어리석은 일들'이라는 이름의 서류철을 보관했는데, 반드시 고쳐야겠다고 마음먹은 실수들을 거기에 기록해놓았다. 그러나 전통적인 개신교도들이 도덕적 또는 영적인 실수를 되돌아본 반면, 카네기는 타인에게 무례해 보일 수 있는 사회적인 실수를 되돌아보았다. 이를테면 사람들의 이름을 기억하지 못했거나, 부정적인 말을 했거나, 친구를 불편하게 만들었거나, 요령 있게 제안하지 못하고 논쟁을 부추겼거나, 타인의 관점을 무시했다거나, 상대방의 신경을 건드리는 발언을 했다거나 한 일 등이었다. 즉, 카네기는 "나에게 있어 가장 큰 문제: 데일 카네기 관리"라고 일기에 적은 대로, 가치의 중심을 내면의 도덕적 성품을 기르는 것에서 상대방에게 주는 인상을 만드는 것으로 옮겼다. 거기에 카네기의 개인적인 삶뿐만 아니라 자기충족이라는 현대 미국 문화의 핵심이 들어 있었다. 상대방에게 긍정적인 이미지와 호감 가는 성격을 보이는 것 말이다.

따라서 데일 카네가의 이야기는 역동적인 변화의 시대에 놓인 미국의 이야기라고 할 수 있다. 카네기는 20세기 초반에 아메리칸 드림을 재정의하고 그에 이르는 새로운 길을 텄다. 카네기는 현대적인 성공 공식을 수립하고 성공을 추구해 자수성가함으로써 프랭클린과 앨저의 계승자가 되었다. 그는 경제적 자급자족, 엄격한 도덕적 성품, 자기부정을 강조하는 등의 옛 사고방식을 제거하고 물질적 풍요, 인간관계, 자기충족의 새로운 가치를 찬양했다. 성격을 중요시하는 현대적인 변화를 최초로 대중화시킨 장본인이며 현대인의 삶에 심리적인 관점과 마음 치유를 통한 개선이 확고히 자리 잡는 데 기여했다. 또한 그는 자기계발 운동의 아버지로, 20세기 현대인들 사이에 자기쇄신 운동을 퍼뜨리고 현대인의 기본 가치를 새롭게 수립했다. 한마디로 카네기는 미국 문화를 바꿔놓았다.

현대 미국인의 생활에 일어난 변화를 논할 때 데일 카네기를 빠뜨릴 수 없지만, 그의 일생은 그와는 다소 어울리지 않는 곳에서부터 시작했다. 1800년대 후반, 미주리 북서부 시골은 실제로 변경邊境에서 얼마 떨어지지 않은 깊은 산골짜기였다. 19세기에 미국을 바꿔놓기 시작한 북적거리는 도심지와는 한참 거리가 멀었다. 바로 그 척박한 환경에서 생존을 위해 애쓰는, 가난하지만 독실한 신앙심을 가진 한 농가의 둘째 아들로 태어났다. 소년은 부모와 주변 환경으로부터 인생에 큰 영향을 끼친 전통적 가치관을 흡수했고 그중 일부는 계속 남아 깊은 영감의 원천이 되었다. 그러나 나머지는 반작용을 일으켜 그가 서서히 새로운 방향으로 나아가도록 했다.

1부

성품에서 성격으로

| 1장 |

신앙심과 가난

데일 카네기는 《카네기 인간관계론》에서 20세기 초반에 활약한 미국의 훌륭한 기업가 찰스 슈워브Charles Schwab를 칭송했다. 카네기에 따르면 찰스 슈워브는 US스틸U. S. Steel을 인수하기 전에 철강왕 앤드루 카네기Andrew Carnegie의 거대한 철강회사에 채용되었고 연봉 100만 달러, 즉 하루에 3000달러가 넘는 급료를 받았다. 어째서 슈워브는 그렇게 엄청난 급료를 받았을까? 다른 임원들보다 철강업에 관한 지식이 뛰어나서? 카네기는 말도 안 되는 소리라고 일갈했다. 슈워브가 카네기에게 전한 바로는, 카네기스틸Carnegie Steel에는 그보다 철강 지식이 뛰어난 사람들이 많았다. 카네기는 슈워브가 그렇게 많은 급료를 받을 수 있었던 것은 철강 지식이 아니라 '사람을 움직이는 뛰어난 능력 때문'이라고 말했다. 슈워브를 채용한 철강왕의 말마따나 슈워브의 미소는 100만 달러의 가치가 있었다. 데일 카네기는 "성격과 인간적 매력, 타인에게 호감을 주는 능력이야말로 슈워브의 성공 비결이었다"라고 말했다. 하지만 카네기에게 무엇보다 인상적으로 다가온 것은 100만 달러라는 거액의 연봉이었다. 그것은 개인의 가치와 성취를 확인시키는 절대적인 결과물이기 때문이다.[1]

　카네기는 훌륭한 조언을 담은 또 다른 저서 《카네기 행복론》에서 또 다른 원칙을 소개했다. '마음에 평안을 가져다주는 영적 가치의 필요성'에 관한 것이었다. 하지만 전통적인 기독교의 포용을 말하는 게 아니라고 신중하게 설명했다. "나는 종교의 새로운 개념에 도달했다. 교회들을 갈라놓는 교리의 차이에는 조금도 관심이 없다. 하지만 종교가 새로운 삶의 열정, 더욱 강렬한 생기, 크고 풍요롭고 만족스러운 삶을 위해 나에게 무엇을 해줄 수 있는지에는 지대한 관심이 있다." 카네기는 평일에 일하는 도중에라도 종종 아무 교회나 들러 조용히 명상과 기도를 한다며 다음과 같이 말했다. "초조한 마음을 진정시키고 몸을 쉴 수 있으며 관점이 분명해져서 나의 가치를 재평가하는 데도 도움이 된다."[2]

　카네기가 경제적 풍요와 마음의 행복을 열렬하게 지지하며 그 두 가지를 현대의 성공 원칙으로 내세운 이유는 유년기의 경험에서 찾을 수 있다. 그는 끝없이 계속되는 가난으로 얼룩진 유년기를 보냈다. 그의 아버지는 성실한 노동 윤리를 지닌 가난한 소작농이었는데 잘살아보려고 무던히 애썼지만 성공하지 못했다. 독실한 기독교 신자였던 어머니는 복음 전파에 적극적이었는데, 카네기는 그런 어머니로부터 복음주의 개신교와 자기 성찰의 가치를 익혔다. 이렇게 엄격한 종교성과 경제적 실패, 근면성실함과 가혹한 시련, 자기통제와 개인적 실패라는 대립적인 요소들이 한자리에 모인 탓에 그가 유년기에 겪은 경험들은 모호할 수밖에 없었다.

하지만 훗날 그는 시골의 초원과 숲, 개울가를 즐겁게 뛰놀며 '과수원에서 사과꽃 향기를 맡고 갈색개똥지빠귀의 노랫소리에 귀 기울이던' 유년의 서정적인 추억을 열정적으로 회상하기도 했다. 또한 그는 독실한 기독교 신자인 어머니가 먹을 것과 보금자리가 주어진 것에 감사하는 기도문을 읽고, 비록 넉넉하지 않은 살림이지만 아버지가 크리스마스마다 시내로 나가 '가난한 아이들에게 신발과 따뜻한 겨울 옷을 나눠주던' 기억을 매우 소중하게 여겼다. 반면 작은 농장에서 생존을 위해 투쟁해야 했던 부분은 유년기의 어둡고 쓰라린 기억으로 회상했다.

> 부모님은 하루에 16시간이나 힘들게 일했지만 끊임없이 이어지는 빚과 불운의 굴레가 우리 가족을 압박했다. 가장 어린 시절의 기억 중 하나는 102강에 홍수가 나는 바람에 우리 옥수수밭과 목초지가 온통 물에 잠겼던 일이다. 모든 게 망가졌다. 홍수로 농작물 피해를 본 게 일곱 해 중 여섯 해였다. 해마다 콜레라로 죽어나간 돼지들을 불태워야만 했다. 지금도 눈을 감으면 돼지가 타는 지독한 냄새가 코끝에 전해지는 듯하다. (……) 10년 동안 뼈 빠지게 일했지만 우리 가족은 무일푼이었고 산더미 같은 빚만 남았다. 농장은 대출 덩어리였다. (……) 아무리 발버둥 쳐도 우리는 점점 더 가난해지기만 했다.[3]

가난과 믿음 사이의 팽팽한 긴장감이 어린 카네기의 의심과 불안을 키웠으리라고 쉽게 짐작해볼 수 있다. 훗날 그 역시 "당시 나는 온갖 근심 걱정으로 가득했다"라고 인정했다. 하지만 부모에 대한 사랑과 부모가 갖춘 전통적인 미덕—근면성실함, 가족의 결속력, 영성을 위한 노력, 시련에 대한 불굴의 의지—에 대한 존경심은 평생 기본적인 도덕의식과 정서적 안정의 토대가 되었다. 하지만 한편으로 감수성 뛰어난 소년은 올바른 가치관을 가진 부모가 그토록 열심히 노력하는데도 실패만 거듭하는 이유를 이해할 수 없었다. 어릴 때부터 마음속에 자리 잡은 이 괴리감은 훗날 그의 인생에서 가장 중요한 요소가 되었다. 서서히 떠오른 평생의 과제, 즉 현대 미국 사회에서 성공의 의미를 재구성하고 성공에 이르는 새로운 길을 구축하는 데 자극과 감성적인 소재를 제공했다.

제임스 윌리엄 카네기James William Carnagey와 아만다 엘리자베스 하비슨Amanda Elizabeth Harbison은 1800년대 후반에 처음 만났다. 당시 시골 사람들에게 흔했던 방법을 통해서였다. 그들은 아이오와 주에서 멀지 않은 미주리 주 메리빌Maryville 시내 근처 린치 농장에서 하숙하며 알게 되었다. 제임스 카네기는 농장 일꾼이었고 학교 교사였던 아만다 하비슨은 방세와 식비 대신 바느질을 비롯한 집안일을 했다. 린치 부인은 처음 농장에 온 아만다에게 남편의 허드렛일을 도와주는 성실하고 잘생긴 청년에 대해 이야기하며 '잘해보라'고 했다. 린치 부인의 예감은 적중했다. 얼마 되지 않아 젊은 남녀는 서로에게 푹 빠졌다.[4]

제임스 카네기는 3남 6녀를 거느린 대가족의 맏이였다. 그는 1852년 2월 인디애나의 시골 마을에서 태어나 자랐다. 19세기 농가 출신 소년들이 으레 그러했듯 그도 기초적인 정규 교육만 받았다. 나중에 아들 카네기가 알고 놀랐던 것처럼, 5~6년 과정으로 이루어진 학교에 다니는 동안 기본적인 읽기와 쓰기, 셈하기를 배웠을 뿐 '디킨스'나 '셰익스피어'는 들어보지도 못했다. 대신 소작농들이 으레 그렇듯 소젖 짜기, 돼지 먹이 주기, 옥수수 심기, 밀과 귀리 수확하기, 타작하기, 장작 패기, 울타리 고치기를 비롯해 매일 이어지는 오만가지 잡다한 노동에 전념했다. 하지만 시골 생활은 그에게 잘 맞았다. 제임스는 1870년대 중반에 인디애나를 떠나 몬태나 주 트래퍼 걸치Trapper Gulch에 있는 몬태나비버헤드Montana Beaverhead Company 소유의 제재소에 취직했다. 벌목한 통나무를 산 아래로 옮기고 목탄 구덩이를 관리하는 일이었다. 그곳에서 몇 년 일한 후 중서부로 돌아왔다. 아버지의 제안대로 인디애나보다 땅값이 훨씬 싼 미주리 북서부 지역에 농지를 알아보기 위해서였다. 젊은 제임스는 미주리에 정착하기로 마음먹었다.[5]

한편 아만다 하비슨은 미주리 토박이였다. 그녀는 1858년 2월에 북미주리에서 8남매 중 장녀로 태어났다. 그녀의 아버지 에이브러햄Abraham은 1861년에 남북전쟁이 발발하자 가족을 데리고 미시시피 강 건너 일리노이 주 헨더슨 카운티Henderson County로 이사했다. 그는 징집대상이었지만 대리인을 내세웠고 1870년경에 미주리 북서부로 돌아갔다. 어릴 때부터 자연스레 스며든 기독교적 원칙과 교육에 대한 열정은 평생 아만다에게 영향을 끼쳤다. 그녀는 1880년께 메리빌 인근 작은 학교의 교사로 발령났고 훗날 남편이 된 제임스를 만났다.[6]

아만다 하비슨은 린치 농장에서 하숙을 시작한 지 얼마 되지 않아 제임스 카네기와 사랑에 빠졌지만, 두 남녀의 관계는 시골의 전통적인 방식 그대로 열정보다는 실용성에 바탕을 둔 것이었다. 두 사람 사이에는 곧 결혼 이야기가 오갔지만 아만다는 아버지의 확답을 듣기 전까지 확실한 결정을 내리지 못했다. 아버지는 장녀에게 이렇게 말했다. "존 카네기는 아주 훌륭한 청년이다. 정직하고 성실하지. 술, 도박, 담배도 안 하고. 좋은 남편이 되어줄 거다. 내가 아는 사람 중에서 손꼽을 만큼 훌륭한 사람이야." 몇십 년이 지나 카네기는 부모의 관계에 대해 좀 더 자세하게 설명했다. "부모님의 결혼은 옥수수밭의 로미오와 줄리엣과는 거리가 멀었다. 오히려 탄탄하고 상냥하고 협조적이며 그리스도적인 연맹 관계에 가까웠다." 두 사람은 1882년 1월 1일에 결혼했는데 서로 잘 맞는 조합이었다. "두 분이 한 번이라도 말다툼하거나 친절하지 않은 말이 오가는 모습을 보지 못했다"라고 카네기는 말했다.[7]

1886년 11월, 카네기 부부에게 첫 아들 클리프턴Clifton이 태어났다. 당시 부부는 하모니 처치Harmony Church라는 마을의 네거리에서 가까운 작은 농장에 살고 있었다. 메리빌에서 북동쪽으로 약 16킬로미터, 아이오와 주 경계로부터 겨우 10킬로미터 정도 떨어진 곳이었다. 2년 후인 1888년 11월 24일에 데일 브레켄리지 카네기Dale Breckenridge Carnagey(중간 이름은 외할머니의 처녀적 성을 땄다)가 태어났다. 당시 손에 꼽을 정도로 심한 폭설이 내렸다. 아만다의 산통이 시작되자 이웃 사람이 말을 타고 눈길을 달려 가장 가까운 미주리 주 파넬Parnell 마을로 의사를 부르러 갔다. 훗날 카네기는 자신의 탄생에 대해 "나는 날 때부터 성격이 급해서 의사가 도착하기도 전에 세상으로 나왔다"라고 재치 있게 말했다.[8]

카네기는 내륙 농촌 지역에서 자연을 벗 삼아 여러모로 소박한 유년기를 보냈다. 걸음마를 뗀 후에는 매일 밖으로 나가 자연의 아름다움을 만끽하며 돌아다니기를 좋아했다. 특히 1890년대 초에 그의 아버지가 가정 경제를 일으키고자 내린 선택 덕분에 카네기는 자연에서 더욱 풍요로운 경험을 할 수 있었다. 훗날 카네기는 "내가 다섯 살 때 아버지가 내 평생 잊지 못할 아름다운 농장을 구입하셨다"라고 회고했다. 집과 창고가 있는 높은 언덕을 내려가면 아름답고 평평한 농지가 나왔다. 그곳에는 구불구불한 시내가 느릿느릿 흘렀다. 특히 카네기의 기억에 남은 것은 터너*의 그림에 나오는 색깔을 끼얹은 것처럼 변하는 해질 무렵의 하늘이었다. 그는 102강에서 시간 가는 줄 모르고 낚시와 수영을 즐겼다. 102강은 모르몬교도들이 일리노이 주 노부Nauvoo에서 유타 주 그레이트솔트 호수까지 이어진 여정에서 102번째로 건넌 강 또는 시내라는 뜻에서 붙인 이름이다. 카네기는 인근 농장 아이들과 함께 걸어서 초등학교에 다녔고 역시 그들과 콜터 숲Coulter's Woods에서 소풍을 즐겼다. 특히 카네기는 인근 수박밭에서 따온 큼지막하고 과즙 많은 수박을 물속에 차갑게 두었다가 후덥지근한 여름밤에 먹는 것을 좋아했다. 감수성 예민한 소년에게는 추운 겨울의 자연도 여전히 매혹적이었다. 온 세상이 하얀 눈으로 뒤덮여 '요정 나라'로 변해버린 아침이 오면 토끼며 새들의 흔적이 사방에 가득했다. "아버지가 펠트 부츠와 고무 덧신을 신고 가축에게 먹이를 주기 위해 창고로 향하는 모습은 마치 살아 움직이는 커리어와 이브스의 석판화 같았다."9

    화목하고 안정적인 집안 분위기는 카네기의 유년 시절을 더욱 풍요

---

* 조지프 말로드 윌리엄 터너(Joseph Mallord William Turner). 자연주의적이고 낭만적인 풍경화를 주로 그린 영국 화가.

••
형 클리프턴과 함께
유아기의 데일 카네기
(작은 손도끼를 들고).

롭게 만들었다. 훗날 그는 아버지의 성실한 노동관에 감사하면서 "아버지가 만든 울타리는 언제까지고 끄떡없을 만큼 튼튼했다. 나에게 아버지는 성난 황소라도 막을 만큼 세상에서 가장 튼튼한 울타리를 만드는 특별한 사람처럼 보였다"라고 회고했다. 하지만 카네기는 어머니와 더욱 특별한 유대관계를 맺었다. 언젠가 그는 이렇게 말한 적도 있었다. "나는 모든 면에서 어머니께 커다란 영향을 받았다. 어머니는 그 어떤 어머니보다 사랑이 넘쳤다. 만약 아만다 엘리자베스 하비슨 카네기 여사가 내 어머니가 아니었다면 내 인생이 어떻게 되었을지 모르겠다." 특히 어머니는 아들의 교육에 큰 영향을 끼쳤다. 아들이 보기에 어머니는 "내 인생에서 만난 가장 흥미진진한 교사 중 한 명"이었다. 어머니는 《톰 아저씨의 오두막Uncle Tom's Cabin》, 《로빈슨 크루소Robinson Crusoe》, 《스위스 패밀리 로빈슨The Swiss Family Robinson》, 《다윗 왕조의 왕자The Prince of the House of David》, 《다윗-십자가의 길David-the Way of the Cross》, 《흑마 이야기Black Beauty》와 금주에 관한 소설 《술집에서의 열흘 밤Ten Nights in a Barroom》 등 자신이 좋아하는 책을 어린 아들에게 자주 읽어주었다. 또한 그녀는 아들에게 교회 모임에서 발표할 종교적인 '글'을 암송하도록 교육했다. "맨 처음 연단에 올라가 사람들을 마주 보고 섰을 때였다. 통로를 지나는 나에게 어머니는 '우리 아들이구나. 자랑스러운 우리 아들이야'라고 하셨다. 하지만 암송을 시작하자 머릿속이 새하얘진 나는 어머니께 '휴, 연단 위는 참 덥네요'라고 말했다." 얼마 지나지 않아 소년은 처음으로 사람들 앞에서 진짜 연설을 하게 되었고 어머니의 종교적 열정을 고려해 연설문에 '지옥의 자식, 술집The Saloon, the Offspring of Hell'이라는 제목을 붙였다.[10]

••
어린 소년 시절의
데일 카네기(맨 앞)와
형 클리프턴, 부모
제임스와 아만다.

　성인이 된 카네기의 큰 특징으로 자리 잡은 삶의 열정 또한 어머니께 물려받은 것이었다. 그는 어머니를 가리켜 '우리 가족의 점화 플러그'라고 표현했고 "끝없는 에너지와 삶에 대한 열정을 어머니께 물려받았고 배웠다. 어머니는 모든 일을 열성적으로 하셨다. 일하면서도 노래를 불렀다"라며 어머니에 대한 존경을 표했다. 아만다는 본보기와 가르침을 모두 이용하여 아들에게 삶이란 기회이며 행동으로 이루어진다는 믿음을 심어주었다. 그녀는 확고한 자세로 세상에 맞서는 사람의 본보기였다. 훗날 카네기는 어머니를 가리켜 "벵골 호랑이 17마리만큼 용기가 있었다"라고 표현했다. 이처럼 어머니의 끈기는 아

들에게 '빛나는 본보기'가 되었다.[11]

하지만 카네기의 유년 시절을 고달프게 만든 것이 있었다. 1800년대 후반 미주리 시골에서의 삶은 힘겨웠고, 약함·고난·위험이라는 단어를 떠올리게 하는 사건이 자주 일어났다. 90대였던 외할머니가 카네기의 가족과 몇 년 동안 함께 살았는데, 외할머니가 들려주는 변경지대의 무서운 일화는 어린 손자를 매료시켰다. 이를테면 어느 형제가 인디언들에게 납치되어 14년 동안이나 인디언들과 같이 살았다는 이야기였다.

카네기의 유년기에는 질병도 끊임없는 위험 요소였다. 정기적으로 수많은 질병이 마을을 덮쳐 힘없는 아이들을 데려갔다. 길 건너에 살던 미징고Mizingo 가족은 천연두로 딸을 잃었다. 그 죽음은 카네기의 뇌리에 생생히 기억될 만큼 끔찍했다. "시체가 참혹했고 악취가 풍겨 두 남자 어른이 코를 막고 잽싸게 아이의 방으로 들어가 이불 네 귀퉁이를 들어 올려 대충 만든 나무 상자로 떨어뜨렸다. 아이는 한밤중에 근처 과수원의 사과나무 아래에 묻혔다. 우리 집은 바로 길 건너편에 있었기 때문에 흙덩어리가 관 위로 떨어지는 소리가 다 들렸다." 천연두가 발병하기 하루 전 아들이 그 집에 갔었기 때문에 어머니는 몇 날 며칠 동안 두려움에 떨어야 했다. 게다가 개척마을의 분위기가 여전히 남은 시골이었으므로 충격적일 만큼 폭력이 자주 발생했다. 인근에서 정기적으로 터진 살인, 강간, 가족 폭력 사건에 대한 기억은 몇십 년 동안 카네기를 따라다녔다.[12]

또한 편의 시설이 부족한 농장 생활은 어린 소년에게 가혹한 노동을 의미했다. 카네기는 어렸을 때부터 헛간과 축사, 양계장에서 거름

1장 신앙심과 가난 • 033

을 퍼내고 우유를 짜고 장작을 패고 쌓는 일을 도왔다. 농장일은 지저분하고 힘들었다. 먼지를 뒤집어쓴 채 말을 몰아 들판을 갈던 기억은 평생 잊히지 않았다. 물론 당시에는 수도 시설이 없었고 카네기의 집은 다른 농장들과 마찬가지로 화장실이 밖에 있었다. 훗날 카네기는 태어나 처음으로 메리빌의 포목점 안에 있는 수세식 화장실을 이용했던 일을 생생하게 떠올렸다. "포효하는 소리가 났다. 가게 안에 있는 모든 사람에게 들릴 만한 소리였다. 나한테는 마을의 급수탑이 무너지는 소리처럼 들렸다. 당혹감에 붉어진 얼굴로 가게를 나왔다." 그의 집에서는 단 하나뿐인 장작 난로가 유일한 난방 기구였으므로 소년은 겨울밤이면 얼어 붙을 정도로 추운 방에서 이불로 온몸을 꽁꽁 감싸고 있어야만 했다.[13]

카네기의 유년 시절에 행복하고 아름다운 풍경을 선사했던 자연은 때로 공포감을 안겨주기도 했다. 봄과 여름이면 서쪽에서 강풍과 천둥을 동반한 심한 폭풍우가 휘몰아치고 지평선 너머에서 번개가 요란하게 번쩍였다. 카네기 가족은 그럴 때면 저장 식품을 쌓아둔 폭풍 대피용 지하실로 들어가 버텼다. 언젠가 그런 일이 있었던 후 강아지 '티피'가 보이지 않았다. 결국 카네기는 현관에서 숨이 끊어진 티피를 발견했다. 벼락에 맞은 것이었다. 그는 신앙심 깊은 어머니께 티피를 살려주길 기도해달라고 간청했다. 하지만 어머니는 부드러운 목소리로 하나님은 죽은 개를 살려주지 않는다고 대답했다. 슬픔에 잠긴 소년은 "하지만 티피는 웬만한 사람들보다 훨씬 나은 걸요"라고 말했다. 훗날 카네기는 이때를 "내 유년기에서 가장 큰 비극 중 하나였다"고 회고했다.[14]

겨울에는 고통스러울 만큼 기온이 뚝 떨어졌다. 소년은 아침 일찍 차디찬 집에서 나와 뼛속까지 파고드는 추위를 뚫고 약 2킬로미터나 떨어진 학교로 걸어가야 했다. 눈이 잔뜩 쌓여 있을 때도 잦았다. "열네 살 전까지 덧신이 없었다. 긴긴 추운 겨울 동안에는 항상 발이 차갑고 축축하게 젖어 있었다. 어린 시절에는 겨울에 발이 뽀송뽀송하게 마르고 따뜻할 수 있다는 생각은 하지도 못했다." 물론 추운 겨울에는 농장일도 훨씬 힘들어졌다. 아버지 제임스 카네기는 두록duroc* 돼지를 키웠는데 암퇘지들은 기온이 거의 영하 18도에 육박하는 2월에 새끼를 낳는 경우가 많았다. 아버지는 새끼 돼지들이 얼어 죽지 않도록 집안으로 데려와서 바구니에 넣은 다음 부엌 화로 뒤쪽에 놓고 마대 자루로 덮었다. 새끼 돼지들을 돌보는 것은 카네기의 일이었다. 그는 잠자리에 들기 직전 새끼 돼지들에게 젖을 먹이기 위해 바구니를 들고 헛간으로 데려갔다. "그리고 나서 시계를 3시에 맞춰놓고 다시 잠자리에 들었다. 시계가 울리면 새끼 돼지들이 뜨끈한 젖을 먹을 수 있도록 또 헛간으로 데려갔다. 그리고 집안으로 데려와 알람을 아침 6시에 맞춰놓고 자고 일어나 공부를 했다. (……) 그때는 그렇게 힘들 수가 없었다."[15]

카네기가 소년 시절에 당한 불의의 사고는 시골 생활이 얼마나 위험했는지 말해준다. 어느 추운 겨울날 말에 올라탔는데 안장에 앉으려는 순간 말이 재빨리 달리기 시작했다. 카네기는 뒤로 떨어졌는데 그만 한쪽 발이 등자**에 끼어버렸다. 말이 전속력으로 달리는 바

---

* 미국산 붉은 돼지.
** 말을 탈 때 두 발을 끼우는 부분으로 대개 안장에 달아 말의 옆구리로 늘어뜨린다.

람에 꽁꽁 언 진흙 길을 한참 동안 끌려간 후에야 발을 뺄 수 있었다. 온몸에 멍이 들었고 정신이 멍했다. 그보다 더 끔찍했던 사건도 있었다. 1899년 크리스마스가 지난 어느 날, 그는 사촌과 함께 집 근처 버려진 통나무집 다락방에서 놀고 있었다. 왼쪽 검지에는 아버지가 준 집안 대대로 내려오는 반지를 끼고 있었다. 그는 사촌의 성화에 못 이겨 다락방 창턱에서 아래로 뛰어내렸다. 그때 못 박힌 통나무를 움켜잡고 있었는데 뛰어내리면서 못에 반지가 걸려 손가락 하나가 잘리고 말았다. 겁에 질린 그는 피를 잔뜩 흘리며 도와달라고 소리치면서 집으로 달려갔다. 어머니가 상처를 꽉 동여매 주었고 아버지는 말을 마차에 묶어 서둘러 메리빌로 출발했다. 50년 후 그는 이렇게 당시를 회상했다. "시내로 가는 한 시간 동안, 말들이 발걸음을 내디딜 때마다 나는 기도하고 소리치고 비명을 질러댔다. 내가 도착한 곳은 메리빌에 있는 내쉬 박사의 진료실이었다. 의사가 피나는 상처에 묶인 손수건을 풀었는데 살점 일부가 뼈에 붙어 있었다. 엄청나게 아팠다." 의사는 먼저 소년에게 클로로폼을 먹여 진정시킨 후 손가락을 세척하고 깨끗하게 절단했다. 그 후로 카네기는 손짓할 때 왼손은 살짝 가리고 오른손만 사용했다.[16]

하지만 미주리 농장 출신의 소년에게 더욱 크고 끈질긴 정신적 고통을 준 것은 가난이었다. 1800년대 후반 소작농들이 대부분 그러했듯, 제임스 카네기는 아무리 열심히 일해도 수익을 내지 못했고 빚만 늘어갈 뿐이었다. 철마다 홍수로 농작물이 휩쓸려 갔고 질병으로 돼지들이 죽어나갔으며 변덕스러운 시장 가격으로 고작해야 추수철에 아주 약간의 수익을 내거나 오히려 손해를 보았다. 한번은 소를 키웠

1890년대 중반, 학교에 들어간 카네기는 세상에 열렬한 호기심을 내보였다.

지만 키우기까지 들인 돈을 받고 팔 수가 없었다. 또 훈련되지 않은 어린 노새들을 구입해 열심히 농장일을 시켰지만 역시 사룟값도 건질 수 없었다. 제임스는 "노새들을 구입한 바로 그날 엽총으로 쏘아죽였다면 더 이익이었을 텐데"라고 애통해했다.17

하지만 카네기 가족은 절망적인 상황에서도 자급자족과 물물교환을 통해 살아남고자 최선을 다했다. 과일과 채소를 직접 길러 먹었고 햄과 베이컨도 직접 훈제했다. 버터와 계란을 커크 식료품점Kirk's Grocery으로 가져가 커피, 설탕, 소금과 바꿨고 동네 신발가게로 가져가 신발과 교환했다. 하지만 그런 노력에도 겨우 굶어 죽지 않을 정도의 생활만 가능할 뿐이었다. 카네기의 평생 친구이자 근처에서 자란 호머 크로이Homer Croy는 카네기 가족이 경제적으로 어렵다는 것을 보여주는 당혹스러운 풍경을 기억했다. "데일의 가족에 관한 첫 기억은 일요일 아침, 장대 한쪽 끝은 말이 그리고 다른 쪽 끝은 노새가 끄는 이상한 마차를 타고 시내로 나가던 모습이다." 이렇게 당혹스러울 만큼 전혀 어울리지 않는 모습은 "그의 가족이 얼마나 가난한지" 잘 보여주었다고 크로이는 적었다.[18]

가난이 주는 박탈감과 굴욕감은 총명하고 감수성 예민한 카네기를 힘들게 했다. 카네기와 그의 형은 넉넉하지 못한 집안 형편 때문에 모든 것이 부족했다. 어머니 아만다는 인근 상점에서 바꿔온 천으로 형제의 옷을 만들어 입혔다. 신발 바닥에 구멍이 나고 바지 엉덩이 부분에 헝겊을 덧대는 경우가 많았다. 물론 장난감을 가지거나 특별한 호사를 누릴 기회는 거의 드물었다. 데일은 시내에서 돌아온 아버지가 사탕을 사오지 않으면 울음을 터뜨렸다. 아버지로서는 매우 가슴 아픈 일이었다. 어느 크리스마스에 부모는 데일에게 작은 상자가 들어 있는 약 30센티미터 크기의 트렁크를 선물했다. 소년은 그것을 가장 소중한 보물로 여기며 애지중지했다. 가끔 마차를 타고 메리빌에 나가거나 아버지에게 10센트를 받으면 무척 신 났다. 하지만 그런 호사는 자주 누릴 수 없었다. 가난이 주는 신체적 고통과 마음의 상처는 계속 그를 힘들게 했다. 훗날 카네기는 "가족의 가난이 부끄러웠다"라고 인정했다.[19]

결국 카네기 가족의 경제적 어려움은 극에 달했다. 1900년 초에 몇 년 동안 이어진 실패를 견디다 못한 제임스 카네기는 산더미 같은 빚을 청산하고자 10여 년 전 희망에 부풀어 구입한 농장을 팔 수밖에 없었다. 하지만 빚을 갚고 나니 남은 것은 가구 몇 점, 마차 한 대, 말 두 마리뿐이었다. 곧은 심지를 가진 아만다마저 이번에는 무너져내렸다. 그녀는 두 아들을 끌어안고 눈물을 흘렸다. "이제 우리에게는 너희 둘밖에 남지 않았구나." 그들은 메리빌에 있는 농장을 빌려서 다시 시작하려고 했다. "아버지는 계속되는 실패로 의욕을 잃었다." 이처럼 실패의 뼈아픈 모습은 어린 아들의 머릿속에 깊이 새겨졌다.[20]

이 위기는 카네기의 부모에게 각기 다른 영향을 끼쳤다. 제임스 카네기는 인민주의 운동Populist movement에 합류하면서 정치에 관심을 가졌다. 1880년대와 1890년대에 생존을 위해 힘겹게 투쟁해야 했던 소작농들은 도금 시대의 미국Guilded Age America, 특히 은행과 철도회사, 제조업자들과 금본위제에 유리한 보호관세에 힘쓰는 공화당 때문에 자신들이 경제적 어려움을 겪고 있다고 판단해 반란을 일으켰다. 그들은 1890년 초에 정치적으로 단결해 '인민당The People's Party'이라는 조직을 결성했다. 그리고 인민주의 지도자로 민주당의 윌리엄 제닝스 브라이언William Jennings Bryan을 지지했다. 인민주의자들은 자신들의 고충 해소를 위해 은화 자유주조, 철도와 금융 기관에 대한 정부 규제, 시장 공동 전략을 내세웠다. 제임스 카네기는 1896년 대통령 선거에서 공화당의 윌리엄 매킨리William McKinley 후보와 맞붙은 브라이언 후보를 열렬하게 지지했다. 그는 나무 상자 덮개에 '브라이언은 곧 번영'이라고 써서 길가 나무에 걸어두었다. 하지만 안타깝게도 선거 결과는 좋지 않았다. 제임스와 두 아들은 선거가 있던 날 밤, 동네 잡화점의 전화기 주위에 모여 브라이언 후보의 패배 소식을 들었다. 제임스는 넌더리난다는 듯 나무판을 뒤집어 '매킨리는 곧 굶주림. 농장 팝니다'라고 적어 다시 나무에 걸어놓았다.[21]

제임스 카네기는 결국 절망을 이기지 못하고 무너져버렸다. 빚이 점점 늘어가고 도저히 빠져나갈 구멍이 보이지 않자 우울증에 빠졌다. 농장에 있는 커다란 떡갈나무에 목을 매달겠다는 둥 나날이 자신을 해치겠다는 위협과 암시를 드러냈다. 아만다는 헛간에 가축들 먹이를 주러 간 남편이 조금이라도 늦으면 '밧줄에 매달린 채로 발견될까 봐' 전전긍긍했다. 제임스는 메리빌 은행에서 농장을 압류하겠다는 위협을 받고 돌아오다가 102강에 마차를 멈추었다. 마차에서 내린 그는 강물을 내려다보며 물에 뛰어내려 모든 것을 끝내야 하는지 고민하면서 한참을 서 있었다.[22]

하지만 아만다 카네기가 가족의 경제적 어려움에 대처하는 방식은 사뭇 달랐다. 그녀는 신앙심이 더욱 깊어졌다. 그녀는 집안에서 춤과 카드놀이를 금지함으로써 집안을 믿음의 요새로 만들었고 근엄한 도덕의 수호자를 자청했다. 그녀는 가족과 함께 하나님의 사랑과 보호에 대한 기도를 자주 했고 매일 밤 두 아들이 잠자리에 들기 전에 성경을 한 장씩 읽어주었다. 독서와 교육을 매우 중요시했던 그녀는 유명한 복음 전도자 드와이트 L. 무디Dwight L. Moody가 홍보하는 저렴한 종교 서적 시리즈 '무디 서적 행상 도서관Moody Colportage Library'을 구독했고 남편과 아들들에게도 설교 내용을 숙지시켰다. 그녀가 가장 좋아한 것은 춤에 반대하는 내용이 담긴 《무도회장에서 지옥으로 From the Ballroom to Hell》라는 소책자였다. 하지만 카네기가 그 책을 열심히 읽은 것은 적절하지 못한 의도에서 비롯되었다. 훗날 그가 밝힌 이유는 독실한 신앙심이 아니라 "짧은 치마를 입은 여자들이 지옥으로 가는 그림"에 매혹되었기 때문이었다. 집안의 기강을 엄격하게 바로잡는 것도 아만다의 몫이었다. 그녀는 '매를 아끼면 아이를 망친다'는 성경의 가르침에 따라 두 아들이 말썽을 부리면 마음이 아파도 회초리를 들었다. 그러나 아만다의 확고한 도덕성은 훗날 아이들이 세상을 부정적이고 어두운 곳이 아니라 긍정적이고 밝은 곳으로 바라볼 수 있도록 했다. "홍수도, 빚도, 재해도 어머니의 행복하고 환하고 고무적인 정신을 억누르지 못했다"라고 카네기는 말했다.23

종교에 대한 열정이 뜨거웠던 아만다는 메리빌 지역사회에서 교회와 관련된 일에 적극 참여했다. 그녀는 성인이 된 후로 줄곧 여러 시골 교회에서 오르간을 연주했고 주일학교 교사로 활동했다. 무엇보다 그녀는 매우 뛰어난 평신도 전도사가 되었다. 카네기 가족과 친하게 지낸 사람의 말을 빌리면 "아만다는 연단에 올라가 그 어떤 남자에게도 뒤지지 않을 만큼 훌륭하게 설교할 수 있었고, 실제로 그렇게 했다. 이따금 우리 감리교회에 있는 라이틀 수사Brother Lytle의 연단으로 올라가 신자들에게 멋진 설교를 했다. 그녀는 신자들에게 불꽃과 열정과 열의를 불어넣었다"라고 했다. 명성이 점점 퍼지자 아만다는 아이오와 네브래스카까지 설교하러 갔고, 한번은 친구들이 십시일반 비용을 모아주어 일리노이 주에서 열린 부흥회에 참석하기도 했다. 특히 그녀는 술집에 쳐들어가 도끼를 휘두르는 행동을 통해 금주 운동의 영웅으로 떠오른 캐리 네이션Carrie Nation처럼 술을 뿌리째 없애버리려는 금주 운동을 지지했다. 혹자의 설명에 따르면 아만다는 '필사적으로' 인근 술집들에 저항했다.24

어린 데일 카네기는 고군분투하는 부모의 모습에서 긍정적인 교훈 하나를 배웠다. 그는 부모의 이타심을 존경하게 되었다. 그의 아버지와 어머니는 아무리 가난해도 해마다 어떻게든 돈을 조금 모아서 인근 아이오와 주 카운슬 블러프스Council Bluffs에 있는 고아원 크리스천 홈The Christian Home에 보냈다. 훗날 부자가 된 아들은 크리스마스를 맞아 부모에게 넉넉한 금액의 수표를 보냈다. 하지만 부모가 그 돈으로 불우한 가정들을 위해 식료품과 석탄을 사주었다는 사실을 알고는 그럼 그렇지 하고 고개를 가로저었다. 부모의 그러한 넉넉한 마음씨는 아들에게 막대한 영향을 끼쳤다. 나중에 유명해진 카네기는 뉴욕 강연에서 부모의 이타적인 성품에 대해 언급했다. 그는 목이 메었고 눈물이 흘러내렸다. "부모님은 나에게 돈도, 그 어떤 경제적인 유산도 물려주지 않으셨습니다." 잠시 진정한 후 말을 이었다. "하지만 부모님은 그보다 훨씬 값진 것을 물려주셨습니다. 바로 믿음과 흔들림 없는 성품입니다."[25]

데일 카네기는 19세기 미국의 전통적인 문화 속에서 강력한 종교적 윤리를 흡수하며 성장했다. 훗날 그는 개신교 교리를 대부분 거부하고 감리교 신자만 천국에 갈 수 있다는 가르침을 받고 자랐다는 농담을 하기도 했지만, 영적인 위안과 연결에 대한 갈망은 여전했다. "어머니는 내가 성직자가 되기를 바라셨다. 나도 해외 선교사가 되는 것을 진지하게 생각했다." 그는 성직자에는 관심이 없었지만 설교에 대한 욕구를 다른 형태로 발전시켰다. 인간관계의 구축과 성공이 그에게 세속적인 구원을 의미하게 된 것이다. 《카네기 인간관계론》을 집필하면서 그 책에 나온 원칙을 응용하는 것은 변화적이고 종교적인 경험이었다. "나는 그 원리를 활용한 많은 사람들의 삶에서 말 그대로 혁신이 일어나는 것을 지켜보았다."26

또한 카네기는 어려서부터 언어를 통한 표현과 논쟁에 친숙했다. 교사였던 그의 어머니는 언어를 능숙하게 다루었는데 그 모습이 카네기에게도 영향을 끼쳤다. "나는 타고난 논쟁자였다. 어릴 적부터 말로 따지기를 좋아했다. 집과 학교는 물론 놀이터에서도 언쟁을 벌였다"라고 그는 말했다. "나에게는 '나는 미주리 출신이니까 증거를 대봐'*라는 전형적인 태도가 있었다." 또한 사람들 앞에 서기 좋아하는 어머니의 취향도 카네기에게 전염되었다. "어머니는 주일학교와 교회 행사에서 항상 내가 몇 마디를 하도록 하셨다." 그는 이렇게 뛰어난 언어 표현력을 '축복'으로 여겼고 훗날 토론이나 강연자라는 직업에 흥미를 느끼는 계기가 되었다.27

어린 카네기의 사랑스러운 성격 또한 어머니에게서 물려받은 것이었다. 그는 어렸을 적 말썽을 피우다 혼날 때면 어머니가 회초리를 들기 직전 달콤한 말을 했다. "매를 맞기 전에 쿠키를 먹고 소파에 누워 쉬어도 되는지 물었다. 그러면 어머니의 기분이 조금 풀렸다. 어머니는 웃음을 터뜨릴 수밖에 없었고 그러면 회초리를 면할 수 있었다."

평소 낙천적인 성격의 그는 가끔 짓궂은 장난을 치기도 했는데 한번은 작은 시골학교를 웃음 도가니로 만든 적이 있었다. 가죽을 벗겨서 토막 낸 토끼 고기를 양동이에 넣고 뚜껑을 닫아 교실 난로에 올려둔 것이었다. 교사와 반 아이들이 냄새를 맡았을 때는 이미 늦었다.

---

* 증거를 대보라는 뜻의 'Show me'는 미주리 주의 속칭이다.

양동이 뚜껑과 함께 연기가 솟구치면서 뜨거운 물과 삶아진 토끼 고기 조각이 천정으로 발사되었다. 당연히 교사는 탐탁해하지 않았지만 아이들은 무척 즐거워했다. "공부는 재미있어야 한다. 토끼 고기가 그날의 점심이었다."[28]

하지만 어린 카네기는 굴욕에 매우 민감했다. 처음 학교에 들어갔을 때 공동 화장실을 이용할 때마다 당황스러웠다. 고학년 학생들이 서 있다가 저학년 학생들을 놀리기 일쑤였다. 카네기는 화장실에 가고 싶을 때면 학교 내 가장 구석진 곳으로 가서 해결했다. "소변 줄기가 땅으로 떨어지기 시작했을 때 몇몇 고학년 학생들이 그것을 보았다. 모두 즐거운 듯 함성을 지르며 나를 가리켰고 온갖 말로 놀리기 시작했다. 그렇게 창피했던 적은 처음이었다. 수치스러움에 눈물까지 나왔다." 또 카네기는 운동장에만 나가면 크고 돌출된 귀 때문에 놀림을 받아야 했다. 어른이 된 후에도 앞장서서 자신을 놀렸던 상급생 샘 화이트를 떠올리는 것만으로 몸이 움츠러들었다.

물론 가난도 그에게 끊이지 않는 고통을 가져다주었고 촌스러운 배경과 세련되지 못한 몸가짐에 대한 열등감도 갈수록 커졌다. 열세 살 때 들판에서 일하고 있을 때, 마차를 타고 오는 예쁜 소녀가 보였다. 카네기는 모자를 옆으로 비스듬히 기울여 정중하게 인사하기로 마음먹었다. 하지만 소녀가 가까이 다가오자 당황한 나머지 모자의 테두리 부분을 놓치는 바람에 모자가 바닥으로 떨어져 버렸다. 소녀는 비웃으며 가버렸고 남은 그는 부끄러움에 어쩔 줄 몰랐다.[29]

카네기는 20세기의 기업과 도시, 화이트칼라 세계에서 성공하기 위한 청사진을 그린 장본인이었지만 어린 시절에는 19세기 시골 마을에서 성공에 필수적이었던 육체노동을 매우 혐오했다. 나중에 그는 "그때는 조금이라도 일처럼 보이는 것이라면 뭐든지 싫었다"라고 회고했다. "내가 싫어한 일은 버터가 될 때까지 크림을 휘젓는 일, 닭장 청소하기, 잡초 베기, 젖소 우유 짜기였다. 무엇보다 장작 패기가 가장 싫었다. 어찌나 싫었던지 우리 집에는 미리 쌓아둔 장작이 없었다." 아버지는 막내아들에게 성실한 노동의 중요성을 누누이 강조했고 꾸준히 집안일을 시켰다. 하지만 정작 소년의 마음은 딴 데 가 있었다.[30]

카네기는 서서히 시골 생활의 한계를 실감했다. 가끔 메리빌 시내에 나갈 때면 즐거운 만큼 우울해졌다. 시내는 북적거리는 도시처럼 보였고 포목점 주인이자 풍채 좋고 성격도 좋은 대니얼 에버솔Daniel Eversole 같은 인물은 카네기에게 깊은 인상을 주었다. 린빌 호텔Linville Hotel은 어린 카네기에게 세련됨의 상징이었다. 잘 차려입은 시내의 고위 인사들이나 방문객들이 로비의 푹신한 의자에 앉아 시가를 피우는 모습을 창문으로 엿보았다. 1899년에 카네기는 작은 시골 학교에서 처음 영화를 보고 난 후 미주리 시골 마을 바깥에 더 큰 세계가 존재한다는 사실을 알게 되었다. 그것은 단편 서부 영화였는데 클라이맥스에서 돌진하는 기차를 따라 달리는 두 명의 카우보이가 나오는 것을 보고 소년은 전율을 느꼈다.[31]

조금씩 넓어지는 어린 카네기의 세계관에 특히 큰 영향을 끼친 사건이 있었다. 1901년 겨울, 소년이 다니는 시골 학교의 교사로 부임한 니콜라스 M. 소더Nicholas M. Sowder가 카네기의 집에 하숙하게 되었다. 소더 선생은 학생들과 함께 4막으로 이루어진 〈이모진 또는 마녀의 비밀Imogene, or the Witch's Secret〉이라는 연극을 연출하면서 소년에게 처음으로 깊은 인상을 남겼다. 카네기는 그 연극에서 신문팔이 소년 스눅스Snooks 역을 맡았다. 연극이 성공을 거두자 소더 선생은 '한술 더 떠서' 인근의 파넬 마을회관을 빌려 입장료를 받고 공연을 하기로 했다. 카네기는 매우 흥분했다. 첫 연극 경험은 그에게 '사람들 앞에 서는 짜릿함'을 느끼게 해주었고 이는 훗날 그의 직업 선택에도 큰 영향을 끼쳤다. 소더 선생은 카네기의 집에 기거하면서 어린 카네기와 중요하고도 개인적인 관계를 맺었다. 소더 선생에게는 타자기와 계산기가 있었다. 카네기로서는 둘 다 처음 보는 물건이었다. 소더 선생과 똑똑한 학생은 '직관적' 또는 '심리학' 같은 단어가 들어간 긴 대화를 나누었다. 눈이 휘둥그레진 소년에게 소더 선생은 넓은 세상으로 향한 열린 문이었다. 훗날 카네기는 소더 선생을 가리켜 '최초의 영감'이라고 표현했다.[32]

궁극적으로 데일 카네기의 유년 시절은 훗날 그의 일에 핵심이 되는 주제로 이어주는 역할을 했다. 그 주제는 '미국에서 성공이란 어떤 의미이며, 어떻게 해야 성공할 수 있는가'였다. 가족이 가난에서 벗어나지 못한다는 사실은 소년에게 매우 큰 충격이었고, 커갈수록 가난한 시골을 벗어나 '큰 도시에 살면서 일주일 내내 하얀 칼라 달린 옷을 입을 것'이라고 결심했다. 동시에 그는 부에 대한 갈망을 도덕적 가치에 대한 순수한 존중심에 맞추려고 무던히 애썼다. 그는 큰 농장을 가진 부유한 농부들을 비판하는 경향이 있었다. 이웃의 한 부자 농부가 넘치는 탐욕으로 농장 일꾼들을 쉴 틈 없이 부려 먹는다는 사실을 알게 되면서였다. "가엾게도 그는 맹목적이고 광기 어린 욕망에 빠져 계속 더 많은 돈을 원했다. 100만 달러를 모아도 더 많이 벌려고 안간

힘을 쓸 터였다." 그의 부모나 평범한 농부들의 이타적인 모습과 비교할 때 그것은 별로 끌리지 않는 가치였다.³³

어릴 적부터 인간의 본성에 날카로운 눈을 가졌던 카네기는 사람들이 돈이 아닌 다른 것에서 의미와 성취감을 찾는다는 사실을 깨달았다. 아버지 제임스가 기르던 두록 돼지와 얼굴 부분만 하얀 헤리포오드종 소는 시골 축제와 가축 경연대회에서 종종 1등을 차지했다. 제임스는 하얀색 모슬린 천에 1등을 상징하는 파란색 리본을 쭉 진열해놓고 집에 오는 손님들에게 자랑스럽게 보여주었다. 거기에서 어린 카네기는 매우 중요한 결론을 도출해냈다. 모든 사람은 아무리 사소해도 남들과 다른 특별함을 느끼고 싶어 하고 성취감이나 가치 또는 매력으로 인정받고 싶어 한다는 사실이었다. 그 교훈은 그의 뇌리에 깊이 새겨졌다.³⁴

신앙심과 가난, 미덕과 실패, 노력과 굴욕 사이에서 갈등하던 데일 카네기는 청소년 시절에 전환점을 맞이한다. 카네기가 16세가 되던 1904년 봄, 그의 가족은 화물열차에 짐을 싣고 메리빌의 임대 농장을 떠나 남동쪽으로 약 270킬로미터 떨어진 미주리 주 워런스버그Warrensburg로 향했다. 그곳 농지는 미주리 북서쪽에 비해 나을 것이 없었지만 그의 부모에게는 두 아들에게 대학 교육을 시키겠다는 원대한 목표가 있었다. 워런스버그 근처에 주립사범대가 있었던 것이다. 그리하여 산골짜기 시골 출신의 가난한 소년은 지금까지 상상만 해왔던 더 큰 세상 속으로 나가게 되었다. 그것은 데일 카네기가 성공의 길로 내디딘 첫걸음이었다.³⁵

| 2장 |
저항과 회복

카네기는 《카네기 인간관계론》에 나온 원칙 중에서 특히 새로운 생각을 받아들이고 새로운 삶의 방식을 고려하는 것을 매우 중요하게 여겼다. 그는 비효율적인 구식 세계관을 버리고 성공에 도움되는 새로운 사고방식을 채택해야 한다고 자주 강조했다. 자신이 쓴 책을 최대한 활용하기 위한 '필수 조건'은 "배움에 대한 깊고 강렬한 욕구, 사람을 대하는 능력을 개선하려는 단호한 의지"라고 강조했다. 독자들에게 "그리 멀지 않은 곳에 놓인 부의 가능성을 기억하라"면서 "당신은 지금 새로운 습관을 형성하고 새로운 삶의 방식을 시도하고 있다"고 상기시켰다. 그러나 카네기는 타협하지 않으려는 인간의 본성 때문에 새로운 관점을 채택하기가 매우 어려움을 알고 있었다. "보통 사람들은 편견이 있고 대부분이 선입견에 물들어 있다. 사람들은 대부분 종교나 머리 모양, 공산주의, 혹은 클라크 게이블에 대한 자신의 생각을 바꾸고 싶어 하지 않는다"고 썼다.[1]

새로운 생각을 받아들이는 것은 자신은 물론 타인에게 충분한 자신감과 자존감을 만들어내는 것에 좌우된다. 카네기는 그것이 인정받고자 하는 인간의 기본적인 욕구 때문이라고 보았다. "우리는 만나는 모든 사람에게 받아들여지고 싶어 한다. 자신의 진정한 가치를 인정받고 싶어 한다. 자신의 작은 세계에서 자신이 중요한 사람이라고 느끼고 싶어 한다"고 주장했다. 따라서 세심하거나 성공을 추구하는 사람이라면 자신 있게 세상에 다가가되 "진심으로 상대방이 중요한 사람이라고 느끼게 하려는" 확고한 의지가 있어야만 한다. 항상 "진심으로 인정해주고 아낌없이 칭찬하라"는 생각을 해야 한다. "우리는 자녀나 친구, 직원들의 몸에 영양분을 공급해준다. 하지만 그들의 자존감에 영양분을 주는 일은 얼마나 드문가."[2]

이처럼 카네기가 세상에 대한 관점을 바꾸고 자존감을 키우라고 강조한 것은 매우 힘든 청소년기를 보냈기 때문이었다. 그는 16세에 미주리의 작은 대학교에 입학하자마자 극심한 위기에 봉착했다. 대학 공부를 하면서 어린 시절부터 배운 종교 원리에 의문을 던지기 시작한 것이다. 남루한 옷차림에서 너무도 분명하게 드러나는 가난에 굴욕감을 느낀 그는 동료 학생들에게 '열등감'을 느꼈다. 그 해로운 감정은 카네기를 크게 동요시켰다. 지금까지 지켜온 전통에 전면적으로 반기를 들고 가족, 특히 신앙심 두터운 어머니와 마찰을 빚었다. 그러나 그는 곧 대중연설public speaking을 통해 안정과 강한 자존감을 얻었다. 그는 자신이 연설과 설득에 재능이 있음을 발견했다. 당시 대학가에 널리 퍼진 활동을 통해 결국 캠퍼스에서 가장 인정받는 학생이 되었다. 그뿐만 아니라 카네기는 연극식의 구식 웅변이 아니라 진보적인, 즉 소통과 성격 표현을 강조하는 대화식의 대중연설을 수용했고 이는 미래 직업의 기반이 되었다. 짐스러운 19세기 문화적 전통을 벗어버리고 새로운 자기가치 의식을 갖춘 젊은 카네기는 성공으로 가는 길에서 또 하나의 중요한 발걸음을 내디뎠다. 스스로 새로운 세계관을 구축함으로써 타인에게도 그 필요성을 설득할 수 있게 되었다.

카네기 가족이 1904년에 건너간 워런스버그는 인구 5000명의 중소도시였다. 워런스버그는 오자크 산맥Ozark Mountains 서쪽 끄트머리에서 서쪽의 캔자스 평지로 이어지며 차츰 평평해지는 완만한 언덕 가운데에 있었다. 캔자스시티 남동부에서 약 105킬로미터 떨어진 미주리 중심부 서쪽에 있으며 존슨 카운티Johnson County의 행정중심지였다. 1830년대에 출범한 워런스버그는 1864년에 미주리퍼시픽철도Missouri Pacific Railroad의 차고가 들어오면서 경제 부흥을 이루었고, 20세기로 접어들면서 전형적인 중서부의 부유한 중소도시로 자리 잡았다. 워런스버그에는 모든 교파의 개신교 교회, 대형 곡물 창고, 제분소, 주조 공장, 작은 모직 공장, 호텔 세 곳, 은행 다수, 도서관, 신문사 두 곳, 다양한 소매상 등이 있었다.3

그러나 워런스버그의 가장 중요한 특징이자 카네기 가족을 그곳으로 이사하게 한 것은 대학교였다. 워런스버그 주립사범대학교 Warrensburg State Normal School*는 당시 생겨나기 시작한 공립 초중고등학교 교사를 양성하고자 미주리에 생긴 두 개의 주립사범대 중 하나로, 1871년에 설립되었고 1870년대 말에는 매우 번성했다. 등록금이 무료

---

* 현재는 일반 4년제 대학교인 센트럴 미주리 주립대학교(Central Missouri State University)로 바뀌었다.

였으며 졸업 후 미주리에서 교편을 잡을 수 있었다. 1904년 가을, 후기 빅토리아 건축 양식 롬바드 베네치안Lombard-Venetian 스타일의 커다란 사암 건물들이 오밀조밀하게 들어선 캠퍼스에 약 800명의 학생과 40명의 교직원이 수업을 위해 모였다. 커다란 연못과 탁 트인 운동장은 캠퍼스 구조를 돋보이게 했다.[4]

워런스버그 주립사범대학교가 공표한 교육 목표는 "공립학교 교사를 양성함으로써 '학식 있는 시민정신'에 공헌하는 것"이었다. 미주리 전역, 특히 서쪽에 비교적 가까운 농경 중심지의 시골 마을과 캔자스시티에서 학생들이 모여들었다. 1900년대 초기에는 당시 대부분의 사범대학교가 그랬듯 1~2학년 학생들은 오늘날 11~12학년, 즉 고등학교 수준의 수업을 들었고 3~4학년은 현대의 대학 1~2학년과 비슷한 과정을 공부했다. 카네기처럼 초등교사 과정을 밟는 학생은 졸업과 함께 운영위원 자격증Regents Certificates을 받았고 상급 과정 학생들은 교육학 학사 학위를 받았다. 일반적으로 학생들은 과학, 수사학, 수학, 심리학, 역사, 문학 수업을 들었고 3학년이 되면 상급 과학으로 올라갔다. 마지막 두 해에는 선택과목을 들었고 실습 훈련이 더욱 중요한 비중을 차지했다. 워런스버그 주립사범대학교는 미래 교사들에게 다방면의 교육을 시행했고, 그들을 주 전역으로 배치하여 '공공복지 개선'에 힘쓰고자 했다.[5]

제임스와 아만다 카네기는 1904년에 워런스버그 서쪽에서 약 5킬로미터 떨어진 곳에 정착했다. 2층짜리 미늘벽 판자를 댄 집과 헛간, 별채가 딸린 작은 농장을 얻었다. 제임스는 평생 힘겹게 그리해온 것처럼 땅을 일구며 근근이 살아가려고 애썼다. 그는 예전처럼 혼합작물을 재배하고 가축을 키웠고, 아만다는 집안 살림을 맡아 하며 교회 활동에 참여했다. 그해 가을, 클리프턴과 데일은 대학에 입학했다. 큰아들은 별 감흥이 없었지만 둘째 아들은 대학에 입학한 것을 무척 기뻐했다. 덕분에 조금씩 세계관이 넓어졌고 어린 시절 어머니의 책과 소더 선생과의 대화에서 어렴풋이 접했던 새로운 경험에 대한 욕망이 충족되었다. 과학, 역사, 문학 공부는 어린 시절에 다녔던 교실이 하나뿐인 시골 학교나 주일 학교 수업과는 멀리 떨어진 곳으로 그를 데려갔다. "시야를 바꾸고 지평선을 넓혔다"는 카네기 본인의 표현대로 대학 입학은 그의 삶의 궤도를 바꾸어놓았다.[6]

그러나 대학 생활은 농장에 사는 소년에게 가혹한 시련을 안겨주기도 했다. 그는 날마다 가족의 오랜 근심거리인 가난이 주는 굴욕감을 느껴야 했다. 워런스버그에 하숙방을 구하지 못할 만큼 가난한 학생은 지극히 소수였는데 카네기는 그중 한 명이었다. 그는 수업을 듣기 위해 아침마다 말을 타고 가야 했다. 당연히 낮 동안 말을 보관하고 먹이를 주는 일이 문제였다. 카네기는 대학 근처에 헛간과 빈 마구간을 가지고 있는 사람을 찾았다. 아버지가 매주 말이 먹을 곡식과 건초를 잔뜩 가져다주었다. 오후에 수업이 끝나면 말을 타고 집으로 돌아갔다. 농장에 도착하자마자 서둘러 멜빵 바지로 갈아입고 우유를 짜고 장작을 패고 돼지들에게 음식찌꺼기를 주고 석유램프 아래서 밤늦도록 공부했다. 말을 이용한 통학과 농장에서의 노동 사실을 동료 학생들에게 숨기기란 불가능했고 세련된 학생들의 비웃음은 그를 당혹하게 했다. 훗날 밝힌 것처럼 카네기는 자신을 '사회적으로 따돌림받는 사람'으로 간주하게 되었고 '열등감'이 생기게 되었다.[7]

특히 그에게 사회적 불안감을 안겨준 골칫거리가 있었다. "나는 무엇보다 내 옷차림이 부끄러웠다. 당시 내 몸은 무서운 속도로 성장했다. 내 옷들은 처음에는 너무 컸다가 몇 달 동안은 잘 맞았고 나중에는 너무 작아졌다." 그가 입고 다니는 옷은 몸에 잘 맞지 않을 뿐만 아니라 매우 허름했다. 집에서 꿰맨 옷들은 너무 오래되어 해진 데다 색깔이 바랬으며 여기저기 천으로 덧대기까지 했다. 그것은 교양과 지식의 전당인 대학교에 적응하려 애쓰는 시골 소년에게 쓰라린 마음의 상처가 되었다. 허름한 옷차림이 의식된 그는 급우들 앞에 서기가 고통스러웠다. 결국 한번은 어머니에게 언성을 높이기도 했다. "아무 생각도 안 나요! 맞지도 않는 옷이 너무 신경 쓰여서 다들 뒤에서 나를 비웃을 거라는 생각 때문에." 어머니는 아들의 말에 눈물을 흘렸다. "아, 데일. 엄마, 아빠도 너한테 좋은 옷을 사주고 싶은데 그럴 수가 없구나!" 결국 그는 "의도와 달리 너무 잔인한 말을 쏟아내고 말았다"라고 후회했다.[8]

또래 여성들에게 관심이 생기기 시작하면서 카네기는 외적인 모습에 더욱 예민해졌다. 대학 입학 후 똑똑하고 예쁜 여학생들이 눈에 들어와 데이트 신청을 하기도 했다. 하지만 당연히 연거푸 퇴짜만 맞았다. 훗날 그가 유감스럽게 말했다. "팻시 터버Patsy Thurber라는 여학생이 있었다. 같이 마차를 타러 가자고 했다가 거절당했다. 시내에 사는 다른 여학생들에게도 퇴짜를 맞았다." 계속 거절당하자 열등감이 더욱 심해졌고 여학생들 앞에서 입이 잘 떨어지지 않았다. 머지않아 강박적일 정도로 불안감이 심해졌다. "나와 결혼하겠다는 여자가 없을까 봐 걱정되기 시작했다. 시골 교회에서 결혼식을 올리고 줄 장식이

드리워진 사륜마차를 타고 농장으로 돌아가는 상상을 했다. 하지만 농장으로 돌아가는 마차 안에서 과연 신부와 어떻게 이야기를 나눈단 말인가? 도대체 어떻게? 쟁기로 밭을 갈면서 그 중대한 문제에 대해 얼마나 고민했는지 모른다." 질풍노도의 시기에 이성의 거듭된 거절까지 더해져 카네기는 삶을 비관하게 되었다.[9]

사회적 압박감에 자신감이 추락하는 동안 카네기는 지적 시련도 겪어야 했다. 그가 지금까지 받은 가정교육의 토대를 통째로 흔들어놓는 시련이었다. 다름 아니라 그는 대학 공부를 하면 할수록 종교적 믿음의 위기에 봉착했고 시련도 커져만 갔다. 대학에서 배운 공부는 어릴 때부터 그에게 주입된 전통적인 개신교 교리에 의문을 던지게 했고 어머니의 독실한 신앙심을 부정적으로 바라보게 했다. 훗날 카네기가 고백한 대로 유년 시절의 세계관이 무너져내리기 시작했다.

나는 생물학과 과학, 철학, 비교 종교학을 공부했다. 성경이 어떻게 쓰였는가에 대한 책을 읽었다. 그 후 성경 내용에 의문을 품게 되었다. 당시 시골 전도사들이 가르쳤던 편협한 교리에도 의문이 생겼다. 당황스러웠다. (……) 무엇을 믿어야 할지 알 수 없었다. 하나님이 목적을 가지고 인간을 만들었다는 것도 믿기지 않았다. 나는 기도를 그만두었고 불가지론자가 되었다. 모든 생명에 계획도 목표도 없다고 믿게 되었다. 인간에게 전혀 신성한 목적이 없다고, 수백만 년 전 지구를 배회했던 공룡들과 다를 바 없다고 생각했다. 언젠가 인류도 공룡처럼 멸종되고 말 것이라는 생각이 들었다. (……) 자신의 형상과 비슷하게 인간을 창조하신 은혜의 하나님이라는 발상에 냉소적이게 되었다.[10]

대학을 졸업할 무렵, 전통적 종교관에 반발심이 매우 심해진 카네기는 그것을 공공연하게 드러내 어머니를 경악시켰다. 이를테면 극장에 반대하는 어머니에게 무시하듯 대꾸했다. "셰익스피어의 희곡이나 루 윌레스Lew Wallace의 〈벤허〉가 어머니가 말씀하신 복음 전도사들보다 더 많은 사람을 전도했을 걸요." 어머니가 춤이 지옥으로 가는 지름길이라고 비난했을 때도 카네기는 경멸감을 숨기지 않았다. "춤을 췄다고, 극장에 갔다고 쫓아내는 사후 세계가 존재한다면 솔직히 가지 않는 게 낫겠어요. 그런 생각을 하는 사람들과 같이 있어야 한다면 전혀 행복하지 않을 테니까요. 저의 천국에서는 그런 일을 하지 않아요." 젊은 카네기는 기관으로서의 교회가 100년이나 시대에 뒤떨어져 있다고 주장했고, 교회의 편협함이 젊은이들을 고립시킬 뿐만 아니라 "지성인이 동의하기에는 이치에 맞지 않고 터무니없어요"라고 했다. "우리가 지겹게 듣고 있는 하나님이 주신 법칙들은 무지하고 시대에 뒤떨어진 인간들이 만들어놓고 하나님의 뜻이라고 주장하는 거예요"라며 분개했다.[11]

사회에서 느끼는 소외감과 지적인 의구심 사이에서 비틀거리던 카네기는 어떻게든 탈출구를 찾으려고 했다. 가난을 벗고 지성의 혼란을 긍정적인 행동으로 승화시켜줄 무언가가 절실히 필요했다. 그는 불확실함 속에서도 열등감을 극복하고 성공에 이르는 행동 방향을 찾으려고 했다. "내 인생의 보상이 되어줄 만한 것을 찾으려고 무의식적으로 주변을 두리번거렸다. 맞지도 않는 옷을 입고 다니고 여자들에게 데이트 신청을 계속 거절당하고 농장에서 통학해야 한다는 사실 때문이었는지 뭐였는지 모르겠다. 어쨌든 내 인생의 방향을 찾아야 한다는 생각뿐이었다." 더욱 깊이 들어가자면 카네기는 또래 학생들로부터 자존심을 회복해 "내가 있는 그대로 괜찮은 사람이라는 것"을 입증하려고 했다.[12]

그러던 차에 예기치 못한 곳에서 영감을 얻었다. 워런스버그 주립사범대학교에 강사 두 명이 초청되어 왔는데, 그들은 세상 밖으로 나갈 방법을 찾고 그 과정에서 진정한 자신을 찾기를 염원하는 청년 카네기의 민감한 부분을 건드렸다. 어느 날 저녁, 카네기는 대학을 방문한 셔터쿼Chautauqua* 강사의 강연을 들으러 갔다. 카네기는 "기차로 전국을 돌아다니고 호텔에서 살며 하얀색 칼라가 달린 와이셔츠를 입는 사람"이라고 동경심을 담아 그 강사를 표현했다. 강사는 대학교 등록금을 벌기 위해 문지기로 일하는 남학생의 이야기를 해주었다. 남학생은 자신의 옷차림을 부끄러워했고 여학생과 데이트를 할 돈도 없었다. 강사는 그 우울한 이야기를 15분 동안 하더니 "그 소년은 지금 당신 앞에 서 있습니다!"라고 했다. 카네기는 직급 낮은 제동수로 시작해 시카고앤드알턴 철도 회사Chicago & Alton Railroad의 부사장까지 오른 두 번째 강사의 이야기도 들었다. 카네기는 세상에 많은 기회가 기다리고 있다는 이야기를 직접 듣고 매료되었다. 그전까지만 해도 그는 "성공하려면 부잣집 아들이어야만 하고 가난한 집 아들에게는 기회가 주어지지 않는다"고 생각했다. 하지만 두 강사의 이야기를 듣고 희망과 용기가 샘솟아나는 것을 느꼈다. "가난을 극복하고 강사를 직업 삼아 살아가는 첫 번째 강사를 보니 나도 할 수 있겠다는 생각이

---

* 19세기 후반부터 20세기 초까지 미국의 시골 지역에서 크게 유행한 성인 교육 운동으로 강연, 음악, 쇼, 설교 등으로 시골 마을에 오락과 문화를 제공했다.

들었다. 그리고 두 번째 강사는 위로 올라가겠다는 굳은 의지만 있으면 가난도 방해물이 될 수 없다는 믿음을 심어주었다"라고 카네기는 설명했다.[13]

밝은 미래의 가능성을 엿본 카네기는 중요한 깨달음을 얻었다. 대학에서 인기 있는 학생들은 축구나 야구, 농구 같은 운동선수들이었는데 농장에서 통학하는 카네기는 운동에 전혀 소질이 없었다. 하지만 그는 자신의 남다른 재능 하나를 알아차렸다.

당시 토론과 연설대회에서 우승한 남학생들은 대학의 지적인 리더로 여겨지고 있었다. 그들은 모든 학생의 관심 대상이었고 1000명이나 되는 사람들 앞에 나가 말을 했다. 캠퍼스에서 그들을 모르는 사람이 없었다! 그만큼 유명했다. 그들이 캠퍼스를 지나가면 다들 수군거리며 손으로 가리켰다. 나도 할 수 있겠다는 생각이 들었다. 어머니를 따라 주일학교 행사에 다니면서 발표를 자주 했고 아마추어 연극 경험도 있었으니까. 나는 내가 청중 앞에서 보통 사람들보다 훨씬 열정적이고 활기차게 말할 수 있다는 사실을 알고 있었다.

그리하여 카네기는 유년 시절의 행복한 기억이었던 말과 관련된 일에 관심을 쏟고 노력을 기울이게 되었다. 대중연설을 타인에게 존중받고 성공하려는 방편으로 삼고자 했다.[14]

하지만 대중연설에서 구원을 찾으려는 시도는 처음부터 엄청난 시련에 부딪혔다. 해마다 캠퍼스에서 토론, 웅변, 일반적인 연설 등 다양한 대회가 개최되었고 경쟁이 치열했지만, 참가자 명단에 이름을 올리기란 결코 쉬운 일이 아니었다. 당시 대학가에 사교 클럽이 막 등장하기 시작했는데 워런스버그 주립사범대학교의 사교계는 '문학클럽'이 장악하고 있었다. 공식적인 문학클럽은 아테네, 베이컨, 남학생 어빙클럽, 캠벨, 오스본, 여학생 페리클레스클럽 등 6개였다. 교수진의 통제와 '표현과Department of Expression장長'의 감독을 받는 클럽들은 저마다 따로 클럽 룸이 있었고 정기적으로 독서회, 연설, 토론, 합창 같은 행사를 계획했다. 이들 공식 문학클럽 또한 해마다 캠퍼스 내에서 다양한 연설과 토론, 웅변대회를 열었다. 그리고 이 6개 클럽에서 우승한 사람들만이 대표로 전全 캠퍼스 대회에 나갈 수 있었다. 카네기처럼 전문 지도도 받지 않고 경험도 부족한 학생에게는 절대 쉽지 않은 일이었다.[15]

카네기는 19세기 초반에 인기를 누린 니커보커knickerbocker* 작가 워싱턴 어빙Washington Irving의 이름을 딴 어빙문학회Irving Literary Society에 가입했다. 어빙문학회는 회원들 간의 끈끈한 결속력과 누구에게나 선망의 대상이 될 만한 성과를 강조했다. 워런스버그 주립사범대의 연감 《레토The Rhetor》에는 "어빙! 이 얼마나 힘과 용기, 끈기, 인내, 참을성을 상징하는 말인가!"라고 자부심 넘치게 소개되어 있었다. 카네기는 대학 입학 후 두 해 동안 어빙문학회의 대중연설대회에 참가했다. 어빙문학회 대표로 캠퍼스 대회에 나가기를 바랐지만 무참한 패배를 맛봐야 했다. 그 실패는 사람들과의 관계에서 느끼는 절망감이 더해져 카네기의 사기를 완전히 꺾어놓았고 그는 부쩍 의기소침해졌

---

* 뉴욕의 네덜란드계 이민자를 가리키는 말.

다. 특히 1906년의 패배는 더욱 쓰라렸다. 훗날 그는 이렇게 회고했다. "나는 엄청난 실의와 절망에 빠졌고 자살을 생각할 만큼 비관적이 되었다. 바보 같은 말처럼 들리는가? 열등감에 시달리는 고작 17~18세 나이였다면 생각이 달라질 것이다!"[16]

워런스버그 주립사범대학교가 탁월한 연설 능력을 강조했다는 점은 카네기에게 더욱 커다란 압박으로 다가왔다. 미래의 교사에게는 대중연설 능력이 중요했으므로 경쟁에서 이기고 싶은 학생들은 다수의 연설대회에 참가했다. 혹자의 말마따나 워런스버그는 어떤 주 어떤 도시보다 연설을 중요하게 여겼고, 해마다 청중은 우승자를 어깨 위로 들어 올리고 축하 의미로 높다란 모닥불을 피웠다. 실제로 19세기 미국에서 가장 유명한 연설이 워런스버그에서 나왔다. 1869년에 변호사 조지 베스트George Vest — 10년 후 미주리 상원의원에 출마해 당선되었다 — 는 올드 드럼Old Drum이라는 사냥개를 총으로 쏘아죽인 이웃 목양업자를 고소한 의뢰인을 변호하게 되었다. 베스트는 최종변론에서 '개에게 바치는 헌사'로 배심원들의 눈물샘을 자극하여 승소했다. 그 감동적인 헌사에 들어간 '인간의 가장 좋은 친구'라는 구절은 곧바로 대중적인 표현이 되었다. 베스트의 연설은 곧 신문에도 실렸고 미국 전역의 수많은 남학생이 외워 연설대회에서 인용함으로써 미국 사회의 대표적인 미사여구로 자리 잡았다. 그 연설은 카네기에게도 깊은 인상을 남겼다. 그는 30년 후 자신의 뉴스 칼럼에 이 연설을 실어 독자들에게 "당장 잘라서 스크랩북에 붙여라"고 했다.[17]

결국 카네기는 엄청난 노력으로 워런스버그 주립사범대학교의 대중연설 계보에서 힘겹게 조금씩 위로 올라가기 시작했다. 그는 "언제나 내 앞에 있는 어머니를 본보기 삼아 영감을 얻어 앞으로 밀고 나갔다"라고 말했다. 그는 '개에게 바치는 헌사'뿐만 아니라 리처드 하딩 데이비스Richard Harding Davis의 '자파타의 소년 웅변가The Boy Orator of Zapata'와 에이브러햄 링컨의 '게티스버그 연설' 등 유명 연설문을 암기했고 시간 날 때마다 열정적으로 연습했다. 말을 타고 통학할 때 숲과 초원을 지나면서, 농장에서 우유를 짜면서도 했다. 저녁 일과까지 모두 끝나면 창고에 건초 뭉치를 쌓아놓고 그 위로 올라가 호기심 어린 눈빛으로 쳐다보는 가축들 앞에서 멋진 연설을 했다. 이렇게 조금씩 연설가로 성장하던 카네기는 교내를 찾는 초빙 강사들을 평가하기도 했다. 그는 알래스카에 대해 말하던 강사가 '관객들이 아는 것을 말해야 한다는 사실을 간과하는 바람에' 관객들이 종종 한눈을 팔았다는 것을 알아차렸다. 그 강사는 알래스카가 거대하다는 것을 130만 제곱킬로미터의 면적에 6만 5000명의 인구라는 통계 수치로 설명했는데, 그 바람에 청중은 좀처럼 감을 잡을 수 없었다. 카네기는 알래스카가 버몬트와 뉴햄프셔, 메인, 매사추세츠, 로드아일랜드, 코네티컷, 뉴욕, 뉴저지, 펜실베이니아, 메릴랜드, 노스캐롤라이나, 사우스캐롤라이나, 조지아, 플로리다, 미시시피, 테네시를 전부 다 합친 면적이지만 인구는 미주리 주 세인트 조지프의 절반밖에 되지 않는다고 설명했다면 더 좋았을 것으로 생각했다. 그렇게 비교했다면 듣는 사람들이 단번에 알래스카의 면적을 가늠하고 그 거대함에 깜짝 놀랐을 터였다.[18]

　머지않아 카네기의 끈기는 결실을 보았다. 청중은 초라한 행색에 아직 다듬어지지 않은 농장 출신 남학생이 다른 경쟁자들과 똑같은 말을 하더라도 '가장 뜨거운 열정과 비장함을 보여준다'는 사실을 알아차렸다. 어빙문학회 내에서 우승을 차지한 그는 교내 챔피언 자리까지 올랐다. 1907년에는 교내 '웅변대회'에서 우승을 차지했다. 문학 구절을 외워 청중에게 해석해주는 대회였다. 다음 해에는 교내 '토론대회'에서 우승했다. 이렇게 일련의 성공을 거둔 덕분에 카네기의 자존감은 크게 올라갔고 조언이나 가르침을 얻으려고 그를 찾아오는 학생들까지 생겼다. 대학 마지막 해, 카네기는 토론대회에서 우승을 거두었고 그가 가르친 학생 하나도 대중연설대회와 또 다른 웅변대회에서 우승했다. 이렇게 점점 인지도가 높아지자 카네기는 직접 원고를 써서 교회나 사교 모임에서 발표하기 시작했다. 자신감이 붙은 덕분에 청중 앞에 설 때마다 전율이 일었고 그 일을 직업으로 삼아야겠다는 결심이 확고해졌다.[19]

대중연설가로서의 성공은 카네기의 사회생활도 바꿔놓았다. 불과 얼마 전까지만 해도 놀림의 대상이었던 초라한 옷차림에 자신감 없는 시골뜨기가 캠퍼스의 유명인사가 된 것이었다. 1907년에는 학우들에 의해 2학년 부회장으로 선출되었고 연감에는 다소 우스꽝스러운 기념 문구가 실렸다. "우리의 부회장 카네기는 확실한 명성을 얻었으며 모든 학우로 하여금 그가 열변을 토한다고 생각하게 만든다." 뜨거운 열정 때문에 급우들에게 놀림 받기도 했지만 그의 명성이 갈수록 높아진다는 증거였다. 이따금 지나칠 때도 있는 뜨거운 열정은 그만의 대표적인 특징으로 자리 잡았다.[20]

어빙문학회는 다음 해에 카네기를 훌륭한 회원의 본보기로 내세우며 더욱 열렬한 찬사를 보냈다. "카네기 군은 입학 이후로 줄곧 자신이 아닌 우리 학회의 명예를 드높이려고 애썼다. 아직 2학년에 불과한 그는 벌써 작년 웅변대회와 올해 토론대회에서 두 번이나 우승의 명예를 거머쥐었다"라고 자랑스럽게 학교 간행물에 실었다. 1908년 연감에는 '2학년 스타: 토론대회 우승자 데일 카네기'라고 실렸다. 또한 카네기는 학생들 사이에서 유쾌한 이야깃거리가 되었다. 연감에는 '우리는 궁금하다'라는 제목 아래 "데일 카네기가 다음 휴일에는 또 무슨 일로 학생회를 부려 먹을지"라는 글이 실렸다. 카네기를 가리켜 '절대로 쉬지 않는 연구 위원회' 회원으로 명명하며 "절대로 떨어질 수 없는 사이, 바로 데일 카네기와 '자기중심주의'"라는 장난기 어린 내용도 있었다. 그중 가장 예언적인 구절은 2학년생 소개에 "데일 카네기, 지금 나는 자리에 앉지만 당신이 내 말을 듣게 될 날이 올 것이다"라고 적힌 글이었다. 하지만 젊은 카네기에게 가장 만족스러운 것은 "여학생들 사이에서 재능 많고 친절한 카네기에 대한 칭찬이 자자해지기 시작했다"라는 말이었다.[21]

그가 워런스버그 주립사범대의 대중연설 스타로 떠오른 것은 그 자신의 정서적 욕구와 성공 의지가 가져온 결과였지만 더욱 깊고 넓은 의미가 있었다. 그가 개인적으로 거둔 승리는 미국 교육의 중요한 추세를 반영했다. 그것은 다른 요소와 더불어 전통적인 빅토리아 문화의 몰락을 앞당긴 것을 의미했다.

역사학자 대니얼 부어스틴Daniel Boorstin의 말처럼 20세기로 들어설 당시만 해도 미국의 대중연설은 여전히 1800년대 초반 이후로 계속된 격식 차린 웅변술이 지배적이었다. 한 예로 1830년대에 처음 등장하여 몇 세대에 걸쳐 교육에 영향을 끼친 〈맥거피 리더스McGuffey Readers〉는 남녀학생들에게 '웅변 연습으로 읽기'의 올바른 방법을 가르쳤다. 이는 '발음, 억양, 어조, 강세, 조음, 시적 휴지'에 관련된 웅변 법칙이었다. 이러한 정식 웅변술의 법칙을 익히면 초중고등학교에서 좋은 성적을 내는 데 도움이 되었다. 대학교에서는 수사법과 연설법, 웅변술을 필수 과목으로 강조했고 키케로와 호라티우스의 고전적 모델을 활용했다. 부어스틴이 명명한 '과장된 스타일의 훌륭한 웅변'은 당시 공적 담론public discourse의 주요 영역을 지배하고 있었다.[22]

그러나 데일 카네기가 대학교에 입학한 시점은 전통적인 웅변이 시들해져 가던 유동적인 시기였다. 20세기 초반 들어 전통적인 교수법 개편과 수사법 관행에 대한 교육계의 관심이 부쩍 높아졌다. 빅토리아 시대의 형식주의를 비판하는 사람들은 구식 '웅변'을 새로운 '대중 연설'로 교체하기 시작했다. 이후 수십 년 동안 청중과 대화하는 듯한 좀 더 편안한 연설 분위기가 만들어졌고 개방적이고 솔직함이 효과적인 의사소통의 열쇠가 되었다. 1900년대 초 대학 시절에 그 변화 단계에 처음으로 뛰어든 카네기는 장차 그 변화 과정을 움직이는 주요 인물이 되었다. 여전히 학생들은 구식 제스처, 호흡, 억양법을 배웠지만 '표현'과 수사법을 가르치는 교사들은 기존의 제약을 완화하기 위해 새로운 요소를 도입했다. 유럽의 발성 및 연기 교사들이 그러한 수정주의 운동에 앞장섰다.[23]

19세기 말 미국에서는 진보적 화술 교육 방식으로 '델사르트식Delsarte System'이 등장했다. 프랑스의 음악 발성법 및 오페라 연기 이론가인 프랑수아 델사르트François Delsarte의 이름을 딴 명칭이었다. 원래 델사르트가 내놓은 이론은 목소리와 움직임을 엮어 인간의 마음과 영혼의 심오한 욕구 표현을 강조함으로써 다소 복잡하고 장대한 철학 형태를 띠었다. 그러나 스틸 맥카이Steele MacKaye 같은 미국인 해석자들의 손을 거친 델사르트식은 몸짓과 팬터마임, 감정이 '표현'의 전달자 역할을 하는 신체 훈련의 하나로 발전했다. 1880년대와 1890년대에 이르러 델사르트주의자들은 연기와 춤, 그리고 젊은 카네기와 밀접한 관련이 있는 연설에 큰 영향을 끼쳤다. 몸의 긴장을 풀고 연설과 몸짓, 효과적인 표현에 정신력을 집중하는 맥카이의 '조화로운 체조' 혹은 신체 훈련은 핵심적인 교육 전략으로 자리 잡았다. 어떤 면에서 델사르트식은 동상의 자세, 회화, 기계적 자세처럼 매우 인위적인 특징을 띠는 후기 빅토리아 시대의 고상함을 패러디했다. 그러나 대부분의 델사르트주의자들은 빅토리아 시대의 제약과 형식주의에서 벗어나는 변화를 추구했다. 새로운 델사르트식의 원칙은 자유로운 가능성을 선사했다. 제한적인 관습에서 벗어나 목소리와 신체가 더욱 깊은 '심리적 원인'에 반응하고, 즉흥적인 생각 표현에 즉각 호응하며, 개인주의의 자유로운 연극을 장려하고 목소리와 신체를 사용해 '자연스러움'을 전달할 수 있었다. 즉, 세심하게 계획된 기법을 통해 '대화적인' 분위기를 만들 수 있게 되었다.[24]

따라서 델사르트식은 19세기 빅토리아 시대의 형식주의와 20세기 현대사회의 토대가 된 현실주의를 잇는 가교 역할을 했다. 이는 미국 문화 속에 일어난 광범위한 변화를 반영했다. 교육, 법률, 철학, 역사 연구, 정치 이데올로기 등 다른 여러 분야에서도 형식적인 카테고리, 추상적 원리, 도덕적 의무, 불변의 고정된 사고체계에 변화가 일어났다. 사회적 현실을 직면하고, 새로운 생각의 효과를 직접 실험하고, 진실은 내재한 것이 아니라 새롭게 발견하는 것이라는 개념을 받아들여야 함을 강조하는 분위기가 형성되었다. '법 현실주의'에서 '진보 교육', 철학적인 '실용주의', '진보적 역사'에 이르기까지 거의 모든 문화적 시도가 새로운 도구주의 성향을 띠었다. 웅변을 가르치는 것은 이런 큰 흐름에 들어맞았다. 기술적 표현을 중요시하지 않으며 몸과 마음을 하나로 합치는 심리적 접근법을 수용한 델사르트주의자들은 빅토리아 시대 이후의 경향, 즉 반反형식주의를 보였다.[25]

1904년 당시 워런스버그 주립사범대학교도 다른 여러 교육 기관과 마찬가지로 델사르트식의 영향이 뚜렷했다. '극적 표현과 화술'을 가르친 프레드릭 애봇Frederick Abbott 교수가 그 주역이었다. 아담한 키에 숱 많고 뻣뻣한 머리, 활기 넘치는 분위기의 애봇 교수는 뉴욕 시의 뉴욕 표현주의 학교New York School of Expression에서 미국 내 델카르트식의 선구자 F. 타운센드 사우스윅F. Townsend Southwick에게 배웠다. 애봇 교수는 1890년대 미국과 캐나다를 다니며 활발하게 강연 활동을 했고 그 후 교육계로 뛰어들어 여러 학교에서 학생들을 가르쳤다. 1905년부터 미주리 주립사범대학교에 재직했으며 젊은 카네기가 대중연설가로 성장하는 데도 큰 영향을 끼쳤다.[26]

애봇 교수는 스승인 사우스윅이 쓴 《연설법과 액션Elocution and Action》을 수업 교재로 활용했다. 그는 몇 해 전에 그 책의 추천사를 쓰기도 했는데 "새로운 연설법에 부합하며, 수업 시간에 활용해 놀라운 효과를 거두었다"고 했다. 사우스윅의 책으로 배운 카네기는 빅토리아 시대의 주요 산물인 과장된 표현을 싫어하게 되었고 '대화 전달의 탄탄한 토대'를 중요시하게 되었다. "순수한 감정은 그만의 배출구를 찾게 되어 있다. 감정 표현의 경로가 자유롭다면." 그는 기법을 지나치게 강조하면 품위나 기계적 완벽함보다 훨씬 중요한 즉흥성을 잃게 된다는 사실도 배웠다. 또한 천천히 말하는 것의 중요성도 알게 되었다. "말은 신중하게 해야 한다. 소리치거나 목소리를 쥐어짤 필요가 없다. 일상적인 대화 어조로 편안하게 말한다." 마침내 카네기는 말과 내면의 감정을 연결하여 "감정이 느껴지도록 전달하고 오직 느끼는 것만 표현해야 한다. 이것이야말로 자연스러운 표현의 비결"이라는 것을 배웠다.27

카네기는 애봇과 사우스윅의 '새로운 연설법'으로 전향했다. 그는 전통적인 형식주의에서 강조한 세심하게 계획된 자세를 유지하되 열정 같은 감정적 요소를 가미해 더욱 자연스럽고 대화하듯 말하는 것을 목표로 삼았다. 그는 자신을 '말의 불꽃놀이를' 거부하고 '나를 둘러싼 껍질을 깨뜨리고, 즉흥적이고 인간답게 말하고 행동하는' 19세기 대중연설 혁명의 일부로 보았다. 또한 어머니에게 받은 영향력도 활용했다. 어머니는 어린 카네기가 종교 모임에서 '글'을 발표할 때마다 자연스럽게 하라고 말해주었다. 다른 소년들은 화려한 몸짓을 활용했지만 어머니는 바보 같은 방법이라며 경멸했다. 시는 노래하듯 읊어야 하고 연설은 과장된 몸짓 없이 분명한 의미와 감동을 담아서 해야 한다고 말했다.28

형식주의를 거부하는 카네기의 수사법과 연설법은 대학 공부를 끝마치고 더 큰 세상으로 나아갈 무렵 완성되었다. 1912년에 그는 신출내기 대중연설 강사가 되어 있었는데, 전통적이고 부자연스러운 흔적이 조금이라도 엿보이는 연설에는 노여움을 느꼈다. 한 예로 어머니가 자신이 보살피던 어린 여학생에게 대중연설 수업을 받게 하려고 하자 그는 완강히 반대했다. "시골 마을의 연설법 교사들은 최악이에요. 말도 안 되는 가르침만 주입해서 망치고 말 거예요"라고 경고했다. 어머니께 보내는 또 다른 편지에서는 잘못된 연설은 배우지 않느니보다 못하다면서 "나쁜 선생은 나쁜 의사처럼 사람들에게 해를 끼칠 수 있어요"라고 했다.[29]

이처럼 실용주의적이고 개성과 소통을 강조하는 현대적 대중연설을 포용한 카네기는 대학 교육에 대한 전반적인 관점도 바뀌었다. 그는 수년 후 대학 시절을 돌이켰을 때 기억에 남는 말은 딱 하나뿐이라고 했다. 바로 역사 교수가 한 말이었다. "카네기, 자네는 여기서 배운 것을 전부 다 잊게 될 거야. 어쨌든 잊어야만 하지. 그중에 중요한 것은 거의 없으니까. 정말로 중요한 것은 자네가 이것들을 배우면서 스스로 어떤 인간이 되어가느냐 일세." 카네기는 학교 교육이 쓸모없는 사실로 학생들의 머리를 채우는 '중세적인' 시스템이라고 생각했으며 개인의 성장을 강조하는 내용으로 대체되어야 한다는 실용주의 교육을 옹호했다. 그에게는 대중연설이 실용적인 교육의 역할을 해주었고 사람들을 대하는 기술과 자신감을 선사했으며, 대학에서 배운 모든 것을 전부 합친 것보다 일과 삶에 더 실용적인 가치가 있었다.[30]

이처럼 대학 생활은 데일 카네기의 삶에 중대한 변화의 틀을 제공했다. 사회적으로는 시골 마을의 지겨운 가난에서 벗어나고자 하는 절박한 욕망에 집중하게 했고 미래의 성공 가능성을 보여주었다. 지적으로는 부모의 편협한 종교적 세계관이 20세기 초반의 새롭고 역동적인 현대사회에 맞지 않는다는 확신을 주었다. 그리고 문화적으로는 19세기 빅토리아 문화의 고상한 형식주의와 도덕적 제약에서 벗어나라고 넌지시 일러주었다. 전체적으로 대학 생활은 가난한 시골 소년의 자존감을 높이 끌어올려 주었고, 눈앞에 펼쳐진 새로운 세상에 자신이 일부가 될 수 있다는 깨달음을 주었다. 대학에서 대중연설가로 성공을 거둔 카네기는 빨리 독립하려는 마음이 컸고 쉽게 성공을 거둘 수 있으리라고 생각했다. 자신의 능력에 확신이 있었던 데다 하루빨리 과거에서 벗어나고 싶었기에 더욱 큰 변화를 위한 준비가 되어 있었다.

그 기회는 1908년에 다가왔다. 같은 학교에 다니는 학생이 카네기의 능력에 딱 맞는 돈벌이를 알려주었다. 카네기는 곧장 그 기회를 붙잡았고 태어나 지금껏 보호막이 되어준 가족의 곁을 떠났다. 앞으로 나아가겠다는 의지에 충만했던 카네기는 수백 킬로미터나 떨어진 곳으로 떠났고 몸보다 마음이 가족과 더욱 멀어지게 되었다.

| 3장 |

상품을 팔아라, 자기 자신을 팔아라

카네기는 《카네기 인간관계론》에서 종종 세일즈 분야에 대해 언급했다. "수천 명에 이르는 세일즈맨이 거리를 누비지만 그들은 피곤함에 절어 있고 실의에 빠져 있으며 적은 급여를 받는다"고 주장했다. 항상 자신이 원하는 것만 생각하고 물건을 팔고자 하는 대상에 대해 이해하지 못하기 때문이다. 그의 책에는 문제를 해결할 지침도 소개된다. "수없이 많은 세일즈맨들이 이 원칙을 사용해 실적을 크게 올렸다. 예전에는 아무리 노력해도 설득할 수 없었던 사람들을 고객으로 만들었다"라고 카네기는 말했다. "사람들은 자신이 달성하는 새로운 성과에 놀란다. 모든 것이 마법처럼 느껴진다." 첫 단계는 현대 미국 사회 사람들의 욕망을 파악하는 것이 필수라는 사실을 아는 것이다. 사람은 누구나 문제가 있으므로 세일즈맨이 그의 서비스나 상품이 문제 해결에 도움이 된다는 사실을 보여줄 수 있다면, 세일즈맨은 물건을 팔 필요가 없다. 사람들이 알아서 살 테니까. 하지만 뛰어난 세일즈맨은 사람의 욕망이 장려되기도 하고 부풀려질 수도 있다는 사실을 알아야 한다. "상대방에게 강한 욕구를 불러일으켜라. 그것을 할 수 있는 사람은 세상 전체를 다 가진 것이다." 이것은 카네기가 가장 좋아한 문구였다.[1]

두 번째 단계도 역시 중요했다. 카네기는 세일즈맨으로 성공하려면 제품뿐만 아니라 자기 자신도 팔아야 한다고 보았다. 《카네기 인간관계론》은 '타인의 호감을 얻는 6가지 방법'에 많은 부분을 할애하고 있는데 '사람들이 곧바로 당신을 좋아하게 만드는 방법'에 관한 조언이 들어 있다. 카네기는 세일즈 게임에서 앞으로 나아가는 비법을 알려준다. "잠재적 구매자로부터 즉각 '예'라는 반응을 얻는 것은 '긍정적인 방향으로 나아가는 심리적 과정을 만들어주어' 상대방이 물건을 구입할 가능성을 높인다"라고 했다. 카네기는 세일즈 홍보에 확실한 도움을 주는 도구로 편지도 포함했다. 그 편지는 "제가 작은 어려움에서 벗어나도록 도와줄 수 있을까요?"로 시작했다. 그다음에는 고객들에게 제품이 거둔 성공에 대해 말하고 제공할 만한 추가적인 서비스가 있는지 묻고 "그렇게 해주신다면 정말 감사하겠습니다. 이 정보를 주신 것에 정말로 감사할 것입니다"라고 끝맺었다. 그리고 카네기는 괄호 안에 "마지막 문단에서 이 편지가 '나'를 낮추고 '당신'을 높인다는 사실을 눈여겨 보라"고 했다. 이 기법은 상대방을 중요한 사람처럼 느끼게 해주면서도 세일즈맨이 자신에 대한 긍정적이고 인상적인 이미지를 심어줄 수 있게 한다.[2]

넓게 보자면 카네기는 매우 중대한 역사적 사실을 날카롭게 간파하고 있었다. 바로 20세기 초반에 미국 사회가 새로운 유형의 경제를 수용하고 있었다는 점이었다. 그 경제의 가장 큰 특징은 '소비자의 풍요'이며 세일즈맨이 상품의 흐름을 원활하게 하는 중요한 역할을 했다. 또 카네기는 소비자를 대상으로 물건을 파는 일이 정서적인 자기만족과 사람들의 관심을 끄는 이상적인 성격과도 연결되어 있음을 알고 있었다. 그 책에서 다루는 주제가 대부분 그렇듯이 카네기의 공식은 현대사회의 체계적인 분석 결과라기보다 그의 과거 경험에서 비롯된 것이었다. 대학 과정을 끝낸 카네기는 가난에 대한 걱정과 주변에서 손짓하는 풍요로움에 이끌려 세일즈의 세계로 뛰어들었다. 결국 처참한 결과를 맛봐야 했지만, 훗날 그가 사람들에게 전하는 성공 메시지의 핵심적인 생각과 기술을 연마하는 기회가 되었다. 풍요로운 현대사회에서는 자기 자신을 파는 것이 성취와 발전의 중요한 열쇠라는 점이었다.

1908년 봄, 데일 카네기는 변화를 맞이할 준비가 되었다. 대학 생활 동안 종교적 가치관에 위기를 맞고 사회적 열등감도 느꼈지만, 대중 연설을 차별화 수단으로 삼아 토론대회와 웅변대회의 우승자로 거듭났다. 그는 대학교 졸업과 함께 교사가 되고 장기적으로는 언젠가 셔터쿼 강사가 되는 것을 목표로 삼을 듯했다. 그러나 어린 시절부터 계속된 가난의 망령이 여전히 그를 쫓고 있었다. 그는 여전히 돈 한 푼 없었고 가진 것도 거의 없었으며 그의 부모는 대학가에서 몇 킬로미터 떨어진 곳에 있는 농장을 날리지 않으려고 애썼다.

그런 상황에 급우 한 명이 지나가는 말로 돈 벌 기회에 대해 언급했을 때 카네기는 귀가 쫑긋하지 않을 수 없었다. 같은 어빙문학회 회원인 프랭크 셀스Frank Sells가 지난해에 잠깐 콜로라도 주 덴버의 국제통신학교International Correspondence School에서 강좌 파는 일을 했다고 말했다. 숙식이 제공되는 데다 하루 2달러라는 쏠쏠한 수고비에 매출 건당 수수료까지 챙길 수 있다는 것이었다. 카네기는 국제통신학교에서 나오는 경비만 해도 신입 교사 월급인 60달러에 맞먹는다는 사실을 떠올리고 더욱 유리한 길을 찾아 결단성 있게 움직였다.[3]

열정은 넘쳤지만 다소 순진했던 카네기는 약간 특이한 방법으로 일자리에 지원했다. 우편으로 일자리를 구하는 것이 좋지 않은 방법이라는 사실을 몰랐던 그는 세일즈맨으로 취직하고 싶다는 편지와 대충 쓴 이력서를 당장 덴버의 국제통신학교로 보냈다. 국제통신학교는 이 풋내기의 얼굴을 보지도 않고 채용하기로 결정했다. 나중에 밝혀진 사실이지만, 그가 우편 지원이라는 무모한 방식에도 채용될 수 있었던 이유는 대중연설대회에서 몇 차례나 우승한 사람이라면 훌륭한 세일즈맨이 될 수 있을 것이라는 매니저의 생각 때문이었다. 기쁨에 젖은 카네기는 봄 학기가 끝나고 '운영위원 자격증'을 받았다. 사범대학교의 '초급 과정'을 졸업하고 학생들을 가르칠 자격이 생겼다는 뜻이었다. 카네기는 19세의 나이에 처음으로 집을 떠날 준비를 했다. 1908년 5월 23일, 온 가족의 배웅을 받으며 워런스버그 역에서 덴버행 기차에 올랐다. 어머니는 새로운 모험을 하기 위해 떠나는 막내아들을 보내면서 눈물을 흘렸다. 훗날 카네기의 말대로 어머니는 어쩌면 "가족의 둥지를 영영 떠나 세상을 향해 날개를 펼치려는 아들의 단호한 의지"를 느꼈는지도 몰랐다.[4]

카네기의 덴버행은 생전 처음 대도시에 도착한 전형적인 시골뜨기의 모습 그대로였다. 그는 전 재산을 탈탈 털어 약 20달러를 어머니가 만들어준 작은 천 가방에 넣었다. 도시 깍쟁이들에게 소매치기당하지 않으려고 가방끈을 목에 둘러 셔츠 속에 넣었다. 하루 반나절을 달려 덴버 역에 도착해 싼 하숙방을 얻었는데 첫날밤을 꼬박 새워야 했다. 그는 "태어나 처음 본 대도시의 경이로운 모습에 압도되어 불을 끄기조차 두려웠다"고 했다. 자정쯤 되자 시끄럽게 문을 두드리는 소리가 들렸다. 분명히 강도가 들이닥쳐 돈을 털리고 죽임을 당할 것이라는 생각에 "원하는 게 뭡니까?"라고 소리쳤다. 그러자 야간 경비원이 "불 좀 끄쇼!"라고 소리쳤다. 훗날 카네기는 "나는 덴버로 흘러들어온 가장 순진한 시골뜨기였는지도 모른다"라고 회고했다.[5]

카네기는 성공 의지를 다지며 커다란 세상과 마주했다. 그 시절에 찍은 그의 사진을 보면 짙은 색의 깔끔한 양복을 입고 빳빳하게 풀먹인 칼라에 나비넥타이를 한 보통 신장의 젊은이가 보인다. 중간 길이의 머리는 옆 가르마를 타서 뒤로 넘겼고 때로는 올백으로 넘기기도 했다. 날카로운 얼굴선과 매부리코와 툭 튀어나온 귀가 도드라졌다. 그는 머리를 오른쪽으로 기울이고 약간 앞으로 숙인 채 열정적이며 강렬하게, 약간은 재미있다는 듯한 시선으로 세상을 바라보았다. 젊은 카네기는 세상 물정에 밝은 사람인 것처럼 진지한 분위기를 내려고 노력했다. 하지만 세상을 잘 안다는 자신감에서 허세가 엿보이기도 했다. 뛰어난 화술을 가진 웅변가의 진중한 표정 속에는 불안함이 새어나왔다.

카네기와 국제통신학교는 여러모로 완벽하게 어울리는 결합이었다. 오랫동안 가족을 괴롭힌 가난에서 벗어나 반드시 성공하겠다는 그의 야망은 국제통신학교의 목표와 일치했다. 1891년, 펜실베이니아

데일 카네기는 1910년에 대학을 그만두고 그레이트플레인스를 누비는 세일즈맨이 되었다.

주 스크랜턴Scranton에 설립된 국제통신학교ICS는 화이트칼라 계통으로 올라가고자 하는 노동 계층 사람들에게 회계, 기계 제도, 이발, 방부처리, 제약, 부동산 판매, 부기, 속기, 측량, 배관, 건설도급 계약, 기계조명 관리, 가스 엔지니어링을 비롯한 다양한 실용 강좌를 제공했다. 경제적으로 넉넉하지 않다면 강좌비를 몇 개월 할부로 낼 수 있다는 장점도 있었다. ICS는 1905년 광고에서 자극적인 질문을 던졌다. "당신은 책상의 어느 쪽에 있습니까? 책상 바깥쪽에 있는 사람은 손을 움직여 노동으로 돈을 법니다. 하지만 책상 안쪽에 있는 사람은 머리를 움직여 지식으로 돈을 법니다."[6]

ICS의 교육방식은 이러했다. 신청한 과목의 설명과 질문지가 담긴 우편물을 수강생들에게 보내 공부하게 했다. 각 단원이 끝날 때마다 시험을 보았고 수강생들이 시험지를 발송하면 수많은 채점자가 책상에 다섯 명씩 나란히 앉아 점수를 매겼다. 그다음에 고위 강사들과 학장들이 다시 점수를 확인했다. 이렇게 수강생들은 자신만의 속도대로 매우 정교하게 마련된 단계별 강좌를 이수했다. 1900년대 초반에는 덴버를 비롯한 미국 전역에 300개 이상의 지사가 세워졌고 해마다 약 10만 명이 등록했다. 소수의 직급 낮은 사무원들을 포함해 실용 교육과 소득 개선에 목마른 대다수의 산업계 백인 노동자들이 자기계발을 위하여 ICS에 몰려들었다.[7]

카네기는 네브래스카 서부를 맡아 열정적으로 나섰다. 자신의 경제적 상태를 개선하겠다는 의지도 컸다. 얼라이언스Alliance라는 작은 마을을 본거지 삼아 주변 지역을 돌아다니며 고객을 찾았다. 하지만 이내 그곳이 홈스쿨링 강좌를 판매하기에는 적합하지 않음을 알게 되었다. "온통 건조하고 활기라고는 하나도 없는 데다 야생말이 활보하는 곳이었다. 땅이 대부분 척박해서 정착민들조차 건조한 모래투성이 땅에서 근근이 살아가기 위해 매일 사투를 벌여야 했다." 하지만 카네기는 쉽게 좌절하지 않았다. 점원과 계산원들에게 경영 강좌를 팔기 위해 소매상점을 바쁘게 오갔다. 시골 마을에서 창고에 페인트 칠하는 남자들을 눈여겨봤다가 상업 간판 페인팅 강좌를 권했고, 기계 공장을 찾아 기계공들에게 엔지니어링 강좌를 팔려고 했다. "필사적으로 열심히 일했다. 성공하고자 하는 마음이 딱하게 느껴질 만큼 절실했다." 그러나 끈질긴 노력에도 카네기는 거의 강좌를 팔지 못했다. 좌절감이 몰려오기 시작했다. "완전히 실패였다. 내가 강좌를 팔고자 했던 농부들은 공부보다 가뭄에 관심이 많았고 내 강좌를 구입하느니 10층짜리 건물에서 뛰어내리는 쪽을 택할 터였다. 물론 주변에 10층짜리 건물이 있다면 말이지만."[8]

몇 개월이 지나자 카네기는 조금씩 찾아오는 절망감에 두 손을 들기 시작했다. 매일 밤마다 텅 빈 장부를 들고 지친 몸을 끌고 숙소로 들어올 때마다 기운이 빠졌다. 세일즈 경력을 쌓기도 전에 모든 것이 산산이 무너져내리는 느낌에 우울했다. "노력은 했지만 대개는 실패로 돌아갔고 좌절감만 찾아왔다. 내 첫 번째 직업이었는데! 다 그만두고 어머니와 아버지가 계신 농장으로 돌아가 마음의 안정을 찾고 싶었지만 부끄러워서 도저히 그럴 수가 없었다." 아무런 성과도 올리지 못한 어느 날 이후 상황은 더욱 암울해졌다. 하숙집으로 돌아온 그는 침대에 몸을 던진 채 점점 절망적으로 변해가는 상황에 눈물을 흘렸다. 불과 얼마 전까지만 해도 밝아 보이기만 했던 미래가 이제는 그의 허세를 비웃는 것 같았다.[9]

설상가상으로 복잡한 문제가 또 생겼다. 대학교 과정이 얼마 남지 않았을 때, 생물학 교수인 벤저민 L. 시웰Benjamin L. Seawell이 카네기에게 적은 투자로 높은 수익이 보장되는 금광사업에 투자하라고 설득한 적이 있었다. 그의 판단력과 진실성을 전적으로 신뢰한 카네기는 부모와 함께 어렵사리 100달러를 마련해 금광사업에 투자했다. 그러나 결과는 좋지 못했다. 집으로 보내는 카네기의 편지에는 공중으로 붕 떠버린 투자금에 대한 질문이 미친 듯 쏟아졌다. "금광 소식은 없어요? 수익이 좀 있을 텐데……. 금광 소식이 들리는 대로 저에게 곧

바로 알려주세요." 마침내 아버지 제임스 카네기는 시웰 교수의 행방을 찾는 데 성공했다. 그는 워런스버그를 떠나 미주리의 다른 대학으로 부임했는데, 금광사업 실패는 자신의 잘못이 아니라는 답장을 보냈다. 금광사업은 합법이며 금을 캐지 못한 이유는 "범죄자 같은 현지인이 준설 현장에 일자리를 얻으려고 몰래 잠행해서 견본을 조작했기 때문일 것이다"라고 했다. 그러면서 자신은 "이 일에 관해 양심상 깨끗하다"라며 분통을 터뜨렸다. 카네기는 울분을 삭이지 못한 채 시웰 교수가 보낸 편지의 앞면에 "가치도 없는 주식은 더 이상 필요 없다. 나는 이 작자에게 약간의 현금을 원한다"라고 휘갈겨 썼다. 이는 수익 추구에는 위험이 따를 수도 있음을 보여주는 경고였다. 훗날 카네기는 "힘들게 평생 일군 재산을 은행에 조언도 구하지 않은 채 번지르르한 사기꾼의 말에 넘어가 전부 바치는 모습에 놀라곤 한다"며 자신을 책망했다. 인간의 신뢰와 시장의 예측 불허한 변동성에 관해 쓰라린 교훈을 남긴 사건이었다.[10]

하지만 카네기는 뜻하지 않게 문제의 해결책을 발견했다. 그는 담당 구역을 다니던 도중에 네브래스카의 스코츠블러프 Scotts Bluff 호텔에서 베테랑 세일즈맨을 만나 이야기를 나누게 되었다. 실의에 잠긴 카네기는 지금까지 통신 강좌를 거의 팔지 못했으며 미래가 암담하다는 이야기를 쏟아냈다. 베테랑 세일즈맨은 이야기를 다 듣더니 그의 삶에 또 다른 전환점이 될 조언을 해주었다. 내셔널 비스킷 회사 National Biscuit Company에서 일하는 그는 솔직하게 조언했다. "이보게, 젊은이. 자네가 하는 일은 진짜 직업이라고 할 수가 없군. 네브래스카 모래 언덕에 사는 농부와 식료품 직원, 감자 재배업자, 소목장 주인들에게 교육 강좌를 판다는 건 끔찍하게 어려운 일이니까. 고기나 통조림 식품 같은 필수품을 팔아야지. 제대로 된 직업을 구해보지그래? 자네처럼 기운과 열정을 가진 젊은이가 누구에게나 필요한 것을 판다면 성공할 수 있을 걸세." 그 솔직한 조언은 카네기를 움직이게 했다. 또한 그 말에 담긴 따뜻한 격려는 카네기의 상처 입은 자신감을 어루만져주었다. 유형有形에 가까운 물건을 팔기로 결심한 카네기는 육류가공 산업이 급성장하고 있던 네브래스카 오마하Omaha로 가서 좀 더 확실한 직업을 찾아보기로 했다.[11]

국제통신학교에서 일한 짧은 기간은 재앙처럼 보였지만 카네기에게는 기억에 오래 남는 중요한 교훈을 선사했다. 우선 카네기는 '실용적인 사람에게는 전문적인 교육을, 전문적인 사람에게는 실용적인 교육을' 제공한다는 ICS의 목표를 흡수했다. 추상적인 생각을 주입하거나 수강생의 지성을 널리 발달시키는 것이 아니라, 수강생들이 배운 지식을 실용적으로 사용하도록 돕는 것을 목표로 하는 실용주의 철학이었다. 또한 카네기는 ICS가 개인의 사회적 발전을 유쾌하게 홍보하는 방식도 배웠다. 광고에 답하거나 강좌에 등록하는 수강생들에게 발송되는 ICS 팸플릿에는 밑바닥에서부터 성공의 사다리로 올라간 사람들의 성공담이 실렸다. 통신강좌 덕분에 미국 기업의 화이트칼라직으로 올라간 수강생들의 이야기가 '1001개의 성공담'이라는 제목으로 소개되었다. 카네기가 ICS를 그만둘 무렵에는 '격려 부서Encouragement Department'에서 발행하는 간행물도 나오기 시작했다. 〈야망: 자기계발을 위한 영감Ambition: A Journal of Inspiration to Self-Help〉이라는 제목의 잡지였다. 실용성을 중시하는 ICS의 성공 철학과 영감은 카네기의 세계관에 깊이 스며들었고, 그의 대중연설 강좌와 훗날 엄청난 베스트셀러가 된 《카네기 인간관계론》의 성공 원칙을 이루는 토대가 되었다.[12]

카네기는 안정성과 수익성을 갖춘 세일즈맨이 되기 위하여 오마하에 있는 대규모 육가공업체인 아머Armour, 스위프트Swift, 쿠다이Cudahy 중 한 곳에 취업하기로 했다. 그는 네브래스카 서부의 가축수용소를 찾아가 야생마들을 차량에 태워 도시로 보내는 가축 중개인을 만났다. 운송 도중 말들에게 먹이 줄 사람이 필요했다. 그 대신 공짜로 기차를 탈 수 있다고 했다. 카네기는 기꺼이 그 일을 맡았고 며칠 후 오마하로 갔다. 어떻게 지원해야 하는지 몰랐기에 경험을 쌓기 위해 인근 철물 회사에 시험 삼아 면접을 보러 갔다. 면접 연습을 한 후 스위프트와 쿠다이의 판매직에 지원했지만 결과는 두 곳 모두 낙방이었다. 그러나 카네기는 아머앤드컴퍼니Armour and Company 지사에서 세일즈 매니저 루퍼스 E. 해리스Rufus E. Harris를 만날 수 있었다. 그는 공감 능력이 꽤 뛰어난 사람이었는데, 카네기가 대학교에서 대중연설로 성공을 거두었다는 말을 듣더니 일자리를 제안했다. 카네기의 말에 따르면, 그는 대학교에서 누구보다 말을 잘하는 사람이었다면 훌륭한 세일즈맨이 될 수 있다고 생각했던 것 같다.[13]

아머앤드컴퍼니는 1867년 필립 D. 아머Philip D. Armour가 형제들과 함께 시카고에 설립한 회사로 1800년대 후반에 확장을 거듭하여 축가공업계의 거인으로 성장했다. 그 회사는 여러 종류의 냉장육 또는 가공육을 취급했는데 냉장차 발달로 육류 운송이 가능해지자 육류의 부산물로 풀, 라드, 단추, 비누, 비료 같은 제품의 생산 사업에도 뛰어들었다. 아머앤드컴퍼니는 1880년대에 더욱 원활한 판매와 저장, 배송을 위해 미국 전역에 지사와 유통 센터를 설립했다. 1897년에는 그레이트플레인스Great Plains에서 가축들을 모으기 쉽도록 가축 수용소가 있는 오마하에 대규모 육가공 공장을 지었다. 카네기가 입사할 즈음인 1908년 가을 아머의 오마하 공장은 미국 최대 규모의 육가공 공장 중 하나로 성장을 거듭하는 중이었다.[14]

카네기는 주급 17달러 30센트에 경비 제공이라는 조건으로 다시 한번 세일즈 세계로 힘차게 발을 들여놓았다. 아머의 제품은 그가 만난 베테랑 세일즈맨이 조언해준 바로 그런 종류였다. 소고기, 돼지고기, 라드, 비누처럼 상점 주인들에게 지속적으로 필요한 필수품이었다. 젊은 카네기는 세일즈맨이라는 새로운 직업에 열광적이었는데 그의 부모는 한술 더 떠서 도저히 믿을 수 없다는 반응이었다. 농장일로 한 달에 30달러를 건지면 행운이었던 아버지는 아들의 주급이 얼마인지 듣더니 회사가 직원들에게 그만한 돈을 주고도 어떻게 버틸 수 있는지 놀랍다고 아내에게 말했다. 어쨌든 아들이 약간의 생활비를 제외하고 주급의 대부분을 집으로 보내 대출금을 갚도록 하자 부모는 매우 기뻐했다. 그러나 카네기에게 성공에 대한 열망은 개인적 의미에 가까웠다. ICS에서 첫 세일즈에 도전한 일이 엄청난 실패로 돌아가자 이번에는 반드시 만회하고 말겠다는 의지에 불탔다. 훗날 그는 "새로운 직장이니만큼 반드시 잘하고 싶었다. 그 무엇에도 굴하지 않겠다고 결심했다"라고 회고했다.[15]

실제로 카네기는 아머앤드컴퍼니의 세일즈맨으로 취직하면서 미국의 대대적인 경제호황 속으로 들어갔다. 1890년에서 1920년까지는 미국 경제에 중대한 변화가 일어난 시기였다. 소규모 생산 중심 시스템에서 관료주의 대기업의 소비자 중심 시스템으로 변화한 시기였다. 20세기 초반에 접어들어 경제 활동은 대기업을 중심으로 이루어지기 시작했고 소비 제품이 대량 생산되었다. 기성복, 통조림, 냉장고, 진공청소기, 세탁기, 전기 재봉틀, 카메라, 전축, 장난감, 게임기 등 종류가 수없이 많았다. 상품들은 전국의 수많은 공장, 백화점, 체인점, 우편주문 제도 등을 통해 소비자들에게 전달되었다. 이렇게 대량생산 소비주의로 무장한 새로운 경제의 단면을 가장 잘 보여주는 것은 자동차였다. 특히 1908년에 출시된 헨리 포드의 T모델이 대표적이었다. 그 후 싱어 재봉틀Singer Sewing Machines, 이스트먼코닥Eastman Kodak, 내셔널 금전등록기National Cash Register, 코카콜라Coca-Cola, 리글리츄잉껌Wrigley's Chewing Gum, 아메리칸토바코American Tobacco, H. J. 하인즈H. J. Heinz, 켈로그Kellogg, 아머앤드컴퍼니 등 수많은 기업이 똑같은 길을 걸었다. 이 기업들은 미국 전역의 중산층 소비자에게 수많은 제품을 선보였다.[16]

소비자 경제의 폭발적인 성장 속에서 가장 돋보이는 역동적인 시도가 두 가지 있었다. 첫째, 광고가 현대적인 형태를 띠기 시작한 것이다. 1800년대만 해도 광고는 힘, 품질, 내구성, 실용성 등 제품의 실용적인 면에 초점을 맞추었다. 그러나 1900년대에 이르러서는 실용성을 뒤로하고 정서적인 상징에 초점을 맞추게 되었다. 현대적인 광고는 상품이 개인적 의미, 만족, 행복감을 가져다줄 수 있다는 메시지를 전달했다. 특히 옷이나 스포츠 재킷, 데오도란트, 샴푸, 담배, 골프채, 진공청소기, 냉장고, 자동차, 당구대 같은 제품 광고는 실용성에서 개인

욕구 만족으로 초점이 기울어졌다. 이 제품들이 더욱 나은 삶을 만들어줄 것이라 광고했다.[17]

둘째, 세일즈맨이 소매업체를 통해 제조업체에서 평범한 중산층과 근로자들에게 상품을 전달하고 풍요로움을 즐기게 하는 중요한 역할자로 떠올랐다. 1800년대에만 해도 세일즈맨은 행상처럼 시골 지역을 개별적으로 돌아다녔다. 따라서 시골 상점이나 농장의 소규모 구매자들에게 제한된 상품을 전달할 수밖에 없었다. 그러나 1900년대에 이르러 대규모 제조업체들은 수십 명 또는 수백 명에 이르는 세일즈맨들을 갖추어 체계적인 경로와 소비자층을 구상했으며 세일즈맨들의 실적을 철저하게 기록하는 방법을 택했다. 역사학자 월터 A. 프리드먼Walter A. Friedman은 "현대의 세일즈맨은 20세기로 접어들기 몇 십 년 전에 탄생했다. 현대적 판매의 선구자들은 전국을 판매 '영역'으로 구성했다. 시민들은 철강노동자나 은행가, 주부가 아니라 '미래의 구매자'였다"라고 말했다. 심리학자, 경제학자와 더불어 새롭게 떠오른 마케팅 전문가들은 판매의 관료주의적 합리화를 연구하고 가다듬었다. 더불어 1903년 〈세일즈맨십Salesmanship〉, 1909년에는 〈세일즈맨Salesman〉, 1915년에는 〈세일즈맨십: 세일즈 성공에의 헌신Salesmanship: Devoted to Success in Selling〉 등의 무역 간행물이 탄생했는데, 무역에 관련한 새로운 쟁점이나 동향을 다루었다. 대규모 소비자 경제에서 판매의 전문 직업화 역시 피할 수 없었다. 프리드먼은 "여러 산업 부문에서 경영을 담당하는 '눈에 보이는 손'은 밖에서 활동하는 세일즈맨들의 '눈에 보이는 악수'가 없었더라면 성공하지 못했을 것이다"라고 설명했다.[18]

데일 카네기도 1900년대 초의 거대한 세일즈 혁명 속에서 아머의 세일즈맨으로 힘차게 출발했다. 하지만 밖에서 이루어지는 판매 활동은 수많은 시련으로 가득했다. 그가 맡은 구역은 사우스다코타였는데, 그레이트플레인스의 북부 날씨는 아무리 굳센 세일즈맨이라도 지치게 할 만큼 험난했다. 특히 겨울은 혹독하게 추웠다. 카네기가 12월에서 2월까지 부모에게 보낸 편지에는 혹독한 날씨로 겪어야 했던 하소연들이 가득했다. "오늘은 눈 때문에 발이 묶였어요. 아마 내일도 그럴 거예요", "지난 토요일에는 늑대 사냥을 나갔다가 무릎까지 쌓인 눈을 헤치며 걸어야 했어요." 1909년 1월에는 휘몰아치는 눈보라 때문에 사우스다코타 피에르Pierre의 호텔에서 며칠 동안 갇혀 있어야만 했다. 눈에 띄는 책과 잡지는 죄다 읽었는데도 여전히 지루했다. 마침내 탈출을 감행하기로 결심한 카네기는 눈보라를 헤치고 기차역까지 걸어가기로 했다. 호텔 직원은 기온이 영하 27도까지 떨어졌다고 만류했다. "밖으로 나가자 내 손이 보이지 않았고 몸이 빙글빙글 돌기 시작했다. 자칫 했다가는 몸이 날아가 길을 잃을 정도였다. 그리고 온몸이 꽁꽁 얼 정도로 추웠다." 카네기는 계속 앞으로 나아갔지만 결과는 혹독했다. 귀의 혈관이 얼어버린 것이었다. 카네기는 40년이 지난 후 "오늘날까지, 별로 춥지 않은 날에도 양손으로 귀를 감싸고 걷는다"라고 말했다.[19]

게다가 사우스다코타의 여름은 너무도 길고 엄청나게 덥고 건조했다. 카네기는 1909년 8월에 어머니에게 보낸 편지에 "이곳 날씨는 엄청나게 덥습니다. 그늘에서도 40도에 육박해요"라고 적었다. "그 누구라도 다코타에서 1년만 살면 미주리 시골이 좋아질 거예요." 하지만 날씨도 카네기의 사기를 꺾을 수 없었다. 훗날 카네기는 이렇게 말했다. "나는 포부가 컸다. 같은 구역을 담당한 다른 세일즈맨들 중에는 기온이 40도 이상 올라가는 여름날이나 영하 27도 아래로 떨어지는 겨울날에는 영업하러 나가지 않기도 했다. 하지만 극단적인 여름과 겨울 날씨도 나를 실내에 가둬두지 못했다. 실적을 올릴 수도 있고 다음 마을로 가는 기차를 탈 기회를 절대 놓칠 수 없었다."[20]

광활한 사우스다코타를 돌아다녀야 하는 카네기에게는 대중교통이 문제였다. 정기적으로 다니는 기차 편은 딱 하나뿐이었는데 야간 기차였다. "하지만 정육점이나 식품점은 밤에 문을 열지 않으니 나에게는 야간 기차가 소용이 없었다. 그래서 낮에 다니는 화물 열차의 후부 차장실을 이용했다. 화물을 내리거나 열차 칸을 교체할 때 시내 정육점으로 달려가서 신선한 소고기와 돼지고기를, 식품점 주인들에게는 가공된 고기와 치즈, 라드를 팔았다." 하지만 카네기는 화물이 얼마나 실리고 내려지는지 정확히 몰랐으므로 기차가 얼마나 멈춰 있을지도 알 수 없었다. 판매를 끝마치고 쏜살같이 기차역으로 달려가 보면 기차가 이미 속력을 내기 시작한 경우가 많았다. 그러면 차장실 칸 플랫폼으로 몸을 던져 올라타야 했다. 훗날 그는 "기차 아래에 깔리지 않은 게 신기할 정도다"라고 회고했다.[21]

머지않아 카네기는 서부를 돌아다니는 세일즈맨 생활이 혼자만의 불규칙하고 외로운 시간의 연속임을 깨달았다. 근무 시간이 길고 짐은 많은데다 식사도 제때 하지 못했다. 어느 변경도시에서는 다른 남성과 방을 같이 써야만 했다. 집주인이 방 가운데에 철사를 매달고 그 위에 이불을 걸어두어 두 칸으로 나눈 것이었다. 사생활이라고는 전혀 없었다. 반대편 사람이 신경 쓰일까 봐 마음 놓고 움직이지도 못했다. 게다가 카네기는 코와 목의 점막에 염증이 생기는 카타르catarrh로 고생했다. 결국 편도선 제거 수술을 받았다. 하지만 그는 모든 시련에도 꿋꿋했다. "잘해보겠다는 강한 의지 덕분에 긴 근무 시간도, 불편한 침대도, 식사를 제때 못하는 것도 나에게는 전혀 문제가 되지 않았다. 나는 전혀 개의치 않았다. 어쨌든 농장에서 잡초와 나무를 베는 일보다는 쉬웠으니까." 하지만 아무리 꿋꿋한 카네기도 가끔 외로움에 사무칠 때가 있었다. 1910년 7월이 그러했다. "기차를 기다리면서 편지를 쓰려는데, 지금까지 내 가장 절친한 친구는 어머니였고 앞으로도 그러하리라는 사실을 문득 깨달았다."[22]

카네기는 열악한 환경 속에서도 사우스다코타 주 피에르를 본거지 삼아 소매상점을 돌면서 조금씩 실적을 쌓아갔다. 레드필드Redfield, 필립Philip, 휴론Huron, 월Wall, 월시Wolsey 같은 지역을 돌아다니며 영업했지만 대부분 주말에는 피에르로 돌아왔다. 그곳에서 새로 사귄 친구들과 다양한 친목 활동을 즐기기 위해서였다. 그 활동은 대부분 침례교회를 중심으로 이루어졌다. 카네기는 대학 졸업 후 전통적인 개신교 교리에 회의적으로 변했지만 계속 교회에 다녔는데, 신앙심 때문이 아니라 어머니 때문이었다. 그는 편지로 어머니를 안심시켰다. "하나님이 제가 이 일을 통해 무엇을 이루기 바라시는지 답을 구해볼 참이에요", "어머니의 편지를 읽으면 더 잘해야겠다는 의지가 생깁니다", "계속 주일학교에 나가고 있고 앞으로도 절대 빠지지 않을 생각이에요." 또 그는 집으로 보내는 편지에서 교회 '아가씨들'과 청년들이 주최하는 무수한 모임과 행사에 대해 열성적으로 이야기했다. 어느

아가씨의 집에서 열린 모임에 대해 "하얀 셔츠와 조끼를 입고 갔습니다. 6개월 만에 가장 멋지게 차려입었지요"라고 말하기도 했다. 카네기가 교회에 나간 목적은 신앙심이 아니라 사교 모임 때문이었다.[23]

아머앤드컴퍼니에 취직한 지 몇 주일이 지나자 카네기는 상인들과 인맥을 쌓았고 자신의 노동관에 따라 열심히 일했으며 친구들과도 편안한 관계를 유지했다. 세일즈맨으로 경력을 쌓으려는 그의 목표가 조금씩 빛을 보는 듯했다. 집으로 보내는 편지에는 고된 업무와 일과가 끝나고 느끼는 '피로'에 대한 이야기로 가득했다. 성공적인 세일즈에 대한 자부심도 빠지지 않았다. 그는 1909년 여름에 어머니께 보낸 편지에 "지난달 라드 판매 부문에서 112명 중 6위를 차지했습니다"라고 적었다. 1910년 2월 초에는 아머앤드컴퍼니의 전체 세일즈맨 중 실적 10위, 몇 주 후에는 3위에 올랐음을 알렸다. 1910년 여름에는 "이번 주에는 아주 운이 좋았습니다. 아무래도 실적 1위에 오를 것 같아요"라고 전했다.[24]

카네기의 성공은 좋은 상품과 그의 노력 때문이기도 했지만 거래 요령을 깨우친 덕분이기도 했다. 카네기는 상점 주인들을 만나기 위해 여러 지역을 돌아다니면서 개인적인 관계를 형성하고 유지하는 게 세일즈의 성공에 얼마나 중요한지를 깨달았다. 호감 가는 성격으로 상대방을 편하게 하고 대화를 유도하여 상대방이 관심 있는 이야기를 계속하게 하며, 제품에 대한 열정을 보여줘야만 성공할 수 있다는 사실이었다. 카네기는 대중연설 경험과 타고난 열정으로 이를 능수능란하게 해낼 수 있었다. 또한 세일즈의 비결이 인간의 욕구 충족에 있다는 사실도 깨달았다. 다수의 심리학자와 광고업자들이 1900년대 초반부터 지대한 관심을 보이기 시작한 그 주제였다. 혹자는 훗날 카네기의 저서 《카네기 인간관계론》이 그토록 커다란 성공을 거둘 수 있었던 것은 "부분적으로 저자가 아머의 세일즈맨 시절에 터득한 요령 덕분이었다"라고 평가했다. 미소와 함께 상대방에게 관심을 보여주고, 논쟁을 피하고, 이름을 기억하고, 상대방이 자신의 이야기를 하도록 장려하고, 경청하고, 칭찬과 격려를 아끼지 않고, 상대방이 중요한 사람인 것처럼 느끼게 해줘야 한다는 성공원칙은 모두 데일 카네기가 1900년대 초반 사우스다코타의 먼지 자욱한 시내와 식료품점을 누비며 직접 갈고 닦은 것들이었다.[25]

카네기는 세일즈맨으로 성공한 덕분에 경제적으로 안정되었고 세련된 생활도 가능해졌다. 하지만 성공을 거둔 만큼 새롭게 배워야 할 것도 많아졌다. 이를테면 그는 판매 실적이 계속 올라가 꽤 많은 봉급을 받았지만, 평생 큰돈을 만져본 경험이 없던 터라 재정 관리에 관해서는 기초적인 것도 모를 만큼 무지했다. 그는 1909년 8월에 부모에게 당혹스러운 질문을 했다.

다른 사람들에게는 물어보기 창피해서 두 분께 여쭤보려고 합니다. 세 차례 받은 봉급을 전부 피에르에 있는 상업은행에 넣어두었어요. 경비로 나온 10달러도 그곳에 넣어두었고요. 제가 여쭤보고 싶은 것은, 은행에 돈을 넣어두면 나중에 어떻게 찾을 수 있죠? 은행에서 영수증을 주긴 했지만 제 돈을 맡은 적 없다고 발뺌하면 저도 어쩔 도리가 없잖아요. 그냥 은행의 말에 따를 수밖에 없는 건가요? 꼭 답해주세요.

21세의 순진한 청년은 은행이 어떻게 돌아가는지 알지 못했다.[26]

그러나 몇 개월 지나지 않아 카네기는 재무와 사업에 관한 지식이 점점 늘어났다. 사우스다코타와 미주리에 은행 계좌를 만들어 수백 달러를 예치했고 아머앤드컴퍼니의 매출전표와 신용장 체계에 대해서도 배워나갔다. 1910년 초에는 부모에게 농장 대출금을 갚으라고 수표로 370달러를 보냈고 시티즌스 은행Citizens Bank 계좌에 200달러를 넣어두었다는 말도 전했다. 아버지에게 "이 증서에 서명하면 상환 요구가 있을 때 570달러를 이자 없이 상환하실 수 있어요. 또 다른 증서에 서명해서 420달러의 농장 대출금을 상환하시면 되고요"라고 말하는 수준까지 되었다. 그리고 이렇게 덧붙였다. "비즈니스 원칙에 근거해서 비즈니스하면 전혀 피해 볼 일이 없어요. 도매상을 상대로 일하면서 배운 거예요." 이렇게 데일 카네기는 비즈니스를 이해하고 세상 물정을 잘 아는 남자, 세련된 분위기를 풍기는 남자, 오랜 세월 동안 가족을 괴롭힌 가난을 자신 있게 물리쳐버린 남자로 새롭게 태어났다.[27]

카네기는 육류 가공업체 세일즈맨으로 성공을 거두고 주머니에 돈도 들어왔지만 조금씩 좀이 쑤시기 시작했다. 그는 판매일에 온전히 마음을 쏟지 못했다. 여러모로 그는 표현력을 발휘하고 싶은 절박한 연기자였고 청중의 호응을 갈구하는 훌륭한 대중연설가였다. 집으로 보내는 편지에는 "돈을 좀 더 벌면 곧바로 학교로 돌아갈 거예요"라는 말이 자주 적혀 있었다. 카네기는 셔터쿼 모임에 정기적으로 참여해 여러 가지 강연을 들었다. 특히 피에르의 침례교 목사는 전 세계를 돌아다니며 강연했는데, "어젯밤에는 하와이에서 강연하셨대요. 정말 훌륭한 말씀이었어요"라고 놀라워했다. 카네기 역시 기회가 닿을 때마다 대중 앞에 서려고 했다. 1910년 2월에는 피에르 침례교회의 행사에서 '주일 학교 소년'이라는 제목의 자작시를 낭송했고 부모에게 행사 시간표를 기념으로 보냈다. "주일학교 감독관과 책임자가 오더니 제가 쓴 시를 소장하고 싶다며 복사해갔어요. 다들 그날 행사에서 제가 낭송한 시가 최고로 좋았다고 하더군요"라며 장난스럽게 덧붙였다. "저한테 시인 기질이 있는 줄은 몰랐지 뭐예요." 그해 말에는 교회 자선음악회에서 직접 쓴 시와 셰익스피어의 희곡 〈뜻대로 하세요〉에 나오는 한 장면을 암송했다.[28]

훗날 고백한 대로 카네기는 세일즈맨으로 일하는 동안에도 대중연설과 연극에 대한 관심은 여전했다. 화물열차를 타고 이동할 적에 다른 기차로 갈아타기 전까지 시간이 남을 때마다 대학 시절에 했던 셰익스피어 연설문의 일부를 큰 소리로 읽었다. 한번은 대중연설에 대한 못 말리는 사랑 때문에 곤경에 처할 뻔한 웃지 못할 사건도 발생했다. 사우스다코타 레드필드에서 기차가 갑자기 연착되었다. 카네기는 남는 시간에 조차장을 돌아다니며 〈맥베스〉의 한 장면을 연습했다. "지금 내 눈앞에 보이는, 손잡이가 내 손 쪽으로 향한 이것이 단검인가? 오너라, 단검이여. 내가 그대를 낚아채마. 바로 눈앞에 보면서도 잡을 수가 없구나. 그렇지 않으면 그대는 열에 들뜬 머리에서 생겨나는 마음속의 단검, 헛된 환상에 불과하단 말이냐?"라는 맥베스의 대사였다. 이리저리 서성대고 크고 과장된 몸짓과 함께 큰 소리로 힘주어 대사를 읊었다. 그런데 난데없이 경찰차가 나타나더니 경관 네 명이 튀어나와 카네기에게 뭘 하고 있는지, 왜 여성들을 겁주고 있는지 물었다. 카네기는 무슨 영문인지 모르겠다고 대답했다. 알고 보니 레드필드에는 정신병원이 있었고, 기차역 바로 옆집에 사는 두 여성이 정신병원에서 탈출한 환자가 마구 손짓하며 소리 지르고 있다고 신고한 것이었다. 카네기는 자초지종을 설명했지만 경관들은 믿어주지 않았고 신분증을 요구했다. "그들은 내가 정신이상자라고 확신했다." 카네기가 회사 장부와 신용장을 보여주자 그제야 수긍했다. "조심해서 가라는 경고를 듣고 풀려났다. 기차로 돌아가려고 선로를 가로질러 가는데, 뒤에서 여전히 어리둥절하고 의심스러운 눈초리로 바라보는 경관들의 시선이 느껴졌다."[29]

1910년 가을 무렵, 카네기의 판매 기술은 실로 놀라운 성공을 거두었다. "아머앤드컴퍼니에서 근무한 2년 동안 자신감이 몰라보게 커졌다. 그도 그럴 것이 내가 사우스 오마하South Omaha의 29개 시골 지역 중 매출 25위에 머물러 있던 지역을 맡아서 매출 1위로 올려놓았기 때문이다." 아머앤드컴퍼니의 세일즈 매니저 루퍼스 해리스가 오마하 지사의 매니저로 추천했지만 카네기는 거절했다. 가공 육류 세일즈맨으로 일하는 동안 점점 조바심이 심해져서 1910년 늦가을에 야심 찬 계획을 세우기에 이르렀다. 자신의 첫 사랑, 대중연설자로 돌아가기에 충분한 돈이 모이자 아머앤드컴퍼니를 그만두고 보스턴으로 가기로 결심한 것이었다. "표현학교에 들어가 시 해법을 배우고, 셔쿼터 순회강연을 통해 청중에게 내가 직접 쓴 시와 이야기를 해석해주는 일을 하고 싶었다."[30]

그즈음 카네기에게 행운의 만남이 찾아왔다. 블런트Blunt에서 피에르로 가기 위해 화물열차의 후부 차장실에 올라탄 카네기는 설교를 위해 여행 중인 성공회 교회 러셀 목사 옆에 앉게 되었다. 대화하다가 카네기는 몇 주 후 보스턴으로 가서 표현학교에 입학할 계획을 털어놓았다. 그러자 러셀 목사는 다른 진로를 제안했다. "뉴욕에 있는 미국연극예술아카데미American Academy of Theatrical Arts에 입학하면 훨씬 좋은 교육을 받을 수 있다는 것이었다. 미국에서 가장 유명한 연극학교라고 했다. 보스턴에서 얻을 수 있는 것에 더하여 무대 경험 기회도 얻을 수 있다는 것이었다. 그래서 나는 뉴욕으로 가기로 했다." 카네기의 표현을 빌리자면 그것은 그의 '인생행로를 바꾼' 중대한 결정이었다.[31]

하지만 아들의 뉴욕행 계획에 부모, 특히 어머니는 깜짝 놀랐다. 돈 잘 버는 직장을 그만두고 도덕적으로 미심쩍은 무대 연기 분야로 들어가려고 한다니. 어머니는 막내아들에게 "무대에 서는 직업은 죄악이다"라고 직접적으로 말했고 아들의 결정을 바로잡아달라고 기도했다. 그러나 카네기는 어머니의 허락을 얻어내기 위해 미묘한 공작을 펼쳤다. 어머니께 보내는 편지에 "저는 이 문제로 열심히 기도하고 있고 어머니께서도 기도해주셨으면 합니다. 저도 저에게 득 될 게 없다면 가고 싶지 않아요. 저는 하나님이 보여주시는 뜻대로 할 것입니다. 그것이 고기를 파는 일보다 훨씬 고귀한 일이니까요"라고 썼다. 카네기는 무대 훈련이 좀 더 좋은 기회로 이어질 수도 있고 "라이섬Lyceum*

---

* 강연·연극·토론 등으로 이루어진 미국의 성인 교육 프로그램. 19세기 중반부터 20세기 초까지 각 지역을 돌며 성인들에게 중요한 교육 기회를 제공했으며 훗날 셔터쿼 운동과 합쳐졌다.

강사로 일하는 데 도움이 될 수도 있어요"라고 말했다. 그러나 몇 주 동안 설전이 계속되자 비장의 카드를 내놓았다. 바로 자신의 행복을 내세운 것이었다. "어머니가 반대하는 직업을 가지고 싶지는 않지만 아내나 직업을 선택할 때는 스스로 만족스러운 쪽을 선택해야 합니다. 그래서 저는 1월에 미국연극예술아카데미에 입학할 거예요." 마침내 어머니는 "제 뜻이 아니라 아들의 뜻이니 어쩔 수 없지요"라고 기도했고 아들의 결정에 두 손을 들었다.32

카네기는 1910년 11월에 아머앤드컴퍼니를 그만두고 크리스마스를 맞아 부모가 있는 집으로 돌아갔다. 그곳에서 새해 첫날까지 머무르며 부모의 결혼 29주년 기념일을 축하했고 1월 첫째 주에 뉴욕으로 가는 기차에 몸을 실었다. 어머니는 아들의 결정을 받아들였지만 아들이 영영 돌아오지 않을까 봐 불안했다. 카네기는 "작별의 입맞춤을 하는 어머니의 뺨에 눈물이 흘러내렸다"라고 회고했다. "어머니는 계속 흐느끼며 '오, 데일. 다시는 널 못 보게 될 것만 같구나'라고 하셨다." 하지만 카네기의 결심은 확고했다. 그는 그동안 미국연극예술아카데미 등록금 400달러와 아끼면 1년을 버틸 수 있는 생활비가 될 만한 꽤 많은 돈을 모았고, 이제 밝은 미래가 기다릴 것이라고 확신했다. 그는 기차를 타고 캔자스시티에서 뉴욕으로 가는 며칠 동안 '풀먼 침대차*를 이용하는 호사를 누릴 만하다'는 생각에 침대 겸용 의자를 이용했다.33

카네기는 1911년 1월 10일 자정 즈음, 펜 역Penn Station에 도착했다.

---

* 기차에서 안락한 설비가 갖춰진 특별 객차.

뉴욕의 기차역에 도착한 카네기의 모습은, 마치 성공을 꿈꾸며 도시로 상경한 주인공이 등장하는 고전적인 이야기의 한 장면을 그대로 옮겨 놓은 듯했다. 1723년에 벤저민 프랭클린은 마켓 스트리트Market Street 부두에 내려 지저분하고 질퍽거리는 필라델피아 거리를 걸어가 마지막 남은 얼마 되지 않은 돈으로 '부푼 롤빵 세 개'를 샀다. 두 개는 양쪽 겨드랑이에 하나씩 끼고 나머지는 먹었다. 그는 미국 제일의 식민도시 필라델피아를 접수한 이후 초기의 미국적인 개인의 계층이동social mobility과 성공을 달성한 인물이 되었다. 허레이쇼 앨저가 1800년대 중반에 발표한 소설은 시골 청년이 도시로 상경해 성공하는 이야기가 주를 이루었다. 《누더기를 입은 딕Ragged Dick or Street Life in New York》(1867년)에서 리처드 헌터Richard Hunter는 시골 출신의 풋내기와 상담을 한다. 몸에 잘 맞지 않은 양복을 입은 그 풋내기는 언변이 뛰어난 신용 사기꾼에게 50달러를 사기당하고 매우 당황스러워 했다. 앨저의 《신분상승 투쟁기Struggling Upward》(1890)는 도덕적인 젊은이 루크 라킨Luke Larkin이 위기를 극복하고 월스트리트 금융계의 거물로 성장하는 모험 이야기를 그렸다.34

미주리 시골 출신의 카네기도 20세기 초반에 그 신화적인 성공담을 되풀이하고 있었다. 한밤중에 기차에서 내린 카네기는 다 구겨지고 지저분한 싸구려 양복에 중산모 차림이었다. 소지품이 전부 담긴 싸구려 여행 가방 두 개를 들고 있었는데 짐꾼이 가방을 들어주겠다고 해서 깜짝 놀랐다. 기차역에서 빠져나와 불빛 환한 뉴욕 거리로 들어선 그는 두 눈이 휘둥그레졌다. "그때까지 뉴욕과 견줄 만한 도시를 본 적이 없었다. 뉴욕 펜실베이니아 역의 서둘러 움직이는 사람들과 시끄러운 소음은 나를 깜짝 놀라게 했다"라고 그는 적었다. "그날 밤 역을 나와서 불빛과 소리, 사람들에 매우 흥분한 채로 거리를 걸었다. 나는 눈앞에 펼쳐진 맨해튼을 보고 기죽은 시골뜨기 그 자체였다."[35]

이렇게 데일 카네기는 세일즈 세계를 떠나 연극 세계로 들어갔다. 이것은 데일 카네기 인생의 중대한 변화로 설레고도 겁나는 사건이었다. 앞으로 알게 되겠지만, 그는 세일즈 기술과 개인적 표현 재능을 하나로 합친 독특하고 굉장한 인생진로를 개척하게 된다. 결과적으로 미국 문화에 엄청난 영향력을 발휘하고 현대적인 자아 모델을 새롭게 정의한 책을 집필하기에 이른다. 그러나 1911년, 북적거리는 대도시 뉴욕에 처음 입성한 카네기의 앞날에는 길고 힘든 여정이 기다리고 있을 뿐이었다.

| 4장 |

동쪽으로 간 젊은이

데일 카네기는 보통 사람들보다 자아표현에 대해 훨씬 잘 이해하고 있었다. 그것은 현대사회에서 중요한 성공 도구였다. 개인의 이미지가 대단히 중요한 사회에서 매력적인 성격이 성취와 성공, 정체와 실패의 차이를 결정짓는 경우가 많았다. 겉모습을 가꾸고 자신감과 배려, 카리스마, 낙관주의, 열정, 적극성을 보여주려면 노력과 기술이 모두 필요했다. 배우보다 그런 모습을 더욱 능숙하게 보여줄 수 있는 사람이 있을까? 그것은 결국 필요한 역할에 맞게 자아를 유연하게 움직이는 능력에 달려 있었다. 카네기가 《카네기 인간관계론》에서 배우와 엔터테이너 역할을 자주 강조한 것은 우연이 아니었다.

카네기는 타인에게 특정한 인상을 주기 위해 연기법을 활용하라고 했다. 상대방에게 영향을 주려면 미소 짓는 얼굴로 즐겁고 긍정적인 분위기를 만들어야 한다. 하지만 미소 짓거나 유쾌하게 행동하고 싶지 않다면 어떻게 해야 할까? 카네기는 연기하라고 조언했다. "당신이 이미 행복한 것처럼 연기하라. 그러면 정말로 행복해질 가능성이 크다." 성공하고자 하는 사람은 타인이 자신의 상품이나 아이디어를 적극 원하게 만들어야 하지만, 상품에 흥미로운 부분이 없고 설명에도 별다른 특징이 없다면 어떻게 해야 할까? 카네기는 "그럴 때는 극화가 필요하다. 사실을 말하는 것만으로는 충분하지 않다. 사실을 생생하고 흥미롭고 극적으로 표현해야 한다. 쇼맨십을 활용해야 한다. 영화에서도, 라디오에서도 그렇게 한다. 사람들의 관심을 원한다면 당신도 그렇게 해야 한다"라고 설명했다.[1]

또한 카네기는 현대 미국 사회에서 연기자와 관객의 상호작용이 사회관계의 한 모델을 제공한다고 주장했다. 성공하고 싶은 사람은 엔터테이너로 연기나 쇼에서처럼 고객이나 동료를 즐겁게 만들고 감동을 주고 교화시켜야 한다. 카네기는 당대 가장 유명한 마술사였던 하워드 서스턴Howard Thurston의 성공 비결은 그의 성격과 사람에 대한 애정을 제대로 전달한 것이라고 했다. 서스턴은 무대에 올라가면 반드시 "나는 여러분을 사랑합니다. 나는 여러분을 사랑해요"라고 말했다. 카네기는 현대 비즈니스가 공연 무대가 되었다고 믿었다. 그는 기업이 세일즈에 엔터테이너의 힘을 활용하는 다양한 방법이 소개된 《비즈니스에서의 쇼맨십Showmanship in Business》(1936년)이라는 책을 추천하기도 했다. "온 세상은 무대고 모든 여자와 남자는 배우다. (……) 한 사람은 일생 여러 배역을 연기한다"라는 셰익스피어의 말처럼 연기자와 관객의 역학 관계는 현대사회에 깊이 침투해 있었다. 카네기는 현대 사회 인간관계에서 연기는 성공에 필수임을 알았고, 독자들에게 "상대방의 말을 잘 들어주어라", "상대방이 중요한 사람인 것처럼 느끼게 해주어라"고 강조했다. 그는 "많은 사람이 자신의 말을 들어줄 단 한

명을 원할 때 의사를 찾아간다"며 설득력 있는 평가를 했다.²

부분적으로 연기와 관객에 대한 카네기의 지대한 관심은 역사적으로 중요한 한 단면이었다. 바로 20세기 초반 들어 더욱 광범위해진 오락과 여가 문화다. 1880년에서 1910년대까지 고상하고 전통적이었던 빅토리아 문화는 점점 침식되고, 오락 활동도 활기찬 에너지와 자유로운 관능성, 불손한 재미, 활기찬 경험 등으로 추세가 바뀌었다. 대중문화 속에서 대중극, 라디오, 놀이공원, 스포츠 행사, 나이트클럽, 영화 등 여가의 상업화가 이루어졌다. 1930년대에 이르러 오락 문화는 매우 보편적인 것으로 자리 잡았다. 대중문화의 특징에 항상 민감했던 카네기의 《카네기 인간관계론》에도 그 영향이 잘 드러난다.³

그러나 카네기가 무대와 연기를 강조한 것은 어린 시절에서 비롯된 직접적인 영향도 있었다. 그는 22세라는 젊은 나이에 빅토리아 시대와 종교적 산물로 둘러싸인 중서부 시골집을 떠났다. 광활한 그레이트플레인스에서 세일즈맨으로 성공을 거두었지만 돈벌이를 포기했다. 대신 그는 중서부와 그레이트플레인스의 내륙 시골 마을을 떠나 미국 사회가 도시와 상업, 여가를 중심으로 새롭게 탈바꿈하던 역사적 현장의 중심으로 들어갔다. 데일 카네기는 자기 자신을 표현하고 타인을 즐겁게 해주겠다는 결연한 의지로 연기 학교에 입학했다.

1911년 1월 들뜬 마음으로 뉴욕에 도착했지만 설렘도 잠시, 새로운 문화에 적응하는 데 따르는 고통스러운 경험이 기다리고 있었다. 그는 펜 역을 나와 들뜬 마음으로 생전 처음 와보는 미국 최대 도시 뉴욕의 불빛 환한 거리로 들어섰다. 하지만 묵을 곳을 찾을 때부터 들뜬 마음이 빠르게 식기 시작했다. 기차역 안내 데스크 직원이 값싼 호텔이 있는 곳을 알려주었지만 젊은 카네기는 뉴욕 물가에 대해 아무런 지식도 없는 상태였다. 처음 찾은 호텔의 하루 숙박비가 1달러 50센트라는 말에 그저 멍해졌다. 그도 그럴 것이 사우스다코타에서는 가장 좋은 호텔이라도 기껏해야 하룻밤에 50센트밖에 하지 않았다. 호텔 직원에게 그 말을 해보았지만 그저 웃기만 할 뿐이었다. 이해심 많은 직원 하나가 밀즈 호텔Mills Hotel로 가보라고 권했고 마침내 시골뜨기 청년은 간신히 하룻밤에 50센트로 묵을 수 있는 곳을 찾았다. 2층 침대가 여러 개 놓인 방이었다.[4]

다음 날, 싼값에 아침 먹을 만한 곳을 찾는 일도 힘들었다. 한참 찾아다닌 끝에 옥수수죽과 달걀 하나, 맛이 고약한 커피를 15센트에 제공하는 작은 싸구려 식당을 발견할 수 있었다. 시작부터 도시 생활은 놀라운 일투성이였고 한껏 기대에 부풀었던 젊은이를 정신이 바짝 들게 했다. "뉴욕에서는 내 돈이 눈 깜짝할 사이에 사라지겠다는 생각이 들어 더욱 돈을 아껴 쓰게 되었다. 빈털터리가 되면 의지할 곳이 전혀 없었으니까. 아버지는 돈이 전혀 없으니 나에게 돈을 보내줄 수가 없었다."[5]

하지만 강한 끈기와 큰 포부를 가진 카네기는 창의적인 예술 세계에서 성공하겠다는 의지가 확고했다. 그는 1911년 1월 11일 실망스러운 첫 아침 식사를 마치고 웨스트 56번가와 57번가 사이에 뻗은 세븐스 애비뉴Seventh Avenue의 카네기 빌딩(기업가 앤드루 카네기의 이름을 땀)에 위치한 미국연극예술아카데미를 찾아갔다. 그는 면접을 위해 프랭클린 H. 사전트Franklin H. Sargent 학장에게 안내되었다. 카네기

뉴욕에 입성한 데일 카네기는 진지한 자세로 배우와 세일즈맨, 강사, 저널리스트로서 성공을 꿈꿨다.

의 설명을 빌리자면 사전트 학장은 짧은 잡담 후 카네기의 패기를 시험해보는 독특한 문제를 냈다. '의자를 흉내 내라'는 것이었다. 카네기는 침착하게 대응했고 그 자리에서 합격을 따냈다. 25년 후 세계적인 저자가 되었을 때 〈새터데이 이브닝 포스트The Saturday Evening〉 기자 앞에서 그때와 똑같이 의자 흉내를 냈는데 기자는 "대단히 흥미로웠다"고 말했다. 그러나 경험이 부족한 젊은 카네기는 한 가지를 실수하고 말았다. 등록금 400달러를 일시불로 낸 것이었다. 그도, 그의 부모도 물건값을 할부로 내본 적이 한 번도 없었다. 그는 나중에야 수강생 대부분이 학교에 다니면서 등록금을 할부로 낸다는 사실을 알았다. 배우가 되기 위한 첫걸음을 내딛고 나니 수중에는 몇백 달러밖에 남지 않았고 그 돈으로 1년을 버텨야만 했다.[6]

하지만 카네기가 선택한 연극학교는 일류였다. 미국연극예술아카데미는 미국 최초의 전문 연극학교로 1884년 스틸 맥카이가 설립했다. 맥카이는 카네기가 대학 시절에 접했던 현대적인 대중연설 모델인 델사르트식의 신봉자였다. 설립 몇 년 후 맥카이의 추종자 중 한 명인 프랭클린 M. 사전트가 몇십 년간 학장으로 재직했다. 미국연극예술아카데미는 철저한 전문 교육을 통해 윌리엄 파웰William Powell, 앤 밴크로프트Anne Bancroft, 스펜서 트레이시Spencer Tracy, 로잘린드 러셀Rosalind Russell, 제이슨 로바즈Jason Robards, 그레이스 켈리Grace Kelley, 흄 크로닌Hume Cronyn, 로렌 바콜Lauren Bacall, 커크 더글러스Kirk Douglas, 콜린 듀허스트Colleen Dewhurst, 로버트 레드퍼드Robert Redford 등 20세기의 대표적인 연극 및 영화배우들을 배출했다.[7]

카네기는 합격이 우연이었다고 생각했지만, 사실은 생각 이상으로 대단한 일을 해낸 것이었다. 원래 그 학교는 5분 대화가 아니라 철저한 사전 조사를 통해 합격자를 선발했다. 지원자들은 개인 정보(출신지, 교육, 직업, 나이, 건강)와 목표(야망, 개인적 특성, 연극 경험)에 관련된 질문이 포함된 입학시험을 치러야 했다. 교수진은 시험지를 꼼꼼하게 살펴 학생의 역량을 평가했다. 또한 지원자들에게 아는 연극 일부분을 해보라고 했고 갑자기 대본을 주면서 '즉석 연기'를 해보라고도 했다. 1911년에 사전트 학장이 쓴 글에 따르면 "큰 포부를 가진 학생들의 극적 능력을 철저히 살펴 배우 자질을 갖춘 학생들을 선발했으며, 자질이 없는 학생들은 크게 낙심했고 충분히 가능성이 있으면 열

심히 준비했다."⁸

카네기는 입학과 함께 사전트 학장이 1890년대에 전문 배우 양성을 위해 개편한 교과 과정을 배웠다. 그곳의 연간 학사 일정은 두 학기로 각 6개월씩 이루어졌다. 카네기가 1911년 여름에 이수한 첫 학기는 연극 표현을 위한 신체 표현과 발성, 실제 무대 연출 등 배우에게 필요한 기본적인 기술을 배우는 과정으로 이루어졌다. 카네기가 등록하지 못한 두 번째 학기는 상급 이론 수업과 연극제작으로 구성되었다. 카네기는 품위 있는 신체 표현에 도움이 되는 발음과 팬터마임, 즉흥극, 연극 읽기, 메이크업, 춤, 펜싱 등을 폭넓게 배웠다. 또한 미국연극예술아카데미의 유명한 '인생 연구Life Studies' 수업도 들었다. 그 수업을 듣는 학생들은 뉴욕 거리로 나가 각양각색 사람들의 몸짓과 움직임, 언어 스타일, 말투를 관찰한 후 무대에서 자연스럽고 사실적으로 재연했다.⁹

한마디로 미국연극예술아카데미의 교육 목표는 직업 훈련이었다. 한 극장에서 레퍼토리 연극을 선보이는 기존 극단의 방식이 아니라—사전트 학장은 그것을 무계획적인 '중세식', '길드' 입문 과정이라고 비난했다—배우의 표현 재능을 체계적으로 계발해주려는 현대적인 교육기관이었다. 혹자에 따르면 그곳에서는 연기를 "'완전한' 인간, 즉 상상력과 지성, 느낌, 기술을 합쳐놓은 것의 표현"이라고 가르쳤다. 사전트 학장은 공개석상에서 본교의 철저한 교육 프로그램은 "집약적 경험에 훌륭한 교수진, 확고한 예술 신념이 더해져 이루어진다. 이런 환경에서 공부하면 다른 연극 관련 기관에서 몇 년 동안 배워야 할 것을 1년에 배울 수 있다"라고 했다.¹⁰

그러나 아카데미의 교과 과정 뒤에는 대중연설 교육과 더불어 더욱 큰 문화적 변화가 숨어 있었다. 설립자인 스틸 맥카이는 미국의 대표적인 델사르트식 지지자로 아카데미의 다양한 활동에 델사르트의 원칙을 주입해놓았다. 델사르트식에 따라 웅변 스타일이 새로워졌듯이, 연기 프로그램 역시 점잖은 제약과 인위적인 예의가 따르는 구식 빅토리아 시대의 전통을 멀리했다. 맥카이는 연기에서 '움직임의 과학'을 찾고자 했다. 이는 과장된 자세와 거창한 손짓으로 이루어진 빅토리아식 방법에 의존한 것이 아니었다. 델사르트식 배우는 '신체를 통해 생각과 정서, 감정을 표출하여 연기에 진정성과 자연스러움을 더하고, 배우를 더욱 실감 나게 하여 19세기 빅토리아 시대의 무대에서 흔히 볼 수 있었던 가식과 부자연스러움을 없애는 것'이 맥카이의 목표였다.[11]

맥카이의 뒤를 이어 아카데미를 맡은 프랭클린 사전트는 현대적인 교육 패러다임을 더욱 발전시켰다. 그는 기계적인 감정 표현을 버리고 "실제 같은 감정 표현은 오로지 내면에서 발전하여" 무대에서 인상적이고 사실적인 캐릭터를 만드는 기반을 형성한다고 강조했다. 배우는 내적 원천 또는 아카데미의 연간 카탈로그에 설명된 대로 "성격 자체의 힘—내면 깊숙한 곳의 본성"을 활용해야만 한다. 사전트 학장은 카네기가 입학할 즈음에 〈뉴욕 드라마틱 미러New York Dramatic Mirror〉에 쓴 글에서 배우는 오직 "개인의 성격계발과 기질적 힘을 통해서만" 힘과 설득력의 정상에 도달할 수 있다고 힘주어 말했다. 당시 아카데미를 방문한 기자는 아카데미가 다양한 시도를 통해 학생들에게 핵심적인 자극을 주는 현장을 직접 확인했다. 학생들은 무엇을 어떻게 하라고 지시받지 않고 스스로 생각하도록 격려받았다. 기자는 다음과 같이 표현했다. "그 학교에서는 개성이 신성한 것으로 간주되었다. (……) 방해물은 제거되었고 최초로 표현의 자유가 주어졌다."12

다시 말해서 카네기는 미국 연극계의 변화를 이끌어가는 활기차고 혁신적인 기관에서 공부한 것이다. 하지만 그의 앞에는 흥분되면서도 버거운 일들이 기다리고 있었다. 웨스트 40번가의 우중충하고 비좁은 하숙집에 방을 얻은 카네기는 매일 아침 희망에 부푼 수많은 배우 지망생들과 카네기 빌딩으로 걸어갔다. 1920년과 30년대에 연극계와 영화계를 주름 잡은 에드워드 G. 로빈슨Edward G. Robinson은 한 해 전에 입학했고 카네기의 동기로는 훗날 연출가로 성공한 거트리 맥클린틱Guthrie McClintic이 있고 〈아버지와 인생을Life with Father〉, 퓰리처상 수상작 〈스테이트 오브 더 유니온State of the Union〉, 〈사운드 오브 뮤직The Sound of Music〉 등 다수의 연극과 영화 대본을 쓴 극작가 하워드 린지Howard Lindsay 등이 있었다. 이따금 강도 높은 훈련은 카네기를 당황하게 했다. 그는 4월 초 부모에게 보낸 편지에 "날이 갈수록 제가 점점 연기에 대해 잘 모른다는 생각이 들어요"라고 적었고 좌절을 느낀다는 점도 인정했다. 또한 연극으로 생계를 꾸리는 일에 대해서는 "이 일은 잘해야 도박인 것 같아요"라고 했다.13

그러나 카네기는 아카데미의 교육 목표에 열정적으로 반응했다. 한 예로 '인생 연구' 수업은 중서부 시골 출신으로 동질성 속에서 살아온 젊은 카네기에게 대단히 새로운 경험이었다. 그는 4월에 집으로 보내는 편지에 "인생 연구 수업 때문에 유대인과 이탈리아인들이 있는 이스트사이드에 갔다가 바워리Bowery, 차이나타운까지 다녀왔습니다"라고 썼다. "고함치는 소리, 지껄이는 소리, 거래하는 소리 등 소리란 소리는 전부 다 들을 수 있었어요. 캐릭터 연구에 그야말로 적합한 곳이에요." 그 수업은 카네기가 사람들의 신체와 내면적 특징의 연결성을 탐색하는 계기가 되었다. "사람마다 걸음걸이가 달라요. 걸음걸이에서 그 사람의 무기력함, 이기적임, 야망 등이 전부 드러납니다. 사람의 얼굴에 나타난 선을 유심히 살펴보세요. 사람들의 목소리를 흉내 내려고 해보세요. 우리가 보는 모든 사람은 '낯선 주제를 다룬 책'이에요."[14]

카네기는 자기표현이 훌륭한 연기의 열쇠라고 강조한 아카데미의 가르침을 받아들였고 이는 나중에 그가 이룰 대업에 흥미로운 요소로 작용했다. 카네기는 입학 후 당대 유명 배우들을 연구해 그들의 뛰어난 특징을 모방해서 '그것들을 전부 합쳐 탁월하고 성공적인 배우가 되겠다'는 어리석은 계획을 세웠다. 그는 타인을 흉내 내는 것이 아카데미에서 양성하려는 배우의 필수 조건에 어긋난다는 사실을 점차 깨달았다. 배우는 자신의 감정을 불러일으켜 자신의 목소리를 찾아야 했다. 그는 몇 주 동안 타인 흉내 내기에 시간을 허비한 끝에 "어리석게도 내가 결코 다른 사람이 될 수 없고 나는 내가 되어야만 한다는 사실을 그제야 깨달았다"고 말했다.[15]

실제로 미국연극예술아카데미에서 보낸 시간은 두 가지 측면에서 카네기의 세계관 구축에 지워지지 않는 흔적을 남겼다. 첫째, 학생들이 스스로 내적 원천을 찾을 수 있도록 부드럽게 이끌어주는 아카데미의 교육 방침은 훗날 카네기의 대중연설 및 인간관계 강좌의 기본 원칙이 되었다. 사전트 학장은 "뛰어난 교사는 오직 학생의 내면에 담긴 기질을 끌어내도록 격려하거나 꺾을 수 있을 뿐이다. 학생에게 맡기는 것이 가장 좋은 방식의 가르침이다"라고 했다. 아카데미는 실용적인 가르침, 즉 이론을 실천하는 방식을 강조했다. 둘째, 개인의 특징 표현과 내면의 감정 투영을 강조한 아카데미의 교육 방침은 카네기가 《카네기 인간관계론》의 핵심 주제였던 이미지와 성격 개념에 큰 영향을 끼쳤다. 타인에게 보여주는 성격의 이미지를 의식적으로 만들 수 있다는 개념을 접한 카네기는 엄격한 도덕적 가치와 점잖은 예의를 강조했던 빅토리아 시대의 구식 '성품' 기준을 버렸다. 그는 사람들 사이에서 반짝거리고 호감 가는 가면을 마음대로 썼다 벗었다 할 수 있는, 현대적이고 융통성 있는 '성격'의 개념을 받아들였다.[16]

그러나 아카데미의 영향이 오랫동안 이어진 것에 반해 카네기의 연극 도전은 그리 오래가지 못했다. 아카데미에서 6개월 동안 공부한 카네기는 〈서커스단의 폴리 Polly of the Circus〉라는 유랑극에서 배역을 따내 길을 떠났다. 1911년 8월부터 27명의 배우와 관계자로 이루어진 극단의 일원으로 42주 동안 활동했다. 창조적 에너지와 야망으로 불타는 젊은이에게는 꿈이 이루어진 것이나 마찬가지였다.

한편 카네기가 유랑극단에 들어간 것은 모순이기도 했다. 그는 빅토리아 시대의 전통을 단호하게 거부하는 연기 수업을 받았지만, 그를 처음 무대에 올린 작품의 성격은 정반대였기 때문이다. 〈서커스단의 폴리〉는 도덕적인 미사여구와 상투적인 캐릭터, 19세기 연극 특유의 감상적인 메시지로 가득한 구식 멜로드라마였다. 카네기는 걱정하는 어머니께 '깨끗하고 도덕적인 연극'이라고 안심시켰다. 이 연극은 마거릿 메이요 Margaret Mayo가 썼으며 1907년 마벨 탈리아페로 Mabel

Taliaferro와 말콤 윌리엄스Malcolm Williams가 주연을 맡아 브로드웨이에서 히트를 기록한 작품이다. 아름다운 서커스단 기수인 폴리는 낙마로 혼수상태에 빠져서 고향으로 옮겨진다. 존 더글러스John Douglass 목사가 폴리의 회복을 돕기 위해 애쓴다. 두 사람 사이에 낭만적인 분위기가 흐르지만 폴리는 자신과의 관계로 더글러스 목사의 인격과 사회적 지위에 치명적인 오명을 남길까 봐 두려워 도망친다. 뒤따라간 목사는 폴리가 서커스 무대에서 생명을 위협받는 두 번째 사고를 당하는 모습을 목격하고, 결국 두 사람의 재회와 결혼으로 막을 내린다는 이야기다. 〈서커스단의 폴리〉는 금지된 사랑 이야기가 흥미진진하게 그려졌고 공중그네 곡예사, 동물 조련사, 신체를 이용한 묘기를 보여주는 곡예사, 광대를 비롯해 다양한 연기자들이 출연하는 화려한 볼거리로 관객들을 매료시켰다.[17]

카네기는 1911년 늦여름에 극단과 함께 순회공연 길에 올랐고 8월 17일에 뉴욕 주 엘마이라Elmira에서 첫 무대에 섰다. 그는 조연을 맡았다. 처음 말에서 떨어진 폴리를 진찰하는 프록코트를 입은 마을 의사 하틀리 박사 역이었다. 조연 배우들은 단역도 겸했으므로 카네기는 은색 스팽글이 달린 빨간색 타이즈를 입은 서커스 단원 역할도 했다. 폴리가 더글러스 목사와 재회하는 클라이맥스 장면 이전에 다시 부상으로 의식을 잃고 쓰러진 폴리를 옮기는 역할도 했다. 또 카네기는 보조 무대감독 역할도 했다. 이렇게 여러 가지 역할을 하고 주급 25달러를 받았다. 얼마 되지 않는 봉급으로 숙식비까지 내야 했다.[18]

젊은 카네기에게 유랑 생활은 모험처럼 느껴졌다. 동지애를 느끼게 하는 새로운 경험은 즐거웠지만 전국을 순회하는 동안 돈을 아껴야 했으므로 값싼 음식을 먹고 싸구려 하숙방을 단원들과 나눠 썼다. 그는 주로 하워드 린지와 같이 방을 썼는데, 당시 린지는 우중충하고 비좁은 방에서 매일 오랫동안 글을 쓰면서 극작가가 되기 위한 기술을 갈고 닦았다. 린지가 기억하는 카네기는 말 많고 유쾌한 젊은이로 열정이 넘쳐서 종종 매너를 잊을 때도 있었다. "데일은 말이 무척 많았다. 그가 대화에 재능이 있는 것은 아니었다. 그는 대화가 아니라 연설을 했으니까. 식탁에서 나이프나 포크를 든 채로 손짓하곤 했다. 한번은 그가 손을 움직여 핵심을 강조하려고 하기에 내가 주의를 주어 내려놓게 한 적도 있었다"라고 말했다.[19]

카네기는 순회공연 동안에도 쉬지 않고 부모에게 편지로 근황을 알렸다. 그는 동부의 뉴욕과 뉴저지에서 남부의 웨스트버지니아, 중서부의 캔자스시티, 위치토, 오클라호마시티를 다니며 공연했다. 기차를 타고 이동할 때의 지루함은 흥청망청 즐겁게 노는 것으로 달랬다. 한 예로 1911년 12월 마지막 날, 남자 배우들이 카네기를 깨우더니 환호성을 지르며 잠옷과 취침용 모자 차림의 그를 어디론가 데려갔다. "그들은 극단의 나이 든 가정부가 누워 있는 침상으로 나를 던졌다. 그러고는 다시 끄집어내 옷을 전부 다 벗기고는 남자 동료 한 명과 같이 침대에 눕혔다. 아, 남자들의 짓궂음이란!"[20]

연극에 열정을 바치는 동안은 주머니 사정이 그리 좋지 못했다. 그래서 순회공연 다니는 동안 부업으로 판매일도 했다. 시간 날 때마다 넥타이 견본이 든 커다란 가방을 들고 양복점을 찾아가 주문을 넣으라고 설득했다. 린지의 말에 따르면 카네기는 들이는 노력에 비해 돈을 벌지 못했다. 언젠가 카네기는 트렁크와 여행 가방을 팔았고 두 회

사의 차양을 팔기도 했다. 쉬운 일이 아니었다.[21]

〈서커스단의 폴리〉 순회공연이 끝난 후 새로운 배역이 들어오지 않아 카네기의 짧은 배우 생활은 흐지부지되고 말았다. 그러나 이미 무대에 대한 환상이 깨져버린 뒤였다. 순회공연을 다니는 동안 나이 든 배우들을 많이 만났는데, 배우의 길에 충실했던 그들에게 남은 것이라고는 경제적 불안정과 위태로운 사회적 위치뿐이었다. "극단에 일흔은 되었을 법한 머리가 하얗게 센 남자가 있었다. 그의 가족은 코네티컷 주 뉴 런던New London에 살지만 그는 평생 전국 각지로 공연 다니느라 1년에 가족과 만나는 시간은 5~6주밖에 되지 않았다"라고 카네기는 썼다. 〈서커스단의 폴리〉 순회공연이 끝나고 뉴욕으로 돌아간 카네기는 2주 동안 연극계 신문을 살펴보고 연출자 대기실에도 찾아가 새 배역을 구하려고 해봤지만, 그리 열성적이지는 않았다. 이미 마음속에는 미래에 대한 결론이 나 있었다. "연극배우의 길은 너무 불확실하니 떠나야겠다"는 것이었다.[22]

다른 곳으로 관심을 돌리기로 한 카네기는 본능적으로 1년 전 커다란 소득을 올렸지만 그만두었던 육류가공업계를 떠올렸다. 세일즈맨 자리가 있는지 알아보려고 뉴저지 주 패터슨Patterson에 있는 아머앤드컴퍼니 지사를 찾아갔고 쿠다이 지사에도 연락했다. 비치넛패킹Beech Nut Packing Company에서 매니저로 일하는 지인과도 저녁 식사를 했다. 예전 경력 덕분에 긍정적인 반응이 돌아오자 연극배우의 꿈을 접어야만 하는 좌절감이 사그라지고 대신 자신감이 차올랐다. 그는 1912년 3월에 부모님께 보내는 편지에 "다시 직장 구하는 일을 서두르지 않고 있습니다. 쉽게 구해질 것 같아요. 아머를 그만둘 때만 해도 제가 거기에서 올린 실적을 언급하게 될 줄 몰랐어요. 이제 조만간 그렇게 될 것 같아요"라고 썼다.[23]

이리하여 카네기는 연기를 그만둔 것에 대한 씁쓸함과 자기합리화와 더불어 낙관주의라는 어울리지 않는 감정을 동시에 느끼며 다시 세일즈의 세계로 돌아갔다. 하지만 이번에는 육류가공업계가 아니라 20세기 초에 미국인의 일상을 바꾸고 있던 흥미롭고 새로운 분야에 진출하기로 했다. 카네기가 성인이 된 후 내내 보여준 사실이지만, 미국 사회의 최첨단 성장 분야를 감지하는 그의 본능은 날카로웠다.

연기를 그만두고 뉴욕으로 돌아온 카네기는 세일즈맨 경력을 되살리려고 했다. 그는 20세기로 접어들어 시골 젊은이들이 도시로 우르르 몰려드는 현상에서 커다란 기회를 엿보았다. 시골 젊은이들은 급속도로 팽창하는 도시의 북적거리는 흥분감에 이끌렸고, 사회와 경제 분야가 역동적으로 변하는 새로운 환경으로 들어가고 싶어 했다. 몇 가지 중대한 성장이 그들을 맞이했다. 산업 생산 붐과 소비자 시장의 급속한 확장, 남유럽과 동유럽에서 유입된 이민자들로 인한 엄청난 인구 증가로 폭발적인 경제 성장이 이루어졌다. 게다가 기업, 공립학교 제도, 진보시대의 규제국가라는 거대한 관료주의가 미국 공공 분야의 구조를 바꿔놓고 있었다.[24]

하지만 가장 놀라운 것은 1900년대 초에 휘발유로 움직이는 이동 수단이 미국인의 생활을 변화시키고 있었다는 사실이다. 헨리 포드가 1908년에 내놓은 저렴한 대량생산 모델 T는 어느 정도 경제적 여건을 갖춘 시민이라면 누구나 구입할 수 있어 1910년대까지 전 미국을 휩쓸었다. 그 뒤를 따라서 자동차 제조업체들이 우후죽순으로 생겨났고 말 또는 증기기관차와 자동차의 세대교체가 계속되었다. 자동차의 파급력은 널리 퍼져 나가 이동수단뿐 아니라 교외 생활방식, 강철과 석유 산업, 새로운 숙박산업의 성장, 주유소, 신용 제도의 발달, 도로와 거리 건설에까지 변화를 일으켰다. 혹자는 자동차의 영향력에 대해 '자동차를 이용한 이동성'이 수백만 중산층과 노동계급 시민의 경험 폭을 넓혔을 뿐만 아니라 20세기 미국의 사회적, 경제적 생활의 중추를 형성했다고 말했다.[25]

카네기는 자동차 산업에 뛰어들기로 결심했다. 그는 몇 년간 자동차 판매와 관련된 세 개의 개별적인 사업에 뛰어들었다. 첫 번째로 〈서커스단의 폴리〉 순회공연이 끝나고 뉴욕으로 돌아간 카네기는 얼마 후 동업자와 사업을 시작했다. 파말리Parmalee라는 지인이 1912년 5월 카네기에게 자신이 자금을 댈 테니 판매와 광고 같은 실무를 맡아달라며 동업을 제안했다. 파말리는 중고 자가용과 트럭 몇 대를 손에 넣었는데 그것을 되팔아 꽤 많은 수익을 올릴 수 있으리라고 생각했다. 카네기는 동업 제의를 받아들였다. 두 사람은 작은 사무실을 마련해 책상 하나와 서류 보관함을 갖추고 서신 업무를 담당할 비서도 구했다. 회사 이름은 '메리덴 자동차 회사Meriden Motor Company'라고 붙였다.[26]

젊은 카네기는 새로 시작한 사업이 잘 풀릴 것으로 생각했다. 자기만의 사업을 시작한다는 사실에 흡족해하며 곧장 메리덴 자동차의 홍보에 뛰어들었다. 그는 어머니께 보내는 편지에 "이번 주에는 사흘하고 반나절 동안 홍보에 매달렸습니다. 잠재 고객이 몇 명 있는데 그

중 일부는 조만간 거래가 성사될지도 모르겠어요. 처음부터 수익을 기대할 수는 없겠지요"라고 적었다.[27]

그러나 곧 카네기는 자동차 판매가 쉽지 않은 일임을 깨달았다. 그가 기계를 싫어한다는 것도 문제였다. 확실히 새 사업에 도움이 안 되는 태도였다. 그는 트럭이 어떤 원리로 움직이는지 몰랐고 알고 싶지도 않았다. 게다가 단지 수익을 내기 위해서 판매에 열정을 쏟기도 어려웠다. 아머앤드컴퍼니를 그만두기 전에 다른 곳으로 관심이 쏠렸을 때와 비슷한 상황이었다. "돈을 버는 게 목적이라면 트럭 판매에는 아무런 문제가 없었다. 하지만 나는 강의를 하고 책을 쓰고 싶었다. 돈을 버는 것보다는 내 삶을 흥미롭고 중요하게 가꿔나가는 것에 관심이 있었다." 설상가상으로 사고까지 닥쳤다. 한 예로 그는 1913년 초에 중고 자동차를 팔았는데 구매자에게 다음 날 배달해주기로 약속했다. 그런데 몹시 추운 날씨에 바깥에 두었던 탓에 엔진이 얼어 자동차가 고장 나버렸다. 카네기는 자동차를 고쳐주겠다고 했지만 그가 어머니께 보내는 편지에는 이렇게 썼다. "손님은 지레 겁을 먹고 제가 붙잡기도 전에 다른 자동차를 사버렸습니다. 저는 거래를 놓치고 말았어요. 중고 자동차 판매에는 이런 어려움이 있네요."[28]

1913년 2월, 카네기는 메리덴 자동차를 그만두고 두 번째로 자동차 사업에 뛰어들었다. 몇 블록 떨어져 있는 인터내셔널 자동차 회사 International Motor Company에 취직한 것이다. 중고차 판매 관리를 맡은 그는 잘 나가는 회사에서 일하게 되었다는 사실에 자신감이 생겼다. 그는 부모님께 보내는 편지에 이렇게 썼다. "인터내셔널 자동차의 뉴욕 지사에서 중고차가 팔릴 때마다 제가 수수료를 챙길 수 있어요. 필요하다고 생각하는 모든 신문에 광고를 실었고 비용도 전부 회사에서 부담했어요. 손님들에게 자동차를 보여주러 돌아다닐 때 드는 경비도 회사에서 전부 내줍니다. 곧 기사 딸린 차도 내어주겠대요."29

그는 여러 가지 특전에 만족해하면서 밝은 미래를 점쳤다. "지금 저는 세상에서 가장 큰 관심이 쏠린 유치산업에 몸담고 있습니다. 저 자신이 상사라서 아무 때나 공원에 나가 산책하거나 하고 싶은 대로 할 수 있고요. 회사에서 월급을 주는 게 아니라 제가 실적을 올려야만 하는데 할 수 있다고 자신해요." 그는 건당 수수료를 받았으므로 첫해에는 800달러를 벌 수 있고 머지않아 3000달러나 4000달러까지 늘어날 것이라고 확신했다. 첫 2주 동안 두 대가 팔려 낙관적인 미래가 확실해 보이는 듯했다. 하지만 기대감은 곧 허물어지고 말았다. 한 달이 지나도록 더 이상 실적을 올리지 못한 카네기는 권고사직을 당했다. 매니저가 그를 불러 중고차 판매부를 아예 없애기로 했다고 알렸다. 갑작스럽게 회사를 그만두게 되어 자존심에 상처를 입은 카네기는 극도로 민감하게 반응했다. 그는 가족에게 쓴 편지에서 "인터내셔널 자동차를 그만두게 된 일에 대해 모두에게 확실히 말씀드리겠습니다. 저는 해고당한 게 아니에요. 제 자리에 대신 들어온 사람이 없었으니까요. 회사에서 중고 자동차 판매부를 없앤 거예요"라며 분통을 터뜨렸다.30

그러나 카네기는 곧 다시 일어났고 2주 후 패커드 자동차 회사 Packard Motor Company에 세일즈맨으로 취직했다. 처음부터 합의점을 찾는 데 어려움이 있었다. 세일즈 매니저는 연봉 1500달러를 제시했지만 카네기는 더 큰 금액을 요구했다. 하지만 거절당하자 어쩔 수 없이 받아들였다. 하지만 그는 가족에게 "일단 여기서 잘해보고 실적을 쌓을 거예요. 계속 연봉이 오르지 않아도 높은 실적 덕분에 다른 회사에 취직하기가 쉬울 테니까요"라며 불만스러워했다.[31]

카네기는 자동차 판매 분야에서 기반을 잡으려고 힘들게 고생해야 했지만 사회생활에서는 커다란 만족감을 맛보았다. 사교성이 뛰어났던 그는 처음 대도시로 온 후 다양한 활동을 시작했다. 여자들과도 잘 어울렸다. 미국연극예술아카데미 시절 '인생 연구' 수업 때문에 맨해튼 이스트사이드를 여자들과 여러 차례 돌아다녔다. 그가 쓴 편지들을 보면 예전부터 수많은 여성과 만났음을 알 수 있었다. 그는 피에르의 침례교회 청년부에 보낸 편지에서 예전 애인을 언급했다. "나는 에피를 정말로 진실한 마음으로 사랑하고 있어. 그 누구도 그녀만큼 사랑할 수 없을 거야." 어머니께 보낸 편지에는 "사우스다코타에 있을 때 어머니께 걱정을 끼쳐드렸던 그 유부녀 말인데요, 이제는 한 달에 한 번도 생각나지 않아요. (……) 그 유대인 여자는 포기했다고 말씀드리지 않았던가요?" 그 밖에도 그는 '아담한 아일랜드 여자', '프랑스 여자' 등 끝없이 계속 데이트 상대를 언급했다. 한 젊은 여성을 데리러 갔다가 그녀의 집에서 '유쾌한 부인들'을 만났고 그녀와 함께 연극을 보러 갔다는 이야기도 있었다. 이따금 뉴욕을 벗어날 때도 있었다. "오늘 60킬로미터 넘게 떨어진 시골로 가서 여자를 만났어요. 전통적인 분위기가 좋아 보이는 가족이었어요. 여자는 학교 선생님이고요."[32]

1913년 어느 주말은 낭만적인 만남으로 가득했다. 카네기는 즐겁게 설명했다. "토요일에 저지시티에 사는 친구인 스튜어트 양이 잠깐 들러서 제가 사는 1층 창문을 두드렸습니다. 그녀가 집안으로 들어와 잠시 담소를 나눴지요. 저는 그녀에게 입맞춤하고 집으로 돌려보냈습니다. 그다음에는 또 다른 친구인 아름다운 캐나다 여성이 찾아왔어요. 피아노로 '이야기 노래talking song'를 연습하기 위해서였어요. (……) 연습이 끝난 후 그녀의 뺨에 작별의 입맞춤을 하고 집으로 돌려보냈습니다. 저녁에는 밖에서 다른 여자와 만났고요. (……) 그녀에게 잘 자라는 입맞춤을 해주었어요. 보시다시피 저는 여자 친구들이 아주 많답니다."33

여성과의 관계가 좀 더 깊어질 때도 있었다. 그는 뉴욕 생활 첫 2년 동안 보츠포드Botsford라는 성을 가진 아가씨와 연극, 무도회, 강연 등에 다니며 많은 시간을 보냈다. 뱅하트Banghart라는 성을 가진 아가씨와는 짧은 기간 동안 연극과 희극 낭송을 같이 했다. 언젠가 카네기는 "어머니, 저는 여자들에 대해서는 늘 바보였고 앞으로도 그러고 싶습니다. 아마 제가 결혼하면 집안 망신이 될지도 몰라요"라고 고백했다. "하지만 제가 주변을 둘러보지 않은 탓이 아니라고는 할 수 없겠죠."34

카네기는 다양한 교회 활동에도 참여했다. 유명한 전도사인 빌리 선데이Billy Sunday의 설교를 들었고 하숙집 근처의 침례교회 주일학교나 YMCA에서 이루어지는 성직자들의 초빙 강연에도 꾸준히 참석했다. 그러나 그런 활동은 신앙심보다 사교가 목적이었다. 침례교회 주일학교 무도회를 좋아했던 그는 어머니를 책망하기도 했다. "산간벽지의 전도사들이 춤과 연극에 대해 하는 말들은 다 허튼소리고 사실이 아닙니다. 그들이 그런 말을 그만해야만 합리적인 신도들이 모여들 거예요." 그는 보츠포드를 교회 사교 모임에 데려갔는데 그곳에서 그녀는 구약성경의 인물들에 대해 이야기하는 '성경 방문자'로 통했다. 그는 선교사들의 활동 이야기를 들을 수 있는 모임에도 그녀와 함께 갔다.[35]

카네기는 바쁜 와중에도 부모님께 연락을 게을리하지 않았고 가족 문제에도 계속 관여했다. 그는 일 관계로 집 주소를 써야 할 때면 벨턴의 부모님 집 주소를 댔지만—그의 부모는 워런스버그에서 캔자스 시티 남쪽의 벨턴으로 이사했다—"벨턴으로 오는 제 우편물은 절대로 열어보지 마세요. 절대로요. 제 앞으로 오는 우편물은 제 사생활이니까요"라고 분명하게 못 박았다. 여전히 카네기는 가능할 때마다 소액의 돈이라도 보내 부모를 도왔다. 원금이나 이자는 갚지 않아도 되니 걱정하지 말라고 했다. 또한 그는 다소 젠체하면서 부모에게 현재 위치에 만족하라는 말도 했다. 타인이 가진 부를 보면 삶이 실패처럼 느껴질 수도 있지만 평범한 삶에도 많은 미덕이 있다고 말했다. "모든 사람이 행복을 찾고 있습니다. 어떤 지혜로운 사람은 '가장 적게 원하는 사람이 가장 행복한 사람이다'라고 했어요. 적게 원하는 것이 도덕적인 거예요"라고 부모에게 일렀다.[36]

그러나 겉으로 드러나지 않았지만 정작 카네기의 행복은 무너지고 있었다. 겉으로는 부모에게 용감한 모습을 보였다. 자동차 판매 업계를 낙관하면서 성공이 눈앞에 기다리고 있다고 했다. "제 나이에는 올해에 얼마를 버느냐가 아니라 10년 후 얼마를 벌 위치에 있느냐가 중요해요. 다시 말하면 지금 제대로 된 길에 발을 들여놔야만 한다는 거지요. 저는 제가 올바른 길에 서 있다고 믿습니다." 그는 인터내셔널 자동차에서 대실패를 겪었음에도 "모든 것이 잘 풀릴 것"이라는 입장

을 굽히지 않았다.[37]

 그러나 그의 용감한 태도에도 불구하고 암울한 상황이 다가오고 있었다. 1913년 무렵 카네기의 현실을 정의하는 것은 잇따른 직업적 실패, 좌절감, 경제적 빈곤이었다. 그는 돈을 아끼기 위해 웨스트 56번가의 지저분하고 좁아터진 셋방으로 이사했다. 그곳에는 바퀴벌레가 들끓었다. 예전에 팔고 남은 엄청나게 많은 넥타이가 벽에 걸려 있었고 매일 아침 그중에서 하나를 골라 매고 나갔다. 방안에는 수많은 벌레가 사방을 기어 다녔다. 가진 돈이 점점 바닥을 보이자 지저분한 싸구려 식당을 이용하면서 좋아하지도 않는 일을 해야만 하는 현실을 곱씹었고 거의 매일 밤마다 심한 두통을 느끼며 무거운 발걸음으로 돌아왔다. 카네기는 우울증에 빠졌다. 훗날 그가 설명한 대로 "실망, 걱정, 비통함, 저항심으로 가득했다. 저항심이 든 이유는 대학 시절부터 키워온 꿈이 악몽으로 변했기 때문이었다. 이게 인생인가? 내가 그토록 고대했던 활기 넘치는 모험이 이런 것이었단 말인가?"[38]

 점점 커져만 가던 문제는 패커드 자동차에서의 노력이 헛수고로 돌아갔을 때 최절정에 이르렀다. "말을 버리고 비싼 자동차를 들이는 것은 경제적 혁명이다. 사람들이 그렇게 하도록 만드는 것은 가장 힘든 세일즈이다"라고 카네기는 생각했다. 그 일은 도저히 카네기의 능력 밖임이 드러났고 실적이 완전히 끊겨버리자 그는 절망감에 빠졌다. "난 어떻게 해야 하지? 내 미래는 어디에 있지?"라고 부르짖었다.[39]

 1913년 10월, 절망적인 현실에 맞닥뜨린 데일 카네기는 결국 패커드 자동차를 그만두었다. 그는 자신의 마음이 다른 곳에 있다며 상황을 정당화시켰는데 편지에 "세일즈맨으로 백만장자가 된다 한들 저는 행복하지 않을 거예요"라고 썼다. 전혀 관심도 없는 상품들을 파는 일에 신물이 난 그는 대학 시절 꿈꿨던 대로 책을 읽고 글을 쓰고 강연을 하면서 살고 싶었다. 사실 그는 패커드를 그만두기 전부터 그 방면의 다양한 기회를 찾아보기 시작했다.[40]

카네기는 1913년 초, 뉴욕 시의 교육위원회에 연락하여 봄에 있을 저녁 강좌에 자신을 고용해달라고 했다. 그 후 1회당 10달러를 받고 '카우보이와 조국의 죽음'이라는 제목으로 두 차례 강연했다. 여름 동안 카우보이에 대한 또 다른 강연을 했는데 거기에 교육위원회의 부감독관이 참석했다. 카네기의 강연에 좋은 인상을 받은 그는 몇 달 후 '미국인의 웅변법American Men of Eloquence'에 관한 강연을 몇 차례 해달라고 연락했다.[41]

이에 용기를 얻은 카네기는 다양한 주제로 강연과 연극 낭송을 한다는 광고 전단지를 여러 단체에 보냈다. 특히 친교 단체인 로열아케이넘The Royal Arcanum은 카네기의 단골이 되었다. 카네기는 그들을 대상으로 '자기표현 예술의 발달Development of the Art of Self-Expression'이라는 강연을 했는데 반응이 좋았다. 나중에 다시 초대되어 '웅변가 패트릭 헨리Patrick Henry-The Orator'라는 강연을 했다. 프리메이슨 뉴욕 지사도 카네기를 연회에 초대해 헨리 워즈워스 롱펠로Henry Wadsworth Longfellow의 장편 시 〈시칠리아의 로버트 왕King Robert of Sicily〉을 낭송해달라고 했다. 그는 부모에게 "무척 잘한 것 같아요. 물론 저녁 식사 대접도 후하게 받았고 시 낭송으로 5달러를 받았어요"라고 알렸다. 뉴욕 전화 회사New York Telephone Company는 웅변의 역사에 대해 강의

해달라고 했다. 일련의 작은 성공에 자극받은 카네기는 친구인 스튜어트와 파트너를 이루어 주변 도시의 성직자와 시장들에게 낭송회와 여흥에 대한 관심을 촉구하는 광고 전단지를 보냈다.[42]

창조적 기지를 생계 수단으로 삼을 방법을 강구하던 카네기는 뉴욕의 몇몇 대학교에 연락했다. 컬럼비아 대학교와 뉴욕 대학교의 성인 대상 야간 강의의 강사로 지원했다. 그는 세일즈 분야에서 실패를 맛본 지 얼마 되지 않았다는 모순적인 사실에도 대학교 관계자들 앞에서 세일즈와 광고 수업에 관해 시범 강의를 했다. 그러나 훗날 카네기는 "그 대학들은 내 도움 없이 계속 힘들게 해나가기로 결정했다"라며 씁쓸하게 회고했다.[43]

그는 방향을 바꿔서 이번에는 학생 신분으로 운을 시험해보기로 했다. 계속 자신을 발전시키고 다시 대학 분위기에 젖기 위해서였다. 대학 성적을 정리하는 일이 걱정되었던 그는 모교인 미주리 주립사범대학교에 연락했고, 뉴욕에서 필수 과목을 수료했으므로 1908년에 받은 운영위원 자격증이 아니라 학사 학위를 주겠다는 약속을 받아냈다. 그래서 카네기는 컬럼비아 대학교에 입학해 영어 작문, 단편 소설 쓰기, 극작문 과목을 신청했다. 동시에 뉴욕 대학교의 잡지 글쓰기 야간 수업도 등록했다.[44]

카네기는 작가가 될 가능성도 탐색했다. 처음에는 뉴욕 신문사의 연극 평론가가 되고 싶었지만 〈드라마틱 미러〉와 〈드라마틱 뉴스 Dramatic News〉 편집자들에게 연락한 후 꿈이 산산이 조각났다. 그는 애통한 심정으로 "연극 평론가가 죽어야만, 그것도 지역 신문의 유명 인사이거나 굉장한 연줄이 있어야만 그 자리를 꿰찰 수 있겠더군요"라고 부모에게 알렸다. 한 편집자는 카네기에게 "당신의 가능성은 지옥에 눈덩이 하나가 존재할 가능성과 똑같습니다"라는 직설적인 회신을 보냈다. 카네기는 어린 시절 친구이자 뉴욕에서 소설가와 저널리스트로 성공한 호머 크로이에게 자신의 새로운 계획에 대해 털어놓았다. 카네기는 크로이와의 저녁 식사 자리에서 "잡지에 글을 쓰고 싶네. 그렇게만 된다면 거기에 모든 시간을 바칠 텐데"라고 말했다. 하지만 그 꿈을 이루기 위해서는 많은 시간과 노력을 쏟아부어야만 했다.[45]

중서부의 시골 마을에서 뉴욕으로 건너가 시작된 카네기의 모험은 창조적 분야나 세일즈 분야에서 별다른 성과를 거두지 못하고 대실패로 끝나는 듯했다. 젊은 카네기는 큰 포부를 가슴에 안은 채, 이따금 대중연설을 하며 받은 돈으로 근근이 살아갔다. 초라하기만 한 생활은 도무지 나아질 기미가 보이지 않았다. 이렇게 힘들게 생활하는 가운데에도 카네기는 땅 투기꾼에서 견습 변호사, 재즈 밴드 드럼 연주자까지 다양한 직업을 거치며 위기를 맞고 있는 클리프턴 형에게 의미심장한 내용이 담긴 편지를 보냈다. "한 직업을 좀 더 오랫동안 붙잡고 있지 않으면 앞으로 형의 삶은 지금보다 더 이상 나아지지 않을 거야. 금광이 그랬던 것처럼 말이야. 여러 직업이 처음에는 장밋빛처럼 보이지만 실제로는 어땠는지 형이 직접 겪어봤잖아. (……) 앞으로 이 문제는 전적으로 형에게 맡길게. 이제 형도 무모한 꿈은 버리고 어른이 될 때니까." 그 말은 카네기가 자신에게 하는 말이기도 했다.[46]

힘든 상황에도 카네기의 성공 의지는 꺾이지 않았다. "나는 원대한 무언가를 찾고 있고 이런 대도시에는 굉장한 기회가 많이 있다"라고 선언했다. 원대한 무언가를 찾으려는 고집과 야망, 그 야망을 부채질

하는 열정이 젊은 카네기를 버티게 해주었다. 그것은 그가 평생 내보인 강점이기도 했다. 그는 부모에게 "하나님이 저에게 유일하게 주신 재능은 입을 놀리는 능력 같아요"라고 농담처럼 말했다. "가르치는 일과 판매를 제 평생의 직업으로 정했습니다. 그밖에 다른 시도를 한다면 아마도 강연과 글쓰기가 될 거예요."[47]

실제로 카네기의 인생 설계도는 정확히 그 요소들, 가르치기와 세일즈와 강연과 글쓰기로 이루어졌다. 1912년에 돈을 벌기 위해 우연히 시작한 일 덕분에 그의 미래에 조금씩 빛이 비치기 시작했다. 그가 대중에게 구원과 성공의 방법을 제시하는 안내자의 길을 걷게 되리라는 사실이 곧 증명되었다.

| 5장 |

가르치고 글을 쓰며

데일 카네기는 《카네기 인간관계론》의 시작 부분에서 그 책의 메시지를 이루는 두 가지 핵심 요소를 설명했다. 첫째, 그는 수강생들을 가르치면서 '사람들을 대하는 기술'을 발견했다. 20년 동안 수많은 수강생이 수료한 '효과적인 연설 및 인간관계를 위한 데일 카네기 강좌'는 '성인들을 위한 인간관계 실험실'이었고 그는 그 안에서 생기는 결과를 세심하게 연구했다. 처음에는 사람들이 자기 생각을 분명하게 표현하고 많은 사람 앞에서 침착함을 유지하도록 도와주기 위한 강좌였지만, 차츰 타인과 잘 지내고 그들에게 영향을 끼치는 방법을 가르치는 광범위한 내용으로 발전했다. 카네기는 현대사회에서 성공하려면 지식만으로는 부족하며 인간관계 기술이 필수라는 사실을 알게 되었다. 한 예로 그는 전문 엔지니어들을 가르치면서 성공한 엔지니어는 뛰어난 기술과 지식을 갖춘 사람이 아니라 "자기 생각을 잘 표현하고 리더십이 있으며 사람들에게 열정을 불러일으키는 사람"이라는 점을 깨달았다. 그 교훈은 카네기의 뇌리에 깊이 박혔다.[1]

둘째, 카네기는 책에 담긴 조언이 애초에 그 책을 쓰게 된 계기와 깊이 연관되어 있음을 강조했다. '이 책을 어떻게, 왜 썼는가'라는 서문에서 "나 역시 수년간 인간관계에 관한 효과적이고 실용적인 지침서를 찾아 헤맸다. 하지만 그런 책이 존재하지 않기에 수업에 활용하고자 직접 쓰기로 결심했다. 그것이 바로 이 책이다"라고 설명했다. 작가 카네기는 해마다 출간되는 수많은 책이 공통적으로 심각하게 따분했으므로, 이 책에서는 경쾌한 문체로 실용적인 아이디어를 전달하고자 최선을 다했다. '마술 같은' 확실한 효과가 증명된 원칙을 정확하게 설명하고 흥미롭게 묘사하려고 했다. 실용성이야말로 그 책의 진정한 척도라고 밝혔다. "이 책의 3장까지 읽고도 살면서 벌어지는 여러 상황에 대처하는 능력이 조금이라도 개선되지 않았다면 이 책은 완전한 실패작일 것이다. 허버트 스펜서Herbert Spencer의 말대로 '교육의 가장 큰 목적'은 지식이 아니라 행동이기 때문이다. 그리고 이 책은 행동을 위한 책이다."[2]

《카네기 인간관계론》이 잘 보여주듯이 가르치기와 글쓰기는 카네기의 개인적인 삶에 꾸준히 영향을 끼쳐왔다. 그는 연극과 자동차 판매업을 연달아 포기했던 1910년대 초에 가르치기와 글쓰기에 의지했다. 처음에는 성인 교육 강좌 아르바이트를 시작했고 이내 약간의 성공을 맛보았다. 얼마 후에는 잡지에 글을 쓰며 대중에게 다가가고자 했고 결국 첫 번째 책을 출간했다. 이처럼 카네기는 가르치기와 글쓰기라는 두 가지 영역에서 자기계발, 자신감 확립, 긍정적 사고, 인간관계의 중요성이라는 주제를 어렴풋이 발전시키기 시작했고 이는 머지않아 좀 더 형태가 확실해졌다. 가르치기와 글쓰기는 훗날 젊은 카네기가 현대 미국인을 위한 성공의 안내자가 되는 데 크게 기여했다.

카네기가 저자와 강연자로 세계적으로 유명해졌을 때, 세일즈를 포기하고 성인들에게 대중연설을 가르치기 시작한 계기를 종종 들려주었다. 그는 1912년에 뉴욕에서 힘들게 살아가던 젊은 시절에 갑작스러운 깨달음을 얻었다고 말했다. "앞으로 어떻게 살아가야 할지 고민하던 나는 루비콘 강에 이르렀다. 대부분의 젊은이들이 사회생활의 출발점에 서서 맞이하는 결단의 순간에 이른 것이다. 그래서 결심했다. (……) 야간 학교에서 성인들을 가르치며 돈을 벌기로 했다. 쉬는 날에는 책을 읽고 강의를 준비하고 소설이나 단편을 쓰기로 했다." 그 엄청난 결정은 대학 시절의 원대한 꿈에서 나왔다. 그 시절에 그는 이렇게 다짐하곤 했다. '나는 책 읽을 시간이 있을 거야. 책을 쓸 시간도 있을 거야.' 이제는 그것을 현실로 옮겨야 할 시간이 왔다. "이게 내 인생의 전환점이다! 나는 돈을 많이 버는 것에는 관심이 없었지만 그저 내 삶을 살고 싶었다."[3]

카네기가 들려준 그 이야기는 마치 신화의 전통적인 기능과 같았다. 대개 신화의 주인공은 파멸 직전의 엄청난 위기를 맞지만 결국 해결책을 강구하여 사람들에게 영감을 준다. 그러나 대부분의 신화가 그렇듯 카네기의 이야기도 일부분만 진실이었다. 핵심은 정확하지만 극적인 부분에서 과장되었기 때문이다. 사실 카네기가 1912년에 대중연설 강사가 된 과정은 훨씬 조용하고 느리고 불확실하게 이루어졌다. 그 일이 계속될 수 있었던 것은 그동안 시도했던 다른 일들과 달리 그의 열정과 재능이 합쳐진 일이기 때문이었다. 가르치는 일은 사람들에게 다가가는 실제적인 수단이었으므로 카네기에게 큰 의미가 있었다. 또한 그 일은 카네기가 가르치는 수강생들뿐만 아니라 그 자신 역시 성공에 이르게 해주었다.

1912년 가을, 카네기는 처음으로 강사에 도전했다. 컬럼비아 대학교와 뉴욕 대학교에 야간 강사로 지원했다가 거절당했던 터라 이번에는 대상을 낮추기로 했다. 다양한 야간 강좌를 제공하는 YMCA 지회에 연락해 대중연설 강좌 개설을 제안한 것이다. 하지만 전부 거절당했다. 결국 뉴욕에서 가장 규모가 작은 125번가 YMCA 지회를 찾아가서 부탁했다. 메이너드 클레멘스Maynard Clemens 관장은 카네기의 제안에 흥미를 보이지 않았고 대중연설 강좌가 별 호응이 없어 실패했다고 말했다. 하지만 카네기는 한 번만 기회를 달라고 간청했다. 클레멘스는 재고해보겠다며 그 주에 있을 저녁 행사에 카네기를 초대해 강연이나 그곳에 모인 사람들을 즐겁게 할 무언가를 준비해달라고 부탁했다. 카네기는 그 행사에서 제임스 휘트컴 라일리James Whitcomb Riley의 유명한 시 〈6월에, 무릎 높이까지Knee-Deep in June〉와 1907년에 어느 쇼에서 등장한 익살스러운 노래 〈이랴, 달려라, 나폴레옹아, 비가 올 것 같구나Giddyap, Napoleon, It Looks Like Rain〉를 피아노 반주에 맞춰 낭송했다. 청중에게서 좋은 반응이 돌아왔다. 클레멘스는 카네기에게 YMCA에 기거하는 청년들을 즐겁게 해줄 저녁 강연을 한 차례 부탁했다. 그것도 열광적인 호응을 받았다.[4]

카네기의 열정과 자신감을 높이 산 클레멘스 관장은 그를 대중연설 강사로 채용하기로 했다. 카네기는 하룻밤 수업에 2달러를 요구했지만 클레멘스 관장은 확정된 금액으로 계약하기를 주저하면서 전체 수익금의 80퍼센트가 YMCA의 최고 조건이라고 했다. 훗날 카네기는 클레멘스 관장이 그의 성공에 회의적이었고 아마도 '수익금 0원의 80퍼센트'라고 생각했을 것이라고 농담했다. 실제로 카네기의 강좌에 등록한 사람은 여섯 명뿐이었고 클레멘스 관장의 회의적인 전망이 기정사실화되는 듯했지만, 카네기는 더 많은 수강생을 모을 수 있다고 낙관했다. 게다가 그는 YMCA 강의를 최종적인 직업이 아닌, 다른 일에 도전하기 위한 부업으로 여겼다. "1주일에 25달러는 벌 수 있을 것으로 생각했다. 그것이 내가 벌고 싶은 액수였다. 그러면 책을 읽고 글을 쓸 수 있는 시간이 생길 테니까."[5]

강사 일은 카네기의 인생이나 그가 받은 교육, 재능과 연관이 있었으므로 그가 시도한 다른 일들보다 훨씬 분별 있는 선택이었다. 알다시피 그는 대학 시절에 대중연설 재능으로 사람들의 주목을 처음 받기 시작했다. 이제 그는 '내가 가장 잘 아는 것을 이용하여 대중연설에 대해 가르치면 어떨까?'라고 생각했다. 특히 그의 마음에 크게 와 닿는 것이 있었다. 훗날 그는 이렇게 적었다. "대학 시절에 받은 교육을 돌이켜보니, 대학에서 배운 다른 것들을 전부 합친 것보다 대중연설에 관한 공부와 경험이 내 인생과 사업에 훨씬 실용 가치가 크다는 사실을 깨달았다. 어째서? 그것은 자신감 없던 내가 소심함을 이겨내고 용기와 확신을 가지고 사람들을 대할 수 있도록 해주었기 때문이다."[6]

게다가 강사 일을 시작했을 때의 데일 카네기는 뉴욕에 처음 도착했을 때의 시골뜨기 모습과는 전혀 다른 사람이 되어 있었다. 한편으로 그는 삶을 긍정적으로 바라보게 하는 전염성 강한 열정, 폭포수처럼 쏟아내는 말로 문제와 어려움에 대처하는 기질, 사람들 앞에서 호

처음 강사로 일하게 된 YMCA 건물 밖에서 말쑥한 차림으로 관계자들과 포즈를 취한 데일 카네기.

감을 주고 싶은 욕망, 자신감 있는 분위기를 만드는 지성, 타인에 대한 관심을 보여주는 진실한 배려 등 예전의 성격을 그대로 간직하고 있었다. 또 한편으로 비록 크게 두드러지지는 않았지만 중서부 출신의 젊은이는 한층 단단해져 있었다. 여러 차례 실패를 겪은 후였으므로 뿌리 깊은 불안정, 절망적인 성향, 타인의 동기부여에 대한 냉소, 세상 경험을 통해 단련된 느낌, 젊은이의 꿈이 현실에 부딪힐 수밖에 없다는 쓰라린 깨달음 등 어두운 모습도 종종 드러났다.

카네기의 복잡해진 성격은 좀 더 성숙한 겉모습에서도 엿보였다. 1912년 무렵에 찍은 사진에서 그는 청소년이 아니라 완전한 성인 남자의 모습이었다. 20대 중반으로 들어섰기도 했지만 오랜 시련으로 단단해진 덕분이기도 했다. 소년 같은 허세와 자만심과 장난기 가득한 태도는 사라지고 반드시 성공하고 말겠다는 단호한 분위기가 풍겼다. 한껏 진지하고 노련해진 카네기는 밝은색의 양복바지와 코트, 나비넥타이, 포켓용 손수건의 말끔한 차림을 자주 했다. 단정한 옆 가르마를 한 짧은 머리, 꾹 다문 얇은 입술, 큼지막한 귀에 철 테 안경을 쓴 그는 냉정하고 생각이 깊고 계산하는 듯한 표정으로 세상을 바라보았다. 단호하면서도 약간 경계하는 것처럼 보였다.

여러모로 YMCA는 카네기가 강사로 입문하기에 완벽한 장소였다. 1844년 런던에서 창설된 기독교청년회Young Men's Christian Association는 산업혁명의 절정기에 일자리를 찾으려고 도시로 모여든 젊은 미혼 남성들을 위한 친교 및 교육을 위한 종교 단체로 출발했다. 거기에는 '도시의 악과 방탕함'으로부터 보호받아야 할 공장 노동자들은 물론 기업가 계급 청년들도 전부 포함되었다. 이 단체는 전 세계로 퍼져 나가 1854년에 미국에 상륙하여 북부 여러 도시에 창설되었다. YMCA는 복음주의 개신교 교회와 결연을 맺었고 1900년대로 접어들 무렵에는 영적 구원, 도덕 향상, 인격 형성을 위한 오락, 운동, 사교, 교육 분야까지 활동 영역을 넓혀갔다. 기업가들은 '근검, 정직, 절제, 근면, 박애 같은 개신교 덕목'을 널리 알리는 데 힘쓰는 '남성들의 공장'에 찬사를 보냈다. 그리고 YMCA 빌딩 건설에 재정적인 도움을 주어 젊은 남성들을 위한 행사나 그들이 방을 임대할 수 있도록 했다. 기독교의 가르침을 토대로 도덕적인 목표와 실용적인 지원 활동에 힘쓰는 YMCA는 중서부 시골의 독실한 기독교 가정에서 태어난 카네기가 자기계발을 꿈꿀 수 있는 자연스러운 무대가 되었다.[7]

YMCA 야간 강좌의 특징은 카네기가 가르치는 방식에 즉각 영향을 끼쳤다. 그곳의 수강생들은 대부분 20세기 초반 급속도로 확장된 산업 분야의 하급 또는 중간급 근로자들이었다. 그들이 원하는 것은 웅변가가 되는 것이 아니라 승진과 성공이었다. 카네기는 호흡 통제, 자세, 손짓, 발성 지도 등이 성공하고 싶은 점원, 세일즈맨, 정비공인 수강생들에게 필요하거나 그들이 원하는 것이 아니라는 점을 즉각 알 수 있었다. 보험 상품을 팔려는 사람에게 '다리에서 싸우는 호라티우스Horatio at the Bridge'를 과장되고 능숙하게 낭송하는 법은 아무런 소용도 없었다. 근로자들은 웅변하고 싶은 것이 아니라 동료나 고객들과 제대로 대화를 나누고 싶어 했다. 카네기의 말대로 그의 첫 수업에 등록한 수강생들은 "일 때문에 사람을 만나야 할 때 겁에 질려 기절하지 않고 자신 있게 말하거나, 동네를 세 바퀴 돌지 않고도 까다로운 고객을 찾아갈 용기를 가지고 싶은 사업가와 직원들이었다." 불과 얼마 전인 대학 시절 때만 해도 열등감으로 움츠러들었던 카네기였기에 수강생들에게 무엇이 필요한지 단번에 알아차리고 대응할 수 있었다.[8]

카네기는 첫 수업에서 큰 깨달음을 얻었다. 1912년 10월 22일 저녁 125번가 YMCA 건물 2층 교실에서 이루어진 첫 수업의 시작은 별로 특별할 것이 없었다. 카네기는 대학 시절의 경험을 살려 대중연설의 역사와 기본법칙에 관한 강의를 준비한 터였다. 하지만 잠시 그 주제에 대해 설명하던 카네기는 수강생들이 좌불안석이거나 지루해한다는 사실을 알아차렸다. 순간 두려움이 엄습했다. "수강생들은 할부로 수업료를 낼 것이므로 아무런 효과도 얻지 못한다면 더 이상 돈을 내지 않을 터였다. 나는 정해진 봉급이 아니라 수익에 대한 퍼센트로 돈을 받았으므로 먹고살려면 어쩔 수 없이 현실적이 되어야만 했다." 절박해진 그는 충동적으로 한 수강생에게 자리에서 일어나 짧게 말을 해보라고 시켰다. 당황한 수강생은 무슨 말을 하면 좋을지 물었고 카네기는 자기 자신에 대해 말하라고 했다. 수강생이 몇 분 동안 자기소개를 하자, 카네기는 교실을 돌아다니며 모든 수강생에게 똑같이 시켰다. 놀랍게도 수강생들은 비교적 말을 잘했고 점점 편안해하는 것 같았다. 나중에 그는 "나도 모르는 사이 공포를 정복하는 최고의 방법을 발견했다"라고 적었다. 이처럼 수강생들의 참여, 즉 자기 자신이나 관심 분야에 대해 말하게 하는 것은 점차 카네기의 핵심적인 교수법으로 자리 잡았다.[9]

그 후 카네기는 수업 경험을 통해 또 다른 교육 원칙을 수립했다. 그는 수강생들에게 그들을 화나게 하는 것에 대해 말하도록 했다. 그러자 이내 진풍경이 연출되었다. "YMCA 청년들은 한 사람씩 자리에서 벌떡 일어나 마음속에 숨겨둔 분노를 포효하듯 뱉어냈다. 다음 사람의 차례로 넘어갈수록 목소리가 점점 커졌다." 또 카네기는 기발한 방법으로 지금까지 수업 시간마다 웅얼거리는 작은 목소리로 몇 마디 못했던 퇴역 해군 장교의 말문을 트이게 했다. 그는 '자기주장이 강한 그리니치빌리지에 사는 급진주의자' 수강생에게 미국 정부를 비판하라고 했다. 물론 그 수강생은 매우 즐거워하면서 정부를 비판했다. 이에 화가 난 퇴역 해군 장교는 자리에서 벌떡 일어나더니 애국심 넘치는 발언으로 국가를 감쌌다. "그는 전문 연설자보다 훨씬 뜨거운 불꽃과 열정, 진실함을 담아 말했다. 단순히 잘한 정도가 아니라 최고였다!" 그런가 하면 한 수강생은 동료 수강생들에게 잔디에 난로의 나

못재를 뿌리면 '파란 잔디'가 자라난다고 납득시킨 사례도 있었다. 워낙 큰 확신과 열정으로 말했기 때문에 모두 그 말을 믿었던 것이다. 그것은 카네기가 연사의 '진실한 믿음'이 얼마나 큰 영향을 끼치는지 깨달은 사례였다. 이 모든 경험을 통해 카네기는 '감정'과 '열정'을 대중연설의 성공 열쇠로 홍보하게 되었다.[10]

날카로운 감각을 지닌 카네기는 수업 경험이 쌓이면서 재빨리 강좌의 새로운 틀을 만들어가기 시작했다. 그는 사람들 앞에 홀로 서서 말해야 한다는 두려움이 수강생들의 가장 큰 문제라고 결론 내리고, 수업 시간마다 수강생들에게 짧은 발표 기회를 주어 두려움을 극복하도록 돕기 시작했다. 따라서 수업 규모가 클수록 오히려 역효과가 날 것으로 판단했다. "뉴욕 YMCA 한 곳이 그렇게 했다가 득보다 실이 많았다"라고 그는 말했다. "강사 한 명이 500명이나 되는 수강생을 가르쳤고 한 번에 10~15명씩 강단으로 불러 세웠다. 책을 그대로 읽게 하고 똑같은 손짓을 시켰다. 매우 무신경하고 상업적이고 용서할 수 없을 만큼 나쁜 교육이었다." 카네기는 진실성, 감정, 열정 같은 성격 요소가 성공적인 대중연설의 핵심이라는 사실을 알아가기 시작했다. 거기에 집중하면 놀라운 효과가 있음을 알 수 있었다. "내가 수강생들을 가르치는 것보다 그들이 스스로를 10배 더 많이 가르칠 수 있다는 사실을 이내 깨달았다." 훗날 카네기는 "내 교육 방식은 시행착오와 수강생들의 반응을 통해 만들어졌다. 나는 사람들을 가르치면서 효과적인 방식을 배우고 발견해나갔다"라고 말했다.[11]

카네기의 혁신적인 수업 방식은 결실을 보기 시작했다. 강좌가 인기를 얻으며 경제 사정도 나아졌다. 등록생 수는 조금씩 꾸준히 증가했다. 1913년 2월에 시작한 새로운 강좌는 수강생 수가 18명으로 세 배나 늘어났다. 125번가 YMCA는 카네기에게 토론 수업을 후원해주기로 했고 20명이 등록했다. 그뿐만 아니라 브루클린 YMCA도 1913년 봄에 약 25명 규모의 대중연설 강좌를 개설하겠다고 나섰다. 수업이 늘어난 덕분에 카네기의 봉급도 꾸준히 늘어났다. 125번가 YMCA에서 하는 12개의 수업으로 59달러를, 브루클린 YMCA에서도 12개의 수업으로 99달러를 받았으며 "토론 수업으로 받을 순수익은 하루 7달러에서 9달러가 될 것"으로 예상했다. 1913년 5월 중순, 이 젊은 강사는 가을이 되면 하루에 12달러를 벌 수 있을 것으로 생각했다.[12]

그해 가을에는 강좌가 더욱 확장되었다. 뉴워크와 볼티모어에도 강좌가 개설되어 기차를 타고 수업하러 갔다. 1914년 말에는 필라델피아와 윌밍턴 YMCA에서도 수강생들을 가르치며 한 달에 500달러 이상을 벌었고 카네기 홀에서 사무실을 임대해 사용했다. 또 다른 기회도 생기기 시작했다. 입소문과 광고 전단지에 힘입어 카네기의 명성이 퍼져 나가면서 개인 수업을 해달라는 연락이 오기 시작한 것이다. 각 단체의 연락도 이어졌다. 한 예로 당시 뉴욕 시에서 강력한 영향력을 행사한 악명 높은 민주주의 정치 기구 태머니 홀Tammany Hall에서 직원들에게 대중연설 강의를 해달라는 요청이 들어왔다. 그러나 연락을 받은 카네기는 불안했다. 그는 부모에게 보낸 편지에서 "태머니 홀에서 강의해서 돈을 벌 수 있다면 마다할 이유가 없다고 생각해요"라며 약간 방어적인 태도를 보였다. "게다가 명성을 얻을 좋은 기회이기도 해요. 윌리엄 제닝스 브라이언은 첫 출마 때 태머니와 손을 잡아야만 했지요. 그들에 맞설 만한 힘이 생기기 전까지는 그들의 도움이 필요했으니까요."13

1914년 무렵에는 '대중연설이 자기를 표현함으로써 자신감을 키우는 방법'이라는 카네기의 기본 메시지가 수용되는 새로운 사회적 환경이 만들어졌다. 승진으로 사회적 지위를 올리고 싶은 평범한 화이트칼라 종사자들이 카네기의 YMCA 수업을 들었다. 그들은 효과적인 의사소통과 매끄러운 인간관계가 성공하는 데 도움이 된다는 사실을 알고 있었다. 역시나 그 사실을 잘 알았던 카네기는 수강생들의 요구에 맞춘 교육 방식을 구축해나갔다. 진실성, 열정, 자기표현, 사람들과의 자신감 넘치는 상호작용을 강조하는 것이 그 토대를 이루었다. 20세기 초반에 새로운 소비자 경제가 내놓은 세일즈와 기업 관료주의라는 숙제를 받아든 수강생들은 열광적으로 반응했다. 《카네기 인간관계론》이 탄생하기 25년 전부터 카네기는 그 책에 담긴 성공 원칙을 만들어가기 시작했다.

YMCA에서 수강생들을 가르치며 얻은 새로운 관점은 또 다른 일을 통해 한층 강화되었다. 같은 시기에 카네기는 창의성 부활을 위해 잡지에 글을 쓰기 시작했다. 몇 년 동안 현대 미국인의 성공담을 탐색하는 글이었다. 대중에게 다가가기 위해 의도적으로 시작한 기고 활동으로 직접 깨우친 성공 원칙들은 은연중에 그의 핵심적인 가치관으로 자리 잡았다.

카네기는 1913년 가을에 어머니에게 보낸 편지에서 "〈레슬리 위클리Leslie's Weekly〉 10월 18일 자를 보냅니다. '전쟁' 부문에 제 글이 있어요"라고 했다. 무뚝뚝한 말투였지만 자신이 쓴 글이 처음 활자화되었다는 흥분감이 엿보였다. 카네기가 쓴 짧은 반전反戰 논설에는 그가 인민주의와 복음주의적인 교육을 받고 자랐으며 무력 분쟁에 대해 브라이언식의 의심을 한다는 사실이 드러났다. 그는 "나사렛의 목수는 톱을 내려놓고 인간의 형제애에 대해 설교했다"라고 썼고 그 뒤를 이어 전쟁의 피해자, 파괴된 건물, 남편을 잃고 울부짖는 아낙네, 아버지를 잃은 아이들, 병에 걸리고 불구가 되고 목숨을 잃은 사람들 같은 끔찍한 모습을 묘사했다. 부자연스러운 산문체에서는 미사여구와 감성적 언어, 과도한 감정 유출 등 전통적인 빅토리아 시대의 특징이 나타났다. "인류가 교리와 피부색, 국가에 굴하지 않을 때, 국가가 아니라 세계의 시민이 될 때 지구 상의 육군과 해군은 평화 유지를 위한 국제경찰이 될 것이며 비둘기가 독수리를 대신하게 될 것이다"라는 과장된 문장으로 끝맺었다.[14]

그러나 카네기가 쓴 '전쟁' 논설이 얼마나 훌륭한지는 그리 중요하지 않았다. 그는 신문과 잡지에 기고하면서 저널리즘 분야에 새롭게 뛰어든 것이었다. 1855년에 창간한 대중지 〈레슬리 위클리〉는 시사에 관한 이야깃거리와 화려한 삽화로 1900년대 들어 구독자가 6만 5000명에 달했다. 카네기는 자신의 글을 그렇게 많은 독자가 읽는다는 사실이 기뻤다. 열정 넘치는 젊은이는 저명한 문인이 되기를 꿈꿨지만 경험은 그에게 절제의 필요성을 가르쳐주었다. 그는 가족에게 "제가 쓰는 모든 기사를 전부 팔 것으로 생각하지는 않아요"라고 했다. "변호사가 되려면 훈련이 필요한 것처럼 이 분야에서도 훈련이 필요한 것뿐이에요."[15]

첫 기사가 실린 후, 1914년에서 1918년까지 11개 신문과 잡지에 그의 글이 실렸다. 당시 저널리즘 분야는 역동적으로 꿈틀거렸다. 1900년경 급격한 도시화, 화이트칼라 종사자 증가, 상업 오락에 대한 관심 증가 등 미국인의 생활에 커다란 진보가 일어났고 잡지 시장에도 엄청난 변화가 일어났다. 점잖은 빅토리아 시대 독자들의 안목을 높이기 위해 문학 가치, 도덕 향상, 철학적 성찰이 담긴 글을 게재하던 〈애틀랜틱〉, 〈스크라이브너스〉, 〈하퍼스〉, 〈센추리〉 같은 기존 정기 간행물들의 인기가 식기 시작했다. 그와 동시에 1890년대부터 새로운 유형의 잡지가 미국인의 생활 속으로 파고들었다. 〈매클루어〉, 〈코스모폴리탄〉, 〈레이디스 홈 저널〉, 〈일러스트레이티드 월드〉, 〈월드 아웃룩〉, 〈아메리칸 매거진〉, 〈더 월드스 워크〉, 〈새터데이 이브닝 포스트〉 같은 잡지들은 기존과 다른 스타일을 선보였다. 싼값에 대량으로 판매된 그 잡지들은 원가에 생산되어 광고로 수익을 올렸고, 분량이 매우 두꺼웠는데 독자를 새로운 소비자 경제와 이어준다는 매력이 있었다. 공공이익 접근법을 이용한 다양한 기사와 이야깃거리는 주로 속사정 소개, 대담한 성격 묘사, 미국에서의 '진정한 삶'에 대한 시기적절한 이야기, 개인적이고 진정성 있는 분위기, 생생한 사진이나 스케치가 다채로운 문체와 어우러졌다. 또한 그 잡지들은 역동적인 20세기 초반의 분위기에 걸맞게 자기계발의 본보기를 종종 소개했다. 이전 시대의 '점잖은' 구식 독자들이 아닌 새로운 사회 질서를 확립하는 화이트칼라 전문직 종사자, 관리자, 간부들이 두터운 독자층을 형성했다. 따라서 대중잡지는 카네기에게 일과도 연관 있는 이상적인 배출구가 되었다.[16]

카네기의 저널리즘 도전은 몇 가지 주제와 관심사로 특징지어졌다. 그가 쓴 글은 거의 모두 위대한 인물을 탐색함으로써, 그들이 어떻게 장애물을 극복하고 성공과 명성을 얻었는지 설명했다. 〈일러스트레이티드 월드〉 1915년 9월호에 실린 '남극의 얼음 속에서 목숨을 위해 투쟁하다'에서는 어니스트 새클턴Ernest Shackelton 경이 이끄는 탐험대의 더글러스 모슨Douglas Mawson 박사가 사고로 좌초되어 생존을 위해 투쟁하고 '굶주림과 죽음을 무찌른' 감동 일화를 소개했다. 〈아메리칸 매거진〉 1914년 10월호에서는 '세계에서 가장 유명한 떠돌이' 리언 레이 리빙스턴Leon Ray Livingston의 독특하고 다채로운 삶을 살펴보았다. 세계를 떠도는 방랑자로 유명해진 그는 모험담을 책으로 펴냈고 시어도어 루스벨트Theodore Roosevelt, 잭 런던Jack London, 토마스 에디슨Thomas Edison 같은 이들과 친구가 되었다. 극적인 사고로 미망인이 된 후 미국 최대 규모의 직업소개소를 설립한 사라 J. 앳우드Sarah J. Atwood와 진심 어린 호소력과 치밀한 조직으로 자선모금 행사에서 사상 최고의 금액을 달성한 당대 최고의 기금 모금자 C. S. 워드C. S. Ward의 이야기도 소개했다.[17]

카네기가 〈일러스트레이티드 월드〉 1915년 12월호에 쓴 기사는 흥미진진했다. '미래를 정확하게 쏘다'라는 제목의 기사에서는 자신에게 맞는 직업을 찾는 것에 어려움을 느끼는 젊은이들이 급증하여 심각한 사회 문제로 대두한 현상을 해결해주는 새로운 발명품에 대해 자세히 살펴보았다. 카네기는 재능에 맞는 직업을 찾지 못하거나 현명하지 못한 선택을 내리는 사람들이 많다고 주장했다. 글의 시작에는 주로 자신의 경험을 본보기로 들려주었다. 좋아하지도 않는 직업을 선택하여 매일 "목줄이 잘못 채워져 어깨가 다 까진 말"처럼 고통스럽게 일해야 했던 자동차 세일즈맨 시절의 이야기였다. 그러나 이제 도움을 약속하는 새로운 기계가 등장했다. 각각 수은과 소금 용액이 담긴 두 개의 병 안에 양 손가락을 하나씩 넣으면 약한 전류가 몸에 전달되어 저항 변화가 측정되었다. 인체의 전기 저항이 감정 변화에 따라 달라진다는 원리를 이용한 장치였다. 따라서 화면에 이미지가 나타나면 행복감과 우울함의 반응 등급을 측정할 수 있었다. 카네기는 그 장치가 혼란스러운 젊은이들의 심리적, 생물적 충동을 파헤쳐 '과학적인 직업 안내'를 약속한다고 했다.[18]

또 다른 기사에서는 현대의 상업 오락과 비즈니스 분야에 등장한 새로운 성공 기회를 탐색했다. 그는 1916년에 영화 제작 산업은 '영화계의 손쉬운 돈벌이'를 이용하고자 다투는 시나리오 작가들에게 새로운 기회의 문을 열어주었다고 했다. 마찬가지로 나날이 인기가 높아지는 연극은 '영감과 땀', 즉 독창적인 아이디어와 노력하는 자세를 가진 극작가들에게 기회였다. 비즈니스 역시 창의적인 아이디어를 가진 사람들에게 기회를 제공했다. 카네기는 성공한 은행가에 관한 글에서 '끊임없는 아이디어 구상'이 가져다준 성공에 대해 이야기했다. 금융과 생산, 무역 분야를 지배하게 된 거대하고 복잡한 관료제 조직의 많은 인물이 그러하듯 그 은행가는 정기 예금 이자, 친절한 서비스, 일주일에 하루 야간 영업 등의 혁신을 추구한 덕분에 정상에 오를 수 있었다.[19]

카네기는 화이트칼라 세계에서 돈을 얼마나 버느냐가 성공 기준이 되었다는 점을 분명히 했다. '극작가들을 위한 풍요로운 보상', '높은 봉급의 토대를 세운 방법', '영화 시나리오 써서 돈 벌기' 같은 카네기의 기사는 창조적 작업에 따르는 높은 봉급이나 넉넉한 대가가 성공한 사람들에게 주어지는 전리품임을 확실히 보여주었다. 카네기는 성공한 극작가들이 펜실베이니아 거리의 백악관에서 일하는 사람들보다 많은 수익을 올리는 경우가 많으며 바쁜 시나리오 작가들은 "돈이 넘쳐난다"고 했다. 어느 사업가는 그에게 "고향에서 한 달에 15달러 받고 일하는 사환이었던 첫 직업에서 현재 일 년에 6만 달러를 받는 기업 회장으로 올라오기까지 내가 걸어온 길은 너무도 분명했다"라고 했다.[20]

카네기는 현대의 사회, 경제적 발전에 대해 살펴보면서 성공한 사람들의 성격 특징을 파악하려고 했다. 그는 열정과 자신감, 친절함이 가장 중요한 특징이라고 결론지었다. 예를 들어 최고의 기금 모금자 C. S. 워드는 조사 위원회를 이끌어갈 사람으로 열정적이고 자신감 넘치는 사람, 즉 큰 단위로 생각하고 실패의 의미를 잊어버린 사람을 원했다. 또한 카네기는 타인을 배려하는 매끄러운 인간관계 역시 성공한 사람들의 특징이라고 말했다. 예를 들어 사라 앳우드는 거대한 프로젝트에 수백 명을 고용했을 뿐만 아니라 직접 현장에서 함께 생활할 때가 많았고, 생활필수품을 제공하기 위해 작은 매점을 열었으며, 많은 사람의 이름을 알고 있었고 항상 유쾌하게 인사할 준비가 되어 있었다. 사람들은 그녀를 우상화했다. 어느 훌륭한 은행가는 성실과 근면으로 상사들에게 좋은 인상을 주었지만, 그가 성공으로 도약할 수 있었던 것은 고객들과의 긍정적인 상호작용 덕분이었다고 말했다. 그는 카네기에게 "나는 사회성과 친절함이 귀중한 자산이었다고 믿는다'라고 말했다. "나는 미소로 고객의 관심사를 알아냈고 그들이 즐겁게 우리 은행을 방문할 수 있도록 노력했다."[21]

동시에 젊은 카네기는 쉽지 않은 의문도 제기했다. 그것은 앞으로 평생 그의 일과 생각을 동요시킨 질문이기도 했다. 성공의 포부를 가진 사람은 타인에 대한 배려와 자기이익의 균형을 어느 선에서 맞춰야만 하는가? 카네기가 탐구한 인물들은 사리사욕에 존경스러울 만큼 무관심을 보이는 경우가 많았다. C. S. 워드는 "'나는 단지 돈을 모으고 있을뿐이다'라는 생각이 드는 즉시 나는 이 일을 그만둘 것이다. 나의 관심은 돈이 아니라 사람을 모으는 데 있기 때문이다"라고 했다. 반면 카네기는 광고인들이 정확히 인식하고 있듯이, 자존감이 사람들에게 동기를 부여하는 핵심 요소임을 인정했다. 그는 "상상할 수 있는 범위 안에서 가장 훌륭한 광고는, 만약 실현 가능하다면, 희망 고객들이 전부 담긴 사진을 창문에 붙여놓는 것이리라"라고 썼다. "중요한 문제를 논할 때 우리는 그 무엇보다 자기 자신에게 가장 관심이 있다." 실제로 젊은 저널리스트 카네기는 광고와 홍보가 현대 사회에서 막강한 힘을 가지게 된 것은 사람들을 정확한 도덕적 실체가 아니라 정서적 필요와 무의식적 욕망으로 움직이는 생명체로 보고 접근하기 때문이라고 말했다. 한 예로 백화점 매니저들은 선명한 색깔과 움직이는 물체, 마네킹을 이용해 무의식적으로 사람들의 시선을 끈다. 카네기는 광고가 "보물로 가득한 개발되지 않은 광산"이라고 끝맺었다.[22]

카네기는 대중을 상대로 글을 쓰면서 일화와 인간적인 관심사를 숨 가쁘게 소개하는 특유의 문체를 발전시켰다. 이는 훗날 그를 유명하게 만들어준 특징이 되었다. 카네기는 "아마추어 작가는 좋은 아이디어가 있지만 어떻게 표현해야 하는지 알지 못한다. 그들은 긴 연설문을 쓰고 이리저리 다니며 허풍을 떨고 출발점도 없이 무작정 도착점으로 가서는 그냥 떠들어댄다"라고 언급한 어느 극작가의 말에 어느 정도 영향을 받은 것으로 보인다. 다수의 평범한 독자들을 겨냥한 카네기는 딱딱한 산문체를 채택하되 다채로운 특징 묘사와 사람들의 공통 정서를 자극하는 내용, 확신에 찬 결론으로 글에 활기를 더했다. 사색적이기보다 확신적이고, 분석적이기보다 환기적인 그의 산문체는 독자들의 관심을 잡아끌었다. 한 예로 그는 앳우드 여사를 "시에라 네바다 산맥을 없애거나 파나마 운하도 새로 만들 수 있는 노동자들을 고용했다"라고 묘사하거나, 당시 건강에 위기를 겪으며 가망 없다는 말을 들었던 러셀 콘웰Russell Conwell 목사는 "한창 성수기의 피츠버그 철강 공장처럼 거의 죽을 뻔했다"라는 식으로 묘사했다. 어느 사업가의 홍보 전략에 대해서는 "그 광고 효과는 모두의 기대를 뛰어넘었다! 신문에 사설이 실렸고 지역 목사는 지옥이 얼마나 가까이 있는지 보여주기 위한 본보기로 활용했으며 지금까지 1달러도 저축해본 적 없는 수많은 사람이 계좌를 만들었다"라고 썼다. 이렇게 카네기는 몇 년 동안 이어진 기고 활동을 통해 활기찬 대화식 산문체를 발전시켰고 그것이 그가 대중에게 매력적으로 다가가는 비결이 되었다.[23]

카네기의 기고 활동은 1910년대에 쓴 마지막 기사에서 정점에 달했다. 그는 〈아메리칸 매거진〉 1918년 11월호에 '두려움을 극복하고 연간 만 달러를 벌다'라는 기사를 실었다. 두려움을 극복한 덕분에 자기 분야의 정상에 오른 익명의 사업가를 소개하면서 대중연설을 배운 것이 중요한 성공 수단이었음을 자세히 설명하는 글이었다. 그 주제, 즉 개인이 성공을 달성하는 방식은 카네기의 세계관을 지배하고 있는 커다란 관심사를 반영한 것이었다.[24]

그 글은 카네기 글의 전형적인 스타일이 되어버린 당혹감과 외로움, 정신적 불안감으로 삶의 열정이 꺾이고 장래성 없는 직업에 얽매인 익명의 주인공을 소개하는 것으로 시작되었다. 이야기의 주인공이 결혼한 지 얼마 되지 않았을 때였다. 우중충한 하숙방에 앉아 있는데 불현듯 아내가 "여기 사는 하숙인들이 전부 인생의 실패자라는 사실을 눈치챘나요?"라고 물었다. "그들이 여기에 사는 건 실패자이기 때문이고 또 여기 살기 때문에 실패자예요. 성공해서 여기를 벗어날 방법을 생각해보자고요!" 아내의 말에 깜짝 놀란 그는 '(자신을) 광고하는 능력이 부족하다는 사실'을 깨닫고 삶을 바꾸기로 결심했다. 부부는 자신감의 본보기로 나폴레옹, 에이브러햄 링컨, 헨리 클레이, 대니얼 웹스터, 윌리엄 글래스턴의 초상화를 걸어놓았다. 남편은 야간 수업을 들으며 공부했고 아내는 저녁 동안 제임스 앨런James Allen의 《생각의 지혜As a Man Thinketh》* 같은 '영감을 주는 책들'을 큰 소리로 읽었다. 그는 말솜씨가 부족하고 사람들에게 깊은 인상을 주지 못한다는 아내의 지적에 근처 YMCA 대중연설 강좌에 등록했다. 회사의 정책 사안을 설득력 있게 설명하고 '열정'과 '인간적인 관심을 끄는 이야기'로 주목을 끌자 그는 직장에서도 성공 가도를 달리기 시작했다. 얼마 후 세인트루이스 지사의 매니저가 되었고 1년 후에는 뉴욕의 가장 큰

---

* 국내에서는 《생각의 지혜》, 《생각을 바꾸면 모든 것이 변한다》 등 다수의 제목으로 출간됐다.

지사 책임자로 발령 났다. 마침내 어느 유명한 기업가가 높은 월급을 제시하며 그를 자신의 회사 중 한 곳의 부사장으로 채용했다. 이제 행복해진 부부는 센트럴 파크 웨스트의 호화로운 아파트에 살게 되었다. 그는 "두려움을 극복하고 자신감을 얻은 것은 모두 아내 덕분"이라고 말했다.[25]

물론 이 성공 '실화'는 카네기의 대중연설 강좌가 유용하다는 것을 알리는 속이 뻔히 들여다보이는 우화였다. 자기홍보가 중요하다고 생각한 카네기는 그 기사를 수백 부 인쇄해 배포했다. 본래 쓴 기사에 덧붙여, 주인공이 등록한 대중연설 강좌의 강사가 데일 카네기라는 점도 언급했다. "여러분이 사는 도시의 YMCA는 전국적으로 알려진 카네기 대중연설 강좌, 당신이 방금 읽은 이야기의 주인공이 공부한 바로 그 강좌를 제공하고 있습니다. 아무런 부담 없이 YMCA로 오셔서 1회 수업에 참가해보십시오."[26]

이처럼 카네기는 1910년대에 가르치기와 글쓰기 활동을 통해 현대 미국 문화와 새로운 성공법을 탐색했다. 이제는 성실한 노동, 신중한 자기통제, 근검절약보다는 인간관계, 광고, 자기홍보, 열정이 개인의 성공을 좌우하게 되었음을 간파했다. 그는 1913년 봄에 약 4만 제곱미터의 땅을 팔아 상당한 이익을 남긴 아버지에게 보낸 편지에서 "이제 돈을 어떻게 버는 건지 아시겠죠. 근면성실함이 아니에요"라고 말했다.[27]

카네기의 교육과 저널리즘 분야에서의 활동은 곧 꽤 오랜 시간이 걸리는 집필 작업의 바탕이 되었다. 1912년에 YMCA 강좌를 시작하고 다음 해부터 신문잡지에 기고하게 된 카네기는 글쓰기에 대한 열정과 대중연설 강의에 대한 관심을 합칠 수 있는 획기적인 방법을 모색했다. 그리하여 탄생한 것이 첫 번째 저서였다.

카네기는 1915년에 인기 있는 실용서 저자인 J. 버그 에센웨인J. Berg Esenwein과 함께 《대중연설 기법The Art of Public Speaking》이라는 책을 썼다. YMCA 강좌, 잡지 기사와 비슷하게 자기계발을 원하는 넓은 독자층을 겨냥했다. 매사추세츠 주 스프링필드에 있는 가정통신학교Home Correspondence School, HCS가 발간한 그 책은 그 학교의 성인 교육 프로그램에 맞게 고안되었는데, 카네기가 수립 중이던 현대사회의 성공법이 다수 수록되었다.[28]

카네기가 HCS와 연이 닿은 계기는 확실하지 않지만, 아마도 예전에 몸담은 국제통신학교를 통해서거나 YMCA 야간 강좌로 명성이 날로 높아진 덕분이었을 것이다. 어쨌든 성인 교육 분야의 선도적인 기관과의 연계성은 카네기의 전문성에 확인 도장을 찍어주었으리라는 사실을 짐작할 수 있다. 1897년에 설립된 HCS는 1910년에 이르러 미국에서 가장 큰 원격 교육학교 중 하나로 성장했다. 첫 12년 동안 5만 명이 넘는 수강생들이 입학한 HCS는 대학 준비, 농업, 상업, 표준, 공무의 다섯 개 과로 분류된 100개 이상의 강좌를 제공했고 에머스트, 하버드, 브라운, 하트포드 신학대학교, 코넬, 웨슬리언, 다트머스, 뉴욕 대학교 같은 명문대 교수들의 도움을 받았다. 일반적으로 한 과목당 20달러였으며 40주 수업으로 수업마다 시험을 치렀고, 강사가 점수를 매겨 평가의 말과 함께 수강생에게 시험지를 돌려보냈다. 대학 공부를 하려는 성인들을 위한 학교였다.[29]

카네기와 책을 공동집필한 에센웨인은 HCS 교육 프로그램에서 중요한 역할을 담당했다. 그는 필라델피아 토박이로 대학 졸업 후 YMCA에서 일했고 펜실베이니아 밀리터리 대학Pennsylvania Military College의 영어 교수를 지냈다. 그 후 저널리즘 분야로 전향해 1904년에서 1914년까지 〈북러버스 매거진Booklover's Magazine〉 매니저, 호평받는 문학잡지 〈리핀코트 매거진Lippincott's Magazine〉 편집자로 일했고, 1915년에는 〈라이터스 먼슬리The Writer's Monthly〉 편집자를 지냈다. 하지만 서서히 성인 교육 분야에 매진하여 청중 앞에서 말하기, 단편 소설 쓰기, 영화 시나리오 쓰기에 관한 실용서를 썼다. 그는 HCS에서 문학 과목을 담당했는데 "평범함의 수렁에서 벗어나 세상에서 힘이 되고 새로운 사회적 위치를 얻을 수 있도록" 약속하는 단편 소설 작문 수업을 가르쳤다. 상상력과 포부가 있는 사람이라면 "자신을 세상 밖으로 데려가주는 이야기 쓰는 법"을 배울 수 있다고 했다. 여러모로 그는 데일 카네기와 잘 어울리는 파트너였다.[30]

카네기와 에센웨인이 쓴 《대중연설 기법》은 HCS 수업 교과서는 물론 대중연설을 잘하고 싶은 독자들을 위한 안내서로 출판되었다. 에센웨인은 31개의 챕터 중에서 '목소리 높이 변화를 통한 효율성', '준비를 통한 유창함', '목소리', '설득을 통한 영향력 행사' 등 기술적인 부분을 담당했다. 반면 카네기는 '느낌과 열정', '힘', '손짓에 관한 진실', '생각과 보조적인 힘', '올바른 생각과 성격' 같은 챕터를 맡아 기술적 조언은 삼가고 정신적 준비와 감정 투영에 집중했다.

카네기는 대중연설을 잘하려면 강하고 긍정적인 의지와 에너지를 집중할 수 있는 태도와 성격을 가꿔나가야 한다고 주장했다. 그러면 업무 회의나 사교 행사, 직업상의 정식 모임은 물론 어디에서든 남들 앞에서 더 유창하게 말할 수 있다고 했다. 젊은 저자 카네기는 《대중 연설 기법》에서 몇 가지 구체적인 원칙을 강조했다.

첫째, 카네기는 자신감을 드러내는 것이 중요하다고 했다. 그는 YMCA 강좌를 통해, 사람들 앞에 서서 논리적으로 말해야 한다는 데서 오는 두려움이 커다란 장애물임을 알고 있었다. 그래서 그는 "두려워하는 태도를 버리고 자신감 있는 태도를 가져라"고 강조했다. 자신감은 '정신 에너지'를 집중하고 자신감과 권위를 갖춘 것처럼 보이는 데서 오므로 "자신감을 얻는 유일한 방법은 자신감을 획득하는 것뿐임을 기억하라"고 말했다. 의지와 결의를 가지는 것도 필수이다. "당신의 의지가 절대로 효율적이지 않다는 말을 한순간도 용인하지 마라"고 카네기는 썼다. "의지로 가는 길은 의지를 발휘하는 것이다. 처음으로 중요한 결심을 깨뜨리고 싶어질 때 싸워라. 그 싸움에서는 절대로 지면 안 된다."[31]

그는 자신감을 보이는 가장 좋은 방법은 생각을 통제하는 것이라고 주장했다. "대저 그 마음의 생각이 어떠하면 그 위인도 그러하다"라는 성경의 잠언 구절을 인용하면서, 연사는 문자 그대로 정신력을 이용하여 현실을 만들어야 한다고 거듭 강조했다. "행복, 슬픔, 성취, 실패, 매력, 약점 등 인간의 모든 것은 생각의 직접적인 결과이다. 우리는 생각을 선택함으로써 자신의 성격을 선택한다"라고 썼다. "생각의 기차는 우리에게 운명을 향해 가라고 재촉한다." 카네기는 수업시간에 제대로 발표하지 못한 수강생이 "절대로 좌절하지 않겠어요!"라고 선언한 후 실력을 개선하기 위해 더욱 열심히 노력한 일화를 소개했다. "이런 자세를 가진 사람을 무너뜨릴 힘은 세상에 없다."[32]

둘째, 카네기는 열정을 이용해 청중과의 연결고리를 만들라고 강조했다. "진실함은 화술의 영혼이다"라며 주제에 완전히 빠져들고 확신을 드러낼 수 있는 언어를 선택하라고 했다. 한 구절에서는 자신의 연기 경력을 활용하기도 했다. "당신의 말을 느껴볼 수 있는 유일한 방법은 당신이 흉내 내는 사람, 당신이 지지하는 명분, 당신이 주장하는 사실 속으로 들어가 보는 것뿐이다. 그것이 옷처럼 당신을 감싸고 완전히 사로잡을 때까지 깊숙이 들어가야 한다"라고 했다. "말에 담긴 순수한 느낌은 의지로 더하거나 뺄 수 있는 것이 아니라 말 자체의 뼈와 피나 마찬가지다." 청중뿐만 아니라 현대사회는 열정을 요구한다. "효과적인 연설은 시대를 반영해야 한다"라고 주장했다. "지금은 감상적인 시대가 아니다. 기계 해머의 시대, 육로 급행열차가 도시 지하를 달리고 산속 터널을 지나는 시대이다. 당신의 연설에도 열정이 깃들어야만 청중을 움직일 수 있다."[33]

셋째, 카네기는 효과적인 연설은 연설자의 내면에 담긴 힘을 드러내야 한다고 주장했다. 연설자는 힘의 원천이 자신의 내면에 있음을 깨달아야만 하고, 정신적인 자원을 모으고 강화하고 집중시켜 관객과 진정으로 소통해야 한다. "따뜻한 생각이 깔려 있고 새로우며 마음에서 우러나온 자신의 일부분이라면, 당신의 말은 숨과 생명을 가지게 된다"라고 주장했다. "가장 결정적인 요소는 바로 당신 내면의 사람이다. 그가 연료를 공급해야만 한다. 관객이나 연사 자신이 성냥을 더한다. 하지만 그것이 누구인지는 별로 중요하지 않다. 이미 당신의 말에 불꽃이 들어 있기 때문이다. 따라서 불꽃이 없는 말은 죽은 것이다."34

넷째, 카네기는 훌륭한 연설자라면 자기주장의 한계를 알아차려서 자만이나 이기심으로 청중을 소외시키는 것을 피해야 한다고 주장했다. 그는 "자기애를 숨겨야 한다"는 볼테르의 말을 인용했고 "자기보존은 삶의 첫 번째 법칙이지만 자기희생은 위대함과 예술의 첫 번째 법칙이다"라고 했다. 현명한 연설자는 청중의 관심사와 관점에 호소함으로써 설득한다. "훌륭한 연설자는 논쟁을 듣는 사람들에게 유리한 쪽으로 바꿔야만 한다"라고 주장했다. "인간은 여전히 이기적이다. 자신에게 도움되는 것에 관심을 가진다. 당신의 개인적인 관심사에 대해 말하지 말고 일반 대중의 관심사에 호소하라." 이처럼 카네기는 타인의 흥미와 관심사에 집중한다는 개념에 매료되었다. "주로 대화를 이끌어 가는 사람은 모든 대화를 독점하여 상대방이 자기를 표현하며 느끼는 즐거움을 부정하므로 지루한 사람이라는 말을 들을 것이다. 반면 평범한 화자는 관심을 가지고 귀 기울여 상대방에게 자기표현의 즐거움을 허락하므로 훌륭한 대화자라는 말을 들을 것이다"라고 카네기는 썼다. "당신의 대화에서 '나'를 폭파시켜라."35

마지막으로 카네기는 타인의 심리구조를 이해하는 것이 그들에게 다가가는 열쇠가 된다고 조언했다. 인간은 본질적으로 감정적인 존재임을 확신한 카네기는 "청중이 행동하도록 만드는 연사의 능력은 거의 전적으로 그들의 감정을 움직이는 능력에 달려 있다. 감정의 힘으로 충만한 말은 계속 가슴에 남는다"라고 주장했다. 현대의 연구 결과에서도 전통적인 인식과는 반대로, 인간이 이성과 논리에 의존하기보다는 모호하게 인식하고 있을 뿐인 충동에 더 크게 좌우된다는 사실을 보여주었다. 즉, 인간은 권위에 대한 '자연스러운 존중심', '최소의 저항선을 따르려는 성향'을 보이며 '자신의 환경'에 의해 만들어진 정서적 반응에 따른다. 따라서 카네기는 메시지에서 자신감을 보여주고 암시의 힘을 활용하여 광고 문구를 만드는 현대의 광고인들처럼 생각하라고 주장했다. "'누구나 큰 상점에 갑니다'라는 단 하나의 광고 문구를 위해 엄청난 돈을 쏟아 부은 백화점처럼 말이다. 이 문구는 모든 사람을 그곳에 가고 싶도록 만든다."36

카네기는 '올바른 생각과 성격'이라는 챕터에 여러 가지 추천 방법을 모아놓았다. 그는 첫 문장에서 핵심을 밝혔다. "연설자가 가진 가장 값진 것은 성격이다. 우리의 존재를 압축해주고 타인과 다르게 만들어주는, 정의하기도 헤아리기도 어려운 그것. '자아'의 특별한 힘은 우리가 접하는 사람들의 삶을 크게 좌우한다"라고 했다. "우리가 더 큰 것을 원하게 하는 것도 성격이다." 이것 역시 빅토리아 시대에 강조했던 '성품', 즉 개인의 미덕을 평가하는 도덕 원리 체계에서 벗어나 현대적인 교리를 지지한 것이었다. "이것이 단지 도덕 문제에 관한 설교에 불과하다는 의심은 한순간도 하지 말아야 한다"라고 그는 썼다. "현대사회에서 성취는 인간의 모든 것 즉, 상상력, 감정을 통제하는 능력, 사고력의 통달, 그리고 가장 크게는 자유의지를 실행에 옮기려는 의지력과 관련 있다."37

다시 말해서 카네기에게 '성격'은 자기부정이 아니라 자기표현을 상징했다. 그것은 내면의 감정과 상상력을 드러내고 정신 에너지와 욕망을 표현했으며, 청중이 연설자의 말을 받아들이도록 유혹하는 매력과 권위 있는 이미지를 보여주었다. 또한 카네기는 독자들에게 다음과 같은 목표에 생각과 의지력을 집중하라고 촉구했다. "승리에 목숨이 걸린 것처럼 싸워야만 한다. 실제로 당신의 성격은 불확실한 상태에 놓여 있는지도 모른다."[38]

이처럼 데일 카네기는 1910년대에 새로운 방식을 이용한 강좌 교육과 잡지 기고, 첫 저서 출간을 통해 훗날 세계적 명성과 현대사회에 성공한 미국인의 전형이 되는 대업의 토대를 쌓았다. 그는 YMCA에서 수강생들을 가르치며 회의와 집단 업무, 인간관계로 이루어진 복잡한 미로 같은 기업의 낯선 관료주의 속에서 성공 방법을 애타게 찾는 화이트칼라 종사자들과 마주했다. 대중 잡지를 통해서는 대중이 유명인사와 영감, 오락을 적극 포용하는 새롭고 도시적이며 상업적인 여가 문화를 접했다. 첫 번째 저서를 통해서는 대중연설을 성격 그리고 현대적인 성공법과 연결지었다. 그리고 이것은 그의 평생 관심 분야가 되었다.

| 6장 |

마음의 힘과 긍정적 사고

《카네기 인간관계론》의 속표지에는 '이 책을 통해 당신이 해낼 수 있는 12가지'이라는 제목의 글이 실렸다. 그 글에는 '일상생활에서 쉽게 적용할 수 있는 심리학 원칙'을 제공한다고 되어 있다. 몇 페이지를 넘기면 유명 방송인 로웰 토머스Lowell Thomas가 쓴 서문이 나오는데, 토머스는 카네기를 '응용 심리학'의 대가로 명명했다. 그런가 하면 카네기는 저자 서문에서 "두터운 심리학 서적을 탐독하면서" 집필을 준비했다고 밝혔다. 그는 "사람들은 대부분 '정신적 자원'의 지극히 일부분만을 사용한다"는 유명 심리학자 윌리엄 제임스의 말을 인용하며 "이 책의 유일한 목적은 사용되지 않은 잠자던 정신적 자원을 발견하고 개발하여 이익을 얻을 수 있도록 도와주는 것이다"라고 설명했다.[1]

그는 처음부터 끝까지 심리적인 부분을 크게 강조했다. 윌리엄 제임스 외에도 지그문트 프로이트, 알프레트 아들러 같은 이론가들과 해리 오버스트리트Harry Overstreet, 헨리 링크Henry Link 같은 이들의 저서를 자주 인용했다. 정신이 인간관계에 끼치는 영향력을 언급하면서 정서적 욕구가 삶에 엄청난 힘을 발휘한다는 사실을 알아야 한다고 촉구했다. 가장 교육을 많이 받은 사람들마저도 "마음이 어떻게 움직이는지 알지 못한 채 베르길리우스를 읽고 미적분을 배운다"라고 했다. 하지만 카네기가 가장 큰 열정을 보인 부분은 1900년대 초 미국 문화계를 휩쓴 심리적 사고방식인 '신사상New Thought' 또는 긍정적 사고였다. 이 학파는 긍정적 생각에 집중하면 정신을 통해 물질적으로 이로운 사건들을 만들어낼 수 있다고 주장했다. 카네기는 대표적인 신사상주의자의 말을 인용했다. "당신의 마음속에 당신이 되고 싶은 유능하고 진실하고 쓸모 있는 사람의 모습을 그려라. 그러면 당신이 담고 있는 그 생각이 매시간 당신을 그런 사람으로 변하게 할 것이다."2

이처럼 심리학은 카네기의 베스트셀러에 담긴 모든 주장의 필수 요소였다. 과연 그는 어떤 계기로 심리학에 심취하게 되었을까? 그것은 1910년대 중반, 강사와 작가로 지적 자기계발 프로그램을 시작하며 프로이트, 제임스 등이 일으킨 현대 사상의 혁명을 접하면서부터였다. 그는 점점 규모가 커지는 YMCA 강좌에 사용할 교과서를 집필하면서 대중 심리학, 특히 신사상에 몰두했다. 그 결과 정신적 욕구, 정서적 필요, 무의식적인 욕망이 인간의 행동에 끼치는 영향을 강조하게 되었다. 그러한 사고방식은 평생 이어졌으며 그가 현대 미국 사회에서 성공 방법에 관해 쓴 모든 글에 영향을 주었다.

카네기는 10대 시절에 '새로운 1900년대에 놀라운 변화가 일어날 것'이라면서 들떠 하던 어머니의 모습을 보았다. 하지만 그의 어머니는 1900년대 초 미국인의 생활 조건에 전면적이고 대대적인 변화가 생기리라는 것까지는 예상하지 못했다. "어머니가 상상한 것 이상으로 믿기 어려운 변화가 일어났다"라고 그는 적었다. "자동차가 우리의 이동 습관을 바꿨고 라디오, 영화, 텔레비전, 전기 조명, 전보, 비행기 등 여가를 보내는 방법에도 큰 변화가 생겼으며 우리의 문명과 후손들에게 엄청난 영향을 미칠 발명품과 사건이 등장했다."[3]

그러나 젊은 카네기에게 가장 놀라움을 준 현대적인 변화는 20세기 초에 일어난 인간의 본성과 행동에 대한 이해를 되돌아보는 지적 운동이었을 것이다. 그것이 바로 심리학이었다. 카네기는 1910년대 중반에 처음 심리학에 매료되었다. 심리학에 대한 관심은 그가 시작한 광범위한 계획에서 흘러왔다. 카네기는 뉴욕에 도착한 이후 성공을 열망하며 공부 및 자기계발 계획에 착수했다. 바지 뒷주머니에 작은 노트를 가지고 다니며 메모하는 습관을 길렀다. 흥미로운 것을 보거나 중요한 주제에 관한 좋은 생각이 떠오르거나 좋은 이야기나 생생한 실례를 접할 때마다 노트에 적었다. 그리고 읽은 기사를 정리해서 모으기 시작했다. 커다란 노란색 봉투 안에 신문이나 잡지에서 오린 종이와 개인적 메모를 보관했다.[4]

같은 의도에서 독서 계획도 세웠다. 카네기와 친분이 있던 나이 지긋한 저명 대중연설가는 역사, 문학, 과학, 철학 분야의 다양한 독서를 통해 지식 '발전소'가 되라고 조언해주었다. 결국 독서는 카네기에게 사람들을 '끌어당기는' 매력을 더해주었다. 카네기는 그 나이 지긋한 대중연설가가 누구인지 밝히지 않았고 '뉴욕의 가장 저명한 강연가', '존경할 만한 분', '백발' 또는 러디어드 키플링Rudyard Kipling, 배우 리처드 맨스필드Richard Mansfield, 아이다 타벨Ida Tarbell처럼 강한 정신력을 가진 사람들의 특징을 분석하는 인물 등으로만 묘사했다. 그 익명의 스승은 유명한 자기계발 강연자이자 작가였던 오리슨 스웨트 마든Orison Swett Marden일 가능성이 높다. 마든은 카네기의 묘사와 들어맞는 데다 대중연설에 관한 카네기의 저술에서 칭찬과 함께 자주 인용된 인물이었기 때문이다.[5]

그 스승이 누구였건 카네기는 1910년대부터 폭넓은 독서로 '정신의 발전소'를 세우려고 노력했다. 그가 표현한 대로 '즐거운 책의 영지'로 들어갔다. 월, 화, 금요일 저녁마다 독서하는 습관을 통해 지식 창고를 채웠고 교육받은 사람과 책을 읽지 않는 사람의 차이를 조금씩 알아보기 시작했다. 전자는 꽉 찬 발전소를 가진 사람이고 후자는 지식과 경험이 좁은 영역에 제한된 사람이었다. 이러한 자기 교육 프로젝트를 통해 카네기는 역사, 철학, 자연 과학, 기술, 발명품 그리고 특별한 관심사로 자리 잡은 전기傳記 분야 저작물을 통해 지성의 광활한 영역과 접촉했다. 그러나 주목할 점은 그의 지적 활동이 대개 간접적이었다는 점이다. 그는 개요와 압축과 요약을 선호했다. 친구 호머 크로이는 언젠가 "카네기는 책이든 연설이든 신문이든 잡지든 모두 압축된 것을 원했다. 그는 요약본의 열광자다"라고 말하기도 했다. 카네기는 네웰 드와이트 힐스Newell Dwight Hills의 《훌륭한 책은 인생의 스승Great Books as Life Teachers》이나 존 클라크 리드패스John Clarke Ridpath의 《세계사History of the World》를 탐독했다. 특히 통신 교육 프로그램의 일종인 '셔터쿼 독서 수업Chautauqua Course of Reading'의 팬이 되었으며 YMCA 수업에서 수강생들에게 강력히 추천하기도 했다.[6]

카네기는 광범위한 독서 덕분에 사상, 토론, 논쟁의 시류와도 접할 수 있었다. 그가 시어도어 루스벨트, 우드로 윌슨, 존 D. 록펠러, 앤드루 카네기 같은 인물을 언급한 사실에서 입증되듯이 그는 사회, 정치 분야의 시사문제도 접했다. 더욱 중요한 사실은 20세기 초에 미국에서 일어난 중요한 문화 운동인 신사상 운동 또는 '긍정적 사고' 운동에 이끌렸다는 점이다. 신사상 운동은 1800년대 후반에 처음 등장하여 1900년대 초에 탄탄한 지지 세력을 갖추고 영향력을 발휘하기 시작했는데, 정신력이 마음은 물론 물질적 풍요의 열쇠이며 '건강과 부, 마음의 평화'를 목표로 삼았다. 대표적인 지지자들로는 정신치료의 창시자 피니어스 큄비Phineas P. Quimby, 베스트셀러 《무한과의 조화In Tune With the Infinite》를 쓴 랠프 월도 트라인Ralph Waldo Trine 같은 신비주의 형이상학자들, 애니 페이슨 콜Annie Payson Call 같은 마음 치유 지지자들, 〈크리스천 사이언스〉를 창간한 메리 베이커 에디Mary Baker Eddy 등이 있었다. 신사상 지지자들은 숨겨진 정신적 자원을 찾아내 정서적 활력과 사회적 성공, 부의 축적에 활용할 수 있다고 믿었다. 전반적으로 그들은 인간의 정신력은 회복이 가능하고 생산적이며 얼마든지 자극할 수 있는 힘이라고 강조했다. 그들은 절충 집단의 성격을 띠었다. 일부는 종교적 '마음 치유' 욕구를 활용했고 또 다른 이들은 '초영혼over-soul*'과 직관이 현실의 창문이라는 개념을 가진 전통적인 에머슨식 초월주의를 파고들었다. 그런가 하면 다수는 정신적 욕구와 능력을 탐구하는 새로운 학문인 심리학에 몰두했다.[7]

이렇게 종교, 과학, 심리학을 아우르는 신사상은 1900년대 초 미국

---

* 에머슨이 제시한 개념으로 모든 물체에 깃든 초월적인 힘을 가리킨다.

문화 속으로 퍼져 나가 몇 가지 주요 메시지를 전파했다. 신사상 지지자들은 인간의 정신이란 우주 근원의 힘이고, 인간의 결함과 문제의 해결책은 정신적이고 영적인 영역에 존재하며, 악은 세상의 영구적인 현실이 아니라 선의 일시적 부재라고 주장했다. 마지막으로 그들은 정신적 자원을 활용하면 건강과 물질적 풍요를 손에 넣을 수 있다고 주장했다. 카네기는 바로 그 점에 큰 매력을 느꼈다. 신사상이 성공을 원하는 사람들에게 개인의 매력과 긍정적 사고, 성격계발의 중요성을 강조한다는 점이었다. 1900년대 초에 영향력이 커지기 시작한 신사상 운동은 저명한 철학자이자 심리학자인 윌리엄 제임스는 물론이고 1908년에 여성을 위한 정기 칼럼 '생각을 통해 아름다워지는 법'을 연재한 〈굿 하우스키핑Good Housekeeping〉 같은 대중 잡지를 비롯하여 폭넓은 지지 세력을 끌어모았다.[8]

카네기는 정식으로 신사상 집단과 교류한 적은 없지만 그들의 사상에 친밀감을 보였다. 물론 그가 신사상에 관여한 것은 다소 무계획적이었다. 체계를 갖춘 지속적이고 비판적인 사고에 몰두하는 지식인 행세를 한 것이 아니라 신사상에 함축된 넓은 의미를 흐릿하게 의식할 뿐이었다. 그러나 책에서 신사상을 매우 자주 인용한 사실로 볼 때 카네기는 신사상 운동의 핵심 인물과 저술, 사상에 이끌렸고 영감을 얻은 것이 확실했다. 그래서 '자신감을 키워라, 두려움을 극복하라, 열정을 가져라, 진실함을 보여라' 등 화술에 관한 실용적인 조언을 하면서 동시에 정신적 자원을 모으고 자극하는 확고하고 활기찬 조언을 곁들였다.

카네기는 1910년대에 "정신 계발에 소홀하면 정체되지만 정신이 스스로 사고력 부재를 감지하는 순간, 개선 가능성이 있다"라고 썼다. '생각 관리'에 관한 책을 추천하면서 정신력 발휘의 중요성을 강조한 심리학자의 말을 인용했다. "인식이든 생각이든 정신 에너지와 행동은 볼록렌즈로 태양 광선을 집중적으로 모으는 것과 같다. 물체가 빛을 받아 열이 발생하고 불이 붙는다." 또 카네기는 "당신이 연설자로 실패하느냐 성공하느냐는 생각과 정신의 태도에 크게 좌우될 것이다"라며 직설적인 주장을 펼쳤다.9

그가 심리학과 신사상에 열정을 보인 이유는 부분적으로 지적 연계성의 결과였지만 그의 강좌가 갈수록 성공을 거둔 덕분이기도 했다. 그는 1916년 무렵에는 고정적이지 못한 봉급으로 바퀴벌레가 들끓는 하숙집 생활을 완전히 벗어날 수 있었다. 그의 YMCA 강좌를 들으려고 수강생들이 줄지어 모여들었고, 자연스레 수입이 오르고 봉급도 안정적이 되었다. 맨해튼의 쾌적한 아파트로 이사하고 카네기 홀의 스튜디오 824호를 사무실로 임대해서 사용할 정도였다. 한 기자가 표현한 대로 젊은 카네기는 매우 잘나가고 있었다. YMCA 강좌는 나날이 번창했고 그는 "시내의 강당을 빌려 진행하는 야간 수업에서 젊은이들에게 입을 열고 주머니에서 손을 빼 앞으로 나아가 싸우고 부딪히라고 소리높일 수 있게 되었다."10

당시 수업을 들었던 한 수강생은 카네기가 수업 시간에 자신감 넘치고 고무적인 모습이었다고 설명했다. 프로 야구 선수 출신인 프랭크 베트거Frank Bettger는 세인트루이스 카디널스의 삼루수였지만 한쪽 팔이 심하게 부러지는 바람에 1911년에 조기 은퇴해야만 했다. 그는 고향 필라델피아로 돌아가 수금원으로 취직했고 나중에는 보험 판매원이 되었지만 내성적인 성격 때문에 일이 잘 풀리지 않아 생계유지조차 힘들었다. 베트거는 "처음 만나는 사람에게 말할 때 드는 소심함과 두려움을 이겨내야만 한다"는 사실을 깨달았다. 뉴욕 아치가 Arch Street의 YMCA 데일 카네기 강좌가 그 문제를 극복하도록 도와준다는 소문을 듣고 1917년에 등록했다. 강사는 첫 수업에서 베트거에게 강좌에 등록한 계기를 모두에게 말해보라고 시켰다. 겁에 질린 전직 야구선수는 간신히 해냈고 그 후로 자신감을 키우려고 무던히 노력했다. 하지만 좀처럼 발전이 없었다. 그러던 어느 날 수업에서 카네기는 무기력하게 발표하는 베트거를 중단시키더니 "말에 생명과 움직임을 불어넣으라"고 주문했다. 베트거의 설명에 따르면 "카네기 씨는 열정의 힘에 대해 감동적인 연설을 했다. 말하면서 몹시 흥분한 나머지 의자를 벽으로 던지는 바람에 의자 다리가 하나 부러졌다." 세일즈맨으로 꼭 성공하고 싶었던 베트거는 집으로 돌아가 야구에 쏟았던 만큼의 열정을 세일즈에 쏟기로 결심했고 결국 엄청난 성공을 거두었다. 훗날 베트거는 저서에서 그날 밤 카네기의 지도에 따라 내린 결정이 "인생의 전환점이 되었다"라고 말했다.[11]

카네기는 강좌가 엄청난 성공을 거두자 전국으로 확장해보기로 했다. 1917년에 뉴욕, 필라델피아, 볼티모어, 뉴어크의 수많은 사업가의 추천사가 담긴 '카네기 대중연설 강좌' 광고 팸플릿을 제작했다. 그는 강사들을 교육하고 자신의 교육 방식을 지침, 과課, 소책자로 성문화하기 시작했다. 1910년대 후반에는 자료를 한데 모아 《대중연설: 연합 YMCA 학교 표준 강좌Publish Speaking: The Standard Course of the United Y.M.C.A Schools》(1920년)를 출간했다. 4'편'과 16'과'로 이루어진 그 책은

카네기의 교육법과 조금씩 틀이 잡히고 있던 성공과 인간관계 원칙을 총망라한 것이었다.12

그 책은 카네기가 공동집필한 《대중연설 기법》(1915년)의 소재를 다수 재활용했지만 그 사이에 발전시킨 새로운 교수법도 소개되었다. 수강생들이 두려움을 극복할 수 있도록 도와주고, 꾸준한 연습 기회를 제공하고, 열정을 자극하고, 자연스러운 말과 손짓을 장려하고, 자신감 쌓기와 자기표현에 집중하는 방법 등이었다. 이것은 카네기의 후기 빅토리아식 교수법의 특징이 되었다.

그러나 《대중연설: 연합 YMCA 학교 표준 강좌》에서 가장 두드러진 것은 무엇보다 긍정적 사고가 구석구석 깊이 스며들었다는 점이었다. 카네기는 "모든 인간의 내면에는 잠재된 힘이 있다"고 주장했으며 "말하기는 우리의 마음으로 향하는 탄갱으로 그 안에 들어 있는 보물을 타인에게 보여준다"라고 했다. "대부분의 사람은 정신력의 10퍼센트밖에 사용하지 못한다"는 윌리엄 제임스의 말을 다시금 인용하면서 "나 자신의 발전을 깨닫고 나의 숨은 힘을 발견하고 결실을 맺는 것"이 가르치는 사람의 가장 큰 보상이라고 밝혔다. 그는 숨겨진 정신적 능력을 찾으면 강력한 의지가 생긴다고 강조했다. "이기고 계속해 나가려는 의지와 포탄처럼 강력한 힘을 얻게 될 것이다"라고 했다. "눈으로 볼 수 없다. 손으로 만질 수도 없다. 뭐라고 형용하기도 어렵다. 하지만 그것은 당신을 거부할 수 없을 만큼 호감 가는 사람으로 만들어줄 것이다."13

또한 카네기는 공동집필한 첫 번째 저서에서보다 더 자주 대표적인 신사상주의자들을 언급했다. 특히 정신적 노력과 긍정적 사고가 행복과 물질적 성공을 가져다준다는 메시지를 퍼뜨리는 데 기여한 4인의 사상을 적극 수용했다. 첫 번째 인물은 미국의 대표적인 성공 아이콘 러셀 H. 콘웰 목사였다. 1843년에 매사추세츠 주 시골 농가에서 태어난 콘웰 목사는 남북전쟁에 참여한 후 변호사, 저널리스트를 거쳐 마침내 침례교 목사가 되어 세계 곳곳을 돌아다녔다. 1880년대에는 필라델피아의 그레이스 침례교회Grace Baptist Church의 수장으로, 4000명 이상의 신도를 거느린 대형 교회로 발전시켰다. 열정적인 콘웰 목사는 필라델피아에 템플 대학교와 세 곳의 병원을 설립하기도 했다. 그러나 그를 가장 유명하게 만든 것은 1870년대에 처음으로 펜대를 잡고 원고를 쓴 '다이아몬드 밭Acres of Diamonds' 강연이었다. 그는 몇십 년 동안 전국을 다니며 6000회가 넘는 순회강연을 했다. (강연 수익금은 대부분 불우한 대학생들에게 나눠주었다.) 당당한 풍채와 배우 못지않은 뛰어난 흉내와 연기력으로 유명한 이 전설적인 강연자는 핵심사상 두 가지를 내세웠다. 첫째, 콘웰은 미국 사회에는 어디에나 기회가 널려 있으며 특히 주변 환경에서 찾을 수 있다고 했다. 원하거나 필요한 것을 만들기로 결심하고 간절하게 주의를 기울이면 '자신의 다이아몬드 밭'을 찾을 수 있다고 주장했다. 둘째, 그는 가난을 미덕으로 여기는 옛 종교 사상을 비판하면서 "부자가 되는 것은 사람의 임무다. 돈은 곧 힘이므로 돈을 손에 넣으려는 적절한 야망을 품어야만 한다. 돈이 있으면 선한 일을 더욱 많이 할 수 있기 때문이다"라고 했다.[14]

1910년대에 이르러 콘웰은 특히 카네기 같은 신사상 지지자들이 선호할만한 내용을 강조하기 시작했다. 개인의 생각과 '의지'가 부의 달성에 필수적인 역할을 한다는 점이었다. 그는 1916년에 〈아메리칸 매거진〉에 쓴 글에서 '의지력은 가장 큰 자산'이라며 "대저 그 마음의 생각이 어떠하면 그 위인도 그러한즉"이라는 잠언 구절을 인용했다. 다음 해에 나온 소책자에서는 한결 깊숙이 들어갔다. "성공의 '첫 번째 필수 요소'는 모든 사람에게 잠재적이거나 사용되지 않은 힘이 있다는 사실을 이해하는 것이다"라고 주장했다. 카네기는 "따뜻한 생각과 마음에서 우러나온 새로운 것이라면, 당신의 말은 숨과 생명을 가지게 된다"는 콘웰의 설명을 찬양했다. 그리고 《대중연설: 연합 YMCA 학교 표준 강좌》의 '특별 강연' 부분에 콘웰 목사의 '다이아몬드 밭' 강연 전문을 수록했다.[15]

두 번째로 카네기에게 영감을 준 신사상주의자는 엘버트 허버드 Elbert Hubbard였다. 1856년에 일리노이 주 블루밍턴 근처에서 신앙심 깊은 농부의 아들로 태어난 그는 비누 회사 매니저로 일하며 성공을 거두었다. 그러나 쉼 없는 지적 탐구심으로 1890년대에 일을 그만두었다. 그는 윌리엄 모리스William Morris가 주도한 미술과 공예 운동의 지지자가 되었고 문학 혁신, 정치 개혁, 공예 전통을 강조하는 인습 타파적인 잡지 〈필리스틴The Philistine〉을 창간했다. 스스로를 '문학에 애착을 가진 사업가'로 표현한 허버드는 작가, 편집자, 출판업자로 활동하면서 성공과 행복에 관한 책과 글을 왕성하게 선보였다. 미국-스페인 전쟁에서 드러난 개인의 노력을 칭송하는 책 《가르시아 장군에게 보내는 편지》*로 전국적인 유명세를 얻었다. 그 책에서 허버드는

---

* 국내 2007년 새로운제안 발간.

평범한 미국인들이 '한 가지 일에 집중하지 못하는 무능력과 무의지'를 비판했다. 그것이 '엉성한 도움, 어리석은 부주의, 볼품없는 무심함, 성의 없는 일이 지배하는' 분위기를 만든다고 주장했다. 그에 따르면 성공한 사람이란 '믿음에 따라 즉각 행동하며 에너지를 집중하여 눈앞에 놓인 일을 하는 사람'이었다. 그에게 '문명은 그런 사람을 찾기 위한 하나의 길고 초조한 과정'이었다.[16]

허버드는 콘웰 목사와 마찬가지로 1900년대 초에 신사상의 영향을 받았다. 그는 《사랑, 삶, 일Love, Life, and Work》(1906년), 《비즈니스 책The Book of Business》(1913년) 같은 저서를 통해 성공하려면 정신력 강화가 필요하다고 주장했다. "성공은 정신적인 태도의 결과이다. 올바른 정신 태도는 모든 일에 성공을 가져다줄 것이다"라고 했다. "대가大家는 지적인 근면성, 집중력, 자신감을 삶의 습관으로 만든 사람이다." 카네기는 허버드의 팬이 되었다. 1915년에 그는 《가르시아 장군에게 보내는 편지》를 '작지만 놀라운 책'이라고 불렀으며 '올바른 정신 태도 구축'에 관한 허버드의 주장을 깊이 수용했다. 특히 다음 구절을 자주 활용했다. "당신이 하고자 하는 일을 계속 생각하고 정신을 집중하면 흔들림 없이 곧장 목표를 향해 나아갈 수 있다. (……) 당신이 하고자 하는 위대하고 훌륭한 일에 전념하면 그 욕망의 실현에 필요한 기회를 무의식적으로 붙잡게 된다."[17]

카네기에게 영향을 끼친 세 번째 신사상주의자는 독특한 영국 출신 작가이자 형이상학자인 제임스 앨런이었다. 1864년에 출생한 앨런은 미국으로 이주한 아버지가 살해당하는 바람에 고아가 되었고 가족을 부양하기 위해 학교를 그만두고 점원으로 취직하여 1902년까지 여러 제조업체에서 일했다. 영적이고 철학적인 주제에 관심이 많았던 그는 〈헤럴드 오브 어 뉴에이지The Herald of a New Age〉라는 잡지에 기고하게 되었는데, 결국 그만두고 〈에퍽The Epoch〉을 창간하기에 이르렀다. 그 후 1912년 사망할 때까지 9년 동안 성공과 행복에 관한 성찰과 영감이 담긴 짧은 책을 다수 내놓았다. 다소 유약한 모습과 검은 긴 머리에 검은색 벨벳 양복을 즐겨 입었던 그는 잠재적인 정신력을 극찬하는 저작물로 많은 신사상주의자의 지지를 받았다.[18]

앨런의 가장 유명한 저서 《생각의 지혜》는 정신적인 노력으로 내적 상태와 외적 상황을 모두 바꿀 수 있다는 믿음을 담았다. 그는 인간의 정신이란 정원과 같아서 "잘못되고 쓸모없고 불순한 생각의 잡초를 뽑고 올바르고 쓸모 있고 순수한 생각의 꽃과 열매가 완성되도록 마음의 정원을 가꾸어야 한다"라고 했다. 그러면 추상적인 선 이상의 것이 만들어지며 "바깥 세계인 상황은 안쪽 세계인 생각에 따라 만들어진다"라고 주장했다. "인간이 근본적으로 생각을 바꾸면 삶의 물질적 조건도 놀라울 정도로 바뀐다. 따라서 성공하고 싶다면 제대로 된 생각을 갖추는 일부터 시작해야 한다. 인간의 모든 성공과 실패는 생각이 가져오는 직접적인 결과이다. 인간은 오직 생각을 고양시킴으로써 위로 올라가고 정복하고 성취할 수 있다. 생각을 고양시키지 않으면 약하고 절망적이고 비참한 상태에 계속 머무르게 된다"라고 앨런은 주장했다.[19]

앨런의 사상에 흥미를 느낀 카네기는 수수께끼에 둘러싸인 그의 삶에 대해 알아보려고 그의 저작물을 출간한 적 있는 〈비즈니스 필로소퍼: 봉사를 통한 성공 법칙을 옹호하는 잡지The Business Philosopher: A

Magazine Advocating the Principles of Success Through Service〉 편집자에게 편지를 보내기까지 했다. 카네기는 앨런의 책에 대해 "오늘날 많은 사람의 삶에 큰 영향을 끼치고 있다"면서 역시 《대중연설: 연합 YMCA 학교 표준 강좌》의 '특별 강연'에 포함시켰다.[20]

1910년대에 데일 카네기에게 가장 큰 영향을 끼친 신사상주의자는 오리슨 스웨트 마든이었다. 마든의 삶은 성공의 사다리로 올라간 미국인의 완벽한 사례에 가까웠다. 1850년 뉴햄프셔 주 시골 마을에서 태어난 그는 7세에 고아가 되어 위탁가정을 전전하며 '머슴'처럼 심한 대우를 받으면서 혹독한 노동을 견뎌야 했다. 우연히 다락방에서 발견한 스코틀랜드 작가 새뮤얼 스마일즈Samuel Smiles의 《자조론Self-Help》을 읽고 크게 자극받아 각고의 노력으로 초등학교와 중등학교, 앤도버 신학교Andover Theological Seminary, 보스턴 대학교를 거쳐 하버드 의대에서 의학박사 학위를, 보스턴 법대에서 법학학사를 취득했다. 1880년대와 1890년대에는 사업에 뛰어들어 호텔과 리조트를 몇 군데 소유하지만 1894년의 경제 공황으로 커다란 난관에 부딪혔다.

그러나 마든은 곧바로 보스턴에서 《전면 공격으로 성공하라Pushing to the Front, or Success Under Difficulties》(1894년)를 발표하며 성공적인 작가로 새롭게 출발했다. 그 책은 첫 해에 12쇄까지 출판되며 베스트셀러가 되었다. 그는 지칠 줄 모르는 활력으로 1897년에 〈석세스〉지를 창간해 평생 직접 편집을 맡았으며, 1924년 세상을 떠날 때까지 엘리자베스 타운Elizabeth Towne의 신사상 잡지 〈노틸러스Nautilus〉에 정기적으로 기고하고 성공, 의지력, 긍정적 사고에 관한 저서를 65권이나 집필했다. 《성품: 세상에서 가장 웅장한 그것Character: The Grandest Thing in the

World》(1899년) 같은 저서에서 나타나듯 원래 마든은 근면 성실함과 자기부정을 강조하는 빅토리아 시대의 성공 비결을 지지했다. 그러나 《대가의 성격The Masterful Personality》(1921년) 같은 책에서 보면 20세기 초에 접어들면서 개인의 매력과 인기, 카리스마, 활력 등 성격 특징이 중요하다고 생각하게 되었다. 그 변화는 1894년에 출간된《전면 공격으로 성공하라》의 초판과 1911년 개정판에서 확연하게 드러났다. 초판에는 '성품이 힘이다' 같은 챕터가 들어 있지만 개정판에는 '성격은 곧 성공 자산' 같은 챕터가 추가되었다.[21]

마든은 1900년대 초에 신사상을 지지했다. 《위대한 생각의 힘Little Visits with Great Americans, or Success Ideals and How to Attain Them》*(1903년), 《평화, 힘, 풍요로움Peace, Power, and Plenty》(1909년), 《미라클The Miracle of Right Thought》**(1910년) 같은 책에서 마음의 힘에 관한 메시지를 분명히 드러냈다. 마든은 독자들에게 성공을 원한다면 "성격이라고 불리는 다양한 집합이자 사람마다 다른 특성"에 집중하라면서 다음과 같은 원칙을 제시했다. "몸은 그대로 있지만 마음은 표면화된다. 습관적인 정신 상태가 겉으로 드러나므로 신체 조건은 생각을 따라가게 되어 있다. 우리가 아프거나 건강하거나 행복하거나 불행하거나 사랑받거나 사랑받지 못하거나 하는 것은 정신을 얼마나 제어하느냐에 달려 있다. (……) 인간은 자신을 돌보기 전에 생각을 먼저 돌봐야 한다"라고 결론 내렸다. "모든 일이 잘될 것이고, 성공하든 실패하든 불행하지 않고 행복할 것이라는 항상 낙관적이고 희망적인 태도를 가지는

---

* 국내 2003년 다리미디어 발간.
** 국내 2008년 21세기북스 발간.

것보다 값진 삶의 습관은 없다."22

카네기는 마든의 사상에 영향받았다는 사실을 공공연하게 드러냈다. 그는 《전면 공격으로 성공하라》의 1911년 개정판을 읽고 곳곳에 해석을 달아놓았고 자전적인 내용, 인간적 관심을 끄는 이야기, 활기찬 문체 같은 특징을 따왔다. 열정, 매력적인 성격, 호감도, 두려움 극복 같은 그 책의 핵심 주제도 가져왔다. 카네기는 마든을 가리켜 '개선의 주창자'라고 부르며 수강생들에게 그의 책을 추천했고 자신이 쓴 책에서도 종종 인용했다. 또한 성공을 위한 화술의 필요성을 강조한 마든의 메시지도 수없이 활용했다. "화술 덕분에 성공과 지위를 얻은 사람들이 얼마나 많은가"나 "관객 앞에서 훌륭하게 말하기 위해 끊임없이 노력하는 것만큼 인간의 잠재력을 빠르고 효과적으로 끌어내 주는 것은 없다", "자신의 힘을 논리적으로 확실하게 모아주는 대중연설을 연습하면 자신이 가진 모든 능력에 초점을 맞출 수 있다" 등이었다. 카네기는 역시 《대중연설: 연합 YMCA 학교 표준 강좌》에 '대중연설'에 관한 마든의 글을 실었다.23

이처럼 카네기는 신사상을 접하면서 20세기 초 미국의 새롭고 폭넓은 지적 탐구 영역을 경험했다. 많은 전문가의 말대로 정신력의 원칙은 당시 급속한 성장을 보이던 심리학과 특별한 관계가 있었다. 어느 역사학자는 "정신력을 통한 성공 이데올로기는 현세기(20세기) 심리치료의 발전과 밀접한 관계가 있다"라고 말했다. 1900년대 초에 이르러 다수의 심리학자가 인간의 복잡한 정신 깊숙이 파고들었고, 이성적 사고와 계산의 저변에는 주변 세상에 대한 인식과 행동을 결정하는 정신적인 힘이 감춰져 있다는 개념을 이끌어냈다. 정신적 자원이

약하면 강화할 수 있고, 흩어져 있으면 하나로 모을 수 있으며, 병들어 있으면 치유할 수 있다는 것이었다. 미국에서는 신경학자 제임스 잭슨 퍼트넘James Jackson Putnam, 이상심리학자 모턴 프린스Morton Prince, 정신병리학자 G. 스탠리 홀G. Stanley Hall, '전인성全人性'을 주장한 의사 리처드 캐벗Richard Cabot, 무의식을 탐구한 심리학자 윌리엄 제임스, 프로이트파 정신분석학자 A. A. 브릴A. A. Brill 등이 다양한 심리치료법을 발전시켰다. 이들은 모두 치유 전략을 통하여 정신을 돌보고 힘을 강화하고 문제를 해결하여 삶의 질을 개선할 수 있다는 메시지를 전파했다.[24]

카네기는 그 점에 흥미를 느껴 1910년대부터 심리학을 파고들기 시작했고 심리학이 그의 인식과 분석과 관점에 깊숙이 스며들었다. 그는 《대중연설: 연합 YMCA 학교 표준 강좌》에서 심리학자들의 말을 자주 인용하고 간단한 해석도 제공했다. 비즈니스와 광고에 심리학을 적용한 저명한 심리학자이자 훗날 미국심리학협회American Psychological Association 회장이 된 월터 딜 스콧Walter Dill Scott이 말한 두려움을 극복해야 할 필요성을 언급했다. "비즈니스의 성공과 실패는 정신적 능력보다 정신적 태도에 좌우된다." 《기초 심리학: 정신과학과 도덕 과학의 첫 번째 원칙Elementary Psychology: First Principles of Mental and Moral Science》의 저자 대니얼 퍼트넘Daniel Putnam이 "가장 생산적인 정신노동을 위한 최상의 상태"에 집중해야 한다고 말한 것도 인용했다. 또한 제럴드 스탠리 리Gerald Stanley Lee의 베스트셀러 《군중: 민주주의의 움직이는 그림Crowds: A Moving-Picture of Democracy》을 이용해 '군중 심리'에 대해 살펴보고, 사업가는 "인간의 본성을 더욱 자세하고 절실하게 공부하고 군중의 상상력을 자극하는 기술을 연마하기 위해 열심히 노력했으므로" 전도사보다 더 큰 영향력을 가진다는 주장도 소개했다. 한편 마지막 챕터 '올바른 생각과 성격'에서는 《자조 철학: 일상에서의 응용 심리학 적용The Philosophy of Self-Help: An Application of Practical Psychology to Daily Life》의 저자 스탠턴 데이비스 커크햄Stanton Davis Kirkham의 말을 인용하며 마무리했다. 성취에서 느끼는 내면의 만족감을 시적으로 표현한 부분이었다. "이제 당신은 대가가 되었다. (……) 이제 그만 톱과 대패를 내려놓고 세상을 개혁하는 임무를 맡아라."[25]

카네기는 《대중연설: 연합 YMCA 학교 표준 강좌》에서 심리적인 주제와 해석에 더욱 크게 의존했다. '손짓의 심리학', '싸움의 심리학', '비즈니스 심리학', '군중 심리학의 암시'에 대해 논했다. '암시의 힘'이라는 큰 제목 하나를 할애하여 점점 발달하는 응용 심리학과 비이성적인 의사결정 성향을 이용하는 목적을 살펴보았다. "순수한 추론 행위는 아침 식사 전에 낭만적인 생각을 할 만큼 드물다. 우리의 행동은 대부분 암시의 결과이다"라고 주장했다. 그 과정은 미묘하게 유동적인 단언 또는 생각 암시와 관련 있으며 "무의식 속에 새겨져 행동으로 나타난다"고 설명했다. 또한 뛰어난 세일즈맨과 효과적인 광고는 암시에 크게 의존하며 그것은 "대중연설자의 가장 큰 힘이다. 일상에서 사람을 다루는 과정에서 중요하게 활용할 수 있다"라고 설명했다.[26]

카네기는 심리학자들의 저서를 종종 참고로 곁들였다. 《주의와 관심: 심리학과 교육 연구Attention and Interest: A Study in Psychology and Education》의 저자 펠릭스 아놀드Felix Arnold는 인간은 들은 것의 절반을 30분 후에 잊어버리고 아홉 시간 후에는 3분의 2를, 일주일 후에는 4분의 3을 잊어버린다는 흥미로운 주장을 내놓았다. 카네기는 1909년에 프로이트의 미국 강연을 추진한 저명한 심리학자 G. 스탠리 홀G. Stanley Hall을 '의상 심리학'의 권위자로 소개했다. 홀은 매력적인 옷차림과 단정한 용모가 자존감과 타인의 존중심을 모두 높여준다는 연구 결과를 내놓았다. 카네기는 "사람은 이성적이지만 암시에 걸리기도 매우 쉽다"라고 주장한 월터 딜 스콧을 포함해 암시의 힘을 확인해주는 심리학자들의 수가 계속 늘고 있다고 말했다. 《판매의 심리학: 심리학의 원칙을 판매 과정에 응용하다The Psychology of a Sale: Practical Application of Psychological Principles to the Processes of Selling》의 저자 포브스 린지Forbes Lindsay도 "암시는 인간의 정신 과정에서 가장 강력한 요소이며 신체 행동에도 커다란 영향을 끼친다"라고 비슷한 주장을 펼쳤다.[27]

카네기가 두 전문가의 말을 참고했다는 것은 20세기 초 심리학과 신사상의 연관성을 보여준다. 첫째, 카네기는 1800년대 후기와 1900년대 초기에 철학자와 심리학자로서 인간의 의식에 깊이 몰두한 지성인 윌리엄 제임스를 끌어들였다. 제임스는 다수의 사상가와 달리 신사상을 인간의 행동을 이해하는 데 적합한 접근법으로써 존중했다. 유명한 저서 《종교적 경험의 다양성Varieties of Religious Experience》*에서 신사상 운동은 "건전한 태도에 담긴 구원의 힘"을 지지하는 준종교 운동이며, "무의식적인 삶을 전례 없이 훌륭하게 활용"했고, "인류의 정신적 욕구를 충족시켰다"고 설명했다. "마음 치유는 사람들에게 평화와 도덕적 침착성, 행복을 주고 과학이 그러하듯 특정한 질병을

---

* 국내 2000년 한길사 발간.

예방해주기도 하므로" 신사상을 진지하게 받아들여야 한다고 결론지었다. 또 다른 저명한 수필집 《인간의 힘The Powers of Men》에서는 신사상이 "불필요할 정도로 표면에 가깝게 살아가는 것에 만족하는 인간이 평소 불러내지 않는 비축된 에너지"를 파헤치고 활용하기 시작했다고 말했다.[28]

카네기는 제임스를 '위대한 심리학자'라고 부르며 존경했다. 《대중연설: 연합 YMCA 학교 표준 강좌》에서(그 후에 쓴 다른 저서에서도) 평범한 인간은 '잠재적인 정신력'의 극히 일부만 사용할 뿐이라는 제임스의 사상을 인용했다. 카네기는 제임스가 남긴 가장 유명한 말인 '믿음의 의지'를 잘못 이해하여 도용하기도 했다. 제임스는 '믿음의 의지'라는 표현을 현대사회에서 종교적 믿음에 따르는 어려움을 정의하기 위해 사용했지만, 카네기는 "보통 사람은 자신이 이미 믿는 것을 듣기 좋아한다"는 의미로 해석한 것이다. 어쨌든 그것은 연설자가 청중의 심리를 파악하고 '그들의 기호와 경험, 믿음'에 호소해야 한다는 카네기 주장의 토대가 되었다. 카네기에게 윌리엄 제임스는 정신력과 심리적 성장의 홍보대사나 마찬가지였다.[29]

둘째, 카네기는 H. 애딩턴 브루스H. Addington Bruce도 존경했다. 브루스는 신사상과 심리학의 융합 현상에 대해 그 누구보다 자주 설명한 저널리스트일 것이다. 20세기 초반에 종교와 심리학을 합치자는 취지에서 일어난 엠마누엘 운동의 홍보 담당자였던 브루스는 출판업체 어소시에이티드뉴스페이퍼Associated Newspapers의 심리학 고문이 되었다. 또한 《성격의 수수께끼The Riddle of Personality》(1908년), 《과학적 정신 치료Scientific Mental Healing》(1911년), 《신경 통제와 그 방법Nerve Control and How to Gain It》(1919년) 등 다수의 저서를 내놓아 심리학을 정신력의 한 유형으로 대중화시키고자 힘썼다. 한편으로 〈애플턴스Appleton's〉나 〈굿 하우스키핑〉, 〈아메리칸 매거진〉 등에도 꾸준히 기고했다. 그는 새로운 '정신병리학psychopathology'을 탐구하는 학자들이 정신과 마음을 치유하는 사람들이 하는 일에 과학적인 토대를 제공하고 있다고 언급했다. 그리고 '지성의 대가들'이라는 기사에서는 "피에르 자네 Pierre Janet, 보리스 시디스Boris Sidis, 모턴 프린스Morton Prince, 지그문트 프로이트 같은 심리학자들이 인간의 지성은 과학적으로 유도될 경우, 널리 퍼진 수수께끼 같은 질병을 정복할 힘을 가졌다는 사실을 입증한다"고 말했다.[30]

카네기는 브루스의 글을 읽고 그를 정신력 분야의 유력한 권위자로 받아들였다. "열정은 생각과 힘의 크기를 두 배로 올려준다. 열정을 가진 사람들은 접촉하는 모든 사람을 자석처럼 끌어당긴다"라는 브루스의 말을 인용했다. 브루스는 "열정은 어떤 상황이든 제어할 수 있게 해주고 주머니에 돈을 벌어다 주며 얼굴 혈색도 좋게 해준다"라고 주장했다. 이로써 긍정적 사고방식이 성공으로 나아가게 해준다는 카네기의 믿음은 굳어졌고 대중연설 강좌 프로그램과 신사상을 더욱 밀접하게 연관시키는 계기가 되었다.[31]

카네기는 정신력, 긍정적 사고, 심리 개선을 내세운 1910년대 대표적인 신사상주의자들을 수용한 덕분에 저자와 강사로 더욱 커다란 목표를 추구하게 되었다. 점차 화술에만 그치지 않고 보다 큰 주제인 미국 사회에서 성공하는 방법을 다루게 된 것이다. 그는 청중 앞에서 유창하게 말하는 기술이 자신감을 높여주고 평판을 올려준다는 사실을 오래 전부터 믿어왔지만, 이제는 그 기술을 사회적 지위 향상이나 물질적 수익이라는 보다 큰 목표에 활용하기 시작했다. 그는 "당신은 말할 때마다 무한한 성공에 대해 자신을 준비시키는 것이다"라고 썼다. 긍정적 사고와 대중 심리, 세일즈맨십, 인간관계, 호감 가는 이미지와 정신력에 뿌리를 둔 최초의 성공 이데올로기를 흐릿하게 구상해나가기 시작했다. 그것은 20세기 초의 역동적인 움직임을 수용하라고 촉구하는 현대적인 접근법이기도 했다. 카네기는 1920년에 "정력 넘치는 주제로 우리를 사로잡아라. 새빨간 피와 단단한 근육을 가진 것으로. 우리는 미국인이다"라고 말했다. "래그타임ragtime*은 우리의 국민 음악이다. 야구와 축구는 국민 스포츠이다. 우리는 크로켓에는 별 흥미가 없다. 미국인의 질주를 멈추려면 다른 것이 필요하다." 어쩌면 카네기는 자신의 미래까지 얼핏 엿본 듯했다. "돈을 더 많이 벌고 더 오래 살고 더 건강해지고 더 행복해질 방법을 알려줄 사람은 분명 열심히 귀 기울이는 청중일 것이다"라고 그는 썼다. "상대방이 무엇을 원하는지 알고 그것을 얻는 방법을 제안할 수 있다면, 성공은 당신의 것이다."32

1910년대 후반으로 갈수록 카네기는 강사와 저자로 거둔 성공 덕분에 사회적으로도 꽤 존경을 받았다. 또한 성공에는 경제적 안정도 따라왔으므로 시련과 가난으로 가득했던 뉴욕 초기의 생활에서 벗어나 훨씬 풍요로워졌다. 그는 자신의 낙관적인 상황을 잘 표현해주는 윌리엄 어니스트 헨리William Ernest Henley의 시, 〈굴복하지 않으리Invictus〉

---

* 1900년대 초에 미국 흑인들에 의해 처음 연주되기 시작한, 특히 초기 피아노 재즈를 일컫는다.

를 《대중연설: 연합 YMCA 표준 강좌》에 수록했다. '불굴의 영혼'에 대한 찬가인 그 시가 "나의 인생에 결정적인 영향을 끼쳤다"면서 수많은 자리에서 암송했다. 실제로 그 시의 마지막 구절은 의미심장한 내용을 담고 있다.

상관치 않으리라 천국 문 아무리 좁고
저승 명부에 온갖 형벌 적혀 있다 해도
나는 내 운명의 주인이요
나는 내 영혼의 선장이나니.[33]

대중연설 강사와 신사상 신봉자, 성공한 작가로서 데일 카네기의 역할은 점점 커졌지만 1910년대 후반에 예기치 않은 교착 상태에 빠지고 말았다. 처음에는 제1차 세계대전의 발발이 방해 요소로 작용했고, 그 후에는 그의 진정성과 전문적인 입지를 위협하는 문제가 발생했다. 궁극적으로 그 사건들이 한꺼번에 모여 한동안 카네기를 저작과 강의 활동은 물론 미국에서도 멀어지게 했다. 장기적으로 그 공백기는 카네기의 세계관을 더욱 뚜렷하게 해주고 앞으로 나아갈 방향을 잡아주었다. 그러나 단기적으로는 급성장하고 있던 그의 사업을 혼란에 빠뜨렸다.

1917년 4월 2일, 미국의 우드로 윌슨 대통령은 의회에서 독일 제국과 그 동맹국들에 전쟁을 선포해야 한다고 호소했다. 1914년 이후 유럽에는 무장 세력의 충돌이 빗발쳤고 독일의 동맹국인 오스트리아 제국과 터키가 영국, 프랑스, 러시아로 이루어진 또 다른 동맹국들과 싸움을 벌였다. 해상 자유를 두고 몇 년 동안 독일의 긴장감이 날로 심화되자 마침내 윌슨 정부는 그 싸움에 개입하기로 했다. 4월 6일에 의회가 압도적인 투표차로 전쟁 선포를 허가하자 윌슨 대통령은 재빨리 경제 및 군사 자원을 집결시켰다. 가장 두드러진 첫 행보는 선발 징병제 Selective Service Act 실시였다. 이 제도는 1917년 5월에 의회를 통과해 몇 개월 후부터 시행되었다. 제1차 세계대전 동안 약 300만 명에 이르는 젊은이들이 군에 징병되었다. 데일 카네기도 그중 한 명이었다.

공식 기록에 따르면 카네기는 1917년 6월 5일 징병제에 등록했다. 그는 브루클린 아파트를 주소로 기재했고 한 손가락 절단과 부모 '부분 부양'을 정상참작 사유로 들었다. 그러나 젊은 대중연설 강사였던 그는 그해 여름 북동부에서 징병된 수천 명의 병사와 함께 롱아일랜드 얍행크Yaphank의 미 육군 캠프 업튼Camp Upton에 배치되었다. 남북전쟁 당시 활약한 에머리 업튼Emery Upton 장군의 이름을 딴 캠프 업튼은 제1차 세계대전이 발발한 첫해 여름에 지어졌는데, 4만 명의 병력을 수용하고 훈련할 수 있는 규모였다. 9월부터 기차로 병력이 도착하기 시작하여 12월에는 가득 찼다. 훈련병들에게는 장비와 군복, 침상이 제공되었고 교관들이―그중에는 영국과 프랑스 육군 장교들도 있었다―기본 작전 행동과 참호, 탱크, 가스전 같은 정교한 내용을 훈련했다. 소총 사격술, 수류탄, 기관총과 육박전은 더욱 세심하게 훈련이 이루어졌다. 특히 육박전은 전문 권투선수들이 지도하는 경우가 많았다. 1918년 8월에 프랑스 아르곤 숲에서의 끈기 있는 전투로 명성을 날린 미 육군 77사단도 캠프 업튼에서 결성되었다. 77사단 소속이었던 어빙 베를린Irving Berlin 병장은 훗날 롱아일랜드에서의 군대 경험을 바탕으로 〈입, 입, 얍행크Yip, Yip Yaphank〉라는 브로드웨이 뮤지컬을 썼고, 거기에 그가 가장 좋아하는 노래 〈아, 아침에 일어나기가 얼마나 싫은지Oh, How I Hate to Get Up in the Morning〉를 넣었다.34

카네기는 절단된 손가락 때문에 실전에 투입되지 못했고 캠프 업튼에서 사무직으로 근무했다. 대졸 학력 덕분에 병장 계급을 부여받은 그는 육군 소령의 보좌관으로 서류 처리를 비롯하여 전화 등 잡다한 업무도 맡았다. 상관의 지시라면 아무리 낯선 업무라도 처리해야만 했다. "쉐보레 자동차를 산 지 얼마 되지 않았을 때, 상관이 캠프 업튼에서 뉴욕까지 주말마다 태워달라고 했다"라고 카네기는 회고했다. "군대의 지루한 주말 일과에서 벗어날 수 있어 오히려 잘 됐다고 생각했다." 사회에서 변호사였던 소령은 틈만 나면 자신의 지위를 과시했다. "매일 아침마다 책상에 〈뉴욕 타임스〉를 갖다 놓아야 했다"라고 카네기는 썼다. "어느 날 아침, 사무실에서 몇 시간 동안 할 일 없이 있다가 무심코 상사의 〈뉴욕 타임스〉 신문을 읽었다. 일개 병장이 감히 한 부에 3센트나 하는 신문을 몰래 봤다면서 단단히 화를 냈다."35

카네기는 캠프 업튼에서 생활하는 동안 대중연설에 대한 관점에 깊은 인상을 남긴 두 가지 사건을 경험했다.

어느 날 그는 '문맹 흑인 사단'의 모임에 참여하게 되었다. 유럽 전선으로 떠나는 배에 오르기 직전인 흑인 병사들에게 영국 주교는 그들이 전쟁으로 보내지는 이유에 대해 연설했다. 주교는 한참 열띤 목소리로 이야기하더니 '국제 친선 관계'의 중요성과 '햇살 눈 부신 땅에 대한 세르비아 권리'의 중요성에 대해 일장연설을 늘어놓았다. 병사들은 그저 멍한 표정으로 바라볼 뿐이었다. "흑인 병사들의 절반은 세르비아가 도시인지, 병 이름인지도 몰랐다. 결과적으로 주교는 마치 성운설에 대한 낭창한 추도사를 낭송한 셈이었다"라고 카네기는 회고했다. 둘째로 카네기가 주말에 뉴욕에 갔을 때, 한 국회의원이 경마장에 마련된 무대에서 야유를 받으며 물러나는 모습을 목격했다. 그 국회의원은 미국 정부가 얼마나 세심하게 전쟁을 준비했는지 이야기했다. 모든 사람이 재미를 원하는 장소에서 말이다. 20분 동안 웅얼거리던 그는 계속되는 야유와 휘파람, 고함에 결국 굴욕적으로 퇴장해야만 했다. 두 사건이 주는 교훈은 확실했다. 연설자는 청중을 헤아려서 그들에게 맞는 방법으로 다가가야 한다는 것이었다.[36]

그러나 대개 캠프 업튼에서의 생활은 젊은 강사와 저자인 카네기에게 지루함의 연속이었다. 1918년 여름에 정부의 '자유 차관' 캠페인 관련 업무를 맡으려다 물 건너간 후로 11월 휴전 때까지 할 일 없이 사무실만 지키고 있어야 했다. 명절에는 휴가를 받아 부모 집을 방문했지만 부대로 복귀해야 했다. 마침내 1919년 1월 말, 카네기는 군대를 완전히 떠날 수 있었다. 그는 어머니께 보내는 편지에 "주님을 찬양할지어다. 드디어 토요일 아침 8시 47분 군대에서 나왔습니다. 정말 행복합니다. 다시 자유를 얻어 기쁩니다"라고 썼다.[37]

카네기는 민간인 생활로 돌아가기 위해 곧바로 YMCA 강좌를 다시 시작했다. 뉴욕에서 강좌를 재개하고 필라델피아에도 출강하는 한편, 로터리클럽Rotary Club과 광고인클럽Advertising Men's Club을 대상으로 새로운 프로그램도 구상했다. 몇 달 되지 않아 만반의 준비가 갖추어졌다. 그가 1919년 5월 11일에 가족에게 보낸 편지지의 맨 윗부분에는 매우 인상적인 문구가 선명하게 새겨져 있었다. "카네기 대중연설 강의. 데일 카네기-작가 겸 강사. YMCA 학교, 뉴욕 로터리클럽, 광고인클럽, 미국 은행협회, 필라델피아 엔지니어클럽, 그 외 다수 기업체 대상으로 강의. 여덟 번째 시즌."38

새롭게 부활한 카네기 강좌는 화술이 사회적, 경제적 성공을 좌우한다는 사실을 더욱 강조했다. 카네기는 "설득력 있게 말하는 능력은 곧 돈이다"라는 문구를 내세웠는데, 실제로 그는 "이 강좌 덕분에 연간 수입이 3000달러 늘어났다"라는 세일즈맨이나 "연간 4000달러나 더 많은 수임료가 들어온다"는 부동산 중개업자 등 졸업생들의 생생한 경험담을 수강생들에게 적극 들려주었다. 또한 신사상의 관점도 미묘하게 강조했다. 그는 모든 수강생에게 "의지력, 정신적 집중력, 자신감, 설득력 있는 어조"를 발전시켜야 하며 그것이야말로 "능력보다 훨씬 큰 명예와 힘을 가져다줄 수 있다"고 주장했다.39

그러나 다시 대중연설 강의에 뛰어든 카네기의 열정은 지나친 면이 있었다. 그는 제대 몇 달 후 화술 교육계의 유명 학술지와 구설에 휘말렸다. YMCA 광고 팸플릿이 사기라는 비판이 쏟아진 것이다. 이는 그를 휘청거리게 할 만큼 타격이 큰 사건이었다.

문제의 발단은 카네기가 쓴 기사 때문이었는데, 대중연설 강좌에 등록한 덕분에 최고 자리에 오른 익명의 사업가 이야기인 '두려움을 극복하고 연간 만 달러를 벌다'라는 제목의 기사였다. 그는 제대 후 그 기사를 새로 써서 팸플릿에 수록해 〈화술 교육 계간지The Quarterly Journal of Speech Education〉 편집자에게 보냈다. 처음 기사가 실렸던 〈아메리칸 매거진〉에는 본인이 동의를 구하겠으니 기사를 실어달라고 부탁했다.40

카네기가 다시 쓴 기사에는 원래 〈아메리칸 매거진〉에 실렸던 내용에서 몇 가지가 추가되었다. 대부분은 원래 논점에 자세한 내용을 약간 덧붙이거나 다듬거나 한 정도의 대수롭지 않은 것이었으나, 무게감 있는 변화가 두 가지 있었다. 첫째, 기사의 주인공을 가르친 강사가 데일 카네기임을 밝혔고 "4000명이 넘는 수강생들이 카네기의 강좌를 들었고 지금까지 공부한 모든 것을 합친 것보다 훨씬 효과적이라고 말하는 수강생이 점점 늘어나고 있다"라며 강좌의 효과를 칭찬하는 YMCA의 추천사가 실렸다. 둘째, "전국적으로 유명한 카네기 대중연설 강좌"를 YMCA에서 만나볼 수 있으니 등록하라고 당부하는 말도 들어갔다. 게다가 카네기는 〈화술 교육 계간지〉에 'YMCA 대중연설 강좌 홍보'라는 두 번째 팸플릿도 같이 보냈다. 거기에는 다음과 같은 단락이 포함되었다.

'두려움을 극복하고 연간 만 달러를 벌다'라는 제목의 소책자를 배포하십시오. (……) 그것은 YMCA 대중연설 강좌에 등록해 엄청난 이득을 본 남자의 자전적 이야기가 담긴 기사입니다. 대중 잡지 문체로 쓰여 흥미롭게 읽을 수 있습니다. 인간적 관심사를 끄는 이야기가 담겨 교육에 전혀 관심 없는 사람이라도 읽게 할 것입니다. 그것은 이 강좌를 듣는 기독교도들을 위한 최고의 세일즈 관련 저작물이기도 합니다. 기꺼이 재판 견본을 보내드리겠습니다. 강좌에 대해 문의하거나 오프닝 세션에 참여하는 독자들에게 나눠주십시오. (……) 재판본은 저에게 다음 가격으로 구입하실 수 있습니다. 100부 1.5달러, 1000부 10달러.[41]

문제는 그 후에 시작되었다. 학구적인 〈화술 교육 계간지〉는 카네기의 저돌적인 자기홍보에 놀라 그의 이력과 그가 쓴 기사에 대해 알아보기로 했다. 그러자 심각한 문제가 발견되었다. 위스콘신 대학교의 J. M. 오닐J. M. O'Neill 교수는 1919년 3월에 그 문제에 대해 '만 달러짜리 두려움의 진실The True Story of $10,000 Fears'이라는 글을 썼다. 그는 카네기가 쓴 기사의 사실적 근거를 카네기에게 직접 확인한 결과, 그 기사의 주인공은 실존 인물이 아니라 '수많은 수강생의 경험담'이라고 인정했다고 밝혔다. 카네기가 기만 사실을 인정하고도 "실화의 모음이므로 실화다"라며 〈화술 교육 계간지〉에 계속 기사를 실어달라고 요구하고 있다고 했다. 오닐 교수는 "분명히 추측하건대, 〈화술 교육 계간지〉 편집자는 실상을 알면서도 그 기사를 독자들에게 실화라고 소개할 것이 틀림없는데 이는 별로 유쾌하거나 칭찬할 만한 일이 아니다"라며 개탄했다.[42]

또 다른 사건도 있었다. 거의 비슷한 시기에 카네기는 《대중연설: 연합 YMCA 학교 표준 강좌》에서 "생각 있는 수강생들에게 이정표가 되어주기를 바라는 나의 경험담"이라는 긴 이야기를 소개했다. 좋게 표현하자면 길고 장황한 이야기였다. 먼저 그는 자신의 경력 대부분, 회사에 새로운 부서가 생기기 전까지만 해도 자신의 정신력이 잠들어 있는 상태였다고 밝혔다. 새로운 부서의 매니저 승진에서 탈락하자 크게 실망하고는 행동을 바꾸기로 결심하고 "자신감 넘치고 열정적이고 낙관적"으로 변했다. 매일 쾌활하게 생활하면서 고무적인 역사 문헌을 읽으려고 노력했으며 성공에 모든 의지력을 집중했다. 대중연설의 장점을 깨닫고 그것을 이용해 자신감을 높이려고 했다. 그러던 도중 "회사의 총 매니저가 메인 주에서 사슴 사냥을 하다가 총에 맞았다. 내가 대신 매니저 자리에 오르게 되었다"라고 카네기는 이야기했다. 그리고 단 2년 만에 철물과 자동차 부품을 생산하는 더 큰 회사의 관리자가 되는 성공을 거두었다. 카네기는 그것이 수익성 높은 일자리였고 "내 일생의 취미인 대중연설에 헌신할 여가"가 많이 생겼다며 끝맺었다. 이러한 카네기의 인생 이야기는 그의 경력에 들어맞는 부분도 있지만 회사 직급과 승진 부분은 완전히 꾸며낸 말이었다.[43]

〈화술 교육 계간지〉 사건과 자신의 인생 이야기를 미화해서 쓴 사건은 카네기의 접근법이 다소 무모했음을 드러냈다. 당시에 그가 성공의 사다리에 오르기 위해서라면 과대 선전 전략이라도 이용할 의향이 있었음을 말해준다. 제대 후 경력을 되살려야 한다는 압박감 속에서 그만 열정이 지나쳐 신중한 판단을 앞질렀던 것이다. 화술 분야의 선도적인 잡지로부터 공개적으로 비난받은 일은 틀림없이 카네기를 크게 당혹하게 했을 것이다. 카네기는 그 논란에 대해 공개적으로나 사적으로나 언급한 적은 없지만 다시는 그런 일을 하지 않은 것으로 보아 실수를 통한 깨달음을 얻었을 것이다.

그러나 다른 측면으로 보자면 제1차 세계대전 이후 카네기가 겪은 문제는 향후 몇 년간 그가 보인 독특한 행보를 설명한다. 전쟁으로 사업이 주춤해진 데다 화술 교육계에서 윤리 논쟁에 휘말려 당혹감을 느낀 카네기는 갑자기 주어진 색다른 기회가 더욱 유혹적으로 다가왔을 것이다. 결국 그는 자신의 경력이나 조국에서 멀리 떨어진 곳으로 흥미로운 모험을 떠나게 되었다.

| 7장 |

추방 그리고 잃어버린 세대

'인간의 재발견'이라는 개념은 《카네기 인간관계론》을 정의하는 커다란 주제이다. 데일 카네기는 첫 페이지부터 독자들에게 문제와 인간관계에 대한 접근법을 바꾸라고 촉구했다. 타인에게 영향을 끼치고 성공을 거머쥐려면 익숙한 행동과 사고 패턴에서 벗어나 새로운 성격 이미지를 만들어 세상을 대하라고 말했다. 카네기의 경험 자체가 그 필요성을 여실히 보여주었다. 카네기가 직접 깨달은 것처럼, 인생의 상황을 바꾸면 기존의 가치와 믿음은 구식이 되었다. "나는 지금 구구단을 제외하고는 20년 전에 믿었던 것을 하나도 믿지 않는다. 하지만 아인슈타인을 읽을 때는 구구단마저 의심스러워지기 시작한다"라고 말했다. "앞으로 20년 후에는 이 책에 쓴 내용도 믿지 않게 될지도 모른다. 지금은 예전처럼 그 무엇도 확신할 수가 없다." 그러나 카네기는 "현재 진행 중인 삶의 변화 속에서도 거의 모든 사람이 익숙한 습관을 지속하며 자신의 한계 속에서 살아간다. 인간은 다양한 힘을 가지고 있으면서도 습관적으로 그 힘을 사용하지 않는다"라고 말했다.[1]

그러나 역경을 극복하고 변화를 수용하는 용기는 엄청난 이득이다. 카네기는 수강생 하나를 예로 들었다. 그 수강생은 몇 개 국어에 능통하고 외국 대학 두 곳을 졸업한 세련된 미술품 거래상이었는데, 개인적인 혼란과 효율성 부재에 직면하고 위기에 빠진 상태였다. 실수에 대한 깨달음은 그를 통째로 흔들어놓았다. 그는 눈앞에 펼쳐질 풍요롭고 새로운 세상에 대한 기대감으로 며칠 동안 잠을 잘 수가 없었다. 그래서 그는 인간관계 기술을 개선하여 인생을 바꾸고 일에도 활력을 더하기로 결심했다. "굉장한 말처럼 들리겠지만 나는 이 원리를 활용한 많은 사람의 삶에 말 그대로 혁신이 일어나는 것을 지켜보았다"라는 말에서 알 수 있듯이, 물론 카네기는 자신의 책이 변화의 촉매제가 될 것이라고 믿었지만, 어쨌든 궁극적으로 변화는 내면에서 시작되어야만 했다. "당신은 누군가를 변화시키고 규제하고 개선하고 싶은가? 좋다! 그것은 좋은 일이다. 나도 그런 것들에 전부 동의한다"라고 카네기는 말했다. "하지만 당신부터 시작해보는 게 어떨까? (……) 19세기 시인 로버트 브라우닝Robert Browning은 '사람은 오직 자기 자신과의 싸움을 시작했을 때 가치 있는 사람이 된다'라고 했다."[2]

두 번째 베스트셀러 《카네기 행복론》에서는 주제가 더욱 넓어졌다. 카네기는 전통적인 기대 충족이 안정감을 가져다줄 수는 있어도 다른 측면에서 삶을 억압한다고 말했다. "안정적이고 유쾌하고 어려움 없이 편안한 삶이 사람을 선하거나 행복하게 만들어준다는 생각은 도대체 어디에서 오는가?"라고 그는 물었다. 그는 자신의 욕구는 무시하고 타인의 기대를 충족시켜주는 것에만 집착한다는 사실을 깨닫고 인생이 역전된 여성을 보기로 들었다. "내가 순응하지 않는 패턴에 자신을 맞추면서 나 스스로 불행을 초래했다는 사실을 곧장 깨달았다"라고 그녀는 고백했다. 카네기는 타인을 모방하지 말고 자기 자신을 찾는 것이 열쇠라고 끝맺었다. "나에게도, 당신에게도 그런 능력이 있으니 괜한 걱정은 그만하라. 우리는 다른 사람과 다르기 때문이다"라고 주장했다. "당신은 이 세상의 새로운 존재이다. 세상이 시작된 이래, 당신과 똑같은 사람은 아무도 없었다. 그리고 앞으로 다가올 시대를 다 통틀어도 당신과 똑같은 사람은 절대로 없을 것이다."3

카네기가 자기 변화를 수용하게 된 것은 그가 1920년대에 겪은 경험과 깊은 연관이 있었다. 당시 그는 삶의 익숙한 모든 것을 뒤로했다. 중서부 개신교에서 물려받은 유산, 뉴욕의 잘 나가는 대중연설 강좌, 심지어 조국까지 뒤로 한 채 젊은 카네기는 오락 사업에 뛰어들어 난생처음 해외로 떠났다. 비록 새로운 사업의 경제적 보상은 기대에 미치지 못했지만 한층 견문을 넓힐 수 있었기에 그의 인생에서 매우 값진 시기였다. 실제로 유럽 여성과 결혼하고 소설을 쓰고 미국인의 생활을 신랄하게 비평하느라고 해외 체류가 생각보다 길어졌다. 여러 측면에서 카네기의 삶을 완전히 바꿔준 시간이었다.

1917년 이른 봄, 뉴욕 카네기 빌딩 데일 카네기의 사무실에 전화가 울렸다. 수화기 너머의 목소리는 "로웰 토머스라고 합니다. 찾아뵙고 싶습니다만"이라고 말했다. 당시 프린스턴 대학교 영문과 초빙 교수였던 토머스는 프랭클린 K. 레인Franklin K. Lane 내무부 장관에게 워싱턴 D. C의 스미스소니언협회에서 알래스카에 관한 연설을 해달라는 부탁을 받았다. 이는 정부가 유럽 전쟁을 감안하여 자국의 관광산업을 홍보하려는 노력의 일환이었다. 토머스는 제의를 받아들였지만 연설문을 요약하고 다듬어줄 코치가 필요했다. 그러던 중 카네기의 대중연설 강좌에 관한 소문을 듣고 도움을 청하고자 연락한 것이었다. 그들은 몇 차례 만남을 통해 함께 연설 원고를 수정했다. 몇 주 후 토머스는 카네기가 수정해준 원고로 훌륭하게 연설을 끝마쳤고 그의 경력에도 큰 도움이 되었다.[4]

카네기의 전문적인 지도와 조언에 고마움을 느낀 토머스는 뉴욕의 대중연설 강사 카네기에게 '현재 미국 최고의 대중연설 강사 중 한 명'이라는 추천사를 써주었다. 카네기의 강의 소재를 프린스턴 대학생들에게 응용하여 큰 효과를 보았다고 했다. "카네기의 가르침으로 자신감이 높아지고 성격이 계발되고 소득이 늘어난 학생들이 많다"면서 "그의 제안과 비평은 모든 사람에게 수천 달러의 수익 가치를 줄 것이다"라고 썼다. 카네기는 그 추천사를 몇몇 동부 도시의 YMCA 강좌 홍보에 사용했다.[5]

이를 계기로 두 사람은 평생 우정을 나누게 되었다. 훗날 카네기는 대중연설을 가르치는 강사와 강연자, 라디오 진행자, 자기계발 저자로, 토머스는 여행 작가와 방송인, 모험가로 세계적인 명성을 얻었다. 40년 동안 우정을 유지하면서 카네기는 뉴욕 북부의 토머스 농장을 정기적으로 방문했고 토머스는 카네기가 쓴 저서에 격찬이 담긴 서문을 써주었다. 카네기는 두 번째 베스트셀러가 된 《카네기 행복론》에 "이 책을 읽을 필요가 전혀 없는 사람, 로웰 토머스에게 바칩니다"라고 썼으며 토머스는 자신의 저서 《변화무쌍한 삶 The Pageant of Life》에서 "변화무쌍한 삶에 관한 세계 제1인자 데일에게 바칩니다!"라고 썼다.

1919년, 두 야심 찬 젊은이는 제1차 세계대전을 계기로 함께 사업에 뛰어들었다. 토머스는 종군 기자로 미국 신문에 실을 기사를 취재하기 위해 유럽으로 날아갔다. 그는 수많은 전쟁 소식을 고국에 보냈을 뿐만 아니라 카메라맨 해리 체이스Harry Chase를 고용해 촬영까지 했다. 처음에는 프랑스와 이탈리아에서 주로 활동했지만 중동으로 관심을 옮겼다. 영국의 에드먼드 앨런비Edmund Allenby 장군이 연합군에 예루살렘 점령을 막 지시했을 때였다. 앨런비 장군은 이집트를 거쳐 팔레스타인으로 날아가 연합군의 예리코Jericho 함락을 엄호했고 마침내 예루살렘에 입성하여 1918년 2월에 T. E. 로런스 장교와 만났다. 아랍인 투쟁자들과 함께 오토만 제국에 저항하는 영국 장교라는 신선한 이미지는 토머스를 매료시켰다. 토머스는 몇 주 만에 아라비아에서 로런스 장교와 합류할 수 있다는 허가를 받았다. 그는 몇 달 동안 인습타파적인 영국인들과 함께 지내며 전쟁 현장을 영상 촬영하고 사진을 찍다가 유럽으로 돌아갔다.[6]

토머스는 흥미진진한 전쟁 경험을 상업적으로 활용해볼 생각을 하며 휴전 후 미국으로 돌아갔다. 엄청난 분량의 사진과 영상 필름을 한데 모아 〈팔레스타인의 앨런비, 아라비아의 로런스With Allenby in Palestine and Lawrence in Arabia〉라는 영상 강연회로 구성하여 뉴욕의 극장에서 상영했다. 토머스는 강연회를 소개한 후 무대 아래로 내려가 눈에 보이지 않는 곳에서 해설자 역할을 맡았다. 영사기 세 대가 다양한 컬러 사진과 영화를 보여주고 조명 효과를 제공했다. 그 행사는 어느 정도 성공을 거두었지만, 사진과 영화 편집이 고르지 못해서 화면에 나오는 장면과 해설이 맞지 않는 등 약간 산만하고 어설펐다. 토머스가 종종 즉흥적인 대사를 던졌지만 전혀 도움이 되지 않았다. 어쨌든 영국의 기획자 퍼시 버튼Percy Burton은 그 쇼를 런던 코벤트 가든 왕립 오페라극장에서 상영하기로 했다.7

토머스는 쇼를 '완전히 뜯어고쳐야' 한다는 사실을 깨닫고 다시 한번 카네기에게 도움을 청했다. 또한 카네기에게 순회공연 매니저 자리도 제안했다. 수익금 일부를 받는 조건이었다. 카네기는 도와주기로 약속하고 '영화와 소재에 익숙해질 때까지' 토머스의 쇼를 몇 차례 관람했다. 런던 공연이 머지않았으므로 곧바로 항해 일정도 잡혔다.8

토머스와 카네기, 카메라맨 해리 체이스는 프랑스 국적의 배 라 로렌La Lorraine 호를 타고 영국으로 출발했다. 세 사람은 대서양 동쪽을 건너는 배 안에서 매일 12시간 동안 미친 듯 일에 매달렸다. 토머스는 "공연 날짜가 2주도 채 남지 않은 압박적인 상황에서 데일, 체이스와 함께 밤늦은 시간까지 대본, 영사기와 씨름했다"라고 설명했다. "영국 사우스햄턴Southhampton에 도착할 무렵에 2부로 구성된 매끄러운 쇼 〈마지막 십자군 전쟁: 팔레스타인의 앨런비, 아라비아의 로런스〉를 완성할 수 있었다." 그들은 옥외 게시판과 신문에 사용할 광고도 만들었다.9

3인의 미국인이 영국에 도착하자마자 퍼시 버튼이 나서서 남은 업무를 처리했다. 드디어 화려하게 공연의 막이 올랐다. 버튼은 오라토리오oratorio* 〈요셉과 형제들Joseph and His Brethren〉에 등장하는 '나일 강의 달빛' 세트를 빌렸고 유명한 왕립 웨일스 근위병 군악단Royal Welsh Guards Band을 고용했다. 40명의 단원은 무대에서 서곡을 연주한 후 오

---

* 성경을 주제로 한 종교적 오페라.

케스트라석으로 옮겨가 공연 내내 반주했다. 토머스는 신비롭고 암시적인 분위기 속에서 공연이 시작되었다고 설명했다.

나일 강 세트의 막이 오르자 달빛이 저 멀리 희미하게 보이는 피라미드를 비추었다. 무용수들이 미끄러지듯 무대로 나와 동양의 춤인 일곱 개의 베일의 춤dance of seven veils*을 추었다. 우리는 이슬람교의 기도 시간을 알리는 소리를 음악으로 설정해놓았다. 무대 양 끝에서 테너가 부르는 서정적인 고음의 멜로디가 무대 끝까지 울려 퍼졌다. 2분 후 내가 무대로 올라가 스포트라이트를 받으며 말문을 열었다. "이제 저와 함께 수수께끼와 역사, 낭만의 세계로 떠나보시겠습니다."

그리고 나서 토머스는 관객에게 예루살렘 거리를 걷다가 쇼의 주인공과 처음 마주친 이야기를 들려주었다. "저는 동양의 지배자들이 입는 멋진 의상을 입은 남자를 만났습니다. 그의 옆구리에는 선지자 무함마드의 후손들만이 차는 곡선의 황금 검이 걸려 있더군요. 하지만 그는 전혀 아랍인처럼 보이지 않았습니다. 아랍인의 눈은 검은색이거나 갈색이지 않습니까? 그런데 그의 눈은 파란색이었습니다." 물론 그가 바로 T. E. 로런스였다.[10]

이렇게 새로워진 쇼는 세심한 해설과 짜임새 있게 편집된 사진, 분위기를 살려주는 세트, 음악, 조명 등 모든 요소가 매끄럽게 하나로 이어져 매우 훌륭했다. 쇼는 대성공을 거두었고 대중과 평론가들의

---

* 살로메가 헤롯왕 앞에서 추었다는 춤.

반응도 열광적이었다. 토머스에 따르면 〈타임스〉, 〈모닝 포스트〉, 〈데일리 메일〉, 〈로이드 위클리 뉴스〉 같은 런던의 신문들은 "관객들이 10분 동안 기립 박수를 보냈다"고 일면 기사로 보도했다. 카네기는 어머니에게 "한 신문에서는 영국 역사상 가장 훌륭한 영화이며 모든 런던 사람의 입에 오르내리게 될 것이라고 했어요"라고 썼다. 〈로이드 위클리 뉴스〉는 "많은 관객이 두 시간 동안 꼼짝하지 않고 눈으로 보는 사진과 귀로 듣는 흥미진진한 이야기에 매료되었다"라고 보도했다. 쇼가 거둔 성공은 실로 대단했다. 원래 7일로 예정되었던 왕립오페라극장 공연이 약 5개월이나 연장되는 바람에 런던의 오페라 시즌이 6주나 연기될 정도였다. 티켓 수요가 폭발하자 로열 앨버트 홀Royal Albert Hall로 옮겨가 6주 동안 공연했고 그다음에는 퀸즈 홀Queens Hall에서 몇 주 동안 막이 올랐다. 〈런던 타임스〉는 "이 쇼를 즐기고 싶은 사람들에게는 (세계에서 가장 큰 연주회장인) 로열 앨버트 홀마저 절대 크지 않다는 사실이 증명되고 있다. 매우 독특하고 훌륭한 오락 프로그램이다"라고 보도했다. 100만 명이 넘는 런던 사람들이 이 쇼를 관람했다.[11]

카네기는 그 쇼의 성공에 핵심적인 역할을 담당했다. 홍보물에는 '데일 카네기 연출'이라고 되어 있었지만 사실 그가 맡은 역할은 훨씬 컸다. 그는 총 매니저로 두 명의 매니저를 고용하여 예약 상황을 감독하고 영화, 조명, 영사기의 기술적 문제를 해결하고 무수하게 많은 공연의 세부 사항을 담당했다. 이렇게 중요한 역할을 맡은 카네기는 영업비용과 토머스의 영상 자료 임대료를 제외하고 매주 수익의 몇 퍼센트를 받기로 토머스와 수익 분배 계획을 세웠다.[12]

런던에서 예상 밖의 엄청난 성공을 거두자 카네기는 1919년 늦가을에 캐나다와 미국 북동부 공연을 위해 다시 한번 대서양을 건넜다. 이번에는 모든 것이 카네기의 감독하에 이루어졌다. 그는 장기 공연으로 더욱 높은 수익을 올릴 것이라는 기대에 부풀어 봉급제를 고사하고 역시 수익의 몇 퍼센트를 받기로 했다. 그러나 조직, 운송, 재정상의 업무가 엄청나게 많았다. 카네기가 가족에게 전한대로 "기계 조작원과 대사를 리허설하고 신문 광고에 예약 관리, 필름 복사, 슬라이드에 색깔 입히기 등 상상도 할 수 없는 엄청난 일들을 전부 내가 처리해야만" 했다. 또한 그는 토머스를 대신할 해설자도 교육해야 했다. 하지만 캐나다의 관객 수가 매우 적어 압박감이 몰려왔다. 추가로 뉴욕과 볼티모어에서도 공연하게 되었지만 1920년에는 모두 정리하고 영국으로 돌아갔다.[13]

기본적으로 카네기가 토머스와 동업을 선택한 것은 돈을 벌 수 있다는 사실 때문이지만, 개인적인 동기도 작용했다. 연기 공부를 위해 고향을 떠났지만 결국 배우라는 직업을 버렸던 그에게 약간의 정당성을 부여하는 일이었던 것이다. 그는 1920년, 윗부분에 '로웰 토머스 여행기: 팔레스타인의 앨런비, 아라비아의 로런스, 데일 카네기 감독'이라고 인쇄된 편지지로 부모님께 편지를 썼다. 내용 역시 자신만만했다. "어머니, 저에게 항상 그러셨지요. 아머에서 일할 때만큼 잘 풀린 적이 없다고요. 이제는 어떻게 생각하세요?"라고 했다. "어머니도 아버지도 제가 배우가 되려고 뉴욕으로 떠난 게 실수라고 생각하시겠지만 그게 간접적으로 어떤 결과를 가져왔는지 보세요."[14]

1920년 5월 영국으로 돌아간 카네기는 맨체스터, 리버풀, 버밍엄,

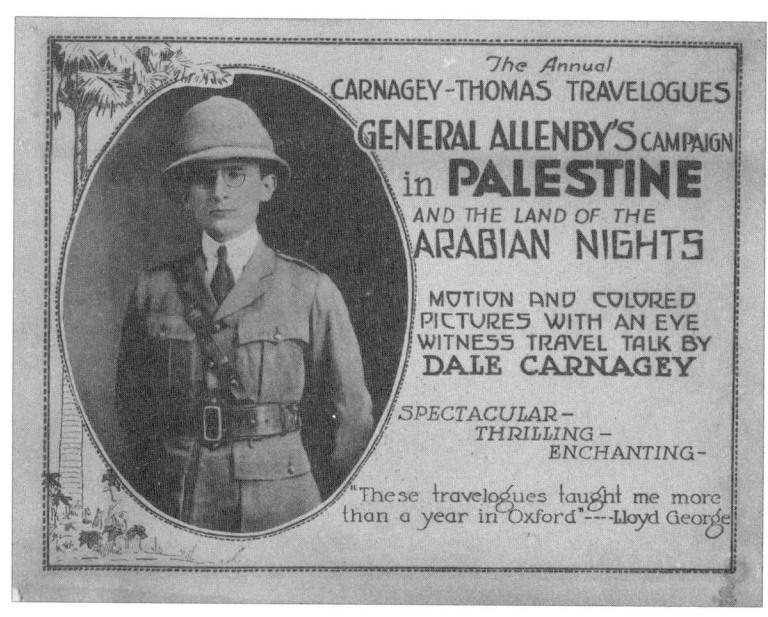

로웰 토머스를 도와 런던에서 상영한 기록 영화 포스터 속의 데일 카네기.

글래스고, 에든버러 투어를 위해 토머스와 합류했다. 쇼의 인기가 나날이 높아지자 호주와 뉴질랜드에서도 초청받았다. 토머스는 가기로 했지만 카네기는 영국에 남아 작은 도시를 다니며 두 번째 버전의 〈팔레스타인의 앨런비, 아라비아의 로런스〉를 공연하기로 했다. 또다시 산더미 같은 업무가 쏟아졌다. 카네기는 부모에게 "영국의 인구 5만 이상의 모든 도시마다 공연장을 빌리거나 마련해야 해요"라고 설명했다. "지금 공연장 업무를 담당하는 사람이 두 명 있습니다. (……하지만) 최종적인 결정은 제 책임이에요."15

토머스는 1920년 7월에 지구 반대편으로 떠났고 카네기는 영국 지

1919년에 로웰 토머스의 〈팔레스타인의 앨런비, 아라비아의 로런스〉 홍보 촬영을 위해 낙타에 올라탄 데일 카네기.

방 순회공연을 시작했다. 하지만 이내 문제가 발생했다. 사람들은 그 쇼를 토머스와 동일시했다. 토머스가 아닌 다른 사람이 해설을 맡는다는 소식에 마음을 돌린 이들이 대다수였다. 수익이 줄자 적절한 공연장을 찾기도 어려워졌다. 마침내 카네기가 직접 해설을 맡기로 했지만 오히려 상황은 나빠졌다. 물론 그는 뛰어난 대중연설가였지만 중동에 가본 적이 없었으므로 화면에 사진이나 영상이 나올 때마다 불편해하는 기색이 역력했다. 한 잡지에 따르면 카네기는 공연 도중에 "중동 지역의 아름다운 사진입니다. 조용히 감상해보시죠"라는 말로 관객들을 당황스럽게 했다."[16]

마침내 카네기는 나날이 나빠지는 상황에 굴복하고 말았다. 훗날 토머스는 "멜버른 부두에 도착했을 때 나쁜 소식이 기다리고 있었다. 〈팔레스타인의 앨런비, 아라비아의 로런스〉 지방 순회공연이 중단되었고, 가엾은 데일 카네기가 그 때문에 심각한 신경쇠약증에 걸렸음을 알리는 런던에서 온 전보였다"라고 회고했다. "그사이 막대한 자금을 손해 본 가엾은 데일은 자신을 탓하며 병에 걸렸다. 만리타국에서 내가 할 수 있는 일이란 그저 전보로 그가 모두의 기대에 부응해 최선을 다했음을 알려주는 것뿐이었다." 하지만 토머스의 기억 한 가지는 잘못되었다. 영국 공연은 완전히 중단된 것이 아니었다. 하지만 카네기의 열정은 확실히 식었다.[17]

겨우 마음의 평정을 되찾은 카네기는 그해 말까지 힘겹게 공연을 계속했다. 1920년 12월에 장부를 살펴보고는 "약 2만 달러를 벌었는데 들어간 경비도 비슷했다"는 사실을 발견했다. 더 이상 견딜 수 없었던 그는 토머스에게 전보를 보내 공연에서 손 떼고 싶다는 의사를 전했다. 그리고 1921년 3월까지는 봉급제로 계속 일하기로 동의했다.[18]

한편 카네기는 1921년 초반에 영국의 영웅 로스 스미스 경Sir Ross Smith의 공개 강연회 기획에서는 성공을 맛보았다. 스미스 경은 1918년에 처음으로 영국에서 호주까지 비행하여 호주 정부로부터 기사 작위와 상금을 받았다. 토머스는 스미스 경을 런던으로 불러들였고 그의 공적을 소개하는 새로운 쇼를 기획했다. 카네기는 새로운 쇼를 구성하고 원고를 써서 스미스 경을 지도했다. '로웰 토머스 여행기, 데일 카네기 개인 연출'로 제작된 〈로스 스미스의 비행: 영국에서 호주까지〉는 런던 필하모닉 홀에서 4개월 동안 공연되었다.[19]

카네기와 로웰 토머스의 동업은 1921년 봄에 끝났다. 당연히 카네기는 뉴욕으로 돌아가서 잘나가던 YMCA 강좌를 다시 시작할 것처럼 보였다. 그러나 예상치 못한 사건의 발생으로 나아갈 방향이 불투명해졌다. 바로 그가 사랑에 빠진 것이었다.

〈벨튼 헤럴드Belton Herald〉 1921년 8월 4일 자에는 제임스 카네기와 아만다 카네기가 게재한 간단한 결혼 발표 소식이 실렸다. 그들의 아들 데일 카네기가 볼티모어 출신 롤리타 해리스Lolita Harris와 1921년 7월 4일에 런던에서 남서쪽으로 약 70킬로미터 떨어진 잉글랜드 서리 카운티Surrey County 리버 몰River Mole의 작은 도시 도킹Dorking에서 결혼식을 올렸다는 내용이었다. 영국 기록에 따르면 그들은 그쪽 시청에서 혼인신고를 하고 결혼증명서를 취득했다. 부모가 게재한 글에는 "결혼식은 회중교회에서 열렸고 프랜시스 호프 경Lord Francis Hope의 시골집이었던 디프덴 맨션Deepden Mansion에서 오찬이 열렸다"라는 내용도 있었다. 그리고 신혼부부가 이틀 후 런던에서 암스테르담으로 날아가 2주 동안 네덜란드와 벨기에를 여행했으며 7월 21일 앤트워프Antwerp에서 배를 타고 미국으로 출발했다고 되어 있었다.[20]

카네기의 결혼은 다소 충동적인 결정이었다. 만난 지 몇 달 되지 않았기에 그는 신부의 성격이나 습관, 가치관에 대해 제대로 알지 못했다. 사실 그녀의 배경은 다소 흥미롭고 특이했다. 그녀는 1886년 10월 29일, 독일 울름Ulm의 프랑스 혈통을 가진 집안에서 롤리타 보케르Lolita Baucaire라는 이름으로 태어났다. 1903년까지 독일에서 자랐으며 그 후 미국으로 이주해 순회극단의 배우가 되었다. 말년에 그녀는 자신이 백작 부인이라고 주장했지만 사실이 아닌 것으로 보인다. 그녀는 1909년에 볼티모어의 유명한 치과의사 집안 출신으로 역시 치과의사인 찰스 C. 해리스Charles C. Harris와 결혼했다. 그는 1890년대에 메릴랜드주치과협회Maryland State Dental Association 회장이었고 그의 아버지 제임스 H. 해리스James H. Harris는 미국에서 가장 유명한 치과대학이었던 볼티모어 치과대학Baltimore College of Dental Surgery 교수였다. 찰스는 1888년에 그레이스 해리스Grace Harris와 결혼했으나 롤리타와 재혼하기 위해 이혼했다. 찰스가 부자였으며 1860년생으로 유럽 출신의 그녀보다 26세나 연상이었다는 사실로 미루어, 롤리타는 신분상승을 꿈꾼 야심가였던 것이 분명해 보인다.[21]

롤리타는 본인이 직접 말한 대로 1910년대에 찰스 해리스의 부인으로 "볼티모어 컨트리클럽 회원이자 볼티모어 사교계의 명사이자 세련된 볼티모어 의사의 부인" 역할을 만끽했다. 4개 국어에 유창했던 그녀는 12회 이상 대서양을 건너며 유럽 곳곳을 여행했다. 하지만 그 결혼은 오래가지 못했다. 롤리타는 1920년에 이혼했고 그 후 카네기를 만났다. 물론 두 사람이 만난 것은 카네기가 볼티모어에서 로웰 토머스 쇼의 순회공연을 할 때였다. 카네기가 영국으로 돌아가자 그녀도 몇 달 후인 1920년 9월에 따라갔다.[22]

미주리 농장 출신의 청년에게 롤리타 보케르 같은 국제적인 감각을 지닌 세련된 여성은 매우 커다란 매력으로 다가왔을 것이다. 당시 사진을 보면 롤리타는 검은 눈동자와 웨이브진 갈색 단발머리에 세련된 복장을 한 매력적인 여성이었다. 편지와 엽서에는 그녀가 스키와 하이킹을 좋아하고 포커가 취미라고 묘사되어 있었다. 다시 말해서 롤리

1921년 카네기와 결혼하고
몇 년이 지난 무렵의
롤리타 보케르.

타는 빅토리아 시대의 관습에서 해방된 1920년대 신여성으로, 유럽 스타일의 세련되고 그윽한 멋과 모험심이 있었다. 이성 문제나 성적인 전략에 경험이 풍부한 데다 부자 남편과 이혼한 후 경제적으로 마땅히 기댈 곳이 없었던 그녀는 젊은 카네기가 자신에게 푹 빠지게 만들었다. 작가이자 강사이며 당대 최고 인기 분야인 대중 오락사업에 종사하는 카네기는 그녀에게 흥미롭고 장래 유망한 남자로 보였을 것이다. 그들은 1921년에 결혼한 후 유럽에서 자유롭게 살았다. 그 시간은 4년 동안이나 계속되었다. 제1차 세계대전 이후 혼란에 빠진 유럽 대륙은 달러화를 가진 미국인들이 비싸지 않은 비용으로 즐길 수 있는

곳이었다. 카네기 부부는 그런 상황을 최대한 활용했다.23

데일과 롤리타 카네기는 1922년 초, 짧은 미국 여행을 마치고 그해 나머지 시간을 대부분 아조레스 제도, 스페인, 알제, 이탈리아를 다니며 보냈다. 카네기는 아조레스 제도에서 경찰관의 월급이 8달러라는 것을 알고 유럽의 경제적 박탈 상태를 실감했다. 스페인 카디스에 잠시 머무른 후 지중해를 건너 알제리의 수도 알제로 간 부부는 그곳에 만연한 빈곤과 너무도 이질적인 이슬람 문화를 접하게 되었다. 그들은 시칠리아 섬 팔레르모를 지나 나폴리로 갔고 몇 주 동안 이탈리아를 여행한 후 1922년 2월 로마에 도착했다. 그해 6월에는 돌로미테 산맥의 머나먼 북쪽에 있는 코르티나에 있었다. 아름답지만 비싸지 않은 안락한 호텔에 숙소를 정하고 매일 맛있는 음식을 먹고 하이킹을 하고 야생화를 꺾고 이탈리아 알프스의 숨 멎을 듯한 장관을 바라보는 생활은 카네기에게 큰 만족감을 주었다. 그는 코르티나에서 롤리타에게 "이런 게 바로 인생이지"라고 말했다. "맞아요. 여기서 살 수 있는데 누가 뉴욕에서 살고 싶어 하겠어요?"라고 그녀도 대꾸했다.24

카네기 부부는 1923년과 1924년의 대부분을 중앙 유럽에서 보냈는데 독일, 오스트리아, 스위스, 헝가리 등에 머물렀다. 카네기는 1923년 9월 고향 신문사인 〈메리빌 민주주의 포럼Maryville Democrat-Forum〉에 보낸 편지에서 지난겨울을 '독일의 삼림지대Balck Forests of Germany'에서 보냈고 지금은 오스트리아 알프스에 머무르는 중이라고 전했다. 그는 시인들이 노래하는 졸졸 흐르는 개울이 아니라 수천 개의 거대한 화강암 바위 위로 폭포를 이루는 진정으로 노호하는 강의 급류, 그리고 벨사살과 바빌론 시대에 산에 있었던 약 60미터 두께의

빙하를 다채롭게 묘사했다. 카네기 부부는 여름에는 대부분 잘츠부르크 근처 오스트리아 산맥의 온천 도시에서 보냈는데 유서 깊은 아름다운 교회에 인접한 호텔에서 머물렀다. "우리는 밤나무 아래 정원에서 식사합니다. 돌을 던지면 닿을 정도로 교회가 가까이에 있습니다. 1789년에 지어진 가톨릭교회지요"라고 카네기는 고향의 신문에 전했다.25

또 부부는 스위스 취리히와 웨를리버래그Wehrliverlag, 오스트리아 티롤Tirol 지방 키츠베헬Kitzbehel을 롤리타의 언니와 그녀의 남편과 함께 여행했다. 카네기는 비엔나에서 프란츠 요제프의 궁전을 방문하며 보낸 시간에 대해 "오만한 함스부르크가가 1910년까지 살았던 곳"이라고 표현했다. 또한 그들은 유럽 대륙의 좀 더 안쪽까지 여행했다. 카네기 부부는 부다페스트 어느 섬에서 6개월 동안 살았고 카네기는 루마니아 국경과 인접한 헝가리 호르토바기 사막Hortobagy Desert에서 야생 거위를 사냥한 일에 대해 이야기했다. "거위를 잡지는 못했지만 러시아의 사정권 내로 들어갔습니다."26

1924년 9월에 카네기 부부는 프랑스에 자리 잡았고 다음 해가 끝날 무렵까지 지냈다. 카네기는 〈메리빌 민주주의 포럼〉에 "지금은 파리 변두리의 베르사유에 살고 있다"라고 전했다. "거의 매일 한 시간씩 세계에서 가장 유명한 공원과 정원을 산책합니다. 매일 반인륜적 실정을 저지른 역사상 가장 호사스러웠던 왕의 대궁전 옆을 지나칩니다." 그는 반귀족적 주제에 대해 더욱 열성적으로 이야기했는데, "루이 16세는 그에게 필요했던 것, 그와 군중이 모두 필요로 했던 것, 러시아 황제가 필요로 했던 것, 빌헬름 2세와 그밖에 언급하지 않은 사람들이 필요로 했던 것을 얻었습니다. 바로 단두대지요"라고 말했다. 그는 미주리의 독자들에게 "마리 앙투아네트의 베르사유 정원도 메리빌 시골의 아름다운 자연 앞에서는 빛을 잃을 것입니다. 게다가 프랑스의 농업은 효율성과 생산성 면에서 노더웨이 카운티*의 농업에 비교하면 웃기는 수준입니다"라고 전했다.[27]

카네기가 프랑스에 머무르는 동안 친구 호머 크로이가 아내와 두 아이를 데리고 방문했다. 두 가족은 리비에라 연안에서 휴가를 보냈다. 메리빌 출신의 두 오랜 친구는 자동차로 프랑스 전역을 약 960킬로미터나 돌아다녔다. 그들은 마을에 울타리가 없는 것에 놀랐고 돈이 없어 물을 데우지 못해 개울에서 빨래하는 여인들을 보았으며 감정가인 척하고 와인을 맛보기도 했으며 낫으로 곡식을 베는 모습에 깜짝 놀랐다. 카네기는 파리에 방문하는 미국인들의 경제적 가치에 의문을 가지게 되었다. 그는 수많은 미국인이 휴식과 기분전환을 위해 유럽을 방문하지만 "싸게 산 물건, 절약한 금액, 그동안 미국에서 얼마나 바가지를 썼는지"에 대한 이야기만 한다고 언급했다. 카네기가 옹호하는 기준은 달랐다. "나는 내 아이가 세상의 좋은 것들을 감상할 준비가 되었으면 좋겠다. 파리에 와서 음악과 예술을 즐길 수 있었으면 좋겠다. 인간이 살아가야 하는 세계는 두 가지가 있다. 하나는 콩과 감자 또는 쇠와 강철의 현실 세계이고, 다른 하나는 삶의 아름다움과 만족과 다채로움을 선사하는 더 크고 더 훌륭하고 더 고귀한 세상, 정신의 세계와 영혼의 세계이다"라고 그는 썼다. "따라서 나는

---

* 미주리 인근의 아이오와 주에 위치.

내 아이에게 여가를 위한 교육을 할 것이다. 여가에 무엇을 하는지는 일하는 시간에 무엇을 하는지 만큼 중요하다."28

카네기는 길어진 유럽 체류 동안 아내와 함께 여행하면서 지내는 비용을 충당할 수 있었다. 불확실한 수입이지만 유럽 통화의 약세와 미국 달러의 강세 덕분에 생계를 유지할 만했다. 그는 유럽의 숙식에 대하여 "미국과 비교할 때 터무니없이 쌉니다"라고 전했다. 그는 대중연설 교과서 인세로 일 년에 3000달러를 받고 있었고 정기적인 강의와 강연으로도 돈을 벌었다. 한 예로 1924년 11월에 파리의 미국도서관American Library에서 '은행가, 수출업자, 학생, 외교관, 미국과 프랑스의 사업가들'을 대상으로 강연했다. 반응이 꽤 좋아서 17주 동안 같은 장소에서 대중연설 강좌를 제공했다. 또한 "미국상공회의소American Chamber of Commerce의 도움으로" 다른 강좌도 제공했는데 "여기 미국 식민지에서 가장 눈에 띄는 것은 수강생들입니다"라고 설명했다.29

그런데도 카네기 부부는 이따금 경제적 어려움을 느꼈다. 그래서 다소 별난 사업을 구상하기에 이르렀다. 순종 저먼 셰퍼드를 키워서 파는 사업이었다. 카네기는 아내의 독일 인맥을 이용하여 미주리 벨턴에 있는 부모 집에 '카네기 셰퍼드 사육 및 훈련 농장'을 세웠고 형 클리프턴의 지도로 캔자스시티 헤이스 빌딩에 사무실을 마련했다. 우선 그들은 독일에서 그랜드 챔피언 저먼 셰퍼드Grand Champion German Shepherd 한 마리와 다른 개들을 구입하여 배편으로 미주리 서부로 보냈다. 광택지를 사용한 16페이지짜리 광고 팸플릿에 저먼 셰퍼드 사진 몇십 장과 카네기가 쓴 글이 실렸다. "우리 D. B. 카네기는 계절마다 유럽에 머무르며 우리 농장을 위해 각종 유명한 대회의 우승견을 확보합니다"라고 되어 있었다. 그러나 그 사업은 실패로 끝났다. 적자가 나는 바람에 카네기는 1925년 말에 '폐업'을 선언했다. 역시나 홍보의 귀재답게 폐업을 알리는 안내문에서도 "미국 셰퍼드 사육사상 처음으로 유명 대회에서 수상한 셰퍼드들이 매물로 나왔습니다. (……) 관심 있다면 지금 바로 움직이십시오"라고 했다.[30]

유럽에서 지내는 동안 해를 거듭할수록 카네기 부부는 사이가 틀어지기 시작했다. 데일과 롤리타가 서로 어울리지 않는 사람들이라는 점이 분명해졌다. 종교적 배경, 자신을 깎아내리는 유머, 진지한 태도 등 카네기의 중서부 시골 스타일은 여전히 그대로였다. 이는 세련된 태도와 쉽게 만족할 줄 모르는 사회적 기준을 가진 속물적인 프랑스-독일 출신의 '백작 부인'과는 엄청난 거리가 있었다. 사실 일찍부터 문제가 나타났다. 훗날 카네기는 롤리타와의 결혼식에 대해 회고했다. "유럽의 교회에서 결혼식을 올렸는데 식이 끝난 후 아내의 첫마디는 '문지기한테 팁 줬어요?'였다." 그는 자신의 행동을 프롤레타리아 계급으로 취급하면서 억압하려는 아내에게 갈수록 분노를 느꼈다. 한번은 놀러 온 친구 부부와 카드놀이를 하는 도중 러시아 귀족에 대한 이야기가 나왔다. 카네기에 따르면 "나는 러시아 귀족들을 옛 서부식의 남성스러운 표현으로 '개자식'이라고 불렀는데 롤리타는 거의 기절할 뻔했다." 그는 당시 상황을 유감스럽게 끝맺었다. "앞으로 미시시피 동부 억양으로 말할 때 그 표현은 피해야 했다." 또 다른 사건은 두 이탈리아 귀족들과 카드놀이를 할 때 일어났다. 아내는 카네기가 패를 버리고 새 카드를 요청할 때 "부탁합니다"라는 말을 잊어버리자 짜증을 냈다. "롤리타는 나를 부끄러워했다."[31]

카네기는 사적인 기록으로 분노를 표출했다. "빛의 천사 앞에서 결심하나니, 나는 롤리타의 완벽함에 가까워질 때까지 실수를 재검토하겠다!" 이렇게 너무도 다른 카네기 부부는 몇 년이 지나자 부쩍 멀어졌고 결혼 생활에도 금이 가기 시작했다. 카네기가 유럽에서 보낸 편지를 보면 이탈리아의 호텔에서 그는 "2층 싱글룸에 묵고 롤리타는 창문 두 개와 발코니가 딸린 1층 커다란 더블룸에 묵었다"고 적혀 있었다. 부부는 미국을 방문했을 때, 뉴욕 주 폴링Pawling에 있는 로웰 토머스의 클로버브룩 농장Cloverbrook Farm에 묵었고 펠릭스 본 러크너 Felix von Lcukner 백작과 그의 남성 비서관과 함께 사냥하러 갔다. 사냥에서 돌아온 네 사람은 울타리에 앉아 사냥감을 보여주며 기념사진을 찍었다. 그 사진 속 인물들의 위치에서도 부부의 위기가 잘 드러났다. 카네기와 비서관이 나란히 앉았고 약 30센티미터 떨어진 곳에 나머지 두 사람이 앉았다. 롤리타는 남편과 멀리 떨어져 맨 끝쪽에, 백작 옆에 앉아 있었다. 카네기 부부의 당시 상황을 잘 보여주는 사진이었다.[32]

카네기는 평생 첫 번째 결혼이나 파경에 대한 언급을 거부했다. 1930년대에 한 기자가 끈질기게 밀어붙인 끝에 카네기로부터 그 결혼이 '10년하고 40일' 동안 지속되었다는 신랄한 대답을 받아냈다. 하지만 카네기는 첫 결혼에 관해서라면 1932년에 쓴 전기 《데일 카네기의 링컨 이야기Lincoln the Unknown》*가 "모든 면에서 엄밀한 자서전"이라고 말했다. 카네기는 링컨의 불행한 가정생활이 아내 메리 토드 링컨 탓

---

* 국내 2011년 더클래식 발간.

독일 백작과 그의 비서관과 함께한 사냥 여행에서 데일과 롤리타 카네기. 당시 소원해진 부부 사이를 잘 보여주는 사진이다.

이었다고 묘사했는데, 그의 결혼생활도 마찬가지였다는 의미로 해석할 수 있다. 카네기에 따르면 "링컨 부인은 속물적인 프랑스 학교에서 교육받았고 태도가 고상하고 오만했으며 자신이 우월하다는 생각이 강해서" 남편의 옷과 태도, 행동에 끊임없이 짜증을 냈다. 카네기의 표현을 빌리자면 "그녀는 그를 바꾸려고 했으며" 억압하고 굴복시키려고 했다.

그녀는 항상 불평했고 남편을 비판했다. 남편의 모든 것이 잘못되었다고 했다. 링컨은 구부정한 어깨 때문에 걸음걸이가 약간 어색했는데 마치 인디언처럼 발을 일직선으로 올렸다 내리면서 걸었다. 그녀는 남편의 걸음걸이가 활기차지 않다고, 움직임에 품위가 없다고 불평했으며 남편의 걸음걸이를 흉내 냈다. 자신이 학창시절 마담 멘텔Madame Mentelle에게 배운 것처럼 발가락을 아래로 세우고 걸으라고 잔소리 했다. 또한 그녀는 남편의 큼지막한 귀가 수직으로 서 있는 모양도 싫어했다. 남편의 코가 휘어졌다고도 지적했다. 아랫입술이 두드러지고 폐결핵에 걸린 것처럼 보이며 손과 발이 너무 크고 머리는 너무 작고 (……) 식탁에서 링컨의 몸짓은 크고 자유로웠다. 그는 나이프를 제대로 쥐지 않았고 자신의 접시에 제대로 올려놓지도 않았다. (……) 한번은 그가 상추가 담긴 곁들임 접시에 닭 뼈를 올려두자 그녀는 거의 기절하려고 했다.[33]

또 카네기는 링컨의 아내가 특히 '과시를 위해서' 돈을 낭비했다고 비난했다. 시내에 타고 나갈 멋진 마차를 구입했고 화려한 옷도 잔뜩 사들였다. 도저히 그들이 감당할 수 없는 수준이었다. 카네기에 따르면 점차 링컨은 "자신과 메리가 모든 면에서 정반대라는 사실을 깨달았다. 교육도 배경도 기질도 취향도 인생관도. 그들은 끊임없이 서로 짜증 나게 했다." 결국 아내가 분노를 폭발하며 신체적인 공격을 가하기에 이르자 링컨도 한계점에 다다랐다. 오랫동안 이어진 아내의 신체적 학대가 특히 심한 어느 날이었다. 그는 자제력을 잃고 아내의 팔을 와락 붙잡고 부엌을 지나 현관문으로 밀어 넣으며 말했다. "당신은 내 인생을 망치고 있어. 당신이 집안을 지옥으로 만들고 있다고. 빌어먹을, 여기서 나가."[34]

링컨은 그 사건 후 아내를 다시 받아주었지만 카네기는 그러지 않았다. 카네기 부부가 헤어진 것은 카네기의 결정에 따른 일이었다. 1926년과 1927년에 뉴욕에서 살다가 다시 함께 유럽으로 여행을 떠난 후, 1928년에 롤리타는 해외에 남았고 카네기 혼자 미국으로 돌아왔다. 롤리타는 카네기가 묘사한 링컨 부부의 결혼생활에 담긴 의미를 알아차렸다. 그녀는 책을 읽은 후 카네기에게 편지를 써서 "읽는 내내 어떤 기류가 느껴졌어요. 만약 데일이 링컨이라는 캐릭터에 자신을 대입시키고 그의 인생이 링컨의 인생이라고 느끼지 않았다면, 데일은 나를 멀리 보내지 않았을 거고, 곁에서 없애버리지도 않았을 거라는 생각이 들었어요"라고 했다. '책에서 느껴진 기분'에 불편해진 그녀는 하소연하듯이 물었다. "사실인가요? 당신은 정말이지 메리 토드를 맹공격했더군요."35

초기에는 흥미진진한 모험이었을지 몰라도 뒤로 갈수록 절망과 고통을 안겨준 결혼생활은 1920년대 초 카네기가 보낸 유럽 생활의 일부분일 뿐이었다. 그동안 줄곧 예술계에서 성공하려고 노력했던 카네기는 새로운 시도를 하게 되었다. 아름다운 풍경과 풍성한 문화가 있는 유럽에 머무르는 동안 소설을 쓰는 데 도전한 것이다.

1919년 11월, 데일 카네기는 〈팔레스타인의 앨런비, 아라비아의 로런스〉의 미국 공연 때문에 며칠간 뉴욕을 방문했다. 몇 가지 일을 처리하고 유럽으로 돌아가는 배를 탔다. 떠나기 전 오랜 동향 친구이자 저널리스트인 호머 크로이가 카네기에게 송별회를 열어주었다. 그날 저녁의 주제는 놀라웠다. 신문에 실린 설명에 따르면 그날의 연회는

"강연을 포기하고 작가의 길로 들어서는 것을 축하하기 위함"이었다. 카네기는 소설가가 되기로 결심했다.36

물론 미주리 출신의 카네기는 대학을 떠난 후 주기적으로 창작 예술에 이끌렸다. 배우가 되었고, 신문잡지에 기고했으며, 뉴욕의 유명 작가들까지 게스트로 초청해 브루클린 예술과학협회Brooklyn Institute of Arts and Sciences에서 소설 창작 강좌를 열었다. 로웰 토머스와의 공연이나 롤리타 보케르와의 갑작스러운 결혼 같은 경험이 창조적 활동에 대한 열정을 다시 불타오르게 했다. 훗날 카네기는 "30대 초반에 나는 소설을 쓰면서 살기로 결심했다. 제2의 프랭크 노리스나 잭 런던, 토머스 하디가 되고 싶었다"라고 했다.37

유럽 체류는 소설가에 도전하는 계기를 마련해주었다. 카네기는 1922년부터 1925년까지 롤리타와 유럽 대륙을 여행하는 동안 틈틈이 소설을 썼다. 유년기를 보낸 고향, 미주리의 작은 마을을 배경으로 하는 이야기였다. 〈메리빌 민주주의 포럼〉은 1919년 12월에 카네기가 전해온 소식에 따라 "카네기는 메리빌 안팎을 소설의 배경으로 등장시킬 예정이다"라고 보도했다. 카네기는 집필 중인 소설에 대해 '노더웨이 카운티 소설'이라고 부르며 "슈마허앤드키르히 식료품점의 금붕어가 있는 분수와 법원 뒤쪽에 말을 묶어두는 받침대를 등장시킬 겁니다"라고 했다. 그는 "매일 소설을 쓰려고 애쓰는 것"이 즐거웠다. 고향 신문에 보낸 소식에서 "나는 어린 시절 옥수수 껍질을 벗겼고 우유를 짜고 휘저었고 장작을 팼습니다. 이글이글 타오르는 태양 아래 밤색 노새가 나를 따라오느라 기진맥진해질 때까지 일했지요. 하지만 그런 일들은 전부 소설 집필에 비하면 그저 아이들 장난일 뿐입니다"라는

　　1920년대 유럽 체류 당시 시골에서 글을 쓰고 있는 데일 카네기.

농담을 하기도 했다.38

　카네기는 자신이 태어난 1888년에 닥친 전설적인 폭풍을 기념하여 소설 제목을 '눈보라The Blizzard'라고 붙였지만 결국 '내가 가진 모든 것All That I Have'으로 결정했다. 그 소설은 잃어버린 사랑과 좌절된 꿈을 바탕으로, 멜로드라마틱한 삼각 관계에 휘말리는 세 등장인물에 관한 이야기였다. 빅토리아 시대의 예의범절에서 벗어나려고 안간힘을 쓰는 젊은 여성과 무신경하고 의혹으로 가득한 시골 사람들에게 개혁적인 기독교를 전파하려고 애쓰는 전도사를 중심으로 이야기가 전개되었다. '내가 가진 모든 것'은 1920년대 문화와 문학계 전반에 나타난 동요를 담았다. 당시 미국의 유명 작가들은 조국을 버리고 유럽으로 건너가 머무는 경우가 많았다. 그들은 전통적인 중산층에 대한 순응을 거부하고 유럽의 보헤미안 생활에 푹 빠졌다. 엄밀히 말하자면 카네기는 유명 작가가 아니라 가난한 남자로서 그런 경우였다.

거트루드 스타인Gertrude Stein이 명명한 이른바 '잃어버린 세대'들은 제1차 세계대전 후 미국을 떠나 파리로 건너가 해방운동가의 특징을 수용했다. 어니스트 헤밍웨이, 존 더스 패서스John Dos Passos, T. S. 엘리엇T. S. Eliot, 하트 크레인Hart Crane, F. 스콧 피츠제럴드F. Scott Fitzgerald를 비롯한 수많은 작가가 조국을 떠나 새로운 표현과 행동 기준을 찾는 문학의 여정에 합류했다. 유럽으로 건너간 그들은 고국에 반항적인 태도를 보이면서도 때때로 향수병에 시달렸다. 혹자의 표현에 의하면 그들은 "글 쓰고 술 마시고 투우를 관람하고 사랑을 나누며 아이오와나 위스콘신, 미시건의 숲 속 농가를 열망했다. (……또는) 토머스 울프가 말한 것처럼 돌아갈 수 없는 집을 열망했다." 그들은 정치적 미덕(환멸스러운 제1차 세계대전 때문에)이나 도덕과 정서적 제약(1890년대 이후 계속된 품위를 강조하는 빅토리아 시대 사상에 대한 비난), 종교적 독실함(과학의 돌진하는 영향력 때문에), 물질적 탐욕(20세기 초 소비자 경제의 급속한 발전과 그것이 가져온 번영 때문에) 등 다수의 미국적인 전통에 매우 냉소적인 반응을 보였다.[39]

평론가 칼 밴 도런Carl Van Doren이 이름 붙인 것처럼 문학계에 일어난 '마을에 대한 저항'도 견인력을 제공했다. 셔우드 앤더슨Sherwood Anderson은 《오하이오 주 와인스버그Winesburg, Ohio》(1919년)에서 시골 마을을 '그로테스크'하다고 애달프게 분석했다. 싱클레어 루이스Sinclair Lewis는 《메인 스트리트Main Street》(1920년)에서 미국의 '마을 바이러스'라는 날카로운 진단을 내렸으며, 에드거 리 마스터즈Edgar Lee Masters는 《스푼 리버 선집Spoon River Anthology》(1915년)에서 안락해 보이는 마을의 삶이 사실은 침체되어 있고 무자비하며 현실 안주적이고 무관심하고 시기적이고 비열하다고 신랄하게 비판했다. 그러나 '잃어버린 세대'들과는 달리 작은 마을의 삶을 규탄하던 작가들은 해외로 떠나지는 않았다. 대신 목을 죄어오는 미국의 전통 가치에서 벗어나려는 내면의 정신적 이주가 이루어졌다.[40]

데일 카네기는 약간 주저하면서 문화적 반란에 합류했다. 그는 '잃어버린 세대'처럼 고국에서 멀리 떨어진 유럽에서 몇 년 동안 유배 생활을 했다. 그리고 마을 혁명가들처럼 작은 마을의 기준과 성향을 종종 격렬하게 거부했다. 또한 그는 두 집단처럼 다 버렸다고 주장하면서도 정기적으로 미국 마을의 특정 요소에 미묘한 향수를 드러냈다. 이러한 요소들 전부 그가 1920년대 상반기에 유럽을 여행하면서 탈고한 소설에 등장했다.

'내가 가진 모든 것'은 카네기가 소년 시절을 보낸 미주리 북서쪽의 102강을 따라 위치한 '카슨 오크스Carson Oaks'에서 1917년과 1918년에 일어나는 이야기를 그렸다. 물론 카슨 오크스는 메리빌을 뜻했다. 소설은 세 명의 주인공을 중심으로 전개되었다. 진 번스Jean Burns는 고향 마을에서 대학을 다니며 답답한 종교적 배경을 벗어나 넓은 세상을 경험하고 싶어 하는 지적이고 감수성 풍부한 젊은 여성이다. 은행가이자 대지주인 포리스트 크로이Forest Croy는 미주리 북서부의 가장 부유한 가문 출신으로 그의 아버지는 부주지사이자 국회의원이다. 포리스트는 진과 사랑에 빠지고 전쟁에 나가기 위해 육군에 입대하면서 그녀에게 청혼한다. 그리고 활기 넘치는 이상주의자인 젊은 목사 웬델 필립스 커넛Wendell Phillips Curnutt 역시 진에게 반하지만 그녀가 포리스트의 청혼을 받아들이자 물러난다. 절망에 빠진 그는 새로운 교구의 목사직을 받아들이며 카슨 오크스를 떠난다. 그 후 세 사람의 삶에는 파란만장한 사건이 일어난다. 첫째, 포리스트는 진과 결혼하기 전에 유럽 전장으로 떠난다. 둘째, 포리스트가 전장으로 출발하기 전에 진이 훈련 캠프를 방문해 뜨거운 시간을 보내고 진은 임신한다. 셋째, 몇 주 후 포리스트가 전사했다는 소식이 날아든다.[41]

그 끔찍한 소식을 전해 들은 웬델이 다시 진에게 청혼한다. 그녀가 사생아를 임신했다는 충격적인 사실에도 끈질긴 구애는 계속된다. 결국 두 사람은 결혼을 약속하고 웬델이 부임한 새 교구로 함께 간다. 그곳에서 '새로운 목사의 임신한 약혼녀'는 엄청난 파장을 일으킨다. 주먹다짐, 분노에 찬 말들, 도덕성 비난, 적극적 방어 등이 오간다. 그런데 충격적으로 포리스트가 돌아온다. 그는 포탄 충격에 의식을 잃고 독일군 포로로 붙잡혀 있었다. 하지만 진은 웬델과의 결혼을 그대로 진행해야만 한다고 생각한다. 그러나 두 사람이 결혼에 골인하기 전 시골 마을에 몰아친 심한 눈보라로 웬델이 사망하고 만다. 결국 진과 포리스트는 결혼하고 뱃속의 아이에게 사랑 가득한 가정을 선물한다.

'내가 가진 모든 것'의 서술 기법에는 1920년대 초 카네기의 세계관을 반영하는 몇 가지 주제가 강조되어 있다. 30대 초반의 카네기가 미국 중서부 시골 마을의 경건한 유산을 대부분 거부하는 동시에 어떤 부분에 대해서는 깊은 향수를 품고 있음이 드러난다. 또한 그가 어느 정도 더욱 현실적이고 성취적이며 인간적인 새로운 행동 기준을 만들어내려고 애쓰고 있다는 사실도 알 수 있다.

카네기가 묘사한 카슨 오크스의 모습은 고향에 대한 애정이 듬뿍 담긴 회상이었다. 그는 "기차를 타고 미주리 북서쪽 시골을 지나는 사람들은 그것이 평범한 계곡이라고 상상한다. 아무 일도 일어나지 않고, 따분하고 재미없는 삶을 살아가는 곳이라고. 실제로 많은 사람이 그렇게 살아간다. 파리나 뉴욕, 팜비치에서도 많은 사람이 따분하게 살아가는 것처럼. 다수가 그렇지만 모두가 그런 것은 아니다. 왜냐하면 102강을 따라 낭만이 존재하기 때문이다"라고 카네기는 썼다. 그는 시골에서 해마다 열리는 셔터쿼 축제를 마을 사람들이 '음악과 웅변, 문화를 받아들이는' 활기찬 모습으로 묘사했다. 전쟁이 시작되자 카슨 오크스 주민들이 적십자 운동을 펼치고 "노동자는 하루 품삯을, 사무직 종사자는 하루 치 봉급을 내놓았다"면서 그들의 공동체 정신을 칭송했다.[42]

그와 동시에 카네기는 중서부 시골의 가치관, 주로 억압적이고 가차없는 도덕적 신조를 비판했다. 그는 진의 임신을 통해 빅토리아 시대의 제약이 너무도 쉽게 억압적인 편협이 될 수 있음을 보여주었다. 사생아 임신은 그녀를 사회적 외톨이로 만들었다. 그녀는 대학에서 퇴학당했고 하숙집에서도 쫓겨났으며 오랜 친구들마저 그녀와 같이 있는 모습을 남에게 들킬까 봐 두려워하며 멀리했다. 그런 비열함보다 더욱 나쁜 것은 그들의 태도 속에 스며든 위선이었다. 세상의 모든 아기는 성스러운 기적이건만 진은 거짓말과 이기심, 도둑질, 음주를 모두 합친 것보다 더 나쁘고 마치 살인보다도 나쁜 죄를 저지른 것처럼 공격받았다. 그러나 그녀가 결혼하는 순간, 아무리 남편이 비도덕적이고 신성 모독적이며 게으른 사람이라고 해도 지역사회의 분노는 증

발해버릴 터였다.[43]

반항적인 목사 웬델은 역사상 훌륭한 업적을 남긴 유명한 사생아들에 대해 설교하면서 신자들의 용서를 구하지만 그들의 위선에 맞닥뜨린다. 교구 주민은 도서관으로 달려가 그 위인들의 출생이 합법인지 확인하고 열띤 논쟁을 벌이며 지역관리들의 출생 배경을 캐묻는다. 카네기는 그러한 증오와 선입견에 대해 다음과 같이 말했다. "예수 그리스도는 신분을 숨기고 카누트 시티Canute City로 오셔서 설교하고 신교도 매춘부인 마리아 막달레나와 가까이하다가 쫓겨나셨다."[44]

작가의 관점에서 종교는 변질되고 곪아버린 시골 마을의 편협한 뿌리였다. 진의 엄마 아만다 번즈(카네기의 어머니 아만다 카네기를 뜻하는 것이 분명했다)는 지식과 가능성보다 무지와 제약을 찬양하는 시대에 뒤떨어진 종교 기준을 상징했다. 신앙심이 매우 독실한 그녀는 전지전능하고 죄를 벌하는 하나님을 숭배했고 매일 성경을 공부했으며, 16킬로미터나 떨어진 교회의 주일 학교에 나가 '어둠의 힘과 논쟁하는 것'을 즐겼다. 아만다는 공격적인 신앙심을 가지고 있었고 전국순회 부흥회에 참석하여 맨 앞자리에 앉아 열렬하게 '아멘'을 외치는 것보다 더 큰 기쁨이 없었다.[45]

이렇게 편협한 신앙과 반대로, 카네기 자신을 상징하는 인물이 분명한 웬델 필립스 커넛 목사는 신자들의 삶을 개선하고자 하는 개혁주의자를 상징했다. 인기 많은 축구 선수 출신의 잘생긴 카우보이 웬델은 복음주의자 드와이트 L. 무디에 의해 개종한 후 매우 활기차고 남성적인 교리를 만들어간다. 실제로 웬델은 "기독교는 삶의 전반에 닿을 수 있어야 한다"라는 급진적인 관점을 수용했고 비즈니스와 농

업, 공동체 삶에도 기독교 원리를 포함해야 한다고 주장했다. "그는 가는 곳마다 폭풍의 눈이 되었다."⁴⁶

'잃어버린 세대'들과 마찬가지로 복음주의 개신교와 빅토리아 시대의 도덕주의 전통에 대한 카네기의 공격은 제1차 세계대전의 잔인함 속에서 특정 대상을 찾았다. 또한 카네기는 헤밍웨이의《무기여 잘 있거라》나《태양은 다시 떠오른다》, 존 더스 패서스의《1919년》만큼 능숙하지는 못했지만, 1910년대에 유럽 대륙을 휩쓴 잔인한 대학살을 맹비난했다. 평범한 마을 사람들은 전쟁의 대학살을 초래한 유럽의 정치에 대해 아무것도 모르면서 "세계는 민주주의를 위해 안전한 곳이어야 한다"고 주장한다고 비난했다. 결과적으로 악몽 같은 전쟁이 터졌고 거대한 군대가 참호에서 뛰쳐나가 "인간의 머리로 도저히 생각할 수 없는 규모의 대학살, 무시무시한 대학살을 일으켰다."⁴⁷

이처럼 카네기가 쓴 소설 '내가 가진 모든 것'은 그가 시골의 신앙심과 엄격한 도덕성, 자기제약이라는 문화적 유산과 벌이는 끝없는 씨름을 상징했다. 그리고 구식 문화유산을 수호하는 시골 마을과 복음주의 개신교에 대한 저항을 표현한 작품이었다. 빅토리아 시대의 억압적인 가치관에 순응해야만 하는 짐에서 벗어나려 애쓰는 '잃어버린 세대'의 구슬픈 외침이었다. 벌보다 가능성을 장려하는 포용적인 기독교, 억압이 아니라 관계를 소중히 여기는 관용의 문화에 대한 간청이었다.

젊은 작가는 거기서 멈출 생각이 없었다. 카네기는 1920년대 초에 유럽 전역을 여행하면서 단편 소설 세 편의 대략적인 줄거리를 써두었고 두 번째 소설도 구상해두었다. 제1차 세계대전을 종결시킨 휴전

협정을 배경으로 하는 에이브러햄 링컨에 관한 소설이었다. 세 번째 소설은 세계를 여행하는 탐험가를 등장시키기로 했다. 그는 작문 기법에 관련된 신문 기사도 모았다. '인기 작가 되기Making a Popular Writer'라는 교육용 에세이, 문체와 기법을 설명한 영국 소설가의 글, '사생아의 존재를 인정한 여성 목사'라는 선정적인 기사 제목을 보고 구상한 줄거리, 주인공 작명에 참고하기 위해 〈메리빌 민주주의 포럼〉 사회란에서 가져온 이름들 따위를 모았다.[48]

그러나 궁극적으로 소설가가 되겠다는 카네기의 계획은 가혹한 진실 앞에서 좌절되었다. 재능이 야망을 따르지 못한다는 점이었다. 카네기의 출판 대리인은 그가 소설가로 재능이 없으며 그의 소설이 '무가치'하다고 직설적으로 평가했다. 많은 증거가 그 사실을 뒷받침했다. '내가 가진 모든 것'의 캐릭터는 경직되어 있었고 대화는 매우 격식적이었으며 줄거리는 부자연스러웠고 지나치게 감성적인 언어는 해방적인 분위기에 어울리지 않았다. 거의 모든 측면에서 대단히 어설픈 소설이었다. 출판 대리인의 사실적인 평가는 카네기를 큰 충격에 빠뜨렸다. 카네기의 표현을 빌리자면 "내 소설에 관한 평가를 들었을 때 심장이 멈추는 듯했다. 곤봉으로 머리를 얻어맞았다고 한들 그렇게 놀랐을까? 정신이 멍해졌다. 이제 어떻게 해야 하지? 어느 길로 가야 하지? 몇 주가 지나서야 멍한 상태에서 벗어날 수 있었다."[49]

카네기의 말에 의하면 "소설가로서의 충격적인 실패로 삶에 위기가 닥쳤다. 내 꿈과 미래 계획과 수년간의 노력이 흔적도 없이 사라지는 모습을 지켜만 보고 있어야 했다." 삐걱거리는 결혼 생활도 상황을 더욱 악화시켰다. 그러나 카네기는 현실적이고 긍정적인 성격답게 이 어마어마한 타격을 받아들였다. 상당한 고통과 성찰 끝에 "2년 동안 땀 흘려 탄생한 소설은 고귀한 실험이었으며 이제 잊고 앞으로 나아가야 한다"는 것을 받아들였다. 훗날 카네기는 "'내가 가진 모든 것'이 어설픈 소설이라는 평가를 도저히 받아들일 수 없었다"는 농담을 하기도 했다.[50]

그리하여 카네기는 몸과 마음 모두 미국으로 돌아왔다. 오랜 해외 거주에 권태로움을 느낀 데다 시골 마을의 가치를 혐오했지만 결코 조국을 버린 것은 아니었다. 대서양을 건너는 배에서 성공회 주교와 런던 대학교의 학장과 갑판에서 함께한 식사는 그에게 정신적으로 큰 자극이 되었다. 그리고 그는 어머니가 여성 흡연을 비판하자 "담배를 피운다는 이유만으로 다른 면에서도 도덕적으로 나쁘다는 생각은 말도 안 됩니다. 여기 런던의 레스토랑에서 보이는 여성들 절반이 담배를 피웁니다"라며 어머니의 편협함을 나무랐다. 카네기는 유럽의 지성과 세련됨과 재치를 분명히 동경했다. 그러면서도 유럽인에게는 야망과 추진력이 부족하다며 '미국인이 가진 활기와 열정'이 없다고 했다. 결국 고향에 대한 카네기의 저항은 일시적이었다. "이곳 생활은 훌륭한 교육이 되지만 솔직히 유럽을 많이 접할수록 미국에 대한 존중심이 커집니다"라고 밝혔다. 그는 〈메리빌 민주주의 포럼〉에 보낸 서신에서 "노다웨이에 사는 평범한 사람은 자신이 생각하는 것보다 훨씬 나은 사람입니다. 이는 거의 대부분의 미국인에게 적용됩니다"라고 끝맺었다. 카네기는 유럽 문화에 매력을 느꼈지만 궁극적으로 세계동포주의는 거부했다.[51]

이처럼 카네기는 미국을 비판했지만 다수의 '잃어버린 세대'와는 달리 결국 미국의 주류와 완전히 화해했다. 해외 생활을 마친 그는 조국의 생활과 가치에 대한 새로운 관점을 가지고 돌아왔다. 시골 마을의 족쇄를 집어던지고 역동적 가능성을 제시하는 새로운 사상을 수용하겠다는 모호한 욕망과 함께였다. 1910년대 연극 활동에 이어 1920년대 초반 소설 집필에 이르기까지 예술적 능력을 다 소진해버린 카네기는 마침내 자신에게 가장 잘 맞는 일, 대중연설을 가르치고 글 쓰는 일에 복귀하기로 결심했다. 이제야말로 새로운 마음가짐으로 일에 전념할 수 있게 되었다. 그리고 향후 몇 년 동안 그는 더욱 커다란 무언가에 다가가기 시작했다. 바로 현대 미국의 성공 모델을 만드는 일이었다. 곧 카네기가 내놓은 그 분야의 책은 그가 쓰고 싶었던 소설보다 훨씬 그를 유명하게 만들었고 널리 읽혔다.

| 8장 |

비즈니스와 자기규제

로웰 토머스는 《카네기 인간관계론》의 서문에서 뉴욕 호텔의 무대로 나아가 데일 카네기의 성인 교육 강좌를 추천한 연설자들의 공통적인 특징에 대해 이야기했다. "그들은 미국 비즈니스 생활의 단면을 보여준다." 실제로 토머스는 저자가 웨스팅하우스 전기 회사, 맥그로힐 출판사, 브루클린유니언 가스 회사, 미국 전기기술자협회, 뉴욕 전화 회사 같은 거대한 기업의 비즈니스맨 1만 5000명 이상을 교육했다고 강조했다. 카네기의 가르침과 저술 활동이 "혼란스러운 비즈니스와 전문 분야에 종사하는 사람들의 욕구를 충족시켰다. 그들은 지식과 더불어 뛰어난 화술 능력으로 타인의 호감을 얻고 자기 자신과 아이디어를 '판매'하는 사람이 비즈니스 세계에서 가장 큰 성공을 거둔다는 사실을 목격했다"라고 토머스는 말했다. 카네기는 자신이 그 책을 쓴 이유를 설명할 때도 그 주제를 활용했다. 그는 1912년부터 "뉴욕의 남녀 직장인과 전문직 종사자를 위해 성인 교육 강좌를 진행하면서" 중요한 사실을 배웠다고 말했다. "특히 비즈니스에 몸담고 있다면 사람을 다루는 것이 가장 큰 문제일 것이다."[1]

이처럼 비즈니스의 가치와 기회, 수용적 고객 등 비즈니스를 겨냥한 것이 《카네기 인간관계론》의 큰 특징이었다. 카네기는 자신의 인간관계 원칙이 관료주의 기업 세계에서 승진, 봉급 상승, 영향력 증진을 통해 상업적 성공을 도와줄 것임을 거듭 강조했다. 그는 자신의 강좌를 들은 '월스트리트 은행장'이 매일 토요일 저녁마다 실수한 일을 떠올리고 개선시키는 '자기분석과 검토와 칭찬을 통해' 자기계발에 힘쓴 일화를 소개했다. "나는 수천 명의 사업가들에게 일주일 동안 매일 매시간 누군가에게 미소를 지으라고 했고 수업에서 그 결과에 대해 이야기하라고 부탁했다. 그리고 나는 미소가 매일 돈을, 그것도 많은 돈을 가져다준다는 사실을 발견했다"라는 증권 중개인의 경험담을 자랑스럽게 소개했다. 카네기는 자신의 원칙으로 효과를 본 수많은 사업가의 명단을 공개했다. 거기에는 헨리 포드, 월터 크라이슬러, 찰스 슈워브, 앤드루 카네기, 존 D. 록펠러, J. P. 모건, 하비 파이어스톤 같은 유명한 사업가들과 이스트먼코닥 회사 회장 조지 이스트먼, 〈새터데이 이브닝 포스트〉와 〈레이디스 홈 저널〉의 소유주 사이러스 H. K. 커티스, 볼드윈 철도 회사 회장 새뮤얼 보클레인 같은 유명 사업가들이 포함되었다.[2]

카네기가 20세기 비즈니스 문화에 몰입한 것은 1920년대 후반 유럽에서 미국으로 돌아와 당대의 활기찬 상업 환경을 수용했을 때부터였다. 그가 1912년에 성인 교육 강좌를 개설하자, 1900년대 초의 새로운 기업 분위기에서 승진을 꿈꾸는 중하위 화이트칼라 종사자들이 구름처럼 몰려왔다. 반항적인 해외 체류를 끝내고 돌아온 카네기는 제1차 세계대전 후 급속히 발전하는 기업 경제와 자기 자신을 의식적으로 연결시켰다. 그 어느 때보다 많은 현금이 지갑과 주머니를 채우는 번영의 시대인 만큼 사방에 기회가 널려 있었다. 젊은 강사이자 작가인 카네기는 번영의 시대를 이용하기로 결심하고 비즈니스 세계를 겨냥했다. 그는 비즈니스 종사자들이 자기계발과 자기관리, 성공 메시지를 전하기에 가장 적합하고 가능성 높은 대상이라는 사실을 눈치 빠르게 알아차렸다. 그는 그 결정을 한 번도 후회하지 않았다. 결과적으로는 처음으로 전국적인 주목을 받게 되었다.

데일 카네기는 대중연설 강의와 저술 활동을 다시 시작하겠다는 결심으로 1926년에 미국으로 돌아왔다. 새로운 이름과 함께였다. 그 전 해에 그는 성의 철자와 발음을 바꾸기로 결심했다. 1924년 11월 〈메리빌 민주주의 포럼〉에 보낸 공적인 서신에는 늘 하던 대로 '데일 카네기Dale Carnagey'로 서명했다. 둘째 음절에 강세가 들어가는 철자였다. 그러나 1년 후인 1925년 10월에 같은 신문사로 보낸 서신에는 첫째 음절에 강세가 들어가는 '데일 카네기Dale Carnegie'로 서명했다. 1926년에 발표한 새 책의 속표지에도 '데일 카네기Dale Carnegie 지음'이라고 실려 그 변화를 분명히 보여주었다.[3]

이름의 철자를 바꾼 이유는 무엇이었을까? 카네기가 확실하게 설명한 적은 한 번도 없었다. 약 10년 후 인터뷰에서 이름을 바꾼 일에 대해 짤막하게 언급한 적은 있었다. "어쨌든 뉴욕에서는 성을 바꾸기 전에도 모두 첫째 음절에 강세가 들어간 '카네기Carnegie'로 발음했다. 게다가 카네기 홀Carnegie Hall의 사무실을 임대해 쓰면서 끈덕지게 둘째 음절에 강세가 들어간 '카네기Carnagey'라고 부르는 것은 이미 내가 활용하던 쇼맨십 원칙에 어긋났다"는 내용이었다. 그런가 하면 몇 년 후 카네기는 유럽 체류 당시 오랜 벗 호머 크로이와 스위스 인터라켄 외곽의 자작나무 숲을 산책하던 중 크로이가 "성의 철자를 기억하기 쉽게 바꾸라"고 설득했다는 말도 했다. 그러나 개인적으로나 직업적으로 카네기의 정서에 중대한 영향력을 끼친 사건을 제대로 설명하기에는 둘 다 충분치 않은 듯하다.[4]

실제로 카네기가 이름의 철자를 바꾼 것은 그가 인정했던 것이나 인지했던 것 이상으로 상징적인 의미가 컸다. 여러 측면에서 그것은 카네기 삶의 중요한 변화를 반영했다. 첫째, 부모에게 물려받은 성을 바꾸었다는 것은 미국 시골의 사고방식, 즉 종교적이고 편협하며 억압적인 문화를 최종적으로 거부함을 의미했다. 처음에는 유럽 출신의 이혼녀 롤리타 보케어와 결혼하면서 그 문화를 무시했고 소설 원고 '내가 가진 모든 것'에서도 비난했다. 둘째, (그가 적극 수용했던) 심리학적인 관점에서 볼 때, 긍정적 사고에 몰두하고 이를 타인에게도 전파하려는 사람으로서 자신의 성의 특징인 강조되는 둘째 음절 '네nay'를 없애버렸다는 것은 네거티브, 즉 부정적인 상징을 없앴다는 뜻이라 할 수 있다. 이는 그에게 차이를 추구할 수 있는 정서적 해방감을 선사했다. 셋째, 막강한 힘을 가진 유명 사업가 앤드루 카네기와 똑같은 철자로 바꿨다는 것은 이 야심 찬 젊은이가 20세기 초 팽창하는 비즈니스 문화에 넘쳐나는 기회와 자신을 동일시하려는 의지가 확고했음을 뜻했다. 훗날 카네기는 잡지 인터뷰에서 젊은 시절에 꾼 꿈을 들려주며 철강왕 카네기와의 불가사의한 관계를 암시하기도 했다. 꿈

속에서 카네기는 철강왕의 아내와 담소를 나누며 남편이 잘 지내는지 물었는데 "남편은 죽었어요"라는 대답이 돌아왔다는 것이었다. 그는 다음 날 조간신문에서 앤드루 카네기가 전날 사망했다는 기사를 보고 깜짝 놀랐다.[5]

다시 말해서 '카네기Carnegie'는 과거에 배우이자 세일즈맨이자 저널리스트이자 실패한 소설가였으며 교회를 다녔던 37세 데일 카네기의 새로운 정체성을 상징했다. 그것은 과거를 버리고 번영과 가능성으로 가득한 새로운 세계를 수용함을 의미했다. 또한 대중연설 강좌와 저술을 단순 직업이 아닌 천직으로 받아들이겠다는 의지를 상징했다. 그리고 가장 직접적으로는 1920년대 역동적인 경제 활동에 미래를 걸겠다는 결의를 확인시켜주었다. 유럽 여행에서 돌아온 카네기는 부지런히 뉴욕과 볼티모어, 필라델피아를 비롯한 북동부 도시에 다시 YMCA 강좌를 개설했다. 몇 달 만에 다시 수강생들이 구름처럼 몰려왔고 그중 대부분은 현역 사업가나 사업가가 되려는 사람들이었다. 그들은 온갖 미사여구를 동원해 화려하게 말하고 싶어서가 아니라 실용적인 목적에서 카네기의 강좌를 찾았다. 즉, 그들은 실질적인 효과를, 그것도 단기간에 원했다. 동료들과의 회의, 고객 면담에서 곧바로 활용할 실용 기법을 원했다.

카네기는 수강생들의 요구에 부응하기 위해 세 번째 책 《대중연설: 비즈니스맨을 위한 실용 강좌Public Speaking: A Practical Course for Businessmen》 (1926년)를 출간했다. 사실 유럽을 여행하는 동안 틈틈이 준비한 책이었다. 1920년에 발표한 YMCA 교과서는 성공을 거두었지만 카네기에게는 별로 만족스럽지 못했다. 카네기가 1925년에 한 기자에게 쓴 편지를 보면 그가 유럽으로 떠날 때 편집자들이 막판에 '전적인 동의도 없이' 마음대로 수정한 탓이었다. 게다가 YMCA와의 인세 분쟁도 있었다. YMCA 관장은 YMCA가 저자 요청에 따라 내용을 추가하는 비용을 분담했으므로 인세를 낮춰야 한다고 주장했다. 카네기로서는 불쾌한 일이었다. 그는 "인세 문제는 당장 보류하기를 정중히 요청하는 바입니다. 이 문제를 귀하와 논의하기 전까지는 출판사가 저에게 수표를 보낼 필요가 없습니다. 연합 YMCA 학교가 쌍방 모두 전적으로 만족하도록 모든 문제를 해결할 수 있으리라고 확신합니다"라고 답장을 보냈다.[6]

카네기는 전적으로 자신의 손을 거쳐 그 책을 새롭게 출간하는 것이 궁극적인 해결책이라고 생각했다. 따라서 1920년대 초에 영국과 유럽 전역을 여행하는 동안 소설을 쓰는 틈틈이 그 책을 다시 작업했다. 1922년에 이탈리아 코르티나에 머무르는 동안 신문사에 보낸 서신에서 자신의 일상이 소설 집필과 비소설 집필로 나뉘어 있다고 설명했다. "하루에 여섯 시간 동안 글을 씁니다. 세 시간 동안 대중연설 강좌 교과서의 개정판 원고를 쓰고, 나머지 세 시간은 포리스트 크로이의 이야기를 쓰지요." 새 교과서 작업은 큰 진척이 있어 미국에 돌아온 지 얼마 되지 않아 출간할 수 있었다. 제목과 개념은 이전 원고에서 빌려 왔지만 거의 모든 면에서 저자의 성숙해진 사상을 반영하는 전혀 새로운 책이 탄생했다.[7]

《대중연설: 비즈니스맨을 위한 실용 강좌》는 카네기의 가장 두드러진 인생 경험을 반영하는 주제들로 엮인 책이었다. 그는 연기를 자주 활용했는데, 연기가 사람들 앞에 서는 심리적 역학에 초점을 맞추는 기술이라고 생각했기 때문이다. "청중 앞에 자연스럽게 서는 연습이 된다"라고 설명했다. "배우들은 그것을 안다." 또한 그는 대중연설을 종교적 욕구와 유사한 것으로 표현하기도 했다. 설교자의 '활기찬 에너지'를 강조하는 예일 신학대학원Yale Divinity School 학장의 '설교의 기술'이라는 강의를 해석하고, 청중에게 말할 때 열정과 몰입의 필요성을 강조한 유명한 복음주의자 드와이트 L. 무디의 말도 자주 인용했다. "연설에서 가장 훌륭한 것은 신체적이거나 정신적인 것이 아니라 영적인 것이다"라고 카네기는 말했다. "훌륭한 대중연설 교과서를 원한다면 신약을 읽어보는 게 어떨까?" 마지막으로 카네기는 자주 신사상에 의지해 긍정적 사고의 장점을 열거했다. "완벽한 자기통제 상태에서 청중에게 말하는 자신의 모습을 상상해보라"고 했다. "쉽게 가능한 일이다. 자신이 성공할 수 있다고 믿어라. 성공에 대한 확고한 믿음을 가지면 성공을 위해 필요한 일을 하게 된다."[8]

경쾌한 문체의 새 책은 독자들에게도 강한 인상을 주었다. 편집자나 협력자들, 그리고 자신의 미숙함에서 오는 제약에서 모두 자유로워진 카네기는 이제 자신만의 독특한 표현 방식을 발전시켰다. 경쾌하기까지 한 대화식 문체, 고무적인 조언, 풍성한 일화, 격식에 얽매이지 않는 편안한 여담, 불현듯 등장하는 진지한 유머 등의 요소를 한데 섞어 활용했다. 자신감을 키워야 한다는 첫 소절부터 카네기의 새로운 스타일이 엿보였다. "청중 앞에 서면 앉아 있을 때처럼 생각할 수 없는 것일까? 절대로 그렇지 않다"라고 썼다.

당신이 예외적으로 심한 경우라고 생각하지 마라. 참전 용사 윌리엄 제닝스 브라이언은 대중연설을 처음 시도할 때 양쪽 무릎을 강타당했다고 인정했다. 마크 트웨인은 처음 연단에 올랐을 때 입안에 목화솜이 가득 찬 느낌이었고 경쟁이라도 하는 듯 맥박이 빨라졌다고 했다. 그랜트 장군은 빅스버그Vicksburg에서 승리를 거두었고 막강한 군대를 이끌었으면서도 청중 앞에 섰을 때 운동실조증*에 걸린 기분이었다고 한다. (……) 그러니 자신감을 가져라.9

그러나 《대중연설: 비즈니스맨을 위한 실용 강좌》에서 가장 중요한 부분은 대부분 소제목에 들어 있었다. 카네기는 의도적으로 미국 비즈니스계에서 출세하려는 수백만 명의 욕망과 관점과 욕구를 정면으로 겨냥했다. 분위기에서 본보기, 언급 대상과 문체, 기법과 결론에 이르기까지 1920년대의 역동적인 비즈니스 세계에서 성공하는 방법을 찾는 독자들을 염두에 두었다.

맥동하는 당대의 상업적 분위기는 카네기의 그런 시도에 수용적이었다. 그의 새 책은 많은 독자의 공감을 불러일으켰다. 1920년대는 제1차 세계대전 이후 미국 역사상 제조, 판매, 상품 소비가 최고 수준에 달한 비즈니스의 번영기였다. 대중의 머릿속에서 비즈니스는 노력한 사람의 성공뿐만 아니라 국가 발전과도 동일시되었다. 1923년 워런 G. 하딩 대통령의 사망 후 대통령직에 오른 캘빈 쿨리지 대통령은 다음과 같은 선언을 통해 대중 토론의 중요성을 강조하는 데 일조했다. 그는 널리 알려진 1925년 연설에서 "미국인의 주된 일은 비즈니스

---

* 운동을 하려고 할 때 근육 간의 조화장애로 인해 그 목적을 이루지 못하는 질환.

이다"라고 선언했다. 또 다른 말 역시 비즈니스 활동을 종교 수준으로까지 끌어올렸다. "공장을 짓는 사람은 사원을 짓는 것이다. 그곳에서 일하는 사람은 그곳에서 경배하고, 둘 모두 경멸하거나 탓하지 않고 숭배하고 찬양하기 위함이다"라고 쿨리지 대통령은 말했다.[10]

 1920년대에 비즈니스의 급속한 확장은 기정사실화되었고 사방에서 그 효과가 나타났다. 더욱 중요한 사실은 1890년대 이후 서서히 힘을 모아온 소비자 경제가 이륙 상태에 이르러 경제 성층권까지 발사된 것이었다. 1925년까지 미국 가정의 전기 보급률은 60퍼센트 이상에 이르렀고, 다수의 산업 부문에서는 대량 생산 기술이 완성되었다. 그러면서 공장에서 통조림 식품, 기성복, 가구, 세탁기, 진공청소기, 골프채 등을 마구 찍어냈고 중산층에서는 이를 열렬하게 소비했다. 1922년에서 1929년까지 실업률이 3퍼센트로 줄었으며 물가가 안정되고 국민총생산은 700억 달러에서 1000억 달러로 증가했다. 이러한 풍요로운 시대에 소비 혁명의 주도적인 상품이자 더욱 큰 상징인 자동차가 등장했다. 선구적인 자동차 제조업자 헨리 포드가 1920년대에 언급한 것처럼 그의 인기 제품(최초의 모델 T, 1927년에 훨씬 세련된 모델 A로 교체)은 미국을 풍요로운 유토피아에 더욱 가까워지게 했다. 헨리 포드는 "자동차는 사람들이 더욱 빠르고 쉽게 움직일 수 있도록 함으로써 세상이 어떻게 돌아가는지 알게 해준다"라고 썼다. "이는 더 많은 음식, 더 많고 나은 상품, 더 많은 책, 더 많은 음악 등 모든 것이 더 많아야만 하는 보다 큰 삶으로 사람들을 데려간다."[11]

 1920년대 급증한 소비 현상은 미국 풍경도 바꿔놓았다. 그 영향으로 중요해진 기관과 사상이 생겼다. 백화점과 슈퍼마켓 체인이 도시 중산층 경제생활의 필수가 되었으며 공장에서 집으로 물밀 듯 밀려드는 상품의 상업적 전달자 역할을 했다. 한 예로 A&P 식품점A&P Grocery Stores은 1922년에 5000개였던 매장이 1928년에 1만 7500개로 급증했다. 여성들이 소비주의 중심의 가정을 효율적으로 관리하고 전자제품, 청소용품, 영양 식단 같은 최신 기술에 숙달되도록 교육하는 학문인 '가정학'이 학교 교육 과정의 중심이 되었다. 할부 구입이 매우 흔해져서 1920년대 초에는 45억 달러 규모였던 소비자 신용 구입이 1920년대 말에는 71억 달러로 급증했다. 한편 문화 부문에서는 물질재화의 유혹이 새로운 가치관 형성에 기여해 빅토리아 시대의 자기절제가 자기충족으로, 구원이 자아실현으로, 희소성이 풍요로움으로 바뀌었다. 한 역사학자가 설명한 것처럼 1920년대에 이르러 미국 사회는 "소비와 위안과 신체적 안녕, 사치, 지출과 구입에 사로잡혀 있었다."12

특히 1920년대의 소비자 번영을 나타내주는 지표는 사회와 정치 이데올로기에서 나타났다. 미국 경제의 대변인들은 비즈니스 이데올로기를 종종 '인민자본주의people's capitalism'로 표현했다. 한 저명한 역사학자에 따르면 그것은 "군에 징집되어 국가기관과 함께 공익을 위해 힘쓰는 계몽되고 강화된 민간 질서"를 상징했다. 제너럴일렉트릭의 오언 D. 영Owen D. Young, 필렌느 백화점의 에드워드 A. 필렌느Edward A. Filene, 상무부 장관(이후 대통령이 됨) 허버트 후버Herbert Hoover 같은 사람들은 규제 없는 이익추구를 옹호하기보다 조직적 노동과 효율적 생산 및 관리, 정부 협력을 통한 관계회복을 수용하는 자본주의 신조를 퍼뜨렸다. 이렇게 개화된 자기이익이 번영의 홍수를 가져와 모든 사회 분열과 경제 문제를 제압할 것이라고 주장했다. 그러한 발전 덕분에 1920년대에 미국을 지배한 소비주의 문화가 완전히 꽃피울 수 있었다. 사업가 존 워너메이커John Wanamaker의 말처럼 풍요로운 '욕망의 땅'은 더욱 높은 삶의 수준을 약속했고 그 목표를 달성하기 위한 공공정책을 추구했으며 물질적 풍요로 행복을 재정의했다.[13]

물론 카네기는 예전 경력을 통하여 비즈니스의 역동적인 성장을 어느 정도 인지하고 있었으며 기업과 비즈니스 세계의 복잡한 경쟁과 성공에 관련된 주제를 이따금 다루기도 했다. 그는 YMCA 교과서에서 세일즈맨을 위한 격려 연설 모음집인 워싱턴 C. 홀먼Worthington C. Holman의 《진저가 이야기하다: 세일즈 매니저가 부하직원들에게 하는 말Ginger Talks: The Talks of a Sales Manager to His Men》(1905년)을 칭찬했다. 홀먼은 "상품을 파는 일은 전쟁이고 오직 전사만이 그 전쟁에서 이길 수 있다. 판매 게임에 들어갈 때는 용기를 가져라"라고 썼다." 또한 내셔널 금전등록기 회사 존 H. 패터슨John H. Patterson 회장의 본보기도 소개했다. 패터슨은 자사의 더 비싼 최신식 금전등록기가 가져다줄 수 있는 이익을 설명함으로써 "대리점 관계자들을 벌떡 일어나 환호성 지르게 하는" 현대 관리 기술을 보여주었다. 비즈니스 고객에 대한 더욱 커진 의식은 카네기의 강좌 홍보 자료에도 영향을 미쳤다. 카네기는 1917년 광고에서 "많은 수강생이 강좌를 통해 사업 면담, 판매 서신, 광고에서 이익을 얻었다. 이 강좌는 비즈니스 교류에 매우 유익해서 뉴욕 은행들은 카네기에게 직원들의 대중연설 교육을 맡겼다"라고 했다. 부동산, 광고, 보험 분야 졸업생들의 추천사도 포함되었다.[14]

그러나 유럽에서 돌아온 후 대중연설 강좌에 직업정신이 더욱 투철

해진 카네기는 미국의 활기찬 비즈니스 문화를 전적으로, 그리고 열성적으로 받아들였다. 《대중연설: 비즈니스맨을 위한 실용 강좌》는 1920년대의 역동적인 비즈니스를 적극 지지하면서 상업 세계의 성공 지침을 매끄럽게 엮어 넣었다. 그는 그 책을 집필할 때부터 비즈니스 종사자들을 겨냥했다고 밝혔다. 1915년에 쓴 편지에서 "사업가들을 대상으로 이런 주제를 다루는 책이라면 재미없는 지식뿐만 아니라 무언가가 더 들어 있어야만 이상적이라고 생각한다"라고 썼다. "힘과 기회와 정신이 있어야 한다. 땀은 물론 영감이 있어야 한다. 빛나고 호흡하고 행진하는 문장이 들어 있어야 한다. 그런 책을 쓰는 것이 내 이상이었다."[15]

새 책에 담긴 그의 기본적인 주장은 간단했다. 1920년대 미국 비즈니스 구조 속에서 대중연설 기술이 한 단계 위로 올라갈 수 있도록 도와준다는 것이었다. 카네기는 첫 문장에서 "1912년 이후 1만 8000명이 넘는 사업가들이 내가 진행한 대중연설 강좌를 들었다"라고 밝혔다. 대부분은 독자들과 똑같은 이유에서였다. "내 생각을 논리적으로 정리하고 싶다. 비즈니스에 관련된 사람들이나 청중 앞에서 분명하고 설득력 있게 말하고 싶다." 카네기는 필라델피아의 제조업체 대표를 첫 본보기로 소개했다. 그는 카네기의 강좌에서 배운 기술 덕분에 회사와 지역사회에서 더 높은 위치로 올라갈 수 있었다. 카네기는 "비즈니스 세계에서 자신감을 드러내고 설득력 있게 말할 수 있다는 것이 당신에게 어떤 의미가 될지 생각해보라"고 말했다. "그것을 돈으로 따지면 무엇을 의미하는지, 무엇을 의미해야만 하는지 생각해보라." 실제로 그는 철강왕 앤드루 카네기와 철도업계 거물이자 훗날 상원의원이 된 천시 M. 드퓨Chauncey M. Depew가 한 말에서 보듯 대표적인 사업가들이 대중연설의 가치를 옹호한다고 덧붙였다.16

카네기의 새 책은 이러한 토대에 설명과 영감이 들어간 구성이었다. 비즈니스맨들을 위한 실용적 조언은 그가 지난 14년 동안 발전시켜온 원칙을 중심으로 이루어졌다. 분명하되 힘차게 말하기, 부지런히 준비하기, 경쾌한 시작, 설득력 강한 마무리, 청중의 관심 사로잡기, 자신감 드러내기, 극적이거나 다채롭게 핵심을 설명하기, 자연스러운 몸짓 사용하기 같은 조언이었다. 카네기는 성대를 관리하고 목의 긴장을 풀고 발음을 개선하는 방법도 포함했다. 또한 독자들의 감정을 자극하고 열정을 불러내고자 간곡한 권고도 넣었다. 확신이 있어야만 연설이 성공한다고 주장했다. "당신은 머리와 가슴에 진정한 메시지를 담고서 당신의 머리와 가슴으로 열정적으로 전달하고 싶어 하는 사람에게 자신도 모르게 끌리지 않는가? 그것이 뛰어난 화술을 위한 절반의 비결이다"라고 했다. "사람들은 열정적인 연설자, 즉 가을 밀밭의 야생거위처럼 활기 넘치는 사람 곁으로 모여든다."17

이처럼 그 책은 대중연설 기술에 대해 설명하는 구조이지만 근본적인 에너지는 기술 활용을 소개하는 부분에서 흘러나왔다. 카네기는 독자들에게 윌리엄 셰익스피어·윌리엄 버틀러 예이츠·러디어드 키플링·마크 트웨인 같은 문인들, 토머스 제퍼슨·알렉산더 해밀턴·율리시스 S. 그랜트·윌리엄 제닝스 브라이언·우드로 윌슨, 그리고 무엇보다 에이브러햄 링컨 같은 정치인들, 마틴 루터·드와이트 L. 무디·헨리 워드 비처·해리 에머슨 포스딕 같은 종교인들, 허버트 스펜서·랠프 월도 에머슨·윌리엄 제임스 같은 철학자들의 말을 대거 인용했다.

그러나 무엇보다도 현대 비즈니스 세계에 관련된 사안, 필요성, 관점에 대해 거듭 논했다.

카네기는 처음부터 사업가들을 자신의 기본 청중으로 정했다. 그의 강좌에서 얻어낸 성과를 활용할 가능성이 큰 집단이기 때문이었다. 그는 책의 앞부분에서 "1912년 이후 해마다, 계절마다 6000개의 연설을 듣고 비평하는 것이 나의 직업적 의무이자 즐거움이었다. 대학생이 아니라 성인 사업가와 전문직 종사자들의 연설이었다"라고 설명했다. 뉴저지에서 강좌의 마지막 연회에 참석한 사람들은 세련되고 자신감 넘치는 연설을 듣고 깜짝 놀랐다. 그것은 몇 개월 전만 해도 청중 앞에 서면 말이 막혀버렸던 사업가들의 연설이었다. 그들은 키케로가 아니라 뉴저지의 사업가들, 즉 미국 사회 어디에서나 찾아볼 수 있는 전형적인 사업가들이었다. 저자는 그렇게 성공을 거둔 수강생들이 특별히 재능이 뛰어나서가 아니라고 말했다. "대체적으로 그들은 당신의 고향 도시에서 흔히 볼 수 있는 평범한 사업가들이다."[18]

카네기는 독자들에게 가르침을 주면서 계속 비즈니스에 관련된 상황이나 딜레마를 이용해 설득력 있게 말하는 기술을 설명했다. 일반적으로 "당신이 당신의 사업이나 직업에 관해 연설해야 한다고 해보자"와 같은 서두로 시작했다. 화술에서 암기가 아닌 분명하고 정확한 구성의 이점에 대해 설명할 때는 "당신은 중요한 사업 면담에서 자리에 앉아 문자 그대로 암기해서 말할 것인가? 물론 아니다. 말하고자 하는 핵심이 이해될 때까지 머릿속으로 되짚어봐야 한다"라고 했다. 또한 확실한 결론의 중요성을 설명할 때는 "아마도 당신의 문제는 비즈니스 관계자들 앞에서 간단한 말을 어떻게 마무리 짓느냐일 것이다. 어떻게 시작해야 할까?" 카네기는 수치와 총액을 넣어 설명하는 효과적인 방법에 대해 설명했다. "생명보험 회사 회장은 회사의 판매 구조에 대해 말하면서 낮은 보험 비용에 대해 '매일 담배 25센트어치를 피는 남자 34명은 담배에 쓰는 돈을 보험에 쓴다면 가족과 더 오래 살 수 있고 가족에게 3000달러 이상을 남길 수 있습니다'라고 설명함으로써 직원들을 감탄시켰다."[19]

마지막으로 카네기는 《대중연설: 비즈니스맨을 위한 실용 강좌》에서 유명 사업가들을 소개함으로써 자신의 주장에 힘을 실었다. 예를 들면 많은 챕터의 시작 부분에 사업가들의 인용문을 실었다. '청중을 계속 깨워두어라'의 시작 부분에는 마셜필드 회장 존 G. 셰드John G. Shedd, 셔먼윌리엄스 회장 월터 H. 커팅햄Walter H. Cottingham을 통해 열정의 가치를 증명했다. '성공적인 연설의 필수 요소'에서는 철도업계의 거물 E. H. 해리먼E. H. Harriman을 인용해 헌신과 노력의 필요성을 강조했다. 베들레헴 철강 회사 회장 유진 그레이스Eugene Grace가 한 말 "한 번에 한 가지만 하되, 그 일에 목숨이 달린 것처럼 하라"는 '올바른 전달의 비결'에서 에너지 집중의 중요성을 강조하기 위해 인용되었다.[20]

카네기는 전설적인 비즈니스 거물들을 인용해 부자일수록 매우 소박한 삶을 살아가는데, 그들의 습관과 특징을 따르라고 주장했다. "존 D. 록펠러 1세는 매일 브로드웨이 26번지 사무실 가죽 소파에서 낮잠을 잤다. 고故 J. 오그덴 아머J. Ogden Armour는 9시에 자고 아침 6시에 일어났다"라고 했다. "내셔널 금전등록기 회사 회장이었던 고故 존 H. 패터슨은 술도 담배도 하지 않았다. 미국 최대 은행의 회장이었던 프랭크 밴더리프Frank Vanderlip는 하루에 두 끼만 먹는다. 해리먼의 점심은 우유와 옛날식 생강 과자였다. 앤드루 카네기가 가장 좋아한 음식은 오트밀과 크림이었다."[21]

그런가 하면 한 전설적인 사업가에 대해서는 한층 깊은 분석에 들어갔다. '구체적 사례로 일반화를 뒷받침하라'를 설명하는 부분에서 선도적인 간부들이 비즈니스 구조를 넓혀나가고 있다는 기사 내용을 인용한 것이다. "울워스는 언젠가 나에게 수년 동안 1인 사업체였다고 말한 적 있다. 그러다 건강을 해치자 자신이 바라는 만큼 사업을 확장시키려면 관리 업무를 나눠야 한다는 사실을 깨달았다'라고 카네기는 썼다. "이스트먼코닥 초기 단계에는 주로 조지 이스트먼이 혼자 일했지만, 그는 오래전에 효율적인 조직을 구성할 만큼 현명했다. 스탠더드오일은 사람들의 일반적인 생각과 달리 대규모 성장 이후 1인 조직이었던 적이 없었다. J. P. 모건은 업계 거물이었지만 가장 유능한 파트너를 선택해서 짐을 나눠야 한다고 믿었다."[22]

현대 비즈니스 트렌드에 대한 관찰은 카네기가 전하는 메시지의 중요한 측면을 강조했다. 1920년대 미국의 넓고 새로워진 비즈니스 구조에 낯선 존재가 등장했다. 바로 화이트칼라 간부였다. 낯설고 새로운 세상에 선 그들에게는 직업적인 성장을 이끌어줄 새로운 처방전이 필요했다. 카네기가 그것을 제공했다.

데일 카네기는 현대 비즈니스 세계에서 성공하려면 새로운 필수 조건이 필요하다고 믿었다. 그는 "카네기 기술연구소가 실시한 실험에 따르면 비즈니스 세계에서 성공하려면 뛰어난 지식보다 성격이 더 중요하다'라고 설명했다. "이는 비즈니스는 물론 화술에서도 마찬가지다. 결과적으로 《대중연설: 비즈니스맨을 위한 실용 강좌》에는 호감 가는 성격을 가꾸고 이를 타인에게 드러내는 방법에 관한 조언이 가득했다. 카네기는 성격을 표현해주는 화술이야말로 훌륭한 화술이라고 했다. 그의 설명에 따르면 성격을 표현한다는 것은 "생각, 아이디어, 신념, 욕구를 전부 모은다는 뜻이다. 당신의 존재는 감정과 경험으로 채워져 왔다. 그것은 당신의 잠재의식 깊숙한 곳에 해변의 조약돌처럼 빽빽하게 들어차 있다. 그것을 생각하고 곱씹고 회상하고 선택한 후 가다듬어 하나의 패턴, 즉 자신만의 모자이크로 만드는 것이 바로 준비다." 현대의 사업가는 사람들 특히 동료, 고객, 구매자, 소비자의 호감을 얻으려면 일의 전문성, 지식, 확고한 노동윤리, 품질 관리 외의 것이 필요하다. 제품만 팔 것이 아니라 자기 자신을 팔아야만 한다.[23]

이처럼 성격을 더욱 강조한 이유는 무엇일까? 부분적으로는 1800년대 후반 이후 전통적인 빅토리아 시대의 사고방식이 부식되기 시작하여 점차 더욱 넓은 문화 부문에서의 영향력이 약해졌기 때문이다. 근면 성실함과 자기통제, 자기부정, 근검절약, 성품을 가치 있게 여기는 생산자 중심의 희소경제가 하락하고 풍요로운 소비자 경제가 새로이 등장해 자기충족, 자기표현을 강조하는 '성격 문화culture of personality'가 탄생했다. 따라서 사회경제 구조 변화와 자아 재정의가 서로 맞붙어 일어났다. 어느 역사학자는 "옛 개념(성품)이 더 이상 개인적 또는 사회적 필요에 맞지 않게 되었고 새로운 개념(성격)이 새로운 사회 질서, 발전하는 대중소비사회 속의 자아 문제에 특히 적합해졌다"라고 설명했다.[24]

그러나 마찬가지로 현실적인 발전, 즉 비즈니스 구조의 혁명적 변화도 영향력을 발휘했다. 《대중연설: 비즈니스맨을 위한 실용 강좌》가 출간된 1926년 무렵 미국 비즈니스는 예전의 기업가 정신에서 복잡한 기업 관료주의 체제로 전면적인 변화가 거의 완성된 상태였다. 19세기 전반에는 개인 소유의 회사와 동업, 소규모 사업이 시장혁명의 특징이었지만 1800년대 후반부터 대기업에 자리를 내주기 시작했다. 1920년대에 이르러 모든 주요 경제 분야에서 대규모 기업체가 지배적인 위치를 차지했다. 수천 명의 직원과 수십 명의 관리자, 다수의 주주, 저마다 권한과 책임을 지닌 부서 등을 갖춘 조직이었다. 이렇게 합리적인 조직 구조 안에서 '관리상의 혁명'이 일어났고, 봉급제로 일하는 화이트칼라 직원들이 사무실을 채우고 집단적인 업무로 상품을 만들어 제공하는 복잡한 관료주의가 탄생했다. 한 역사학자는 "관리자들은 수많은 화이트칼라 근로자들을 고용하고 조직하는 일을 맡았고, 화이트칼라 근로자들은 기업의 엄청난 서류를 담당했다"라고 설명했다. 사무직 근로자들은 "미국의 새로운 중산층을 이루며 기업의 계층 구조를 채웠고 새로운 방식의 업무, 생활, 인간관계를 발전시켰다." 그들이 바로 1920년대 카네기의 청중이었다. 카네기는 관료주의 비즈니스가 필요로 하는 새로운 방식의 행동, 일, 성공을 정의하는 데 앞장섰다.[25]

카네기는 기업 종사자들의 점점 커지는 욕구를 정확히 감지했다. 기업 관료주의의 화이트칼라 세계에서는 수익과 성공을 위해 성실하게 노력하는 완고하고 자기주도적인 사업가를 더 이상 가치 있게 여기지 않았다. 그 대신 매우 합리적인 체계 안에서 기업의 이익을 위해 타인, 주로 많은 사람과 함께 일할 수 있는 팀 플레이어를 높이 평가했다. 물론 현대 비즈니스의 새로운 화이트칼라 종사자들은 여전히 성공에 대한 욕망이 강했다. 새로운 행동 방식, 새로운 성공 전략, 관료주의에 적합한 새로운 사회적 기술, 새로운 성격 특성 등 모든 측면에서 신선한 접근법이 필요한 상황이었다. 카네기는 《대중연설: 비즈니스맨을 위한 실용 강좌》에서 그 주제를 반복적으로 다루며 일관된 핵심 주장 하나를 펼쳤다. 화이트칼라로 이루어진 현대 비즈니스 환경에서 성격계발은 인간관계를 매끄럽게 해줄 뿐만 아니라 출세하게 하고 직업에서도 성공하는 길을 닦아준다는 것이었다.

다시 말하지만 카네기는 경험을 통해 경제 및 문화 전반의 폭넓은 변화 방향을 어느 정도 파악하고 있었다. 그는 1910년 후반부터 성격 강화에 대해 조언하기 시작했다. 한 예로 1919년 YMCA 강좌에서는 '성격의 힘'과 '성격은 계발할 수 있다' 같은 내용을 다루었다. 1920년에 쓴 YMCA 교과서에서는 '성격 만들기'의 요령을 제시했다. "성공한 사람들은 대부분 어조와 태도에서 성공 분위기를 발한다. 그들을 만나면 즉시, 그리고 무의식적으로 그들이 설득력 있게 말하는 데 익숙하다는 것을 느낄 수 있다"라고 썼다. 그는 훌륭한 연설자는 자신감과 권위, 열정을 가지고 말해야 한다고 했다. 따라서 "말할 때는 힘과 진실성을 가지고 말하라. 어조에 자신만의 감정을 실으면 성격의 힘이 세 배로 강해질 것이다"라고 명했다.[26]

1926년에 이르러 성격계발은 카네기 강좌의 중심 항목으로 자리 잡았다. 《대중연설: 비즈니스맨을 위한 실용 강좌》는 시작부터 독자들에게 효과적인 화술을 위해 성격적 특징을 동원하라고 설명했다.

카네기는 훌륭한 연설이란 "당신의 머리와 가슴, 인생 속으로 깊이 파고 들어가 본질적으로 당신의 신념과 열정을 드러내는 것이다. 당신의 신념과 열정 말이다! 깊이 들어가라. 깊이, 깊이. 그러면 찾을 것이다. 절대로 의심하지 마라"고 주장했다. 또한 그는 "말에서 가장 중요한 요소는 바로 당신임을 항상 기억하라. '자신의 의지가 담긴 언어를 사용하라. 자기 자신이 아닌 언어는 말할 수 없는 법이다'라고 한 에머슨의 명언을 들어보라! 지혜의 세계가 거기 있다"라고 했다.[27]

카네기는 사람마다 성격이 다르다고 설명했다. "자연스럽게 말할 때 자신이 가장 잘 표현된다. 다시 말하자면 당신에게는 개성이 있다. 그것은 연설자에게 가장 소중한 자산이다. 그것을 꼭 붙잡고 소중히 여기고 가꿔라. 당신의 말에 힘과 진정성을 더해줄 불꽃이다." 그는 타인에게 다가가려면 감정과 욕구를 제한하거나 억압하는 대신 그것을 이용해야 한다고 했다. "진정한 자아는 감정의 영향을 받을 때 수면으로 떠오른다"라고 썼다. "감정의 열기에 장애물이 모두 연소되어 사라진다. 그래서 자연스럽게 행동하고 말할 수 있다. 매우 자연스럽다."[28]

중반부에 이르러 '연단에서의 존재감과 성격' 챕터에서는 성격계발에 관한 조언이 최고조에 이르렀다. "'준비'라는 요소를 제외하면 성격은 대중연설의 가장 중요한 요소일 것이다"라는 대담한 문장으로 시작했다. 성격은 분석이 거의 불가능할 만큼 미묘하지만 그 존재와 중요성은 매우 사실적이라고 말했다. 성격은 "그 사람의 특성, 기호, 성향, 기질, 활기, 경험, 교육, 인생 등 인간의 신체적, 영적, 정신적인 것이 합쳐진 전체"라고 했다. 또한 성격 특징의 많은 부분이 유전되지만 노력을 통하여 개선할 수 있고 "어느 정도 강화하여 더욱 힘차고 호감 가도록 할 수 있다. 우리는 날 때부터 주어진 이것을 최대한 활용하고자 노력할 수 있다. 성격은 우리 모두에게 매우 중요한 주제이다."[29]

카네기는 그 챕터에서 성격 이미지가 어떻게 형성되고, 또한 그것이 타인에게 어떻게 비치는지 인상적으로 설명했다. 열정의 특징부터 시작하여 "기운을 누그러뜨리는 일은 하지 마라. 그것은 사람들을 끌어들인다. 활력, 생기, 열정이 중요하다. 사람들은 열정적인 연설자, 가을 밀밭의 야생거위처럼 활기 넘치는 사람 곁으로 모여든다"고 했다. 겉모습도 중요하다. 깔끔한 외모와 옷차림은 연설자에게는 자신감을, 청중에게는 존중심을 갖게 한다. 그밖에 호감을 주는 미소, 가슴을 높이 드는 반듯한 자세, 차분한 모습으로 연단에 앉아 있기, 위엄 있는 태도 등도 성격 강화에 도움이 된다. 카네기는 설득력 있는 연설자는 "반듯하게 서서 신체를 통제해야 한다. 그러면 정신도 통제되는 것처럼 느껴져서 침착해진다"라고 했다. 몸짓 역시 성격의 표현이다. 몸짓은 "내적 상태의 외적 표현일 뿐이다"라고 카네기는 주장했다. "몸짓은 칫솔처럼 개인적인 것이라야 한다. 모든 사람이 다르듯이 몸짓도 자연스러워야 자신만의 개성이 된다."[30]

그러나 성격의 힘이 사람을 끌어당기는 이미지를 보여주는 것만으로는 이루어지지 않는다. 전기 전도와 마찬가지로 사람 간의 이어짐도 서로 다른 극, 즉 청중이 있어야만 회로가 완성되고 전하가 발생한다. 카네기는 한 사람이든 여러 사람이든 청중과의 관계 성립을 위해 타인의 감정과 관심사, 관점에 민감해야 한다고 주장했다. 세상에서 가장 흥미로운 세 가지 주제는 성性, 재산, 종교인데 이는 생명을 만들고 지속하고 유지하는 일이기 때문이라고 했다. 그러나 카네기는 다음과 같은 내용을 기억하라고 강조했다. "사람들의 관심사는 다른 사람이 아니라 자신의 성, 재산, 종교이다. 모든 사람의 관심사는 자신을 중심으로 돌아간다. 따라서 사람들에게 말할 때는 오직 자기 자신을 합리화하고 찬미할 생각에 빠진 사람들에게 말하고 있다는 사실을 기억하라."[31]

이러한 사실은 호감 있는 성격 만들기에 중대한 영향을 미쳤다. "당신은 집에서나 사무실에서나 시장에서 사람들이 당신의 사고방식을 받아들이도록 끊임없이 노력하지 않는가? 그것을 어떻게 시작하는가?"라고 카네기는 물었다. "그 답은 상대방의 관점과 욕망을 고려하여 공통된 합의점을 찾는 데 있다." 매력적인 사업가는 상대방과 말로 맞서는 것을 피한다. 상대방을 방어적으로 만들 수 있기 때문이다. 카네기는 "논쟁은 타인의 견해에 이의를 제기하고 그의 소중하고도 필수적인 자존감을 위협하고 자부심을 위태롭게 만들어" 완강한 반대를 부추길 뿐이라고 했다. 따라서 카리스마 있는 호감 가는 성격을 만들려면 사람들의 감정에 민감해져야 하며 이렇게 인간의 본질적인 약점을 의식하면 사람들과 쉽게 이어질 수 있다고 했다.[32]

실제로 1910년대부터 카네기의 중대한 관심사로 자리 잡은 심리학은 그가 내놓은 성격의 패러다임에서 중요한 부분을 차지했다. 심리학과 성격의 관계는 자연스러운 것이었다. 20세기 초반에 성품이 아니라 성격을 중요시하는 쪽으로 문화 변동이 일어난 것은 인간의 행동을 이해하려는 시대정신이 확고해진 것과 밀접한 연관이 있었다. 한 역사학자는 "1800년대에는 개인의 행동규칙으로 양심과 미덕을 강조했지만 1900년대 초에 이르러서는 성격의 힘과 자기 숙달에 집중했다. 강조 대상에 중대한 변화가 생김에 따라 새로운 성공 이데올로기는 초자아super-ego보다 자아의 강화를 핵심 메시지로 내세웠다"라고 했다. 카네기는 성격을 새로운 자아로 강조하는 새로운 심리학 운동의 응용 철학자로 등장했다. 그는 "연설자는 인상적이고 설득력이 있어야 한다"고 강조한 챕터에서 "심리학이 당신에게 유용한 무언가를 제안할까? 단연코 그렇다. 그것이 무엇인지 살펴보자"라고 했다.[33]

카네기의 심리적 기법에는 "말할 가치가 있는 것을 전염성 강한 확신으로 말하라"가 포함되었다. 심적인 영향력이 작용하기 때문인데 "화술에서 엄청나게 중요한 것은 바로 심리학적 측면이다"라고 설명했다. 또한 카네기는 긍정적 사고의 가치도 강조했다. "이 강좌에서는 성공을 생각하라. 완벽한 자기통제로 청중에게 말하는 자신의 모습을 상상하라. 당신에게는 쉽게 그럴 수 있는 힘이 있다. 자신이 성공할 것이라고 생각하라. 확고한 믿음이 있으면 성공에 필요한 행동을 하게 된다." 그는 훌륭한 연설자는 청중에게 핵심 개념을 인상적으로 전달해야 하며 반복과 암시를 통해 혼란스러운 반대 개념의 영향력을 무효화할 수 있다고 주장했다.[34]

실제로 카네기가 《대중연설: 비즈니스맨을 위한 실용 강좌》에서 처음부터 끝까지 중요시한 부분이 있었는데, 이는 성격과 심리학의 잠재력을 실현할 풍부한 기회를 제공했다. 예리한 카네기는 소비자 경제에 필수적인 두 가지 활동, 즉 판매와 광고에 초점을 맞추었다. 그는 "세일즈 기술과 현대 광고는 주로 암시를 토대로 한다"면서 주의를 끌고 자신감을 얻고 소비자와 고객의 자기중심주의와 자부심에 호소하는 방법을 알려주는 아서 던Arthur Dunn의 《과학적 판매와 광고Scientific

Selling and Advertising》(1919년) 같은 책을 소개했다. 결과적으로 성격적인 매력과 심리 전략을 강조하는 계획, 즉 '인간을 행동하게 만드는 동기'에 호소하는 성공 철학이 탄생했다.35

한 예로 카네기는 성공적인 세일즈는 논리보다 암시에 의존하는 경우가 많다고 주장했다. "레스토랑의 신입 웨이트리스는 손님의 식사가 끝났을 때 '커피 안 드실 거죠?'라고 물어봄으로써 손님에게 '아니오' 반응을 이끌어낸다. 좀 더 경험 있는 웨이트리스라면 '커피 드시겠어요?'라는 말로 손님의 마음에 찬반 논쟁을 심어놓는다. 반면 최고의 웨이트리스는 '커피를 지금 드릴까요, 아니면 나중에 드릴까요?'라고 묻는다. 그러면 어떻게 될까? 이 웨이트리스는 손님이 커피를 원하는지 원하지 않는지에는 의문의 여지가 없음을 미묘하게 암시하며 언제 내주기를 원하는지에 손님의 모든 관심을 집중시키고 있다." 카네기는 이렇게 긍정적인 반응을 장려하는 전략이 모든 세일즈에서 성과를 낸다고 주장했다.36

카네기는 성격과 심리학이 현대 비즈니스 문화에 끼치는 영향력을 보여주는 또 다른 예로 광고를 들었다. 물론 광고는 1800년대 후반부터 현대 소비자 경제가 매끄럽게 굴러가기 위한 필수 윤활유로써 발달하고 있었다. 쿨리지 대통령은 미국 광고대행사협회American Association of Advertising Agencies를 대상으로 한 1926년 연설에서 광고를 "더 나은 것을 향한 욕망을 만들어내는 방식"이라고 표현했다.

광고는 삶의 습관과 방식을 취하고 바꾸는 가장 강력한 영향력으로써 국민 전체가 먹고 입고 일하고 노는 것에 영향을 끼친다. (……) 대량 생산은 대량 수요가 있을 때만 가능하다. 대량 수요는 거의 전적으로 광고 발달을 통해 창출되었다. (……) 현대 비즈니스는 끊임없이 홍보가 필요하다. 상품이 만들어지는 것만으로는 충분하지 않다. 상품의 수요 또한 만들어져야 한다.37

그러나 카네기에게 광고는 홍보로 상품을 파는 것 이상의 의미였다. 개인적 의미와 이미지, 자기충족을 특정한 유형의 상품 소비와 연결하는 더욱 심오한 과정이었다. "사람은 누구나 위안과 쾌락을 갈망하는 감정적인 존재이다"라고 그는 적었다. "우리는 커피를 마시고 양말을 사고 극장에 가고 바닥 대신 침대에서 잔다. 그것이 우리에게 유익해서가 아니라 기쁨을 주기 때문이다. 따라서 당신의 제안이 상대방에게 위안과 즐거움을 더해준다는 것을 보여주어야 한다. 그러면 상대방이 용수철처럼 즉각 행동할 것이다." 광고는 바로 그것을 위해 종종 심리적인 암시의 힘으로 사람들의 이성보다는 감정과 욕구에 미묘하게 호소했다. 카네기는 "같은 제품군 중에서도 애로우 칼라와 로열 베이킹파우더, 하인즈 피클, 골드 메달 밀가루, 아이보리 비누가 특히 우리 눈에 들어오기 시작했다. 꼭 그것들이 최고의 제품이 아닌데도 말이다. 그 이유는 무엇일까? 과연 적합한 이유가 있는 판단인가?"라고 했다. "우리는 아무런 증거가 주어지지 않았는데도 무언가를 신뢰하게 되었다. 논리적이 아니라 편견 섞인 반복된 주장이 우리의 믿음을 형성했다. 인간은 암시의 동물이다."38

당시 광고와 심리학, 성격의 중요성을 연관시킨 것은 카네기만의 특징은 아니었다. 1920년대 비즈니스 문화에 몰두한 인기 작가를 포함한 문화계의 선구자들도 똑같은 연결고리를 만들고 있었다. 브루스 바튼Bruce Barton은 베스트셀러이자 예수의 전기인 《아무도 모르는 남자The Man Nobody Knows》(1925년)에서 예수를 사업가이자 광고 천재, 대단히 흥미로운 성격을 가진 인물로 묘사했다. 그는 예수를 '근대 비즈니스의 창립자'라고 부르며 '근본적인 약점과 열정을 가진, 훈련받지 않은 단순한 사람들을 하나의 조직으로 만들어 전승을 거둔' 기업 조직자로 해석했다. 그 책에서 예수는 사람의 동기를 이해하는 능숙한 세일즈맨으로 그려진다. 바튼은 "예수의 말과 행동은 기업가들이 자랑스럽게 여기는 현대 세일즈 정신의 모든 원리를 전형적으로 보여준다"라고 했다. 또한 그에 따르면 예수는 상황 판단이 빠른 광고인으로서 이야기와 다채로운 언어, 메시지 전파의 가치를 이해했다. 정곡을 찌르는 우화와 대단한 기적을 보여준 예수는 "당대의 위대한 광고인이었다." 그러나 예수의 성공 요인은 바로 빛나는 성격이었다. 바튼은 예수를 점잔 빼는 도덕적 상징이 아니라 '모든 인간에 대한 포용력'을 가졌고 '개성', '온 마음을 다하는 진정성', '남자다운 활력', '강한 신념', '흔들림 없는 인내', '타인의 잠재력을 파악하는 놀라운 직관' 등으로 사람들을 끌어당기는 흥미롭고 카리스마 넘치는 인물로 그렸다. 궁극적으로 바튼은 예수가 신이 오직 영적 정의에만 관심을 기울이고 분노하고 벌하는 존재가 아니라 "훌륭한 동행이자 좋은 친구이며 친절하고 너그러운 기쁨의 아버지"라는 메시지를 전파했다고 주장했다.[39]

카네기도 본보기를 통하여 성격의 중요성과 성공에 관한 교훈을 전달했다. 그는 나사렛의 예수가 아니라 두 기업가 친구에 관한 일화를 들려주었다. 대학에서 함께 엔지니어링을 전공한 두 친구 중 한 명은 똑똑하고 열심히 일했지만 구식에다 '보수적'으로 여러 상점에서 셔츠를 구입한 후 어느 것이 가장 세탁이 쉽고 오래 입으며 1달러당 서비스가 좋은지를 기록했다. 그의 온 신경은 항상 돈으로 쏠렸다. 그는 자신의 능력에 자부심과 확신이 있었지만 졸업 후 별 볼 일 없는 직장에 머무를 뿐, 성공 기회가 오지 않았다. 반면 다른 친구는 사람들과 잘 어울리고 모두가 그를 좋아했다. 그는 기회를 찾으려 노력했고 타인과 잘 협력했으며 고용주의 요청에 따라 다른 도시로 가서 특별한 프로젝트를 맡기도 했다. 호감 가는 성격 덕분에 지역의 사업가와 가까워져 함께 사업하게 되었고 엄청난 돈을 벌기 시작했다고 카네기는 설명했다. "현재 그는 백만장자가 되었고 웨스턴유니언의 소유주 중 한 명이다."[40]

궁극적으로 《대중연설: 비즈니스맨을 위한 실용 강좌》에서 비즈니스 종사자들을 겨냥한 카네기의 시도는 결실을 맺었다. 그 책은 직업적 행동, 개인의 포부, 자아의 사회적 표현에 관련된 조언의 결합체였으므로 1920년대 점점 확장하는 미국의 역동적인 비즈니스 환경의 화이트칼라 종사자들에게 안성맞춤이었다. 관료주의 기업에서 화술을 이용하여 타인에게 영향력을 발휘하는 방법을 실용적으로 설명해주었기에 학생들과 독자들에게 현실적으로 다가갔다. 성공 수단으로서 성격을 계발해야 한다는 설명 또한 마찬가지였다.

카네기가 독자들에게 전달한 조언은 그의 인생에도 영향을 끼쳤다. 개인적으로는 그의 행동 방식에 변화를 일으켰다. 그리고 좀 더 넓은 측면에서 보자면, 청중에게 인정과 찬사를 받음으로써 기업 문화 형성에 관해 믿을 수 있는 대표적인 조언자가 될 수 있었다.

1927년 12월, 데일 카네기는 사무실에 쌓인 신문 기사, 인터뷰 원고, 수업 교수요목, 연설문 메모 등을 모아놓은 두툼한 자료집 외에 새로운 자료를 모으기 시작했다. '내가 저지른 어리석은 행동들'이라는 제목의 일기장이었는데, 보다 나은 사람이 되기 위해 개선할 점이 생길 때마다 적어두었다. 그것은 몇 세기를 거슬러 올라가는 개신교 문화의 전통이었다. 17세기에 청교도들은 종교적 순수성을 판단하기 위해 엄격한 자기 성찰을 했다. 구원에 이를 때까지 꾸준히 발전하기 위함이었다. 18세기에 벤저민 프랭클린 같은 이들은 '공화주의자의 미덕'을 평가하는 과정을 시민의 책임이자 '부에 이르는 길'로 세속화시켰다. 그리고 19세기에는 빅토리아 시대의 '기독교 신사들'이 자기제어, 근면 성실함, 절약, 품위 있는 태도 같은 중산층의 성품 윤리를 기준으로 행동을 평가했다.[41]

그러나 카네기가 기록한 '내가 저지른 어리석은 행동들'은 그 성격이 달랐다. "나는 그 서류철에 매달 내가 저지른 어리석은 행동을 적어두었다"라고 설명했다. "비서에게 메모를 불러주고 받아 적게 할 때도 있지만, 너무도 개인적이고 바보 같아서 부끄러운 일일 때는 내가 직접 쓴다." 이는 자신의 행동을 면밀하게 돌아보려는 전통적인 자기성찰 욕구였다. 카네기의 '내가 저지른 어리석은 행동들'에는 시간 낭비나 비효율적인 업무 습관, 미루기, 나태함 같은 습관적인 문제가 포함되기도 했다. 그러나 전통적인 자기성찰과 달리 그는 영적인 단점, 미덕에 어긋나는 실수, 성품 결함 등은 따지지 않았다. 대신 타인을 불쾌하게 하거나 자존심을 상하게 하는 결례를 범했을 때는 상세하게

짚고 넘어갔다.[42]

그 목록에는 사회적 모욕이나 업무에 관련된 실수도 포함되었다. 1927년 12월에 카네기는 강의 도중 특정 단어를 반복한 것에 대해 자신을 질타했다. "치과의사들을 대상으로 강의할 때 '그나저나'라는 말을 적어도 네 번은 사용했다." 그는 미루는 습관도 반성했다. 강의를 해주기로 약속한 잠재 고객들에게 연락을 미루는 바람에 그들을 불쾌하게 한 일이었다. "10월 중순에 서신을 보냈어야 했는데 11월 25일까지 미루는 바람에 일부는 내가 계약을 하지 않을 것이라고 여겼다." 분노가 담긴 표현도 개선 대상이었다. "전화 회사의 무능함에 불필요한 열변을 토하느라 10분을 낭비했다." 타인에게 감사하지 않은 것도 반성했다. "H. P. 간트H. P. Gant가 오늘 밤 멋진 축사를 했다. 많이 칭찬해주었어야 했는데 내 일에 정신이 팔려서 아무런 말도 해주지 못했다."

다음 해에는 계속 되풀이되는 약점 하나가 언급되었다. 성급한 일반화로 타인을 화나게 하거나 상처 주는 일이었다. '타인을 불쾌하게 할 수 있는 지나치게 포괄적인 말은 하지 말자'라는 제목으로 자신의 실수를 적었다. "1928년 봄, 5~7시 수업을 하다가 '태머니파 정치인들은 전부 사기꾼이다'라는 식의 말을 했다. 열렬한 가톨릭 신자인 조지프 데이번Joseph Davern이 이의를 제기했다. 마침 앨 스미스Al Smith*에 관련된 종교적 논란이 불거지고 있던 때였다. 데이번은 부주의하고 근거 없는 비난이라며 편협에 관한 멋진 연설을 했다. 나는 그에게 사과

---

* 앨프레드 스미스. 민주당 대선 후보로 출마까지 했으나 가톨릭 신자라는 이유로 많은 논란을 일으켰던 정치인.

했다." 1928년 8월에는 인내와 감사의 태도를 보이지 않은 자신을 질책했다. 그것은 타인에게 '환영'받을 수 없는 결점이었다. 아메리칸익스프레스 사무실을 방문한 카네기는 직원들끼리 대화를 계속할 뿐, 곧장 응대하지 않자 기분이 상했다. "나는 화가 났다. 목소리에서도 표가 났다. 나는 짜증스러운 태도로 직원을 대했고 결과적으로 좋은 서비스를 받지 못했다. 백해무익한 행동이었다. 인간의 본성을 다루는 법을 가르치며 돈을 버는 내가 그렇게 원시인처럼 상스럽고 비효율적인 행동을 하다니 정말 부끄러운 일이다."

또한 카네기는 사람들과 있을 때 서투른 모습으로 이미지를 망치는 자신을 종종 질책했다. 개강 때 학생들에게 활기찬 모습을 보이지 못한 일에 대하여 "그곳에 열정이 필요한 사람이 있다면 데일 카네기 딱 한 명뿐이었다. 내가 지금까지 이 일로 성공을 거둔 것은 그 누구보다 뜨거운 열정 덕분이었는데 첫 수업에서 열정적인 모습을 보이지 못한 것이다"라고 반성했다. 언젠가 지인이 〈뉴욕 타임스〉에 실린 카네기 강좌 광고를 칭찬하자, 카네기는 사실 그 광고의 반응은 실망스러웠지만 그 지인이 강좌에 등록한다면 엄청난 보상이 될 것이라고 답했다. "채찍을 맞아 쓰러진 사람이 지푸라기라도 잡는 것처럼 보였다. 분명히 심리적으로도 좋지 못한 영향을 끼칠 것이다." 1928년 후반에는 엘크스클럽 이사회 앞에서 자리에서 일어나 프레젠테이션하는 실수를 범했다. "일어나서 말하기에는 인원수가 너무 적다는 사실을 뒤늦게 깨달았다. 한 이사가 편하게 앉아서 하라고 권유까지 했다. 그때 눈치챘어야 했다. 회의 전에 이사회 멤버를 한 명씩 만나보고 내가 할 말을 미리 숙지시켰다면 더 좋았을 텐데"라고 카네기는 썼다.

이렇게 카네기는 '내가 저지른 어리석은 행동들'에 담긴 자기훈계에서 중요한 교훈을 배웠다. 그는 "그 서류철을 꺼내 나를 비판한 내용을 다시 읽으면 큰 도움이 된다. 솔로몬 왕이 쓴 말도 나를 그렇게 잘 이끌어주지 못할 것이다. 나의 가장 중요한 문제, 즉 '데일 카네기 관리'에 큰 도움이 된다"라고 했다. 이렇게 지속적인 자기관리 노력, 즉 사람을 대할 때 거친 부분을 다듬고, 최선의 효과와 영향력을 발휘하도록 자기 이미지를 갈고 닦은 그의 노력은 역사적 흐름과도 큰 연관이 있었다. 그것은 비즈니스 문화에서 성격의 힘이 점점 커지고 있음을 상징했다. 카네기는 자신이 사람들에게 전하는 메시지를 자신의 개인적인 삶에도 새기려고 노력했다.

《대중연설: 비즈니스맨을 위한 실용 강좌》와 대중연설 강좌가 거둔 성공은 카네기의 인지도를 크게 올려주었다. 동시에 그는 책에서 자신이 강조했던 성격 만들기의 필요성에 관한 조언을 몸소 실천하려고 애썼다.

이제 카네기는 난생처음으로 미국 비즈니스 분야에서 널리 알려진 권위자가 되었다. '믿을 수 있는 조언자'라는 평판을 들은 강사와 연설자로 기업과 비즈니스 조직에 손쉽게 접근할 수 있었다.

카네기가 1926년 유럽에서 돌아온 지 몇 달 만에 출간한 《대중연설: 비즈니스맨을 위한 실용 강좌》에는 그가 미국 비즈니스 세계에서 친숙한 인물로 떠오르고 있음을 말해주는 여담이 많이 등장했다. 카네기는 "뉴욕 시 은행 간부들을 위한 대중연설 강좌를 진행했고, 뉴욕 로터리클럽에서 열린 오찬에 참석해 뉴욕의 거의 모든 사업가가 관심 있어 하는 이야기를 들었으며, 미국 은행협회 뉴욕 지회의 직원

..
뉴욕에서 다시 강사로 일하기 시작한 이후 1930년경, 거리 신문가판대에서.

들에게 절약 캠페인에 대비한 화술 교육을 했다"고 했다. 나아가 미국 부동산협회 이사회 제13회 연례회의와 세인트루이스 상공회의소에서 연설했으며 역시 세인트루이스 상공회의소가 후원하는 대중연설 강좌를 진행했다.[43]

 1930년 무렵 카네기는 대표적인 대기업들과 관계를 맺을 만큼 활동 영역이 넓어졌다. 1930년 광고 팸플릿에는 가는 세로줄 무늬 양복에 흰 셔츠, 넥타이 차림을 한 카네기의 사진과 그가 출강한 사업체들의 목록이 실렸다. 브루클린 상공회의소, 필라델피아 상공회의소, 뉴욕 신용협회, 필라델피아 생명보험사, 벨 전화사 펜실베이니아 지부, 웨스팅하우스 전기 및 제조 회사, 브루클린유니언 가스 회사, 매뉴팩처러스클럽 등 다수가 포함되었다. 그의 저서 《대중연설: 비즈니스맨을 위한 실용 강좌》가 미국 은행협회의 공식 도서로 선정되어 전국 100개 지회의 교육 프로그램에서 활용되고 있다는 사실도 수록되었다.[44]

기업 고객의 추천사도 마구 쏟아지기 시작했다. 1930년 필라델피아 엔지니어클럽이 후원한 카네기 강좌 홍보에는 미국 전신전화 회사, 웨스팅하우스, 뉴욕에디슨 같은 기업의 수료생들이 쓴 추천사가 포함되었다. NBC National Broadcasting Company의 간부는 "이 강좌가 내 인생의 확실한 전환점이 되었다고 해도 과언이 아니다"라고 적었다. 제너럴일렉트릭의 매니저는 거의 숭배 분위기였다. "하늘이 나에게 주신 강좌였다. 제너럴일렉트릭의 많은 이들이 데일 카네기를 평생 절대로 잊지 못할 것이라고 말한다."[45]

카네기가 기업 대상 간행물에 실은 두 편의 기사는 그의 인기를 더욱 확실하게 해주었다. 전문 잡지 〈팩토리 앤드 인더스트리얼 매니지먼트 Factory and Industrial Management〉에 실린 '공장 간부들을 위한 대중연설'이라는 글과 〈미국 은행협회 회보 Bulletin of the American Institute of Banking〉 1927년 1월호에 실린 '은행가가 대중연설을 배워야 하는 이유'라는 글이었다. 그는 뉴욕, 필라델피아, 볼티모어의 유명 은행가들과의 관계를 밝히며 은행가들이 대중연설 강좌(특히 자신의 강좌)를 들어야 하는 이유를 설명했다. 열정과 진실함을 보여주고 공포를 극복하여 자신감을 키우기 위해서라고 하면서 역시 성격 특징을 강조했다. "비즈니스 세계에서 성공은 뛰어난 지식보다 뛰어난 성격에 좌우된다. 은행가들이 떠올려야 할 가장 중요한 질문은 '어떻게 하면 성격을 계발할 수 있는가'이다." 카네기는 대중연설을 통해 화이트칼라 직종, 특히 은행가들이 요구하는 특성을 익힐 수 있다고 주장했다. "당신은 당신보다 지식이나 능력면에서 뒤처지는 사람이 분명한 의사표현 능력과 용기를 가졌다는 이유만으로 간단하게 업무를 처리하는 모습을 가만히 앉아서 지켜본 경험이 있는가?" 그들에게 그런 경험이 있다는 것을 카네기는 잘 알고 있었다.46

카네기가 미국 비즈니스의 뛰어난 조언자이자 분석가라는 사실은 대중적인 분야에서 더욱 분명하게 드러났다. 카네기는 1929년부터 1931년까지 〈아메리칸 매거진〉에 '그들은 어떻게 거기에 이르렀는가'라는 연재 기사를 실었다. 〈캔자스시티 스타〉, 〈시카고 레코드〉, 〈뉴욕 헤럴드〉는 물론 〈새터데이 이브닝 포스트〉, 〈맥클루어〉 같은 전국적인 잡지에 만화를 그린 캔자스의 유명 만화가 앨버트 T. 레이드Albert T. Reid와는 함께 만화를 만들었다. 이는 12칸짜리 만화 형식으로, 대표적인 사업가들이 거둔 성공을 격찬하는 글과 그림을 실었다. 제너럴모터스의 윌리엄 듀런트William Durant, 이스트먼코닥의 조지 이스트먼, 제너럴일렉트릭의 오언 D. 영, 크라이슬러모터스의 월터 크라이슬러Walter Chrysler, 라디오코퍼레이션오브아메리칸의 제임스 G. 하보드James G. Harbord, 파라마운트픽처스의 아돌프 주커Adolf Zukor, '월스트리트 은행가들의 학장'으로 불리는 조지 F. 베이커George F. Baker* 같은 인물에 대해 간단하면서도 다채롭게 묘사했다. 카네기는 그들의 개인적인 삶에 관한 정보, 관심사와 취미를 짧게 소개하고 단호한 의지와 기회를 찾는 날카로운 눈, 호감 가는 성격이 성공 비결이라고 했다.47

---

* 하버드 경영대학원 설립을 위해 막대한 돈을 기부한 인물.

US스틸의 찰스 슈워브 회장에 대한 묘사가 가장 대표적이었다. 슈워브는 펜실베이니아 시골에서 자랐으며 마을 축제에서 서커스 연기를 즐겼다. 철도 역에서 기계 활톱으로 일하는 노동자였던 슈워브는 남는 시간에 공부했고 얼마 되지 않는 수입에 보태기 위해 음악도 가르쳤다. 그 후 앤드루 카네기 소유의 카네기스틸 공장에서 평범한 노동자로 일하기 시작했고 15년 후에는 그 회사의 회장이 되었다. 그 후 슈워브는 US스틸이 카네기스틸을 인수하는 과정이 수월하도록 연간 100만 달러를 받는 회사를 그만두었으며 US스틸의 회장이 되었다.[48]

이처럼 1920년대 후반에 이르러 데일 카네기는 처음으로 전국적인 유명인사가 되기 위한 첫걸음을 내디뎠다. 풍요로운 소비자 경제, 관료주의 기업, 개인의 만족을 추구하는 새롭고 역동적인 사회 분위기에 어울리는 세계관을 가진 카네기는 비즈니스 문화의 수요와 기회를 이해하는 유능한 해석자로 비추어졌다. 부모가 주입한 자기부정과 근검절약, 신앙심과 예의범절, 자기제어, 성품을 중시하는 옛 빅토리아 시대의 사고방식을 가진 '카네기Carnagey'는 사라진 지 오래였다. 이제 새로워진 '카네기Carnegie' 강좌 프로그램은 성공을 좌우하는 두 가지 능력을 자신 있게 강조했다. 첫째는 매력적인 성격 이미지, 둘째는 매끄럽고 효과적인 인간관계였다.

1920년대 후반 미국 사회를 꿰뚫는 통찰력과 함께 카네기는 삶의 제1막을 마감했다. 그는 개신교의 영향을 받는 중서부 시골 마을에서 소비자 경제와 관료주의 사회가 지배하는 역동적인 북동부 도시로 완전히 옮겨갔다. 그 기간에 얻은 통찰력이 성공의 토대가 되어 몇 년 후 미국 전역을 휩쓸며 대단한 인기를 누릴 그 책을 어렴풋이 구상하기 시작했다. 그러나 삶의 제2막은 예상치 못한 배경에서 출발했다. 카네기는 모든 미국인과 마찬가지로 역사상 전례 없는 엄청난 경제, 사회적 재앙에 맞닥뜨렸다. 그 충격적인 사건은 불안을 몰고 온 동시에 엄청난 기회를 의미하기도 했다.

2부

친구를 얻고 사람들에게
영향을 끼쳐라

| 9장 |

두려운 일을 하라

1929년 가을, 역사상 가장 심각한 경제적 재앙이 미국 전역을 강타했다. 그해 10월 하순의 주식시장 폭락은 모든 투자자와 사업가, 은행의 평범한 예금주들을 충격에 빠뜨렸다. 폭락한 주가는 몇 달 동안 회복되지 않았다. 대신 계속된 침체로 경제 전반에 재앙을 초래했다. 1930년대 초에 몰아닥친 대공황으로 수백만 명이 일자리와 주택을 잃었고 은행과 사업체들이 줄줄이 파산했으며 미국 전역에 빈곤이 급속도로 퍼져 나갔다. 당시의 모든 수치는 엄청났다. 실업률은 25퍼센트로 치솟았고 투자율은 1929년보다 거의 90퍼센트 떨어졌으며 국민총생산과 소비자물가지수는 폭락 이전보다 25퍼센트 아래에 머물렀다. 이렇게 부와 기회가 증발해버리고 끔찍한 절망의 분위기가 전국으로 퍼져 나갔다.[1]

카네기도 경제적 손해를 크게 입었지만 치명적이지는 않았다. 그는 1929년 증시 붕괴로 그동안 저축해놓은 돈의 상당 부분을 잃었는데 편지에서 "주식시장에서 내가 세운 기록을 생각하면 누군가에게 경제적 조언을 한다는 것이 말도 안 되는 것처럼 느껴진다"면서 진지한 농담을 던지기도 했다. 하지만 카네기는 그 후 몇 년 동안 얼마 되지 않지만 다시 돈을 모았고 뉴욕 시 외곽 롱아일랜드 포리스트 힐스 웬도버 거리 27번지의 집을 지킬 수 있었다. 하지만 카네기의 좋은 친구 호머 크로이는 별로 운이 좋지 못했다. 미주리 출신의 소설가 크로이는 포리스트 힐스에 있는 카네기의 집에서 그리 멀지 않은 곳에 살았는데 1933년에 주택 대출금을 갚지 못해 은행이 담보권을 행사했고 보안관이 크로이 가족을 집에서 쫓아냈다. 이미 크로이는 현명하지 못한 부동산 투자로 손해를 본 터였다. 크로이의 말을 빌리자면 "엎친 데 덮친 격으로 대공황까지 덮쳐 회오리바람에 흔들리는 닭장처럼 나를 뒤흔들었다."2

카네기는 몇 가지 경험을 통해 빈곤이 전국으로 널리 퍼졌다는 사실을 직접 실감할 수 있었다. 그는 성실한 비서 애비 코넬Abbie Connell의 부모가 은행 압류로 농장을 잃을 위험에 처하자 여력이 될 때 갚으라면서 200달러의 거금을 선뜻 빌려주었다. 1930년 말에는 자신이 낸 돈 25달러를 포함해 학생들과 120달러의 성금을 모아 10센트짜리 동전 1200개로 바꾸어 뉴욕의 '시티 푸어 하우스City Poor House'에서 사람들에게 나눠주었다. 그는 편지에 "어머니와 아버지도 함께 가셨으면 좋았을 텐데요. 이만하기를 다행이라고 평생 하나님께 감사해야겠다는 생각이 절로 드셨을 거예요. 그렇게 심한 가난 속에서 살아가는 사람들을 보니 몹시 측은했습니다. (……) 한 나이 든 흑인 여성은 저에게 '은화가 하나 생기는 꿈을 꿨는데 이렇게 댁이 나한테 주시는구려'라고 했어요. (……) 또 다른 남자는 제가 준 동전을 받고 주저앉아

울었습니다. (……) 2500명도 넘는 사람들이 있었어요. 어머니, 크리스마스 때 저와 함께 계셨다면 앞으로는 절대 불평하지 않으실 거예요"라고 적었다.[3]

그러나 궁극적으로 카네기에게 대공황은 경제적 시련보다는 정신적 시련의 의미가 더 컸다. 정치에 관심이 많지도 그렇다고 어떤 정치적 이념을 지향하지도 않았던 카네기는 대공황을 자본주의의 위기나 위험한 계급투쟁 조성 또는 연방정부의 규제 역할에 대한 재고의 기회로 보지 않았다. 대신 그는 자신의 기본 원칙인 긍정적인 생각과 열정, 성격계발의 효과를 실험하는 기회로 받아들였다. 1930년대 초반의 실업과 무주택, 경제 침체 상황을 고려할 때 그의 관점은 비현실적일 수도 있었다. 그러나 사실 카네기의 이러한 태도는 대공황 시대에 만연한 사회적 분위기를 보여준다. 수백만에 이르는 중산층 시민 또한 대공황을 회복력에 대한 개인의 도전, 즉 용기와 자신감, 조정을 통해 극복해야 할 정서적 시련으로 바라봤다는 점이다. 역사학자 워런 서스먼 Warren Susman이 뛰어난 통찰력으로 설명한 바 있듯이, 미국 중산층은 힘든 시기에 보수적인 방식으로 대처했다. 그들은 실제든 위협이든 실패를 두려워하거나 불안해하지 않았고, 급진주의를 수용하지 않았으며, 흔들리는 '미국인의 생활 방식'을 정의하고 수호하고 지키는 데 관심을 쏟았다. 서스먼의 설명에 따르면 대공황은 "중산층 국가인 미국이 겁먹고 수치심을 느끼게 했다. 그들은 주변에 자신들이 알고 있는 그 어떤 질서도 존재하지 않음을 감지했고, 두려움을 느끼는 감정을 자주 내면화했으며, 이해할 수 없는 기술과 경제 질서에 공공연한 적대감을 드러내기보다는 스스로 대응하지 못한 무능력에 수치심을 느끼는 경향이 있었다." 미국인들은 기존 체제를 타도하려는 것이 아니라 고치고 개혁하려고 했다. 그들은 개인주의를 버리고 전체주의를 선택하려 하지는 않았으며 산산이 조각나버린 개인적 효능감personal efficacy을 바로 잡고자 했다.4

카네기는 대공황에 대한 중산층의 반응을 공유했고 그들의 감성과 가치를 반영하는 방식으로 대처했다. 자신의 대중연설 강좌를 수정하여 당시 만연한 불안감을 극복하도록 도와준다고 강조했다. 또 미국의 한 위인에 관한 책을 집필함으로써 당시의 보편적인 욕구, 즉 평범한 사람에 대한 변함없는 믿음을 담아냈다. 끝으로 카네기는 경제 침체기의 또 다른 강력한 문화 기류인 유명인사를 통해 현실도피를 유혹하는 라디오 프로그램의 진행을 맡았다. 이렇게 그는 현대의 가장 큰 시련에서 '미국인의 방식'을 구하려고 애쓰는 주류 문화와 공동전선을 펼쳤다. 아이러니하게도 사람들에게서 많은 것을 빼앗아 간 대공황은 카네기에게 생존과 성공에 관한 새로운 철학을 확립해나가는 절호의 기회가 되었다.

1933년 3월 4일, 몇 달 전 전국 선거에서 허버트 후버를 꺾고 대통령이 된 프랭클린 D. 루스벨트Franklin D. Roosevelt는 수도 워싱턴 D. C에 모인 초조하고 암울한 몇천 명의 관중 앞에서, 그리고 수백만이 라디오 방송으로 지켜보는 가운데 대공황에 허덕이는 국민을 안심시키는 호소력 짙은 취임연설을 했다. 그는 근본적으로 국가의 회복을 저해하는 문제는 정치적이거나 사회적이거나 경제적인 요소가 아니라 정서적인 문제라고 했다. 루스벨트 대통령은 암울한 시민을 집결한 그 유명한 말을 했다. "두려워해야 할 것은 두려움 그 자체뿐이라고 확실히 믿습니다. 우리의 의지를 마비시키는, 이름도 이유도 근거도 없는 두려움만 극복한다면 후퇴를 전진으로 뒤바꿀 수 있습니다." 두려움을 극복하면 미국이 여러 힘든 문제를 해결하고 '완전하고 영구적인 국민 생활'을 확보할 수 있을 것이라고 힘주어 말했다.5

이처럼 루스벨트 대통령은 대공황기가 미국인에게 가져온 시련을 인상적으로 해석했고, 이제 44세로 접어든 데일 카네기는 여러모로 그 시련에 필연적인 문화적 결과를 제시했다. 카네기는 대공황이 초래한 경제 위기를 루스벨트 대통령보다 더 큰 정서적 트라우마로 해석했다. 그리고 사람들에게 두려움과 불안, 고립을 초래하고 심신을 쇠약하게 하는 시련이라고 보았다. 그는 중산층 대중 잡지 〈콜리어Collier〉에 기고한 글 '자력으로 일어서라'에서 국가의 경제 위기에 대해 "미래와 자기 자신에 대한 믿음을 산산조각 내려는 정서적 공격"이라고 표현했다. 카네기는 루스벨트처럼 자신감 넘치는 어조를 활용해 "맙소사! 맙소사! 불황은 나쁘다. 불황의 저점에 놓인 우리에게 보이는 것이라고는 우리를 내리치며 질식시키고 삼켜버리려는 검은 파도뿐이다"라고 했다. "현재 우리를 걱정하게 하는 것들의 밑바탕에는 두려움이 존재한다. 두려움, 이 얼마나 사악한가! 그러나 두려움의 상자에서 가장 큰 두려움은 알 수 없는 두려움이다. 두려움을 느끼면서도 그것이 무엇인지 모르는 것, 그것이야말로 세상에서 가장 끔찍한 공포이다."6

카네기는 두려움에 정면으로 맞서고 효과적으로 대처하는 방법을 배우는 것이 중요한 열쇠라고 말했다. 전통적인 해결책을 약간 현대적으로 바꿔 제안했다. 자력으로 일어서되 기존의 노동윤리에 의해서가 아니라 심리적으로, 정서적으로 일어서라는 것이었다. 카네기는 '정신 태도의 변화'가 필수라고 생각했다. 그러나 어려움과 문제를 회피하는 지나친 낙천주의를 옹호하는 것은 아니었다. "아무런 두려움도 가지지 말라는 조언이 아니다. 그것은 바보 같은 일일 테니까. 단, 두려움에 우위를 내주지 말라는 뜻이다"라고 분명히 밝혔다. "랠프 월도 에머슨은 이 주제에 대해 알고 있었다. '두렵지 않은 것처럼 행동하면 공포의 죽음은 확실하다.' 요즘 같은 의심과 불확실함의 시대에 우리가 해야 할 일은 그것이다. 미래와 마주하여 두렵지 않은 것처럼 행동한다면 어느 정도 두려움을 극복할 수 있을 것이다." 카네기는 집이나 일자리를 잃을 위험에 처한 미국인들에게 '희망적인 생각'과 '대담한 정신'을 기르라고 촉구했다. 긍정적인 정신 자세는 "해로운 생각이 아니라 유익한 생각이 무임승차할 수 있도록 해준다." 미국인들은 공포를 분석하고 논리적인 행동 방침을 결정하고 힘든 시간이 언젠가는 지나가기 마련임을 기억하며 고무적인 생각을 해야만 했다. 카네기는 "그러면 경기 침체에 괴로워하고 허물어지는 것보다 용기를 가지고 대담하고 의기양양하게 마주할 수 있다고 확신한다"라고 했다.[7]

미국의 문제와 회복 가능성을 바라보는 카네기의 낙관적인 관점은 그 자신이 '내 인생 최고의 모험'이라고 표현한 해외 방문에 큰 영향을 받았다. 카네기는 1932년 여름에 몇 주 동안 중국을 여행했는데 그것은 대공황을 바라보는 그의 관점에 엄청난 영향을 끼쳤다. 그에 따르면 "중국으로 떠날 당시 미국의 상태는 비극적이었다. 식량 배급을 받으려고 줄지어 서 있거나 수천 명의 남자가 일자리를 구걸하며 거리를 돌아다니는 모습이 흔했고 온 나라에 실업이 만연했다." 그러나 증기선을 타고 상하이에 도착한 카네기는 중국 전역을 여행하면서 "미국은 공황이 무엇인지 전혀 모르고 있다"는 사실을 깨달았다. 중국의 지저분한 생활 조건과 거의 일상이 되어버린 높은 실업률에 충격을 받았다. 그리고 매년 질병과 홍수, 기아로 수백만 명에 이르는 소작농과 도시 노동자가 죽어나가는 "중국이 수세기 동안 알아온 것이라고는 잔인하고 끝도 없이 계속되는 빈곤뿐이다"라고 결론 내렸다. 그 사실은 미국이 처한 문제를 바라보는 카네기의 관점을 크게 바꿔주었고 여전히 조국에 기회가 있음을 깨닫게 했다. 카네기는 "주가 폭락으로 평생 저축한 돈을 잃었다고? 그래서 뭐가 대수란 말인가? 나는 아직 살아 있다. 건강하다. 길바닥에서 잠을 자지 않아도 된다"라고 했다. "동양의 4억 중국인들이 견뎌온 가난과 질병, 불행에 비하면 미국은 카슈미르 계곡*이다."⁸

대공황은 여전히 카네기의 주요 수입원이자 사회적 지명도의 기반이었던 대중연설 강좌에도 큰 영향을 끼쳤다. 카네기는 강좌의 형태와 내용물을 계속 수정했고 1930년대 초반에는 당대의 불안과 필요를 반영해 개편했다. 그는 미국의 자조自助적 전통에 새로운 긴박함을 더하여 "자신을 개선하려는 진실한 욕구만 있다면 따라와라. 우리는 당신이 자신을 돕도록 도울 수 있다. 하지만 자기 개선의 진정한 욕구가 없다면 아무도 당신을 도울 수 없으므로 시간과 돈을 낭비할 필요가 없다"라고 홍보했다. 거기에서 그치지 않았다. 카네기는 사람들에게 자기 자신과 긍정적인 생각을 열정적으로 표현하는 법을 가르친다

---

* 인도 히말라야 산맥의 아름다운 산간 계곡으로 세상과 동떨어진 고립감을 느낄 수 있어 '행복한 계곡'으로 불리기도 한다.

면 더욱 효과적으로 행동할 수 있으며 경제 위기를 극복할 수 있다는 믿음으로 강좌를 확장했다.[9]

카네기는 1920년 후반에 개설되어 탄탄하게 자리 잡혔던 '효과적인 연설 및 비즈니스 화술을 위한 카네기 강좌Carnegie Course in Effective Speaking and Influencing Men in Business'에 다수의 특별 강사를 고용하여 확장했다. 카네기는 좋은 친구이자 이제는 여행과 모험에 관한 베스트셀러 작가에 NBC 라디오 간판스타가 된 로웰 토머스를 설득해 뉴욕에서 강연해달라고 했다. 그는 토머스에게 쓴 편지에서 경쾌하게 호소했다. "얼마나 재미있을지 생각해보게. 라디오 방송 후 이리로 와서 파이프 담배를 가득 채운 채 지혜의 말을 흘리고 수강생 30명의 3분짜리 연설을 평가해주고서 한동안 (북쪽 농장에 있는) 여우 먹이로 줄 말의 시체를 살 돈을 벌 수 있으니." 카네기는 뉴욕 대학교의 교수 두 명도 채용했다. 세일즈에 관해 세 권의 저서를 썼으며 예전에 허스트 신문사의 세일즈 감독관으로 일했던 리처드 C. 보든Richard C. Borden 교수와 대중연설 강의 경험이 많은 찰스 A. 드와이어Charles A. Dwyer 교수였다. 또한 뉴욕 로저스피트 사의 보조 매니저 리처드 포드Richard Ford와 필라델피아 제이콥리즈선즈의 매니저 조지 H. 라이트George H. Wright 같은 이들도 고용했다.[10]

그러나 대공황의 영향력을 더욱 잘 드러낸 것은 카네기 강좌의 강사진이 아니라 강좌의 내용이었다. 그것은 문제를 받아들이는 것으로 시작했다. 카네기는 수강생들에게 사업체나 직업에 대해 연설하는 연습을 시작하라고 했다.

지금 하는 일이 행복합니까? (……) 가장 난처한 문제가 무엇입니까? 세일즈? 홍보? 수금? 노동? 형편없는 경쟁력? (……) 듣는 사람들은 여러분이나 여러분의 문제보다 그들 자신과 그들의 문제에 더 관심이 많다는 사실을 기억하면서 연설을 준비하세요. 모두의 관심을 끄는 연설을 하고 싶다면 당신의 비즈니스가 상대방의 문제 해결을 도와줄 수 있다는 것을 보여줘야 합니다.[11]

카네기는 연설을 시작하고 끝내는 방법을 설명할 때 수강생들에게 100가지 주제 중에서 선택하도록 했다. 대부분은 대공황이 초래한 사회적, 경제적, 개인적 불만족을 반영하는 주제들을 포함했다.

지금까지 성공을 위해 노력해오면서 당신에게 있어 가장 큰 장애는 무엇이었고 극복하고자 어떤 노력을 했습니까? (……) 내가 비즈니스에서 배운 교훈과 그것에 든 비용 (……) 월스트리트가 나에게 무슨 짓을 했는지 (……) 내가 한 실수 중에서 내 아들은 피했으면 하는 것 (……) 구직시 사람들이 하는 실수 (……) 은행의 문제점은 무엇입니까? (……) 나의 가장 큰 두려움과 그것을 극복한 방법 (……) 가장 나은 자살 방법 (……) 살아 있는 동안 미국의 더욱 위대한 번영기를 보지 못할 것이라고 생각합니까?[12]

실제로 카네기 강좌는 실패의 불안과 두려움이라는 점토로 새로운 가능성을 빚어내는 실험이라고 할 수 있었다. 카네기는 1932년 〈아메리칸 매거진〉에서 많은 수강생이 청중 앞에 서야 한다는 사실에 엄

1932년, 대중연설 강좌에서 그 유명하고 시끌벅적한 '야유 시간'을 이끄는 데일 카네기.

청난 두려움을 느낀다고 말했다. "실제로 신체적 통증을 느끼며 괴로워하는 경우도 보았다. 몹시 긴장한 나머지, 연설을 끝내고 자리에 앉아 자기 연설에 자기가 열렬한 박수갈채를 보내는 경우도 수없이 많았다"라고 카네기는 말했다. "무릎이 풀리는 사람들도 있었다. 베테랑 기업 간부는 실제로 기절하기도 했다." 이에 카네기는 수업 중간에 수강생들이 연설자에게 모욕을 쏟아내는, 일명 '야유 시간'을 만들어 연설자의 불안을 고조시키는 방법을 활용했다. 그는 어느 회사의 부회장이 그 시련을 견뎌낸 방법을 묘사했다.

초조한 긴장감으로 가득한 분위기였다. 부회장의 얼굴은 붉었다. 청중은 발을 구르고 테이블을 치고 주먹을 흔들었다. 부회장의 이마에서 땀이 비 오듯 쏟아졌다. 이제는 얼굴이 하얗게 질렸다. 이 불행한 순간에 작고 마른 체구에 안경을 쓴 남자(카네기)가 연단으로 올라가 부회장 뒤로 가서 그를 끌어내리고 신문지로 등을 세게 쳤다. "이제 당신 차례입니다"라고 했다. "뛰어드세요. 열정을 자유롭게 풀어놓으세요. 사납게 짖어대는 똥개들을 지배하세요. 쫓아가세요. 당신의 말에 복종하게 하세요." 부회장은 조언자를 노려보더니 자신을 괴롭히는 사람들을 마주하려고 고개를 돌렸다. 타오르는 분노 앞에 소심함도 초조함도 사라져버렸다. 야유꾼들과 맞선 그는 그들이 자신의 말에 귀 기울이도록 만들었고 의기양양하게 말을 끝냈다.[13]

카네기는 직업 생존이 위기에 처했음을 강조했다. "이 강좌를 공부한 많은 사람이 자신의 생각을 분명하고 인상 깊게 표현할 수 있게 된 덕분에 기업이나 지역사회의 지도자가 되었다. 생각을 제대로 표현하지 못하는 사람은 무시되고 잊힐 뿐 주목받지 못한다." 카네기는 강좌 광고에서도 뒤에서 두 팔이 기업가의 목을 조르는 그림에 "말해야 할 때마다 두려움이 당신의 목을 조릅니까?"라는 문구를 실어 같은 내용을 강조했다. 〈새터데이 이브닝 포스트〉가 카네기와 그의 사업을 소개하는 장문 기사를 실은 것은 그런 험악한 분위기가 미묘하게 퍼져 있음을 의미했다. "카네기는 어둠을 더듬으면서 두려움을 물리치고 앞으로 나아가려는 사람들이 세상에 가득하다고 본다. 이에 평범한 사람들은 카네기와 단호한 전투를 동일시하게 되었다"라는 내용이었다. "카네기에게 성공한 사람이란 최악의 경우에도 준비된 굳센 사람이다." 본질적으로 카네기 강좌는 어려움 속에서도 번영을 위해 투쟁하는 개인의 모습을 통해 대공황을 비유적으로 반영했다.[14]

그러나 카네기처럼 현실적인 사람은 사회 환경과의 추상적 관계가 아니라 그것에 대처하는 구체적 기법에서 강좌의 가치를 찾으려고 했다. 따라서 그는 힘겨운 대공황 시기에 수강생들의 생존을 돕고 나아가 번창하도록 돕기 위해 두 가지 강좌 목표를 세웠다. 첫째, 카네기는 충격에 빠진 사람들이 두려움을 극복하고 자신감을 키울 수 있도록 도와주고자 했다. 둘째, 경제적으로 어려운 환경에서 수익을 올리는 능력을 계발해주고자 했다. 카네기 강좌의 수업 내용과 분위기에는 그 두 가지 목표가 깊이 스며들었고 1930년대 초반 불안에 빠진 수많은 비즈니스맨들이 떼 지어 몰려왔다.

카네기는 가장 좋아하는 인용문을 활용해 자신의 강좌를 소개했다. "에머슨은 두려움을 극복하는 방법은 두려워하는 일을 하는 것이라고 했다." 그는 수강생들이 청중 앞에 서는 두려움을 극복할 수 있도록 매번 수업 때마다 발표를 시켰고 너무 심하지 않게 평가해주었으며 그들이 타인 앞에서 거리낌 없이 생각을 표현할 수 있도록 편안한 분위기로 이끌었다. 청중 앞에 서는 두려움을 극복하면 "새로운 용기와 새로운 침착함"이 생긴다고 강조했다. 또한 성공한 사람과 실패한 사람의 차이는 긍정적이고 자신감 넘치는 태도라고 거듭 강조했다. "나는 수천 명을 지켜본 결과, 대중연설 강좌에서 얻을 수 있는 가장 값진 것은 사람들 앞에서 말하는 능력이 아니라 자신감 증진이라고 확신한다"라고 했다. "당신의 주변에는 스스로 불가능하다고 생각하기 때문에 절대로 성공하지 못하는 사람들, 즉 시작도 하기 전에 자신을 채찍질하는 사람들이 있지 않은가?" 카네기는 "당신을 막는 것은 오직 당신의 생각뿐이라는 사실을 기억하라"는 말로 학생들에게 긍정적인 사고를 주입시켰다. 그는 수업을 더욱 실용적인 방식으로 구성하기 위해 수업 중간에 그 악명 높은 '야유 시간'을 넣어 '불꽃 세례'를 내렸는데, 이는 자기학대가 아닌 자신감과 결단력, 용기를 기르기 위한 훈련이었다. 그는 1932년에 〈아메리칸 매거진〉 기자에게 "대중 앞에서 말하는 법을 배우는 것은 수영과 비슷하다. 둘 다 연습이 가장 좋은 스승이고 두려움이 가장 큰 장애물이기 때문이다"라고 말했다.[15]

카네기는 자신의 강좌가 '소득을 높여주고' '수익성을 올려준다'고 홍보하면서 수강생들의 재정 상태를 향상시키려는 두 번째 목표를 재차 강조했다. 그는 수강생들에게 기업과 관료주의, 복잡한 인간관계가 지배하는 현대 경제에서는 성격과 열정, 타인과의 분명한 소통, 인간관계가 성공을 좌우한다고 말했다. "이 강좌의 주된 목적은 사업가가 필요한 능력을 키워서 결과적으로 수익을 높이는 데 있다"라고 했다. 그는 실제 사업가들에게 직접 '돈 버는 방법'에 대해 강의해달라고 부탁했다. 역시나 자신감, 긍정적 태도, 타인의 행동에 끼치는 영향력의 중요성이 강조되었다. 어느 열정적인 사업가는 수강생들에게 카네기 강좌가 "거의 모든 사람이 수익을 올릴 수 있도록 도와줄 것이다. 여러분도 마찬가지겠지만, 나는 뛰어난 화술로 사람들을 설득하고 자기 자신과 아이디어를 '세일즈'하는 능력을 갖춘 사람들이 가장 크게 성공하는 경우를 많이 보았다"라고 말했다.[16]

이처럼 카네기는 경제 대공황이라는 어두운 시기에 정서적이고 경제적인 회복력의 수단으로 강좌를 활용했다. 적어도 일각에서는 그 중요성을 이해했다. 〈새터데이 이브닝 포스트〉는 "데일 카네기는 사람들이 가장 절실히 필요로 하는 것을 판다. 그는 사람들에게 희망을 판다"라고 보도했다. 또 다른 기자는 "평범한 사람들의 주변을 맴도는 불안감을 쫓아내는 카네기의 기발한 기법"이라고 표현했다. 오랜 친구 로웰 토머스는 사이먼앤드슈스터에서 재발간된 《대중연설: 비즈니스맨을 위한 실용 강좌》의 다시 쓴 서문에 예리한 견해를 덧붙였다. "데일 카네기는 자신의 직업이 대중연설을 가르치는 일이 아니라고, 그것은 부수적인 일일 뿐이라고 말할 것이다. 그는 사람들에게 두려움을 극복하고 용기를 심어주는 일이 자신의 본업이라고 말한다."[17]

그러나 카네기는 1930년대 대공황에 간접적인 방법으로도 대처했다. 당시 어려운 시기에 많은 미국인이 그랬듯이 그 역시 미국 전통의 토대에서 위안과 지지를 얻으려고 했다. 과거를 돌아보며 평범한 시민의 민주적인 뿌리에서 위기 대처법을 찾으려고 했다. 이에 카네기는 강사가 아닌 작가로서 미국인의 회복력을 상징하는 인물을 발견했다.

런던에서 로웰 토머스의 쇼를 공연하던 1920년대 초반, 카네기는 호텔에서 아침 식사를 하다가 신문 칼럼을 읽었다. 에이브러햄 링컨의 개인적인 경험과 특징을 중점적으로 다룬 내용이었다. 그 칼럼은 그날을 시작으로 며칠 동안 연재되었다. 카네기는 항상 미국 역사에 관심이 많았고 특히 같은 중서부 출신이자 노예 해방이라는 위대한 업적을 쌓은 대통령 링컨을 존경했다. 그런데 그 칼럼에서 지금까지 알지 못했던 링컨의 새로운 모습을 접하고 큰 흥미를 느꼈다. 카네기는 "미국인인 내가 런던에서 아일랜드 기자가 영국 신문에 쓴 연재 기사를 읽고 있었다. 역시 링컨의 생애를 다룬 그 이야기는 인류 역사상 가장 흥미로운 이야기였다"라고 농담처럼 말했다.[18]

그는 시간이 날 때마다 대영박물관부속도서관*에 가서 링컨에 관련된 책을 모조리 찾아보기 시작했다. "링컨에 관한 책을 직접 써야겠다는 열정에 불타올랐다." 처음에는 역사 소설을 목표로 유럽에 머무른 몇 년 동안 간간이 원고를 썼지만 별로 진전이 없었다. 1930년대 들어 소설가의 꿈이 깨지고 대공황이 닥친 후에야 링컨에 대한 연구를 다시 시작했다. 처음에는 그가 '전기 소설'이라고 부른 것을 쓰기 시작했고 서론에서도 '5퍼센트 허구'임을 밝혔다. 그러나 호머 크로이는 "이 책은 약간의 극화를 허용하여 닿을 수 있는 진실입니다"라고 쓰라고 권유했다. 또한 카네기는 "오늘날 바쁜 미국인들을 위해 링

---

* 지금은 영국도서관(British Library)이 되었다.

컨의 생애를 간결하게 다룬 짧은 전기의 필요성의 결과"라고 표현했다. 2년의 집필 기간 중 몇 개월은 링컨의 고향인 일리노이 주 스프링필드에서 보내며 열심히 글을 쓴 결과 《데일 카네기의 링컨 이야기》 (1932년)가 탄생했다. 그 책은 카네기가 미국 연합의 수호자에게 바치는 경의의 표시였다.[19]

그러나 카네기의 책에 등장한 링컨은 1865년 암살당한 이후 60년 넘도록 역사학자들에 의해 거의 모든 사상과 정책이 검토되고 분석된 대통령도, 정치인도, 국회의원도 아니었다. 그는 미국인의 두 가지 훌륭한 특징을 상징하는 뛰어난 재능을 가진 고뇌하는 인간이었다. 첫 번째는 장애물과 혹독한 실패를 이겨낸(종종 카네기식의 원칙을 도움 삼아) 성공의 상징이자 두 번째는 품위와 회복력, 공정함, 민주주의 같은 보통 사람들의 기본 덕목을 나타내는 보통 사람들의 우상이었다. 즉, 카네기는 대공황기 미국의 관심사를 반영하여 링컨을 솔직하게 그려냈다.

링컨은 1930년대 다수의 미국인처럼 세상이 던져준 시련을 이겨내고자 오랫동안 발버둥쳤다. 링컨의 삶은 실패와 실망을 극복하려는 끝없는 시도였다. 젊은 시절 일리노이 뉴 살렘New Salem 마을에서 동업으로 시작한 잡화점 사업의 실패로 파산에 이른 링컨은 닥치는 대로 노동일을 해야만 했다. 잡목림을 자르고 건초를 옮기고 제재소에서 일하고 한동안 대장간에서 일하기도 했다. 몇 년 후 스프링필드에서 변호사가 된 링컨은 1100달러의 빚에 허덕이며 채권자들을 찾아가서 "시간만 준다면 이자까지 쳐서 다 갚겠다"고 약속했다. 얼마 되지 않는 봉급으로 근근이 살아가면서도 가난한 고객들에게 세심한 관심을 기울이고 수임료를 싸게 해주는 경우가 많았다. 언젠가 한 고객이 25달러를 보냈지만 링컨은 너무 많다며 10달러를 돌려보냈다. 정치에 열정을 쏟은 후에도 불운은 계속되었다. 몇 번 선거에서 이기기도 했지만 대개는 패배를 맛봐야 했다. 카네기의 표현에 따르면 1858년 상원 선거에서 스티븐 더글러스Stephen Douglas에게 패하자 절망에 빠진 링컨은 "나에게 야망의 경주는 완전한 실패였다"라고 말했다.[20]

그의 시련은 대통령 재임 기간에도 계속되었다. 남북전쟁 초기는 북부군에게 재앙의 연속이었다. "이제 실패와 패배는 링컨에게 새로운 경험이 아니었다"라고 카네기는 썼다. "그는 평생 그것들을 알아왔기에 쓰러지지 않았다. 궁극적으로 자신의 명분이 승리하리라는 믿음이 확고했으며 그의 자신감은 흔들리지 않았다." 1864년 율리시스 S. 그랜트Ulysses S. Grant 장군이 로버트 E. 리Robert E. Lee의 북버지니아군을 끈덕지게 공격하면서 엄청난 사상자가 발생하자, 많은 북부 사람이 그를 무자비한 학살자라고 비난했다. "해를 거듭할수록 웃음이 줄어들었고 얼굴의 주름은 깊어졌으며 어깨가 굽었다"라고 카네기는 썼다. "그는 친구에게 '다시는 기뻐할 수 없을 것 같네'라고 말했다."[21]

링컨의 우울증 성향은 시련을 더욱 악화시켰다. 1830년대 뉴 살렘에서 애인이었던 앤 러틀리지Ann Rutledge의 죽음은 그를 깊은 우울증으로 몰아넣었다. "링컨은 자지도, 먹지도 못했다"라고 카네기는 적었다. "살고 싶지 않다는 말을 자주 했고 자살하겠다고도 했다. 놀란 친구들이 그에게서 주머니칼을 빼앗았고 강에 몸을 던지지 않도록 감시했다." 불행한 결혼 생활도 그를 정서적으로 메마르게 만들었고 가장 사랑한 아들 윌리의 죽음으로 엄청난 절망에 빠졌다. 링컨의 가장 절친한 친구 중 한 명이자 동업 변호사였던 윌리엄 헌든William Herndon은 "내가 아는 한 링컨은 20년 동안 단 하루도 행복한 날이 없었다. 항상 슬픔이 담긴 얼굴은 그의 가장 큰 특징이었다. 걸을 때마다 비애가 뚝뚝 떨어졌다."22

그러나 링컨은 삶의 절망을 이겨냈다. 카네기에 따르면 링컨이 오랫동안 기른 몇 가지 습관 덕분이었다. 링컨은 근면함을 실천했다. 변경지대에서의 생활은 끝없는 노동이 필요했다. 가족이 일리노이로 이사한 후 "링컨은 나무 자르기, 오두막집 짓기, 땅 치우기, 멍에 씌운 황소로 대략 6만 제곱미터에 이르는 풀밭을 갈아 옥수수 심기, 울타리 치기 같은 노동을 도왔다. 다음 해에는 동네의 심부름꾼으로 일하며 농부들의 잡다한 심부름은 물론 밭 갈기, 건초 옮기기, 가로장 부수기, 돼지 잡기 등을 했다." 또한 링컨은 지식에 대한 목마름으로 학업에도 정진했다. "종이가 비쌌으므로 널빤지에 숯으로 글씨를 썼다. 때로는 오두막집 벽으로 쓰려고 베어낸 통나무의 평평한 면을 활용하기도 했다." 링컨은 셰익스피어, 번스, 블랙스톤, 기번, 톰 페인의 책을 닥치는 대로 읽었고 걸으면서도 책을 읽었다. "이해하기 어려운 구절이 있으면 걸음을 멈추고 이해될 때까지 집중했다"라고 카네기는 적었다. "20~30쪽을 정복할 때까지 계속 읽었고 해가 저물어 글을 읽을 수 없을 때까지 공부했다."23

또한 링컨은 카네기가 내세운 것과 똑같은 몇 가지 원칙에 전념한 덕분에 생존하고 번영했다. 변호사 경력이든 남북전쟁 결과든 유머를 활용하고 미래를 긍정적으로 바라보는 의지 덕분에 우울증을 이겨낼 수 있었다. 링컨은 카네기와 마찬가지로 자신감을 얻었고 사람들에게 다가가 뛰어난 대중연설가가 되었다. 어린 시절 들판으로 나가 일하면서 "이따금 괭이나 쇠스랑을 내려놓고 울타리에 올라가 록포트Rockport나 분스빌Boonsville에서 들은 변호사들의 연설을 따라 했다. 또는 일요일마다 리틀 피전 크리크Little Pigeon Creek 교회의 완고한 침례교 목사의 고함치는 듯한 설교를 흉내 내기도 했다." 뉴 살렘으로 이사한 후 정치계 입문을 결심한 링컨은 대중 앞에서 말하는 법을 배웠고 말로 타인에게 영향을 끼치는 남다른 능력을 발견했다. 1850년대 이루어진 노예제 확대에 관한 열띤 토론에서 링컨은 같은 인간으로서 억압받는 인종을 옹호하며 사람들의 뿌리 깊은 잘못을 흔들었고, 도덕적 위엄으로 다가가 그들을 감동시키고 고양시켰다. 두 번째 대통령 취임 연설에서는 호소력이 절정에 달했다. "그의 연설은 마치 연극에 나오는 위인의 대사처럼 들렸다. 그것은 성스러운 시였다."[24]

끝으로 카네기는 링컨이 인간관계에 대한 이해를 통해 성공을 이루었다고 묘사했다. 링컨은 타인의 관점 알기, 긍정적인 반응 얻기, 폄하하거나 공격하지 않고 사람들을 능숙하게 다루기 등 타인에게 영향력을 끼칠 수 있는 중요한 원칙을 알고 있었다. 한번은 전쟁부 장관 에드윈 스탠턴Edwin Stanton이 링컨의 지시사항을 전달받은 후 "대통령이 그런 지시를 내렸다면 바보천치다"라고 했다. 이 말을 전해 들은 링컨은 "스탠턴 장관이 나더러 바보천치라고 했다면 분명히 맞는 말일 거야. 그는 거의 항상 옳으니까. 내가 가서 직접 만나봐야겠다"라고 부드러운 반응을 보였다. 스탠턴이 해로운 결정이라고 설득하자 링컨은 지시를 철회했다. '스탠턴에게 문제를 더해줄 수는 없어. 그의 자리는 세상에서 가장 어려운 자리거든. 그가 느끼는 압박감은 헤아릴 수도 없고 끝도 없다. 그가 어떻게 무너지지 않고 버티는지 모르겠어. 그가 없다면 나는 큰일 날 거야'라고 링컨은 생각했다. 또 한번은 게티스버그 전투 후 북부군 사령관인 조지 미드George Meade가 남부군의 로버트 E. 리 장군과 그의 군대를 탈출하게 하자 화가 난 링컨은 곧바로 미드를 맹비난하는 편지를 썼다. 그러나 다시 숙고한 후 편지를 보내지 않았다. 카네기에 따르면 링컨은 "미드 장군처럼 며칠 밤을 자지 못하고 그렇게 많은 피를 봐야 했다면 나 역시 리 장군을 탈출하게 했을 거야"라는 결론에 이르렀다. 링컨은 이러한 행동으로 정부와 군대의 거의 모든 사람에게 존경과 충성심을 얻었다.[25]

이처럼 카네기는 링컨을 현대의 성공 아이콘으로 그리며 대공황으로 자신감이 흔들린 사람들에게 의욕을 불어넣었다. 《데일 카네기의 링컨 이야기》가 매력적인 이유는 또 있었다. 카네기는 링컨을 '민중의 남자a man of the people'로 그렸다. 카네기가 묘사한 링컨은 영웅적인 인물이 분명했지만 그가 미국 역사상 가장 큰 위기에서 일궈낸 승리는 민중에 대한 존중과 동질성 덕분이었다. 카네기는 링컨이 심각한 국가 문제를 극복할 수 있었던 것은 평범한 미국인의 미덕과 품격을 지닌 덕분이라고 했다.

카네기만 혼자 애쓴 것이 아니었다. 사실 대공황기에 많은 작가, 예술가, 저널리스트, 공공 지도자들이 미국의 중추였던 근면하고 소박한 시민 전통에서 국가의 생존을 찾으려는 문화 운동을 일으켰다. 카네기는 그 흐름의 일부였다. 대중 시인 칼 샌드버그Carl Sandburg는 책 한 권 분량의 시 〈민중이여, 그렇다The People, Yes〉(1936년)에서 다음과 같이 말했다.

민중, 그렇습니다.

그들은 계속 살아갈 것입니다.

배우고 실수하는 사람들은 계속 살아갈 것입니다.

그들은 속고 팔리고 또 팔릴 것입니다.

그리고 기름진 땅으로 돌아가 탄탄한 뿌리를 찾을 것입니다.

민중은 특유의 부활과 회복의 힘을 가지고 있습니다.

절대로 웃어넘길 수 없는 능력입니다.

역사학자 워런 서스먼의 말처럼 1930년대 문화는 민중의 관습과 충성심에 뿌리내린 '미국인의 삶의 방식을 찾고 찬양하는 것'에 집착했다. 서스먼이 '민중 신화myth of the people'라고 명명한 그것은 '신화적이고 상징적인 정체성의 근원에 대한 폭넓은 탐색'의 일부였다. 많은 사람이 1930년대의 충격적인 경제 붕괴는 과거 사람들을 지켜준 강인한 가치와 관습으로 개선될 수 있다고 믿었다.[26]

실제로 대공황기의 '감성적 민중주의'는 미국인의 삶 어디에서나 나타났다. 다양한 문화계 인사들이 평범한 미국인들 삶의 강인한 요소들을 돌아봄으로써 미국에 거대한 향수와 전통의 물결이 덮쳤다. 민중의 화가 노먼 록웰Norman Rockwell은 1930년대 내내 시골 마을 생활과 중산층의 의식이 담긴 그림을 발표했고, 민중 가수 우디 거스리Woody Guthrie는 민주적인 낙관주의가 묻어나는 노래를 불렀다. 정치인 휴이 롱Huey Long의 연설 '모두가 왕every man a king'은 작곡가 애런 코플랜드Aaron Copland의 '민중을 위한 팡파레Fanfare for the Common Man'가 그랬던 것처럼 민중의 미덕을 환기시켰다. 평론가 밴 와이크 브룩스Van

Wyck Brooks의 '제작자와 발견자Makers and Finders' 시리즈는 미국의 민주적인 편지 전통을 칭송했고 토머스 하트 벤튼Thomas Hart Benton, 그랜트 우드Grant Wood, 스테우트 커리Steurt Curry 같은 지역주의 화가들은 중서부 시골 사람들의 일상적인 노동을 찬미했다. 아치볼드 매클레이시Archibald MacLeish는 일상적인 대중연설의 형태로 새로운 시법의 필요성을 역설했고, 루이스 멈포드Lewis Mumford는 산업 기술과 '민중의 문화'를 재통합하자고 주장했으며, 기업가 헨리 포드는 18세기와 19세기의 고택과 교회, 공공건물, 18세기와 19세기 민중의 삶에 관련된 공예품을 모아놓은 그린필드 빌리지Greenfield Village를 만들어 유명 관광지로 발전시켰다. 이러한 민중주의 열풍은 한 평론가의 말에 따라 "민중과 그들의 문화, 과거, 현재, 전 미국과 미국인에 대한 일종의 전체적인 동일화를 상징했다."[27]

카네기도 민중문화를 완전히 수용했다. 실제로 민중문화에 몰두한 그는 유럽에서 완성한 초고에서 몇 챕터를 버리고 일리노이 중부 시골 마을을 찾아가 링컨에 관한 진짜 이야기를 아는 사람들을 만나고 함께 걷고 이야기하고 꿈꾸었다. 그렇게 카네기는 추측도 역사학자들의 견해도 아닌, 있는 그대로의 링컨을 알게 되었다. 훗날 인터뷰에서 말했듯이 카네기는 칼라 달린 셔츠도 없이 짧은 바지를 입고 가장 극적인 연설을 했던 소박한 일꾼 링컨을 숭배할 정도가 되었다. 그는 스프링필드의 링컨의 집과 법률 사무소를 찾아갔고 링컨이 젊은 시절에 살았던 지역의 숲과 들판을 걸었으며 몇십 년 전 링컨이 실제로 활보했던 뉴 살렘의 거대한 참나무 가지 아래에서 원고 일부를 썼다. "나는 상거먼Sangamon 제방을 따라 나 있는 숲 속에서 쏙독새가 울고 달

..
어린 시절 농장에서 길렀던
티피를 시작으로
평생 개를 사랑한
데일 카네기.

빛이 러틀리지 여관의 윤곽을 비추는 여름밤에 홀로 그곳에 갔다. 약 100년 전 그런 밤에 젊은 에이브러햄 링컨과 앤 러틀리지가 팔짱을 끼고 달빛을 받으며 걸었던 바로 그 길을 걷는다고 생각하니 전율이 일었다"라는 그의 표현대로 뉴 살렘에서 이루어진 거의 신화적 만남은 1930년대의 인민주의를 반영했다. 실제로 카네기의 상상력을 사로잡은 그 개척자 마을은 1930년대 초반 루스벨트 대통령의 뉴딜 정책이 지원하고 시민보전단Civilian Conservation Corps에 의해 완성된 역사적 재건의 현장이었다.28

카네기가 그린 링컨은 민중의 강인하고 수수하고 도덕적인 습관을 갖춘 인물이었다. 링컨은 1809년 겨울, 지독하게 가난한 집안에서 태어났다. "장대로 받친, 옥수수 껍질로 덮인 침대에서 태어났다. 2월의

9장 두려운 일을 하라 • 277

바람과 눈발이 나무 틈새로 들어와 낸시 행크스Nancy Hanks와 아기를 덮은 곰 가죽이 들썩거렸다." 링컨은 어린 시절에 끔찍한 가난을 견뎌야 했고 성인이 된 후에는 일리노이의 개척자 마을에서 힘들게 생계를 꾸려나갔다. 그러나 뉴 살렘으로 이사한 후에는 "오두막집을 다니며 악수하고 이야기를 들려주고 모두의 말에 동의하고 군중이 있는 곳이라면 언제 어디서나 연설을 하면서" 민주주의 정치에 뛰어들었다. 그는 스프링필드에서 변호사로 성공한 후에도 똑같은 습관을 유지했고 코트나 칼라 셔츠도 없이 시내를 돌아다니는 모습이 눈에 띄었다. "고무 멜빵으로 바지를 받쳤고, 단추가 떨어지면 나무못을 깎아서 꽂아두었다."29

1858년 상원 선거 유세 때, 상대 후보인 더글러스는 세련된 양복과 모자 차림에 백마가 끄는 멋진 마차를 타고 왔지만, 링컨은 노새가 끄는 농장 마차를 타고 다녔다. 카네기의 말에 따르면 링컨은 "슉슉 마차fizzlegigs와 폭죽'이라고 부르는 그것을 싫어했으며 보통 객차와 화물 열차를 이용했고, 오래되어 낡은 여행 가방과 손잡이가 떨어져 펼쳐지지 않도록 가운데에 끈을 감아둔 초록색 우산을 들고 다녔다." 대통령이 된 후에도 그의 서민적인 모습은 변하지 않았다. 군법을 어기고 사면을 호소하는 북부군의 일반 병사들에게 관용을 베풀어주는 경우가 많았다. 카네기에 따르면 링컨은 무례한 장교들은 불신했지만 "전쟁의 승리에 중요한 자원 병사들, 즉 자신과 같은 숲과 농장 출신 병사들에게는 애정을 가졌다."30

이처럼 카네기가 1930년대에 작가로서 링컨의 과거를 들춰낸 목적은 그가 강좌 프로그램에서 보여준 행보와 비슷했다. 둘 다 미국인에게 대공황의 시련을 이겨낼 정서적 자양분과 원칙을 제공하는 것을 목표로 삼았다. 또 다른 프로젝트도 마찬가지였다. 카네기는 당시 미국인들의 삶에 매우 강력한 영향력으로 자리 잡은 매체인 라디오와 엮였다. 루스벨트 대통령의 노변정담fireside chat*처럼 카네기는 라디오를 통해 성격의 힘에 대한 믿음을 전파하여 더욱 큰 영향력을 쌓아나갔다.

 1933년 늦여름, 미국 전역의 신문에서 뉴욕 NBC 방송국 본사 WEAF가 새로운 라디오 프로그램을 방송한다는 사실이 보도되었다. 인기 강사이자 저자인 데일 카네기는 8월 20일부터 '유명인에 관해 몰랐던 사실들Little Known Facts About Well Known People'이라는 주간 프로그램을 진행했다. 매주 일요일 오후 5시 30분부터 30분간 카네기는 과거와 현재의 유명인들을 다루고 그들의 인간적인 측면을 강조하고 대중이 잘 모르는 흥미로운 사실을 알려주었다. 몰텍스시리얼Maltex Cereal이 후원하고 새뮤얼 C. 크루트 광고 회사Samuel C. Croot Advertising Company가 홍보하는 그 프로그램에는 아나운서 존 홀브룩John Holbrook과 해럴드 샌퍼드 오케스트라Harold Sanford Orchestra도 출연했다. 라디오 진행은 카네기의 전국적 인지도를 크게 올려주었다. 새로운 대중매체인 라디오 방송에 진출한 것은 강좌와 강연 활동뿐만 아니라 작가 경력에도 도움이 되었다. 그는 1934년에 라디오에서 소개한 이야기를 책으로 펴냈다.[31]

 로웰 토머스는 카네기의 라디오 방송 진출에 큰 도움을 주었다. 토

---

* 프랭클린 루스벨트 대통령이 라디오를 통해 실시한 국민 담화로 난롯가에서 친근하게 잡담을 나누는 형식에서 이름 붙여졌다.

1933년에 NBC 라디오 방송 '유명인에 관해 몰랐던 사실들'을 진행하게 된 데일 카네기.

머스는 이미 NBC '투데이 뉴스Today's News'라는 낮 프로그램을 진행하며 두터운 청취자층을 확보했고 향후 40년 동안 미국 라디오 방송계의 가장 인기 있는 인물 중 하나로 자리매김했다. "좋은 저녁입니다, 여러분Good evening, everybody"과 "내일까지 안녕히So long until tomorrow"라는 첫 인사와 마지막 인사는 따뜻하고 낭랑한 목소리와 함께 그의 트레이드마크가 되었다. 토머스는 한때 자신의 사업을 관리했던 카네기를 NBC 방송국에 적극 추천했다. 크루트에이전시Croot Agency는 토머스에게 첫 방송에 출연하여 청취자들에게 카네기를 소개해달라고 했다. 그 대신 카네기는 그의 방송에서 토머스를 첫 번째 주인공으로 선택했고 "로웰 토머스는 제가 지금까지 알아온 가장 비범한 사람 중 한 명입니다"라고 소개했다.[32]

카네기의 라디오 쇼는 시작은 불안했지만 그래도 무사히 막이 올랐다. 그는 라디오 방송국의 낯설고 혼란스러운 분위기에 당황했으며 "첫 방송은 만족감과는 거리가 멀었다"라고 했다. "실내가 엄청나게 혼란스러웠다. 내가 말하는 동안 오케스트라 지휘자가 계속 단원들에게 말하면서 돌아다녔다. 처음 해보는 방송이라 약간 혼란스러웠다. 사실 온갖 잡음과 말소리 때문에 돌아버리기 일보 직전이었다." 그러나 카네기는 몰텍스 사와 광고 에이전시가 만족스러워했다는 사실에 그나마 위안을 얻었다. 친구인 뉴욕 광고클럽Advertising Club of New York의 J. R. 볼턴J. R. Bolton도 "일요일 방송 참 멋졌네. 훌륭한 시작이야"라고 칭찬하며 첫 방송을 성공적으로 평가했다. 카네기는 두 번째 방송부터는 제 컨디션을 되찾아 방송국 분위기에 적응했고 소재도 강화하고 제대로 말할 수 있었다. 그는 라디오 방송의 성공 비결은 대중연설의 성공 비결과 똑같다고 결론지었다. "자신의 성격을 집어넣어야 한다. 키플링더러 대본을 써달라고 한다면 나보다 훨씬 잘 쓰겠지만, 키플링의 옷이 나에게 맞지 않듯이 나에게 맞지 않는 내용이라 마이크에 열정을 담아 전달할 수 없을 것이다. 자기표현의 기술을 연구할수록 남을 흉내 내지 말고 결점을 가진 자기 그대로의 모습을 드러내야 한다는 확신이 생긴다."[33]

카네기는 2년 동안 '유명인에 관해 몰랐던 사실들'을 진행하면서 자신의 손길을 약간 더해 유명인들에 관한 간단한 정보를 전달했다. 클레오파트라나 크리스토퍼 콜럼버스, 레닌 같은 역사적 인물뿐 아니라 에드거 앨런 포, H. G. 웰즈, 모차르트 같은 작가와 예술가들, 그레타 가르보, 조지 거슈인, 앨버트 아인슈타인 같은 당대 인물들도 다루었다. 그러나 대상과 상관없이 카네기의 초점은 늘 한 곳을 향했다. 바로 인간적인 관심을 불러일으키는 주제, 감성적이거나 희극적인 측면, 성격을 부각시키는 점 등이었다. 카네기와 조수들은 깊이보다 폭에 집중하여 잡지기사를 뒤지고 출간된 전기를 열심히 읽고 이따금 면담도 했다. 카네기는 프로그램 홍보에서 "방송의 매 60초를 위해 2시간씩 연구에 투자한다"라고 했다.[34]

카네기는 라디오라는 매체를 완전히 정복하고자 연구했다. 생방송으로 청중에게 말하는 것과 라디오 마이크에 대고 말하는 것에는 중요한 차이가 있음을 즉각 발견했다. 알다시피 그는 전자에는 경험이 풍부했지만 후자에는 초보였으므로 더 어려웠다. "강연은 대부분의 청중이 원해서 그 자리에 있는 것이다. 그들은 연사의 말을 들으러 찾아온 것이기에 당연히 주의 깊게 귀를 기울인다. 하지만 라디오의 경우는 다르다. 연사가 환영받는 방문객인지 아닌지 알 수 없다. 청중이 눈에 보이지 않으므로 연사가 말하면서 그들의 반응을 헤아릴 수도 없다." 하지만 카네기는 모든 형태의 의사소통에 공통분모가 있다고 믿었다. "연속으로 놀랍고 흥미로운 말"을 열정적으로 전달하는 것이야말로 어떤 청중에게라도 다가갈 수 있는 열쇠라고 생각했다. "대본마다 페이지 상단에 빨간색 잉크로 '즐거움'이라고 적어 놓았다. 그 단어는 내가 내 일에 스스로 느끼는 기쁨을 상징한다." 카네기가 라디오 진행자로 성공할 수 있었던 이유는 연기 수업 덕분이기도 했다. 무대 침착성, 발성, 청중의 관심을 끌어들이고 잡아두는 힘 등 연기를 배울

때 익혔던 기술이 라디오에서 유용하게 쓰였다.35

카네기의 라디오 쇼는 1930년대에 일반적이었던, 그 자신과 청취자들의 관심사와 성향을 다수 반영했다. 흔들리지 않는 낙관적인 어조로 대공황의 시련과 성공 주제를 다루었다. '그들은 나쁜 늑대를 막느라 세월을 보냈다'라는 방송에서는 마크 트웨인, 율리시스 S. 그랜트, 대니얼 웹스터, 에이브러햄 링컨 같은 인물들이 오랫동안 빚과 싸웠음을 알려주었다. "그들은 1929년의 여러분과 나보다 그리 분별력이 뛰어나지 않았습니다." 카네기는 당대의 민중주의 영웅들도 다루었다. 월트 디즈니에 대해서는 "차고의 기름 냄새가 몇백만 달러짜리 아이디어를 떠올리게 해주었다"며 공장 위쪽의 비좁은 사무실에서 미키마우스를 꿈꾼 남자로 소개했고, 영화배우 윌 로저스는 "정규 교육이라고는 거의 받지 못했지만 유명해졌고, 넥타이가 아니라 부츠에 낡은 청 멜빵 바지를 입고 할리우드로 차를 몰고 갔다"라고 소개했다.36

그러나 카네기가 간단한 인물 열전에서 더욱 자주 다룬 주제가 있었다. 바로 유명인사로서의 '개인'이었다. 물론 성격계발은 오래전부터 이어진 관심사였지만 이제 그는 개인의 카리스마를 현대사회의 지배적인 영향력으로 승격시켰다. 이미 그는 저서 《대중연설: 비즈니스맨을 위한 실용 강좌》에서 "어떤 대상이나 생각에 대한 이야기라면 사람들이 지루해할 수 있지만 사람과 성격에 대해 이야기하면 관심을 끄는 데 실패할 위험이 적다"고 했다. 그는 1930년대에 신문 기자와 나눈 라디오 방송에 관한 인터뷰에서 그 점을 재차 강조했다. "추상적인 주제라면 듣는 사람이 하품할 가능성이 있다. 하지만 사람, 성격, 인간의 투쟁, 즐거움, 비극에 관해 이야기하면 한 마디도 놓치지 않으려고 할 것이다."37

따라서 카네기는 라디오 방송 '유명인에 관해 몰랐던 사실들'에서 거의 전적으로 유명인들의 성격, 개인적 사연과 시련과 승리에 대해 이야기했으며 그들의 사상이나 공적인 업적에는 별로 관심을 기울이지 않았다. H. G. 웰즈H. G. Wells는 다리를 심하게 다쳐 자리에 누워 있어야만 했을 때 닥치는 대로 책을 읽으면서 책에 대한 안목과 문학 사랑을 키웠고 그 덕분에 세계적인 작가가 될 수 있었다. 철도계 거물 코넬리어스 밴더빌트Cornelius Vanderbilt는 괴짜에다 미신을 잘 믿어서 잠자는 동안 사악한 기운이 공격하지 못하도록 침대 네 다리 밑에 소금 접시를 받쳐놓았다. 간디는 틀니를 샅 가리개에 싸서 가지고 다니며 음식을 먹을 때만 입안에 끼우는 별난 성자로 묘사되었다. '경제 실험'의 선동자라는 별명으로 불린 레닌은 전문 체스꾼이었고 행복한 결혼생활을 했으며 가짜 수염을 하고 다니는 혁명주의자였고 물에 담가야만 글씨가 보이는 편지로 소통했으며 종종 화물 상자에서 잠을 잤다. 이렇게 카네기는 매력적인 성격이 필수였던 당대에 유명인사들의 문화 속으로 청취자들을 안내했다. 대니얼 부어스틴의 유명한 말처럼 현대의 유명인사들은 "유명함으로 유명해졌다."38

카네기가 유명인사에 집중했다는 사실은 특히 영화배우들을 주제로 선택한 것에서 잘 드러났다. 카네기의 동향 친구이자 작가인 호머 크로이는 그가 쓴 소설이 몇 차례 영화화된 덕분에 할리우드에 인맥이 있었다. 막 성장 중인 라디오 진행자 카네기는 크로이에게 유명 배우들의 인터뷰와 대본 작업을 맡겼다. "자네는 내가 아는 유일한 할리우드 전문가잖나"라면서 영화계 인사들과 접촉하게 해달라고 부탁했다. 카네기는 1933년 12월에 크로이에게 쓴 편지에서 "방송을 맡은 지 첫해가 지나고 이제 6회만 남았네. 자네가 미키 마우스와 메리 픽퍼드Mary Pickford를 보내준다면 할리우드 인사는 셋이 되는 거지. 에디 캔터Eddie Cantor를 인터뷰하고 싶네"라고 했다. "그레타 가르보는 어때? 해럴드 로이드와의 인터뷰는? 라이오넬과 존 배리모어는?" 크로이가 유명 배우들을 주인공으로 쓴 대본을 보내주자 카네기는 자신의 스타일에 맞게 다듬어달라고 부탁했다. "내가 몇 시간이나 걸려 바꾸지 않아도 되도록 내가 원하는 식으로 고쳐준다면 큰 도움이 될 걸세. 그 고마움은 이루 말로 다하지 못할 거야"라고 했다. "내가 원하는 방식이 엉망진창일지도 모르지만, 자네는 남을 모방하지 말고 직접 소매를 걷어붙이고 손바닥에 침을 뱉고 나 자신이 되라고 가르쳐주지 않았나. 나는 지금 바로 그걸 하고 있는 걸세."[39]

또다시 카네기는 대중문화에 대한 예리한 감각으로 1930년대의 강력한 추세를 포착했다. 대공황기에 유명인사들이 막강한 영향력을 발휘한다는 사실이었다. 수많은 노동자 계급과 중산층이 생존을 위해 애쓰는 시대에 부와 화려함, 어둠 속의 한 줄기 빛 같은 환한 이미지는 그들에게 환상이었다. 한 예로 전례 없이 많은 관객이 영화관으로 몰려가 어두운 극장 안에서 위안을 얻었다. 한 평론가의 말대로 "고통에 잠긴 국가에서 영화는 환상적인 삶이었다." 대중은 부유한 가문의 딸로 사교계에 데뷔했지만 '가엾은 부자 소녀poor little rich girl'라고 불릴 만큼 불우한 생활을 했던 바버라 허튼Barbara Hutton이나 글로리아 밴더빌트Gloria Vanderbilt에게 끌렸다. 할리우드 배우의 화려한 생활을 보여주는 〈포토플레이Photoplay〉나 〈모션 픽처〉 같은 잡지에 열광했으며 상류층 인물을 내세워 풍요로운 이미지를 전달하는 광고에 빠졌다. 물론 유명인의 문화는 현실 도피적이었지만 또 다른 기능을 수행하기도 했다. 어느 전문가의 표현대로 그것은 "무한한 성공 가능성에 초점을 맞춤으로써" 어려움 속에서도 아메리칸 드림을 다시금 확인시켜주었다. 이제 개인을 성공으로 이끄는 것은 근면함과 올바른 성품이 아니라 성격과 카리스마였다.[40]

카네기의 라디오 쇼는 어느 정도 성공을 거두었다. 방송은 1933년부터 1935년까지 2년 동안 계속되었다. 처음 해가 바뀌면서 형식과 후원에도 변화가 생겼는데, 1시 45분에서 1시 50분까지 매일 오후 5분간 방송으로 바뀌었고 아메리칸라디에이터American Radiator Company가 후원자로 나섰다. 카네기는 라디오 방송으로 얻은 인지도로 1934년에 첫해 동안 나간 방송을 모아 그린버그 출판사에서 《유명인에 관해 몰랐던 사실들》을 출간했다. 그 책에 대한 반응은 엇갈렸다. 일부 평론가들은 매우 흥미롭고 매력적이라고 평가했지만 깊이가 없고 거슬린다는 의견도 있었다. "다채롭고 일화적인 문체가 처음부터 독자의 관심을 잡아끈다"라는 AP통신사의 서평이 여러 신문에 실렸다. 그러나 〈뉴욕 헤럴드 트리뷴〉은 반대로 "인위적인 친근감, 대화적인 어법 쥐어 짜내기, 독자들이 평소 알던 내용과 지나치게 동떨어진 추측이 이 책을 망쳤다. (……) 예를 들어 카이사르가 클레오파트라를 처음 보고 '맙소사! 맙소사! 울랄라! 왜 로마에는 저런 여자가 없는 거지?'라고 말했다는 장면은 저자의 추측이다."[41]

그러나 평가가 어떻든 카네기는 라디오 방송 덕분에 1935년 무렵에는 그 자신도 어느덧 유명인사가 되어 있었다. 방송과 방송 모음집 출간 외에도 NBC의 활발한 홍보 덕분에 그의 이름은 전국으로 퍼졌다. 한 예로 NBC아티스트서비스NBC Artists Services는 기업체를 대상으로 카네기를 "유명 라디오 강사"라고 칭하며 "후원업체는 이미 가을 일찍부터 시작하는 그와의 계약을 연장했다. 몰텍스 사는 카네기가 진행하는 자사 후원 방송 프로그램 덕분에 작년 매출이 30퍼센트 올랐다"고 발표했다. "데일 카네기에게 직원과 세일즈 컨퍼런스, 비즈니스 컨벤션, 클럽 모임 등에서 사업할 때 친구를 사귀고 사람들에게 영향을 끼치는 방법에 관한 강연을 맡길 것을 추천한다"라고 홍보했다. 또한 'NBC 사람들, 데일 카네기'라는 제목의 홍보지가 여러 단체로 보내졌다. 거기에서 카네기는 인간의 조건을 연대순으로 기록한 열정적이고 매력적인 인물로 소개되었다. "그는 훌륭한 사람들을 인터뷰하기 위해 지구 끝까지 다녀왔다. 오랫동안 잊힌 기록과 수집품을 몇 년 동안 파고들었다. 유명 저자이자 강사인 데일 카네기는 공들인 조사와 광범위한 인맥을 통해 과거와 현재의 흥미로운 인물들에 관한 새로운 정보를 청취자들에게 전달한다."[42]

카네기가 대공황 초기에 걸은 길은 훗날 큰 성공의 발판을 마련했다. 카네기는 널리 알려진 대중연설 강좌와 조금씩 쌓여가는 작가로서의 명성, 전국 라디오 방송, 그리고 무엇보다 평범한 미국인의 정서와 가치를 꿰뚫는 날카로운 감각 덕분에 더 큰 성공 앞으로 바짝 다가갔다. 하지만 그가 미국 역사상 최고의 베스트셀러를 써서 엄청난 부와 명예, 영향력을 얻게 되리라고 예측한 사람은 많지 않았다.

| 10장 |

사람은 자기계발에 굶주려 있다

1930년대 말에 이르러 데일 카네기의 삶은 모든 면에서 안정되었다. 직업적으로는 대중연설 강좌와 저서 집필, 라디오 방송으로 탄탄한 경력을 쌓았다. 그는 미국 비즈니스 세계에서 공신력 있는 인물이자, 대공황 시기에 보여준 것처럼 어려운 시기에 평범한 사람들의 시련과 두려움에 공감할 줄 아는 인사로 자리매김했다.

개인적으로도 카네기는 1920년대부터 오랫동안 자신을 끈질기게 괴롭혀온 문제를 해결했다. 롤리타 보케르와의 힘들었던 약 10년간의 결혼생활에 마침내 종지부를 찍고 이혼한 뒤 롱아일랜드 포리스트 힐스의 안락한 집에 정착했다. 이혼은 그에게 안도감을 주었지만 롤리타는 수치심도 모른 채 몇 년 동안이나 전남편의 동정심을 유발했다. 한 예로 그녀는 《데일 카네기의 링컨 이야기》를 읽고 죄책감을 자극하는 편지를 보냈다. "당신의 책을 읽고 아주 좋았어요. 마치 다시 당신과 살고 있는 기분이 들었거든요. 마치 당신이 소파에 앉아 있는 나에게 재미있는 이야기를 들려주는 기분이었어요." 또한 부스럼, 류

머티즘, 만성피로 등을 구실 삼아 몸이 아프다면서 끈질기게 돈을 받아냈다. 그녀가 펜실베이니아의 시골 요양원에서 보낸 편지에는 "방금 당신이 보낸 편지와 수표 잘 받았어요"라고 적혀 있었다. "내가 나을 수 있도록 도와줘서 정말 고마워요, 데일." 결국 카네기는 그녀에게 뉴저지에 집을 사주었고 꽤 많은 위자료까지 주었다. 그러나 그것도 모자라서 그녀는 정기적으로 카네기의 사무실을 찾아와 자신을 '카네기 부인'이라고 소개했다.[1]

카네기의 직계 가족에게도 평화가 찾아왔다. 이제 74세가 된 독실한 기독교 신자인 어머니는 아들의 이혼 소식에 마음 아파하면서 이혼녀인 롤리타와의 결혼은 '신의 뜻을 거스른 일'이었으며 앞으로 재혼하는 것도 마찬가지라고 했다. 하지만 카네기는 부모에게 재정적인 도움을 주며 괴로운 시기를 잘 넘겼고 1932년에 있었던 부모의 금혼식에도 즐거운 마음으로 참석했다. 모든 친지와 가족이 벨턴의 농장에 모인 가운데 침례교 목사가 금혼식을 진행했다. 제임스는 다시 한번 아내 아만다 하비슨을 영원히 사랑하고 따르겠다고 서약했다. 카네기의 표현을 빌리자면 "아버지는 반짝이는 눈으로 '나는 50년 동안 아내의 뜻에 따랐소. 그러니 앞으로 50년 동안 또 그러겠다고 약속 못 할 것도 없어요!'라고 말했다." 형이 부모와 가까이 살며 돌보았으므로 카네기는 형의 딸인 조카 조세핀을 롱아일랜드의 집에 데리고 있으며 비서 겸 조수로 일하게 했다. 조세핀은 오랫동안 삼촌의 곁에서 일을 도왔다.[2]

그러나 이렇게 만족스러운 생활을 완전히 뒤집어 놓는 대대적인 사건이 발생했다. 뉴욕의 대형 출판사에 다니는 편집자가 카네기의 대중연설 강좌에 등록해 카네기의 메시지와 태도에 깊은 인상을 받았다. 수업을 한 차례 들은 그는 카네기에게 책을 내자고 했다. 그 가벼운 제안이 일련의 폭풍 같은 사건들을 휘몰고 왔고 궁극적으로 카네기는 물론이고 미국 문화까지 뒤바꾸어 놓았다.

리언 심킨은 브루클린의 러시아 이민자 가정에서 태어난 지적이고 저돌적이며 야심 찬 젊은이로 1924년에 새로 생긴 출판사 사이먼앤드슈스터에 회계 담당자로 취직했다. 리처드 L. 사이먼Richard L. Simon과 링컨 맥스 슈스터Lincoln Max Schuster가 설립한 사이먼앤드슈스터는 1930년대 중반에 이르러 유명해졌고 유능한 심킨도 회사와 함께 승승장구했다. 1934년 당시 사이먼앤드슈스터의 비즈니스 매니저이자 비공식적으로 기획편집자도 겸했던 심킨에게 매우 좋은 기회가 찾아왔다. 뉴욕 교외에서 열린 하급 간부들의 모임에 참석하게 된 것이다. 유명한 대중연설 강사 데일 카네기가 그 자리에서 자신의 강좌에 대해 설명했다. 자신감을 심어준다는 말에 흥미를 느낀 심킨은 카네기의 강좌에 등록했다. 그가 느낀 흥미는 이내 동경으로 변했다. 심킨은 인간관계에 대한 카네기의 사상과 실용적이고도 '현실적인' 기법에 깊은 인상을 받았다. 그의 말에 따르자면 "데일 카네기는 사람들에게 구체적인 도움을 제공할 수 있었다."[3]

심킨은 첫 수업이 끝나고 카네기에게 다가갔다. 우선 그는 카네기의 강좌 내용이 아무리 훌륭하고 수강생들의 반응이 열광적이더라도 교실이라는 물리적 공간에만 한정된다는 점을 지적했다. 하지만 "사람을 대하는 기술을 책으로 쓴다면 그 목소리가 전국적으로 울려 퍼질 것"이라고 했다. 심킨은 자신이 일하는 출판사와 함께 책을 내보자고 제안했다. 어느 출판사인지 묻는 카네기에게 사이먼앤드슈스터라고 답했다. 그러자 카네기는 즉각 반응이 식더니 "예전에 원고를 두 번이나 거절당한 데다 무척 바빠서 그 출판사에서 책을 내는 일은 절대로 없을 것"이라고 대답했다. 그러나 심킨은 포기하지 않았다. 그는 전략을 바꾸어 강의 내용을 속기로 기록해 초고를 작성하여 "책에 실을 만한 소재인지 살펴보자"고 제안했다. 카네기는 마지못해 승낙했다. 그리하여 심킨은 카네기의 비서이자 조사원인 베르나 스타일스Verna Stiles와 함께 몇 주 동안 초고 자료를 모았다. 검토해본 카네기는 가능성을 발견하고 제안을 수락했으며 자신만의 스타일로 원고를 새로 쓰고 다듬고 구성하기 시작했다.[4]

강좌가 체계적으로 구성되어 있던 데다 예전에 출간한 저서 《비즈니스 대중연설Public Speaking and Influencing Men in Business》의 원리와 사례 덕분에 어느 정도 편하게 작업할 수 있었다. 몇 년 후 카네기는 이렇게 말했다. "나는 《카네기 인간관계론》의 원고를 쓴 것이 아니라 수집했다. 그저 비즈니스와 사회생활에 도움 되는 방법을 사람들에게 강의한 내용과 그들이 나에게 전한 성공적인 방법을 종이로 옮긴 것뿐이었다." 특히 수강생들과 로터리클럽, 사업가 집단, 심지어 대학생들에게 수백 번도 넘게 했던 한 강의가 유용했고 실제로 책 주제의 중심 항목이 되었다. 카네기는 처음에 책 제목을 '환영받는 반응을 얻는 방법How to Get the Welcoming-In Response'이라고 붙였지만 1930년대 중반에 '친구를 얻고 사람들에게 영향을 끼치는 방법How to Win Friends and Influence People'으로 바꾸었다.[5*]

카네기는 1935년에서 1936년까지 강의와 라디오 진행의 바쁜 일정 사이에 틈틈이 원고 작업을 했다. 사이먼앤드슈스터는 늦가을에 출판하려는 계획이었으므로 카네기의 말에 따르면 "마지막 챕터가 미완이었는데도 원고를 달라고 따라다니면서 괴롭혔다." 훗날 카네기는 "결국 그 상태로 원고를 넘기기로 했고 마지막 챕터는 나중에 쓰기로 했다"고 회고했다. "인간관계가 어긋나는 상황에 대처하는 법을 넣으려고 했다." 초여름에 출판사에 원고를 넘긴 카네기는 기차를 타고 캐나다 서부의 루이스 호Lake Louise로 떠나 몇 주를 보냈다. 그가 9월에 뉴욕으로 돌아왔을 때는 출간 준비가 끝났지만 한 가지 사소한 문제가 있었다. 카네기가 제안한 '친구를 사귀고 사람들에게 영향을 끼치는 방법How to Make Friends and Influence People'이라는 제목을 그대로 표지에 넣기가 어려웠던 것이다. 카네기의 설명에 따르면 그는 '사귀고(Make)'를 '얻고(Win)'로 바꾸자고 제안했고 심킨은 "만족스럽지는 않지만 그럴 수밖에 없다고 말했다. 계속 그 문제로 시간을 끌 수 없었기 때문이다."[6]

사이먼앤드슈스터는 효과적인 광고 전략을 세웠다. 서점을 활용하는 것 이외에도 주요 도시의 신문에 전면광고를 실었다. 훗날 '미국 역사상 100대 광고' 중 하나로 선정되기도 한 그 광고는 유명 광고 대행사인 슈워브앤드비티Schwab & Beatty가 맡았다. 한 전문가의 말대로 책 제목과 카네기의 사진을 훌륭하게 배치해놓고 '여기 중요한 무언가가 있다. 독자에게 이익을 주는, 읽을 가치가 있는 책이다'라는 메시지를

---

* 국내에서는 '카네기 인간관계론' 등의 제목으로 출간돼 있다.

《카네기 인간관계론》을 베스트셀러로 만드는 데 일조한 1937년의 신문·잡지 광고.

전했다. 유명 카피라이터 빅터 O. 슈워브Victor O. Schwab가 쓴 활기찬 설명글에는 카네기가 사업가들을 가르친 강사 경력, 카네기의 가르침을 실천한 덕분에 실패한 세일즈맨에서 전국 최고의 세일즈맨으로 거듭난 마이클 오닐Michael O'Neill의 이야기, 카네기에게 교육 받은 간부들이 몸담은 기업 목록, 그리고 친구인 카네기를 가리켜 '자기 분야의 마법사'라고 표현한 로웰 토머스의 찬사 등이 수록되었다. 그 광고는 수혜자가 수천 명에 달한다며 "데일 카네기는 그들을 도왔으며 당신도 도울 수 있다"라고 했고 "이 책은 당신이 지금까지 읽은 그 어떤 책보다 의미 있을 것이다"라고 강조했다. 광고에는 우편주문 신청서도 포함되었다. 받는 사람의 주소가 사이먼앤드슈스터 앞으로 된 주문서에는 "《카네기 인간관계론》을 보내주세요. 우체부에게 책값 1.96달러와 배송비 몇 센트를 지불하겠습니다. 책의 내용이 약속과 다르다고 생각된다면 5일 안에 반품할 수 있음을 숙지하고 있습니다"라고 인쇄되어 있었다.[7]

《카네기 인간관계론》은 출판사와 저자의 어느 정도 낙관적인 전망을 안은 채로 1936년 11월에 출간되었다. 그런데 출간되자마자 놀랍게도 모두의 기대를 훨씬 뛰어넘는 뜨거운 반응이 나왔다. 첫 3개월 동안 7만 부가 팔려나갔다. 대히트를 예감한 사이먼앤드슈스터는 곧바로 더욱 적극적인 홍보에 돌입했다. 1937년 1월에 미국 전역 36개 신문·잡지로 광고를 확대했다. 우편주문도 반응이 좋았다. 구매자들이 서로 책에 대해 이야기하고 추천하는 분위기가 조성되어 수요가 폭발했다. 사이먼앤드슈스터는 "우리는 이 책이 1937년 비소설 부문 베스트셀러가 될 것이라고 확신합니다"라고 발표했고 예상은 적중했다. 《카네기 인간관계론》은 8월 무렵 17쇄가 인쇄되었고 연말까지 65만 부가 판매되어 베스트셀러 1위에 올랐으며 저자에게 18만 달러의 거금을 안겨주었다. 1939년에는 드디어 100만 부 판매를 달성했다. 향후 10년 동안 약 500만 부가 팔렸고 1950년대에 페이퍼백 출판이 시작되면서 80년 동안 3000만 부가 팔려나가 미국 역사상 최고의 베스트셀러 중 하나가 되었다.[8]

독자들의 뜨거운 반응과 엄청난 판매량에 카네기는 깜짝 놀랐다. 그는 몇 년 후 "놀랍게도 《카네기 인간관계론》은 즉시 성공을 거두었다"라고 회고했다. "나는 사람들이 우정을 갈구한다는 사실을 알았지만 솔직히 그 정도인 줄은 몰랐다." 도저히 믿기지 않는 상황이었지만 1937년 초에 처음 인세 수표를 받고서야 실감할 수 있었다. "그날 아침에 비서인 애비 돈넬이 우편함을 확인하고 말없이 내 책상에 수표를 가져다 놓았다"라고 그는 설명했다. "자리에 앉아 수표에 적힌 금액을 본 나는 거기에 적힌 9만 달러라는 숫자가 무엇을 의미하는지 도저히 알 수 없었다. 그날로부터 20년 전까지만 해도 나는 그렇게 많은 돈을 가진 사람을 알지 못했다." 판매 10만 부를 달성하자 놀란 카네기는 심킨에게 편지로 "매일 아침 일어나 동쪽 하늘을 볼 때마다 알라신이 당신을 내 인생에 데려다 준 것에 감사합니다"라고 말했다. 카네기는 자신의 책이 수많은 사람의 관심을 불러일으키는 것은 물론이고 각양각색의 사람들에게 통한다는 사실에 놀랐다. 그는 기자에게 웃으며 말했다. "어느 날 출판사에 두 통의 우편주문서가 도착했다. 하나는 신학대학에서 학생들을 위해 50권을 주문하는 것이었고, 다른 하나는 파리의 상류층을 상대하는 요정의 마담이 요정에 데리고 있는 여인들을 위해 9권을 주문하는 거였다. 이렇게 천지 차이인 두 분야에서 참고서로 쓰이는 책을 쓴 사람은 나밖에 없을 것이다."[9]

미국인들이 《카네기 인간관계론》에 그렇게 열렬하게 반응한 이유는 무엇일까? 어떤 측면에서 그 책은 가난을 딛고 성공한 시골 출신, 생각을 연기로 표현한 배우, 상품뿐만 아니라 자기 자신까지 판 세일즈맨, 일반 대중을 상대하는 저널리스트, 미국 문화의 기본적인 가치를 파고드는 저자, 타인의 성공을 도와주는 열정적인 강사 등을 거쳐온 카네기 삶의 모든 요소가 합쳐진 것이었다. 또 한편으로 그 책은 대공황으로 크게 예민해진 대중의 신경을 건드렸다. 카네기의 책은 미국인의 행동과 포부에 관한 전통적인 개념을 갈가리 찢었고, 경제적 안정과 사회적 성공으로 끌어올려 줄 구명 밧줄을 절박하게 기다리며 허우적거리는 수백만 미국인에게 손을 내밀었다. 카네기의 긍정적인 조언은 그들에게 구명 밧줄이 되어주었다. 한마디로 카네기는 제때, 제대로 된 아이디어를 들고 등장한 것이다.

그러나 카네기의 베스트셀러에 담긴 본질과 그것이 충족시켜준 사회적 욕구는 보기보다 훨씬 더 복잡한 양상을 띠었다. 그 책은 대공황과 맞물려 있었지만 미국 문화의 대변동을 반영했다. 즉, 미국 문화는 품위와 신앙심, 전통을 강조하는 19세기 빅토리아 시대의 문화에서 20세기 현대 관료주의적 소비가 만들어내는 수요와 욕망으로 중심이 옮겨가고 있었다. 미국 개인주의의 변화하는 본질과 수요와 기대는 카네기의 책이 싹트고 꽃피울 수 있는 비옥한 토양이 되어주었다.

《카네기 인간관계론》을 잘 아는 사람이라면 놀랍게도 그 책이 대중연설이라는 주제를 철저히 무시했다는 사실을 알 것이다. 관심 있는 독자들에게 '효과적인 연설 및 인간관계를 위한 데일 카네기 강좌에 등록하라'는 짧은 소개가 들어간 것만 빼면 연설이나 청중 앞에서 말하기에 관한 언급은 완전히 빠져 있다. 바로 그 점이 많은 것을 시사했다. 그 책의 가장 중요한 특징은, 카네기가 미국의 오래된 인기 장르인 성공 전략 쪽으로 메시지를 넓혔다는 것이다. 그러나 카네기는 초기의 성공 조언자들과 다른 방법으로 현대사회에서 부와 성공을 이루는 방법을 설명했다. 어느 예리한 저널리스트는 "카네기는 대중연설만으로는 거부할 수 없는 매력을 가진 사람이 되기에 부족하다는 사실을 깨달았다. 그는 더 이상 학생들에게 대중연설을 가르치는 것에 만족하지 않았다. 그는 모든 사람에게 삶의 모든 부분에서 성공을 거두는 법을 가르쳐주고자 했다"라고 평가했다.[10]

따라서 카네기는 예전 같은 수사법을 버리고 활기차고 간결하고 소탈하지만 고무적인 문체로 현대 미국 사회에서 성공하는 전략을 제시했다. 로웰 토머스가 저자의 힘들었던 인생을 소개하는 '성공으로 가는 지름길'이라는 서문을 써주었고 그다음으로 카네기가 쓴 서문 '이 책을 어떻게 왜 썼는가'가 실렸다. 카네기는 "성인은 효과적인 연설 방법을 배워야 하는 것만큼이나 공적으로 사적으로 매일 접하는 사람들과 좋은 관계를 맺는 방법도 배워야 한다는 사실을 깨달았다"고 썼다. 연구에 따르면 모든 분야에서 "전문적인 지식이 재정적 성공을 이루는 경우는 15퍼센트에 불과하고 85퍼센트가 인간관계 기술, 즉 성격과 사람들을 이끄는 능력에 달려 있다"고도 했다. 따라서 카네기는 자신의 강좌를 통해 성공 사상과 법칙을 발전시켰고 그의 수강생들,

즉 '자기계발에 굶주린 사람들'은 그 원칙을 적용하여 놀라운 성과를 얻었다. "그 원칙들은 마법처럼 작용한다"라고 카네기는 말했다. "나는 이 원칙들을 적용해 문자 그대로 많은 사람의 삶에 혁명이 일어나는 모습을 보았다."[11]

《카네기 인간관계론》은 모두 여섯 개의 파트로 이루어져 두 파트씩 세 개의 커다란 주제를 다룬다. 첫 번째 주제는, 사람은 누구나 주로 자신의 문제와 자신의 가능성에 관심이 있으며 인간관계의 비결은 상대방의 관점과 욕구와 관심에 공감하라는 것이다. 카네기는 '인간관계에서 명심해야 할 기본 원칙'에서 그 내용을 살펴보았다. 그다음에는 '타인의 호감을 사는 6가지 방법'에서, 미소를 보여주고 이름을 기억하고 잘 들어주고 상대방의 행동과 믿음에 순수한 관심을 기울임으로써 공감을 보여줄 수 있다고 설명했다.

두 번째 주제는, 타인에 대한 세심함을 행동에 옮기고 그것을 이용해 타인의 행동에 영향을 끼칠 수 있다는 것이다. 그러한 원칙을 적용했을 때 얻어지는 수확에 초점을 맞추었다. '사람들에게 나의 의견을 관철하는 12가지 방법'에서는 논쟁을 피하고, 상대방의 의견을 존중하고, 상대방이 틀렸다고 하지 말고, 긍정적인 반응을 장려하고, 어떤 생각에 대해 상대방이 자신의 생각이라고 생각하게 함으로써 상대방을 원하는 방향으로 유도할 수 있다고 조언했다. '얼굴 붉히거나 원망 사지 않고 상대를 변화시키는 9가지 방법'에서는 칭찬과 진실한 감사하기, 명령이 아닌 요청하기, 자신의 잘못을 인정하고 상대방의 잘못은 간접적으로 지적하기, 상대방의 체면을 살려주기, 비판이 아니라 격려하기를 통해 자신이 원하는 쪽으로 타인을 변화시킬 수 있다고 설명했다.

카네기는 마지막 두 파트에서 세 번째 주제를 간략하게 다루었다. 그는 자신의 원칙이 상업적 소통을 위한 편지와 결혼생활에 도움이 된 사례를 소개했다. '기적을 일으킨 편지들'이라는 제목으로 상대방에게 인정받고 공감을 전달하여 목표 달성에 협조하게 하는 편지 쓰기 방법을 소개했다. 그리고 '가정을 더욱 행복하게 만드는 7가지 원칙'에서는 자신의 원칙을 가정에 적용하는 경우를 소개했다. 행복한 결혼생활을 위해 잔소리와 비판을 피하고 정기적으로 감사를 표현하며 '관심을 적게' 기울이고 '성생활에 관한 좋은 책을 읽으라'고 조언했다.

《카네기 인간관계론》에 활기를 불어넣은 것은 인상적인 문체였다. 카네기는 예전 저서에서 보여준 당당하고 일화적인 구어체를 더욱 가다듬었지만 이번에는 일반 대중을 끌어들이는 요소를 추가로 넣었다. 아마도 가장 두드러진 것은 비밀 가득한 보물 상자를 열어보자는 암시적 표현인 "어떻게 이런 일이 가능할 수 있었을까? 이제부터 알려주겠다!"라는 것이었다. 한 예로 사업 편지를 다룬 파트는 다음과 같이 시작되었다.

지금 당신이 무슨 생각을 하는지 알 것 같다. 아마도 당신은 이렇게 생각할 것이다. "기적을 일으킨 편지라고? 허튼소리! 특허받은 약을 파는 선전 같군." 그런 생각이 드는 것도 무리는 아니다. 15년 전에 이런 책을 읽었다면 나도 그렇게 생각했을 테니까. (……)

솔직해지자. '기적을 일으킨 편지들'이라는 제목이 과연 정확한가? 솔직히 말하자면 그렇지 않다.

사실은 기적이라는 말로도 모자란다. 이 장에서 소개하는 편지 중에는 기적보다 두 배는 더 훌륭한 결과를 가져온 것들도 있다.

카네기는 자신의 학생이었고 이제는 콜게이트-파몰리브피트Colgate Palmolive Peet의 광고 담당자가 된 켄 다이크Ken Dyke의 성공 사례를 소개했다. "그는 어떻게 그럴 수 있었을까? 여기 켄 다이크 씨가 직접 설명한다."12

또한 카네기는 소박한 느낌의 경구들로 글에 활기를 더했다. 상대방을 비판하지 말라는 내용에서는 "꿀을 얻으려면 벌통을 차지 말라"고 했다. 그리고 잘못을 했으면 솔직히 인정하라는 부분에서는 "어떤 바보도 잘못을 방어할 수는 있으며 대부분의 바보들이 그렇게 한다"라고 했다. 상대방의 마음에 다가가려면 상대방의 말에 열심히 귀 기울여야 한다면서 "상대방은 아프리카에 지진이 40회 발생한 것보다 자신의 목에 생긴 종기에 더 관심을 보인다"라고 했다. 카네기는 성공한 사람들은 경쟁 '시합'에 자극받는다면서 "도보 경주, 고함지르기 대회, 파이 먹기 대회가 열리는 것도 다른 사람을 능가하고 싶은 욕구 때문이다"라고 결론지었다. 이렇게 현실적인 표현들은 저자와 독자 사이에 공통점이 있다는 느낌을 주었다. 평범한 사람들이 평범한 상식에 고개를 끄덕일 때의 그 느낌이었다.13

종종 등장하는 유머도 전하려는 메시지를 경쾌하게 만들었다. 환경과 경험이 사람을 만든다는 부분에서 카네기는 비꼬듯 "예를 들어 당신이 방울뱀이 아닌 단 한 가지 이유는 당신의 어머니와 아버지가 방울뱀이 아니기 때문이다. 당신이 소와 입을 맞추지 않거나 뱀을 신성시하지 않는 이유는 브라마푸트라 강둑에 사는 힌두교 가정에서 태어나지 않았기 때문이다"라고 했다. 상대방을 칭찬하라는 부분에서는 "프랑스 대사나 엘크스클럽의 클램베이크 위원회 위원장 정도가 되어야만 칭찬의 철학을 실천할 수 있는 것은 아니다"라며 진지한 농담을 선보였다. 또 상대방에게 틀렸다는 말을 하지 말라고 조언하면서 "당신의 말이 55퍼센트만이라도 옳다고 확신할 수 있다면 당신은 월스트리트로 가서 100만 달러를 벌고 예쁜 여자와 결혼할 수 있다"라고 썼다. 이러한 재담은 가식적인 설교 같은 느낌을 없애고 저자와 독자의 유대감을 형성했다.[14]

카네기는 이 책에서 내내 유명인사의 사례를 내세워 그의 원칙을 이해하는 사람이 성공할 수 있다는 메시지를 전했는데 유명한 사람, 부유한 사람, 커다란 업적을 달성한 사람들 다수가 소개되었다. 거기에는 에이브러햄 링컨이나 벤저민 디즈레일리Benjamin Disraeli 같은 정치계 지도자, 나폴레옹이나 율리시스 G. 그랜트 같은 장군들, 플로렌즈 지그펠드Florenz Ziegfeld, 더글러스 페어뱅크스Douglas Fairbanks 같은 흥행사들, 윌리엄 제임스와 존 듀이John Dewey 같은 지성인들, 찰스 디킨스, 랠프 월도 에머슨 같은 작가들, 소크라테스와 임마누엘 칸트 같은 철학자들, 존 D. 록펠러와 하비 파이어스톤 같은 전설적인 기업가들이 포함되었다. 그들에 관한 일화나 간결한 인용구는 카네기가 주장하는 원칙의 타당성을 입증했다. 그는 독자들이 그들의 성공 비결을 엿볼 수 있도록 했다. 한 예로 카네기는 세계에서 가장 무거운 짐을 지고 바쁘게 움직인 사람이었던 프랭클린 D. 루스벨트 대통령에 대해 그가 주변 사람들에게 감사하는 시간을 가졌다고 말했다. 크라이슬러 직원들이 '특별한 장치'를 장착해 제작한 특수 자동차를 백악관으로 가져갔을 때, 루스벨트 대통령은 사람들의 이름을 직접 불러주며 자동차의 특별한 외관은 물론 자동차 내부의 세부사항들을 일일이 언급하며 칭찬했다. 그러고 나서 연방준비제도이사회가 30분 동안이나 기다리고 있다며 그만 가봐야겠다는 말로 상대방이 얼마나 중요한 사람인지 미묘하게 강조했다. 며칠 후에는 직접 쓴 감사 편지까지 보냈다. 카네기는 "프랭클린 D. 루스벨트 대통령은 '타인의 호의를 얻는 가장 단순하고 확실하고 중요한 방법은 상대방의 이름을 기억하고 자신이 중요한 사람이라고 느끼게 해주는 것'임을 알고 있었다. 그러나 우리 중에는 몇 명이나 그렇게 하고 있는가"라고 했다.[15]

마지막으로 카네기는 자신만의 기술로 독자들에게 다가갔다. 그는 흔들림 없는 열정적인 어조로 독자들에게 "인간의 행동 원칙을 완전히 익히려는 깊고 강한 욕구"를 가지라고 했다. 그는 책의 시작 부분에서 수사적으로 "내가 이 책을 썼는데 왜 굳이 당신이 이 책을 읽어야 할까?"라고 물으며 자신이 아니라 독자들의 욕망과 안목에 관심을 기울였다. 그는 "특히 사업가라면 아마 사람을 다루는 일이 가장 큰 문제일 것이다. 당신이 가정주부이거나 건축가이거나 엔지니어라도 마찬가지다"라며 동질감을 심어주었다. 또한 "사람들을 비난하지 말고 이해하려고 해보자. 사람들이 어떤 행동을 하는 이유를 이해하려고 해보자"라면서 우월함보다는 공감을 드러냈다. 행동 법칙을 정할 때도 부정적이 아니라 긍정적이었다. '당신에 대해 말하지 마라'고 하지 않고 "사람들이 당신을 좋아하게 만드는 세 번째 법칙: 상대방에게

는 그의 이름이 그 어떤 언어보다 달콤하고 중요하게 들린다는 것을 명심하라"라고 부드럽게 일렀다.[16]

그러나 열정적으로 행동 원칙을 제시하는 《카네기 인간관계론》의 핵심에는 가장 중요한 생각이 하나 자리하고 있다. 카네기는 오랫동안 가르치고 관찰하고 읽은 덕분에 사람이라면 누구나 인정받고 싶은 강한 욕구가 있다는 사실을 잘 알았으며 그것을 아는 것이야말로 현대사회의 성공 열쇠라고 확신했다. 그는 모든 인간은 번식과 생존 본능을 넘어 "남에게 인정받고자 하는 욕구가 있다. 이것은 변하지 않는 극심한 배고픔이다"라고 했다. 책에서 카네기는 자신이 중요한 사람이라고 느끼고 싶은 욕구에 관심을 기울였다. "당신이 어떻게 인정받는다고 느끼는지 말해준다면 나는 당신이 어떤 사람인지 말해줄 수 있다. (……) 그것은 당신에 관한 가장 중요한 것을 말해준다. 당신은 접촉하는 사람들에게 인정받기를 원한다. 당신의 진정한 가치를 알아주기를. 당신의 작은 세계에서 당신이 중요한 존재라고 느끼고 싶어 한다. 당신이 내일 만날 사람 중 4분의 3이 공감에 굶주려 있다. 그들에게 공감해준다면 그들의 사랑을 얻을 수 있다."[17]

이처럼 카네기의 성공 조언은 거의 사람들의 인정받고자 하는 욕구에서 출발했다. 앞으로 나아가는 열쇠는 자존감의 열망을 충족해주는 데 있으므로 인정받고자 하는 상대방의 욕구를 미묘하게 건드리면 '상대방을 설득'할 수 있으며 성공할 확률도 높아진다는 것이다. 카네기는 책에서 이러한 핵심 주장을 재차 강조했다.

인간의 행동에는 항상 중요한 법칙이 하나 있다. 그 법칙을 따르면 곤경에 빠질 일이 거의 없다. 사실 그 법칙에 따르면 수많은 친구와 끝없는 행복을 얻을 수 있다. 상대방에게 자신들이 중요한 사람이라고 느끼게 해주라는 것이다.

다른 사람들도 당신과 똑같다. 인간은 자신이 원하는 것에 관심이 있다. 따라서 타인에게 영향을 끼칠 단 하나의 방법은 그가 원하는 것에 대해 이야기하고 그것을 어떻게 얻을 수 있는지 보여주는 것뿐이다.

따라서 카네기의 성공 철학의 본질은 이러했다. 만약 상대방을 일관적으로, 진실하게 인정해준다면 그가 당신의 생각을 따르고 당신의 리더십을 받아들이고 어디든지 따라갈 것이다.[18]

1930년대에 미국인들이 처한 상황은 이러한 메시지가 담긴 《카네기 인간관계론》을 엄청나게 사들이게 했다. 대공황은 1929년 이후 미국의 전통적인 개인주의 구조에 커다란 구멍을 냈고 근면함이 성공을 가져다준다는 믿음을 약화시켰다. 특히 중산층의 자아존중감이 허물어졌다. 대공황으로 많은 사람이 성공 가능성에 의문을 제기했고 일부는 완전히 가능성을 잃어버렸다. 수치심과 죄책감, 두려움이 거대한 파도가 되어 전국을 뒤덮었다.

사람들이 느끼는 좌절과 고통의 증거는 사방에서 드러났다. 스터즈 터켈Studs Terkel은 대공황 생존자들과의 인터뷰를 통해 굴욕과 창피함으로 얼룩진 수많은 사연을 모았다. 한 사업가는 "수치심이라고요? 지금 수치심이라고 했습니까? 식량 배급 줄에 서서 아는 사람이 없는지 사방을 두리번거리죠. 나를 알아보는 사람이 없도록 고개를 푹 숙이고 말입니다"라고 했다. 아버지의 실직으로 기숙학교를 그만둬야만 했던 젊은 여성은 "그 굴욕감은 이루 말할 수 없었어요"라고 했다. 한 중산층 부부를 치료한 정신과 의사는 그들이 실직으로 느낀 '내적인 고통'을 절대로 잊을 수 없다고 했다. "실직한 사람은 아무짝에도 쓸모없는 게으름뱅이였다. 당시는 모두가 자신의 역할과 책임을 운명으로 받아들인 시대였다. 비행이나 재능 부족, 불운에 대해 어느 정도는 자신의 탓이라고 여겼다. 그 부부는 전부 다 자신들의 잘못으로 여겼다"라고 설명했다.[19]

1930년대의 대중문화는 시련에 맞서려는 사람들의 투지를 상징적으로 나타냈다. 인기 영화제작자 월트 디즈니는 〈미키 마우스〉를 '약자의 승리'로 그렸고 〈아기 돼지 삼형제〉는 대공황이라는 '나쁜 늑대'를 물리치는 민중 우화로 비추어졌다. 인기 만화책 〈슈퍼맨〉에서는 안경 쓴 모습에 잘난 구석이라고는 하나도 없는 주인공 클라크 켄트가 도시를 구하기 위해서 가까운 공중전화로 뛰어들어가 영웅으로 변신한다. 보잘것없는 평범한 사람이 남몰래 승리를 거두고 만인의 동경 대상이 되는 내용은 대공황기의 판타지로 완벽했다. 당시 가장 인기 있는 라디오 코미디언이었던 잭 베니Jack Benny는 온갖 수모를 당하지만 유머로 이겨내는 자기 비하적인 반反영웅적 캐릭터로 큰 인기를 끌었다. 이처럼 모욕을 당하고 사회가 던져준 최악의 상황에 맞서는 모습은 1930년대의 너무도 보편적인 상황을 반영했다.[20]

그러나 이렇게 널리 퍼진 정서적 불안은 혁명적인 동요가 아니라 근본적인 체제의 강화로 이어졌다. 한 역사학자는 대공황기 문화에 대해 "우리가 흔히 '미국인의 삶의 방식'과 '민초'라고 말하는 것들이 최초로 관용구가 된 것은 바로 그 시기였다"라고 했다. 당시 보통 사람들은 체제에 저항하기보다 미국인의 삶의 패턴을 정의하고 거기에 전념했다. 토머스 하트 벤턴 같은 지방주의 화가, 루이스 로맥스Louis Lomax 같은 민속 음악 수집가들, 밴 와이크 브룩스 같은 문학계의 지지자들, 전통 마을을 오락 시설로 만든 헨리 포드 등 뿌리를 찾으려는 대중의 움직임은 민중의 전통에서 정서적 안정을 얻었다. 라디오 연속극도 마찬가지였다. 주부들을 대상으로 하는 연속극에서도 개인의 위기와 회복을 다룸으로써, 지금은 누구나 똑같은 문제에 처해 있으며 결국에는 널리 공유된 가치가 승리를 거둘 것이라는 분위기를 퍼뜨렸다. 루스벨트 대통령의 대중적인 정치색도 시대의 영향을 받았다. 루스벨트 대통령은 선거와 뉴딜 정책에 대해 이야기했다. "우리는 혁명을 반대했다. 1933년에 미국인들은 잘못을 고치기 위해 체제를 타도하려고 하지 않았다. 미국인들은 그들의 체제 안에서 잘못을 바로잡을 수 있으며 그렇게 될 것임을 깨달았다." 미국인들은 압박적인 상황 속에서 "미국인의 삶의 방식을 찾고 특징짓고 따르려는 시도"를 시작했다.[21]

이처럼 대공황이 개인을 충격에 빠뜨리고 불확실한 사회 분위기를 조성한 가운데, 미국적인 전통에서 해결책을 찾으려는 시도는 독자들이 《카네기 인간관계론》을 수용하도록 만들었다. 카네기는 그 늪에서 빠져나오는 방법을 보여주었다. 그는 힘겨운 사회, 경제적 조건에서 사람들이 인정받고 싶고 성공하고 싶어 한다는 욕구를 눈치챘고 효과적인 행동을 도와주는 새로운 본보기를 제시했다. "스스로 놀랄 만한 결과가 나타난다"라고 카네기는 썼다. "이 원칙은 마치 마법처럼 작용한다." 그는 자신의 원칙을 사용하면 "경쟁에 큰 도움이 되어 사회,

경제적으로 더욱 풍요로운 보상을 받게 될 것이다. '나의 인기와 나의 행복, 나의 수입은 사람을 다루는 기술에 크게 좌우된다'라고 스스로 거듭 되뇌어라"라고 썼다. 또한 그는 성공 철학의 두 가지 전통적인 특징인 자기 성찰과 행동도 빠뜨리지 않았다. 독자들에게 정기적으로 시간을 내어 자신의 행동을 되돌아보고 "무슨 실수를 했고 어떻게 개선해야 하는지, 어떤 교훈을 얻었는지" 평가하라고 했다. 그리고 그 책이 원칙을 연습하게 해주는 '행동서'라고 강조했다. "당신은 이 책을 충분히 오래 읽었다. 이제 책을 덮고 담배 파이프의 식은 재를 털어내고 당장 가장 가까운 사람에게 이 법칙을 실천해보라. 그리고 마법이 일어나는 모습을 보아라."[22]

일부 예리한 관찰자들은 그 책이 가진 성공 전략의 놀라운 매력을 이해했다. 한 저널리스트는 "데일 카네기는 성실하고 야심차고 근면한 수많은 미국인들의 선지자이다. 그들에게 카네기는 지금까지 신비로움에 가려져 있던, 인기를 얻고 앞으로 나아가는 방법에 대한 깨달음을 충실한 지지자들과 나누려는 성인이다"라고 했다. 〈새터데이 이브닝 포스트〉의 평가는 더욱 긍정적이었다. "객관적인 관찰자의 입장에서 본 이 책의 성공 비결은 매우 단순해 보인다. 1달러 96센트를 주고 책을 구입하는 모든 사람은 그 누구 못지않게, 어쩌면 남들보다 더 큰 힘과 부, 성공할 가능성에 대한 정보를 얻게 된다. 데일 카네기는 미용사나 마술사처럼 사람들이 가장 절실히 필요로 하는 것을 판다. 그는 사람들에게 희망을 판다."[23]

물론 카네기가 1930년대의 유일한 성공학 저자는 아니었다. 도러시아 브랜드Dorothea Brande의 《깨어나서 살아가라Wake Up and Live》

(1936년), 나폴레온 힐Napoleon Hill 의《생각하라 그러면 부자가 되리라 Think and Grow Rich》*(1937년), 노먼 빈센트 필의《삶의 기술The Art of Living》 (1937년)과《당신은 이길 수 있다 You Can Win》(1938년) 같은 책도 긍정적 생각과 심리학, 영적 요소를 아우른 성공 전략으로 독자들을 끌어당겼다. 그러나《카네기 인간관계론》은 같은 분야의 그 어떤 책보다 많이 팔렸다. 돈을 벌고 정서적 안정과 휴식을 얻는 공허하기만 한 생각이 아니라, 개인의 행위 주체성이 소멸 위기에 처한 시대에 그것을 되찾는 현실적인 방법을 제시했기 때문이다. 카네기는 개인이 효과적으로 행동하면 성공할 수 있다고 주장했으며 그 방

1940년경 라디오 청취자들에게 전달된 카네기의 메시지 '앞서가라' 광고.

법을 보여주었다. 미국 대통령과 똑같이 낙관주의가 돋보이는 희망적이고 자신 있고 열정적인 문체로 대중에게 다가갔다. 대공황기에 루스벨트 대통령이 자본주의를 구했듯이 데일 카네기가 자본주의에 동반한 개인주의 문화를 구했다는 말은 과장이 아닐지도 모른다.[24]

---

* 국내 2011년 국일미디어 외 다수 출판사에서 출간.

그러나 카네기의 책에 담긴 성공 메시지는 단지 1930년대 개인주의의 위기에 대한 반응만은 아니었다. 더 넓고 심오한 추세를 반영하는 것이기도 했다. 《카네기 인간관계론》에 담긴 매력적인 성격과 능숙한 인간관계의 원칙은 20세기 초 미국 문화의 대변동을 반영했다. 빅토리아 전통의 마지막 흔적을 없애고 사회와 개인을 새로운 상황으로 몰고 간 변화였다.

찰스 슈워브는 《카네기 인간관계론》의 주연이었다. 슈워브는 철강왕 앤드루 카네기의 회사 카네기스틸에 평범한 노동자로 입사해 감독관, 철강왕의 오른팔을 거쳐 급기야 1897년에는 사장 자리까지 오른 대단한 기업가였다. J. P. 모건은 1901년에 카네기스틸을 인수해 미국 최초로 10억 달러 규모의 기업 US스틸을 설립하고 찰스 슈워브를 사장으로 임명했다. 데일 카네기가 처음 그에게 관심을 가진 것은 1916년 11월 〈아메리칸 매거진〉에 실린 '당신이 가진 것으로 성공하라'는 슈워브의 글을 보고 나서였다. 물론 슈워브는 헌신적인 노동윤리의 중요성도 언급했지만 타인에게 동기를 부여하고 파트너십을 구축하고 긍정적인 태도를 유지하고 개인적인 매력을 활용하는 것이 더 중요하다고 강조했다.[25]

슈워브는 카네기의 베스트셀러에서 핵심적인 부분을 차지했다. 카네기는 "슈워브의 성격, 매력, 사람들에게 호감을 얻는 능력이야말로 그가 놀라운 성공을 거둘 수 있었던 요인이었다. 그의 가장 유쾌한 성격 요소는 매력적인 미소였다"라고 설명했다. 그뿐만이 아니었다. 슈워브에게는 어려운 인간관계 상황에서도 협상을 이끌어낼 수 있는 유연함이 있었다. 공장 한 곳이 저생산 문제에 시달렸고 공장장도 문제를 해결하지 못했을 때, 슈워브는 임원들을 해고하거나 근로자들을 질책하지 않았다. 그가 생산량을 끌어올린 방법은 다음과 같았다. 그는 야간 근무조 감독에게 제련 작업을 몇 번이나 했는지 묻고 분필로 바닥에 숫자를 적더니 아무 말 없이 가버렸다. 그 숫자를 본 주간 근무조는 능력을 증명해야겠다고 생각하고는 그보다 많이 작업해서 더 큰 숫자를 써놓았다. 야간 근무조도 똑같이 대응했다. 얼마 되지 않아 공장의 생산량이 놀라울 정도로 개선되었다. "남보다 뛰어나고자 하는 욕구! 도전에의 욕구! 도전장을 던지는 것! 그것은 투지를 가진 사람에게 호소하는 확실한 방법이다"라고 카네기는 칭찬을 쏟아냈다. 또 슈워브는 제강 공장 한 곳을 둘러보다 '금연' 표시 아래에서 담배를 피우는 남자들을 보았다. 이번에도 그는 질책하지 않았다. 그는 담배 피우는 직원들에게 걸어가 담배를 한 개비씩 건네며 "이걸 밖에서 피워준다면 고맙겠네"라고 말했다. 직원들은 자신들이 법칙을 어긴 사실을 슈워브가 알고 있음을 알았다. 그것에 대해 아무 말 하지 않고 오히려 작은 선물을 하나씩 주며 자신들의 중요성을 느끼게 해준 슈워브가 존경스러웠다. "어찌 그런 사람을 사랑하지 않을 수 있겠는가?"라고 카네기는 적었다.[26]

이러한 재능은 슈워브가 최초로 100만 달러의 연봉을 받도록 해주었고 카네기는 그 이유에 관심을 집중했다. "슈워브가 천재라서? 아니다. 다른 사람들보다 철강 제조에 관한 지식이 뛰어나서? 말도 안 된다"라고 카네기는 썼다. 비결은 뛰어난 인간관계 기술 덕분이었다며 슈워브가 한 말을 인용했다. "나는 사람들의 열정을 자극하는 능력이 내가 가진 가장 큰 자산이라고 생각한다. 사람들이 최선의 능력을 발휘하도록 하는 방법은 바로 감사와 격려이다. 나는 아무리 훌륭하고 높은 위치에 있더라도 인정보다 비판받을 때 일을 더 잘하거나 열심히 노력하는 사람을 본 적이 없다." 카네기에게는 그 조언이 절대적인 진리가 되었으며 슈워브가 즐겨 했던 말, "나는 진심으로 인정해주고 아낌없이 칭찬한다"는 말을 자주 인용했다.27

찰스 슈워브는 《카네기 인간관계론》이 제시하는 성공 전략, 즉 매력적인 성격과 능숙한 인간관계 기술의 전형이었다. 카네기는 대공황의 폐해로부터 미국의 개인주의를 구하는 과정에서 수십 년 동안 개인 삶의 구조에 이어진 변화를 활용했다. 앞에서 언급한 것처럼 빅토리아 시대의 '성품'에서 현대의 '성격'을 강조하는 변화는 20세기 초반 소비자 자본주의와 복잡한 사회 구조의 혁명과 함께 일어났다. 어느 역사학자는 "관료주의 기업의 지배를 받는 사회에서 우리는 물건이 아니라 사람을 대하게 된다. '개인의 매력'이 성품을 대신해 성공 열쇠가 되었다"라고 설명했다. 카네기는 이전 저서에서도 성격의 중요성을 강조했고 학생들에게 열성적이고 강하고 매력적인 특징을 보이라고 촉구했다.28

이제 그는 더 멀리 나아갔다. 역시나 "근면만이 우리의 욕망을 푸는 마법 열쇠라는 것은 옛말이다"라고 폄하했다. 하지만 대중연설에서 중요한 요소를 차지했던 성격이 이제 《카네기 인간관계론》에서는 성공 추구라는 더 큰 과정의 절대적인 중심이 되었다. 카리스마 있고 매력적인 성격은 대중연설에만 필요한 게 아니었다. 이는 한발 나아가 카네기가 주장하는 개인주의 활성화의 본질이 되었다. 그 원칙을 받

아들이는 사람이라면 찰스 슈워브처럼 성격적인 매력을 토대로 성공으로 성큼 다가갈 수 있었다.[29]

카네기는 능숙하게 그 주제를 다루었다. 그는 '타인의 호감을 사는 6가지 방법'에서 호감 가는 성격의 특징을 설명했다. 미묘하고 세심한 방법으로 상대방에게 관심을 보여주는 것이야말로 1930년대 들어 굳어져 버린 인간미 없고 불편한 관료주의적 인간관계에 안성맞춤이라는 것이 입증되었다. 카네기는 현대사회에서 성공하기 위해서는 타인이 당신에게 복종하고 존중과 경의를 표하거나 혹은 당신을 무서워하도록 해서는 안 되며, 오직 당신을 좋아하게 만들 때 가능하다고 생각했다. 그의 유명한 표현대로 '친구를 얻으려면' 성격이 중요했다.[30]

그리고 나서 카네기는 성격계발의 전략적 필수 영역으로 넘어갔다. 매력적인 성격으로 친구를 얻을 수는 있지만 성공에 필수적인 '타인에게 끼치는 영향력'은 어떻게 얻을 것인가? 다시 말해서 성공하려면 성격을 실행해야만 했다. 예전에 카네기는 자신감과 열정, 성취를 드러내면 자동으로 사람들이 끌려온다고 했다. 1926년에 "사람들은 열정적인 사람, 즉 가을 밀밭의 야생거위처럼 활기 넘치는 사람 주위로 몰려든다"라고 말했다. 그러나 이제 카네기가 옹호하는 '인정은 진심으로, 칭찬은 아낌없이' 모델은 좀 더 복잡했으며 치밀하게 실행되어야만 했다. 따라서 카네기는 스스로 이름 붙인 것처럼 '인간관계' 분야에 개입하게 되었다. 그것은 타인에게 강요하는 것이 아니라 설득하는 기술이었다. 인간관계는 카네기의 혁신적인 손을 거쳐 현대의 새로운 성격 문화의 정서적인 버팀목이 되었다.[31]

카네기는 《카네기 인간관계론》에서 미국의 전설적인 기업가들을 인간관계 기술의 본보기로 불러냈다. 카네기에 따르면 존 D. 록펠러는 전성기에 "사람을 다루는 능력은 설탕이나 커피처럼 구입할 수 있는 상품이다. 나는 세상 그 무엇보다 그 능력에 더 많은 돈을 지불할 것이다"라고 말했다. 또한 카네기는 인간관계의 중요성에 대한 자신의 개인적 증언도 보탰다. 그는 오랫동안 수많은 수강생을 만나면서 "성인은 효과적인 연설 방법을 배워야 하는 것만큼이나 매일 공적으로나 사적으로 접하는 사람들과 잘 지내는 방법도 배워야 한다는 사실을 절실히 깨달았다"라고 썼다. "또한 나 자신도 그런 훈련이 절실히 필요하다는 사실을 깨달았다. 예전을 돌아보면 요령이나 이해가 부족했던 때가 얼마나 많았는지 아찔할 정도이다." 또한 "나 자신도 오랫동안 인간관계에 대한 실용적이고 효과적인 지침서를 찾아 헤맸다. 그런 책이 없기에 내가 직접 쓰기로 했다"라고 했다.[32]

《카네기 인간관계론》은 관료주의 환경에서 사람을 대하는 방법에 대한 커다란 지침을 제공했다. 특히 카네기는 상대방이 자신도 모르는 사이에 따르도록 설득하는 것이야말로 효과적인 기술이라고 했다. 비판하지 않고 감사를 표현하며 '인정은 진심으로, 칭찬은 아낌없이' 함으로써 인정받는 기분을 느끼게 해주며, 유쾌한 성격을 보여줌으로써 동료라는 인식을 주면 상대방의 자존감이 충족되고 언제든지 설득할 수 있다. 그러나 상대방이 주도권을 잡고 있다는 느낌을 주는 것이 필수적이다. "좋은 생각이 있을 때는 상대방에게 그것이 '우리의 아이디어'라고 생각하게 하기보다는 상대방이 그 아이디어를 더욱 발전시킬 수 있게 하면 어떨까?"라고 카네기는 권했다. "그러면 상대방은 그것을 자기 생각이라고 여겨 마음에 들어 하고 받아들이려고 할 것이다."33

카네기는 '당신이 원하는 바를 사람들이 기쁜 마음으로 하게 하라'는 적절한 제목의 챕터에서 그 방법이 효과를 발휘하는 쉬운 보기를 들었다. 우드로 윌슨 대통령은 윌리엄 매커두William McAdoo에게 재무장관직을 권유할 때, 그 부탁을 들어주는 것이 엄청난 호의인 것처럼 이야기했다. 매커두는 자신이 중요한 사람이라고 느꼈고 대통령에 대한 충성심이 커져 요청을 수락했다. 뉴욕의 대규모 인쇄업체 대표 J. A. 원트J. A. Want의 회사에는 수많은 타자기와 인쇄기가 별 탈 없이 작동하도록 관리하느라 업무 시간과 업무량이 과도하다고 끊임없이 불평하는 수리공이 있었다. 그는 수리공에게 '서비스 부서장'이라는 직함이 걸린 작은 사무실을 내주어 자신이 중요한 사람이라고 느끼게 해주었다. 그러자 불평이 멈추었다. 이 두 가지 모두 상대방의 필요에 대응한 것이었다. 이처럼 카네기는 자신이 중요한 사람임을 느끼고 싶어하는 것은 '인간의 본성'이라고 보았다. 이는 카네기의 핵심적인 인간관계 원칙, '당신이 원하는 바를 사람들이 기쁜 마음으로 하게 하라'의 확실한 증거가 되어주었다.34

또 카네기는 성격계발과 정서적 전략에 관해서는 유명인사들을 그 사례로 활용했다. 유명하고 부유하고 위대한 업적을 달성했으며 높은 위치에 있는 영화배우나 세계 지도자, 억만장자 기업가, 유명 작가들을 활용해 자신의 방식이 효과적임을 입증했다. 상대방의 관점을 알아야 할 필요성을 말해주는 헨리 포드, 열정적인 상호작용의 중요성을 알려주는 루스벨트 대통령, 저마다 행복에 이르는 길을 허용해야 함을 보여주는 헨리 제임스, 상대방에게 남보다 뛰어날 기회를 줘야 한다는 하비 파이어스톤, 타인에게 공감하는 것이 이로운 이유를 알려주는 솔 휴록Sol Hurok, 부부간에 칭찬과 감사가 중요하다는 것을 보여주는 도러시 딕스Dorothy Dix까지 유명인들의 사례와 그들이 한 말은 카네기의 메시지를 강화해주었다.[35]

카네기는 엄청난 인기를 끈 《카네기 인간관계론》을 통해 현대 미국에 어울리는 역동적인 성공 메시지를 만들었다. 역동적인 20세기 소비자 사회에서 데일 카네기는 1700년대 촌락사회의 벤저민 프랭클린, 1800년대 빅토리아 산업 시대의 허레이쇼 앨저 같은 존재가 된 것이다. 그는 강렬한 성공 욕망, 현대 관료주의 사회에 대한 예리한 감각, 점점 커지는 인간관계의 중요성에 대한 인식 등 예전에 자신이 느꼈던 것들을 모아 성공과 사회적 지위 상승을 약속하는 원칙들을 제시했다. 성품에서 성격을 강조하게 된 장기적 변동을 배양 접시 삼아 충격적인 대공황이 촉매제로 작용해 이루어진 1930년대의 문화 융합 과정이 카네기의 철학을 낳았다. 인정과 인간관계 기술을 강조한 그의 메시지는 성공을 위해 자기 자신을 세일즈 해야 한다는 지극히 현대적인 욕구를 다루었다. '친구를 얻고 사람들에게 영향을 끼친다'는 그의 개념은 20세기를 위해 전통적인 개인주의를 완전히 개조했다.

카네기의 베스트셀러는 현대의 성공 전략으로서의 의미가 컸지만 더욱 심오한 의미도 있었다. 그 책은 긍정적 사고와 심리학에 대한 저자의 오랜 관심을 통해 인간의 정신을 파헤쳐 감정과 숨겨진 욕구가 행동에 끼치는 영향을 분석했다. 엄청난 인기와 함께 미국의 현대적인 심리치료 문화의 발전을 가져온 대표적인 책이 되었다.

| 11장 |

인간은 논리적인 존재가 아니라 감정적인 존재

《카네기 인간관계론》에서 분명히 나타나듯 데일 카네기는 심리학에 완전히 심취했다. 로웰 토머스는 이 책의 서문에서 "대중연설과 세일즈 기술, 인간관계, 응용 심리학을 합친 책"이라고 말했다. 또 카네기는 직접 쓴 서문에서 "두꺼운 심리학 서적을 탐독하며" 알프레드 아들러, 윌리엄 제임스, 해리 오버스트리트를 접하게 되었다고 했다. 평론가들도 카네기가 심리학의 영향을 받았음을 언급했다. 〈리터러리 다이제스트Literary Digest〉에는 인간이 가진 '자존감의 욕망'과 '자아의 영양실조 상태'에서 터져 나오는 갈망에 초점을 맞춘 카네기는 확실히 '심리학자들이 말하는 것'에 관심을 기울였다는 서평이 실렸다. 호머 크로이는 〈에스콰이어Esquire〉에 "인간은 신체와 정신적 자원의 지극히 적은 부분밖에 사용하지 못한다"는 제임스의 말을 인용해 데일 카네기의 '교훈이 담긴 책'에 대한 긴 글을 썼다. "현대 심리학자들이 믿느냐 믿지 않느냐는 핵심에서 벗어난다. 중요한 것은 카네기가 믿는다는 점이다"라고 크로이는 말했다.[1]

실제로 《카네기 인간관계론》에 담긴 두드러진 심리학 요소는 그 책이 불안에 빠진 미국인을 위한 현대의 성공 지침서 이상임을 보여주었다. 저자는 자신만의 성공 전략을 구축하기 위해 인간의 욕구를 면밀하게 탐구했다. 물론 카네기가 심리학에 심취한 것은 1910년대 '긍정적 사고'와 '마음 치유'에 이끌리면서였고 초기 강좌와 활동에도 영향을 끼쳤다. 그러나 대공황이 초래한 위기 한가운데에 놓인 지금, 그는 자신의 베스트셀러에 심리학적인 관점을 더욱 심도 깊게 담았다. 책의 시작부터 "일상적인 인간관계에서 쉽게 적용할 심리학 원칙을 만든다"는 의도를 전했다. 그리고 "인간관계에서 인간이 논리적인 존재가 아니라 감정적인 존재임을 기억하자"라고 독자들에게 당부했다.[2]

심리적인 분석과 공식, 조언에 의존한 사실은 카네기가 현대 미국 문화의 강력한 패러다임을 새롭게 만드는 핵심 인물로 떠오르게 하는 데 일조했다. 1900년대 초반 이후로 여러 분야에서 심리학 담론의 힘이 점점 커졌다. 옛 빅토리아 시대의 확고한 도덕성 대신 성격계발, 개인의 행복, 인간관계, 자기충족을 중요시하는 시류가 등장했다. 필립 리프가 이름 붙인 '심리적 인간', 즉 종교적 구원이나 경제 수익보다는 마음의 행복을 더 중요시하는 개인주의 형태가 20세기 초에 두드러졌다. 카네기는 대공황의 여파 속에서 어쩌면 20세기 중반의 심리학 담론에서 가장 대중적인 인물이었다. 그는 개인적인 생활이나 사회생활에서 심리적 상태와 자아 조종이 중심을 차지하는 세계관을 제시했다. 그 개념은 현대적인 치유 문화의 토대를 이루었다.[3]

심리학에 대한 관심은 카네기의 강의와 저술 활동에 오랫동안 영향을 끼쳤고 1930년대에 이르러 활짝 꽃피웠다. 심리학은 '카네기 대중 연설과 인간관계 강좌'에서 중요한 부분을 차지했다. 그는 학생들에게 "현대 심리학의 중대한 발견, 즉 실질적으로 비즈니스 면담 효과를 높이는 방법을 활용하도록" 가르쳤다. "자기표현력을 키우고 개성과 성격을 계발하라. 그것은 무엇보다 당신의 잠재력을 드러내고 키워줄 것이다"라고 강조했다. 강좌 홍보에서는 "사업가, 과학적인 세일즈, 응용 심리학을 위한 대중연설"이라는 표현과 함께 "타인에게 자신이 원하는 일을 할 수 있도록 현대 심리학의 발견을 활용해야만 한다는 사실을 깨달은 이들을 위한" 프로그램으로 특징지었다.[4]

심리학을 향한 변치 않는 관심은 뉴욕에서 수많은 심리학자, 정신의학자, 치료사, 상담사들과 교류하며 더욱 굳건해졌다. 《카네기 인간관계론》이 엄청난 인기를 끌자 신문과 잡지에서 "카네기의 강좌에는 심리학 배경을 가진 강사와 작가들이 정규 강사 또는 특별 강사로 포진하고 있다"고 언급했다. 카네기가 채용한 심리학 강사들은 1930년대 중반 카네기의 사고방식과 그의 베스트셀러의 본질에 대해 많은 것을 말해주었다.[5]

그중에서 해리 A. 오버스트리트가 가장 대표적이었다. 사회 심리학자이자 성인 교육의 선구자였던 그는 카네기의 사상에 엄청난 영향을 끼쳤다. 오버스트리트는 캘리포니아 대학교 버클리 캠퍼스에서 공부하고 뉴욕의 시티 대학교 철학과와 심리학과에서 가르쳤으며 뉴 스쿨 New School for Social Research에서 평생교육 과정을 진행했다. 카네기가 처음 그에게 관심을 가진 것은 많은 논란이 된 책 《인간 행동에 영향을 미치는 방법 Influencing Human Behavior》(1925년)을 통해서였다. 그 책은

"인간의 행동은 심리학을 통해 얻은 새로운 지식으로 바뀔 수 있다"는 주제의 뉴 스쿨 강의를 토대로 한 것이었다. '실천하는 심리학'이라는 평가를 받기도 한 그 책에는 "사람은 자신이 의식조차 하지 못하는 여러 욕구에 의해 움직인다"라는 주장이 담겼다. 타인의 행동에 영향을 주려면 비이성적인 정신이 끼치는 영향력을 이해해야만 한다는 것이었다.[6]

오버스트리트는 "인생에서 우리의 주된 과제는 인간이라는 특정한 환경 속에서 성격을 효과적으로 만드는 것이다"라고 했다. 물론 삶에는 음식과 보금자리, 성적 만족을 찾는 것, 놀고, 싸우고, 열망하고 슬퍼하는 것 등 여러 가지가 포함되지만 그 중심에는 "타인에게 믿음을 주고 수용 받는 과정"이 있다. 따라서 오버스트리트는 타인의 관심을 끌고 인정받고 똑같이 생각하고 행동하도록 유도하는 방식을 연구했다. "이러한 수단을 찾는 과정에서는 현대 심리학이 제공하는 것들이 별 도움이 되지 않는다"라고 그는 썼다. "기업가는 이미 심리학에 대한 이해가 어떤 도움이 되는지 어느 정도 깨달았다. 공장 매니저는 그 사실을 알아가고 있다. 교육은 가장 진보적으로 심리학 분야에 힘차게 진입하고 있다." 오버스트리트는 타인에게 '긍정적인 반응'을 일으키는 것의 중요성, 즉 "상대방이 긍정적으로 반응하게 되는 심리 과정을 만드는" 전략의 중요성에 초점을 맞추었다. 또한 "사람은 누군가에게, 되도록 가능한 한 많은 사람에게 우러러 보이기를 원한다. 특히 자신이 좋게 생각하는 사람들이 자신을 좋게 생각해주기를 소망한다. 이것은 기본적인 욕망이다"라고 주장했다.[7]

오버스트리트에 따르면 타인에게 영향을 끼치는 사람들은 이러한 심리적 욕망을 활용한다. 그들은 상대방에게 찬사와 자존감을 선사함으로써 '긍정적 반응'을 얻으며 사람들이 '진정으로 원하는 것'에 따라 행동한다는 사실을 알고 있었다. 오버스트리트는 그것을 '인간의 욕망'이라고 표현했다. "아마도 이것은 사업은 물론 가정, 학교, 정치에서도 누군가를 설득하려는 사람들에게 최고의 조언일 것이다"라고 언급했다. "먼저 상대의 마음에 강한 욕망을 불러일으켜라. 그렇게 하는 사람은 세상을 가진 것이다. 그렇게 하지 못하는 사람은 외로운 길을 걸을 것이다!" 그런가 하면 이렇게도 말했다. "진정한 설득의 비결은 상대방이 자기 자신을 설득하도록 하는 것이다. 따라서 설득자의 주된 일은 그것을 유도하는 것이다. 그러면 나머지는 저절로 알아서 된다."[8]

오버스트리트의 사상은 카네기에게 큰 영향을 끼쳤다. 카네기는 1928년 '내가 저지른 어리석은 행동들'에 "오버스트리트 교수의 말처럼 '상대방이 당신이 원하는 일을 기쁘게 하도록 만들어라'라는 법칙을 무의식적인 행동이 될 때까지 의식적으로 연습해야겠다"라고 썼다. 또한 카네기는 〈맥콜〉에 실린 오버스트리트의 글에 담긴 핵심을 언급하면서 "타인에게 영향을 끼치는 기술은, '환영welcoming in' 반응을 얻고 그 어떤 경우라도 '차단shutting out' 반응을 얻으면 안 된다는 데 있다"라고 인용했다. "그렇다면 어떻게 하면 '환영' 반응을 얻을 수 있는가? 그 첫 번째는 찬사이다. 가장 쉬운 심리 기법인데도 거의 활용되지 않고 있다. 정말로 그렇다. 이 얼마나 비극적인 진실인가!" 1930년대에 이르러 카네기는 오버스트리트 교수에게 자신의 강좌에서 인간관계의 심리학에 관한 정기적인 강의를 해달라고 부탁했다. 그 밖에도 많은 사회 심리학자들의 사상이 《카네기 인간관계론》에 영

향을 끼쳤다.9

헨리 C. 링크Henry C. Link도 카네기에게 중요한 영향을 끼친 심리학자였다. 다재다능한 심리학자였던 그는 뉴욕 버팔로 근처의 독실한 감리교 집안에서 태어나 일리노이의 작은 신학대학교에 다니다 예일 대학교로 편입해 철학과 심리학을 공부했고 1916년에 박사 학위를 받았다. 졸업 후에는 몇몇 기업에서 직원들의 심리 테스트를 감독하고 산업 심리학에 관한 글을 썼으며 《고용 심리학: 과학적인 방법을 이용한 직원 선택과 교육 및 평가Employment Psychology: The Application of Scientific Methods to the Selection, Training and Grading of Employees》(1919년)를 비롯해 몇 권의 저서를 내놓았다. 그는 1931년에 유명 심리학자 제임스 M. 카텔James M. Cattell이 설립한 기업체 사이컬러지컬Psychological Corporation에 들어갔다. 이곳은 심리학 전문 지식을 제공하는 '사업체'로 설립되었다. 링크는 사회 및 시장 연구 분야의 담당자로 일하며 소비자 행동을 해석하는 '심리 지표'와 개인의 성격적 특성을 측정하는 '인간성 지수'를 고안했다. 그는 유명 행동 심리학자 존 B. 왓슨이 서문을 쓴 《새로운 판매와 광고의 심리학The New Psychology of Selling and Advertising》(1932년)을 집필했고 심리 검사를 통해 남녀 실업자 1만 5000명의 구직을 도운 뉴욕 시 조정서비스Adjustment Service of New York City 고문관을 역임했다.10

링크가 카네기의 관심을 끈 것은 베스트셀러 《종교에의 귀의The Return to Religion》(1936년)를 통해서였다. 그 책은 오랫동안 불가지론자였다가 청년기의 종교적 전통을 다시 받아들이게 된 저자의 경험이 담겼는데, 5년 동안 34쇄를 찍었고 1941년에 '1달러 판'이 발행되었다. 그러나 링크가 설명했듯이 그에게 믿음의 회복은 돌아온 탕아의 경우라기보다는 행동주의 심리학에 의한 행보, 즉 "100년 전의 화학과 물리학처럼 정확한 방식을 가진 수학적이고 양적인 과학" 때문이었다. 링크는 프로이트나 그 추종자들의 사변적 이론을 거부하면서 "타인에게 흥미를 주고 그들을 섬기는 습관과 기술로 이루어진" 건전한 '성격'을 만드는 종교가 중요한 실용적 기능을 수행해야 한다고 주장했다. 그는 심리 검사가 "종교를 믿거나 교회에 다니는 사람이 그렇지 않은 사람보다 훨씬 나은 인간성을 가지고 있다"는 사실을 보여준다고 주장했다. 링크의 행동주의 심리학 관점에 따르면 "정신은 종교와 연결될 때 종교를 위해 더욱 강해지고 이성처럼 보이는 열정에 쉽게 흔들리지 않는다."[11]

링크의 주장에 담긴 열쇠, 그리고 카네기의 흥미를 잡아끈 것은 건전한 성격에 관한 개념이었다. 지속적으로 내면을 돌보고 자신의 관심사를 다루는 '내향성'이 아니라 타인을 격려하고 도와줄 방법을 찾는 '외향성'을 본보기로 삼아야 한다는 주장이었다. "내향적이거나 이기적인 인간은 타인과의 만남을 회피하고, 외향적인 인간은 일부러 타인을 만나려고 노력한다. 내향적인 사람은 클럽과 위원회 같은 임무와 요구를 피하는 반면 외향적인 사람은 받아들인다. 내향적인 인간 또는 이기적인 인간은 선행을 베푼다고 생각하겠지만, 외향적인 인간은 그냥 행할 뿐이다"라고 링크는 썼다. 게다가 종교는 외향성의 형성에 중요한 역할을 했다. "이타성의 이상이자 이타적인 삶의 주창자인 예수 그리스도도 외향적 유형이었다." 인간의 천성이 이기적이고 충동에 따르는 경향이 있으므로 "인간의 이기적인 충동을 이기고 더욱 성공적이고 온전한 삶을 살려면 개인 또는 개인들의 사회보다 높은 무언가, 즉 종교가 필요하다."12

카네기는 외향적인 인간을 이상으로 내세우고 종교를 성격계발의 강력한 도구로 추천하는 링크의 사상을 존경하게 되었다. 해리 오버스트리트의 경우와 마찬가지로 링크에게도 특별 강의를 부탁했고 그와의 관계를 홍보에 활용했다. 또한 《카네기 인간관계론》에서 링크의 사상을 참고해 성공 모델을 세웠다. "호감 가는 성격과 더욱 효과적인 인간관계 기술을 원한다면 헨리 링크 박사가 쓴 《종교에의 귀의》를 읽어라. 성격 문제를 상담하러 찾아온 3000명 이상의 사람을 직접 면담하고 조언한 유명 심리학자가 쓴 책이다"라고 했다.13

바시 영Vash Young은 링크나 오버스트리트처럼 심리학 전문가는 아니지만 긍정적 사고와 마음 치유의 열렬한 지지자로 카네기에게 영향을 준 또 다른 인물이었다. 그는 솔트레이크 시티의 권위 있는 모르몬교 집안의 자손이었는데 세일즈맨으로 성공하기 위해 애쓰면서 우울증과 자기회의, 두려움에 시달리며 심신이 허약해졌다. 몇 년간 고생한 끝에 생명보험 판매원으로 성공하게 되었고 자신만의 철학이 생겼다. 그는 그 비결을 사람들과 나누고 싶어서 1930년대에 성공 추구와 개인 발전에 관한 두 권의 책을 발표해 인기를 끌었다. 카네기가 그를 알게 된 것도 책을 통해서였다.

영의 성공 공식은 두 가지 핵심적인 토대로 이루어졌다. 긍정적 사고와 타인을 도우려는 의지였다. 그는 첫 번째 저서 《나누고 싶은 부A Fortune to Share》(1931년)에서 부정적인 생각을 버리고 '긍정적인 생각'을 키우고자 노력함으로써 '정신적 과정에서 승리'를 거두었다며 마음의 힘을 강조했다. 그는 엘버트 허버드, 러셀 콘웰, 제임스 앨런, 오리슨 스웨트 마든 같은 이전의 긍정적 사상가들과 마찬가지로 행복 또는 불행, 성공 또는 실패가 긍정적 사고에 크게 좌우된다고 주장했다. 또 그는 모든 사람에게는 '생각 공장'이 있다는 말도 했다. "당신의 허락 없이는 원자재도, 부분적으로 만들어진 제품도, 그 무엇도 거기에 들어갈 수 없다. 그리고 그곳에서는 당신이 직접 만들어낸 제품 외에는 나올 수가 없다." 그는 "나의 감정과 생각을 지배하고 해로운 정신적 습관과 정서적 약점을 제거했을 때" 인생의 전환점이 찾아왔다고 했다. "인간에게는 깨닫지 못한 정신적인 힘이 많다. 그러나 공포와 두려움으로 지성이 정상적이고 적절한 기능을 수행하지 못하기 때문에 그 힘이 파괴된다는 것이 문제이다."14

영은 《아낌없이 주는 사람: 보다 나은 삶의 방식 The Go-Giver: A Better Way of Getting Along in Life》(1934년)에서 두 번째 주제인 타인에 대한 봉사를 자세히 다루었다. 그는 긍정적 사고에 대한 믿음을 바탕으로 직업에 대한 생각의 패러다임이 바뀌어야 한다고 주장했다. 사회적 성공과 수익을 위해 쉴 새 없이 앞으로 돌진하는 저돌적인 사람인 '얻으려는 자 go-getter' 같은 낡은 방식 대신 '긍정적인 나눔 go-giving의 계획'이 만들어져야 한다고 했다. 즉 '자기연민', '내면의 회의와 두려움', '그릇된 자부심' 그리고 '얻지 못해 느끼는 열등감' 같은 습관처럼 굳어진 생각을 버려야 한다는 뜻이었다. 그 대신 '나눔의 욕구를 토대로 한 자신감'과 '타인의 성공을 기뻐함' 같은 새로운 사고방식을 수용해야만 한다는 것이었다. 이기적인 '욕심'을 초월해 타인에게 봉사해야 한다는 의미였다. "얻으려는 자는 풍족한 삶을 영위한다. 나눠주려는 자의 계획은 다르다. 그는 무엇보다 자신을 위하여 좋은 삶을 만들어낸다."15

그러나 영의 메시지에는 중대한 반전이 들어 있었다. 그의 공식에서 '사심 없음selflessness'은 이타적인 행동일 뿐만 아니라 나눠주는 사람에게 오히려 이익으로 되돌아오는 미묘한 결과였다. 타인에게 봉사와 공감, 충성심, 상품을 줄 때 진실한 마음을 다해 감정적 투자를 한다면 타인이 그에 대한 이익을 돌려줄 것이다. 영은 독자들에게 "대가를 바라지 말고 주어라. 왜냐고? 진정으로 나눠주는 사람은 대가를 바라지 않는다. 성공이 당신을 찾아와 당신에게 빌린 것을 갚게 해달라고 부탁할 것이다. 나눠주는 사람에게는 얻으려는 사람이 종종 놓치기 마련인 경제적 보상을 포함한 풍족한 생활과 함께 좋은 삶이 찾아오기 마련이다"라고 조언했다. 즉, 영은 선행을 베풀어야 잘살게 된다는 공식을 내놓았다.16

영의 이러한 사상은 카네기에게 커다란 매력으로 다가왔다. 카네기의 사상도 긍정적 사고에 뿌리를 두고 있었으므로 영의 주장이 매우 설득력 있었다. 카네기는 《카네기 인간관계론》에서, 자신의 좁은 관점과 관심사에만 초점을 맞추려는 사람들에게 "바시 영이 쓴 훌륭한 책 《아낌없이 주는 사람》, 《나누고 싶은 부》를 추천해주고 싶다. 그 책에 나온 철학을 실천한다면 1000배 이상의 이익을 얻을 수 있을 것이다"라고 했다. 실제로 카네기는 영이 제시한 청사진에서 많은 부분을 도입했다. 《카네기 인간관계론》의 거의 모든 부분에서 《아낌없이 주는 사람》에 수록된 질문이 등장한다. "사람들이 당신을 신뢰하는가? 그들이 당신을 좋아하는가? 당신은 사심을 버릴 수 있는가? 당신은 당신에게 투자하는 사람들에게 최대한의 이익을 돌려주려고 하는가? 당신의 사고방식은 희망적이고 긍정적인가?" 링크와 오버스트리트처럼 영 또한 1930년대에 카네기 강좌에서 특별 강의를 했다.[17]

역시 훌륭한 심리학자인 아서 프랭크 페인Arthur Frank Payne도 1930년대에 카네기의 관심 영역에 들어와 사상에 큰 영향을 끼쳤다. 페인은 시카고 대학교, 컬럼비아 대학교, 하버드 대학교에서 공부했으며 오랫동안 여러 명문대의 교수로 재직했다. 제1차 세계대전 동안 미국전쟁부United States War Department에서 심리 설문조사를 감독했고 1920년대에는 주로 뉴욕지도상담소New York Guidance Clinic를 맡아 운영했다. 그는 잡지 〈직업 교육Vocational Education〉을 도와 직업 교육에 관한 글을 편집하면서 응용 심리학에 관한 저술 활동을 펼쳤다. 그가 쓴 글 '인간의 과학적 선택'에는 심리학의 엄청난 가능성에 대한 믿음이 담겨 있다. 그는 "현재의 문명, 특히 산업과 상업의 발달은 과학을 일상생활의 모든 영역에 응용한 것이다"라고 주장했다. "심리학이라는 새로운 과학은 특정한 등급과 기준, 일반 지능 측정 검사를 표준화" 했다면서 그것이 "인간의 직업과 지위, 일의 유형 선택에" 엄청난 이득을 약속했다고 했다.[18]

페인은 1930년대에 이르러 대중에 다가가면서 카네기의 눈에 띄었다. 페인은 훌륭한 심리학적 자녀양육법을 담은 《부모: 친구인가 적인가My Parents: Friends or Enemies》(1932년)를 출간했다. 그 책에는 그가 부모들에게 고하는 십계명이 들어 있었다. "끊임없이 자녀를 자신이나 남들, 또는 세상과 비교함으로써 '열등감'이라고 불리는 사악한 것이 자녀에게 생기지 않도록 하라. 언제나 자신감을 길러주어라"라는 내용도 포함되었다. "잘못을 지적하거나 꾸짖을 때는 분노나 비통함이 아닌 실망감을 표시하고 칭찬할 만한 부분도 꼭 언급하라"고도 했다. 페인의 조언에 영향을 받은 카네기도 타인에게 긍정적인 반응을 보이라고 강조했다. 페인은 1929년부터 1936년까지 뉴욕 WOR 방송국의 인기 라디오 쇼 '심리학자가 말한다The Psychologist Says'를 진행했다. 심리학의 관점으로 시사문제를 해석하고 청취자들에게 일상적이고 개인적인 문제를 이겨내는 방법을 조언해주었다. 페인은 종종 카네기 강좌의 특별 강사로 초빙되어 '열등감을 극복하는 방법'을 주제로 강연했다.[19]

1930년대 카네기의 동료 중 유일한 전문 정신의학자였던 루이스 E. 비슈Louis E. Bisch도 '열등감'에 관심을 가졌다. 비슈는 1912년에 컬럼비아 대학교 의과대학을 졸업하고 그곳에서 박사학위를 받았다. 그후 정신분석학자와 상담가로 일하며 정신 부적응 상태에 관해 저술했다. 몇 년 동안 컬럼비아 대학교에서 교육 심리학을 가르쳤고 뉴욕 시의 슈파이어 비정형아동학교Speyer School for Atypical Children를 감독했으며 뉴욕 시 경찰청 산하 정신병연구소Psychopathic Lab for the New York City Police Department를 운영했으며 버지니아 주 노퍽Norfolk의 정신위생클리닉Hygiene Clinic의 감독관으로 활동했다. 그러다 1926년부터 40년 동안 뉴욕 폴리클리닉 의대 및 병원New York Polyclinic Medical School and Hospital의 정신건강의학과 교수로 재직했다. 비슈는 《자아의 정복Conquest of Self》(1924년), 《임상 심리학Clinical Psychology》(1925년), 《내적 자아Your Inner Self》(1924년) 등 정신분석과 성격 발달에 관한 주목할 만한 저서를 내놓았다. 1925년에는 정신적 공황 상태에 빠진 젊은 여성이 친절하고 통찰력 있는 정신분석학자의 도움으로 회복하게 되는 연극 〈콤플렉스The Complex〉를 집필했다.[20]

앞서 설명한 인물들과 마찬가지로 비슈가 카네기의 시선을 끈 것은 1930년대부터 접근이 쉬운 분야의 활동을 시작하면서였다. 대중지를 통해 널리 저술 활동을 시작한 것이었다. 그는 〈프린터스 잉크Printers Ink〉에 '성공한 사람의 자녀는 실패하는 경우가 많다'와 '정신의학과 광고: 광고문구가 인간의 감정에 호소해야 하는 이유'나 〈리더스 다이제스트〉에 '병을 자산으로 바꿔라' 같은 글을 연재했다. 또한 그는 할리우드에 관해 연구하기도 했다. 〈포토플레이〉에 '배우들에게도 열등감이 있는가?'와 '우리가 할리우드 스캔들에 끌리는 이유', 〈스크린 북Screen Book〉에 '할리우드의 이혼 증가 현상을 정신의학으로 분석하다' 같은 글을 썼다. 그는 여러 글에서 '열등감'의 부정적인 효과를 다루었다. 열등감이 "진짜가 아닌 자아를 진짜로 믿게 만들어 끊임없이 괴로운 투쟁을 일으킨다"면서 "생각보다 실패는 '열등감'과 깊은 관련이 있다"고 주장했다. 놀랍게도 그는 '열등감과 치과 교정술의 관계'라는 글에서 치과의사들을 대상으로 열등감에 대해 면밀하게 탐구했다. 그는 알프레트 아들러의 이론을 바탕으로 "인체의 어떤 부위에 유기적 결함이 있다면 그것은 뇌의 보상반응이기 쉽다"라고 주장했다. 치과 교정이 필요한 환자들은 신체적 결함 때문에 '열등감'을 품고 있으므로 심리적으로 세심한 치료가 필요하다는 것이다.[21]

비슈가 대중적으로 가장 큰 영향을 끼친 것은 편안한 분위기로 쓴 베스트셀러 《신경과민인 것을 기뻐하라Be Glad You're Neurotic》(1936년)를 통해서였다. 그는 활기찬 문체로 신경증은 변장을 하고 있는 축복이라고 주장했다. 전문 치료가 필요한 집착적이고 극심한 정도의 신경증이 아니라 불확실함, 충동, 자기회의, 절망, 불만, 낮은 자존감 등을 보이는 비교적 가벼운 신경증이 그렇다고 설명했다. 실제로 그러한 괴로움은 거의 모든 사람이 살면서 한두 번은 경험하는 것이다. 비슈에 따르면 그러한 증상은 '정서적 생활의 부적응'을 뜻하지만 주변 세상에 대한 날카로운 감성을 뜻하기도 한다. 따라서 신경증 증상이 적절하게 조정되기만 한다면 좋은 성과가 나타날 수 있다. "신경증 증상을 보이는 사람은 내면에 불안이 있다. 그러나 그 불안은 우리가 아직 발견하지 못했을 뿐, 보다 나은 것을 향해 나아갈 수 있다는 신호이다"라고 그는 썼다.[22]

이것은 주로 세 가지 심각한 문제를 일으키는 신경증과 맞서 이겨내라는 의미였다. 비슈는 "죄책감, 수치심, 열등감. 이 삼두정치 체제를 물리쳐야 한다!"라고 주장했다. "이것들은 항상 협력해 독재자가 되어 당신의 정신을 무너뜨리고 초라하게 만든다." 그렇다면 신경증으로 고통받는 사람은 어디에 의지해야 할까? 비슈는 정신의학과 긍정적 사고의 조합에서 구원을 찾았다. "의지를 움직여라. 흔들리지 않는다면 실패할 수가 없다! 충분히 오랫동안 포기하지 않고 계속하면 된다"라고 했다. "그러면 당신의 무의식에 이런 일이 일어난다. 우선 당신은 기존의 반사궁$^{reflex\ arc}$*, 즉 당신을 억압하고 당신이 원하는 사람이 되지 못하도록 방해했던 습관들을 무효화하고 완전히 없애버린다. 그다음에는 기존의 반사궁을 대체하는 새로운 반사궁이 생긴다.

---

* 반사에 관여하는 신경경로.

새로운 반사궁은 당신의 효율성을 높여 당신이 원하는 곳으로 데려다 주는 기쁨을 선사할 것이다." 책의 맨 마지막 문장은 비슈가 제시하는 해결책을 요약해주었다. "당신을 분석하라. 더 이상 죄책감을 느끼지 마라. 자존감을 북돋워라. 장애를 자산으로 바꿔라. 신경증에서 이익을 얻어라. 그리고 기뻐하라!" 비슈 역시 1930년대 중반에 카네기 강좌에 정기적으로 모습을 드러냈다.[23]

오버스트리트, 링크, 영, 페인, 비슈에 비한다면 훨씬 약하지만 1930년대에 카네기에게 영향을 끼친 심리학 전문가는 또 있다. 그중에 〈새터데이 이브닝 포스트〉와 〈허스트 인터내셔널〉의 편집자 출신으로 훗날 뉴욕의 광고사에 입사한 케네스 구드Kenneth Goode가 있다. 그는 매매, 판매, 광고의 심리학에 특별한 관심을 두었고 인기 저서 《황금같이 귀한 사람을 만드는 법How to Turn People Into Gold》(1929년)으로 카네기의 관심을 끌었다. 카네기는 "인간관계의 성공은 타인의 관점을 공감하고 이해하는 데 달려 있다"는 구드의 말을 인용했다. 컬럼비아 대학교 교수 아서 게이츠Arthur Gates도 저서 《교육 심리학Psychology for Students of Education》(1933년)으로 카네기의 주의를 끌었다. 카네기는 "인간은 누구나 공감을 갈망한다. 아이는 자신의 다친 상처를 보여주려고 한다"라고 한 게이츠의 말을 인용했다. "같은 이유로 성인들도 멍든 상처를 보여주고 싶어 하며 사고나 병에 대해 이야기하고 수술 과정을 자세히 들려준다. 현실이든 상상이든 불행에 대한 '자기연민'은 모든 인간에게 어느 정도 보편적이다." 이들은 카네기가 타인을 인정해주는 것이 성공과 설득의 열쇠라는 믿음을 발전시키는 데 영향을 주었다.[24]

카네기는 결혼과 가족 문제에는 세 전문가의 업적을 활용했다. 유력한 목사이자 작가로 목회 심리학과 상담을 전문으로 했던 리랜드 포스터 우드Leland Foster Wood는 저서 《가정에서 함께 성장하기Growing Together in the Family》(1935년)에서 "결혼의 성공은 올바른 상대를 찾는 문제 그 이상이다. 자신도 상대방에게 올바른 상대가 되어주어야 한다"라고 했다. 사회위생국 정신생물학연구소Psychobiological Research for Bureau of Social Hygiene 소장 G. V. 해밀턴G. V. Hamilton 박사는 《결혼생활의 문제가 무엇인가?What's Wrong With Marriage?》(1929년)에서 "결혼생활에서 생기는 마찰이 대부분 성적性的 부적응에서 비롯된 것이 아니라고 말하는 정신의학자는 매우 편파적이고 신중하지 못하다"라고 했다. 목회 심리학자이자 뉴욕 시 가족상담소Family Guidance Service 소장으로 《결혼과 성생활Sex Life in Marriage》(1936년)을 집필한 올리버 M. 버터필드Oliver M. Butterfield 목사는 "많은 부부가 서로에 대한 사랑과 선의에도 불구하고 결혼생활에 대해서는 문맹이다"라고 주장했다. 카네기는 이 말을 인용해 결혼과 성관계에 심리학적으로 세심한 접근법이 필요하다고 했다.[25]

이처럼 카네기에게 영향을 끼친 심리학계 인사들은 새로운 정신과학으로 문제를 해결해야 한다는 공통된 믿음이 있었다. 그들은 대부분 학식이 뛰어났지만 심리학 이론보다는 심리학을 적용해 인간 행동을 개선하는 것에 더 큰 관심을 기울였다. 그들이 심리학 지식을 성공에 활용한다는 사실도 카네기에게 중요하게 작용했다. 그들은 카네기에게 큰 영향을 끼쳤다. 카네기가 1930년대 중반에 내놓은 《카네기 인간관계론》에는 그들의 사상을 종합하여 심리학을 광범위하게 적용시킨 성공 메시지가 담겨 있었다.

《카네기 인간관계론》은 첫 페이지부터 독자들에게 심리학의 원칙과 관점, 추천을 대거 소개한다. 카네기는 끊임없이 심리학의 언어로 메시지를 전달했고 치유 분야의 전문가들을 인용했다. "20세기 가장 훌륭한 심리학자 중 한 명인 오스트리아 빈의 지그문트 프로이트 박사는 인간의 모든 행동이 두 가지 동기에서 비롯된다고 말한다. 바로 성적 충동과 위대해지고 싶은 욕망이다"라고 카네기는 썼다. 그는 또 다른 저명한 심리학자 역시 인간의 인정받고 싶은 욕구를 강조했다고 언급했다. "윌리엄 제임스는 '인간 본성에서 가장 근본적인 원리는 인정받으려는 갈망이다'라고 말했다." 또한 카네기는 미국의 유명한 행동 심리학자 존 B. 왓슨이 "성性은 인생에서 가장 중요한 주제일 것이다. 성은 남녀의 행복에 가장 큰 파멸을 야기하는 요인이기도 하다"라고 한 말도 인용했다. 특히 카네기는 오스트리아 빈의 유명한 심리치료전문가 알프레트 아들러와 그의 저서 《심리학이란 무엇인가 What Life Should Mean to You》*(1931년)를 지지했다. 그는 "타인에게 관심을 가지지 않는 사람은 인생을 사는 데 큰 어려움을 겪고 타인에게도 큰 폐를 끼친다. 인간의 모든 실패는 바로 그런 사람들에게서 나온다"는 아들러의 말을 인용하며 "아무리 뛰어난 심리학 서적을 읽는다고 해도 이보다 중요한 구절은 나오지 않을 것이다"라고 했다.[26]

전반적으로 심리학은 카네기가 인간 행동의 숨겨진 정서적 또는 무

---

* 국내 2011년 스타북스 발간.

∙∙
전국적인 유명인사가 된
1930년대 후반에 촬영한
데일 카네기의 초상사진.

의식적인 토대를 탐구하게 만들었다. 카네기는 인간의 존재와 정신적 과정을 깊이 들여다보았고 다수의 유쾌하지 못한 영향력과 충동이 인생의 방향을 이끈다는 사실을 발견했다. 그는 "사람들은 생각이 한쪽으로 치우친 선입견을 가지고 있다. 우리는 대부분 기존의 관념, 질투, 의심, 두려움, 시기, 자부심으로 망가져 있다"는 결론을 도출했다. "사람을 대할 때는 인간이 논리적인 존재가 아니라 선입견으로 가득하고 자부심과 허영심으로 움직이는 감정적인 존재라는 사실을 기억하자"라는 해결책을 제시했다.27

카네기는 자신에게 영향을 끼친 심리학자들과 마찬가지로 이해 과정과 함께 행동 지침으로 심리학을 중요시하는 실용적인 관점을 견지

했다. 《카네기 인간관계론》에서 응용 심리학은 자신의 이익을 위해 사람을 능숙하게 다루는 방식으로 비추어진다. 카네기는 "친구를 사귀고 싶다면 활기와 열정을 가지고 사람들에게 인사하라"고 지시했다. "전화받을 때도 똑같은 심리학을 활용하라. 상대방의 전화를 받아서 기쁘다는 것을 드러내는 어조로 '여보세요'라고 하라." 카네기는 앤드루 카네기의 일화를 소개했다. 앤드루 카네기는 어려서 사람들이 자신의 이름을 소중하게 여긴다는 사실을 깨닫고 어른이 되어서도 사업적으로 접하는 사람들의 이름을 기억하고 불러주는 것이 중요하다는 사실을 기억했다. 그 심리학을 활용해 그는 백만장자가 되었다. 또한 카네기는 쿨리지 대통령이 비서에게 서신의 구두법에 신경 쓰라고 충고하기 전에 먼저 그녀의 외모를 칭찬한 사실도 언급했다. "너무 빤하지만 최고의 심리학이다. 칭찬을 듣고 나면 유쾌하지 않은 말에 귀 기울이기가 훨씬 쉬워지기 때문이다." 또한 카네기는 벤저민 프랭클린이 상대방의 재능이나 지식에 관한 도움을 요청할 때의 방법을 칭찬했다. 상대방이 스스로 중요한 사람이라고 느껴 적극 도와주려고 나서게 하는 것이다. 카네기에 따르면 "벤저민 프랭클린은 죽은 지 150년이나 되었지만 그가 상대방에게 부탁할 때 활용한 심리학은 행진을 계속하고 있다."[28]

카네기는 친구를 얻고 사람들에게 영향을 끼치는 방법을 가르치면서 20년 전에 처음 흥미를 느꼈던 '긍정적 사고'를 종종 활용했다. 그는 여전히 현대사회의 성공 열쇠는 마음의 힘과 정신적 변화에 있다고 주장했다. 《카네기 인간관계론》에서도 긍정적 사고는 중요한 주장의 토대가 되었다. 카네기는 성공하고 싶은 사람은 마음의 힘을 이용해 사람들에게 비치는 이미지를 만들 수 있다고 했다. "미소 짓고 싶은가? 그렇다면 두 가지 방법이 있다. 첫째, 억지로 웃음을 지어라. 혼자 있을 때는 휘파람을 불거나 콧노래를 흥얼거리거나 노래하라. 행복한 것처럼 행동하면 정말로 행복해질 것이다. 사람은 누구나 행복해지고 싶어 한다. 행복을 찾는 확실한 방법이 하나 있다. 바로 생각의 통제를 통해서이다"라고 조언했다. 긍정적 사고는 타인의 행동에 미묘하게 영향을 끼치는 데도 활용될 수 있다. 카네기의 말에 따르면 "상대방이 개선되기 바란다면 상대방이 이미 개선된 것처럼 생각하고 행동하라. 다른 사람들 앞에서도 상대방이 이미 그 장점이 있는 것처럼 공개적으로 말하라. 이렇게 상대방을 좋게 평판하면 상대방은 당신의 환상이 깨지지 않도록 엄청난 노력을 기울인다."[29]

1930년대 유력한 문화계 인사들 역시 카네기처럼 긍정적 사고를 옹호했다. 노먼 빈센트 필 목사는 대공황기에 긍정적 사고를 바탕으로 설교 활동을 시작했다. 그는 뉴욕 마블 협동교회의 담임목사가 된 후 심리학자 스마일리 블랜톤Smiley Blanton 박사와 치료 클리닉을 설립했다. 기독교의 가르침과 심리 상담을 통합한 클리닉으로 전문 심리학자와 정신의학자들과 함께 자칭 '종교 정신의학'을 발전시켰으며 나중에 미국 종교 및 정신의학 재단The American Foundation for Religion and Psychiatry으로 바뀌었다. 필 목사는 이 단체를 기반으로 엄청난 베스트셀러《적극적 사고방식The Power of Positive Thinking》(1952년)에 담긴 메시지를 쌓아 나갔고 그 책은 그의 종교 제국을 이룩하는 핵심이 되었다.[30]

성공학을 다룬 작가 나폴레온 힐은 가벼운 문체로 긍정적 사고를 전파한 인기 저서《생각하라 그러면 부자가 되리라》(1937년)로 많은 독자층을 거느렸다. 그는 긍정적인 정신 자세가 부를 축적해준다면서 생각의 힘을 강조했다. "생각하고 믿는 것은 전부 다 이룰 수 있다. 부는 근면과 상관없이 명확한 목적을 가진 마음 상태에서 시작된다"라고 주장했다. 그는 성공을 추구하는 사람은 정신 변화가 필요하다면서 '잠재의식을 자극하는 6단계'를 제시했다. 자신이 벌고자 하는 돈의 액수를 정확히 정해서 "밤에 잠자리에 들기 전과 아침에 일어난 후 한 번씩 떠올려라"는 내용 등이 포함되었다. 그러나 1930년대 문화 속에 퍼진 마음의 힘에 관한 개념을 수용하여 가장 역동적이고 실용적인 성공 철학을 만들어낸 사람은 카네기였다.[31]

《카네기 인간관계론》에 제시된 성공원칙은 적응 심리학의 영향도 받았다. 1930년대에 이르러 다수의 심리학 이론가들은 심리적 문제의 온상인 개인과 사회의 관계에서 숨겨진 내적 자아를 강조하는 프로이트주의에서 등을 돌렸다. 종종 신프로이트파로 불리는 이 사상가들은 무의식의 강력한 충동을 경시하고, 인간관계와 사회적 요구에 적응하려는 노력이야말로 인간의 행동과 행복에서 중요한 요소라고 강조했다. 여러 측면에서 그들은, 프로이트의 지지자였다가 1910년대에 분리되어 나간 알프레트 아들러의 전통을 따랐다. 아들러는 인간 심리학에서 사회적 영역이 내적 영역만큼 중요하다고 주장했고 《신경증 기질The Neurotic Constitution》(1912년), 《개인 심리학의 이론과 실제The Theory and Practice of Individual Psychology》(1927년), 《심리학이란 무엇인가》 (1931년) 같은 저서에서 성격 발달의 윤곽을 제시했다. 그는 '열등감', 특히 보상 시도와 가족, 친구, 직장 동료, 사회 같은 커다란 공동체 안에서 이루어지는 집단 상호작용이 개인의 심리에 미치는 중요성에 초

점을 맞추었다.32

　1930년대의 미국 신프로이트파는 아들러파를 기반으로 하는데 그중에서 카렌 호나이Karen Horney가 대표적이었다. 독일 이민자인 그녀는 1911년에 베를린 대학교에서 의학 학위를 받았고 정신분석에 관심을 가졌으며 1918년에 베를린 정신분석연구소Berlin Psychoanalytic Institute에 합류했다. 1932년에 미국으로 이주해서 처음에는 시카고에 자리를 잡았지만 곧 뉴욕 정신분석연구소로 옮겼다. 1935년부터는 뉴 스쿨에서 가르치기 시작하여 '문화와 신경증' 강의로 인기를 얻었고, 두 권의 저서 《현대의 신경증적 특성The Neurotic Personality of Our Time》(1937년)과 《정신분석의 새로운 방식New Ways in Psychoanalysis》(1939년)으로 영향력을 넓혔다.33

　호나이는 두 가지 중요한 측면에서 프로이트파의 정설을 벗어났다. 첫째, 그녀는 전통적인 정신분석의 남성적 편향을 거부하면서 여성은 그들 고유의 정신 발달 모델을 따라야 한다고 주장했다. 둘째, 그녀는 어느 학자의 평가대로 "오이디푸스 콤플렉스나 기타 심리적 발달 '단계' 같은 유아기와 초기 아동기의 획일적인 '생물학적' 경험이 아니라 사회 및 문화 요인이 신경증 형성에 중대한 영향을 끼친다"고 주장했다. 호나이는 개인의 애정 욕구가 적대적인 사회 및 문화 요인과 충돌하면 불안감이 생겨나고 결국 신경증으로 발전한다고 믿었다. 그러나 문화가 따뜻함과 안정, 인정의 기회를 통해 불안에서 탈피하는 길을 제공할 수도 있다고 했다. 환경에 적응하는 사람은 '이 시대의 신경증적 특징'을 극복할 수 있다.34

　해리 스택 설리번Harry Stack Sullivan도 자기의식적인 '미국식' 적응 심리학을 내놓았다. 그는 1917년에 시카고 의학수술대학Chicago College of Medicine and Surgery을 졸업하고 정신과 의사로 개업했다. 1930년대에 뉴욕으로 건너가 신문과 잡지에 글을 실었고 〈정신의학 저널Journal Psychiatry〉을 창간했으며 워싱턴 정신의학교Washington School of Psychiatry 학장이 되었다. 그는 뉴욕에서 호나이를 비롯해 뜻을 함께하는 지성인들과 교류하면서 신프로이트파로 옮겨가기 시작했다.[35]

설리번은 '대인관계 정신의학의 창시자'로 불리기도 한다. 그는 문화적 요인, 특히 종교에서 비롯된 엄격한 성도덕이 현대 미국 사회의 불안과 신경증의 근원이라고 보았다. 해결책은 대인관계 개선에 있으며 그것이 부모 역할, 사회적 처방, 문화적 기대에 적응할 수 있도록 도와준다고 했다. 신경증은 유능한 상담치료사가 환자의 문제를 이해해주고 자기단련에 힘쓰고 자존감을 쌓음으로써 회복될 수 있다. 또래 집단에 적응하여 그 안에서 안정과 지원을 찾도록 도와주는 방향으로 치료가 집중되어야 한다. 설리번은 "자신의 환경 안에서 살아가는 충분한 능력을 갖춘다면 명백한 정신병에서 성격이 개선될 것이라 해도 논란의 여지가 없을 것이다"라고 했다. 사회 및 문화 조건에 적응함으로써 '자존감'이 발달한다. 설리번이 처음 사용한 '자존감self-esteem'이라는 단어는 현대 미국 문화에서 흔히 쓰이게 되었다.[36]

호나이와 설리번 같은 신프로이트파(신아들러파라는 표현이 더욱 정확할 것이다)는 1930년대에 대인관계와 사회에 뿌리를 둔 성격 발달, 적응의 메커니즘, 그리고 자존감의 심리학이 핵심을 차지하는 사상을 내놓았다. 혹자의 설명대로 호나이와 설리번은 "개인이 환경에 잘 적응하는 방법, 즉 특이하거나 비정상적인 행동이 제어 가능한 행동 패턴 속으로 흘러들어 가는 수단을 강조했다." 이러한 입장은 심리학의 다른 방향에서도 강화되었다. 하인즈 하트만Heinz Hartmann을 비롯한 '자아 심리학' 지지자들은 자아가 성격 발달의 가장 강력한 요인이라고 했다. 자아는 "외부 세계에 적응하고 그것을 제어할 능력"을 가진 이성과 통제력의 강력하고 탄력적인 행위자였다. 인류학의 '문화 및 성격파'도 루스 베네딕트Ruth Benedict 같은 인물들을 통해 지지를 보냈다. 그녀는 《문화의 패턴Patterns of Culture》(1934년)에서 "개인의 인생사는 무엇보다 그가 속한 공동체에 전해져 내려오는 패턴과 기준에 적응한 것이다. 태어난 순간부터 그가 속한 관습이 그의 경험과 행동을 형성한다"라고 했다. 엘튼 메이요Elton Mayo 같은 산업 심리학자들은 근로자들이 현대 산업 조직의 요구를 받아들이도록 기업 관리자들이 심리적 기법을 이용해 도와야 한다고 주장했다. 공통적으로 사회적 요구와 문화적 기대에 대한 적응을 강조하는 이들의 주장은 신프로이트파의 입장과 일치했다.[37]

물론 데일 카네기는 이들처럼 지식인도 아니었고 그가 아들러의 책은 읽었지만 호나이나 설리번, 하트먼, 베네딕트, 메이요의 저술을 읽었다는 증거는 없다. 그러나 카네기는 언제나 문화적 환경에 민감했으며 당시에는 적응 심리학이 떠오르는 분위기였다. 카네기는 지식인들의 이론과 대중적 표현의 연관성을 직접 보여줌으로써 오버스트리트, 링크, 페인 같은 해석자들을 통해 그 움직임에 친숙해졌고 《카네기 인간관계론》을 통해 접근이 용이하도록 만들었다. 즉, 카네기는 탁월한 대중 심리학자로서 적응 심리학, 즉 사회 환경에 적응하고 대인관계를 발전시키고 성격 기술을 연마하는 것을 합쳐 수백만 미국인에

게 행복과 성공을 약속하는 새로운 혼합물을 만들어냈다.[38]

적응 심리학은 성격을 계발하라는 카네기 철학에 기본 토대를 제공했다. 카네기는 "다른 사람에게 관심을 기울이지 않는 사람은 인생을 살아가는 데 큰 어려움을 겪는다"라는 아들러의 말을 인용했다. 또 헨리 링크를 칭송하면서 인간관계를 위해 "좀 더 유쾌한 성격을 발전시키고 싶은" 사람들에게 영감을 주었다. 카네기는 '미소를 지어라, 긍정적인 태도를 가져라, 상대방의 관심사에 관심을 보여라, 상대방의 말에 귀 기울여라' 등 사회적 상호작용을 통해 호감 가는 성격 이미지를 만드는 수많은 기법을 제시했다. 그가 사람들과 잘 어울리고 친구를 얻고 복잡한 사회적 요구에 능숙하게 대처하며 경제적 성공을 거둘 수 있게 한다고 주장한 호감 가는 성격상은 확실히 1930년대에 떠오른 적응 심리학 사조에서 나왔다.[39]

사람들이 무엇에 의거하여 행동하는지에 대한 카네기의 관점 역시 적응 심리학에서 얻은 정보였다. 원하는 것을 찾고 타인의 욕구를 충족시키고 욕구의 갈증을 풀어주고 자존감을 올려주는 방법이었다. 카네기는 오버스트리트의 "빛나는 책, 《인간 행동에 영향을 미치는 방법》"에서 "이것은 사업은 물론 가정, 학교, 정치에서도 누군가를 설득하려는 사람들에게 최고의 조언일 것이다. 먼저 상대의 마음에 강한 욕망을 불러일으켜라. 그렇게 하는 사람은 세상을 가진 것이다. 그렇게 하지 못하는 사람은 외로운 길을 걸을 것이다!"를 인용했다. 또한 아서 게이츠의 《교육 심리학》에서 "인간은 누구나 공감을 갈망한다"라는 말도 인용했다. 카네기는 중요한 사람이라고 느끼고 싶은 욕구에 대해 지그문트 프로이트, 존 듀이, 윌리엄 제임스의 말을 인용하면서 "우리는 자녀와 친구, 직원의 신체에 영양분을 공급한다. 하지만 자존감에 영양분을 주는 일은 얼마나 드문가. 우리는 그들에게 구운 소고기와 감자를 주어 에너지를 채워주지만 샛별의 노랫소리처럼 몇 년 뒤에도 기억 속에 울려 퍼질 찬사를 해주지 않는다"라고 말했다.[40]

이처럼 카네기는 인간의 욕구와 충동을 바탕으로 자신이 '인간관계'라고 이름 붙인 심리적인 적응 과정을 만들었다. 타인과 잘 어울리고 친구를 얻고 사람들에게 영향을 끼치려면 아들러나 호나이, 설리번이 주장한 대로 누구나 자존감과 안정을 갈망한다는 사실에 세심한 주의를 기울여야만 했다. 《카네기 인간관계론》에는 '사람들이 나를 즉시 좋아하게 만드는 방법', '상대방의 협력을 얻어내는 방법', '모두를 만족시키는 빠른 방법', '적을 친구로 만드는 기술' 등 심리학의 영향을 받은 조언이 가득했다. 카네기는 "사람들은 자신의 소망, 갈망, 생각에 대해 상의하고 싶어 한다"면서 "상대방이 자기 생각이라고 생각하게 만들라"고 조언했다. 인간관계에 대한 카네기의 대중 철학은 유년기에 키웠던 강아지 티피에 관련된 일화에 요약되어 있다. "티피, 너는 결코 심리학책을 읽은 적이 없었지. 너는 그럴 필요가 없었어. 너는 타고난 본능으로 알고 있었어. 상대방의 관심을 끌려고 노력하는 사람이 2년 동안 사귈 수 있는 친구보다, 상대방에게 진정한 관심을 보여주면 2달 동안 더 많은 친구를 사귈 수 있다는 사실을 말이야."[41]

그러나 최종 분석에서 카네기는 응용 심리학에 더욱 관심을 기울였다. 무엇보다 그는 사람들이 심리학 원칙을 적용하여 현대의 조직 사회에 적응하고 번창할 수 있도록 도울 방법을 찾았다. 그는 '긍정적 반응yes-response'을 효과적인 인간관계를 위한 중요한 심리 기법으로 보았다. 타인을 칭찬하고 격려하라는 카네기의 전략은 모두 상대방에게 긍정적인 '환영' 반응을 얻기 위함이었다. 해리 오버스트리트가 《인간 행동에 영향을 미치는 방법》에서 주장한 것처럼—카네기는 그 부분을 길게 인용했다—타인을 능숙하게 다루는 사람은 "처음부터 '긍정적인 반응'을 많이 얻는다. 그렇게 하면 상대방이 계속 긍정적인 방향으로 나아갈 수 있는 심리 상태가 만들어진다. 신체기관은 전향적이고 수용적이며 개방적인 태도를 보인다. 따라서 처음에 '긍정적인 반응'을 끌어낼수록 궁극적인 목적에 상대방이 관심을 보일 가능성이 높아진다." 상대방의 관점에 반박하고 논쟁으로 설득하려 드는 사람의 성공률은 거의 제로에 가깝다. "심리학적으로 그들은 어리석다"라고 카네기는 썼다.[42]

이처럼 적응 심리학은 카네기의 책에서 대중적으로 다루어졌고 신프로이트파 지식인층에서도 화두로 떠올랐다. 그리고 궁극적으로 사회, 경제적으로 큰 위기에 놓였던 1930년대에 대중의 관심을 얻었다. 중산층 사이에 수치와 죄책감이 널리 퍼져 있던 시대였으므로 대인관계, 안정, 소속감, 자존감 강화를 강조하는 심리학 사조에 많은 사람이 공감했다. 역사학자 워런 서스먼에 따르면 그 시대는 '아들러의 시대'라고도 할 수 있었다. "대중적인 심리학은 물론이고 지식인들 사이에 떠오르는 전문 학파에서도 적응 심리학은 자신에게 알맞고 소속감과 동질감을 느끼는 생활방식에 적응함으로써 수치심과 두려움, 아마도 아들러가 말한 '열등감'을 이겨내는 방법을 찾으려는 시도였다."[43]

《카네기 인간관계론》이 폭발적인 판매량을 기록한 것은 카네기가 대공황기에 고통스러워 하는 사람들의 심리적 욕구를 정확히 파악했다는 뜻이었다. 그 책에 담긴 적응 심리학이 주는 위안과 유혹은 경제적 또는 정서적으로 생존과 투쟁하는 수백만의 불안한 독자들을 끌어당겼다. 그 책에 담긴 심리학적인 특징은 장기적인 영향도 끼쳤다. 미국의 현대적인 치유 문화 탄생에 중대한 역할을 한 것이다.

1930년대에 이르러 '데일 카네기 대중연설 강좌'는 수강생들에게 도전적인 경험을 약속했다. 수강생들은 동료 수강생들과의 상호작용, 그들로부터의 비평을 통해 타인에게 호감 가는 성격을 보여주는 방법을 배울 수 있었다. 한 홍보 팸플릿에 따르면 세션 일레븐Session Eleven은 수강생들이 타인의 눈을 통해 자신을 바라볼 수 있게 도와주었다. "자기 차례가 되어 청중 앞에 서지만 연설은 하지 않는다. 다른 사람들이 당신과 당신의 인상에 대해 말해준다. 그들은 당신의 좋은 점을 칭찬하고, 없애야 할 결점과 더욱 호감 가는 성격이 되는 방법에 대해 부드럽고 솔직하게 말해줄 것이다. 누구나 솔직하게 당신에 대한 생각을 이야기해주는 시간이다"라고 설명되어 있다.[44]

카네기 강좌의 수많은 졸업생은 그 과정을 끝마치는 사람에게 행복한 결과가 기다린다고 증언했다. 카네기는 1930년대에 강좌 홍보회를 열었다. 15~20명의 졸업생이 무대로 나와 카네기 강좌에서 배운 원칙 덕분에 인생이 바뀐 경험을 풀어놓았다. 한 신문에서는 "그들의 연설은 마치 목숨을 부지한 죄수들이 부흥회에서 들려주는 '고해' 같았다"라고 보고했다. "심장을 옥죄는 심각한 열등감에 시달렸던" 가장이자 세일즈맨이었던 어느 40세 남성의 증언이 대표적이었다. 그는 사람들을 대하기가 두려워서 한 업체 사무실 앞에서만 대여섯 번을 서성이다 용기를 내어 문을 열었다. 그는 모든 의욕을 상실한 나머지 기계공으로 일할 생각마저 했다. 하지만 카네기 강좌에 등록한 후에는 "사람들에 대한 두려움이 전부 사라졌고 수입이 늘어나기 시작했으며 뉴욕 시의 스타 세일즈맨 중 한 명이 되었다."[45]

취재를 위해 카네기 강좌를 들으러 간 〈뉴요커〉 기자도 비슷한 경험을 했다. 그곳 수강생들에게 강좌에 등록한 이유를 묻자 대부분 감정이 북받쳐 오르는 모습을 보였다. 한 남자는 "대학교에 입학한 후 끔찍한 열등감에 시달렸다. 아직도 열등감이 있다. 사람들 속에 있을 때마다 두려움에 사로잡힌다"라고 고백했다. 다른 수강생의 대답도 비슷했다. "열등감이 말도 못하게 심각하다. 열등감을 극복하고 싶다." 〈뉴요커〉 기자에 따르면 카네기 강좌는 수강생들에게 심리적인 장애물을 극복하게 도와준다고 약속했다. 한 수강생은 "카네기 씨는 뒷전에 서 있는 소심한 사람들이 스스로도 놀라운 일을 이룰 수 있도록 용기를 불어넣는다"라고 말했다. "이 강좌가 내 인생의 확실한 전환점이라는 것은 과장이 아니다"라는 의견도 나왔다. 그런가 하면 감정이 북받쳐 오르는 듯 "이 강좌는 하늘이 내게 주신 선물이다. 제너럴 일렉트릭의 직원들은 평생 데일 카네기를 절대 잊지 못할 것이다"라고 말했다. 또 다른 수강생은 "내가 거둔 모든 성공은 데일 카네기 강좌에서 배운 인간관계 기술 덕분이다"라고 간단명료하게 평가했다. 《카네기 인간관계론》을 읽고 강좌에 등록한 중년 남성은 뒤늦게 문제를 해결한 것이 후회될 뿐이라고 했다. 그는 "10년 전에 이 책을 읽었다면 심신은 물론 경제적으로도 훨씬 나았을 텐데"라며 아쉬워했다.[46]

카네기 강좌에서 이루어진 연약함의 고백, 약점에 맞서기, 정서적 성장 추구, 자기계발 노력 등의 심적인 훈련 과정은 현대 미국 사회에서 자리 잡기 시작한 새로운 치유적 사고방식의 특징을 고스란히 드러냈다. 현대 미국인들은 과묵한 자기제어와 완고한 도덕적 성품을 중시한 빅토리아 시대의 전통적인 사고방식을 뒤로하고 정서적인 자기충족, 활기찬 성격을 강조하는 새로운 가치 체계를 수용했다. 역사학자 잭슨 리어스Jackson Lears에 따르면 그러한 변화의 핵심은 "자아실현을 강조하는 세계관, 즉 정신과 신체의 건강에 거의 집착적인 관심을 기울이는 시대적 특징이다."47

강력한 새로운 문화 패러다임에서 두드러지는 관심사가 몇 가지 있었다. 크리스토퍼 래시Christopher Lasch의 말대로 현대인은 인간의 본성을 심리학적으로 파악함으로써 '강렬하게 자아에 심취'하게 되었다. '현대적 의미의 구원'인 정신 건강이 매우 중요한 목표가 되었고 치료사와 상담사들은 행복과 마음의 평화, 성공의 안내자를 자처했다. 실제로 '개인의 성장'과 '풍요로운 삶'에 대한 이상이 종교, 자녀양육, 교육, 결혼에 이르기까지 모든 문화 영역에 영향을 끼쳐 심리적 안녕 추구가 하나의 삶의 방식으로 자리 잡았다. 이러한 새로운 시대적 분위기에서 상담치료, 인카운터 그룹encounter group*, 개인 상담, 성격 변화를 약속하는 자기계발서 같은 새로운 메커니즘이 등장했다. 역사학자 리처드 바이스Richard Weiss에 따르면 "일반적으로 심리치료가 삶의 전반적인 향상 쪽으로 향하게 되었다. 연구 학문의 하나였던 심리학이

---

* 인간관계 개선을 위한 집단 훈련 그룹.

삶의 방식으로 변화한 것이다. 항상 치유의 목적이었던 건강의 의미가 광범위하게 확장되기 시작했다."[48]

《카네기 인간관계론》에는 그 새로운 의미의 치유가 등장했다. 카네기는 인간의 문제가 기본적으로 심리적이라고 보았고, 도덕적인 판단을 하지 말고 타인에게 접근하라고 조언했다. "타인을 비판하지 말고 이해하려고 해보자. 그들의 행동 이유를 파악하려고 해보자. 존슨 박사는 '신 역시 마지막 날까지 사람을 판단하지 않으셨다'라고 했다. 우리도 그래야 하지 않겠는가?" 카네기는 타인에 대한 세심함을 키우려면 마음속에 특정한 태도를 주입해야 한다고 주장했다. "이 책을 책상에 놓고 자주 훑어보라. 이제 곧 실현될 당신의 높은 개선 가능성을 계속 마음에 새겨라. 이 책에 나온 원칙은 지속적으로 적극 활용하고 재검토해야만 무의식적인 습관으로 자리 잡는다. 다른 방법은 없다'라고 했다. 그는 습관의 내면화에 도움되는 정신 훈련법도 제시했다. "계속 스스로 되뇌어라. '나의 인기, 나의 행복, 나의 수입은 인간관계 기술에 따라 좌우된다'라고."[49]

이처럼 카네기가 약속한 개인의 변화는 치유적인 세계관을 굳히는 데 일조했다. 그는 서민적이고 고무적인 대중치료사로서 자신의 인간관계 기술이 "문자 그대로 많은 사람의 삶에 혁신을 일으킬 것"이라고 했다. 그가 자랑스럽게 인용한 수강생들의 말은 독자들에게 경제적으로나 정서적으로 변할 수 있다는 흥분감을 선사했다. "미소가 매일 많은 돈을 벌어준다는 사실을 깨달았다", "이것은 문자 그대로 내 삶에 혁신을 가져왔다. 나는 예전과 전혀 달라졌다. 더 행복하고 더 부유해졌고 인간관계도 더 풍요로워졌다. 결국 가장 중요한 것은 행복이다." 카네기는 이러한 개인의 변화가 인간관계의 심리적 적응이 가져다준 결과라고 믿었다. "이 원칙은 마법처럼 작용한다. 나는 지금 새로운 삶의 방식에 대해 말하고 있다. 다시 말하지만 이것은 새로운 삶의 방식이다."[50]

필립 리프의 말처럼 궁극적으로 이러한 치유 공식은 현대 개인주의의 이상인 '심리적인 인간'을 낳았다. 리프는 "문화가 변하면 문화의 전달자인 성격 유형도 변한다"면서 20세기 '심리 분석자들psychologizer'은 자아에 몰입한 인간을 탄생시켰다. 완고한 도덕성과 구원이 궁극적 목표였던 '종교적인 인간'이나 수익 경쟁에서 자기이익을 추구하는 '경제적인 인간'과 달리, 심리적인 인간은 내면을 통해 행복의 본질인 심리적·신체적 안녕을 추구한다. 리프는 "심리적인 인간은 자기만족의 복음을 설교하며 직접 내면의 세심한 경제를 구성했다. 심리적인 인간은 힘의 이상에 따라 살아가지 않으며 이전 세대를 혼란스럽게 만들었던 옳고 그름의 이상에도 따르지 않는다. 심리적인 인간은 통찰의 이상에 따라 살아간다. 자신의 성격 제어로 이어지는 실용적이고 실험적인 통찰이다. 심리적인 인간은 자아성찰에 따른 조종을 통한 구원을 지지한다"라고 했다.[51]

20세기 초반 심리학자들의 영향을 받은 《카네기 인간관계론》은 현대에 치유 문화를 형성했다. 위대한 대중작가 카네기는 1936년 후반부터 미국 중산층 구석구석에 심리학적인 가치를 전파했고 현대 자기계발 운동의 아버지로 떠올랐다. 그의 뒤를 이어 몇십 년 동안 수많은 자기계발 서적과 권위자들이 등장했다. '심리적인 인간psycholgical man'(머지않아 심리적인 여성까지 포함)은 카네기의 영향 아래 수많은 미국인의 문화적 목표가 되었다.

《카네기 인간관계론》이 성공 전략과 성격계발, 인간관계 지침서로 엄청난 인기를 끌고 현대 치유문화 형성의 중요한 사건으로 자리매김 했지만 모든 사람이 그 책에 매혹된 것은 아니었다. 그 책은 출간 후 몇 주 만에 엄청난 비판과 논란의 대상이 되었다. 그 책을 둘러싼 논란은 인기만큼이나 몇십 년 동안 계속되었다.

| 12장 |

모든 행동의 이유는 무언가를 원하기 때문

《카네기 인간관계론》은 출간 몇 주 만인 1937년 초에 비소설 부문 베스트셀러 1위로 등극했다. 엄청난 찬사와 판매량 폭주로 인기 절정에 이르렀고 그 책 덕분에 인생이 바뀌었다는 증언이 쏟아지기 시작했다. 어느 만족한 독자는 "나는 이 책을 어떤 가격에도 팔 수 없다. 값으로 따질 수 없는 내용이 들어 있기 때문이다"라고 했으며, "이렇게 야망을 흔들어놓은 책은 처음이다. 앞으로 여러 번 더 읽을 계획이다"라고 말한 독자도 있었다. 책의 인기는 사그라질 줄 몰랐고 10년간 90쇄 이상 인쇄되어 수백만 권이 팔렸다.

그러나 비평가들의 반응은 대중의 뜨거운 찬사에 한참 못 미쳤다. 다수의 신문과 잡지, 여론지는 그 책을 완전히 무시했다. 그 책을 다룬 매체들의 평가도 미지근했다. 한 매체에는 "상대방에게 중요한 사람이라고 느끼게 해주라는 조언에 냉소가 나올지도 모른다. (……) 감언이설을 늘어놓는 '예스맨'이 되라는 뜻이라고 코웃음 칠 수도 있다. 하지만 우리가 가장 좋아하고 함께 시간을 보내고 싶어 하는 사람은 우리를 따뜻하게 인정해주는 사람들이라는 사실만은 웃어넘길 수가 없다"라는 다소 유감스러운 서평이 실렸다. 대부분의 평가는 훨씬 가혹했다. 〈더 네이션The Nation〉은 "카네기는 꼬리 흔들기와 손 핥기의 과학을 잘 요약해놓았다"며 비웃었다. 한편 〈뉴욕 타임스〉는 "살면서 타인에게 별로 영향력을 끼쳐본 적도 없고 마흔 넘은 나이에 인생을 새로 시작하고 싶어 하는 사람들, 혼자 살아간다는 사실을 싫어하면서 자신을 위하는 방법을 조언 받고 싶은 수백만 애처로운 독자들에게 희망을 파는 책"이라며 절제된 혐오감을 표현했다. 《카네기 인간관계론》은 학계에서도 논란을 일으켰다. 학계에서는 그 책에 담긴 원칙을 묵살하고 인간관계 전략을 맹렬히 비난했다.[1]

하지만 카네기는 모욕적인 평가를 털어냈다. 그는 비평가들이 자신의 대중적인 매력을 시기하고, 실제 비즈니스 경쟁에서 성공하고 싶은 평범한 사람들과는 고립된 엘리트 집단이라고 비난했다. 그가 1938년에 뉴욕 예술인들의 모임인 더치트리트클럽Dutch Treat Club에 강의하러 갔을 때, 그곳 회장은 그 자리에 있는 회원들 대부분이 카네기의 책에 나온 원칙에 반대할 것이라며 다소 무례하게 카네기를 소개했다. 카네기는 개의치 않고 성공적으로 강의를 끝냈지만 사적으로는 "인기 있는 책이라면 무조건 비웃을 지식인 계급의 모임이다. 인기 있는 책을 공격하면서 자신이 중요한 사람이라는 기분을 느끼기 때문이다"라고 평가했다. 또 한 번은 어느 유명 목사가 《카네기 인간관계론》을 가리켜 "이 세대 가장 부도덕한 책"이라고 비난하자 카네기는 "그 목사는 주목받을 기회만 얻었을 뿐이다"며 응수했다.[2]

하지만 카네기는 자신의 성공 철학에 담긴 특정한 측면 또는 함축적 의미 때문에 종종 힘겨운 상황에 처했다. 비평가들은 그 책의 내용이 도덕적, 사회적, 정치적으로 애매하다고 비난했다. 한 예로 카네기는 독자들에게 이 책이 아첨을 통해 성공하라는 냉소적인 전략이 아님을 강조하면서 "당신이 내일 만날 사람 중 4분의 3이 공감에 굶주려 있다. 그들에게 공감한다면 그들의 사랑을 얻을 수 있다"라고 했다. 또한 "상대방이 중요한 사람이라는 기분을 느끼게 해주어라. 그리고 그것을 진실하게 하라"면서 타인의 유연성을 이용해 목적을 추구하라고 조언했다. "당신이 태어난 순간부터 했던 모든 행동은 당신이 무언가를 원했기 때문이다"라고 했다. 카네기는 개신교 윤리의 오랜 딜레마인 부와 미덕을 일치시키는 것에는 불편하게 대응했다. 그는 "돈이 행복을 좌우한다는 것은 바보 같은 생각이다"라고 말하면서도 자신이 쓴 책이 독자들의 '수익성'을 올려주고 '매출'과 '봉급'을 올려줄 것이라며 부자들의 일화를 자주 소개했다.[3]

이것은 상당한 논쟁을 일으켰다. 비평가들은 카네기의 성공 철학에 담긴 몇 가지 수수께끼에 집중했다. 《카네기 인간관계론》 열풍이 미국 전역으로 퍼져 나가고 판매량이 치솟아 카네기를 가장 영향력 있는 미국인 중 한 명으로 만들어주었지만, 그 책에 묘사된 현대 미국의 자화상과 성공 철학의 정확성에 의문이 제기되었다. 그것은 쉽게 답할 수 없는 문제였다.

모방은 아첨의 가장 진실한 형태라는 말이 있다. 《카네기 인간관계론》이 출간되고 몇 개월 동안은 그 말이 사실임을 입증해준 시간이었다. 특히 어빙 트레슬러Irving Tressler는 카네기의 베스트셀러를 완전히 비꼬아 패러디한 《친구를 잃고 사람들과 멀어지는 방법How to Lose Friends and Alienate People》*이라는 책을 내놓았다. 카네기의 책에서 모든 챕터와 주제, 일화를 그대로 가져와서 풍자했다. 〈타임〉은 그 해괴한 책을 가리켜 "미국에 사는 사람이라면 누구나 유명하게 만들어주기 위해 미국의 광고인들이 20년 동안 기울인 노력과 균형을 이루는 유일한 책"이라고 평가했다.4

트레슬러의 책은 카네기가 쓴 자신감 넘치고 긍정적인 헌사를 비꼬는 것부터 시작했다. "이 책을 읽을 필요가 없는 사람, 아돌프 히틀러에게 바칩니다"라고 했다. 이어서 '성공으로 가는 지름길'이라는 표현이 있는 로웰 토머스의 서문을 풍자했다. "얼마 전 '인간관계를 특정 수준으로 유지해주는 연구소Institute of Human Relations Up to a Certain Point and How to Keep Them at that Point'의 대표 어빙 K. 트레슬러의 강연을 듣고자 수많은 인파가 뉴욕 호텔에 몰려들었다. 그 강연은 오늘날 미국 전역으로 퍼진 새로운 운동, 즉 사람들이 평생 원해온 대로 귀찮은 '친구들'에 둘러싸이지 않고 은둔과 사생활을 보장받도록 도와주는 운동의 전형적인 보기였다"라고 했다. 그리고 트레슬러의 가르침이 전설이 되고 있다며 칭송했다. "트레슬러는 타인을 짜증 나게 하는 능력을 타고나는 사람도 있지만 대부분은 그렇지 않다는 사실을 많은 사람에게 가르쳐주었다. (……) 대부분은 우리가 말을 충분히 많이 하지 않는다는 것이 문제이다. 우리는 상대방이 그의 관점과 견해를 말하도록 하고 그의 말에 관심 있는 것처럼 생각하도록 만든다. 결과적

---

* 카네기가 쓴 책의 원제인 '친구를 얻고 사람들에게 영향을 끼치는 방법(How to Win Friends and Influence People)'을 비꼬아 붙인 제목.

으로 우리에게는 거리에서 마주쳐 인사하고 이미 다 아는 날씨 이야기를 나누고 지루한 저녁 식사에 초대하는 '친구들'이 생긴다." 이 위대한 스승의 강좌는 "너도나도 덤벼드는 주먹 난투극으로 끝나지 않을 때가 없다. 현재 그는 어디를 가든 그의 강좌에 등록했던 수강생들이 '저놈 잡아라!'고 외치며 달려드는 바람에 항상 경호원을 대동해야만 한다는 사실을 자랑스럽게 여긴다"라며 풍자했다.[5]

트레슬러는 저널리즘 분야에 인상적인 경력을 가진 인물이었다. 그는 1908년생으로 위스콘신 대학교 졸업 후 1930년대 초반에 〈미니애폴리스 저널〉 위싱턴 지사에서 일했고 그 후 〈라이프〉 편집자가 되었다. 시사 문제를 다루는 유머리스트이자 해설자로 〈룩〉, 〈스크라이브너스〉, 〈코로넷〉, 〈에스콰이어〉, 〈마드무아젤〉, 〈패런츠 매거진〉 등에 기사를 썼다. 미국인의 약점을 비난하는 《모두를 향한 악의With Malice Toward All》(1939년), 《말과 마차Horse and Buggy》(1940년), 《독자들은 아주 조금만 소화할 수 있다Readers Digest Very Little》(1941년) 같은 책도 발표했다. 하지만 안타깝게도 1944년에 자살로 세상을 떠났다. 그는 당시만 해도 정신질환의 하나로 잘못 알려진 심각한 간질을 앓고 있었고 그 병 때문에 수많은 잡지사에서 쫓겨나기도 했다. 정신의학으로도 전혀 차도가 없자 우울증에 빠져 안타깝게도 스스로 생을 마감하고 말았다.[6]

그러나 트레슬러는 《친구를 잃고 사람들과 멀어지는 방법》에서 아주 농익은 풍자 실력을 보여주었다. 그는 카네기의 원칙과 문화적 스타일, 목표를 경쾌하게 조롱했다. "이 책은 몇 년 동안 이어진 지루함의 결과물이다. '바쁘실 테니 1분만 시간을 내주세요!'라고 말하는 사람이 수없이 많아서 이 책이 탄생했다"라고 익살스럽게 시작했다. 또한 그는 사람은 누구나 중요한 존재라고 느끼고 싶어 한다는 카네기의 말과 완전히 상반되는 주장을 내놓았다. "중요한 존재라고 느끼고 싶어 하는 사람들의 욕구는 좀 꺾일 필요가 있다. 절대로 다시 만나고 싶지 않은 사람들이다." 또한 그는 인간관계에 대한 왜곡된 시선을 내놓았다. "사람들을 실컷 비난하고 경멸하라. 그러면 그들은 당신의 말을 기억할 것이다. 당신과 관계를 끊은 후에도 오래도록." 이처럼 트레슬러는 카네기가 한 말을 거의 대부분 정반대로 비꼬았다. '대화를 논쟁으로 바꿔라', '사람들이 곧바로 당신을 싫어하게 만드는 방법', '손님이 하룻밤 묵지 못하게 하는 방법' 같은 챕터에서는 우정을 깨뜨리는 전략을 소개했다.[7]

트레슬러 이후 다른 비평가들도 카네기의 인간관계 법칙을 비웃고 풍자하기 시작했다. 그들은 카네기가 보여준 일화적이고 경쾌한 문체와 현대사회에서 때로 경솔한 행동으로 보일 수도 있는 열정 넘치는 성공 전략을 공격했다. 특히나 진실성 문제를 따지고 들었다.

《카네기 인간관계론》의 핵심은 감사와 진실함에 관한 메시지였다. 카네기는 "진실하고 솔직하게 감사를 표현하라. 진심으로 인정해주고 아낌없이 칭찬하라" 같은 조언으로 사람들의 호감을 얻으라고 조언했다. 주변 사람들의 관심사에 세심한 관심을 기울여 "그가 이 세상에서 중요한 존재임을 당신이 알고 있다는 것을 알려주어라"라고 했다. 그것이 바로 카네기의 책에 담긴 핵심 주장이었다. 그러나 거기에는 목표 달성을 위해 타인을 이용하라는 의미가 미묘하게 배어 있었다. 그 책은 처음부터 끝까지 감성에 대한 호소를 강조했다. 다시 말해서 타인에게 보여주는 공감이 계산된 행위라는 것이었다. "내일 당신은 어떤 일에 대해 누군가를 설득하고 싶어질 것이다. 그 전에 생각해보라. 어떻게 하면 상대방이 그 일을 하게 만들 수 있을까?" 또한 카네기는 "세일즈맨은 그의 상품이나 서비스가 소비자의 문제를 해결하도록 도와준다는 점을 증명하기만 하면 된다. 그러면 사람들은 주저 없이 살 것이다"라고 했다.[8]

이처럼 《카네기 인간관계론》에는 때로 인간관계에 대한 냉소주의가 드러났다. 상대방을 대화 주제로 삼아야만 훌륭한 대화자가 될 수 있다는 주장에서 카네기는 칵테일파티에서 경험한 일을 소개했다. 한 여성과 여행에 대해 이야기 나누며 열심히 귀를 기울여준 일이었다. "그녀는 오직 자기 이야기를 열심히 들어줄 사람을 원했던 것이다. 자신이 어느 곳을 여행했는지 자랑할 수 있는 사람 말이다"라고 신랄하게 비판했다. 또 카네기는 남성 독자들에게 아내의 패션 감각이나 청소, 요리 실력을 칭찬하라면서 "하지만 너무 갑자기 그런다면 아내가 의심할 것이다"라고 했다. 그는 큰 것을 위해 작은 것에서 져주는 전략도 추천했다. "사소한 대화에서는 소비자나 애인, 남편, 부인에게 져주어라." 상대방을 우월하게 만듦으로써 결국 원하는 것을 얻으라는 조언이었다. "나는 더 이상 사람들에게 그들이 틀렸다고 말하지 않는다. 확실히 그것은 효과가 있다"라고 카네기는 썼다. 그의 사회적 관점에 의하면 인간의 모든 행동은 두 가지 동기에 의해 나온다. "하나는 겉보기에 그럴듯해 보이는 동기이고 또 하나는 지극히 현실적인 동기이다." 마음속으로는 실제적인 행동 이유를 알면서도 "겉보기에 좋아 보이는 이유를 택한다."[9]

카네기는 타인이 중요한 사람처럼 느끼도록 해주라는 것이 자신의 핵심 주장임을 인정했다. 그는 누군가의 외모를 칭찬해 기분 좋게 만들어준 일화를 소개하면서 그 행동이 자신을 우월한 위치로 올려주었다고 설명했다. "나는 그에게 돈으로 할 수 없는 일을 해주었다는 기분이 들었다. 그런 기억은 아무리 시간이 지나도 환하게 살아 있기 때문이다." 또한 카네기는 라디오 쇼에서 역사적 사실을 잘못 전달하는 실수를 하는 바람에 여성들의 조직인 '콜로니얼데임즈Colonial Dames' 회원으로부터 비난받은 이야기를 했다. 그는 그녀의 무례함에 화가 났지만 감정을 가라앉히고 그녀에게 전화를 걸었다. 잘못을 지적해주어 고맙다는 말과 함께 용서를 구했다. 그러자 그녀는 즉각 자신의 성급함을 사과하고 그의 너그러운 마음씨에 고마움을 표했다. 그는 "화를 자제하고 모욕을 친절로 돌려준 나 자신에게 만족스러웠다"라고 적었다. "나는 그녀에게 스쿨킬 강Schuylkill river*에 뛰어들라고 말하는 것보다 그녀가 나에게 호감을 갖게 함으로써 더 큰 즐거움을 얻을 수 있었다."10

이처럼 《카네기 인간관계론》은 진실성의 개념을 모호하게 다루어 많은 비평가들로부터 타인을 이용하고 조종하는 전략이라는 비난을 받았다. 특히 뉴욕 시 커뮤니티교회의 존 헤인즈 홈즈John Haynes Holmes 목사는 "우정을 비웃고 미덕을 모욕하며 인류에게 냉소를 보내는 행태"라고 카네기의 원칙을 꼬집었다. 그는 카네기의 책에 담긴 전략이 "친구의 약점을 이용하고 덫에 빠뜨리는 것이나 다름없다.

---

* 펜실베이니아에 있는 강. 이 일화의 주인공 여성이 펜실베이니아 주 필라델피아에 살았다.

(……) 저자는 인간이 그저 칭찬받고 싶고 소중한 사람처럼 느끼고 싶어할 뿐이라고 말한다. 사람들을 칭찬하면 원하는 것을 뭐든지 손에 얻을 수 있다고 말이다. 정말 간단하지 않은가?" 그는 경멸적인 어조로 "아첨과 회유, 거짓말로 친구의 호감을 얻을 수 있다는 것이다"라고 결론지었다.[11]

다른 사람들도 비슷한 비판을 제기했다. 〈뉴욕 타임스〉에는 "타인의 자부심에 아첨하라는 말에는 미묘한 냉소주의가 깔려 있다"라는 서평이 실렸다. "인위적인 '성격'의 계발이 지식과 지성, 능력 등의 건전한 토대를 대신할 수 있고 그보다 중요할 수도 있다"며 핵심을 피해 가는 유창한 언변만 내세웠다고 비판했다. 〈뉴욕 데일리 뉴스New York Daily News〉의 도러시 블레이크Dorothy Blake는 카네기가 "희생자에게 살며시 다가가 세상에서 가장 중요한 존재라는 말로 공물을 바치도록 꼬드겨 계란 거품기든 교외 부동산이든 가짜 상품을 파는 법을 가르치고 있다"고 비난했다. 뉴저지 〈패터슨 모닝 콜Paterson Morning Call〉의 비평가는 카네기의 책이 "확실하지 않은 브랜드의 물비누를 계속 사용하는 것"을 찬성한다고 경고했다. 그러나 사탕발림으로 견해 차이의 표면만 가리면 부정직한 사회적 소통이라는 해로운 분위기가 조성된다. "나는 으르렁거리며 이빨을 드러내고 계속 앞으로 밀어붙여야 할 때도 있다고 믿는다. (……) 속이 텅텅 비고 터무니없는 철학을 큰 소리로 지지하는 사람이 있다면 망설이지 않고 내 의견을 전달할 것이다. 나는 결과와 관계없이 자신의 생각을 말하는 사람을 지지한다"라는 내용이었다.[12]

유머 작가 제임스 서버James Thurber도 〈새터데이 문학 리뷰Saturday

Review of Literature〉에 실은 논평에서 '진실성'이라는 골치 아픈 사안에 초점을 맞추었다. 그는 타인에게 순수한 관심을 주라는 것과 칭찬으로 약점을 찾으라는 것에서 엄청난 모호함이 드러난다면서 카네기의 책이 진정성보다 조종을 중요시한다고 평가했다. "카네기는 사람이 진실한 동시에 타인에게 영향력을 끼치는 속임수에 정통할 수 있다고 주장한다. 애석하게도 그가 내세운 법칙과 일화에서는 연회장의 유령처럼 부정직함이 확연히 드러난다"라고 했다. 카네기는 책에서 "상대방에게 뭘 바라고 한 행동이냐니!!!"라고 격분하면서 타인에게 무언가를 얻어내려는 의도가 아니라고 주장했지만 서버의 결론은 확고하고 가혹했다. "세 개나 되는 느낌표는 진실함의 깊이나 감정의 강렬함을 제대로 전달하지 못한다."[13]

이처럼 카네기가 사회적인 기만 윤리를 옹호한다는 공격은 개인 독자들에게서도 불거졌다. 테네시 채터누가Chattanooga에 사는 W. W. 우드러프W. W. Woodruff는 카네기에게 보낸 편지에서 그의 책이 광고 산업과 법조계를 장악한 '부정직함의 철학'을 반영한다고 비난했다. "당신의 책에는 타인의 약점을 이용하고, 인정받고 싶은 욕구에 아첨함으로써 사람들에게 영향을 끼치라는 내용이 가득하군요. (……) 사람들의 자만심은 부풀려줄 필요가 없어요. 오히려 꺾어야지. 우리는 배짱과 인간미, 책임감을 가진 정직한 사업가들이 필요하지 '똑똑한' 사업가들이 필요한 건 아닙니다." 이 전통적인 사고방식을 지닌 도덕주의자는 카네기에게 앞으로 "지적인 부정직함을 옹호하는 쪽이 아니라 반대하는 쪽으로 사람들을 설득하고, (……) 전염성 있는 독이 이 나라의 지적 혈류 속으로 흘러들어 가지 않도록 하는 일에 당신의 재능

을 쓰시오"라고 조언했다.[14]

카네기가 내세운 진실성에 초현실적인 유머로 반응한 사람들도 있었다. 그들은 《카네기 인간관계론》의 지지자들이 모여 서로에 대한 칭찬만 늘어놓는 바람에 결국 칭찬이 아무런 쓸모도 없게 되어버리는 기이한 장면을 묘사했다. 칼럼니스트 헤이우드 브라운Heywood Broun은 카네기의 세계에서 세일즈맨은 절대로 자신에 대해 말하지 않으며, 고객은 세일즈맨의 장점을 칭찬하므로 결과적으로 "그들은 서로 칭찬한 것이 아니라 아무것도 하지 않은 것처럼 되어버린다"라고 평가했다. 마찬가지로 〈뉴욕 월드 텔레그램New York World-Telegram〉은 카네기 원칙의 열렬한 지지자들이 만났을 때 "두 사람이 계속 서로의 말에 동의하고 칭찬하고 서로 상대방더러 말하라고 권유하면" 어떻게 될지 의문을 제기했다.[15]

그러나 여러 측면에서 카네기의 진실성 윤리는 웃어넘길 일이 아니었다. 그가 가장 친밀한 관계에서도 심리적 조종을 활용하라고 한 데서 기만의 우려가 더욱 강해졌다. 《카네기 인간관계론》의 마지막 부분은 독자들에게 가정의 평화를 위한 방법을 제안했다. 카네기의 철학과 다를 바 없는 내용이었지만 씁쓸한 뒷맛을 남겼다. 카네기는 여성들에게 '남자를 다루는 기술'에 능숙해지라면서 "대부분의 남성은 회사 간부 같은 아내가 아니라 그들이 최고라고 느끼게 해주고 허영심을 채워주는 매력과 의지를 갖춘 여성을 원한다"는 사실을 알아야 한다고 했다. 현대 철학에 대해 이야기하고 자기 몫은 직접 계산하겠다고 주장하고 '결국 혼자 점심을 먹는' 여성 간부가 남성들의 이상형이 아니라는 것이었다. 남성들이 원하는 이상형은 "대학을 나오지 않았지만 점심에 초대받았을 때 눈을 빛내며 '당신에 대한 이야기를 더 해주세요'라고 말하는 타이피스트"라고 했다.16

또한 카네기는 남편들에게 아내의 살림 실력과 외모, 패션감각을 칭찬하라고 조언했다. 그는 여성이 남성에게 "자신을 어떻게 다뤄야 하는지에 대한 완전한 지침서"를 주었다고 주장했다. "모든 남성은 너무도 간단한 방법으로 아내가 뭐든 하게 만들 수 있다는 것을 알고 있다. 살림을 잘한다거나 남편 내조를 잘한다는 사소한 칭찬만으로 아내가 알뜰하게 살림하도록 만들 수 있다는 것을 말이다. 모든 남자는 아내의 눈에 입맞춤을 해주면 아내는 보고도 못 본 척해줄 것이고 쪽 소리 나게 키스해주면 꿀 먹은 벙어리가 되어줄 것이라는 것을 안다"라고 했다.17

두 경우 모두 성차별보다—솔직히 1930년대 중반에 남성이 선천적으로 우월한 존재라고 믿지 않은 남성은 지극히 소수뿐이었을 것이다—상대방을 조종한다는 점에서 문제가 되었다. 여성은 남성에게 '열렬한 시선'으로 '허영심에 아첨'하고 남성은 아내에게 가벼운 칭찬을 해주고 몇 번의 입맞춤으로 '입을 꽉 다물게' 만들라는 카네기의 조언은 사랑과 남녀의 관계를 불안하게 본 것이라 할 수 있다. 애정과 찬사 전략을 활용하라는 조언은 결국 배우자를 '조종'하라는 말과 별반 다르지 않았다.

그러나 카네기의 진실성 윤리에 함축된 가장 큰 불안은 성공을 추구하는 사람에 관련된 것이었다. 타인, 즉 동료, 친구, 심지어 배우자를 조종하는 것에 대한 의심은 궁극적으로 내면의 자기조종에 대한 의문을 제기한다.《카네기 인간관계론》은 타인이 원하는 바에 따라 끊임없이 자신을 새로 만들라는 전략을 옹호하는 것처럼 보였다. 카네기의 해석에 따르면 세심하고 통찰력 있는 사람은 자신의 목표를 위해 상황에 따라 일련의 가면을 쓰고 벗는다. 타인의 약점을 읽으면서 자신을 엄격하게 관리한다. 카네기는 그것을 '사람을 다루는 기술 human engineering'이라고 불렀다. 이렇게 자신을 조종하는 사람은 필요할 때마다 원하는 결과를 위한 배역을 연기한다.[18]

또한 카네기가 제시한 자아 만들기의 청사진은 타인의 관심을 끌려고 일부러 공들여 자신을 만드는 방법도 설명했다. 카네기는 인간관계에서 문제에 부딪혔을 때 "자연스럽고 충동적인 반응을 자제하라. 대개 그런 반응은 잘못된 것이다. 대신 이 책을 펼쳐서 새로운 방식을 적용하라. 그리고 마법처럼 경이로운 결과가 나타나는 것을 지켜보아라"라고 했다. 그는 토요일 저녁마다 "자기 성찰과 재검토, 칭찬을 통한 깨달음의 시간"을 가진다는 한 졸업생의 일화를 소개했다. "일주일 동안 있었던 모든 면담, 토론, 회의에 대해 생각해보고 나 자신에게 물었다. 어떤 실수를 저질렀는가? 내가 한 일 중에서 옳은 일은 무엇이며 어떻게 하면 더 잘할 수 있었는가?" 카네기가 제시한 자아를 다루는 기술은 단호한 헌신이나 믿음, 도덕적 기준이 없고 진정하고 근원적인 핵심 자아도 없으며 연속적인 이미지만으로 이루어진 현대적인 개인주의 모델을 구축했다. 그것은 타인을 만족시키고 사회, 경제적으로 성공을 거두기 위한 유연한 성격으로만 이루어졌다.[19]

어떤 측면에서 카네기는 진실성이 자신의 성공 철학의 핵심을 차지한다는 사실을 인지하고 있었기에 독자들의 이의 제기에 방어적으로 대처했다. 그는 《카네기 인간관계론》에 "어떤 독자들은 여기까지 읽고

'감언이설에 불과하잖아! 아첨하라는 거지 뭐야! 벌써 해봤지만 똑똑한 사람들에게는 통하지 않았어'라고 말할지도 모른다"라고 썼다. "물론 아첨은 분별 있는 사람들에게는 통하지 않는다. 아첨은 얄팍하고 이기적이고 진실하지 못하다. (……) 찬사와 아첨의 차이는 무엇일까? 그것은 간단하다. 전자는 진심이고 후자는 위선이다. 전자는 마음에서 우러나오고 후자는 그저 입에서 흘러나오는 소리이다." 또한 그는 "이 책의 원칙들은 진심에서 우러나올 때만 효과가 있다. 나는 속임수를 권하는 것이 아니다. 그것과는 거리가 멀다. 나는 새로운 삶의 방식을 이야기하는 것이다"라고 힘주어 말했다.[20]

사실 카네기는 진실성 비난에 감정적으로 대응했다. 책에서도 "나는 아첨을 권하는 것이 절대 아니다. 그게 아니다! 절대로 아니다! 그것과는 거리가 멀다. 나는 새로운 삶의 방식을 이야기하는 것이다. 다시 한번 말하지만 나는 새로운 삶의 방식을 말하고 있다"라고 소리를 높였다. 또한 그는 언젠가 강연에서 상대방이 중요한 사람이라고 느끼게 해주라고 말하자 청중 한 사람이 상대방에게 뭘 바란 건지 묻더라는 일화도 소개했다. "내가 그 사람한테 뭘 바랬냐고? 내가 그 사람한테 뭘 바랬냐니!!!"라고 분개했다. "우리가 그렇게 경멸스러울 만큼 이기적이라면, 그래서 상대방에게 아무런 대가 없이 솔직한 칭찬을 건네는 작은 행복도 누리지 못한다면, 우리의 영혼이 시큼한 꽃 사과만한 크기라면, 우리가 실패를 맛보는 것도 지극히 당연하다"라고 했다. 흥분 섞인 그의 반응을 보더라도 카네기가 진실성 문제의 중요성을 인지하고 있었음을 알 수 있다.[21]

그러나 이렇게 열띤 주장에도 카네기가 품은 이상주의는 그가 겉으로 밝힌 만큼은 아니었다. 카네기는 1938년 강사 교육 중 질의 시간에 수강생이 진실하지 않은 태도로 원칙을 실행할 경우 어떻게 해야 하느냐는 질문을 받았다. 그 질문에 대한 카네기의 답변에는 냉소주의에 가까운 뿌리 깊은 실용주의가 드러났다. "우선 훈계는 하지 맙시다. 실용적인 토대에서만 생각해보도록 하죠. 사실 나는 때때로 청중에게 내 강좌를 '우리가 원하는 것과 그것을 얻는 방법'이라고 불러야 할 것 같다고 말합니다. 내 관심사는 여러분이 무엇을 원하는지, 그것을 얻기 위한 최선의 방법이 무엇인지 입니다. 위선으로 얻을 수 있을까요? (……) 만약 위선으로 얻을 수 있다면 그것을 활용합시다." 또 다른 강사가 전략을 활용한다는 생각보다 진실해지고 싶어 하는 수강생에게 대처하는 방법을 물었을 때도 카네기의 대답은 비슷했다. "가장 효과적이라면 무엇이든 활용하세요! 아, 물론 때때로 사람들에게 진실을 이야기할 필요가 있습니다. (……) 하지만 제 말은 이겁니다. 우리가 원하는 것을 얻을 방법을 사용하자는 거죠. 우리가 원하는 것과 정반대의 결과가 아니라요." 다시 말하자면 카네기는 목표 달성을 위해 개인의 진실함보다는 성공과 출세가 더욱 중요하다고 보았다.[22]

궁극적으로 《카네기 인간관계론》의 성공 전략은 미국 문화의 전설적인 존재인 신용 사기꾼에 대한 두려움을 다시금 불러일으켰다. 미국의 신용 사기꾼은 19세기 초 시장 혁명과 함께 처음 등장했다. 그들은 호감 가는 성격과 뛰어난 언변으로 사람들의 돈을 빼앗았고 성공을 위해서라면 얼마든지 가식적으로 겉모습과 이야기를 꾸미고 어떤 법칙이라도 어길 수 있었다. 그들은 기회를 잡기 위해 속임수와 기만,

위선을 활용했다. 제임스 페니모어 쿠퍼James Fenimore Cooper는 1830년대에 발표한 소설 《숙식을 제공하는 가정Home as Found》에서 사기꾼의 등장을 '다지와 브랙*의 시대'로 묘사했다. 서커스 흥행사 P. T. 바넘P. T. Barnum은 쇼에 사기꾼의 계략을 활용했으며 허먼 멜빌Herman Melville 은 《사기꾼The Confidence Man: His Masquerade》(1857년)에서 사기꾼을 대표적인 미국인으로 등장시켰다. 마크 트웨인은 《도금시대The Gilded Age》에서 셀러스 대령이라는 인물을 통해 사기꾼을 풍자했다.[23]

여러 비평가는 데일 카네기를 현대적인 사기꾼으로 보았다. 다만 어두운 그림자 속에서 움직이는 악당이 아니라 주류 사회에 모습을 드러낸 채 사람들의 이상형으로 활동하고 있다고 묘사했다. 싱클레어 루이스Sinclair Lewis는 카네기가 진실함을 전략 삼아 "사람들에게 미소로 인사하고 상대방의 취미에 관심 있는 척하며 원하는 것을 얻어내라고 가르침으로써" 명성을 얻었다고 말했다.[24]

오래전부터 카네기는 진실하지 못한 이미지를 두려워했고 피하려고 애썼다. 1915년에 발표한 첫 번째 저서 《대중연설 기법》에서 머리카락이 나는 마법의 약을 파는 '사기꾼'을 본 경험을 이야기했다. 그는 사기꾼이 나눠주는 거짓 정보를 비난하면서도 소비자들이 적극 돈을 내게 하는 '놀랍고도 설득적인 열정의 힘'에 감탄했다. 설득은 위력적인 도구지만 주의가 필요하다고 덧붙였다. "어떻게 정직하게 설득할 것인지는 우리의 문제이다. 부정하고 교활한 설득 방법을 옹호하는 것은 그 사람의 잘못이다"라고 했다. 20년 후, 카네기는 똑같은 난제에

---

* 이 소설 주인공들의 이름.

부딪했다. 유명 작가가 된 카네기는 1937년 인터뷰에서 자신의 책이 부적절하게 사용될 가능성에 우려를 표시했다. "많은 사람이 내 책을 읽고 '타인에게 바가지를 씌울 새로운 방법이군'이라고 생각할 것이다. 물론 그런 태도를 가지고도 어느 정도 성공을 거두겠지만—내가 독자들에게 받아본 편지에서도 증명되었다—단언컨대 내가 이 책을 쓴 의도는 그게 아니다." 그러나 카네기의 설명은 모든 사람을 안심시키지 못했다. 일부 사람들에게 그의 책은 도덕 기준과 진정한 성품이 사라지고 인간관계의 효과적인 전략 앞에서 무방비가 될 수밖에 없는 두려운 세상을 의미했다.25

그러나 진실함을 가려내려는 불안한 시도와 사기꾼의 망령을 바라보는 두려움 섞인 시선은 《카네기 인간관계론》이 일으킨 논란의 일부였다. 카네기의 성공 철학에 담긴 궁극적인 목적에도 논란이 따랐다.

카네기의 베스트셀러는 사회 도덕성 붕괴라는 두려움 섞인 우려를 일으켰다. 혹자는 '거칠 것 없는 물질적 부의 추구'라는 불쾌한 목표가 그 책의 핵심이라고 비난했다. 1900년대 초 이후로 소비자 경제의 성장은 물질적 풍요와 안정된 중산층으로 정의되는 미국인의 삶의 방식을 구축했다. 그러나 1920년대에 이르러 중산층의 안락함을 해치는 요소가 등장했다. 싱클레어 루이스는 소설 《배빗Babbitt》(1922년)에서 피상적 물질주의, 비즈니스 찬양, 호들갑스러운 오찬 클럽, 언변 좋은 세일즈맨, 그리고 광고 노래로 정의되는 삶의 평범성을 조롱했다. 그 이후에 닥친 대공황은 중산층과 노동자 계급에서 풍요로움을 빼앗아 갔다. 따라서 소비자 입장에서 풍요로운 삶이란 어떤 이들에게는 여전히 강력했고 또 어떤 이들에게는 애매했으며 나머지 사람들에게는 불가능한 것이었다. 다수의 비평가에게 《카네기 인간관계론》은 이 문제에 서툴게 끼어들어 물질 소유를 미국인의 가치와 성공의 기준으로 뻔뻔하게 내세운 것처럼 보였다.

한 예로 어빙 트레슬러의 《친구를 잃고 사람들과 멀어지는 방법》의 유머와 잘난 체하는 듯한 글에는 진지한 사회 비판이 숨겨져 있었다. 그의 풍자에는 중산층 사회의 비즈니스 찬양, 진부한 종교, 사업가들의 지적 교양 부족에 대한 조바심이 드러났다. 트레슬러는 "록펠러와 딜린저Dillinger*는 모두 돈과 특별한 사람이라는 느낌을 원했다. 두 사람의 가장 큰 차이라면 록펠러는 총을 사용하지 않았다는 것뿐이다"라며 카네기의 비즈니스 우상을 조롱했다. 트레슬러는 카네기가 소비자 제품을 찬양하는 모습에 대해서는 브랜드 제품을 무시하는 것이야말로 사람들과 멀어지는 지름길이라며 비꼬았다. "펩소던트 치약을 집어던져서 추하고 우중충하고 불쾌한 프라그를 치아에 그대로 남겨두면 주변 사람들을 제거할 수 있다. 하룻밤 집에 묵는 손님에게는 잠이 잘 오게 하는 피쿼트 시트Pequot Sheets나 흡수력 좋은 캐논 수건Cannon Towels으로 대접하지 않으면 나중에 또 방문하는 것을 막을 수 있다."26

또한 트레슬러는 사회적 품위를 떨어뜨리는 전략을 추천함으로써 미국 화이트칼라의 안락한 소비주의를 풍자했다. 그는 부유한 독자들에게 골프 코스를 '우정의 싹을 잘라버리는' 장소로 활용하라고 했다. 고객에게 얄궂게 방향이 틀어지는 무거운 골프공, 골프공에 닿자

---

* 미국의 유명한 은행 강도이자 살인범.

마자 갈라지는 골프채를 주라고 말이다. 사업 관계자의 최신형 자동차 덮개 속에는 오토 위즈 뱅Auto Whiz Bang 폭죽을 넣어두라고 했다. 시동이 켜짐과 동시에 엄청나게 큰 폭죽 소리가 시커먼 연기와 함께 귀를 찢을 듯 울려 퍼질 것이라고 했다. 트레슬러는 아름다운 교외의 새집으로 이사 가는 사람들에게 이웃을 멀리하는 확실한 방법을 추천했다. "당신이 예전에 살던 동네에 비해 거리가 지저분한 데다 동네 집들과 마당도 엉성하기 짝이 없다고 말하라." 마지막으로 이사 온 것을 환영하기 위해 인사하러 온 목사에게는 문가에서 네발로 기어 개처럼 짖으며, 인류의 조상을 예우하자고 전국으로 퍼지고 있는 '개판되기 운동Going to the Dogs Movement' 지지자라고 말하라고 했다. 다시 말해서 《친구를 잃고 사람들과 멀어지는 방법》은 H. L. 멘켄H. L. Mencken과 같은 식으로 평범한 미국의 '부봐지booboisie'*를 문화적 유혈 스포츠라고 조롱했다.[27]

싱클레어 루이스도 카네기의 성공 철학을 신랄하게 비판했다. 그는 1937년에 〈뉴스위크〉에 실은 두 개의 칼럼에서 《카네기 인간관계론》을 가리켜 "이 '새로운 종의 기원'이자 현대적인 성경은 신을 위해 안전한 대기업을 만드는 사명(그 반대도 마찬가지)을 수행하고자 한다"라고 비꼬았다. 그는 카네기가 긍정적 사고를 강조한 것에 대해서는 '승리를 위한 미소'라며 조롱했다. 그는 조롱하듯 "문학계의 저자가 사람들을 좋아하지 않는다면 독자들이 그의 이야기를 좋아하지 않을 것"이라며 "톨스토이와 플로베르, 샘 버틀러, 딘 스위프트가 닥터 카네기에 비해 독자

---

* 중산층을 뜻하는 부르주아(bourgeois)와 바보를 뜻하는 부브(boob)를 합친 말로 사회비평가였던 멘켄이 중산층 미국인들을 혐오하며 불렀던 말.

들에게 무시당한 이유가 이제야 설명된다'고 했다. 또한 그는 "전통적이고 진지하며 영감을 주기 위해 쓰인 책에서는 금욕, 고결함, 믿음, 명예 같은 말이 사용되지만 카네기의 책에서는 '100만 달러'라는 마법 같은 표현이 사용된다"면서 카네기가 부를 숭배한다고 개탄했다.28

싱클레어 루이스는 카네기를 '음유시인 배빗(중산층의 교양 없는 속물)'이라며 업신여겼다. 그가 1920년대에 발표한 소설의 주인공 조지 배빗처럼 카네기가 유창한 언변으로 '친구의 자동차를 부러워하는 부부'로 정의되는 삶, 물질 추구와 사회 순응의 편협한 삶을 장려한다고 비판했다. 루이스는 유명한 초월주의 작가 헨리 데이비드 소로 Henry David Thoreau를 내세우며 고귀한 이상을 옹호했다. 소로는 콩코드의 이웃들이 월든 연못Walden Pond에서 소박한 삶을 살아보겠다는 모험을 비난하자 이렇게 답했다. "당신들 중 다수가 배려를 모르는 비열한 삶을 살아가고 있다는 사실은 매우 분명합니다. 가식적인 사교와 얄팍한 관용으로 위장해 거짓말하고 아첨하면서 셔츠와 모자 따위를 팔려고 이웃을 설득하지요." 루이스는 소로야말로 진부한 말과 기만을 내세운 카네기와 달리 '미국인의 자유의 대장'으로서 존경할 만한 가치가 있다고 보았다.29

이처럼 《카네기 인간관계론》에는 비평가들의 논란이 될 만한 소재가 많았다. 당연히 카네기는 행복의 중요성과 좋은 인간관계가 본질적으로 중요하다고 말했지만 부의 축적을 최종 목표로 강조한 경우가 더 많았다. 그는 자신의 성공 철학을 따른 사람들이 "더 많은 수익을 올리게 되었다"고 강조했다. "셀 수 없이 많은 세일즈맨이 이 원칙을 활용해 판매 실적을 크게 올렸다. 기업 간부들은 더욱 확고한 지위를 얻었고 봉급도 올라갔다." 그는 독자들에게 그 원칙으로 얻어지는 보상에 대해 생각해보라고 했다. "이 원칙에 숙달되면 경쟁 사회에서 사회, 경제적으로 얼마나 더 큰 보상을 얻을 수 있을지 생각해보라. 스스로 계속 되뇌어라. '나의 인기, 나의 행복, 나의 수입은 사람들을 다루는 내 기술에 크게 좌우된다'라고." 모순적이게도 카네기는 돈에 신경 쓰지 않고 사람을 중요시하면 수익이 높아진다고 강조했다. 그는 한 의사의 본보기를 소개했다. "어떤 의사가 돈에 관해서는 전적으로 잊어버리고 사람들에게 얼마나 봉사할 수 있는지만 생각하기로 했다. 그랬더니 부메랑 효과가 일어났다! 그는 얼마 지나지 않아 한 달 평균 수입이 300달러 이상 늘어났다."30

카네기의 그러한 입장은 비평가들을 자극했다. 존 헤인즈 홈즈 목사는 "모든 인간의 삶을 가짜 상품을 파는 일괄적인 기준으로 격하시키는 용서할 수 없는 범죄이다. 카네기가 보기에 에이브러햄 링컨 다음으로 세상에서 가장 훌륭한 인물은 찰스 M. 슈워브였다. 왜? 슈워브가 세상에서 유일하게 연봉 100만 달러를 받은 사람이기 때문이다"라고 비난했다. 그는 《카네기 인간관계론》이 '경쟁자 뛰어넘기'와 '돈 벌기'에 관한 능숙한 지침서에 지나지 않는다고 주장했다. 기독교에 영향을 받았다는 카네기의 주장은 실소를 터뜨리게 하는 거짓말이라며 일침을 놓았다. 카네기의 책은 "믿음, 소망, 사랑이 아니라 인기, 행복, 돈이 중요하며 그중의 제일은 돈이다"라는 모순된 가치 체계를 이상화했다고 비판했다.31

뉴욕의 다수 여론지에 기고한 저널리스트 필모어 하이드Fillmore Hyde도 돈이 궁극적인 가치 척도라는 카네기의 철학을 조롱했다. 그는 〈큐Cue〉에 "카네기의 철학에서 모든 친구는 '관계'가 되고 우리가 주변 사람들에게 베푸는 모든 친절은 비즈니스 '성공'의 디딤돌이 된다"라고 썼다. 그는 기독교를 토대로 한 사상이라는 카네기의 주장에 대해 "고대 물질주의에 대한 저항으로 처음 퍼진 예수의 가르침을 미국의 물질주의 언어로 왜곡시키고 있다"며 비난했다. 하이드는 보상을 얻어내기 위한 대상으로 친구를 바라보는 우정 개념이 "돈과 성공이 균형 잡힌 삶을 판단하는 잣대가 된 현대 미국의 모습"을 너무도 잘 반영한다고 했다.32

카네기의 관심이 돈에만 쏠려 있다는 비난은 정치계까지 흘러들어 갔다. 카네기의 책은 정치적인 분노를 일으키기도 했다. 어떤 이들은 그 책이 사회 및 정치 분야의 기득권층을 교묘하게 옹호하는 불안한 암시가 담겼다고 주장했다.

데일 카네기에 따르면 석유산업계 거물의 아들 존 D. 록펠러 2세는 1915년에 점점 악화하는 상황에 직면했다. 콜로라도 석유 및 철강 회사Colorado Fuel and Iron Company의 광부들이 임금 인상과 근무 조건 개선을 요구하며 파업을 일으켰다. 계속된 협상 결렬로 위기가 고조되었고 재산 피해와 유혈 사태가 일어나 긴박한 상황이 계속되었다. 증오심이 더욱 험악한 분위기를 만들었다.

카네기에 따르면 젊은 록펠러는 '광부들을 설득하기로' 결심했고 훌륭하게 성공을 거두었다. 록펠러는 몇 주 동안 파업 광부들과 친분을 쌓으며 그들의 집회에서 명연설을 했다. 카네기는 록펠러의 연설에서 세심한 배려와 관용이 드러나는 구절을 인용했다. "저는 이 자리에 있는 것이 자랑스럽습니다. 여러분의 집을 방문해 부인과 아이들을 만났습니다. 지금 우리는 여기에서 이방인이 아니라 상호 우정과 공동 이익을 가진 친구로 만난 것입니다." 카네기는 이 연설이 적을 친구로 만드는 훌륭한 방법을 보여준다고 했다. "이 연설은 놀라운 결과를 낳았다. 록펠러의 우호적인 태도 덕분에 광부들은 그동안 격렬하게 밀어붙인 임금 인상에 대한 언급은 더 이상 한마디도 하지 않고 일터로 돌아갔다."[33]

하지만 카네기가 소개한 이 일화에는 언급되지 않은 점이 매우 많았다. 물론 카네기가 언급한 것은 엄청난 탄전 전쟁이었던 러드로 학살Ludlow Massacre 사건이었다. 당시 신문에 대서특필될 만큼 심각했던 이 사건은 카네기가 설명한 것보다 훨씬 더 복잡한 사건으로 경제적 이익 측면에 깊이 뿌리내리고 있었다. 실제로 콜로라도 광산의 긴장관계는 록펠러 부자가 미국 광산노동자조합United Mine Workers of America에 가입하려는 광부들을 집단 해고와 무장 경비를 이용한 진압으로 강경하게 반대한 것에서 비롯되었다. 콜로라도 주방위군Colorado National Guard까지 투입되어 광부들이 사는 천막촌을 향해 기관총을 발포하고 불을 질러 여성과 아이들을 포함해 약 20명의 사망자가 발생했다. 그 후 무장한 광부들과 주방위군 사이에 게릴라전이 벌어져 100~200명이 사망했으며 급기야 우드로 윌슨 대통령이 연방군대를 보내 사태를 잠재웠다.

따라서 존 D. 록펠러 2세의 관심사는 단순히 '상대방을 설득하는 것'이 아니었다. 카네기가 말한 대로 '2세(존 D. 록펠러 2세가 흔히 불리던 호칭)'가 광부들을 설득했다는 것은 지나친 단순화였다. 2세는 꿈찍한 폭력 사태는 물론이고 기업의 재산 피해가 일어날까 봐 두려운 나머지 콜로라도로 가서 노동 개혁을 추구했다. 2세는 광부들의 협조를 이끌어내기 위해 회유 연설을 했고 광부들은 그것을 예의 있게 받아들였지만 그들의 반응은 엇갈렸다. 노조 자금이 바닥났고 파업이 한풀 꺾인 가운데, 회사에 불만위원회를 조성하고 안전규율을 세우고 주택과 학교를 개선해주겠다는 2세의 제안은 매력적일 수밖에 없었다. 2400명의 광부가 찬성했고 450명이 반대했지만 무려 2000명은 록펠러의 '온정주의'에 대한 혐오감으로 투표권 행사를 거부했다. 게다가 향후 몇 년간 광산노동자조합이 인정받을 때까지 네 번의 파업이 추가로 일어났다. 1935년에 와그너법으로 2세의 '어용조합'은 불법화되었다.[34]

이렇게 카네기가 미국 산업사의 충격적인 사건을 지나치게 단순화한 것은 《카네기 인간관계론》에 나타난 대표적인 문제였다. 사회, 경제, 정치적 사안을 성격과 인간관계, 심리적 적응 문제로 축소하는 놀랍도록 천진난만한 관점이었다. 게다가 카네기는 공적인 사건이나 역사적 문제마다 부유한 기업 소유주나 힘 있는 관리자들, 산업계의 거물, 자본가들의 편을 들었다. 그보다 덜 부유한 사람들이나 옆에서 목표 달성을 도운 주변인들은 무시했다. 바로 그러한 태도가 카네기를 곤경에 빠뜨렸다.

카네기는 책의 첫 부분에서 자신의 선호도를 분명히 밝혔다. 1800년대부터 1900년대 초에 활동한 미국의 유명하고 부유하고 힘 있는 기업가들을 찬양하는 일화가 쉼 없이 소개되었다. 존 D. 록펠러는 "사람을 다루는 능력은 커피나 설탕처럼 살 수 있는 상품이다. 나는 세상 그 어떤 것보다 그 상품에 비싼 값을 낼 것이다"라고 했다. 타인에게 중요한 사람이라는 기분을 느끼게 해줘야 한다는 대목에서는 앤드루 카네기의 일화가 소개되었다. "그는 사람을 다루는 법을 잘 알고 있었다. 그것이 그를 부자로 만들어주었다."35

카네기는 그 밖에도 여러 기업가를 이용해 인간관계의 문제를 해결하는 방법을 제시했다. 그것은 카네기가 특권에 매력을 느꼈음을 보여주었다. 한 예로 카네기는 "모든 부자는 밑에 있는 사람이나 직원을 해고해야 하는 달갑지 않은 일을 처리해야만 할 때가 있다"라고 했다. 카네기는 그럴 때 상대방의 화를 누그러뜨리는 말과 나중에 다시 일하게 될 수도 있다는 말에 초점을 맞추라고 했다. 해고당하는 사람에게 그동안 재능과 헌신을 다해 열심히 일해주었다는 사실을 언급하고 앞으로 잘되기를 응원하라는 것이었다. "그러면 사람들은 해고당한 사실에 훨씬 좋은 감정을 가지고 떠난다. 실망하지 않는 것이다. 만약 일거리가 또 생기면 그들은 개인적인 애정을 가지고 다시 일하러 온다." 카네기는 불만스러운 기계공 때문에 문제를 겪고 있는 회사의 대표가 활용한 효과적인 전략도 칭찬했다. 수많은 타자기와 기계들이 제대로 작동하도록 관리하는 기계공은 근무 시간이 너무 길고 보조가 필요하다며 항상 불평이었다. 대표는 그에게 개인 사무실을 내주었다. 사무실 문에는 '서비스 부서장'이라는 새로운 직함이 걸려 있었다. 대표가 봉급을 올려주거나 보조를 구해주지 않았지만 기계공은 위엄과 인정, 자신이 중요한 사람이라는 느낌이 들었다. 결과적으로 대표는 그가 '불평하지 않고 기쁜 마음으로' 일하게 하는 데 성공했다. 카네기는 사회, 경제적 지위에 대해 명쾌하게 논하지는 않았지만, 인간관계에서 위에 있는 사람이 아래에 있는 사람을 조종할 수 있음을 분명히 암시했다. 부드러운 힘의 사용이 무력이나 최후통첩보다 효과적이라고 말이다.[36]

카네기가 인간관계의 힘에 성급하게 일반화된 관점을 드러냈듯이 정치를 바라보는 관점 역시 마찬가지였다. 그는 경제, 지역, 인종, 종교, 민족, 이데올로기 등 모든 요소를 무시하고 정치적 성공이 성격과 사람을 다루는 기술에 좌우된다고 주장했다. 시어도어 루스벨트가 인간관계에 관심을 가진 것이야말로 '놀라운 인기의 비결'이라고 했다. 또한 그는 프랭클린 D. 루스벨트의 핵심 참모 역할을 했던 짐 팔리Jim Farley가 5만 명의 이름을 외우고 그들의 가족 사항을 기억한 덕분에 루스벨트가 백악관 입성할 수 있었다고 말했다. 짐 팔리는 "사람들을 만날 때마다 상대방의 등을 두드리고 아내와 아이들이 잘 있는지 물었으며 뒷마당에 핀 접시꽃은 어떤지도 물었다. 당연히 그를 따르는 사람들이 생길 수밖에 없었다!" 카네기는 정치계의 가장 높은 자리에서도 인간관계가 무엇보다 중요하다고 주장했다. 우드로 윌슨 대통령이 제1차 세계대전이 끝나고 미국을 국제연맹에 가입시키는 데 실패한 원인은 "그가 인간관계 기술을 활용하지 못했기 때문이었다"라고 했다. 의회가 제안을 거부한 것은 윌슨 대통령이 저명한 공화당 의원들을 제대로 다루지 못한 탓이라는 것이었다. "윌슨 대통령은 국제연맹에 대해 공화당 의원들이 함께 구상한 일이라고 생각하도록 만들지 못했다." 정치적 이념 차이와 전략의 갈등, 정당 충성도가 위기를 초래했다는 사실을 이해하지 못한 카네기는 대통령의 '미숙한 인간관계'가 정치 경력을 망치고 건강도 해쳤으며 "세계 역사까지 바꿔놓았

다"고 평가했다.37

비평가들은 경제, 정치적 분쟁에 대한 카네기의 순진한 접근법을 공격했다. 부유한 권력층의 이익 추구에 대한 얄팍하고 솔직하지 못한 방어막이라고 비난했다. 혹자는 카네기를 가리켜 "미국이라는 정글에서 이득을 얻으려고 투쟁하는 상업 전사들 틈에 선 치료 주술사일 뿐이다"라고 했다. 그들이 잔인한 경쟁 세계에서 앞서 갈 수 있도록 카네기가 '마법의 속임수'를 제시하고 있다는 것이었다. 〈더 네이션〉은 "기회의 땅에서 성공하고 싶은 간절한 욕망, 특히 비즈니스계의 거물로 성공하고 싶은 화이트칼라 직원과 중간급 관리자들 사이에서 뚜렷하게 나타나는 절박함이 《카네기 인간관계론》의 성공 비결"이라고 주장했다. 카네기가 "하급 간부와 세일즈맨들을 겨냥해 그들이 상사에게 자신을 판매하는 방법"을 소개했다는 것이다. 카네기의 원칙은 그들이 기업 조직사회에서 쳇바퀴 돌 듯 움직이게 만들었다.38

카네기가 노동자와 그들의 이익을 완전히 무시하는 죄를 범했다는 평가도 있었다. 싱클레어 루이스는 노동자들의 생산성을 자극한 덕분에 100만 달러의 연봉을 받은 찰스 슈워브를 영웅시하는 카네기를 조롱했다. 그는 "슈워브가 100만 달러를 받고 노동자들이 인센티브를 받는다는 사실이 지금 C.I.O(산업별노동조합회의)에서 종료시키고 있는 철강업계의 파업을 설명해준다"는 사실을 카네기가 언급하지 않았다며 신랄하게 비판했다. 카네기가 항상 '약자를 무시'하는 경향이 있다는 비판도 나왔다. 한 예로 카네기는 공장 출입문 앞에 나타나는 실직 노동자들이나 대공황기에 음식 찌꺼기를 찾아 절박한 심정으로 쓰레기통을 뒤지는 극빈자들에게 심드렁한 태도를 보였다. 대신 그는 억압받는 자들에게 부가 행복을 가져다주지 않으며 가난이 미덕임을 알라고 촉구했다. "나는 어떤 면에서 내가 백만장자들보다 낫다고 생각한다. 예를 들어 존 D. 록펠러가 아무리 좋은 책을 보더라도 나보다 재미있게 즐길 수 없을 것이다. 그리고 앤드루 멜런Andrew Mellon이 아무리 멋진 유화 수집품을 보더라도 나보다 좋은 시력으로 감상할 수 없다. 그렇다. 적은 비용으로도 얼마나 큰 기쁨을 즐길 수 있는지 생각한다면 빈민구제기관에 취직하는 것도 괜찮을 것 같다. 내가 지금 하는 일이 즐겁지 않거나 맡은 책임이 없다면 말이다"라고 카네기는 썼다. 혹자의 말에 따르면 카네기의 관점은 남녀 노동자에게 "결국은 조합원증을 계속 가지고 있는 것이 나을 것이다"라는 단순한 교훈 하나를 가르쳐주었다.[39]

이처럼《카네기 인간관계론》은 1930년대 중반 미국 문화 속에서 크게 주목받았다. 인간관계를 내세운 카네기의 성공 전략은 현대 관료주의 조직사회의 화이트칼라 종사자들에게 맞는, 성격을 토대로 한 새로운 성공 이념을 만들었다. 또한 인간의 행복과 동기에 관한 카네기의 원칙은 현대의 치유 문화 형성에 기여했다. 심리학과 자존감, 정서적 적응, 긍정적 사고를 모체로 한 자아충족이었다. 끝으로 카네기가 사회적 안정, 중산층의 풍요로움, 경제적 특권을 방어한 것은 대기업과 소비주의가 지배하는 현대 미국의 모습을 뒷받침했다.

게다가 카네기는 거의 모든 측면에서 자신을 비판하는 사람들을 능가했다.《카네기 인간관계론》의 엄청난 인기는 카네기가 그를 비판하는 사람들보다 평범한 사람들의 야망과 두려움을 훨씬 잘 이해하고 있음을 입증했다. 특히 사회적 지위 상승과 부의 축적이 중산층과 노동자 계층에게는 여전히 소중한 목표라는 사실 말이다. 카네기의 법칙과 조언, 지시, 격려는 미국인들이 목표에 반응하고 거기에 이르는 방법을 알려주었다. 이러한 카네기의 현대적 사고방식은 모든 반대와 논란을 제압할 정도로 강력해졌다. 그 과정에서 생겨난 수백만 명의 독자와 수강생들, 추종자들은 데일 카네기를 미국 사회에서 막강한 영향력을 지닌 인물로 만들었다.

Self-help Messiah

| 13장 |

상대방에게 부응할 만한 훌륭한 명성을 갖도록 해주어라

《카네기 인간관계론》이 1937년에 베스트셀러 1위에 등극했을 때, 당시 49세의 카네기는 뉴욕 아스터 호텔Hotel Astor에서 강좌 설명회를 열었는데 그야말로 엄청난 반응이었다. 2500명이 넘는 사람들이 연회장으로 비집고 들어와서 다닥다닥 붙어 서 있었다. 카네기의 보좌관 중 한 명인 퍼시 휘팅Percy Whiting은 설명회가 시작되기 전에 잡무를 처리하러 나갔다가 길이 막혀서 돌아올 수 없었다. "소방서에서 호텔문을 닫고 아무도 들여보내 주지 않았다." 여전히 안으로 들어가려는 사람들이 호텔 밖에 잔뜩 서 있었으므로 인도를 비워두기 위해 특별 임무를 맡은 경찰들까지 출동했다. 이렇게 한바탕 소동이 벌어지자 카네기는 다음 설명회는 좀 더 넓은 6번가의 히포드롬 극장에서 열었다. 그곳도 거의 꽉 찼으며 휘팅의 추산에 따르면 "6000명이 넘는 사람들이 참석했다."¹

이러한 행사는 카네기에게 일상다반사가 되었다. 《카네기 인간관계론》의 엄청난 성공으로 그는 전국적인 유명인사가 되었다. 그 후 몇 년 동안 방방곡곡을 다니며 책을 홍보하고 강좌를 소개하고 강연하고 상을 받았으며 시사 문제에 대한 견해를 밝혔다.

지역 신문에서는 그를 대환영했고 대중잡지에서도 특집 기사로 다루었다. 또한 책의 대성공은 카네기에게 라디오 진행자와 신디케이티드 칼럼니스트syndicated columnist*라는 새로운 기회도 주었다. 미국의 대중문화계 곳곳에서 찬사가 쏟아졌고 미주리 시골 출신의 카네기는 일약 미국의 대표적인 유명인사가 되었다.

엄청난 유명세를 손에 넣은 카네기는 잔뜩 들뜬 동시에 어쩔 줄 몰랐다. "내가 그 누구보다 놀랐을 겁니다"라고 기자에게 말한 것처럼 한편으로 그는 성공에 따라온 갑작스러운 부와 명성에 감사했다. 그러나 또 한편으로는 새로운 지위에 따르는 압박감이 그를 무겁게 짓눌렀다. 끝없이 계속되는 출장, 강연, 책 사인회, 행사, 연회로 "1937년 초에서 1940년 봄까지 숨 쉴 시간도 없을 만큼 바빴다."2

카네기의 성공에 어떤 이익과 대가가 따랐든 한 가지만은 확실했다. 《카네기 인간관계론》이 출간된 후 데일 카네기의 삶은 전혀 달라졌다. 이제 그는 엄연한 공인이었고 그의 말과 관점은 대중에게 중요했다. 데일 카네기는 유명인사가 된 것이다.

카네기는 베스트셀러 출간 이후 일종의 민중의 영웅으로 떠올랐고 전국을 다니며 강단에 섰다. 어디를 가든 엄청난 찬사가 기다리고 있었다. 캔자스 주 위치토에서는 〈위치토 비컨Wichita Beacon〉이 그를 '비

---

* 여러 매체에 동시에 게재되는 기사를 쓰는 칼럼니스트.

1937년 11월, 카네기 홀을 꽉 채운 카네기연구소 모임 장면. 데일 카네기는 맨 앞줄 통로 옆에 앉아 있다.

즈니스의 메시아'라고 칭송했다. 오하이오 주 애크런Akron에서는 '미국 제1의 성격 예언자'라는 칭호를 얻었다. 멤피스 강연 때는 〈멤피스 커머셜 어필Memphis Commercial Appeal〉에 '친구 제조자가 도착하다', '사람을 끄는 매력' 같은 헤드라인과 함께 '자신만의 교리를 실천하는 설교자, 사람들에게 지식을 전파하기 이전에 사회적 품위에 대해 잘 배운 스승'이라는 극찬이 실렸다.3

그가 1939년에 노스캐롤라이나 애슈빌Asheville을 방문하자 추종자들이 시내를 에워쌌고 사업가들은 앞다투어 인근 고등학교에서 열린 강연을 들으러 갔다. 애슈빌의 사업가들은 〈애슈빌 시티즌Asheville

Citizen〉에 너도나도 카네기의 베스트셀러와 연관 지은 상품 광고를 실었다. "버터 크러스트 빵Butter-Krust Bread을 만드는 사람들은 매일 친구를 얻습니다. 모두 당신을 위해 만들기 때문입니다!"나 "폴록Pollock의 플로셰임 구두Florsheim Shoes는 각계각층의 멋쟁이들을 위한 필수품으로, 친구를 얻고 사람들에게 영향을 끼치도록 도와줄 것입니다" 등과 같은 광고였다. 심지어 트럭 운송업체는 "우리는 데일 카네기처럼 서비스를 제공해 친구를 얻는 법을 알고 있습니다"라고 홍보했다. 애슈빌의 유일한 은행 역시 "퍼스트내셔널 은행은 친구를 만들고 유지하는 서비스를 제공합니다"라며 카네기를 활용한 광고를 실었다.[4]

그러나 카네기의 명성은 지방의 소도시와 상공회의소를 훨씬 초월했다. 1937년부터 전국 잡지들도 앞다투어 카네기의 생애와 경력을 다룬 특집 기사를 싣기 시작했다. 〈새터데이 이브닝 포스트〉는 '그는 희망을 판다'라는 제목의 장문 기사로 카네기의 생애를 소개하면서 카네기 돌풍을 분석했다. 〈에스콰이어〉에는 카네기의 오랜 친구 호머 크로이가 카네기와 미주리 북서부에서 함께 보낸 유년기를 회고한 '성공 공장'이 실렸다. 한편 〈룩〉은 사진이 들어간 세 편의 기사를 실었다. 사진과 함께 서평이 실린 4월호 기사 '친구를 얻고 사람들에게 영향을 끼치는 방법'과 카네기의 짧은 전기가 수록된 6월호 기사 '1분 전기傳記', 그리고 그의 유년기와 강사 경력, 작가로서의 대성공을 담은 사진 전기가 수록된 12월호 기사 '데일 카네기: 성공에 대한 설교로 성공한 남자'였다.[5]

카네기는 책이 출간된 지 얼마 지나지 않아 프랭클린 루스벨트 대통령의 백악관 만찬에 초대받기도 했다. 그는 몹시 흥분되었다. 카네기에 따르면 만찬에서 야생 동물 요리가 나왔는데 영부인은 별로 반갑지 않은 듯이 그에게 "사람들이 늘 야생 동물이나 가금류를 선물로 보낸답니다. 그러니 먹을 수밖에 없겠지요?"라고 했다. 루스벨트 대통령은 매우 사교적인 성격이었고 복잡한 문제를 단순화하는 능력이 있는 것처럼 보였다. 영부인이 '불태환不兌換 화폐'의 뜻을 묻자 대통령은 직접적이고 간결하게 핵심만 잡아 '가짜 돈'이라고 대답했다. 카네기는 '이 얼마나 간결한 설명인가. 후버 대통령이라면 얼마나 대조되는 답변을 했을까'라고 생각했다. 또한 카네기는 루스벨트 대통령이 미국 역사상 가장 큰 규모에 속하는 예산안에 서명한 직후 정부의 일상적인 비용에 관심을 기울이는 현실적인 모습에 감탄했다. 카네기에 따르면 대통령은 하객들에게 "병원 램프에 얼마가 드는지 아세요? 27달러에요!"라며 분개했다."[6]

카네기는 대중문화 속에서 꾸준히 다루어졌다. 뉴욕에 사는 사진사이자 의사로 카네기 강좌 졸업생인 F. S. 링컨F. S. Lincoln은 '데일 카네기 행진곡'이라는 시를 썼다.

오, 내 인생에 일어난 변화여
데일 카네기 강좌에 등록한 후로
나는 두려움이라는 허풍쟁이 녀석을 없애버렸지.
이제 나는 목표가 가까이 있음을 아네.
이제 나는 당신이 알던 내가 아니니까
준비하고 밀어붙이고 전진하기 때문이지!
당신도 이 강좌를 들으면 수익을 올리리라.

오, 그것은 당신이라는 사람을 바꿔주리.

1930년대에 신문의 주요 구성 요소였던 연재만화에도 카네기가 언급되었다. '미국에서 가장 웃긴 소년'에 관한 만화 〈헨리〉에서 주인공이 엄마한테 꾸지람을 듣고 《카네기 인간관계론》을 열심히 읽는 장면이 나왔다.[7]

심지어 카네기는 터릿 담배Turret Cigarettes 광고에도 영향을 끼쳤다. 캐나다의 임페리얼 담배 회사Imperial Tobacco Company가 만든 터릿 담배는 북미에서 인기를 끌었다. 신문잡지에 실린 일련의 지면 광고에는 카네기를 그린 그림과 함께 《카네기 인간관계론》의 주요 원칙을 설명하는 인용문이 들어갔다. 한 예로 "상대방으로 하여금 그 생각이 자신의 것이라고 여기게 하라"는 원칙을 인용하면서 "어떤 담배가 자신에게 가장 잘 맞는지 모든 흡연자마다 생각이 있습니다. 터릿이 모두에게 맞지는 않겠지만 자신의 이익을 생각한다면 모든 흡연자가 터릿을 시도해봐야 한다고 생각합니다"라고 광고했다. 또 다른 광고에서는 "터릿 담배를 제안하는 것은 흡연자에게 '네'라는 반응을 얻는 확실한 방법입니다"라고 했다. 부부 사이에 찬사를 활용하라는 카네기의 조언도 활용되었다. "아내가 남편에게 잔소리하기 전에, 남편이 아내의 잘못을 지적하기 전에 조용히 터릿 담배를 피우며 '식힌다면' 많은 가정이 행복해질 것입니다."[8]

책의 인기가 날로 높아지면서 카네기에게도 새로운 기회가 쏟아졌다. 책의 엄청난 인기에 힘입어 강연 초청이 이어졌다. "내 매니저가 되고 싶어 하는 사람이 많아져서 나도 깜짝 놀랐다." 카네기는 두 명의 매니저를 거쳐 클라크 게티스Clark Gettis에게 정착했다. 게티스는 카네기가 일선에서 물러날 때까지 함께 했다. 또한 카네기는 책의 성공 이후 그동안 시간제로 근무하던 사무 담당자 아비게일 코넬을 상근직으로 일하게 했다. 사무실에 온갖 서신과 초대장이 날아들어 바빠졌기 때문이었다. 그녀는 오랫동안 카네기의 오른팔이자 좋은 친구로 남았다.[9]

카네기의 이름은 미디어 산업을 통해 일반화된 용어로 자리 잡았다. 카네기는 1938년에 NBC의 요청으로 다시 라디오 쇼를 진행하게 되었다. 이번에는 '데일 카네기'라는 간결한 제목의 쇼였는데 성공한 사람들의 일대기를 짤막하게 다루는 프로그램이었다. 이전에 진행한 '유명인에 관해 몰랐던 사실들'과 책 《카네기 인간관계론》을 많이 참고한 스타일로, 극적인 일화를 통해 청취자들에게 영감을 전달했다. 월요일 저녁에 방송된 그 프로그램은 "성공은 어떻게 접근하는지에 달려 있다. 당신도 할 수 있다"라는 불안 해소 메시지를 다시 한 번 전파함으로써, 대공황으로 어려워하는 청취자들의 기운을 북돋워 주고자 했다. 또한 카네기는 신문 기고도 하게 되었다. 카네기의 책에 감명 받은 맥너트 신디케이트McNaught Syndicate의 찰스 빈센트 맥애덤Charles Vincent McAdam이 여러 신문에 동시에 게재되는 칼럼을 써보지 않겠느냐고 제안했다. 맥너트에는 윌 로저스Will Rogers, 월터 윈첼Walter Winchell, 앨 스미스Al Smith 같은 칼럼니스트들이 있었다. 흥미를 느낀 카네기는 맥애덤을 집으로 불러 저녁을 대접했고 두 시간 만에 구두 합의에 이르렀다. 카네기의 책과 방송, 강의 내용을 소재로 한 신문 칼럼은 1930년대 후반부터 1940년대 초까지 미국 71개 신문에 게재

되었다.¹⁰

그러나 카네기가 전국적인 유명인사라는 사실을 가장 분명하게 보여준 것은 오랜 친구 로웰 토머스가 만든 유명인의 모임에 들어간 일일 것이다. 토머스는 1930년대 중반 무렵 이미 세계적인 라디오 진행자이자 뉴스영화newsreel* 해설자이자 전 세계를 돌아다니는 여행 작가로 명성을 떨치고 있었다. 그는 뉴욕에서 북쪽으로 100킬로미터 이상 떨어진 더치스 카운티Dutchess County의 120만 제곱미터에 이르는 '클로버브룩 농장'에 여름 소프트 볼 팀을 결성했다. 그 모임은 지역의 아마추어 선수들이 활동하는 평범한 모임이 아니었다. '나인 올드 멘Nine Old Men'이라고 이름 붙은 토머스의 소프트 볼 팀은 미국 최고의 유명인사들로 이루어졌다. 〈월스트리트 저널〉 편집자 캐이시 호게이트Casey Hogate가 1루수를 맡았고 나머지 내야수로 재무부장관 헨리 모겐소Henry Morgenthau, 뉴욕 시장이자 나중에 대통령 후보로 출마한 토머스 듀이Thomas Dewey가 있었다. 나머지 회원은 헤비급 복싱 챔피언 에디 이건Eddie Eagan, 국회의원 해밀턴 피시Hamilton Fish, 배우 존 바클레이John Barclay, 가수 레니 로스Lanny Ross, 그리고 작가 데일 카네기였다.¹¹

'나인 올드 멘'이 상대하는 팀들의 선수 구성도 비슷했다. 작고한 시어도어 루스벨트 대통령의 아들 테드 루스벨트Ted Roosevelt 대령이 이끄는 '루스 베이의 오스터벨트The Ostervelts of Roose Bay' 팀에는 만화가 루브 골드버그Rube Goldberg, 전설적인 야구선수 베이브 루스Babe Ruth,

---

* 시대의 중요한 사건들을 중심으로 만든 일종의 기록영화로 보통 극장에서 메인 영화에 앞서 상영되었다.

스포츠 칼럼니스트 그랜트랜드 라이스Grantland Rice, 브로드웨이 작곡가 리처드 로저스Richard Rogers가 소속되어 있었다. 코네티컷에서 결성된 '넛멕스The Nutmegs' 팀에는 복서 진 터니Gene Tunney, 저널리스트 헤이우드 브라운Heywood Broun, 〈뉴요커〉 편집자 헤럴드 로스Harold Ross, 칼럼니스트 웨스트브룩 페글러Westbrook Pegler, 작곡가 딤즈 테일러Deems Taylor가 있었다. 하지만 '나인 올드 멘'과 가장 자주 겨룬 팀은 약 50킬로미터 떨어진 하이드 파크의 프랭클린 D. 루스벨트 대통령의 여름 별장을 본거지로 결성된 '서머 화이트 하우스 팀Summer White House Team'이었다. 루스벨트 대통령은 여름 별장에 묵을 때마다 직접 감독으로 나섰다. 그 팀에는 루스벨트 대통령의 아들 존 루스벨트, 루스벨트 대통령의 전문고문단의 핵심 멤버였던 렉스퍼드 턱웰Rexford Tugwell, 그 외 내각 관료들과 뛰어난 운동 신경과 건장한 체격을 가진 비밀경호국 요원들로 이루어졌다. 프랭크 루스벨트 대통령은 벤치 근처에 주차된 대통령 차량 뒷좌석에 앉아서 팀을 감독했다. 로웰 토머스는 "대통령은 타고난 소프트 볼 감독이다. 대통령이 그의 팀을 프로 대회에 내보낸다면 분명 돈을 벌 수 있을 것이다. 정부 관련 사업에서는 지금까지 돈벌이를 못하고 있지만 말이다"라며 재치 있는 멘트를 날리기도 했다.[12]

당연히 많은 사람이 유명인사들의 소프트 볼 경기를 보려고 왔다. 토머스의 농장 필드 둘레에 대충 마련된 관람석으로 수백 명의 구경꾼이 몰려들었다. 뛰어난 운동 실력보다는 선수들의 정감 어린 농담, 재치 있는 놀림, 예리한 임기응변이 주된 구경거리였다. 체중이 140킬로그램에 가까운 1루수 호게이트가 인사를 건네려고 대통령의 차량으로 왔을 때, 프랭클린 루스벨트 대통령은 "호게이트 씨는 홈런을 쳐야만 1루를 지날 수 있다더군요"라고 농담을 던졌다. 이에 호게이트는 "미국 경제도 뉴딜 정책하에 1루를 지나려면 홈런을 쳐야만 하지요"라고 재치 있게 응수했다. 또 다른 경기 때는 교체 선수가 들어가고 모겐소가 필드에서 물러나자, '나인 올드 멘'의 한 선수가 재무장관인 모겐소가 득점 기록원 자리에 앉아야 한다고 외쳤다. "정부의 장부를 관리하는 사람이면 어떤 구기 종목에서든 기록원 자리에 앉을 수 있습니다"라는 것이었다. 몹시 더운 여름날, 상대 팀 선수가 땀을 뻘뻘 흘리며 필드 밖으로 나와 몸무게가 10킬로그램은 빠진 것 같다고 불평했다. 그러자 벤치에 있던 브라운이 자리에서 일어나며 호들갑스럽게 관람석 쪽을 가리키더니 큰소리로 "저기로 가면 살이 더 이상 안 빠질걸!"이라고 했다. 1939년에 매디슨 스퀘어 가든에서 열린 기금 모금을 위한 경기에서는 장난스러운 선수 소개로 유쾌하고 익살스러운 분위기가 한껏 돋보였다. 토머스가 1만 3000명이나 되는 관중 앞에서 플로런스 나이팅게일, 한니발, 찰스 디킨스, 레오나르도 다 빈치, 제임스 G. 블레인, 워너브라더스, 제우스 같은 이름으로 선수들을 소개했기 때문이다.[13]

데일 카네기는 이 엘리트 집단의 주전 선수가 되었다. 그는 여름마다 클로버브룩 농장을 찾아 다소 서투르기는 했지만 그래도 열심히 '나인 올드 멘'의 외야수로 뛰었다. 운동 신경이 별로 뛰어나지 않았던 카네기는 배팅할 때나 필드에서 뻣뻣한 움직임으로 놀림 받기 일쑤였다. 토머스는 "카네기는 잘 치지도 달리지도 던지지도 못하지만, 경기에 대한 애정만큼은 뜨겁다. 그가 내야수로 배치된 이유는 그쪽으로

1930년대에 데일 카네기와 로웰 토머스. 뉴욕 북쪽에 있는 토머스의 농장에서.

공을 치는 타자들이 별로 없는 데다, 그가 혼자 있기를 좋아하는 외로운 영혼이기 때문이다"라고 했다. 타석에 선 카네기는 배트를 특이한 각도로 들고 입을 벌리고 몸을 뒤로 기울인 채로 제발 공이 닿기만을 바라며 투수를 쳐다보았다. 교체된 이후에는 벤치에 앉아 팀원들과 농담을 하거나 쾌활하게 관중 사이를 돌아다녔다.¹⁴

카네기의 옷차림도 놀림과 논란 대상이 되었다. 티셔츠에 농부들이 입는 작업복이 나인 올드 멘의 유니폼이었는데, 카네기는 코트를 입고 뛰겠다고 고집을 부렸다. 그 기이한 차림새를 처음 본 호머 크로이는 "당시에는 몰랐지만 역사가 만들어지는 순간이었다. 하지만 위대

·· 로웰 토머스의 농장에서 열린 유명인사들의 소프트볼 경기에서 타석에 선 데일 카네기. 넘치는 열정에 비해 운동 신경은 부족했다.

한 사건들이 일어나는 당시에는 그것이 위대하다는 사실을 알아차리는 경우가 얼마나 되는가?"라고 농담했다. 팀원들이 카네기의 옷차림에 대해 농담 섞인 불평을 하자 감독인 토머스는 오히려 다행으로 여겨야 한다면서 "데일이 코트를 입고 뛰는 것과 입지 않고 뛰는 것을 전부 보았는데, 코트를 입었을 때가 훨씬 잘한다"고 했다. 그러자 한 팀원이 말하기를 자신이 원한 것은 "데일 카네기가 코트 없이 경기하는 게 아니라, 코트가 데일 카네기 없이 경기하는 것"이라고 답했다. 결국 카네기는 코트를 포기하고 플리츠 팬츠에 멜빵, 데이지 꽃으로 장식한 중절모를 유니폼으로 착용했다. 물론 데이지 꽃은 금방 아래로 축 늘어지기 일쑤였다. 그래도 팀원들의 짓궂은 말장난은 여전했다. 한 팀원은 카네기가 모자에 장식한 데이지 꽃을 보고 "뇌가 한쪽만 죽은 거야?"라는 농담을 던졌다.[15]

카네기는 책이 출간된 후 친구들에게 장난 섞인 모욕을 당하기도 했다. 한 예로 토머스는 "진짜 데일 카네기는 매력적이고 사무적인 신사이며 압박감에 시달리는 생명보험 세일즈맨이다. 생명보험 판매원을 싫어하는 세상 속으로 뛰어들어 보험을 팔아야만 하는 직업에 좌절감을 느낀 그는 《카네기 인간관계론》을 썼다. 프로이트 추종자들이 말하듯 그것은 보상 그 자체였다"라고 했다. 그는 계속해서 "카리스마적인 성격과 거리가 먼 카네기는 모두에게 무시당한 채 군중의 끄트머리에 혼자 서 있는, 대단히 소심하고 외로운 외알 안경을 쓴 말쑥한 비즈니스맨이다. 그의 책은 그에게 거금을 벌어주었지만 친구를 주지는 못했다. 그는 책으로 실패한 것을 소프트볼로 이룰 수 있기를 바랐다."라고 했다.[16]

카네기는 성격의 힘이 현대 미국의 유명인사 문화를 형성하고 있음을 일찍이 알아차렸다. 그는 1926년에 수강생들에게 미국이 유명인의 사생활에 집착하고 있으며 그들이 벌어들이는 돈이 엄청나다고 말했다. "내일 미국의 뒷마당 울타리 너머로 수백만 개의 대화가 들릴 것이다. 차를 마시는 테이블에서, 저녁을 먹는 테이블에서. 그 대화를 지배하는 것은 무엇일까? 바로 성격이다. 누가 이런 말을 했고 이런 행동을 했고 그래서 '떼돈'을 벌고 있고 등등." 그는 《카네기 인간관계론》에서도 현대사회에서 유명인사의 중요성을 또 한번 강조했다. "수십 명의 성공한 사람들을 면담하며 그들이 인간관계에서 활용한 기술을 찾으려고 했다. 그중에는 세계적으로 유명한 마르코니, 프랭클린 D. 루스벨트, 오언 D. 영, 클라크 게이블, 메리 픽퍼드, 마틴 존슨 등이 있었다"라고 서문에서 밝혔다. 본문에서도 줄곧 부와 명성을 지닌 인물들을 추어올리면서 고무적인 성공 사례로 활용했다. 이제 카네기는 대통령, 내각 관료, 미디어 거물, 스포츠계의 전설, 흥행 아이콘, 유력 저널리스트와 어울리는 유명인사였다. 그의 삶은 예전과 똑같을 수가 없게 되었다.17

카네기가 1930년대 후반에 새로 얻은 유명인사라는 사회적 지위는 삶의 거의 모든 것을 바꿔놓았다. 그전까지는 대중연설 강사로 일하고 이따금 저술 활동을 하며 비교적 조용하게 살아갔지만, 이제 새로운 기회와 요청이 물밀 듯이 들어왔다. 《카네기 인간관계론》이 거둔 엄청난 성공에 따라온 익숙지 않은 압박감은 카네기의 직업 활동이나 사람들과의 상호작용, 그리고 그와 일의 관계까지 새로운 방향으로 밀어붙였다. 카네기는 명성을 즐기면서도 점차 거기에 엄청난 대가가 따른다는 사실을 깨달았다.

그가 유명세를 얻은 대신 치러야 할 대가는 지금까지 경험한 모든 것과 비교도 안 될 만큼 바빠진 생활이었다. "책이 믿기지 않을 만큼 성공을 거두었다. 그 후 예전에는 결코 상상하지 못했던 중압감 속에서 사는 나를 발견했다. 라디오에, 강연에, 그 밖에도 이런저런 일로 나를 만나고 싶어 하는 사람들이 많았다. 다시는 1937~1938년 같은 한 해를 보내고 싶지 않다. 항상 피곤한 채로 급하게 뛰어다녔다"라고 카네기는 말했다. 연설, 행사 참여, 강연 스케줄이 어찌나 빡빡했는지 아주 잠깐의 휴식마저 소중하게 느껴질 정도였다. "오늘 두 시간 동안 정원에서 일했다. 두 시간 동안 하고 싶은 일을 할 수 있다는 것이 진정한 사치처럼 느껴졌다. 저녁에는 〈리더스 다이제스트〉를 읽었다. 집에서 혼자 뭔가를 읽은 것이 6개월 만에 처음인 것 같다. 그동안 여기저기 급하게 움직이기만 했다. '과연 무엇을 위해서?'"라고 그는 적었다.[18]

카네기는 익숙하지 않은 압박감 속에서 책 사인회, 성공 철학 강연(대개는 두 가지를 함께 했다) 등을 하느라 미친 듯 바쁘게 방방곡곡을 돌아다니는 자신을 발견했다.

철도 침대칸에서 자고 이른 아침에 목적지에 도착해 서점 대표를 만나 호텔로 안내받는다. 호텔에서 새 옷으로 갈아입고 급하게 서점으로 간다. 10시부터 12시까지 앉아서 《카네기 인간관계론》을 구입하는 사람들에게 사인을 해준다. 다른 차가 서점으로 나를 데리러 오면 인근 호텔에서 열리는 로터리클럽 오찬에 간다. 연설을 끝내자마자 또 다른 기사가 와서 이번에는 여성 클럽으로 데려간다. 그곳에서 한 시간 동안 책에 대해 강연한다. 운이 좋으면 나를 위해 열리는 연회에 참석하기 전에 잠깐 눈을 붙일 수 있다. 연회가 끝나면 또 기차를 타러 달려가야 한다.[19]

카네기는 정신없이 바쁜 일정을 감당하기가 점점 힘들어졌다. 성실한 그의 비서 애비 코넬은 효율적으로 여행 일정표를 상세하게 짜주었다. 카네기는 "그래도 가끔 내가 어디에 있는지 헷갈릴 때가 있었다"라고 회고했다. 한번은 뉴욕을 떠나 다른 도시로 가기 위해 애비와 급하게 택시를 타고 이스트 50번가의 버스 역으로 갔다. 간신히 택시에서 내린 카네기는 막 출발하려는 버스로 뛰어갔다. "나도 모르게 뛰기는 했지만 내가 어디를 가려던 것인지 도무지 생각나지 않았다. 버스에 오르는 계단 맨 위 칸에서 거의 공황 상태로 뒤돌아보았다. '내가 대체 어딜 가는 거지?' 싶었다. 버스 문이 닫히기 직전에 애비를 불렀다. 애비가 '주머니 안을 보세요. 거기 다 있어요!'라고 소리쳤다. 어디로 가는 건지 알기도 전에 버스는 이미 뉴욕을 달리고 있었다." 이렇게 정신없는 생활은 점점 그에게 좋지 않은 영향을 끼쳤다. 훗날 카네기는 "몇 달 동안 그렇게 정신없는 생활이 반복되었다. 체중이 줄고 활력도 줄었다. 무엇보다 건강이 나빠지기 시작했다"라고 회고했다.[20]

또 다른 미묘한 문제가 카네기를 괴롭히기 시작했다. 카네기는 쉽게 친구를 사귀고 카리스마적이며 자신감 넘치고 공감 능력이 뛰어난 성격 이미지를 만들어냈는데, 그 이미지가 그를 무겁게 내리누르기 시작했다. 사람들은 그에게 이상적인 성격 그 자체를 기대했지만 알다시피 기대를 충족시키기는 불가능했다. 물론 카네기는 친절하고 세심하며 사람들과 어울리기 좋아하는 성격이었지만 중서부 출신 특유의 과묵함도 여전히 남아 있었다. 게다가 그는 대학교를 제대로 졸업하지도 않은 학력으로 전국적인 엘리트들과 어울린다는 사실에 당황스러움을 느끼기도 했다. 유명세에 따르는 불안감을 견디다 못한 그는 1930년대 후반에 사무실로 쏟아지는 수많은 초청장을 신중하게 걸러내라는 지시를 남겼다. "《카네기 인간관계론》을 쓰기 전에는 여기저기서 일부러 나를 찾는 사람들이 없었다. 나는 그저 성인들을 대상으로 강의하는 데일 카네기일 뿐이었다. 하지만 내가 쓴 책이 엄청나게 팔려나가자 사람들은 나에게 '이 세상의 것이 아닌' 존재, 내가 아닌 다른 사람을 바랐다. 나를 처음 만난 사람들은 내가 굉장히 대단한 성격을 가진 사람이 아니라 그저 평범한 이웃 같은 사람이라는 사실에 실망한다. 상대방이 느끼는 실망감을 감지하는 순간 몹시 난처해진다."[21]

이처럼 부와 명성은 카네기에게 고뇌도 안겨주었지만 현실적으로는 커다란 혜택을 주었다. 그는 호머 크로이를 비롯한 대공황기에 어려워진 친구들을 경제적으로 도와줄 수 있었다. 크로이에게 라디오 방송에 필요한 조사 작업을 맡겨 "감사의 빚을 빼고 내가 자네한테 진 빚이라네"라는 농담을 적어 125달러의 수표를 보냈다. 포리스트 힐스의 2층 반짜리 저택을 리모델링하고 가구도 새로 들였다. 세련된 프랑스 가구와 퀸 여왕 스타일의 앤틱 가구, 동양의 자기, 멋진 페르시아 카펫으로 집안을 장식했다. 뒷마당 정원을 확장하여 연철 테이블이 놓인 테라스와 장미 정원, 관목, 잉어와 연꽃이 있는 작은 시멘트 연못도 꾸몄다. 또한 집의 한쪽 면을 차지하는 다락방에 마련된 자신과 코넬의 사무실도 새롭게 단장했다. 앤틱 가구와 세련된 일제 벽지로 장식했는데 코넬의 표현대로 '숨이 멎을 듯한' 결과물이 탄생했다. 그녀에 따르면 사무실을 리모델링한 지 얼마 되지 않아 만년필에서 뿜어져 나온 잉크가 벽에 튀는 사건이 발생했다. 크고 보기 싫은 얼룩이 생기자 몹시 걱정된 그녀는 상사에게 말해야 할지 고민하면서 일단 퇴근했다. 다음 날 출근한 그녀는 타자기 위에 놓인 카네기의 친절한 메모를 보고 안도의 한숨을 내쉬었다. 메모에는 이렇게 적혀 있었다. "마틴 루터는 악마를 향해 잉크 통을 던진 적이 있다더군요. 여기에 애비를 괴롭히는 작은 악마들이 있다면 혼내주도록 해요. 어쨌든 일제 벽지 한 통을 더 사도록 합시다."22

유명인사가 된 후 카네기의 사회 활동 영역도 넓어졌다. 그는 평소 뉴욕에서 열리는 다양한 문화 행사에 관심이 많았는데 1930년대 후반에는 그 자신도 뉴욕의 세련된 유명인사가 되어 있었다. 혹자에 따르면 "카네기는 연극과 박물관, 비즈니스, 레스토랑이 넘치는 뉴욕을 사랑했다. 데일 카네기가 사랑하는 바로 그 뉴욕이 친히 그를 위한 자리를 내주었다고 느꼈다." 카네기는 지하철이나 기차를 이용해 대개는 한쪽에 매력적인 여성을 동행하고 연극과 뮤지컬, 영화, 미술 전시회, 연회, 레스토랑을 즐겼다. 전국적으로 유명한 조건 좋은 독신남이었기에 그의 곁에는 아름다운 여성들이 많이 모여들었다. 카네기는 아름다운 여성들과 함께 사랑하는 도시 뉴욕을 돌아다니는 것을 매우 좋아했다. 언젠가 그는 로웰 토머스에게 이런 내용의 편지를 보냈다. "우리는 자네와 〈데드 엔드〉(빈민가와 갱스터들의 이야기를 그린 시드니 킹슬리의 인기 장기 공연 연극)를 볼 날을 고대하고 있네"라고 썼다. 조카 조세핀과 폴린이라는 이름의 데이트 상대도 데려간다고 되어 있었다. 두 여성이 가족들에게 "로웰 토머스와 연극을 보러 갔다"고 자랑하고 싶어 한다는 말도 전했다.23

카네기가 이룩한 경제적 풍요로움은 큰 축복이었지만 가족 간의 불화를 가져오기도 했다. 카네기의 부모는 1910년대에 캔자스시티 남동쪽의 소도시인 미주리 주 벨턴으로 이사했고 아버지는 농장 일에, 어머니는 교회 활동에 전념하며 조용히 살아갔다. 그러나 1930년대에 이르러 많이 노쇠해진 부모는 혼자 힘으로 살아가기가 어려워졌다. 카네기는 달마다 생활비를 보내는 것 이외에도 필요할 때마다 경제적 지원을 아끼지 않았다. 형 클리프턴과 형수 캐리가 부모와 함께 살면서 보살폈다. 처음에는 아무런 문제 될 것 없는 상황이었다. 카네기는 1938년 초에 '사랑하는 어머니'에게 진심 어린 편지를 보냈다. 어린 시절 사랑으로 키워준 것에 감사하면서 "어머니는 훌륭하고 멋진 어머니셨어요. 이렇게 훌륭한 부모님을 저에게 주신 하나님께 감사합니다"라고 썼다. 또한 "가정부 비드웰 부인과 형수와 형이 부모님을 잘 모시고 있겠지요"라며 부모가 편하게 지내게 된 사실에 기쁨을 표시했다.[24]

그러나 동생이 거둔 커다란 성공으로 형제간의 오랜 긴장관계가 악화되면서 불화가 생겼다. 동생 데일이 강사와 작가로 느리지만 확실하게 앞으로 나아간 반면, 형 클리프턴은 이 직업 저 직업을 전전했다. 결국 동생은 뉴욕에서 전국적인 유명인사가 되었지만 형은 방황을 거듭하다 부모 집으로 들어가 살게 되었다. 동생에 대한 형의 질투심은 점점 커졌다. 클리프턴이 가족을 부양하지 못할 때도 종종 있었으므로 데일은 조카들에 대한 지원도 아끼지 않았다. 특히 형의 딸인 조카 조세핀을 포리스트 힐스의 집으로 데려와 직원으로 고용했고 두 남자 조카의 대학 등록금도 내주었다. 게다가 가정부뿐만 아니라 형 부부에게도 부모를 보살피는 데 대한 수고비를 매달 지불했다.

그렇게 대등하지 못한 관계가 결국 문제를 일으켰다. 1939년 11월에 카네기는 수표를 여러 차례 보냈으니 돈이 남았다고 생각했고 초과 금액으로 12월 생활비를 충당하라고 형수에게 전했다. 그래서

12월에는 평소보다 적은 금액을 보냈다. 이에 화가 난 클리프턴은 동생에게 돈 많은 구두쇠라는 비난과 함께 대단히 중요한 몸이라 부모를 직접 돌보지도 않으면서 돈이면 다 되는 줄 아느냐는 터무니없는 내용의 편지를 보냈다. 카네기는 답장에서 "형이 12월 22일에 편지를 쓸 당시 얼마나 불쾌한 상태였는지 잘 알 수 있었어"라면서 나이든 부모를 보살피는 형에게 우선 공감을 표현했다. 그런 다음에 분통을 터뜨렸다. "형, 그동안 내가 해준 것들이 떠올라서 형의 편지를 읽고 커다란 상처를 받았어"라고 했다. 그는 몇 년 전 위기에 처한 형에게 몇천 달러를 준 것, 월급 100달러로 가족이 먹고살아야 한다는 형의 편지에 답한 것, 형을 대중연설 강사로 자리 잡게 해주려다 몇천 달러를 날린 것, 인맥을 이용하여 시민보전단의 감독관으로 취직시켜주려고 했던 것, 형수의 어머니께도 매달 15달러를 보내준 것 등을 언급했다. "이런 일을 한 동생이 과연 형의 편지에 담긴 말을 들어야 할까?"라고 불만을 표시했다. 하지만 끝에서는 자신의 평소 원칙에 따라 화해를 제안했다. 그는 형수에게 진주 목걸이를 보냈고 형에게는 "내가 형의 기분을 상하게 했다면 미안하고 용서해주기 바라. 내가 어떻게 했으면 좋겠는지 말해주겠어? 돈이 어디에 얼마나 필요해?"라고 물었다.[25]

그러나 형제간의 아슬아슬한 긴장감은 클리프턴 부부가 노쇠한 부모의 집으로 들어가 부모를 보살피고 카네기가 경제적인 부분을 전적으로 부담하면서 누그러졌다. 대체적으로 평화롭고 우애로운 분위기에서 아만다 카네기는 1939년 12월 4일 81세의 나이로 벨턴 자택에서 숨을 거두었다. 카네기는 어머니에게 달려갔고 임종을 지켜보았다. 유년기 때부터 커다란 영감을 주었던 어머니의 죽음은 그의 가슴에 깊은 상처를 남겼다. 카네기는 친구에게 보낸 편지에 이렇게 적었다.

어머니가 지난 월요일 새벽에 돌아가셨네. 아무런 고통도, 병도 없이 82세 생신을 몇 달 앞두고 떠나셨지. 내 어머니는 정말로 고귀한 분이었네. 어머니가 가난과 시련 속에서도 꿋꿋하게 아들을 공부시키지 않으셨다면 나는 미주리의 농부가 되었겠지. (……) 어머니는 내 옷뿐만 아니라 비누도 직접 만드셨네. 아침부터 밤늦게까지 고된 노동이 이어졌지만 항상 노래를 부르며 일하셨지. 종교에 대한 믿음과 기쁨이 어머니의 삶을 찬양해주었기 때문에 노래하실 수 있었지. 나에게도 그런 믿음이 있다면.

카네기의 아버지 제임스는 '급성 체내 질환'에 이어 낙상으로 병원 신세를 졌지만 아내의 사망 후 1년 6개월 동안 더 살았다. 그리고 1941년 5월 18일에 뇌졸중 합병증으로 89세를 일기로 미주리 벨턴에서 사망했다.[26]

《카네기 인간관계론》이 가져다준 경제적인 풍요로움 덕분에 카네기는 자신이 가장 좋아하는 취미활동 중 하나인 여행을 즐길 수 있었다. 정신없이 바쁜 일정이 조금씩 안정되자 정기적으로 미국 안팎으로 휴가를 떠날 만한 시간이 생겼다. 1938년에 카네기는 몇 주 동안 유럽에 다녀왔다. 그는 프랑스 정기선에서 신문 칼럼을 쓰기도 했다. "디그래스DeGrasse 호는 대서양을 건너는 데 아흐레가 걸리는 느린 배다. 하지만 나는 느린 배가 좋다. 육지에서는 너무 바쁘게 살아간다. 그래서 느긋하게 바다를 건너며 태양 아래 넥타이를 벗어 던지고 칼라를 젖히고 소금기 있는 싸한 공기를 들이마시고 싶다." 다음 해에는 일본 관광산업이사회Japanese Board of Tourist Industry의 초청으로 일본을 장기간 방문했다. 미국과 일본의 소통과 문화적 이해를 개선하려는 목적으로 일본 전역을 순회했다. 거의 모든 대도시를 다니며 인간관계를 주제로 강연했고 가는 곳마다 환영을 받았다. 여행 말미에는 한국에도 며칠 묵었고 중국의 상하이와 베이징도 짧게 방문했다.27

짧게나마 미국 내 여행도 다녔다. 1939년에는 사우스캐롤라이나 연안 도시 플로런스Florence의 친구 집으로 휴가를 다녀왔다. 친구들과 하루종일 농어 낚시를 즐기고 해 질 녘에 해변으로 가서 탁 트인 바다와 하늘이 펼쳐진 장엄한 풍경을 즐겼다. 그 풍경을 한동안 올려다보고 있으니 왠지 서글픈 마음이 들었다. 그는 일기에 "별이 수놓인 하늘을 바라보는 동안, 대서양의 파도가 발아래로 와서 부서졌다. 대단히 인상적이었다. 인간이 얼마나 보잘것없는지, 짧은 인생이 얼마나 덧없는지 느껴졌다"라고 적었다. 다음날은 더욱 행복한 시간을 보냈다. 낚시는 그저 그랬지만 여전히 시골스러운 취향을 간직한 카네기는 다른 할 일을 발견했다. "나무그루터기와 나뭇가지 위를 기어다니는 독사를 쏘며 즐거운 시간을 보냈다. 오후에 여덟 마리를 쏘았다. 녀석들을 갈가리 찢으며 야만적인 만족감을 맛보았다"라고 일기에 적었다.28

그러나 정서적으로 훨씬 커다란 영향을 끼친 여행도 있었다. 카네기는 1937년 여름에 쿠바로 떠난 크루즈 여행에서 남은 일생을 통틀어 매우 중요한 존재가 된 사람을 만났다.

1943년 어느 금요일 저녁, 다섯 살짜리 여자아이가 뉴욕의 심장부에 있는 철도 중심지, 펜 역에 도착했다. 소녀는 짐꾼의 안전한 보살핌을 받으며 코네티컷의 뉴 헤이븐New Haven에서 혼자 일등석 칸에 타고 왔다. 소녀는 밝은 불빛과 바쁘게 움직이는 사람들로 분주한 미국 최대 도시를 보고 흥분한 듯했지만, 1년 전부터 몇 달에 한 번씩 왜 그곳에 와야 하는지 어리둥절하기도 했다. 엄마의 설명에 따르면 소녀의 뉴욕 여행은 '데일 삼촌'을 만나기 위해서였다. 데일 삼촌이 뉴 헤이븐에 있는 소녀의 집을 방문할 때면 엄마는 소녀에게 데일 삼촌과 놀고 이야기 나누고 공원에서 오랫동안 산책을 하게 했다.

소녀가 뉴욕에 도착할 때마다 데일 삼촌이 기차역으로 마중 나왔고 택시를 타고 집으로 데려갔다. 택시 기사들은 하나같이 데일 삼촌, 카네기를 응시하며 누군지 기억해내려고 애썼다. 그러면 카네기는 "제가 누군지 알아보시는군요?"라고 말했고 택시 기사는 "그 책을 쓰신 그분이 맞지요?"라고 물었다. 카네기는 자신을 소개하며 짧게 담소를 나누었고 약간 우쭐해 하며 관심을 즐기기도 했다. 웬도버 로드Wendover Road에 있는 데일 삼촌의 집에 내리면 가정부가 소녀를 2층 손님방으로 데려갔다. 주말 동안 데일 삼촌은 연극, 뮤지컬, 서커스, 자연사박물관, 라디오 방송국 등 각종 신 나는 장소로 소녀를 데려갔고 자신의 인생과 모험 이야기도 들려주었다. 소녀가 조금 더 자란 후에는 혼잣말처럼 성공하는 방법을 들려주기도 했다. 데일 삼촌은 일요일 저녁이면 소녀를 집에 돌려보내기 위해 기차역으로 데려갔다. 그

때마다 소녀는 특별한 주말 여행의 의미를 또다시 골똘히 생각해보는 것이었다.29

그 소녀, 린다 데일 오펜바흐Linda Dale Offenbach가 어리둥절해하는 것도 무리는 아니었다. 소녀는 《카네기 인간관계론》의 성공 이후에 싹튼 엄마 프리다 오펜바흐Frieda Offenbach와 데일 카네기의 매우 특이한 관계 속에 불안정하게 놓여 있었다. 카네기와 프리다는 1937년 늦여름, 쿠바행 크루즈 여행에서 처음 만났다. 혼자 여행 중이었던 두 사람은 첫눈에 매력을 느꼈다. 그들은 많은 시간을 함께 보냈고 사랑에 빠졌다. 미국으로 돌아온 카네기는 자신의 책 《유명인에 관해 몰랐던 사실들》에 "나의 친애하는 프리다, 내가 당신과의 만남에서 느낀 즐거움의 10분 1만큼이라도 이 책을 즐겁게 읽어주기를 바랍니다. 생일 축하해요. 1937년 8월 26일, 데일 카네기"라고 적어 보냈다.

하지만 문제가 있었다. 바로 프리다가 유부녀라는 사실이었다. 처음에 그녀의 남편은 아내와 카네기의 관계를 완강히 반대했지만, 이내 복잡하고도 기이한 태도를 보였다. 말하자면 세 사람 모두 실상을 알면서도 입 밖으로는 이야기하지 않는 형국이었다. 겉으로는 정중하고 친절하기까지 한 대화가 오갔지만 그 저변에는 동경과 상처가 뿌옇게 뒤섞여 있었다. 세 명의 어른과 한 아이가 개입된 관계였다. 복잡하고도 씁쓸한 그 관계는 카네기의 남은 일생 계속되었다.30

외모와 지성을 겸비한 젊고 매력적인 여성 프리다 오펜바흐는 데일 카네기와 매우 다른 환경에서 성장했다. 그녀는 1910년 8월 26일에 볼티모어의 유대인 이민자 가정에서 프리다 버코비츠Frieda Berkowitz라는 이름으로 태어났다. 그녀의 부모 맥스와 로즈 버코비츠는 —

그들은 나중에 성을 버크Burke로 짧게 바꾸었다—1870년대에 러시아에서 출생했고 1890년대에 미국으로 건너왔다. 그들은 볼티모어에 정착해 여섯 자녀를 낳아 길렀고—프리다는 다섯째였다—맥스는 식품점, 포목점, 중고 가구점을 차례로 운영했다. 그러나 그는 아내와 아이들을 매우 심하게 대했다. 똑똑하고 감수성 뛰어난 소녀였던 프리다는 조마조마한 집안 분위기에 침울해졌고 공부에 매진했다. 그녀는 볼티모어의 가우처 대학Goucher College에 입학해 고전문학과 과학을 공부했고 테니스를 했으며 미국 내 최고 우수 성적을 가진 대학생들의 모임인 파이베타카파Phi Beta Kappa 회원으로 19세에 대학을 졸업했다.31

동시에 프리다의 외모도 활짝 피어났다. 크고 날씬한 몸매, 짙은 머리카락에 도드라진 광대뼈, 감수성 풍부한 크고 짙은 눈동자를 가진 여성으로 성장했다. 볼티모어에서 성장한 그녀는 남부 특유의 부드러운 어조에 여성스러운 품위가 있었고 타인의 말에 열심히 귀 기울였으며 재치와 지적인 분위기가 흘렀고 특히 남성들에게 매력을 발산했다. 혹자에 따르면 그녀는 "여성스러움을 무척 중요하게 여겨서" 화장을 하지 않고는 절대로 집 밖에 나가지 않았다. 항상 완벽하고 아름다운 옷차림을 하고 있었으며 밖에 나갈 때 종종 흰 장갑을 꼈다.32

프리다는 대학 졸업 후 명문 시카고 대학교에서 세균학을 공부했다. 그러나 교제 중이던 남학생과 파티에 다녀온 이후로 성급하게 학교를 그만두었다. 파티에서 누군가 반유대주의 발언을 했지만 남자친구가 아무런 반박도 하지 못하자 화가 난 프리다는 그와의 관계를 끝냈고 짐까지 싸서 볼티모어로 돌아갔다. 그녀에게 자기 파괴적인 구석이 있음을 보여준 성급한 행동이었다. 그 후 한동안 방황하던 프리다는 사회복지 분야에 취직했다. 얼마 후 사회복지사 이사도어 오펜바흐를 만났고 성급하게 결혼을 결정했다. 대학교에서 좋지 않게 끝난 관계에 대한 반발심이 분명했다. 그들은 1933년 11월 29일에 볼티모어에서 결혼식을 올렸다.33

이사도어 에드먼드 오펜바흐Isador Edmond Offenbach는 1905년에 폴란드 우치Lodz에서 태어나 2세 때 어머니 제니와 미국으로 건너왔다. 아버지 솔로몬은 먼저 미국으로 와서 펜실베이니아 주 북부의 브래드퍼드Bradford에서 기계공, 양철공, 구리세공인 등으로 일하고 있었다. 10년 동안 네 명의 자녀가 더 태어났다. 이사도어는 청소년기에 랍비가 되려고 공부했지만 시력이 급격히 떨어져 뜻을 접을 수밖에 없었다. 그는 어린 시절에 사고로 한쪽 눈을 심하게 다쳤는데 그 후 나머지 눈에도 무리가 가서 덩달아 시력이 나빠지기 시작했다. 성인이 된 후에는 망막박리로 더욱 악화되었고 결국 법적인 시각장애가 되었다. 그러나 시각장애에도 불구하고 매우 지적이고 성공의지가 강했던 이사도어는 오하이오 주 신시내티의 히브리 유니언대학Hebrew Union College을 졸업했고 뉴욕 컬럼비아 대학교에서 사회복지학 석사 학위를 받았다. 볼티모어의 유대인사회복지국Jewish Social Service Bureau에 취직한 후 프리다를 만나 구혼했다. 1933년에 결혼식을 올리고 2년이 채 되지 않았을 때, 그가 유대인가족상담소Jewish Family Service 사무국장이 되면서 코네티컷 뉴 헤이븐으로 이사했다.34

그러나 이사도어와 프리다의 결혼생활이 불행할 수밖에 없다는 사실이 곧 분명해졌다. 매우 지적이고 매력적이었던 이사도어는 젊은 아내를 사랑했고 기쁘게 해주고 싶었다. 한 예로 그는 집안에서는 코셔kosher*를 지키지 않아도 된다고 했으며 아내를 쓰다듬거나 안아주면서 자주 애정 표현을 했다. 하지만 그와 동시에 이사도어는 끊임없이 자신을 괴롭히는 적과 싸워야 했다. 그는 실명이 자신의 삶을 망쳤다고 생각했고 세상에 분노를 느꼈다. 그는 장애를 가진 사실을 억울해하며 상점이나 식당에서 맨 앞줄로 밀치고 나가 큰 소리로 특별 서비스를 요구했다. 함께 일하기 어려운 상대였기에 직장 동료들과도 점점 멀어졌다.

또한 집에서는 가부장적으로 모든 것을 좌지우지하려 들었다. 거실에 놓인 푹신한 의자에 앉아 몇 시간 동안 음성 녹음책을 듣거나 아내에게 책과 잡지를 읽어달라고 했다. 가끔 밝은 불빛 아래에서 책을 눈 바로 앞에 대고 흐릿하게 보이는 글씨를 직접 읽기도 했다. 집안의 모든 것이 그를 중심으로 돌아갔다. 그는 자신의 필요와 욕구를 가혹하고 독단적으로 표현할 때도 있었다. 자주 분노를 표출했고 무엇이든 자기 뜻대로 해야 하는 권위주의자가 되어갔다. 지성이 분노와 지배욕으로 똘똘 뭉친 모습은 밖에서도 갑작스럽게 튀어나왔다. 일례로 그는 신전에서 토라를 읽는 랍비의 실수를 경멸스러운 듯이 지적했다.[35]

한편 프리다는 남편에게 순종하면서 평화로운 가정을 만들려고 최선을 다했다. 그녀는 항상 침착한 모습으로 남편의 시중을 들었다. 저녁 식사 때마다 식탁 머리에 음식을 놓고 조용한 어조로 접시에 어떤

---

* 유대교의 율법에 따른 음식.

음식이 어떻게 담겨 있는지 알려주어 남편이 존엄성을 지키며 식사할 수 있도록 배려했으며 뉴 헤이븐 근처에서 약속이나 볼일이 있을 때마다 남편을 데려다 주었다. 그녀는 불행한 상황에서도 항상 최선을 다했지만 조금씩 허울뿐인 모습으로 변해가는 듯했다. 다른 사람들은 그녀의 좌절감을 알아차릴 수 있었다. 자신을 찾는 남편에게 가면서 눈알을 부라린다거나, 부쩍 내성적으로 변할 때가 많았다. 말수가 적었던 그녀는 자기주장이 강한 남편 앞에서 계속 작아졌고, 남편의 분노가 폭발할 때는 의무적으로 견뎠으며 남편이 애정을 표현할 때면 움츠렸다. 날카로워진 신경을 가다듬기 위해 몇 가지 신체적 습관도 생겼다. 담배를 자주 피우고 식사를 잘 하지 않고 이따금 술을 진창 마셔대며 속에만 담아둔 화를 누그러뜨렸다. 그렇게 그녀는 겉으로 세심하고 애정 넘치는 모습을 유지할 수 있었다. 하지만 프리다는 공손한 태도를 보여주는 남성들 앞에서는 생기가 되돌아왔다. 한 예로 그녀는 이사도어의 막내 남동생을 무척 좋아했는데 그가 방문할 때마다 몇 시간씩 웃으며 이야기꽃을 피웠다. 하지만 평소에는 활기가 없고 시무룩했다. 불행한 결혼생활에 얽매인 사람의 전형적인 특징이었다.[36]

프리다 오펜바흐가 1937년에 데일 카네기를 처음 만났을 때도 이렇게 힘든 상황이었다. 그녀는 자신보다 나이가 훨씬 많은 유명 강사이자 저자인 카네기에게 매료되었다. 호감 가는 성격과 절제되고 친절한 매너, 인간관계에서 드러나는 세심함, 전국적인 유명세 등 카네기는 그녀의 남편과 정반대였다. 어쩌면 그녀가 카네기에게 빠진 것은 자기 파괴적인 성향 때문인지도 몰랐다. 어쨌든 카네기는 침울함

뿐인 일상에서 그녀를 꺼내주었다. '가장 친애하는Dearest'이라는 표현이 들어간 카네기의 편지를 읽은 그녀는 "줄곧 가라앉고 우울한 기분이었는데 당신의 편지를 읽고 피가 다시 돌기 시작하는 느낌이었어요. 혈압이 올라가고 생기가 돌아왔죠. 당신이 끼치는 힘을 병에 담아 놓고 우울증에 빠진 사람에게 이용한다면 과학적으로 위대한 업적이 탄생할 것이라고 확신해요"라고 농담 섞인 답장을 보냈다. 프리다는 카네기를 통해 자신을 자유롭게 표현하고 한결 느긋해질 수 있었으며, 일종의 환상 세계를 만들어 불행하고 구속적인 삶에서 탈출하여 행복을 찾았다.37

카네기에게도 프리다는 복잡하지만 거부할 수 없는 유혹으로 다가왔다. 그녀를 향한 그의 감정은 매우 강렬했다. 그가 6년 만인 1939년에 다시 쓰기 시작한 일기에 가장 먼저 쓴 말은 "맙소사, 지난 6년 동안 얼마나 많은 일이 일어났는지!!! F. O를 만났다"였다. 《카네기 인간관계론》으로 거둔 '엄청난' 성공이 아니라 프리다와의 만남을 제일 먼저 언급한 것이었다. 그녀에게 보내는 편지에는 항상 "가장 친애하는 프리다"라고 적었고 그녀를 위해 뉴욕 의상실에 외상거래 계정을 열었다. 물론 카네기가 그녀에게 끌린 것은 젊은 외모와 절제된 우아함 때문이기도 했다. 그도 그럴 것이 처음 만났을 때 카네기는 49세, 그녀는 27세였다. 하지만 그녀의 뛰어난 지성도 큰 매력이었다. 프리다가 대학 교육을 받았고 고전문학에 조예가 깊으며 과학 분야의 전문성을 가진 여성이라는 사실은, 별로 내세울 것 없는 학벌을 가진 시골 농장 출신 카네기에게 확실히 영향을 끼쳤다. 프리다는 사회복지사로 일하면서도 계속 미생물학을 공부했고 1936년에는 〈실험생물학의학협회 회보Proceedings of the Society for Experimental Biology and Medicine〉에 '문화 주기의 초기 단계와 독성'이라는 짧은 글을 실었다. 동물 숙주 세균 번식의 독성을 측정하는 내용이었는데 꽤 뛰어났다. 사실 그 회보는 프리다의 글을 보고 그녀가 '예일 의대 공중보건학과' 관계자일 것이라고 생각했다. 그러나 지식을 과시하지 않고 부드러운 어조로 표현하며 남성에게 색다른 태도를 보인다는 점에서 그녀는 카네기에게 위협적이 아니라 매력적으로 다가왔다. 그는 "흰쥐의 독성과 병원성의 차이를 구분하는 방법을 배우기가 어렵다"라며 농담을 하기도 했다.[38]

그러나 카네기가 프리다를 매력적으로 느낀 것에는 훨씬 복잡하고 심지어 무의식적인 이유도 작용했다. 성인기의 대부분을 개신교와 중서부 시골의 전통적 유산에 분개하며 보낸 남자에게, 도시 출신의 유대인이자 유부녀이며 여성 지식인이었던 프리다는 '타자the other' 그 자체를 상징했고 궁극적으로 '관습에 대한 도전'이자 상당히 이국적인 유혹으로 다가왔다. 그뿐만 아니라 장애를 가진 남편을 떠나지 않겠다는 프리다의 단호한 의지는 그녀가 처한 불행을 더욱 애달프게 보이도록 했다. 이사도어와 왜 이혼하지 않느냐는 질문에 "앞 못 보는 사람을 떠날 순 없어요"라는 그녀의 간결한 대답은 감수성 예민하고 사려 깊은 카네기를 사로잡았다. 카네기는 그녀에게 깊은 사랑을 쏟아부었다. 여행 중일 때도 그녀의 생일을 맞아 유쾌한 전보를 보냈다. "이곳 캐나다 로키 산맥은 지금 흥분감으로 가득해요. 여기까지 벌써 소문이 돌았거든요. 마멋*들이 휘파람을 불고 눈사태가 포효하고 무

---

* 유럽·아메리카산 다람쥣과의 설치 동물.

스들도 외치고 있네요. 모두들 이렇게 말하는군요. 생일 축하해요. 친해하는 프리다, 당신의 생일을 축하해요." 또 다른 여행에서는 알래스카로 향하는 배라고 하며 "내 몸은 배에 있지만 마음은 당신과 함께 고든가 58번지에 있을 거예요. (……) 당신도 나와 함께 알래스카에 간다면 좋겠군요"라고 했다.[39]

프리다도 카네기에게 보내는 편지에 애정을 가득 담았다. 서두에 '가장 친애하는' 또는 '나의 사랑하는 사람My Darling' 같은 말을 적었고 더 많은 시간을 함께 하고 싶은 마음을 종종 표현했다. 언젠가는 "당신이 편안하게 휴식을 취하기 바라지만 그래도 캐나다 로키 산맥이 몇천 킬로미터 더 가까이 있었으면 좋겠어요"라고 했다. 또 다른 편지에는 "당신이 있는 곳은 천국 같을 거예요. 나도 그곳에 당신과 함께 있었으면 좋겠어요"라고 적었다. 1941년 초여름에 카네기가 아버지의 죽음으로 미주리로 돌아갔을 때는 "그렇게 가까운 분을 잃었으니 얼마나 슬퍼하고 있을까요. 내가 지금 얼마나 당신 곁에 있고 싶은지는 하나님만이 아실 거예요. 나에게 주어진 책임을 잊어버리고 행동할 수 있다면 지금 당장 벨턴으로 달려가서 당신 곁에 있어줄 텐데"라고 했다.[40]

두 사람은 관계가 깊어질수록 사람들의 눈을 피해 둘만의 시간을 보내기가 쉽지 않아졌다. 그들의 만남은 다양한 형태를 띠었다. 예를 들어 프리다가 가족과 여행하는 도중에 잠깐 빠져나와 "뉴 헤이븐 집에 들를 시간은 6월 16일이나 17일에 몇 시간 혹은 하룻밤뿐이에요"라고 알렸다. 그리고 카네기는 주말에 프리다가 그의 집으로 올 수 있도록 조치했다. 그는 1939년 12월 말에 강연 때문에 토요일 아침까지 집을 비워야 하지만 "그래도 금요일에 와서 쇼핑도 좀 하고 둘러보다가 내 집에서 묵도록 해요"라는 편지를 보냈다. 또 그는 새해 전날에 오라고 강력하게 설득하기도 했다. "난로 앞에 앉아서 올해가 나가고 새해가 오는 모습을 같이 지켜봅시다."

다음 해에 카네기는 자신이 유럽 전쟁에 관해 쓴 논평 기사를 오려 내 "페기스 코브Peggy's Cove로 출발할 때만 해도 바로 옆에 있는 사람이 외교 분야의 권위자인 줄 꿈에도 몰랐겠지요"라고 적어 보냈다. 페기스 코브는 캐나다 노바스코샤Nova Scotia 남동쪽 해안의 관광지로 등대가 있는 작은 어촌 마을이었는데 얼마 전에 두 사람은 그곳을 함께 방문했다.[41]

데일과 프리다가 함께 찍은 사진에는 두 사람의 끈끈한 유대감이 잘 드러났다. 프리다는 예술적인 감각으로 사진을 위한 배경을 준비했는데, 장소는 두 사람의 자택 중 한 곳이 분명했다. 어둑한 배경을 등지고 긴 의자에 앉아 있는 그들을 타이머를 맞춰둔 카메라가 환하게 담아냈다. 사진 속 두 사람은 모두 매력적인 모습이었다. 가는 세로줄 무늬 양복을 입고 넥타이 매듭 아래로 금색 핀을 꽂은 카네기는 프리다의 가슴과 어깨에 기댄 채 약간 멋쩍은 듯하면서도 소년처럼 활짝 웃고 있었다. 밝은 파란색 드레스 차림에 짙은 색 머리카락을 뒤로 넘긴 프리다는 그에게 양팔을 두르고 뺨을 그의 머리에 기댄 채 환하게 미소 지었다. 두 사람이 사랑에 빠졌다는 사실이 잘 드러나는 사진이었다.[42]

물론 두 사람의 관계에서 가장 큰 수수께끼는 프리다의 남편, 이사도어의 태도였다. 이사도어는 프리다와 카네기의 관계를 보여주는 증

●●
1940년경 데일 카네기와 프리다 오펜바흐.

거를 초기에 발견했다. 프리다가 그에게 핸드백에서 담뱃갑을 꺼내달라고 했을 때였다. 그녀는 거기에 카네기가 보낸 연애편지가 들어 있다는 사실을 깜빡하고 말았다. 심리학자라면 그녀의 '망각'이 과연 무의식적이었는지 의문을 제기할 터였다. 편지를 눈에 가까이 대고 읽으려던 이사도어는 이내 정황을 파악했다. 그는 아내에게 해명을 요구했고 당장 관계를 끝내라고 불같이 화를 냈다. 그러나 곧 진정하고 상황을 받아들였고, 심지어 공모자가 되기를 자처했다. 실제로 카네기는 프리다와의 관계가 2년이 채 되지 않았을 때 이사도어를 만났고 오펜바흐 가족의 집을 방문했으며 그녀뿐만 아니라 이따금 이사도어에게도 편지를 보냈다. 이사도어가 그렇게 놀랍도록 순응적으로 나온 이유는 몇 가지로 추측해볼 수 있다. 어쩌면 프리다가 카네기와는 친한 친구 사이일 뿐이라고 속였을 수도 있다. 그래서 남편의 체면도 살리고 남편의 시각 장애를 이용해 계속 카네기를 몰래 만날 수 있었는지도 모른다. 또는 이사도어가 자존심을 버리고 생각을 바꿨을 수도 있다. 엄청난 유명인사인 카네기가 보여주는 관심과 예우가 그의 자만심을 채워주었을지도 모른다. 또 어쩌면 이사도어는 경제적 이유로 카네기의 존재를 받아들였을 수도 있다. 시각장애를 가진 그는 가족을 부양할 수 있을지 항상 불안했다. 카네기가 오펜바흐 집안에 계속해서 돈을 썼으므로 이사도어는 어쩔 수 없이 두 사람의 관계를 받아들였을 수도 있다. 필시 그가 아내와 카네기의 관계를 묵인한 것은 이러한 이유가 조금씩 해당될 것이다.[43]

이유가 어쨌든 카네기는 1939년 말부터는 사랑하는 여인의 남편에게도 공개적으로 존중심을 표현하기 시작했다. 12월 20일에 보낸 편지에는 굵은 글씨로 '나의 친애하는 이사도어에게'라고 적혀 있었다. "자네처럼 충격적인 운명의 화살과 맞설 수 있는 사람이라면, 언제나 자신의 운명의 주인이자 영혼의 주인이 될 수 있지. 이사도어, 자네를 알게 된 것은 내 인생에 찾아온 흔하지 않은 특권이네. 자네의 영웅적인 본보기는 나를 한층 고무시켜 주었다네." 또한 카네기는 이사도어가 얼마 전에 눈 수술을 받은 것에 대해 "약소하나마 내가 돈을 보탤 수 있도록 해주게. 아직도 자네의 목에 통나무 사슬처럼 무겁게 걸려 있을 병원비의 부담을 조금이나마 덜어줄 수 있도록 말일세"라고 덧붙였다. 그러고 나서는 교묘한 전략을 썼다. 편지를 끝맺으며 평판 좋은 보석상을 만났다는 말을 꺼내며 다음과 같이 말했다. "그가 나에게 진주 목걸이를 선물로 주더군. 프리다에게 주면 좋을 것 같네."[44]

프리다가 처음 카네기를 만난 지 약 10개월 후인 1938년 7월 8일에 뉴 헤이븐의 그레이스 병원에서 딸을 낳으며 그들의 복잡한 관계는 더욱더 복잡하게 꼬였다. 카네기는 몹시 기뻐하며 프리다의 병실에 전보를 보냈다. "오펜바흐 양, 인생이라는 열광적이고 매혹적인 사건 속으로 들어온 것을 환영합니다. 아버지의 두뇌와 인품, 어머니의 상냥함과 이루 말할 수 없는 매력, 그리고 흰쥐에 관한 지식을 닮았으면 좋겠구나. 좀 더 크면 포리스트 힐스로 와서 나와 렉스와 놀자꾸나." 얼마 후 부부가 아기에게 린다 데일 오펜바흐라는 이름을 붙이자 카네기는 기뻐서 어쩔 줄 몰랐다. "나의 친애하는 데일 오펜바흐에게. 내 이름을 딴 여자아이는 세상에 네가 유일하단다. 정말 영광이구나"라고 썼다. 그는 아이가 멋진 인생을 살기를 기원하며 나중에 "가슴 미어지는 경험을 통해 직접 배운 삶의 진리"를 가르쳐주고 싶다고 했다. 또한 카네기는 아이가 엄마를 닮아 분명히 똑똑할 테고 가우처 대학에 들어가고 싶어 할 것이라며 "뉴욕의 바워리 저축은행에 너를 위해 저축 계좌를 만들 생각이란다"라면서 "사랑을 담아, 데일이 데일에게"라고 서명했다.[45]

카네기는 자신이 아이의 아버지라고 확신했는데 이는 이후 몇 년 동안 이어진 기이한 상황에서도 나타났다. 그는 전국으로 강연을 다닐 때마다 "나의 친애하는 동명인에게"라며 아이에게 수많은 편지를 보냈고 돈과 선물, 관심을 쏟아부었다. 아이의 생일에는 수표를 보내면서 ("나는 금요일 밤에 배우 조지 제셀George Jessel과 '비탈리스 프로그램Vitalis Program'에 사회자로 출연할 거란다") 자신의 라디오 출연을 알렸다. 부모의 집 근처 공장에서 구입한 '어린 여자아이들을 위한 변

••
오펜바흐 가족의 집에서, 친딸이라고 믿었던 소녀 린다 오펜바흐와 데일 카네기.

장 놀이옷'도 소포로 잔뜩 보냈다. 그는 '아이가 인형에 데일 삼촌이라고 이름 붙인 사실'을 듣고 매우 기뻐하기도 했다. 그는 아이의 말 실력이 급격히 늘자 "이렇게 발전하다니 기쁘구나. 이제는 분명하게 말할 수 있고 완전한 문장을 사용할 수 있게 되었어"라고 했다. 그는 아이가 벌써 '선한 본성'과 프랑스인들이 말하는 '삶의 기쁨la joie de vivre'을 보인다며 기뻐했다. 카네기는 아이의 사진을 더 많이 받아보고 싶다며 '컬러 사진'을 더 보내달라고 부탁했고 아이가 좀 더 크면 "네 엄마와 내가 1940년 뉴욕 세계박람회 코닥 전시회에서 즐겁게 본 사진들을 전부 볼 수 있도록 영사기와 스크린을 사주겠다"고 약속했다.[46]

여기서 중요한 사실은 카네기가 오랜 세월 동안 오펜바흐 부부와 서신을 주고받는 동안 린다의 아버지를 언급할 때마다 미묘한 단어를 사용했다는 점이다. 그는 이사도어를 가리켜 '아빠dad, pater', '부모parent', '어버이progenitor' 같은 다양한 명칭으로 표현했다. 하지만 생물학적인 친부의 느낌을 풍기는 아버지father라는 명칭의 사용에는 신중한 모습을 보였다. 모호한 단어 선택은 이사도어는 물론이고 자신에게도 해당되었다. 한 예로 카네기는 아이가 걷기 시작할 무렵인 1939년 7월 8일에 "린다 데일, 하나님은 자비롭게도 너에게 이사도어와 프리다를 어버이로 내려주셨구나. 네가 아버지의 머리와 인품, 어머니의 매력을 닮은 아이로 자라나기를 바란다"라고 썼다. 오랜 세월이 지났을 때 보낸 편지도 마찬가지였다. 카네기는 세상을 떠나기 몇 달 전 10대 청소년으로 자라난 린다에게 보낸 마지막 편지의 끝에 평소처럼 '데일 삼촌'이라고 적지 않았다. 삼촌이라는 단어에 따옴표를 넣어 데일 "삼촌"이라고 했다. 그것은 그가 린다 데일이 자신의 핏줄이라는 믿음을 미묘하게 드러낸 마지막 신호였을 것이다.[47]

린다 데일의 친부가 누구인가 하는 문제는 그 누구도 직접 드러낸 적이 없기에 명확하지 않다. 프리다와 이사도어는 고의적으로 또는 모호하게 딸의 인생에 계속 카네기를 끌어들였다. 딸의 중간 이름을 '데일'로 지은 것도 모자라 공식적으로 카네기를 딸의 대부로 지정하기까지 했다. 이것은 유대인 집안에서는 매우 찾아보기 어려운 관례였다. 카네기는 카네기대로 린다에게 선물과 장난감, 옷을 보내고 몇 년 동안 자신의 집에 정기적으로 방문하게 하는 한편, 린다를 위해 신탁기금까지 만들었다. 아무도 입 밖으로 내지 않았지만 가장 큰 마음의 짐을 짊어진 사람은 당연히 린다였을 것이다. 린다는 사춘기에 접어들면서 자신이 처한 특이한 상황에 의문과 호기심과 가졌고 이따금 엄마에게 데일 삼촌과 자신의 가족, 자신의 관계에 대해 예리한 질문을 던지기도 했다. 그러나 프리다는 직접적인 대답을 피했고 끝까지 솔직하게 말해주지 않았다. 오랜 세월이 지나 성인이 된 린다가 가정을 꾸렸을 때, 성미 고약한 노인이 된 이사도어는 딸에게 다음과 같이 쓴 편지를 보냈다. "내가 친아버지가 아니라고 생각한다는 것, 나도 안다. 네가 잉태된 날 밤의 이야기를 해주마." 당시 아버지와 소원한 관계였던 린다는 큰 충격에 편지를 구겨서 읽지 않은 채로 쓰레기통에 던졌다. 진실은 결국 밝혀지지 않았다.[48]

그러나 카네기의 인생에서 린다의 친부 문제는 사실상 핵심을 벗어난 것이었다. 그는 자신이 린다의 아버지라고 굳게 믿었다. 프리다가 절대로 이사도어를 떠나지 않을 것임을 알면서도 린다가 두 사람의 아이라고 믿었기에 아이의 엄마와 애정 관계를 유지했으며 물질적으로나 정서적으로 최선을 다해 아이를 지원했다. 겉으로는 오펜바흐 가족에게 '데일 삼촌'으로 남으면서 프리다에게 계속 연애편지를 썼고, 이따금 그녀의 남편을 가리켜 '58번가의 교주'라고 불렀다. 이따금 프리다와 이사도어에게 보내는 편지에서 자신이 사랑하는 진짜 대상이 누구인지 슬쩍 흘리기도 했다. "오늘 뉴욕으로 돌아가네. 크리스마스에 두 사람을 만났으면 좋겠군. 아, 내가 지금 '두 사람'이라고 했나? '세 사람' 모두 말이야." 그러나 진실을 가장 잘 드러내 주는 대목은 카네기가 린다에게 보내는 편지마다 습관적으로 "내가 보내는 편지를 엄마가 전부 모아두고 있니?"라는 물음으로 끝맺었다는 점이다. "린다, 지금은 이 편지가 별로겠지만, 만약 엄마가 너를 위해 전부 모아둔다면, 1975년에는 이 편지들이 소중해질 거다." 카네기는 언젠가

린다가 두 사람의 진짜 관계를 이해해주기를 바랐다.[49]

　이처럼 1940년 즈음에 이르러 데일 카네기의 인생에는 커다란 획이 그어졌다. 그의 베스트셀러에 담긴 성공 철학이 미국 현대 문화의 중요한 가치체계 속으로 흘러들어 갔고 그에게 수백만 달러와 함께 유명인사라는 지위를 안겨주었다. 하지만 명성은 열렬한 찬사와 무거운 중압감을 동시에 가져왔다. 카네기는 대중에게 성공의 아이콘으로 비쳤지만 그 이면에는 불안감이 자리했다. 또한 부모, 특히 어머니의 죽음으로 카네기의 인생에서 또 하나의 막이 내려갔다. 슬픔에 잠긴 카네기는 자신의 유년 시절에 부모가 보여준 희생에 감사했고 부모의 종교적 믿음이 주었던 안정감을 그리워했다. 그리고 동시에 엄격한 개신교 전통에서 완전히 해방되었다는 사실에 미묘하게 안도하기도 했다.

　마지막으로 카네기는 유부녀와 사랑에 빠졌고 그 관계에 엄청난 관심과 마음을 쏟았다. 그녀의 남편과도 우정을 유지하고 자신의 핏줄이라고 믿은 아이에게 깊은 애정을 느꼈다. 청소년기 이후 성공으로 가는 길을 찾았던 카네기는 마침내 성공의 정점에 우뚝 섰다. 그러나 시대와 장소를 막론하고 성공한 사람이라면 으레 그러하듯이, 카네기 또한 성공에는 행복과 함께 익숙하지 않은 곤경도 따라온다는 사실을 깨달았다.

Self-help Messiah

| 14장 |

좋아하는 일을 찾아라

1940년대 초에 이르러 데일 카네기는 미국 문화의 대표적인 존재로 우뚝 섰다. 〈아메리칸 머큐리〉는 "카네기는 베니 굿맨Benny Goodman, 듀크 엘링턴Duke Ellington 같은 예술가처럼 카네기 홀에서 마술을 선보였다"면서 그를 '미국 문화의 중심인물'이라고 칭했다. 〈콜리어〉는 카네기의 엄청난 대중적 매력을 언급하며 "지난 몇 년 동안 그의 성격은 삼투 현상처럼 뻗어 나가 그에게 사회 운동가의 열정과 노상강도의 허세를 가져다줄 정도가 되었다. (……) 이 두 가지 특징과 명백한 사실에 대한 놀라운 이해력까지 더해져서 카네기는 메시지를 가진 인물이 되었다"라고 결론지었다. 한편 〈룩〉은 1940년대 중반에 그를 호의적으로 바라보며 해리 S. 트루먼 대통령에 비교했다. 두 사람이 미주리 서부 출신에 외모도 비슷하며 콧소리 섞인 낮은 중서부 억양도 닮았다고 했다. 더욱 중요하게는 태도와 품행이 비슷하다고 했다. 〈룩〉은 미국인들이 트루먼 대통령에 대해 "'평범한 미국인'처럼 보이고 행동한다고 말하는데 데일 카네기도 그렇다"라고 평했다.[1]

점점 커지는 명성은 카네기가 전국 도시를 다닐 때마다 그를 기다렸다. 지역 신문들은 '유명한 성격 심리학자' 또는 '유명한 비즈니스 심리학자'라는 찬사를 보냈다. 캔자스시티의 청년회의소The Junior Chamber of Commerce는 '아이디어를 파는 방법'이라는 카네기의 강연을 앞두고 신문에 전면 광고를 게재했다. 그 광고는 카네기를 "저자, 라디오 진행자, 신문 칼럼니스트, 최고의 강연가, 활기차고 유쾌한 목소리, 매우 호감 가는 매너" 같은 말로 묘사했다. 카네기의 강의와 저작물은 이미 광범위한 관객층을 형성했고 "그의 업적이 대중에 얼마나 엄청난 영향력을 끼쳤는지 입증해주는 편지가 수천 통씩 쏟아졌다."[2]

1940년대 초반에 카네기의 인기는 절정에 달했고 공적인 지위 역시 올라갔다. 그는 루스벨트 대통령에게 편지를 보내 1940년 대선의 새로운 부통령 후보로 미주리 주지사 로이드 C. 스타크Lloyd C. Stark를 추천했다. 시민은 카네기의 이미지에 경외심을 가졌다. 그가 재킷을 사려고 로스앤젤레스의 상점에 들렀을 때 그를 알아본 직원이 한사코 '명예의 전당'이라는 특별 탈의실로 안내해주겠다고 했다. 또한 직원은 영화배우 스펜서 트레이시, 클라크 게이블, 메리 픽퍼드, 더글러스 페어뱅크스 등 유명인들의 사인이 담긴 벽에 카네기도 사인해달라고 부탁했다.[3]

카네기는 할리우드 영화계에도 진출했다. 인기 코미디 영화〈지그스와 메리Jiggs and Maggie in Society〉에 본인 역으로 출연한 것이다. 장기 연재된 인기 만화〈아버지 교육시키기Bringing Up Father〉를 원작으로 한 인기 영화 시리즈인데, 맨해튼의 상류사회에 적응하려고 애쓰는 매기와 여전히 노동자 계급 친구들과 선술집에서 어울리기 좋아하는 남

••
1947년에 출연한 영화 〈지그스와 메리〉에서 지그스에게 자신의 강좌를 들으라고 설득하는 데일 카네기.

편 지그스의 이야기였다. 카네기는 매기가 고집스러운 남편을 교육하려고 고용한 강사로 몇 장면에 등장했다.4

그런가 하면 20세기 폭스가 내놓은 월터 랭Walter Lang 감독의 로맨틱 코미디 영화 〈매그니피센트 도프The Magnificent Dope〉에서는 풍자 대상이 되기도 했다. 그 영화에는 카네기의 성공 법칙을 조롱하는 장면이 나왔다. 돈 아메체Don Ameche가 연기한 주인공은 카네기와 비슷한 일을 하는데, 미국 최고의 실패자를 선발하는 대회를 열어서 우승자를 자신의 인간관계 기술로 개선시키는 사업체를 운영한다. 헨리 폰다Henry Fonda가 그 대회의 우승자 역을 맡았다. 고집 센 시골뜨기인

14장 좋아하는 일을 찾아라 • 423

뮤추얼 네트워크(Mutual Network)에서 1943~1944년에 방송된 라디오 쇼 '흥미로운 사람들(Interesting People)'을 진행하는 데일 카네기.

그는 뉴욕에서 카네기 강좌를 듣고 놀라운 발전을 보이며 전국적인 주목을 받지만 이내 성공에 따르는 압박감에 반기를 든다. 일련의 코믹하고 로맨틱한 사건이 이어지면서 폰다는 아메체의 애인과 도망치고 휴식 기법을 가르치는 강사가 된다.[5]

카네기의 대중적인 인기를 증명해준 또 다른 사건도 있었다. 미국 중산층 사회의 오랜 문화 관습인 시어스 로벅 카탈로그*가 카네기 열풍에 합류한 것이었다. 연간 발행되는 시어스 로벅 카탈로그는 소비

---

* 백화점 체인 시어스가 우편주문을 위해 발행한 방대한 분량의 카탈로그로 '소비자들의 바이블'이라고 불릴 정도로 인기를 끌었다.

자들에게 '리더십을 준비하라, 올바른 옷을 입어라'는 새로운 문구를 선보였다. 자사 제품인 '스톤턴 양복Staunton Suit'이 성공에 가장 잘 어울리는 옷이라고 홍보했다. 세련되면서도 과하지 않은 울로 된 양복 세트는 카네기가 내세우는 자신감 있는 성격과 타인을 배려하는 태도에 잘 어울렸다. 시어스는 성공을 원하는 사람이 스톤턴 양복을 입으면 "더 많은 친구를 사귀고 더 많은 사람에게 영향력을 끼칠 수 있을 것"이라고 했다.6

그러나 나날이 명성과 영향력이 커지는 가운데, 전혀 예상치 못한 사건이 터졌다. 카네기 강좌가 재정적으로 거의 무너질 위기에 처한 것이었다. 카네기 강좌는 언제나 그의 중추적인 사업이었고 그가 이따금 저술활동을 하는 와중에도 지난 몇십 년 동안 가장 우선적으로 헌신한 일이기도 했다. 하지만 데일카네기연구소Dale Carnegie Institute는 잘못된 경영관리로 무너지기 일보 직전이었다. 카네기가 신뢰할 수 있는 직원들에게 사업체를 맡기고 각종 강연과 강의로 바쁘게 전국을 돌아다니는 동안, 자만에 빠진 뉴욕의 매니저가 주체할 수 없을 만큼 막대한 비용을 써대고 있었다. 할 말을 잃은 카네기는 사업체를 살리겠다는 절박한 심정으로 뉴욕에 돌아갔다.

북동부 도시에 사는 안목 있는 사람들이 좋아하는 잡지 〈뉴요커〉는 현대인의 생활을 여유롭고 장황하고 종종 우스꽝스럽게 보여주기로 유명했다. 〈뉴요커〉는 이따금 대중문화계의 파문에도 관심을 쏟았는데, 특히 은밀하게 조롱하기 좋은 기행奇行이나 체면을 무너뜨릴 만큼 위협적인 사건을 다루었다. 〈뉴요커〉에 정기적으로 기고하는 잭

14장 좋아하는 일을 찾아라 • 425

알렉산더Jack Alexander가 1937년 말에 데일 카네기 열풍을 살펴본 것도 그 두 가지 동기가 모두 작용했다. 그는 카네기의 책보다 대중연설 강좌에 초점을 맞추었다. "데일 카네기는 그 유명한 책을 쓰기 훨씬 전부터 세계에서 가장 성공한 대중연설 강사 중 한 명이었다"라며 그 이유를 알아보기로 한 것이었다.[7]

알렉산더는 이스트 42번가에 있는 데일카네기연구소에 처음 도착했을 때의 소감을 "그동안 흔히 봤던 여느 바쁜 사업체와 다르지 않았다"고 표현했다. 그는 "넬슨 소장에게로 안내되었고 소장은 곧바로 책상에 놓인 체코 카를스바트Carlsbad와 스웨덴 스톡홀름Stockholm에서 온 편지를 보여주었다. 카네기의 책이 언제 번역되어 나올지 문의하는 편지였다." 넬슨 소장은 미국에서나 해외에서나 카네기 강좌의 수요가 급격히 치솟아 강사들을 교육하기 위해 바쁘게 움직이고 있다고 설명했다. 하지만 쉬운 일이 아니었다. 대학에서는 자격증이나 출판물만 보고 강사를 채용하지만 카네기연구소에서는 감정 교육 전문가를 찾아야만 하기 때문이다. 게다가 대중연설 강사는 수강생의 전인적인 계발을 도와주어야 한다. 다시 말해서 강사는 모든 수강생이 두려움을 마주하고 이겨내도록 도울 준비가 되어야 한다. 카네기가 책에 쓴 것처럼 수강생들은 "중요한 사람이라고 느끼고 싶은 욕구 때문에 새롭고 잠재적인 성격을 계발하고자 적극 나섰다"라고 알렉산더는 적었다. 그는 기사에서 미묘한 혐오감을 드러내면서 카네기의 강좌가 정말 효과적인지 직접 등록해서 알아보기로 했다.[8]

알렉산더가 〈뉴요커〉에 실은 기사의 제목은 '초록색 연필'이었다. 카네기 강좌의 강사가 입문자를 위한 강의에서 소개한 "은색 종이로

포장한 작은 직사각형 상자에 들어 있는" 상에서 따온 제목이었다. 강사의 설명에 따르면 상자 안에 든 것은 '데일 카네기 강좌, 최고의 연설 1등 상'이라고 적힌 초록색 샤프연필이었다. 수업마다 가장 인상적인 연설을 보여준 사람을 학생들이 직접 투표로 결정해서 상을 수여했다. 알렉산더는 기사에 이렇게 적었다. "강사가 열띤 목소리로 설명했다. '여러분은 처음 이 샤프연필을 받고 집으로 돌아간 날, 데일 카네기가 책에서 말한 것처럼 아내를 깨워 보여줄 것입니다. 여러분이 나와 같은 기분이라면 길거리에서 지나가는 사람을 붙잡고 제가 무슨 상을 탔는지 보라고 하겠죠.'"9

알렉산더는 그 하찮은 상에 부여된 중요성이야말로 카네기 강좌가 정식 교육을 받지 못한 후줄근하고 자신감 부족한 사람들을 끌어당기는 매력이라고 말했다. 자신감과 사회적 지위 상승을 갈망하며 강의실 앞으로 나가 더듬거리면서 겨우 몇 마디 하는 사람들을 말이다. 저조한 판매실적에 초조해하는 스포츠의류 세일즈맨은 "저……, 오늘 저도 도움을 받을 수 있는지 알아보러 왔습니다"라고 했다. 브루클린에서 채소를 판다는 '땅딸막한 남자'는 고객들에게 강렬한 인상을 주고 싶다고 했다. 그는 "여기에서 짧게나마 연설할 수 있다면 아마……, 아마도……, 저는……"이라며 말꼬리를 흐렸다. '홀쩍거리며 말하는 중년 여성'도 있었다. 그녀는 은행 대출을 신청했다가 거절당했는데 "데일 카네기가 3000달러를 빌릴 방법을 가르쳐줄 수 있을지" 알고 싶어 강좌에 등록했다. 인디애나에서 온 엄청난 '뚱보 남성'은 몇 년 전부터 끔찍한 '열등감'에 시달렸지만 "데일 카네기의 소문을 듣고 '그 사람한테 방법이 있을지 모른다'는 생각이 들어서 이렇게 등록했습니다"라고 했다. 장황하고 두서없고 불안한 사람들의 고백에 강사의 강력한 권고가 이어졌다. "데일 카네기 강좌는 대중연설을 가르쳐줄 뿐만 아니라 다른 방면에서 사람들을 개선시킵니다. (……) 정신적인 자극을 받게 하지요. 대중연설은 자기 자신을 세일즈하는 것입니다." '당신이 제안하는 것을 상대방이 기꺼이 하도록 만드는' 방법을 가르쳐준다는 카네기 강좌는 알렉산더가 보기에 절박하고 약간 아둔한 사람들을 겨냥한 것으로밖에 보이지 않았다.[10]

이처럼 〈뉴요커〉 기사는 비난과 조롱으로 가득했지만 그래도 근본적인 진실 하나를 포착했다. 바로 데일 카네기 강좌가 설립자 카네기의 엔진이며 1930년대 후반에 전속력으로 가동되고 있다는 점이었다. 문제 극복과 성공에의 열망을 가진 평범한 사람들이 대거로 몰려와서 등록했다. 1910년대에 처음 개설되었을 때만 해도 카네기 강좌는 몇몇 동료와 초청 강사들의 도움으로 운영되는 구조였다. 하지만 이제 카네기는 복잡한 구조를 갖춘 조직으로 키워나가기 시작했다. 수강생 수가 계속 증가하는 데다 베스트셀러의 인기로 넉넉한 자금이 확보되자 카네기는 강사진을 늘리고 강좌 규모를 확장할 수 있었다.

그는 1935년에 사업체 명칭을 카네기 대중연설 및 인간관계 연구소 Carnegie Institute of Effective Speaking and Human Relations로 바꾸었다. 《카네기 인간관계론》의 엄청난 성공 이후에는 앤드루 카네기와 연관된 사업체로 혼돈되지 않도록 '데일'도 붙였다. 〈뉴요커〉는 "친구 얻기 운동은 카네기가 감당할 수 없을 정도로 빠르게 확산되었다. 그는 경영관리 업무를 수행하느라 직접 수강생들을 가르치는 것은 포기해야만 했다"라고 보도했다. 하지만 마지막 문장은 전적인 사실이 아니었다. 비록 사업체의 성장으로 업무가 늘어났지만 카네기는 강의를 절대로 포기하지 않았다. 여전히 기회가 닿을 때마다 직접 수업을 진행했다. 절친한 친구 호머 크로이가 언급한 것처럼 "책의 성공은 카네기에게 큰 의미가 아니다. 개인적으로 그는 운이 좋았기 때문이라고 여긴다. 그의 진정한 관심사는 강좌였다."[11]

카네기의 강좌는 또 다른 변화도 겪었다. 《카네기 인간관계론》에서 다룬 성공 전략이 대중연설을 뛰어넘는 폭넓은 주제였기 때문에 강좌 이름을 '데일 카네기 리더십 강좌The Dale Carnegie Leadership Course'로 바꾸었다. 한 저널리스트는 카네기 강좌의 성공 철학에 대해 "자리에서 일어나 감동적인 연설을 할 수 있다면 입을 꾹 다문 채 앉아 있는 것보다 훨씬 빨리 앞서 갈 수 있다"라고 설명했다. 또한 카네기는 개인 사업자들에게 스폰서 자격을 부여하는 방법으로 전국적으로 규모를 넓혀나갔다. 카네기 강좌를 성공적으로 수료한 강사라면 어느 지역에서든 데일 카네기 강좌를 개설할 수 있었다. 개인 스폰서들은 설명회는 물론이고 직접 판매 전략을 짜서 수강생들을 모집할 수 있었다.[12]

이러한 변화와 함께 카네기 강좌는 나날이 번창했다. 호머 크로이는 뉴욕의 강좌에 참석한 후 〈에스콰이어〉에 장문의 기사를 썼다. 뉴욕에 대중연설 강좌를 제공하는 22개 대학이 있지만 카네기 강좌는 그것들을 전부 합친 것보다 더 많은 수강생을 확보하고 있다고 했다. 또한 크로이는 카네기의 강좌를 가리켜 '기계 같은 정확함으로 학생들을 다루는 성공 공장'이라고 표현했다. 그런가 하면 또 다른 기사에서는 '두려움 극복', '용기 증진', '편안함과 자신감 얻기', '외모 개선',

'성격계발'을 비롯해 카네기 강좌에서 제공하는 수업 목록을 소개하며 강사가 모든 학생에게 '열렬하고 굉장한 연설'을 하게끔 격려한다는 내용이 실렸다. 학생들은 변호사 시험, 닭 부화, 홍수 구조물자, 생명보험, 원양어업, 사진, 투자은행 업무, 목사와의 독대, 매독의 문제점을 비롯해 다양한 주제로 연설했으며 맨 마지막 주제가 나오자 강사가 고개를 숙이며 "맙소사"라고 속삭였다고 했다.[13]

또한 카네기연구소는 처음으로 특별 세일즈 강좌를 개설했다. 몇 년 동안 전국에서 세일즈맨을 위한 강좌를 만들어달라는 요청이 꾸준히 빗발쳤다. 마침내 카네기는 1939년에 그 요청을 수락했다. 그는 애비 코넬, 동료 강사들과 도시마다 옮겨 다니면서 진행하는 인간관계 기술과 세일즈 기술을 합친 5일짜리 강좌를 개설했다. "월요일 밤에 강좌가 시작된다. 내가 한 시간 동안 《카네기 인간관계론》에 대해 강의하고 다음 날은 동료 강사들이 한 시간 동안 세일즈 강의를 한다. 그다음 날은 또 내가 한 시간 동안 인간관계에 대해 강의하고 나머지 한 시간에는 세일즈 강의가 이루어진다. 이렇게 월요일부터 금요일까지 강의가 이어지고 다음 도시로 옮겨간다"라고 카네기는 설명했다.[14]

이처럼 카네기 강좌는 카네기가 꿈꿔온 모습 그대로였다. 대중적인 인기와 영향력, 수익성을 갖춘 데다 인간관계 기술을 전파하기에 효과적이었다. 하지만 카네기는 엄청난 충격을 받았다. 1941년에 사업체가 제대로 굴러가고 있지 않음을 알게 된 것이었다. 사실 카네기연구소는 재정 악화로 쓰러지기 일보 직전이었다. "나는 꽤 많은 돈을 벌고 있었다. 여전히 인세가 쏟아지는 데다 전국의 스폰서들을 통해 올리는 수익도 꾸준했다. 세일즈 강좌의 수익도 괜찮았다. 그런데 뉴욕 매니저는 계속 경비가 부족하다고 했다. 도대체 무슨 경비가 더 필요하단 말인가? 알고 보니 그는 '보조의 보조의 보조'를 고용하는 식으로 회사를 운영하고 있었다. 뉴욕으로 돌아가 보니 회사가 거의 파산 직전이었다"라고 카네기는 회고했다. 뉴욕으로 돌아온 카네기는 며칠 동안 애비 코넬과 함께 샅샅이 장부를 살폈다. 몇 명의 직원만 있으면 되는 뉴욕 본사에 직원이 무려 37명까지 늘어나 '문어발식 구조'를 이루었고 출판과 배급 업무를 담당하는 직원도 10명이나 된다는 사실이 드러났다. 이렇게 지나치게 느슨한 운영이 수익을 전부 갉아먹고 있었다.[15]

하지만 그런 위기가 닥친 데는 카네기의 책임도 있었다. 그는 강좌 확장과 책 판매로 올린 수익으로 뉴욕에 빌딩을 구입했고 냉난방 장치를 설치하고 강의실을 꾸미느라 많은 돈을 썼다. 그리고 지출을 메우고자 광고와 홍보에 더 많은 돈을 투자했다. 무리한 확장이라는 전형적인 실수를 저지른 데다 새 빌딩을 유지하는 비용도 계속 빠져나갔다. 한 직원에 따르면 "그 많은 돈이 전부 사라지고 파산 직전에 이르렀을 때 나는 이사회에 있었는데 투표 결과 빌딩을 포기하기로 결정 났다"라고 말했다. 몇 년 후 카네기는 당시 상황에 대해 그저 에둘러 표현했다.

동전 한 푼도 수익을 내지 못하고 내 손에서 30만 달러가 빠져나갔다. (……) 성인 대상 강좌를 제공하는 대규모 사업체를 설립해 여러 도시에 지사를 두었고 운영과 광고에 돈을 헤프게 썼다. 나는 강의 때문에 정신없이 바빠서 재정 문제에 신경 쓸 시간도 기력도 없었다. 경비 문제를 철

저하게 관리해줄 매니저를 구하면 되었는데, 순진하게도 그런 생각조차 하지 못했다.[16]

문제의 원인이 무엇이든 카네기는 과감한 조치를 취하기로 결정했다. 그는 뉴욕 본사의 매니저에게 전 직원을 내보내라고 했다. 이제부터 집에서 직접 업무를 보기로 했다. 출판물은 지하실에 보관하고 카네기가 직접 코넬, 조카 조세핀과 함께 경영관리 업무를 담당했다. 그렇게 과감한 조치 덕분에 엄청난 비용이 절감되었고 카네기연구소는 조금씩 안정을 되찾았다. 3년 동안 그렇게 운영하니 재정 상태가 회복되었고 카네기는 다시 조심스럽게 확장 계획을 세웠다.[17]

카네기는 1944년 10월 1일에 데일카네기강좌주식회사Dale Carnegie Courses, Inc.라는 이름으로 사업체의 구조를 확고히 다졌다. 이제 전국의 스폰서들은 합법적인 자격을 갖춘 체인점으로 카네기의 책임하에 놓였다. 다음 해 카네기는 모든 사업 활동을 총괄하는 모회사인 데일카네기앤드어소시에이츠 주식회사Dale Carnegie and Associates, Inc.를 설립했다. 그 자신이 사장으로 있는 비공개 주식회사였다. 처음으로 인쇄물을 담당하는 배송센터를 열었고 1945년에는 세일즈 회의와 '강사 재교육 연수'를 겸한 첫 전국 컨벤션을 개최했다.[18]

이러한 합병 과정은 1940년대 내내 계속되었다. 카네기는 1947년에 데일 카네기 강좌의 강사 교육을 위한 자체 매뉴얼을 처음 발행했다. 또한 스폰서 연결망을 계속 확장한 덕분에 1948년 무렵에는 168개 도시에 공인 스폰서들이 생겨났고 해마다 강좌에 등록하는 1만 6000명에 대하여 1인당 수익금을 받았다. 또한 수업 종류도 15과목에서

21과목으로 늘렸는데 그 과정에서 퍼시 휘팅이 핵심 역할을 담당했다. 잭 알렉산더는 〈뉴요커〉에 쓴 기사에서 휘팅에 대하여 다음과 같이 묘사했다. "첫인상은 가벼운 미소에 다소 과격한 아버지 같은 느낌을 주는 말쑥한 차림의 백발 남성이지만 곧바로 쾌활하고 겸손하며 열정적인 모습을 보여주었다." 휘팅이 쓴 《판매의 5가지 원칙The Five Great Rules of Selling》(1947년)은 50년 간 세일즈 수업 교과서로 사용되었다. 그 밖에 프랭크 베트거, 리처드 C. 보든, 찰스 드와이어 등 오랜 협력자들은 계속 강사진으로 남았고 회사가 전국적인 체제를 갖춘 후에는 브릭 브리켈Brick Brickell, 아서 시코드Arthur Secord, 스튜어트 맥클레란Stewart McClellan, 팻 에번스Pat Evans, 해리 햄Harry Ham, 웨스 웨스트롬Wes Westrom, 오먼드 드레이크Ormand Drake 같은 강사들이 30년 동안 대들보 역할을 했다.[19]

카네기 강좌가 전국으로 확장되어 관료주의 조직 형태를 갖춘 후에도 여전히 그 활기와 초점은 데일 카네기에게서 나왔다. 카네기는 30년 전에 시작한 교육 사업을 소중하게 여겼고 사실상 자신의 정체성의 핵심으로 만들었다. 정기적으로 전국 지사를 돌아다니며 수업을 참관했고 강사들에게 조언했으며 자신이 깊이 신뢰하는 원칙을 효과적으로 가르칠 수 있는 높은 수준을 유지하려고 애썼다. 카네기가 그 과정에서 사람들에게 끼친 영향은 쉽게 지워지지 않았다.

데일 카네기는 기자들과 인터뷰할 때 수강생들을 가르치면서 겪은 일화를 들려주는 것을 좋아했다. "이 강좌의 단점은 앞으로 대중연설을 들을 때마다 연설자의 실력이 형편없다고 느낀다는 겁니다"라며 자신만만한 한마디를 전했다. 언젠가 그는 한 젊은이가 사람들 앞에서 말해야 한다는 사실에 두려움을 느낀 나머지 기절한 일화를 들려주었다. 그 젊은이가 쓰러지기 직전에 카네기가 그의 축 처진 몸을 붙잡고 수강생들에게 선언했다. "오늘부터 한 달 후 이 사람은 이 연단에 서서 연설할 것입니다!" 그 수강생은 정말로 그렇게 했다. 새로 취임한 대기업 사장이 주주들에게 연설해야 하는 두려움에 자신을 찾아온 이야기도 들려주었다. 그는 카네기에게 두려움을 없애줄 수만 있다면 재산의 절반을 주겠다고 했다. 카네기는 그 사장이 몇 주 후 4000명 앞에서 성공적으로 연설을 끝마쳤다고 의기양양하게 말했다. 정말로 재산의 절반을 달라고 했느냐는 질문에는 웃으며 "무덤에 들어갈 때까지 궁금할 겁니다"라고 답했다.[20]

카네기는 〈유어 라이프〉와의 긴 인터뷰에서는 월스트리트의 유명 중개인이 강좌에 등록했지만 겁에 질린 나머지 첫 수업에서 도망친 이야기를 들려주었다. 하지만 얼마 후 정기적으로 연설해야만 하는 대사직을 수락한 그는 다시 위축된 얼굴로 나타났다. 머지않아 그는 수업 시간에 수강생들 앞에서 멋지게 연설했고 대중연설에 푹 빠져버렸다. 어느 일요일 아침에는 아내를 깨워 그날 뉴욕에 연설할 만한 데가 있는지 물었다. 브루클린의 퀘이커교 예배당에서는 누구나 말할 수 있다는 사실을 알고는 그곳을 찾았고 전쟁을 막는 방법에 대해 연설했다. 또 대중연설을 겁내 하던 기업체 대표가 있었다. 그런데 어느 날 평소 소심한 성격이었던 회계사가 고개를 꼿꼿이 들고 자신감 넘치는 얼굴로 우렁차게 아침 인사를 건네는 것이었다. "무슨 좋은 일이라도 있나?"라는 대표의 질문에 회계사는 카네기 강좌를 수료했다고 대답했다. 대표도 바로 강좌에 등록했다. 카네기에 따르면 4개월 후 "그는 수많은 회의에서 연설했는데도 절대로 지치지 않았다. 3분 동안 말하라고 하면 9분 동안 말했다. 회장이 그만하라고 하지 않으면 90분이라도 말할 기세였다."[21]

수강생을 가르치는 카네기의 실력은 전설이 되었다. 《카네기 인간관계론》이 막대한 성공을 거두었고 수년 동안 카네기 강좌의 수많은 강사는 설립자의 엄청난 영향력을 직접 목격했다. 특히 카네기는 세세한 것까지 주의를 기울이기로 유명했다. 앨라배마 주 버밍엄 Birmingham의 강사는 수업 시작하기 몇 분 전에 강의실에 들어갔을 때 해당 지역을 방문 중이던 카네기가 테이블에 앉아 있는 모습을 보고 깜짝 놀랐다. 젊은 강사는 초조해하며 카네기에게 괜찮은지 물었다. 그에 따르면 카네기는 "강의실이 어떻게 꾸며졌는지 확인하러 왔다가 잠시 쉬고 있는 것"이라고 대답했다. 그 강사는 "회사의 대표인데도 그렇게 작은 부분까지 일일이 확인했던 것이다"라고 회고했다. 또한 카네기에게는 풍부한 경험에서 우러나오는 지혜가 있었다. 언젠가 그는 자기 차례가 되어 말하던 젊은 여성이 두려움 때문에 저절로 고개가 내려가고 목소리가 들리지도 않을 정도로 작아져 힘들어하는 모습을 보았다. 카네기는 조용히 교실 앞으로 걸어가 강사더러 옆으로 물러나라고 하고 여성을 중지시키더니 의자 두 개를 가까이 마주 보게 놓았다. 여성과 마주 보고 앉은 카네기는 진심이 우러난 모습으로 그녀가 하려던 연설의 주제를 물었다. 그녀는 조금씩 긴장이 풀렸고 자신감이 생겨 활기차게 말하기 시작했고 '2분 연설'을 성공했다.[22]

학생들이 두려움을 이겨내도록 도와주는 카네기의 탁월한 능력은

••
마이크 앞에서 긴장하는
학생에게 힘을 실어주는
데일 카네기.

보는 사람마다 감탄을 자아내게 했다. 그는 오랜 경험으로 터득한 다양한 기술을 기꺼이 나눠주었다. 참관 수업 중에 소심한 수강생을 목격한 카네기는 그와 함께 사탕 가게로 뛰어가자고 했다. 두 사람은 강의실 안에서 깡충깡충 뛰었다. 트위드 양복 차림의 대표가 즐겁게 뛰는 모습에 강의실 전체가 웃음바다가 되었고 분위기가 밝아져서 긴장감에 말이 잘 나오지 않았던 수강생도 편안하게 말할 수 있었다.23

카네기는 외국식 억양 때문에 주눅이 든 수강생을 도와준 적도 있었다. 카네기는 수강생들 앞에서 더듬거리며 말하는 그에게 이렇게 말했다. "매일 아침 일어나 무릎을 꿇고 당신이 다르다는 사실에 대해 하나님께 감사하세요. 당신의 독특한 억양이 당신의 말에 색채와 강세를 줍니다. 이 강의실 안에 있는 그 누구도 가지지 못한 힘을 실어주고 있어요." 그 말은 거의 기적 같은 영향력을 끼쳤다. "카네기 씨가 한 말과 태도가 수강생을 즉각 변화시켰다. 그 수강생은 갑자기 키가 커진 것 같았다. 두 눈에 새로운 희망이 빛났다. 그의 절망은 포부로 바뀌었다"라고 한 강사는 전했다. 이처럼 카네기의 개입은 강사들은 물론 수강생들에게 경외심을 일으켰다.[24]

 카네기는 수업을 지켜보면서 강사들을 격려하고 '열정'의 중요성을 강조했다. 강사 교육 시간에는 강사들의 시연 장면을 유심히 지켜보고 노란색 노트에 메모해가며 평가했다. 카네기연구소에서 오랫동안 근무한 켄 보턴Ken Bowton은 강사 입문 초기에 카네기가 해준 비평을 잊을 수 없었다. "제가 잘한 점을 몇 가지 언급하신 후 '켄, 자네는 오늘 딱 지하철 개찰구만큼 활기찼네. 다만, 작동하지 않을 때의 개찰구였지'라고 말씀하셨어요." 쾌활하면서 상냥한 태도로 카네기가 말하자 보턴은 "더 열정을 가지라는 뜻이었어요. 저는 긴장을 풀고 열정적으로 가르치기로 결심했습니다. 그날 이후로 수강생들을 가르칠 때마다 더 뜨거운 열정을 낼 수 있었어요"라고 말했다. 한번은 카네기가 열정을 강조한 것이 우스꽝스러운 결과를 가져온 적도 있었다. 브릭 브리켈의 수업을 참관하던 카네기는 브리켈에게 수강생들의 열정을 더욱 부추기라고 주문했다. 그러자 브리켈은 약간 변덕스러운 여학생이 연설하는 도중에 그녀가 더욱 열정적이 되도록 자극했다. "그 여학생은 너무 흥분한 나머지 분통까지 터뜨리며 신발을 벗어 테이블을 내리쳤습니다. 제가 야유를 보내자 신발을 든 채로 저에게 맞서기 시작했어요. 책상 통로를 지나 강의실 밖까지 저를 몰고 나가기까지 했죠. 저는 그게 완전한 실패라고 생각했어요. 그런데 카네기 씨는 그 수강생이 수줍음을 완전히 깨뜨리고 열정적으로 변했으니 잘한 일이라고 하셨습니다."[25]

카네기는 매우 진지했지만 수업시간에 겉치레는 허용하지 않았다. 전쟁 이후에 이루어진 수업 참관 때 한 참전 용사가 태평양의 어느 섬에서 원주민들이 쓰레기를 먹는 모습을 봤다고 이야기했다. 당시 강사는 노트르담 대학교에서 연설을 가르치는 교수였는데 '쓰레기'라는 말 대신 '폐기물'라는 단어를 썼으면 더 좋았을 것이라고 평가했다. 그러자 카네기는 자리에서 일어나 단호하게 말했다. "데일 카네기 강좌에서는 쓰레기를 쓰레기라고 합니다!" 언젠가 카네기는 캔자스시티의 스폰서가 레번워스Leavenworth의 연방 교도소에 개설한 특별 강사 교육 강좌를 참관하게 되었다. 카네기는 열심히 수업을 지켜보았는데, 조직폭력배 출신 학생이 자신의 삶을 바꾼 경험을 주제로 연설했다. "그는 교도소에 복역하게 된 충격전에 대해 이야기했습니다. 경쟁 관계에 있던 조직폭력배와 좁은 골목길에서 머리를 맞대고 동시에 권총을 꺼냈다고 말하는 순간, 갑자기 주어진 연설 시간이 끝났음을 알리는 종이 울렸어요"라고 한 강사는 전했다. "카네기 씨가 자리에서 벌떡 일어나더니 '난 그 이야기를 끝까지 들어야겠어요. 어서 끝까지 해주세요. 필요하다면 5분 더 말해도 됩니다'라고 하셨습니다." 물론 청중도 흐뭇해했지만 그 후로 그 수강생은 수업 때마다 말할 시간을 5분 더 달라고 졸랐다.[26]

카네기의 영향력은 교육학적인 지식보다 성격상의 특징에서 우러나오는 경우가 많았다. 그의 진심 어린 태도와 상대방을 격려하는 말투는 강사들에게 오래도록 기억되었다. 언젠가 카네기는 강사들을 위한 교육 강좌에서 어머니가 끼친 영향력을 언급했다. 그 모습을 지켜본 사람에 따르면 "카네기는 정말로 진실했고 생각에 몰입한 나머지 눈물을 흘리기 시작했습니다. 잠시 말을 멈추고 진정해야 했죠. 우리는 모두 절대적인 진실함과 타인에 대한 관심이야말로 카네기의 성공 비결이라고 느꼈습니다." 카네기연구소의 강사였던 아서 시코드는 카네기가 1948년에 자신의 수업을 참관하러 왔을 때를 잊을 수 없었다. 카네기는 맨 뒷줄에 앉았다가 쉬는 시간에 아무런 말없이 떠났다. 그런데 며칠 후 시코드 앞으로 《카네기 인간관계론》 한 권이 배달되었다. 책 속에는 사인과 함께 "안녕하신가, 아트*. 세상에는 자네보다 더잘 가르치는 대중연설 강사가 있을지도 모르네. 하지만 있다고 한들아직 찾지는 못했다네"라고 적혀 있었다.[27]

그러나 카네기는 필요할 때면 매우 엄격했다. 어느 도시에서 수업을 참관하던 그는 강사가 학생들에게 2분씩 주어지는 연설 시간이 끝남을 알리는 종을 늦게 울려서 30초씩 지연되고 있음을 알아차렸다. 그는 쉬는 시간에 젊은 강사를 불러 말했다. "어떤 상황에서도 연설자는 주어진 시간을 초과해서 말하면 안 되네. 수업의 리듬을 깨뜨리니까 절대로 어기면 안 되는 철칙이야. 데일 카네기 강좌는 제시간에 시작해서 제시간에 끝나야 해. 어떤 수업도 빠짐없이!"라고 했다. 또 다

---

* 아서의 애칭.

른 도시에서는 강사가 자아도취에 빠진 나머지, 카네기 강좌에서 수강생들을 가르치는 일은 "어린아이의 사탕을 빼앗는 것처럼 식은 죽 먹기다"라는 말을 하고 말았다. 중상모략에 가까운 발언을 우연히 전해 들은 카네기는 다음 날 그 강사를 해고했다. 카네기는 초청 강사로 나선 수업에서 발생한 난처한 상황도 단호하게 처리했다. 수업을 듣던 같은 회사 소속의 세일즈맨들 몇 명이 수업에 방해될 정도로 시끌벅적하게 떠들었다. 카네기는 5분 동안 휴식 시간을 가지겠다며 수업을 중단하고 강의실 뒤쪽으로 걸어갔다. 그는 떠들썩한 무리에게 밖으로 나가라고 요구했다. 그중 한 명이 돈을 냈으니 수업을 들을 권리가 있다고 항의하자 카네기는 "이 수업은 내 수업이고 나는 이런 행동을 허락할 수 없습니다. 나가주셔야겠습니다"라고 했다. 그들은 그 말에 따를 수밖에 없었다.[28]

궁극적으로 카네기가 추구한 목표는 한 가지였다. 강좌의 품질을 유지하고 수강생들에게 인간관계 원칙을 확실히 심어주는 것이었다. 그는 강사들이 일정한 기준을 지키고 탁월함을 위해 노력하도록 격려했다. 1940년대에 개최된 강사들을 위한 '재교육' 강좌에서 카네기는 퍼시 휘팅과 함께 강사들의 시연을 평가했다. 힘들지만 활기가 넘쳐나는 시간이었다. '실험 대상' 수강생들이 연설했고 "자리에 앉은 강사들은 누가 수강생의 연설을 평가할 것인지 모자에서 제비를 뽑아 결정했습니다. 그다음에는 그 강사의 평가에 대해 다른 강사가 평가했지요"라고 한 강사가 설명했다. "카네기 씨와 휘팅 씨가 자연스럽게 모든 과정을 감독했는데 두 분의 견해가 강사들과 혹은 두 분이 서로 일치하지 않을 때도 있었습니다. 결과적으로 아쉬웠던 점과 개선해야 할 점이 무엇이고 어떻게 해야 할지 수강생들 앞에서 활발한 토론이 이루어졌습니다."[29]

이렇게 철저한 노력 덕분에 카네기 강좌는 목표를 성실히 수행해 나갈 수 있었다. 많은 학생 수와 성공적인 교육·방법 덕분에 학계에서도 조금씩 인정받기 시작했다. 서던캘리포니아 대학교 산하 화술학교의 레이 K. 이멜Ray K. Immel 소장은 전국화술강사협회National Association of Teachers of Speech의 전국 컨벤션에서 "오늘날 미국 최고의 대중연설과 최고의 대중연설 강의는 데일카네기연구소의 수업에서 볼 수 있습니다"라는 말로 사람들을 놀라게 했다. 이러한 주장에 회의적이었던 윌리엄 A. D. 밀리슨William A. D. Millison은 카네기 강좌를 대학교의 화술 강좌와 비교해보기로 했다. 2년에 걸친 연구 결과가 1941년 초 〈화술계간지Quarterly Journal of Speech〉에 실렸는데 밀리슨이 얻은 결론도 똑같았다. 카네기 강좌의 구조, 방식, 강사진을 살펴본 그는 "수강생들의 화술이 놀랍도록 달라지고 개선되는" 모습에 감탄했다. 그는 카네기가 학문적인 교육에 의문을 제기하는 접근법, 즉 전인적인 개선을 강조하는 것이 성공 비결이라고 결론지었다. "이는 우리가 화술로 수강생들의 정서적인 측면과 태도를 개선하고 강화할 기회를 너무 오랫동안 방치해왔음을 암시한다"라고 그는 적었다. "우리는 화술의 실제적인 측면에만 관심을 기울여 전문적인 기술이나 예술적 표현을 발전시키려고만 했다. 우리는 화술의 사회적 중요성이나 그것이 사회 적응과 정서적 적응에 관하여 수강생 개인에게 주는 의미를 간과했는지도 모른다. 수강생들에게 뇌와 목소리, 신체뿐만 아니라 감정도 있다는 사실을 알지 못했는지도 모른다."[30]

《카네기 인간관계론》의 엄청난 인기와 전국 강연, 카네기 강좌 덕분에 카네기의 주가는 그 어느 때보다 높이 치솟았다. 실제로 1940년대에 카네기의 명성은 대중연설과 자기계발 범위를 넘어서까지 높아졌다. 사람들이 당대의 시사 문제에 관해서도 그의 견해를 구하기 시작했다. 현대 성공학의 선두자인 카네기가 개인의 생활뿐만 아니라 공적인 문제에 대해 날카로운 통찰력과 효과적인 처방을 제시할 수 있다고 생각하는 사람들이 많았다. 카네기는 그러한 현자의 역할을 영광으로 받아들였고 자신의 인간관계 원칙을 사회, 문화, 정치 문제에 어떻게 적용할지 숙고했다. 그러나 카네기가 시사평론가로서 보여준 모습은 좋지만은 않았다.

1930년대 말과 1940년대 초, 파시즘으로 국제 긴장관계가 악화되고 마침내 유럽과 아시아 일부 지역에 전쟁이 발발하면서 카네기도 새로운 문제와 맞닥뜨렸다. 강연 일정으로 전국을 다니며 인터뷰할 때마다 그의 인간관계 원칙이 국제 문제 해결에 어떤 도움이 될 수 있는지에 대한 질문이 쏟아졌다. 사람들은 카네기의 인간관계 원칙이 세계 평화에도 이바지할 수 있다고 보았다. 국제 정세의 변화는 카네기에게 새로운 압박감을 주었다.

추종자들은 카네기를 어려운 시대 속에서 미국적인 가치를 상징하는 고무적인 존재로 보았다. 개인의 노력과 투지, 결의, 낙관주의, 타인에 대한 관심을 합쳐 파시즘과 대조되는 사상을 만들어낸 아이콘으로 승화시켰다. 한 신문은 "어제저녁 데일 카네기의 매우 미국적인 강연만큼이나 흥미로웠던 것은 엄청난 관심을 가지고 연사의 말에 귀 기울인 매우 미국적인 청중이었다. 청중은 느긋하고 예리하며 낙관적이고 친절한 카네기의 철학을 적극 수용했다. 젊고 온정 있으며 실용적인 그 관점은 전형적인 미국의 관점이었다. 나치의 철학이 전형적인 독일의 철학이고, 마키아벨리의 철학이 환상에서 깨어난 이탈리아의 철학인 것처럼 말이다"라고 보도했다. 그런가 하면 다른 매체에서는 나치가 논쟁을 피하고 상대방의 의견을 존중하고 친절하게 다가가는 방법을 배워야 한다고 주장했다. "괴벨스Goebells 박사*가 카네기가 쓴 영원불멸한 책을 읽는다면! 그 모습을 한번 상상해보자. 괴벨스가 난로 옆에 앉아 큰 소리로 책을 읽고 히틀러 총통과 나치 돌격대 대장 헤르만 괴링이 매우 몰입하며 듣고 있다. 그렇게만 된다면 두 친구는 물론 히틀러도 훨씬 유쾌한 사람으로 거듭날 것이다. 그러면 웃음과 친절함이 넘치는 화기애애한 인사가 이어질 것이다. 지난 9월 뮌헨에서 있었던 험악한 만남과는 정반대로 파티 같은 분위기가 날 것이다."[31]

기자들은 인간관계 원칙이 세계 위기를 바로잡는 데 어떻게 적용될 수 있을지 카네기에게 직접 묻기도 했다. 카네기는 정치 문제가 자신의 능력 범위를 넘어선 것이라고 지혜롭게 답할 때가 많았다. 1941년에는 세계 정치와 지난 대선에서 어떤 후보를 선택했는지에 대한 질문을 받자 솔직하게 대답했다. "투표하지 않았다. 혼란스럽고 복잡하고 위험한 문제에 대해 현명한 선택을 내릴 만큼 충분한 정보를 가졌다고 생각하지 않았기 때문이다. 그만한 정보를 가진 사람은

---

* 파울 요제프 괴벨스. 독일 나치 정권의 선전장관. 교묘한 선동정치로 1930년대 당세 확장에 크게 기여했다.

전국에 만 명도 되지 않을 것이다." 미국의 대對 라틴아메리카 외교정책인 선린외교정책에 대한 질문에도 "내 의견은 나이와 반비례해서 나날이 줄고 있다"는 재담으로 대답을 회피했다. 해당 매체는 인간관계 전문가가 "국가 관계 개선 문제를 파고들려고 하지 않았다"고 보도했다.32

그런가 하면 카네기가 정치 문제에 적극 뛰어든 적도 있었다. 그는 진주만 공격이 일어나기 전에 미국이 영국에 상당한 양의 군수품을 보내고 있다면서 "미국은 독재자에 반대한다. 오래지 않아 미국은 훨씬 더 많이 보낼 것이다"라는 의견을 밝혔다. 또 그는 나치에 대해 자주 언급했다. 《카네기 인간관계론》이 독일에서도 베스트셀러가 되었지만 히틀러 일당에게는 별로 영향을 끼치지 않았을 것이라고 했다. "독일인들이 정말로 그 책을 읽고 믿는다고 해도 영향을 받은 사람은 지극히 소수일 것이다. 독일인에게 영향을 끼친 것은 정부의 선전, 폭탄, 강제수용소이다. 친절함에 관한 책은 별로 영향을 끼치지 못할 것이다"라고 조심스럽게 말했다.33

1941년 무렵 카네기는 나치가 인간관계의 영향력에 면역되어 있다고 결론 내리기에 이르렀다. 한 신문에 "히틀러는 이미 사람들에게 영향력을 끼칠 수 있다. 하지만 우정으로는 아니다. 그는 스탈린과 무솔리니에게 영향을 끼쳤지만 나는 거기에 우정이 티끌만큼도 섞이지 않았다고 생각한다"라고 했다. "얼마 전, 유럽의 갈등이 시작된 이후 히틀러 일당과 같은 비행기를 탔다는 남자와 이야기를 나누었다. 그가 말하길 최측근 고문관조차 히틀러와 거의 대화를 나누지 않았다고 한다. 히틀러에게 친절함이라고는 전혀 없는 것이 분명하다. 히틀러의 성격에 대해 따지고 싶지는 않다. 정상이 아니니까." 히틀러는 어둡고 비정상적인 성향이 있었으므로 《카네기 인간관계론》의 원칙에 영향을 받지 않는다는 것이었다. "히틀러 같은 사람은 다룰 수 없다. 오직 총으로만 가능하다. 히틀러는 세상을 집어삼키려는 깡패이고 그를 막을 수 있는 것은 총뿐이다. 형제를 사랑하라고 가르친 예수 그리스도도 신전에서 장사치 무리를 채찍으로 몰아내는 것이 타당하다고 보았다."34

이처럼 카네기는 나치의 위협에 대한 다소 진부한 논평을 내놓은 데 이어 아시아의 점점 악화되는 긴장감에 대해서도 혼란스러운 해석을 내놓았다. 그는 1939년에 동아시아를 여행한 후 일본의 잔인한 중국 침략에 대해 질문을 받았다. 그의 대답은 별다른 설명이 되지 못했다. "일본인은 내 책에 자세히 설명된 것과 흡사한 법칙을 따른다. 그들은 대단히 자애롭고 친절하며 정중한데, 어린 시절부터 그렇게 가르침을 받았다. 따라서 일본이 야만적인 중국 침략 행위를 저지른 이유를 설명하기란 무척 어렵다. 그러나 전쟁이 소수 기득권층의 명령으로 이루어진다는 것을 기억해야 한다." 그는 얼마 전 나치 독일과 소비에트 연방이 맺은 불가침 조약에 큰 충격을 받은 일본인들이 공공건물에서 독일기를 치웠다는 사실도 언급했다.35

심지어 카네기는 일본이 1937년에 일으킨 중일전쟁과 그보다 앞서 1931년에 일으킨 만주 점령의 범위와 정도를 서구인들이 과장했다는 뜻까지 내비쳤다. 언론은 일본 제국군이 중국의 민간인 만 명을 잔혹하게 학살하고 수천 명을 강간하는 등 잔혹 행위를 저질렀다고 보도했다. 그러나 카네기는 그러한 참상의 증거를 전혀 감지하지 못했다고 말했다. 〈뉴욕 데일리 미러〉와의 인터뷰에서 "일본을 방문하는 동안 총소리 한 번 듣지 못했다. 내 생각에는 뉴욕에서 샌프란시스코까지 자동차로 여행하는 것이 하얼빈과 베이징, 상하이, 티베트 변경 지대를 여행하는 것보다 위험하다"라고 했다. 그 인터뷰가 실린 신문에는 일본에 대한 카네기의 우호적인 평가를 나타내는 만화도 실렸다. 일본인 병사가 바다에 있는 바위에 앉아서 《카네기 인간관계론》을 미친 듯이 읽고 있다. 주위에는 상어 두 마리가 돌고 있었는데 지느러미에는 나치를 상징하는 만자 무늬와 소비에트 연방의 국기를 상징하는 낫과 망치가 그려져 있었다.[36]

히틀러와 도조 히데키, 무솔리니에 의해 자행된 끔찍한 침략과 전쟁의 공포 속에서도 카네기는 기회만 주어진다면 《카네기 인간관계론》의 원칙으로 자애로운 국제 관계를 만들 수 있다고 주장했다. 그는 〈로스앤젤레스 이브닝 헤럴드 익스프레스Los Angeles Evening Herald-Express〉에서 "외교관들이 협상 테이블에서 친절한 태도와 평화적인 영향을 끼치려는 의지를 현명하게 따른다면 전쟁은 없을 것이다"라고 말했다. 세계 위기의 근본적인 원인을 묻는 말에 정치 이념이나 권력 정치, 경제 이익, 국가 간의 목표 충돌에 대한 언급은 하지 않았다. 그는 천진하게도 그 원인들을 성격 특징과 인간관계의 실패와 연관 지었다. "세계 문제의 대부분이 이기심 때문에 생긴다. 모든 사람이 황금률을 따른다면 사실상 모든 문제가 해결될 수 있다고 본다. 지금 유럽에서 벌어지고 있는 전쟁은 역사에 위대한 정복자로 기록되고 싶은 자기중심주의자 두 명이 일으킨 것이다. 중요한 사람이라고 느끼고 싶은 그들의 욕구가 국가 간에 전쟁을 일으켰다. 중요한 사람이라고 느끼고 싶은 욕구와 탐욕이 모든 전쟁의 원인이다."37

이렇게 단순한 분석은 카네기 세계관의 한계를 드러냈다. 《카네기 인간관계론》의 원칙은 개인적인 측면으로 적용할 때는 놀라운 결과를 가져왔지만 복잡한 국제 정치에는 똑같이 적용될 수 없었다. 히틀러가 단지 '중요한 사람이라고 느끼고 싶은' 사람이며 그가 황금률에 따라야 한다고 권유한 것은 1940년대 초기의 위험한 국제 정세를 진부하게 해석한 것에 불과했다.

카네기는 무모하게 국제 정치 평론가로 나서서 완전히 체면을 구긴 적도 있었다. 그는 1941년 어느 신문과의 긴 인터뷰에서 나치의 위협에 대해 "우리가 두려워해야 할 것은 두려움 그 자체뿐이다"라는 프랭클린 루스벨트 대통령의 명언을 응용하려고 했다. 하지만 결과는 당혹스러웠다. "데일 카네기는 나쁜 늑대를 두려워하지 않는다. 그 이름이 아돌프 히틀러라고 하더라도. 그리고 그는 한밤중에 깨어 걱정한들 그 어떤 미국인도 이 상황에 도움이 될 수 없다고 생각한다. 그는 두려움이 가장 파괴적인 마음의 힘이라고 생각한다. 세계적인 위기 앞에서도 미국인들이 불확실한 미래에 대한 두려움을 극복한다면 조국에 더 큰 보탬이 될 수 있다고 생각한다"라는 글이 실렸다. 그 기사에는 카네기가 한 말도 인용되었다. "당신이 걱정하는 일 중에서 절대로 일어나지 않은 일이 얼마나 많은가? 물론 맹목적으로 아무것도 하지 않아서는 안 된다. 하지만 영국에 원조를 해주고 미국이 방어를 갖출 수 있도록 최대한 도왔으니 이제 우리에게 남은 최선책은 평상시처럼 행복해지고 미래를 걱정하지 않는 것이다. 최악의 상황이 정말로 일어난다면, 우리가 독재자에게 정복당한다면 어쩔 것인가? 인류의 역사가 시작된 이래 국가들은 독재정치하에 존재했고 또 거기에서 벗어났다. 걱정하지 마라. 인생의 나쁜 일들이 아니라 좋은 일들에 대해 생각하라." 카네기의 맹목적인 낙관주의는 분별없고 기이한데다 진지하게 받아들이면 위험하기까지 했다. 독재정치에 정복당했을 때도 행복한 생각을 하면 된다는 말은 1940년대 초반의 위험한 국제 정세를 헤쳐나가는 데 아무런 도움도 될 수 없었다.38

그러나 진주만 공격 이후 미국이 제2차 세계대전에 동참하자 카네기는 국제 정세에 관해 치유를 통한 해결책을 내세우던 입장을 버리고 전쟁을 받아들였다. 그는 전쟁 국채War Bond 캠페인에 적극 참여했다. 여러 행사에 참석하여 시민에게 미국의 군사 활동을 경제적으로 후원하라고 촉구했다. 1943년에는 수도에서 열린 전쟁 국채 행사에 참석했다. 〈워싱턴 포스트The Washington Post〉에는 "오늘 월요일 1시와 4시에 '전쟁 국채 쇼War Bond Show'에서 수많은 미국인의 삶에 영향을 끼친 훌륭한 작가를 만나보십시오"라는 전면광고가 실렸다.39

카네기는 대부분의 젊은이에게 좋은 영향을 끼칠 것이라며 징병제를 찬성했다. "특히 응석받이 녀석들에게 말이다"라고 덧붙였다. "1년이든 10년이든 군대 생활은 젊은이들에게 좋은 영향을 끼칠 것이다. 대다수의 남성에게 아주 좋은 일이다. 신체는 물론 정신에도 이로울 것이다." 미군이 《카네기 인간관계론》의 일부 요소를 채택한 사실은 카네기를 기쁘게 했다. 그는 자신의 책이 마이애미비치의 육군항공대 장교후보생 학교 교과서로 채택되었다는 소식에 "육군이 한 일 중 가장 똑똑한 일이다. 〈타임〉에서 독일 장교들이 부하에게 친절하다는 기사를 읽었다. 누이의 이름과 생일까지 알 정도라고 한다. 우리 육군에서도 모든 장교가 부하의 누이 생일을 안다면 그곳은 더 이상 전쟁터가 아니다. 그것은 진정한 리더십이다"라고 말했다. 그는 전쟁이 끝나자 카네기 강좌가 제대군인원호법GI Bill*을 적용받는 '퇴역 군인들을 위한 교육 기관'으로 공식 인정받았다고 광고했다.[40]

카네기는 국제 정치에 대한 서투른 평론을 자제하고 교육 분야에 대한 견해를 밝혔다. 그가 의견을 피력할 자격이 충분한 분야였으므로 결과도 그리 나쁘지 않았다. 1940년대에 그는 미국 공립학교의 교과 과정에 큰 관심을 가졌다. 강사로서의 경험과 책에 담긴 성공원칙에서 비롯된 관심사였다. 그는 1940년대 내내 미국 교육이 더욱 실용적인 방향으로 개혁되어야 한다고 종종 주장했다. 교육은 그의 열정을 자극하는 사안이었다.

카네기는 고등학교와 대학교가 제공하는 표준 수업이 구식이라고 여겼다. 기존의 교육 제도가 '중세적'이며 '어리석고 무능하고 무지몽매하다'고 매도하면서 현대사회는 더욱 '실용적인' 교과 과정을 요구한다고 말했다. 학교들이 실용적이지 못한 과목에 시간을 낭비하지 말고 학생들을 현실적인 구직 활동에 대비하게 하는 데 초점을 맞추어야 한다고 주장했다. 그는 1941년에 "고등학교는 학생들이 미래의 고용주에게 자신을 판매할 수 있도록 가르치는 것이 아니라 대학입학시험에만 대비시키고 있다"고 맹렬히 비난했다. "오늘날 젊은이들은 일자리에 지원하는 방법조차 모른다. 직장을 구한다고 해도 대부분 유지하지 못한다"라고 카네기는 불평했다. "학생 대부분은 현대사회

---

* 미국 정부가 제대한 군인들에게 학자금과 생활비 등의 혜택을 지원해주는 제도.

에서 성공하는 데 필요한 성격적 특징에 대해 전혀 배우지 않으며 프랑스어 문법, 삼각법, 대수학, 라틴어에 대해서는 너무도 잘 안다."[41]

카네기는 강연과 인터뷰에서도 그 주제에 대해 열성적으로 이야기했다. 청소년들이 떠올리는 가장 중요한 질문은 "무엇을 하면서 살아야 하는가?"와 "누가 내 인생의 동반자가 될 것인가?"이며 학교가 그 질문을 정면으로 다루어야 한다고 주장했다. 난해한 지식보다 직업 교육이 강조되어야 한다는 뜻이었다. 그는 "학교는 대수학이나 기하학 교사를 퇴출하고 직업 지도를 맡을 인재를 들여야 한다. 학생들에게 직업 안내 시험을 보게 하라. 수십만 명의 학생들에게 고등학교나 대학교에 가는 수고를 덜어주어라. 그들의 에너지가 적합한 길로 향하도록 지도하라"고 주장했다. 학생의 능력이나 관심사에 맞춘 실용적인 교육이 크게 이로울 것이라며 적성에 맞는 직업, 유용한 학습 과정, 아이들의 행복을 강조했다.[42]

카네기는 더욱 깊이 나아갔다. 현대사회에서 성공하기 위해서 대학 교육이 반드시 필요한 것은 아니라고 보았다. "정규 교육을 받지 못한 사실을 부끄러워하고 불안과 열등감을 가지고 살아가는 성인들이 너무도 많다는 사실은 나에게 큰 충격과 놀라움을 주었다." 카네기는 그러한 태도가 해로우며 잘못되었다고 주장했다. 역사적으로 똑똑하고 성공한 사람 중에는 독학으로 공부한 사람들이 많다며 벤저민 프랭클린, 에이브러햄 링컨, 토머스 에디슨, 마크 트웨인 등을 예로 들었다. 또한 현대사회에서 교육 기회가 많이 증가했다는 점도 언급했다. "공공 도서관, 저렴한 야간 학교, 책, 신문, 잡지를 무료로 쉽게 이용할 수 있다. 대학에 갈 기회가 없었다는 불평이 통하던 시대는 지났다. 그래서 뭐가 어쨌냐고? 대학이 우리에게 줄 수 있는 것은 공부를 위한 시간과 장소, 교과 과정뿐이다. 진짜 교육은 우리 자신이 직접 해야 한다."[43]

카네기는 대학에 관련된 잘못된 불안감 문제를 좀 더 깊이 파고들었다. 평소 심리적 치유법을 강조한 그답게 대학의 심리적 영향에 집중했다. "나는 대학에 가지 못했다는 이유만으로 불필요한 열등감에 시달리는 수천 명의 사람을 만났다. 그들은 대학에서 뭔가 필수적이고 신비로운 일이 벌어진다고 생각했다. 말도 안 되는 소리다! 대학이 해줄 수 있는 일이라고는 당신의 교육을 도와주는 것뿐이다"라고 말했다. 그는 언젠가 "대학에 가지 않았다면 내 인생이 어떻게 되었을지 상상하기 어렵다"라고 말한 적이 있을 정도로 대학 경험을 소중히 여겼지만 대학에 다니지 않았다는 사실이 열등감을 수반해서는 안 된다고 생각했다. 고등교육이 인간의 정신을 더욱 풍요롭게 해줄 수 있지만 배움의 기회는 대학 캠퍼스 말고도 곳곳에 존재한다는 것이었다. 그는 "결국 모든 교육은 독학이다"라고 확실하게 주장했다. 독학을 활용하면 열등감이 성취감과 자부심으로 바뀔 수 있다고 했다.[44]

치유를 중요시한 성향답게 카네기는 현대 교육 제도가 '성격 형성'으로 초점을 옮겨야 한다고 주장했다. 그는 '고등학교의 중요한 목적은 학생의 성격계발'이라고 했다. 그의 책에 묘사된 성격 유형, 즉 친절하고 세심하고 자신감 넘치는 성격 이미지야말로 학생들이 무사히 학교를 졸업하고 사회로 나가 직업을 찾고 유지하는 데 도움을 줄 것이라고 주장했다. 교육과 성격계발의 관계는 필수적이므로 "누구나 갈망하는 세련되고 균형 잡힌 성격을 발달시키기 위해 학교가 제일 먼저 할 일은 인간이 평생 배움의 욕구를 느낀다는 사실을 아는 것이다." 그는 환자가 의사를 선택할 때를 예로 들었다. "환자는 의사가 어느 대학을 나왔고 학위를 얼마나 많이 받았는지, 몇 년 동안 영업했는지 따지지 않는다. 대개는 의사가 주는 인상에 영향을 받는다. 다른 직업 군도 마찬가지다. 의사가 유쾌한 성격인가? 내 문제에 공감하고 위로 해줄 수 있는 사람인가? 기분 좋은 미소를 보여주고 편안하게 대화할 수 있는 사람인가?"[45]

하지만 카네기가 제시한 교육 개혁 방안에는 문제가 있었다. 순수한 배움을 직업 훈련으로, 어렵게 얻은 기술과 전문 지식을 매력적인 성격으로 대체하려는 편협한 관점이었다. 직업 지도의 필요성은 누구도 부인할 수 없겠지만 과연 여러 분야의 공부를 그만두는 희생까지 치를 필요가 있는가? 정신 훈련을 가능하게 해주는 수학, 상상의 기쁨을 주는 예술, 세상을 보는 관점을 넓혀주는 프랑스어 공부가 만족스러운 직업을 원하는 학생에게 정말로 아무런 도움도 되지 않는가? 물론 의사에게 유쾌하고 친절한 태도는 중요하다. 하지만 의학 훈련과 경험이 환자에게 전혀 중요하지 않은가? 이러한 의문이 들 수 있다.

이처럼 카네기는 1940년대에 자기계발 강좌의 확장으로 기업가와 강사로서는 탁월함을 드러냈다. 그러나 당대의 시사 문제에 존경할 만한 통찰력 있는 현자로서는 사람들의 기대에 부응하지 못했다. 정치적 긴장관계와 교육 개혁에 대한 그의 관점은 예리하게 꿰뚫는 구석도 있었지만 입에 발린 말이거나 때로 무지하게 들리기도 했다. 또한 치유에만 의존하는 세계관의 한계가 드러났다. 친구를 얻고 사람들에게 영향을 끼치는 그의 전략은 개인의 생활과 성공에는 커다란 영향을 끼쳤지만 제2차 세계대전 같은 격변하는 국제 정세나 복잡한 교육 문제에는 별다른 지침을 제시할 수 없었다. 그것은 다른 더욱 심오한 사고를 필요로 하는 문제였다.

| 15장 |

세상을 얻는 자

명성의 절정에 이른 1940년대에 데일 카네기의 개인적 삶도 새롭고 흥미로운 단계에 접어들었다. 이제 중년 후기에 이른 그는 자신감이 깃든 성숙함을 드러냈다. 전국적으로 확장된 강좌와 쉴 새 없이 이어지는 강연 일정, 라디오 쇼, 신문 칼럼, 책의 계속된 인기. 그 뒤에는 중서부 개신교의 유산, 강렬한 성공 욕구, 도시적이고 세련된 교양, 긍정적이고 낙관적인 자신의 근본적인 경험을 받아들여 마침내 새롭게 만들어진 남자가 있었다. 이제 그는 안정적인 성인 자아에 도달했다. 에릭 에릭슨Erik Erikson의 설명대로, 정체되고 고립된 느낌이 사라지고 적극적이고 긍정적으로 세상에 이바지해야 한다는 '생식성generativity'*을 받아들이는 단계였다.1

1940년대에 카네기의 성격은 일관성이 두드러졌고 큰 영향력을 발

---

* 에릭 에릭슨의 사회성 발달 이론에 등장하는 단어로 인생의 마지막 단계에 접어들어 다음 세대에 대한 관심이 생긴다는 의미. 개인적인 자식 욕심이 아니라 그동안 쌓은 지혜와 능력을 다음 세대에 물려주고 싶다는 개념이다.

휘했다. 겸손함의 매력, 삶에 대한 열정, 따뜻한 성격, 대중친화력으로 특징지어진 그의 성격은 타인에게 큰 영향을 끼쳤고 그들을 친구로 만들었다. 이제 50대에 들어선 카네기는 자기 자신은 물론이고 일에도 매우 만족하는 것처럼 보였다. 사람들이 행복과 성취감을 얻을 수 있는 중대한 메시지를 사회에 전하고 있다는 믿음으로 빛났다. 1940년대 중반에 시카고의 한 호텔 스위트룸에서 강사들과 휴식을 취하면서 그는 삶에 대한 자부심과 만족감을 드러냈다. "태어나 처음 35년 동안은 돈을 벌려고 아등바등하면서 보냈네. 굶어 죽기 직전이었지. 인류에 진정으로 봉사하면서 살아야 한다는 사실을 깨닫고부터 인생을 즐기고 진정한 성취감을 맛볼 수 있게 되었지."[2]

그가 느낀 개인적인 만족감의 가장 결정적인 신호는 마침내 56세의 나이에 결혼하여 안정적인 가정을 꾸린 것이었다. 그는 25세 연하의 지적이고 매력적이며 강인한 여성과 부부의 연뿐만 아니라 일적인 파트너 관계도 맺었다. 결혼과 동시에 의붓딸의 아버지가 되었으며 친딸이라고 믿는 소녀를 아끼고 지원하는 일도 계속했다. 두 가지 모두 문제없이 잘해냈다. 오랜 노력의 결실로 호감 가는 성격과 안정적인 영향력을 손에 넣은 1940년대는 일적으로나 개인적으로나 데일 카네기의 최고 절정기였다.

"데일 카네기는 나에게 커다란 놀라움을 선사했다." 1947년에 특집 기사를 위해 현대 성공학의 거장을 만난 〈룩〉 기자가 한 말이었다. "하얀 치아에 억지웃음을 띠고 뼈가 으스러져라 세게 악수하는 '예스맨' 같은 분위기를 상상했다. 그런데 그는 작은 체구에 절제된 미소로 가볍게 악수하고 거리낌 없이 화도 낼 줄 아는 남자였다." 카네기를 직접 만나본 많은 사람이 비슷한 반응을 보였다. 그들은 카네기가 혈기왕성하고 카리스마 넘치고 세련되고 화통한 사람이기보다는, 과하지 않고 느긋하고 평범하고 젠체하지 않는 편안한 성격이라 가장 좋아하는 친척 삼촌을 생각나게 한다는 사실에 놀랐다.[3]

50대에 이른 카네기는 외모에서도 절제된 원숙함을 풍겼다. 중간 키와 호리호리한 체구, 혈색 좋은 얼굴, 날카로운 눈, 희끗희끗해지기 시작한 어두운 회색빛 머리카락. 그는 투명 플라스틱 테로 된 안경을 썼는데 예전에 선호하던 철 테보다 훨씬 강인해 보이면서도 엄격한 느낌은 덜 했다. 카네기는 유행을 타지 않으면서도 세련된 옷차림을 선호했다. 검은색이나 회색으로 된 더블 양복과 빳빳하게 다린 흰색 셔츠를 즐겨 입었다. 이따금 트위드로 된 스리피스 양복도 입었다. 모두 절제된 디자인이지만 값비싼 맞춤복이었다. 한 매체는 카네기의 옷차림에 대하여 "유명 은행가와 성공한 시체 방부처리사가 입는 옷들과 다르지 않다. 그러나 이따금 그의 개성은 등대처럼 빛나는 넥타이로 발휘되는데, 이는 보수적인 옷에 대한 관점을 의기양양하게 물리친다"라고 했다. 또한 그는 투톤으로 된 새들 슈즈를 좋아했다. 미주리 특유의 콧소리 약간 섞인 조용하고 느릿한 억양은 일상적인 대화에서 풍기는 친척 아저씨 같은 온화하고 친근한 분위기를 더해주었다.[4]

처음 만나는 사람들은 대부분 카네기가 공적인 자리와 사적인 자리에서 많이 다르다는 사실을 발견한다. 혹자에 따르면 카네기는 사람들이 별로 없는 자리에서 주목받으려고 애쓰는 '경악스러운 과시욕'을 내보이지 않았으며 오히려 느긋하고 상냥한 태도로 담소를 나누었다. 카네기는 처음 만나는 사람과 대화할 때 별난 소재로 상대방을 대화에 참여시켰다. 한 예로 그는 처음 만난 사람에게 자신이 어떻게 바보천치가 되지 않았는지 아느냐고 물었다. 상대방이 어리둥절해하면서 모른다고 하면 체내에 있는 "5센트 어치의 요오드 때문"이라고 답했다. 또는 뉴욕에서는 먼지 걸레를 창밖에 터는 것이 불법이라든가 예수가 태어난 이래 10억 분이 흘렀다는 등 특이한 이야깃거리를 대화에 끼워 넣었다.[5]

그러나 많은 사람이나 청중 앞에서는 조용한 모습을 집어 던지고 '열광적이고 항상 준비된 악수'를 선보였는데 한 매체에서는 이를 '주일 학교 감독관의 조직적인 매력'이라고 표현했다. 청중 앞에 설 때면 잘난 척하지 않는 모습은 사라지고 조용한 권위로 장내를 지휘했다. 한 목격자에 의하면 그는 웅장한 손짓이나 계획된 자세, 과장된 연설을 삼가고 대화하는 듯한 스타일로 호감 가면서도 강력한 모습으로 '거의 최면적인 확신'을 전달했다. "카네기는 특유의 열정으로 군대를 벼랑 아래로 지휘할 수도 있을 것이다." 또 다른 매체는 "카네기가 무대에 서면 진짜 카네기가 된다. 완전히 깨어 있는 태도와 자신감 넘치는 분위기를 가진 카네기다"라고 했다.[6]

그러나 그를 잘 아는 사람들이라면 알고 있듯이 카네기의 평소 겸손한 모습이나 무대에서의 열정적인 모습 모두 사람들을 끌어당기는 호감 가는 성격에서 나왔다. 그는 강렬하기보다는 은은한 매력으로 사람들이 스스로 알아차리기도 전에 그들을 끌어당겼다. 한 예로 강사 브릭 브리켈은 1946년에 강연이 끝나고 카네기의 호텔 스위트룸으로 초대받았다. 카네기는 첫 만남에서 브리켈에게 이것저것 물으며 친근하게 담소를 나누었다. "나는 데일 카네기 씨와 자유롭게 대화를 나누었다. 두려움은 전혀 느껴지지 않았다. 그는 상대방을 편하게 하는 재주가 있었다"라고 브리켈은 말했다. 이와 비슷한 경험을 한 사람들이 매우 많았다.[7]

카네기가 보이는 삶에 대한 유쾌한 열정은 사람들에게도 전염되었다. 〈콜리어〉 기자는 카네기와 며칠을 보낸 후 "사실상 열정은 그의 가장 매력적인 특징이다"라고 했다. 친구와 가족들은 카네기가 새로운 경험과 생각에 열정적으로 반응하는 모습을 자주 볼 수 있었다. 브리켈은 카네기가 가진 '열정이라는 마음의 특효약'에 감탄했다.[8]

1945년 시카고에서 열린 카네기 강좌 컨벤션에서 카네기는 오렌지색 액체가 새어나오는 약 1리터짜리 종이 용기를 들고 있었다. 사람들이 무엇인지 물어보자 카네기는 오랜 친구가 개발한 신제품인 냉동 오렌지 주스 농축액에 대해 열정적으로 설명했다. 대부분의 사람은 실용적이지 못한 아이디어라며 신통치 않은 반응을 보였다. 하지만 카네기의 그 오랜 친구란 바로 클라렌스 버즈아이Clarence Birdseye*였고 그의 제품은 머지않아 전국 식품 시장에 돌풍을 일으켰다. 한 동료는 카네기에 대해 "타인을 고무시켜 실패에서 승리로, 두려움에서 자신감으로 이끌었다. 그는 진실성 있는 사람이었다"라고 요약했다.[9]

이처럼 카네기는 타인에 대한 진심에서 우러나오는 관심과 친절한 태도, 장난기 넘치는 유머 감각으로 많은 사람에게 사랑받았다. 카네기 강좌의 강사 존 스핀들러John Spindler는 1946년에 로스앤젤레스 강

---

* 미국의 발명가이자 기업가로 냉동식품산업의 창시자로 불린다.

연에서 카네기를 처음 만났다. 카네기는 마치 오랜 친구라도 되는 듯 스핀들러의 가족에 관해 물었다. 그 후로 그들은 평생 우정을 나누었다. 또 다른 강사와의 대화 도중에는 갑자기 눈을 빛내며 "자네는 나를 감탄시키네. 아인슈타인을 떠올리게 하는군"이라고 말했다. 강사가 농담이겠거니 하자 카네기는 정곡을 찌르는 한 마디를 던졌다. "농담이 아닐세. 아인슈타인은 언젠가 자기가 틀릴 때가 99퍼센트는 된다고 말했다네."[10]

일과 사람에 대한 열정 탓에 카네기의 업무 일정은 규칙적이지 못했다. 집에서 일하든 출장 중이든 따로 정해진 업무 시간이 없었고 생활 자체가 일이었다. 1940년대 중반에 그의 개인비서가 된 마릴린 버크Marilyn Burke는 자신에게 주어진 업무가 대단히 독특하며 체계적이지 않다는 사실을 곧 알게 되었다. "근무 시간이나 일과가 딱 정해져 있지 않았다. 오늘은 카네기 씨가 어떤 새로운 업무를 줄지 알 수 없었다. 그게 그의 매력 중 하나였다." 그녀는 갑작스레 카네기와 손님에게 아침을 차려준다거나 카네기와 함께 캔자스로 날아가 투자자를 모집하는 석유업자의 목장에 방문했다. "카네기 씨는 자신을 위해 일하는 사람들에게 업무와 상관없는 일을 많이 시켰다. 하지만 그는 자신이 얻는 것보다 훨씬 많은 대가를 주었다."[11]

카네기는 1940년대 내내 친구와 동료들로 이루어진 인맥을 확장했지만 옛 친구들과의 우정도 계속 유지했다. 특히 카네기는 거의 매주 일요일 오후마다 근처에 사는 오랜 친구 호머 크로이를 방문해 함께 시간을 보냈다. 혹자에 따르면 그들은 몇 시간 동안 "숲 속을 거닐고 편안하게 빈둥거리고 난감한 식당에서 난감한 음식을 먹고 냉장고에

든 음식을 다 해치우거나 하면서 어린아이처럼 태평하고 재미있게 놀았다." 언젠가 함께 미주리 고향 마을을 찾은 두 사람은 서로 대조되는 흥미로운 모습을 보였다. 메리빌에서 열린 연회에서 재치 있고 현실적인 농담을 즐기는 크로이는 카네기의 새 책이 3달러에 나왔지만 검소한 독자라면 몇 주일만 기다려서 2.75달러인 자신의 새 책을 사라고 했다. 반면 겸손하고 자신을 깎아내리는 농담을 즐기는 카네기는 크로이가 자기에 대해 이야기하라고 부추겼다면서 "그게 크로이가 가장 좋아하는 주제니까요"라고 말했다.[12]

카네기는 로웰 토머스와의 우정도 소중하게 여겼다. 여전히 소프트볼 경기가 있을 때나 주말에 휴식을 위해 뉴욕 북부의 토머스 농장을 찾았다. 그리고 토머스가 뉴욕을 찾을 때마다 함께 시간을 보냈다. 새 책이 나오면 사인을 담아 교환했고 시간이 맞을 때마다 브로드웨이 연극을 보러 갔으며 서로가 진행하는 라디오 쇼에 우정 출연도 했다. 사려 깊은 카네기는 폴링Pawling에 있는 토머스 자택에 특별한 선물을 해주었다. 차도에서 집으로 이어지는 길에 활엽수를 심어 널찍한 자연 천막을 연출한 것이다.[13]

1940년대 내내 카네기는 평생 이어진 취미와 관심사를 계속 추구했다. 연극에 대한 관심이 여전해서 아름다운 여성과 다양한 쇼와 연극을 보러 다녔다. 한번은 연극에 직접 출연한 적도 있었다. 1949년에 뉴욕 시티센터New York City Center에서 공연된 발레극 〈세헤라자데Scheherazade〉에 호머 크로이와 '정원 외' 또는 '엑스트라'로 출연했다. 그들은 연한 파란색 의상을 입고 술탄의 병사 역을 맡았다. 주연을 맡은 무용수에 따르면 카네기와 크로이가 목검을 휘두르며 무대로 급히

••
데일 카네기는
1940년대에
취미활동으로
로키 산맥에서
캠핑과
하이킹을
즐겼다.

달려나갔을 때 "어찌나 엄숙해 보이던지 웃음이 나왔다. 그때 나는 칼에 찔려 죽는 연기를 하고 있었는데 웃으면서 죽은 셈이었다. 그들은 엑스트라 연기로 각각 1달러씩 받았다."[14]

카네기는 여전히 여행을 즐겼다. 정기적으로 캐나다 로키 산맥을 찾아 앨버타에 있는 루이스 호수를 자주 방문했고 시간 날 때마다 유럽으로 떠났다. 한 예로 1948년에는 몇 주 동안 프랑스와 영국을 여행했다. 그러나 카네기가 여행을 갈망한 이유는 단지 휴식 때문이 아니었다. 그는 전 세계를 돌아다니며 다양한 경험을 쌓고 자기계발에 힘쓰고자 했다. 1943년에는 평소 사람들에게 강조한 평생 교육을 위하여 와이오밍 대학교의 여름 강좌에 등록하기도 했다. 그곳에서 승마와 하이킹을 하면서 휴가를 즐기다가 체류 기간을 늘려 천문학과 정신위생, 결혼, 가족, 영어 방언 강좌에 등록했다. 그는 라라미Laramie 지역 신문과의 인터뷰에서 "나는 서부 사람들을 좋아한다. 뉴욕에서 16년 동안이나 살았지만 마당으로 사과를 던질 수 있을 만큼 가까이 살면서도 대화를 나눠본 적 없는 사람들도 있다. 이곳은 인구 밀도가 높지 않아서 친근한 분위기라는 점이 마음에 든다"라고 말했다.[15]

호감 가는 성격을 가진 카네기였지만 그를 괴롭히는 단점도 있었다. 자신이 사람들에게 전파하는 인간관계 기술을 스스로 일관되게 따르지 못한다는 사실이 그를 초조하게 했다. 그는 타인에게 친절과 배려심을 보이고 칭찬하고 열심히 귀 기울였지만, 타인의 약점에 조급해하고 논쟁을 벌이거나 화내는 경우도 많았다. 직원에게 불만스러운 일이 생기면 거드름 피우듯 집안을 걸어 다니고 상대방을 날카롭게 쏘아보거나 일어난 일을 곱씹었다. 한 동료는 직원회의에서 카네기가 애비 코넬에게 거의 20년을 함께 해온 강사의 이름을 묻는 것을 보고 깜짝 놀랐다. 나중에 그가 묻자 애비는 웃으며 "원래 카네기 씨는 이름을 잘 기억 못 하세요"라고 대답했다. 또 카네기는 순진할 정도로 사람들을 신뢰했다. 회사 운영에서도 재정적인 문제에 부주의했다. 그가 세상을 떠난 후 돈 문제가 엄격하게 관리되지 않은 사실을 알고 가족과 친구들이 충격을 받았을 정도였다. 한 사람은 "직원들이 꼼꼼하고 정직하지 않았다면 회사를 통째로 도둑맞아도 몰랐을 것이다!"라고 전했다.[16]

그러나 카네기의 결함은 사소한 것처럼 보였고 만나는 사람마다 그에게 호감을 가졌다. 특히 잘난 척하지 않는 겸손한 태도와 대중 친화적인 성격이 매력이었다. 그는 언제나 평범한 사람들에게 공감을 표시했다. 직접 쓴 기사에서 그는 자신의 강좌를 듣는 대학교수의 연설에 대해 "활기가 없다"고 말한 반면, 평범한 선원의 연설은 "바다를 닮아 세차게 내리치는 매력과 소금처럼 짠맛이 느껴졌다"라고 칭찬했다. 강사들과 함께하는 교육 일정에서도 화려한 레스토랑은 피하고 로스앤젤레스의 버터밀크로 만든 팬케이크 전문점처럼 평범한 식당을 이용했다. "나는 버터밀크 팬케이크를 좋아합니다"라고 주최 측에 말했다. 패서디나 시립강당Pasadena Civic Auditorium에서 수천 명의 청중을 만날 때, 사회자는 카네기를 소개하기 위한 10분, 5분, 2분짜리 멘트를 각각 준비했다고 말했다. 그러자 카네기는 "10초짜리로 해주세요"라고 요청했다. 그래서 사회자는 "신사숙녀 여러분, 데일 카네기입니다"라고 간단히 소개했다.[17]

시골 마을에서 보낸 유년기에 대한 숭배심은 카네기의 대중친화력에 영향을 주었다. 그는 강연을 위해 이동하는 도중에 기사에게 과일 가게에서 멈추라고 한 뒤 지역의 농산물을 맛보았다. 농산물 직거래 판매장에도 자주 들러서 좌판을 돌아다니며 농부들과 시골 생활에 대한 이야기를 주고받았다. 한 기자는 카네기와 며칠을 함께 보낸 후 대부분의 미국인이 카네기를 현대 도시성의 상징으로 여기지만 인심 좋은 농부와 함께 있는 그를 보고 정반대의 인상을 받았다고 전했다. 《카네기 인간관계론》에 담긴 원칙들이 "시골 사람들에게 나타나는 뿌리 깊은 공손함, 인간의 존엄성에 대한 존중심, 이웃이 드물어 더욱 소중히 여기는 태도에서 나왔다"고 평가했다.[18]

실제로 카네기는 시골 출신이라는 과거와의 연결고리가 끊어지지 않도록 노력했다. 그는 1940년대에 강의도 하고 친구들을 방문하기 위해 미주리 메리빌과 워런스버그를 자주 찾았다. 제2차 세계대전 이후에는 시골과의 유대감을 더욱 강화했다. 미주리 벨턴에 500만 제곱미터 규모의 농장을 구입하여 브라만종과 애버딘 앵거스종의 교배로 만들어진 브랭거스종 소를 키웠다. 먼 사촌뻘 되는 친척에게 농장 관리를 맡기고 바쁜 와중에도 몇 달에 한번 들러 며칠씩 묵었다. 말을 타고 건초를 나르고 울타리를 손보고 토양 부식을 막기 위해 산울타리를 심으면서 시골 생활의 즐거움을 만끽했다. 그는 이웃들의 방문을 반겼고 현관에서 코카콜라를 마시며 담소를 나누었다. 여전히 시골에 있으면 마음이 편해지는 것을 느꼈다. 1948년에 〈룩〉 인터뷰에서 "내 친척들은 대부분 농부이다. 내 부모도 농장에 묻혔다. 나도 죽으면 부모님 곁에 묻히고 싶다"고 말했다. 카네기의 시골 감성은 뉴욕 교외의 자택에까지 영향을 미쳤다. 그는 손에 흙을 묻히며 열심히 정원을 가꾸었다. 어느 비 오는 날 오후, 개인 비서 마릴린 버크는 상사가 정원에 구근을 심고 흙투성이가 된 채 즐거운 표정으로 들어오는 모습을 목격하고 중대한 사실을 깨달았다. "내 상사는 내가 생각하던 사람과 달랐다. 세련된 뉴요커나 박식한 저자, 강연자, 교육자가 아니라 편안하고 진솔한 사람이었다."19

자연에 대한 사랑은 카네기의 일상생활에 운치를 더해주었다. 그는 일주일에 몇 차례씩 집에서 그리 멀지 않은, 나무로 가득한 널찍한 포리스트 공원에서 산책을 즐겼다. 한번은 〈콜리어〉 기자가 동행했는데 "그는 끊임없이 자연의 경이로움에 감탄했다"라고 보도했다. 그때 촬영한 사진에는 따뜻한 울코트를 입고 트위드 중절모를 손에 든 카네기가 공원 벤치에 앉아 흡족한 표정으로 커다란 나무와 흩뿌려진 나뭇잎이 만들어낸 겨울날의 삭막한 아름다움을 바라보는 모습이 담겨 있었다. 자연에 대한 카네기의 사랑에는 1940년대에 새로 생긴 관심사도 포함되었다. 바로 공룡이었다. 그는 광활한 시간과 멸종된 생물체를 생각할 때 느껴지는 경외심으로 고생물학에 큰 흥미를 느꼈고 열정적으로 빠져들었다. 로스앤젤레스 방문 때는 유명한 라브레아 타르피트 공원La Brea Tar Pits을 방문하자고 요청했고 윌셔 대로Wilshire Boulevard를 지날 때는 주최 측 관계자에게 공룡과 매머드, 검치호랑이에 대한 박식한 지식을 풀어놓았다. 또한 예일 대학교에서 공룡 흔적이 새겨진 셰일Shale*을 구입하여 뒷마당에 놓아두었다. 손님들에게 "피바디 박물관 큐레이터가 편지를 보냈는데 이 흔적이 1억 8000만

---

* 점토가 굳어져 만들어진 수성암(水成巖)으로, 흔히 얇은 층으로 되어 잘 벗겨지는 성질을 가지고 있다.

년 전에 만들어진 거라더군요"라며 자랑스럽게 보여주었다.[20]

카네기의 가정생활은 1940년대 중반에 더욱 안정되었다. 그는 전국 순회강연 도중 오클라호마 털사Tulsa에 들렀다가 아름답고 매력적이고 똑똑한 여성을 만났다. 두 사람은 첫눈에 호감을 느꼈고 몇 개월 되지 않아 깊은 관계로 발전했다. 그녀와 처음 만나고 약 1년 후, 그동안 줄곧 독신을 고수해온 카네기는 모두를 놀라게 한 행보를 보였다.

도러시 프라이스 밴더풀Dorothy Price Vanderpool은 별로 가고 싶지 않았다. 1943년 가을, 그녀가 사는 털사에서 그 유명한 데일 카네기의 강연이 있었다. 그녀는 카네기 강좌 수료생이었지만 퇴근 후 피곤한 데다 특별히 강연을 듣고 싶은 마음이 없었다. 하지만 오랜 지인이자 털사의 카네기 강좌 스폰서인 에버렛 포프Everett Pope가 도러시와 그녀의 어머니를 강연에 초대하면서 꼭 참석해달라고 부탁한 터였다. 도러시는 어쩔 수 없이 참석했다가 카네기의 강연에 매료되었다. 조용한 카리스마를 빛내며 청중을 사로잡는 카네기의 강연은 그야말로 '놀라움' 그 자체였다고 그녀는 설명했다. 강연이 끝나고 도러시는 포프, 어머니와 함께 카네기를 직접 만났고 다 같이 커피를 마셨다. 젊은 도러시는 카네기와의 만남이 무척 즐거웠고 그가 흥미롭고 매력적인 사람이라고 생각했지만, 다음 날 친구들에게 유명인사를 만난 이야기를 들려줄 생각에 더 정신이 팔렸다.

그러나 그 짧은 만남은 카네기에게 커다란 의미가 있었다. 카네기는 도러시가 떠난 후 포프에게 그녀에 대해 자세히 물었고 주소를 얻어냈다. 그는 집에 돌아가 그녀에게 편지를 보냈다. 도러시에 따르면

"특별히 낭만적이지는 않았지만 업무용 편지보다는 약간 따뜻했다." 몇 주 동안 서신이 오고 간 후 카네기는 그녀에게 뉴욕으로 와서 비서 일과 대필 작업을 맡아달라고 제안했다. 그녀는 제의를 수락했고 1944년 1월에 뉴욕으로 가서 새로운 일을 시작하게 되었다. 교제를 시작한 두 사람은 봄과 여름을 거치며 진지한 관계로 발전했고 가을에 결혼을 발표했다. "나는 그녀의 마음을 얻기 위해 강아지 방식을 활용했다. 알다시피 강아지가 우리에게 관심을 보이면 우리도 강아지에게 관심이 생기는 것처럼 말이다."21

도러시는 카네기의 관심을 끌어당길 수밖에 없는 조건을 가진 여성이었다. 카네기는 한 잡지에 그가 어렸을 적 도러시의 어머니가 미주리의 그의 부모 농장에서 짧게나마 하숙한 적이 있다고 밝혔다. 도러시는 1912년 11월 3일에 헨리와 빅토리아 프라이스의 외동딸로 태어났다. 아버지 헨리는 오클라호마 주 북동쪽 구석의 작은 마을, 스패비노Spavinaw에서 하급 공무원으로 일했다. 그들은 곧 털사로 이사했다. 헨리는 조용하고 온화한 성품으로, 카네기는 나중에 저서에서 그를 "황금률에 따르며 살려고 노력하는 사람, 비열하고 이기적이고 정직하지 못한 일은 할 수 없는 사람이다"라고 설명했다. 반면 도러시의 어머니 빅토리아는 강인한 의지에 직설적인 성격을 가진 여성으로 프라이스 집안의 지배권을 쥐고 있었다. 도러시는 어머니의 성격과 닮은 데가 많았다.22

10대 시절 똑똑하고 인기 많은 여학생이었던 도러시는 관심 분야가 많았고 고등학교에서 다양한 클럽 활동을 했다. 특히 언젠가 작가가 되고 싶은 희망으로 저널리즘에 열중했다. 털사 센트럴 고등학교 졸업

반이던 1930년의 졸업앨범에 따르면 도러시는 기자클럽Press Club, 학교생활클럽School Life Club, 국제적인 고등학생 저널리즘 협회인 퀼앤드스크롤Quill and Scroll, 성적 우수 학생모임인 청소년명예협회Junior Honor Society, 광고위원회Advertising Board에서 활동했으며 '모험을 좋아하고 글 솜씨가 뛰어나며 상상력 넘치는 학생'으로 묘사되었다. 날씬한 몸매에 적갈색 머리, 단호한 표정이 종종 떠오르는 예쁘장한 얼굴의 그녀는 키가 약 178센티미터나 되었다. 그녀에게 큰 키는 '거인 같다'는 어색한 느낌을 주었고 청소년기의 흔한 고민거리였다.23

도러시는 고등학교 졸업 후 인근 대학에 다니며 노먼Norman의 오클라호마 대학교에 재학 중인 잘생긴 금발 청년 루이스 밴더풀Louis Vanderpool을 만났다. 두 사람은 급속도로 가까워졌다. 도러시는 임신으로 대학교를 그만두고 그와 결혼했다. 젊은 부부가 여름 동안 대학교 남학생 클럽 기숙사를 관리하는 일을 하던 1933년 7월 2일에 딸 로즈메리가 태어났다. 하지만 두 사람의 결혼생활은 오래가지 못했다. 일에 대한 야망이 큰 도러시와 달리 루이스는 사람들과 어울리면서 술 마시는 것을 즐겼다. 결국 그들은 별거를 거쳐 이혼했다. 나중에 도러시는 첫 결혼에 대해 '10대의 불행한 결혼'이었다고 설명했다. 이혼한 그녀는 아직 갓난아기인 딸과 털사의 부모 집으로 돌아갔다.24

하지만 엄마 역할은 도러시에게 어색한 옷이나 마찬가지였다. 그녀는 성공에 대한 포부가 점점 커졌고 싱글 맘 역할에는 별 흥미가 없었다. 그녀는 걸프오일Gulf Oil Corporation 털사 지사에 취직해 승진을 계속했다. 결국 임원실의 수석비서로까지 승진했다. 물론 에버렛 포프가 운영하는 데일 카네기 강좌를 수료한 것도 큰 도움이 되었다. 도러시는 카네기 강좌에서 배운 대화 기술과 타고난 활발한 성격, 단호함 덕분에 털사의 청년공화당클럽Young Republicans Club 회장이 되었다. 그녀가 훗날 말한 대로 "남성 클럽 오찬에서 익살스러운 연설"을 하기 시작했고 신문에도 났다. 딸의 양육은 주로 부모에게 맡겼고 부모가 로즈메리의 대리 부모가 되었다. 로즈메리는 한 번도 도러시를 "엄마"나 "어머니"로 부르지 않고 "도러시"라고 이름을 불렀다. 그것에 대한 도러시의 태도는 일관적이지 못했다. 훗날 그녀는 딸이 자신을 엄마라고 부르지 않는 습관이 어머니 빅토리아 때문이고 자신에게 상처가 되었다고 말했다. 그런가 하면 평소에는 "엄마에게도 이름이 있으니까 로즈메리가 엄마의 이름을 부르는 것은 당연하다"고 말했다. 어찌 되었든 도러시에게 엄마 역할은 쉽지 않았다. 젊은 커리어 우먼인 그녀는 답답한 고향을 떠나 대도시로 가기를 간절히 소망했다.25

그것이 카네기가 운명적으로 털사에 강연을 하러 왔을 때 도러시가 처한 상황이었다. 첫 눈에 그녀에게 반한 카네기는 뉴욕으로 건너오라고 했고 그녀가 뉴욕에 온 이후 진지한 관계로 발전했다. 그들은 1944년 한 해 동안 사랑에 빠졌고 서로의 매력에 이끌렸다. 카네기가 큰 키에 나긋나긋한 몸매와 아름다운 얼굴을 가진 젊은 여성에게 끌린 것은 당연했다. 그녀는 그보다 24세나 어렸다. 그러나 빛나는 지성, 글재주, 삶에 대한 뜨거운 열정, 성공에 대한 강인한 의지 등 그녀의 지적인 면모 또한 중요하게 작용했다. 게다가 도러시는 카네기와 마찬가지로 중서부 출신이었다. 다시 말하자면 카네기가 본능적으로 편안함을 느끼는 대상이었다. 또한 그녀는 프리다 오펜바흐처럼 복잡한 혼인상태에 놓여 있지도 않았기에 깊은 관계로 발전할 수 있는 상황이었다. 도러시는 유명하고 매력적이고 성숙하고 부유한 남성, 54세의 나이에 안정된 가정을 꾸릴 준비가 된 것처럼 보이는 친절하고 너그러운 카네기의 구혼을 기꺼이 받아들였다. 그녀에게 카네기는 문화, 사회, 경제의 중심지인 미국 최대 도시에서 새롭고 흥미진진한 삶을 살아볼 탈출구이기도 했다. 다시 말해서 데일과 도러시는 서로에게 매력을 느끼기도 했지만, 더욱 넓은 의미로 보자면 1940년대 중반 당시 서로의 정서적 욕구를 채워줄 상대였다. 하지만 둘 다 워낙 강한 성격이다 보니 격한 상황이 벌어질 때도 있었다. 평소 카네기는 쾌활하고 세심한 모습이었고 도러시는 재치와 지성이 돋보였다. 하지만 고집 센 두 사람 사이에 흐르는 긴장감이 갈등과 언쟁을 불러오기도 했다. 혹자에 따르면 "한번은 도러시가 카네기와 다툰 후에 직장을 그만두고 고향으로 돌아가려고 짐을 쌌지만 카네기가 '친구를 얻는' 매력을 발휘해 떠나지 말라고 설득했다." 두 사람은 1944년 가을에 서로 잘 맞는 상대임을 확신했고 10월에 공식적으로 결혼을 발표했으며 전국 신문에 기사가 실렸다. 〈타임〉에는 결혼 소식과 함께 "《카네기 인간관계론》을 쓴 지 8년 만에 한 여성에게 결혼해달라고 설득할 수 있었다"라는 카네기의 재담이 실렸다.[26]

그들은 1944년 11월 5일에 털사의 보스턴 애비뉴 감리교회Boston Avenue Methodist Church에서 소수의 가족과 친구들만 참석한 가운데 결혼식을 올렸다. 그날 안내 담당을 맡은 해리 O. 햄Harry O. Hamm은 식이 시작되기 전에 카네기와 함께 신랑 대기실에 있었는데 교회에서 뮤지컬 〈오클라호마〉의 음악이 울려 퍼지는 소리가 들렸다. 햄에 따르면 "데일 카네기는 에버렛 포프와 내 쪽을 쳐다보더니 '사람들은 우리

••
1944년 11월 5일,
오클라호마 털사에서
이루어진 데일 카네기와
도러시 밴더풀의 결혼식.

가 서로 사랑한다고 말할 거예요 People Will Say We're in Love'가 나온다면 난 그냥 울어버릴 것 같네"라고 말했다. 그 음악이 흘러나왔지만 데일은 울지 않았다. 왜냐고? 도러시와 결혼한다는 사실에 흥분한 나머지 노래가 귀에 들리지도 않았기 때문이다."[27]

결혼식을 올린 두 사람은 포리스트 힐스 웬도버 로드에 있는 카네기의 자택에 신혼살림을 꾸렸다. 카네기는 계속 집에서 일했는데 새 신부로서는 적응하기 어려운 상황이었다. 몇 년 후 도러시가 여성들을 위해 쓴 지침서 《꿈이 있는 여자가 남편을 성공시킨다 How to Help Your Husband Get Ahead》*에는 '남편이 집에서 일하는 경우, 아내가 미치지 않을 방법'이라는 챕터가 포함되었다. 그녀는 "끊임없이 거치적거리는 남편에게 집안 일과를 전부 맞춰야만 하는 여성은 특히 칭찬받을 만하다. 남편이 일하는 문밖에서 까치발로 다녀야 하고, 청소를 반밖에 하지 못했는데 남편이 진공청소기를 끄라고 하고, 수다 소리가 남편에게 방해가 될까 봐 점심때 친구들을 부르지도 못하기 때문이다." 도러시는 여성들에게 집에서 일하는 남편의 요구에 맞춰주고, 편안하게 해주고, 남편을 신경 쓰지 말고 집안일하고, 유머감각을 발휘하고, 남편을 방해하지 말라고 조언했다. "결혼 후 8년 동안 내 남편은 모든 업무를 집에서 처리했다. 그래서 나는 이 문제에 대해 잘 안다"라고 했다.[28]

도러시는 점차 새로운 생활에 적응해가면서 비서 두 명과 가정부 한 명이 있는 집안의 효율적인 관리자가 되었다. 그러나 한 잡지에 실린 것처럼 가정부는 "카네기 부부가 미국 중서부 지방 요리를 선호하는 탓에 자신의 특기인 중유럽 요리를 선보일 기회가 별로 없었다." 결혼생활이 안정되면서 카네기와 도러시는 서로의 관심사를 합쳐서 만족스럽고 조화로운 생활을 꾸려나갔다. 카네기는 여전히 정원 가꾸는 일에 열심이었고 도러시도 남편과 함께 정원에서 열심히 일하며 튤립과 붓꽃 가꾸기의 전문가가 되었다. 또한 부부는 연극에 관심이 많아 뉴욕으로 자주 공연을 보러 갔다. 또한 여행을 좋아한 그들은 캐나다 로키 산맥이나 목장이 있는 와이오밍을 자주 찾았고 유럽으로 떠나 영국, 프랑스, 이탈리아를 여행했다. 삶에 대한 열정이 뜨

---

* 국내 2013년 생각의숲 발간.

겁다는 점에서 대체로 잘 맞는 부부였다. 카네기의 비서 중 한 명이었던 리 메이버Lee Maber는 남편과 함께 뉴욕 차이나타운에서 카네기 부부와 저녁을 먹게 되었다. 그녀는 고속 열차를 타고 집으로 돌아갔던 인상 깊은 추억을 회고했다. "우리가 탄 열차가 우리를 빼고는 텅 비어 있어서 다 같이 뉴욕에 대한 노래를 부르기 시작했다. 갑자기 데일이 '출발!' 하더니 도러시와 함께 통로에서 왈츠를 추었다. 남편 조지와 나도 덩달아 왈츠를 추었고 우리는 계속 노래를 불렀다. 정말로 편하고 즐거운 시간이었다."29

뉴욕의 부유한 교외에 정착한 도러시는 그녀의 지성과 재능, 삶에 대한 열정을 보여주는 다양한 관심사를 추구했다. 그녀는 독서를 좋아했는데 가벼운 갈증 해소로 미스터리물을 읽었고 셰익스피어에도 굉장한 열정을 보였다. 셰익스피어의 희극을 탐독했고 뉴욕 셰익스피어클럽의 회장이 되었으며 이 단체와는 평생 밀접한 관계를 맺었다. 카네기는 "내 아내는 셰익스피어와 그의 작품 연구에 심취해 있다. 연구할 시간이 더 많이 생기기에 늙는 것이 두렵지 않다고 한다"라고 자랑스럽게 적었다. 도러시는 요리에도 열심이었지만 실력이 열정에 미치지는 못했다. 또한 그녀는 열정적으로 피아노를 연주했고 크리스마스 때면 그녀의 반주에 맞춰 친구와 가족들이 캐럴을 불렀다. 오클라호마 태생답게 그녀는 승마에 뛰어났고 사격 연습장에서 사격 명수다운 면모를 보였다. 펜싱에도 흥미를 느껴서 한때 포리스트 힐스 펜싱 팀에서 활약했다.30

도러시는 남편을 다루는 일에도 능숙해서 부부 관계에서 동등한 지위를 확립했다. 그녀는 가끔 남편의 기분이 가라앉을 때가 있음을 알았다. 혹자의 설명에 따르면 도러시는 남편이 심술궂고 비협조적으로 나올 때면 농담조로 "자신이 카네기 강좌를 들으려고 76달러나 썼다면서 웃으며 환불해달라고 했다. 그러면 대개 카네기의 기분이 풀리기 마련이었다." 하지만 그 전략이 실패할 때도 있었다. 한 방문객은 분노에 들끓는 카네기가 조용히 방안을 돌아다니고 도러시가 "저기 그 유명한 책을 쓰신 분이군요"라며 눈을 동그랗게 뜨고 짓궂게 반응하는 모습을 목격했다. 그러나 자신감 넘치고 거리낌 없이 솔직한 여성인 도러시는 필요하다고 생각하면 움츠러들지 않고 남편에게 맞섰다. 한 가족 구성원에 따르면 "그녀는 언쟁에서 절대로 물러서는 법이 없었다. 데일과의 언쟁에서도 마찬가지였다. 데일의 비서였다가 나중에 도러시의 비서가 된 애비(코넬)가 말하길, 두 사람의 언쟁은 고함치는 수준까지 심각해질 때도 있었지만 항상 끝에서 해결책을 찾았다. 그들은 지극히 평범한 부부였다." 카네기는 아내의 단호한 성격을 받아들이고 결혼이라는 현실이 자신의 인간관계 원칙을 바꿀 수밖에 없게 했다는 농담도 했다. 한 동료가 디너파티에서 아내가 강력하게 반대 의견을 내놓자 '논쟁을 피하라'는 카네기의 가르침에 따라 "여보, 당신 말이 맞을지도 몰라"라고 말했다. 그러자 카네기가 웃으며 "아니, 아니, 아니지! 상대가 아내일 때는 '여보, 당신 말이 전적으로 옳아요!'라고 해야지"라고 했다.[31]

도러시는 부부 관계에서 동등한 지위를 얻으려고 노력하면서도 남편의 열정과 취향에 맞추려는 노력도 보였다. 한 예로 그녀는 처음에 약간 혼란스러웠지만 이내 남편과 호머 크로이의 절친한 관계를 받아들였다. 두 사람은 매주 일요일 오후마다 말을 타고 돌아다니거나 싸구려 식당에 가거나 농담을 주고받거나 옛 추억을 되짚거나 했다. 도러시는 크로이의 떠들썩한 성격을 좋아하게 되었고 그의 아내 매이Mae와도 가까워졌으며 크로이가 남편의 긴장감을 풀어주는 유익한 영향을 끼친다는 사실에도 감사하게 되었다. 1945년에 〈뉴욕 타임스〉가 크로이의 새 책에 대한 서평에서 '전문직 시골뜨기'라고 비판하자 도러시는 남편의 가장 친한 친구에 관한 풍자시를 썼다. 그녀는 그 시를 〈메리빌 포럼〉에 보냈고 두 남자가 함께 고향을 찾은 날짜에 맞춰 실리도록 했다.

호머, 친절한 호머
또는
맞춤 구두를 신은 맨발의 소년

도러시 카네기

그는 여전히 시골 소년입니다. 아직 촌티가 흐르고
불야성의 뉴욕 거리에 놀라고, 도시의 공기가 숨 막힙니다.
그의 마음은 메리빌에 가 있습니다. 그는 소박한 삶을 노래하지요.
그는 소도시의 영웅에 관한 글을 쓰고, 나이프로 콩을 먹습니다.
하지만 암울하고 삭막한 문제 하나가 고향을 그리워하는 이 촌뜨기를
당황스럽게 합니다.
목초지에서는 뉴욕에서처럼 돈을 벌 수 없다는 것이죠!
미주리에는 유쾌한 사람들이 모이는 사교 클럽이 없습니다.

••
평생 친구 호머 크로이(왼쪽으로 세 번째 떨어진 자리)와 연회에 참석한 데일 카네기.

그리고 시골길은 뉴욕 42번가처럼 매끄럽지 않습니다.
그래서 크로이는 죄와 갈등과 환한 빛이 있는 뉴욕에 남아 있습니다.
그는 시골에 대한 글을 쓰고 자신이 그곳에 있지 않다는 사실을 신에게 감사합니다.[32]

그러나 도러시가 남편에게 끼친 영향력의 범위는 개인적인 삶을 넘어섰다. 그녀는 남편의 사업 파트너로도 활약했다. 두 사람이 결혼한 지 몇 달밖에 되지 않은 1945년에 카네기는 사업체를 재정비했다. 자신을 사장, 도러시를 부사장으로 내세워 데일카네기앤드어소시에이츠 주식회사라는 비공개 주식회사를 만들었다. 지성과 단호함, 사업 수완을 갖춘 도러시는 곧바로 사업체에서 자신의 역할을 키워나가기 시작했다. 부부가 결혼 초기에 떠난 휴가지에서 중요한 아이디어가 나왔다. "캐나다 로키 산맥은 그전에도 서너 번 갔었다. 남편은 산길을 따라 하이킹 하면서 자리에 앉아 풍경을 보고 감탄하기를 좋아했다. 나는 야외 활동이 지겨워졌다. 밤에는 춤을 추고 싶었는데 남편은 새벽 일찍 일어나 풍경을 더 봐야 한다며 일찍 잠자리에 들려고 했다. 말을 타고 오솔길을 달리는 일은 꿈속에서나 하고 싶었다. 그러던 차에 남편이 내 마음에 드는 아이디어를 떠올렸다. '여성들을 위한 강좌를 써보는 게 어때?' 나는 그 제안을 받아들여 곧바로 착수했다." 이리하여 '여성을 위한 도러시 카네기의 자기계발 강좌'가 탄생했다. 이 강좌는 향후 50년 동안 카네기 사업체의 중요한 부분을 차지했다.[33]

사실 도러시의 사업 감각은 남편보다 뛰어났다. 데일 카네기가 타고난 강사이자 작가라면, 도러시는 체계적인 경영관리자였다. 또한 그녀의 빈틈없는 수익 분석 능력은 회사에 귀중한 보탬이 되었다. 내부 관계자에 따르면 도러시는 "승부 근성을 가진 야심 찬 여성 사업가였다. 그녀야말로 회사를 움직이는 실세였다. 그녀는 자신의 목표를 정확히 알았으며 그것을 향하여 전속력으로 질주했다." 털사의 걸프오일에 근무한 경력과 뛰어난 사업 감각, 날카로운 판단력을 가진 도러시는 마구잡이식 강의와 출판 사업을 바로잡는 계기가 된 1945년 합병에도 확실히 영향을 끼쳤다.[34]

1944년 결혼으로 카네기의 인생에 새로 들어온 사람이 또 있었다. 바로 도러시의 딸 로즈메리였다. 카네기와 11세 소녀 로즈메리는 서로에게 호감을 느꼈고 몇 년 동안 끈끈한 유대관계를 쌓았다. 카네기는 서부로 휴가를 떠나거나 1948년에 유럽으로 크루즈 여행을 떠나는 등 소녀에게 다양한 여행 기회를 제공했다. 그는 사람들에게 로즈메리를 의붓딸이 아닌 친딸로 소개했으며 아버지가 된 사실을 기뻐했다. 하지만 훈육 문제에 대한 결정은 아이 엄마에게 맡겼다. 카네기는 로즈메리를 자랑스러워해서 종종 자랑을 늘어놓았다. 한 잡지 인터뷰에서 "내 딸 로즈메리는 열두 살인데 돌이나 광물에 관심이 없었다. 그런데 캐나다 로키 산맥에서 휴가를 보내는 도중에 친구에게 화석을 받은 후로 돌에 관심을 보이기 시작했다. 스스로 용돈을 모아 책도 샀다. 암석 표본도 구했다. 지금은 열심히 광물을 수집하고 있고 나중에 지질학자가 되고 싶어 한다"라고 말했다.[35]

로즈메리도 새 아버지를 '상당히' 좋아하고 따랐다. 카네기가 죽고 수년이 지난 후 로즈메리는 친척과 친구, 동료로부터 카네기에 대한 추억담을 모아 책 《사람들이 본 데일 카네기Dale Carnegie as Other Saw Him》를 냈다. 로즈메리는 카네기가 새로운 아이디어와 발명품에 열정을 보였다며 "볼펜이 처음 출시되었을 때 어찌나 기뻐하셨는지"라고 회고했다. 또 "1930년대 중반에 구입한 TV를 나에게 처음 보여주신 기억이 난다. 괴물처럼 보이는 엄청나게 큰 마호가니 상자였다. 윗부분을 열면 거울이 나왔다. 그림이 거꾸로 나와서 거울에 반사시켜야 했기 때문이다"라고도 했다. 로즈메리는 아버지가 어린 시절 미주리에서 찍은 낡은 가족사진을 보여주던 일, 말하고자 하는 내용이 독자들에게 잘 전달되도록 기사와 책의 초고를 수없이 고쳐 쓴 일도 떠올렸다.[36]

그러나 로즈메리와 도러시의 독특한 모녀 관계는 긴장감을 형성하기도 했다. 도러시는 엄마 역할과 일에 대한 야망 사이에서 갈등했다. 그녀는 처음 카네기연구소에 취직해 뉴욕으로 떠나면서 딸을 부모에게 맡겼다. 로즈메리는 1년 가까이 지난 11세 때 카네기의 집으로 왔지만 그것도 잠시뿐이었다. 도러시는 뉴욕으로 온 지 얼마 되지 않은 딸을 뉴욕 북부의 값비싼 기숙사 학교로 보냈다. 로즈메리는 방학이나 주말에만 이따금 포리스트 힐스로 돌아왔다. 점점 반항적으로 되어간 로즈메리는 16세 때 뉴욕 사교계에 관련된 활동을 일체 거부하여 도러시에게 큰 실망감을 안겼다. 모녀는 서로를 존중했지만 둘 사이의 거리감 때문에 항상 아슬아슬한 긴장감이 감돌았다.[37]

하지만 모든 부모와 자식이 그러하듯, 두 사람 사이에도 합의와 타협이 이루어졌다. 1940년대 말에 카네기 가족은 《월드북 백과사전 World Book Encyclopedia》을 대표하는 모델이 되었다. 〈라이프〉의 전면 컬러 광고에 데일과 도러시, 로즈메리가 뒤쪽에 책을 배경으로 기다란 의자에 앉아 웃고 있는 모습이 실렸다. "데일 카네기가 묻습니다. '당신은 아이가 성공할 수 있도록 돕고 있습니까?'"라는 요란한 헤드라인 아래, 학교는 넘치고 좋은 교사는 부족하지만 백과사전을 구입한다면 "부모가 자녀에게 효과적인 정신 자극을 줄 수 있다"는 내용이 실렸다. 카네기는 "교사가 아이와 함께하는 시간은 9퍼센트뿐이며 부모가 집에서 아이와 보내는 91퍼센트의 시간이 지식에 대한 갈증과 배움의 욕구를 만든다. 그래서 우리는 딸 로즈메리를 위해 《월드북 백과사전》을 선택했다. 로즈메리는 《월드북 백과사전》에서 끝없는 즐거움과 영감을 발견하고 있다"라고 말했다.[38]

1950년, 《월드북 백과사전》 광고에 출연한 데일과 도로시, 로즈메리.

이처럼 1940년대 들어 안정된 삶과 가정은 카네기에게 편안함과 만족감을 주었다. 성공한 작가와 전설적인 강사로 안정적인 가정까지 얻은 카네기는 몹시 만족스러웠다. 사업 덕분에 경제적으로도 풍요로웠지만 굳이 더 부자가 되고 싶은 욕심은 없었다. 카네기는 "세상의 돈을 전부 가지게 된다고 해도 옷을 더 많이 입을 수 있는 것은 아니다. 지금 나는 내가 원하는 삶을 살고 있다"라고 말했다. 하지만 그에게는 복잡한 문제가 하나 남아 있었다. 과거의 잔재가 여전히 그의 관심을 끌어당겼다.[39]

"나는 네가 하나님이 뉴 헤이븐으로 보내주신 가장 사랑스러운 소녀라고 생각한단다." 카네기가 1944년 7월 3일 린다 데일 오펜바흐에게 보낸 편지 내용이었다. "너를 좀 더 자주 봤으면 좋겠구나. 현명하고 이해심 많은 아버지와 상냥하고 매력적이고 헌신적인 어머니가 있으니 너는 정말 행운아야." 대체로 카네기는 아이의 아버지에 대해서는 모호하게 언급했다. 그는 아이의 여섯 번째 생일 하루 전에 보낸 편지에서 '매력적인 성격'과 '에너지와 열정', '진실한 미소', '예쁜 외모', '뛰어난 두뇌'에 대한 칭찬을 늘어놓았다. "나는 네 단어 실력과 읽기 능력에 놀라움을 금할 수 없단다. 너는 나에게 책 읽어주는 것을 좋아하지." 그는 아이를 위해 '험블오일Humble Oil 주식'을 몇 주 샀다면서 자신이 아이의 대학 등록금으로 마련한 돈이 인플레이션으로 가치가 떨어질지라도 주가는 쭉 올라 가치가 그대로일 것이라고 했다. 그 편지는 "영원한 사랑을 담아서. 린다, 나는 너의 삼촌, 데일 카네기란다"라고 끝맺었다.[40]

도러시 밴더풀에게 한창 구애 중이던 시기에 쓰인 그 편지에는 카네기 일생의 수수께끼가 강조되어 있다. 카네기는 린다 데일 오펜바흐가 자신과 프리다와의 사이에서 태어난 딸이라고 믿었는데 이 별난 상황은 1940년대 내내 계속되었다. 린다는 정기적으로 뉴욕 웬도버 로드의 카네기 집을 방문했고 카네기도 가끔 뉴 헤이븐의 오펜바흐 가족의 집을 방문했다. 예전보다 훨씬 모호하고 복잡한 상황이었다.

카네기와 프리다는 1940년대 초까지 연애 관계를 지속했다. 그녀의 편지는 "나의 가장 친애하는 사람에게" 보내는 애정과 "당신이 있는 곳은 천국 같을 거예요"와 같은 사색, "당신 곁에 있고 싶어요, 내 사랑" 같은 소망으로 가득했다. 카네기 역시 그녀를 향한 애정과 상냥함이 넘치는 답장을 보냈으며 기회가 될 때마다 그녀와 만났다. 그는 1943년 여름에 와이오밍에서 휴가를 보내며 린다에게 편지를 썼다. "너와 사랑스러운 네 엄마가 이곳에 있다면 얼마나 좋을까? 두 사람을 생각하니 무척 쓸쓸해지는구나. 린다 데일, 나의 모든 사랑과 다정함을 너와 너희 엄마에게 보낸다." 카네기는 뉴 헤이븐의 오펜바흐 가족의 집에서 하룻밤을 묵기도 했다. 하지만 그런 약속을 잡기는 무척 어려웠다. 언젠가 그는 "내가 오늘 찾아가는 게 왜 불편한지 이해할 수 있어요. 손님들이 전부 떠나고 당신이 평소 기분으로 돌아오면 만나러 갈 테니 꼭 알려줘요"라고 적었다. 캐나다에서는 "당신의 편지를 매일 기다리고 있소"라고 했고 "당신의 주군이자 주인은 어떻게 지내나요?"라며 빈정거리듯 이사도어를 언급하기도 했다.[41]

카네기는 '자기제어'라는 다소 역설적인 제목의 일간지 칼럼에서 프리다를 언급하기도 했다. "이번 주에 내가 떠올린 가장 좋은 생각은 코네티컷 주 햄든 고든 가 58번지에 사는 이사도어 오펜바흐 씨의 부인한테서 나왔다. 나는 항상 서두르거나 초조해하지 않고 일을 처리하는 그녀의 침착함과 세심함에 감탄한다"라고 적었다. 대단히 압박적인 상황에서도 어떻게 냉정과 침착함을 잃지 않을 수 있느냐는 카네기의 질문에 프리다는 "나는 초조해할 만큼 중요한 일은 하지 않아요"라고 대답한 적이 있었다. 카네기는 그녀의 답변을 떠올리며 "생각해보니 나도 그런 것 같다. 아마 당신도 마찬가지일 것이다. 우리가 매일 하는 사소한 일 중에서 그 무엇도 대단히 중요하지 않다"라고 칼럼을 끝맺었다. 그는 그렇게 말하면서 감정과 생각을 제어해서 행복으로 다가가라고 조언했다. 그러나 사실 프리다의 상황을 잘 아는 사람이라면 그녀의 답변에 심오한 의미가 들어 있음을 알 수 있었다. 그녀의 대답은 장애를 가진 남편을 버릴 수 없기에 카네기와 제대로 된 관계를 맺을 수 없는 자신의 처지에 대한 슬픔을 암시했다.[42]

그러나 카네기와 프리다의 로맨스는 점점 퇴색하기 시작했다. 프리다는 1942년 10월 14일에 둘째 아이, 러셀Russell을 낳았다. 이번에는 아버지가 누구인지 의심의 여지가 없는 듯했다. 카네기는 그 소년에 대해 별로 언급하지 않았고 린다에게 그런 것만큼 돈과 선물 공세를 퍼붓지도 않았다. 카네기의 편애는 남매 사이를 곤란하게 할 정도였다. 끝내 이사도어가 러셀이 누나를 질투하지 않도록 러셀에게도 선물을 더 많이 보내달라고 카네기에게 부탁했을 정도였다. 카네기와 프리다의 관계가 소원해진 이유를 정확히 짚어내기는 어렵다. 그녀가 계속 남편을 떠나려 하지 않았기 때문일 수도 있고 심리적으로 복잡하게 얽힌 상황이 카네기를 지치게 했을지도 모른다. 그러다 카네기가 도로시에게 구애를 시작했고 1944년에 결혼하면서 프리다와의 육체적인 관계는 확실히 종지부를 찍었다.[43]

그러나 카네기는 결혼한 이후로도 린다에게 아버지로서 강한 책임감을 느꼈다. 여느 다정한 아버지와 마찬가지로 딸과 함께 보낸 시간을 추억했고 어린 딸이 작은 성공을 이루어낼 때마다 열렬하게 반응했다. 그는 뉴 헤이븐을 방문한 후 린다에게 보낸 편지에 아이가 한밤중에 자다가 침대에서 떨어진 일이라든가 "내 등에 올라타 말처럼 몰았지"라며 함께 놀았던 이야기를 적었다. 1943년에는 얼마 전 뉴 헤이븐의 공원까지 긴 산책을 함께한 일에 대해 썼다. "너는 붉은토끼풀과 야생화를 따려고 젖은 풀밭을 마구 돌아다녔지. 혼자 그네에 앉겠다고 고집을 피웠고 그네를 높이 밀어달라고 했지." 카네기가 오펜바흐 가족을 방문하는 일은 최소한 1948년 말까지 이어졌다.[44]

그는 1940년대에도 줄곧 오펜바흐 가족에게 돈과 선물을 보냈고 린다의 대학 등록금을 위해 정기적으로 돈을 예금했다. 하지만 무엇보다 놀라운 것은 카네기가 1942년 7월 24일에 자신의 전용 편지지에 적어서 보낸 계약서의 내용이었다. 그가 프리다와 린다의 경제적 안정을 얼마나 염려하는지 잘 보여주는 것이었다.

100달러를 약인으로 하여 다음 회사에서 내가 소유한 모든 주식 A와 B 주를 프리다 오펜바흐 부인에게 매매할 것임을 고지한다.
데일 카네기 출판 서비스 회사Dale Carnegie Publishing and Service Corporation
데일 카네기 강좌 회사Dale Carnegie Courses Corporation

데일 카네기 화술 및 인간관계 연구소 주식회사Dale Carnegie Institute of Effective Speaking and Human Relations, Inc.

이 계약서에는 데일 카네기의 서명이 들어갔고 그가 신임하는 비서 애비 M. 코넬이 증인으로 서명했다. 그러나 카네기의 사망 후 효력이 시행되거나 공증되지 않았기에 법적인 지위와 중요성은 불분명하지만, 그가 린다를 얼마나 생각했는지를 분명하게 보여준다.[45]

린다도 1940년대 후반까지 카네기의 저택을 계속 방문했다. 린다는 기차로 뉴욕에 와서 카네기와 주말을 함께 보냈다. 카네기는 박물관이나 연극, 서커스 등 아이가 좋아할 만한 곳에 데려갔다. "너는 얼마 전에 포리스트 힐스의 우리 집에 왔었지. 너하고 이웃집 꼬마 팻은 내 정원에서 함께 놀았고." 그리고 카네기는 자랑스럽게 덧붙였다. "팻은 네 또래지만 네가 사용하는 단어의 10분의 1도 따라가지 못하는구나. 팻이 바보거나 네가 엄마의 훌륭한 능력을 물려받았기 때문이겠지." 1949년 후반, 11세가 된 린다는 여전히 주말에 포리스트 힐스를 방문했다. 그해 7월에 카네기는 린다가 감기에 걸렸다는 소식에 안타까워하는 편지를 보냈다. "일요일에 널 만나기를 기대하고 있었는데. 감기가 다 나으면 다른 일요일에 놀러 와서 재미있는 시간을 보내자꾸나."[46]

카네기가 결혼한 1944년 이후로 린다의 방문은 주로 도러시가 집에 없을 때 이루어졌다. 도러시는 회사에서 점점 중요한 역할을 담당하게 되어 이따금 강연이나 사업차 출장을 떠나거나 털사에 가족을 만나러 갔다. 카네기는 아내가 집을 비우는 때에 맞춰 린다를 집에 데려왔다. 훗날 린다는 포리스트 힐스에 방문했을 때 도러시를 본 적은 단 한 번뿐이며 유쾌하지 않은 기억으로 남아 있다고 회고했다. 린다가 저녁 식사 테이블에서 사소한 실수를 저지르자 도러시는 큰 소리로 웃으며 어린 소녀를 당혹하게 했다. 카네기가 아내에게 '조카'의 방문에 대해 뭐라고 이야기했는지 알 길은 없지만 린다의 뉴욕 방문은 1950년께 갑자기 중단되었다. 프리다는 딸에게 자세한 설명 없이 카네기 부인이 오펜바흐 사람들의 방문을 '금지'했다고만 말했다. 도러시가 남편과 프리다의 관계에 대한 증거를 발견했을 수도 있고 카네기가 아내에게 털어놓았을 수도 있다. 어쨌든 카네기는 더 이상 오펜바흐 모녀와 공공연한 관계를 이어가기가 힘들어졌다.[47]

하지만 그들의 관계가 끝난 것은 아니었다. 카네기는 1950년 9월에 프리다에게 쓴 장문의 편지에서 '몇 해 전 뉴욕 리틀 넥Little Neck 노던 대로Northern Boulevard 250-02번지 건물 지분의 절반을 린다에게 증여한 사실'에 대해 언급했다. 카네기는 인근 부지까지 사들였고 그곳에 우체국 건물을 짓기로 정부와 계약했다. 그는 우체국 건물의 일부가 린다가 절반을 소유한 부동산에 들어오게 되었으니 프리다에게 부동산 권리증을 돌려달라고 했다. 그 대신 "리틀 넥에 있는 시가 3만 5000달러짜리 4층 건물에 대한 전면적인 소유권을 린다에게 줄 것이오"라고 말했다. 확실히 그는 린다가 나중에 경제적으로 안정된 생활을 할 수 있도록 애썼다. 그는 프리다에게 보내는 편지 끝에 "10월이나 11월에 봅시다"라고 적었다. 그리고 1950년 크리스마스에는 린다에게 자신의 책《전기 모음집: 유명인사 40인의 생애에서 가장 흥미로운 일들Biographical Roundup: Highlights in the Lives of Forty Famous People》을 보냈다. 안에는 "이 지상천국에서 가장 사랑스러운 소녀, 린다 데일 오펜바흐에게. 린다의 가장 열렬한 추종자 데일 카네기 '삼촌'이"라고 적었다.[48]

이렇게 복잡한 상황 속에서도 1940년대에 일에서나 가정에서나 카네기의 삶은 매우 풍요로웠다. 사실상 카네기의 개인적인 삶에서 나타난 만족과 안정, 번영은 여러모로 미국의 상태를 비춰주는 것이었다. 대공황의 여파가 약해지고 제2차 세계대전의 성공적인 종결로 미국은 확신과 경제성장의 새로운 시대로 접어들었다. 그리고 카네기의 개인적인 지위와 대중의 열망이 하나로 합쳐져 카네기가 마지막으로 미국 문화에 기여할 계기가 마련되었다. 그는 1940년대 말에 전후 미국인의 생활을 휩쓴 물질적 풍요와 종교성, 국민 단결, 교외생활에 대한 순응 현상을 반영하고 미국인의 근본적 불안을 담아낸 또 하나의 베스트셀러를 썼다.

| 16장 |

걱정을 없애지 않는 사업가는 일찍 죽는다

제2차 세계전이 끝난 후 미국은 새로운 풍요의 시대로 접어들었다. 대공황이 끝나고 파시즘이 야기한 국제적 갈등이 성공적으로 마무리되면서 미국은 군사적으로나 물질적으로나 세계 최강국으로 떠올랐다. 전쟁 동안 경제가 호황을 누린 데다 경제적 억압과 국가 위기가 초래한 빈곤과 희생에서 벗어나고자 열심이었던 시민들 사이에 물질적 수요가 폭발하면서 1945년 이후 소비자 생산 경제로 바뀌었다. 미국 중산층들은 점점 커져가는 물질적 열망 속에서 교외 저택과 잔디 깎는 기계, 세탁기, 진공청소기, 자동차, 바비큐 그릴을 열렬히 사랑하게 되었다. 어디서나 풍요로운 분위기가 감돌았다.

사진이 많이 실리고 광택지로 만든 큰 판형의 잡지들이 새로운 시대 분위기를 퍼뜨리고 탐색하는 일에 앞장섰다. 구독자가 수백만 명에 이르는 〈라이프〉와 〈룩〉 같은 잡지는 여론의 지표가 되었고 급속히 발전하는 소비자 경제를 돌아보기 시작했다. 한 예로 〈룩〉은 1948년 5월호에 '미국의 기적'이라는 기사를 실었다. 그 기사는 기업과 정부, 노조의 긴밀한 협력을 추구하기 위해 기업의 지도자들과 광고인들, 조합 대표, 언론 매체 간부들, 공인들이 만든 비정당 집단인 '광고협회The Advertising Council'의 아이디어였다. 거기에는 이십세기펀드의 중역 에번스 클라크Evans Clark, 하버드 대학교 총장 제임스 B. 코넌트James B. Conant, 록펠러 재단 소장 앨런 그렉Alan Gregg, 미국 노동총동맹American Federation of Labor 소속 경제학자 보리스 시슈킨Boris Shishkin, 〈워싱턴 포스트〉 이사회 회장 유진 메이어Eugene Meyer, 제너럴 푸즈General Foods Corporation 회장 클라렌스 프랜시스Clarence Francis, 저명한 신학자 겸 정치철학자 라인홀트 니부어Reinhold Niebuhr가 포함되었다. 〈룩〉의 기사에는 그들의 핵심 메시지가 잘 나타났다. 전후戰後 미국의 역동적인 소비자 경제가 만인에게 풍요를 가져다주었고, 이는 계급 분화가 구식으로 전락했다는 것을 의미했다.1

기사의 맨 첫 줄에는 "우리의 경제체제와 민주적인 삶의 방식은 적은 비용으로 보다 좋은 상품을 보다 많이 생산하도록 해주었고 미국인에게 세계의 어떤 전체주의 국가보다 훨씬 높은 삶의 기준을 가져다주었다"라고 되어 있었다. 그리고 미국인의 삶의 방식에 대한 자세한 찬양이 이어졌다. 즉 개인의 자유, 민주주의 정치, 자유롭고 경쟁적인 사업 활동, 기계 기술, 근로자의 생산성, '정부가 필요할 때 행동을 취하여' 실업 보험·직업 교육·공공사업·가족복지 제도로 '공공복리'를 보호하는 것 등을 들었다. 광고협회는 이러한 체제가 현대 미국의 '기적'을 만들었다면서 "경제체제는 우리에게 줄 수 있는 그 모든 좋은 것들"을 보장한다고 했다.2

같은 해에 〈라이프〉는 폭발적인 물질 풍요에 뒤따른 예상치 못한 성가신 사안을 다루었다. 미국이 온갖 물질적인 이점을 가진 소비자 유토피아임에도 수월하게 행복을 달성하게 하지 못했다는 점이었다. 대공황 이후 대부분의 사람에게 경제적 생존은 보장되었지만 전후의 국가 번영이 자아실현과 정서적 만족을 자동으로 가능하게 하지는 못했다. 사실상 많은 사람에게 오히려 더욱 달성하기 어려운 목표가 되었다. 〈라이프〉는 그러한 문화적 사안을 다루고자 1948년 초여름에 미국의 주요 사상가, 기업가, 변호사, 정부 관리, 저자들을 소집했다. 그 결과가 1948년 7월 12일 자에 '행복추구에 관한 〈라이프〉 원탁회의'라는 제목으로 실렸다.[3]

미국 각계의 대표적인 전문가 18명으로 이루어진 집단이 일주일 동안 개최된 학회에서 만났다. 〈타임〉, 〈라이프〉, 〈포춘〉의 편집자 헨리 루스Henry Luce, 뉴욕 대학교의 유명 정치철학자 시드니 후크Sidney Hook, 전체주의를 다룬 저서를 발표한 조지타운 대학교의 에드먼드 월시 신부Edmund Walsh, 레버브라더스Lever Brothers 회장 찰스 러크먼Charles Luckman, 클리블랜드미술관 관장 윌리엄 밀리켄William Milliken, 미국유산재단American Heritage Foundation의 토머스 달시 브로피Thomas D'Arcy Brophy, 〈레이디스 홈 저널〉 편집자 비어트리스 굴드Beatrice Gould, 미국 철강노조United Steelworkers of America 지도자 조지프 스캔런Joseph Scanlon, 경제학자이자 사회비평가인 스튜어트 체이스Stuart Chase, 유명 정신분석 이론가 에리히 프롬Erich Fromm 등이 참석했다. 3일 동안 이루어진 원탁회의의 주요 안건은 '현대 미국인이 개인의 삶과 민주주의에 성취감을 가져다주는 방식으로 행복을 추구하고 있는가'였다. 전문가들은 다수의 여론조사에 따라 '현대 미국인들이 행복하다고 믿는다'는 사실에 동의했다. 하지만 그 반대를 뜻하는 증거도 많았다. 예를 들어 이혼율이 치솟고 비행 청소년이 늘어나고 미국인 10명 중 한 명이 심각한 정신병과 씨름하고 있었다. 전문가들은 모순을 발견했다. 물질재화가 풍부해지고 미국 사회가 번영을 이룩했지만 "풍요로움을 어떻게 이용해야 하는지 모르고 어떻게 살아야 하는지 모른다. 미국은 진정한 행복 달성에 실패했다"라고 그들은 진단했다.[4]

〈라이프〉 원탁회의는 활발한 토론으로 한 가지 합의점에 도달했다. 원탁회의 최종 보고서에는 궁극적으로 행복은 경제, 정치, 사회적인 외부 상황이 아니라 인간의 '내적 생활'에서만 찾을 수 있다는 내용이 실렸다. 전문가 집단은 그것이 대공황 이후에 나타난 '이 시대 사고방식의 변화'를 반영한다고 인정했다.

이 원탁회의가 10년 전에 이루어졌다면 분명히 이러한 합의에 도달하지 못했을 것이다. '외적' 개혁, 특히 경제적인 문제를 중심으로 전반적인 토론이 이루어졌을 것이다. 오늘날 수백만 명의 현대인이 민주사회의 근본적인 해답이 경제에 있지 않다는 사실을 분명히 깨닫고 있다. (……) 이제 사람들은 외적인 세계뿐만 아니라 자기 자신과 사회 속에서 더욱 심오한 해답을 찾으려고 하고 있다.

〈라이프〉 원탁회의는 미국인들이 민주적인 자유를 소중히 여겨서 자신만의 행복을 정의하고 추구해야 한다고 끝맺었다. 그러나 도덕성의 확고한 토대, 노동에 대한 존중심, 예술적 감각, 검열 반대처럼 "미국인의 특징이자 개인과 인류를 하나로 이어주는 실용적 이상주의"를 발전시켜 "단순한 쾌락 또는 자기방종"을 피해야 한다고 했다. 원탁회의에 참석한 한 전문가는 "기본적으로 행복은 내적 상태이자 내적 성취이다. (……) 하나님의 나라가 우리 안에 있다는 말로 끝맺고 싶다"라고 요약했다.5

데일 카네기도 그 중요한 토론 사안의 한가운데로 들어갔다. 전후 미국이 풍요와 그 함축적 의미를 받아들이려고 고군분투할 때, 카네기는 대중적인 분위기를 감지하는 능력을 다시 한번 발휘했다. 그 역시 전문가들과 마찬가지로 미국인들이 물질적 풍요로움 속에서 행복을 찾으려고 애쓴다는 역설적인 사실에 놀랐다. 그는 그 중대한 사안을 다룬 베스트셀러를 내놓았다. 1930년대에 발표한 《카네기 인간관계론》이 박탈의 시대에 성공을 추구하는 사람들을 위한 지침서였다면, 이번에는 전후의 경제적 풍요와 함께 찾아온 복잡한 정서적 문제를 헤쳐나가는 방법을 다룬 책이었다. 그 책은 또 한번 대중의 공감을 불러일으켰는데 1948년에 드와이트 아이젠하워의 전쟁 회고록 《유럽 십자군Crusade in Europe》의 바로 뒤 순위, 그리고 논란을 일으킨 앨프레드 킨제이Alfred Kinsey의 연구보고서 《남성의 성적 행위Sexual Behavior in the Human Male》 바로 앞 순위로 베스트셀러 2위에 올랐으며 그 후 600만 부가 팔렸다. 두 번째 베스트셀러의 대단한 인기는 수백만 명의 평범한 미국인이 신뢰하는 사회 및 문화 안내자라는 카네기의 위상을 더욱 공고히 해주었다.

1948년 봄, 사이먼앤드슈스터는 1930년대에 출간된 데일 카네기의 초대형 베스트셀러 이후 오랫동안 독자들이 기다려온 후속편 《카네기 행복론》을 내놓았다. 카네기는 수업 시간에 만난 수많은 수강생의 말을 듣고 그 책을 쓰기로 결심했다고 밝혔다. "성인들의 가장 큰 문제 중 하나가 걱정이라는 것을 깨달았다." 걱정이라는 주제에 흥미를 느낀 카네기는 뉴욕 공공도서관을 찾았지만 '걱정worry'이라는 주제로 된 책은 많지 않은 데다(놀랍게도 '벌레worm'에 관한 책은 189권이나 되었다) 수업 시간에 활용하기 적합한 책은 한 권도 없었다. 그래서 그는 자신이 직접 책을 쓰기로 했다. 걱정을 없애주는 책을 쓰기 위해서 수강생들의 걱정거리를 들어보고, 전기를 읽고 성공한 사람들을 면담하고 철학 서적을 뒤지기 시작했다.

그렇게 탄생한 책은 카네기의 전형적인 스타일이었다. 산뜻한 산문체로 생생한 일화가 잔뜩 소개되었고 인생을 위협하는 괴로운 문제를 극복하고 성공한 실존 인물에게서 교훈을 이끌어냈다. 무엇보다 그 책은 진솔하고 유용했다. 그는 "수많은 성인이 어떻게 걱정을 극복했는지에 대한 빠르고 간결하고 정확한 보고서를 쓰고 싶었다"라고 적었다. "한 가지는 확실하다. 이 책의 내용은 실제적이다. 이 책을 잘 활용하기 바란다."6

새 책은 여러 측면에서 전작 《카네기 인간관계론》의 구조와 접근법을 따랐다. '이 책을 가장 효과적으로 활용하는 9가지 방법', '오늘 하루에 충실하라', '피할 수 없으면 받아들여라', '사업상의 걱정을 반으로 줄이는 방법' 등 불안해하는 독자들을 위한 실용적인 원칙이 소개되는 진정한 카네기 스타일이었다. 원칙을 소개한 다음에는 '당신의 인생을 바꿔줄 여덟 단어', '걱정스러운 상황을 해결하는 마법의 공식' 등 영감을 주는 내용으로 힘을 더했으며 '톱밥에 톱질하지 마라',

'죽은 개를 걷어차는 사람은 없다' 등 활기차고 엉뚱한 유머를 덧입혔다. 마지막으로 유명인은 물론 평범한 사람들이 삶의 걱정거리를 극복한 일화를 소개하면서 생기를 더했다. 그리고 기업가 J. C. 페니, 가수 겸 영화배우 진 오트리Gene Autry, 호머 크로이, 권투 선수 잭 뎀프시Jack Dempsey, 야구 감독 코니 맥Connie Mack 같은 인물들이 쓴 32개의 짧고 고무적인 에세이 모음으로 마무리되었다.

〈타임〉은 저자의 인터뷰와 함께 실은 긴 서평에서 카네기가 그의 재능에 적합한 주제를 찾았다고 평가했다. "20세기 현대인은 젖은 빨랫줄처럼 팽팽 늘어난 긴장감과 무사마귀처럼 번진 걱정거리와 구멍 뻥뻥 뚫린 위궤양이라는 다소 우스꽝스러운 모습으로 깊은 우울감과 고혈압에 짓눌린 채 살아간다. 그런데 이번 달부터는 현대인의 수명이 늘어날지도 모르겠다. 이 세기 최고의 베스트셀러 성공 작가가 현대인의 걱정거리를 다루기 때문이다"라는 내용이었다. 또한 카네기가 상식적인 전략으로 독자들에게 현대사회에 만연한 문제를 해결하라고 촉구한다는 내용도 들어갔다. 카네기는 〈타임〉과의 인터뷰에서 독자들이 안주한 현실에서 벗어날 수 있도록 정신이 번쩍 들게 "정강이를 걷어차는 것"이 책의 목적이라고 밝혔다.7

그러나 카네기가 단지 스트레스 넘치는 현대인들에게 경종을 울리는 것만이 아니라는 사실은 분명해졌다. 그는 〈라이프〉와 〈룩〉의 전문가 집단과 똑같은 문제를 다루었다. 전후에 찾아온 풍요로운 시대에 많은 미국인이 직면한 문제는 더 이상 경제적인 것이 아니라 정신적이고 심리적인 문제였다. 카네기가 보기에 '불안한 걱정'이라는 전염병이 미국 전역을 휩쓸었다. 그는 책에서 "그러나 의학은 병원균에 의한 질병이 아닌 걱정, 두려움, 증오, 절망, 좌절 등 감정이 야기하는 질병에는 대처하지 못했다. 정신적 질병으로 인한 사상자는 갈수록 놀라운 속도로 증가하고 있다"라고 했다. 카네기의 책은 새롭게 닥친 문화적 재앙을 분석하고 해결하는 일 역시 복잡한 문제임을 말해주었다.[8]

카네기는 현대 미국 사회에 발발한 전염병인 불안을 생생하게 묘사했다. "병원 침대의 반 이상을 신경과 정서에 문제를 가진 사람들이 차지하고 있다"라고 했다. 통계에 따르면 "미국에 사는 사람 10명 중 한 명이 신경 쇠약 증세를 나타내며 그중 대부분은 걱정과 심리적 갈등이 원인일 것이다." 많은 사람이 복잡한 현대 경제 속에서 적절한 자리를 찾으려고 앞다투어 경쟁하고 있으니 "불안과 걱정, '불안 신경증'이 화이트칼라 종사자들 사이에서 걷잡을 수 없이 퍼진 것은 당연하다!" 실제로 걱정이라는 심각한 질병은 현대사회에 널리 퍼져 있으며 심각한 결과를 초래한다. "걱정과 싸우는 방법을 모르는 사업가는 요절한다. 가정주부, 수의사, 벽돌공의 경우도 마찬가지다"라고 썼다.[9]

이에 카네기는 대담한 진단을 내놓았다. 1940년대 물질적 성장과 사회적 성공이 위기를 초래했다는 것이다. 대공황 이후 찾아온 물질적 풍요와 진보는 환영할 만한 것이었지만 스트레스, 걱정, 불안이라는 예기치 못한 부산물까지 가져왔다. 경제적 걱정이 줄어들자 마음의 걱정이 늘어났다. 그럴수록 압박감도 심해졌다. 카네기는 메이요 클리닉Mayo Clinic이 평균 연령 40대의 기업체 임원 176명을 상대로 시행한 연구 결과를 인용하면서, "그들 중 3분의 1 이상이 45세 이전에 심한 긴장 상태로 살아가는 경우에 발생하는 특유의 질병인 심장질환, 소화계통 궤양, 고혈압으로 괴로워하고 있었다"고 말했다. 또한 얼마 전에 세상을 떠났다는 부유한 사업가를 언급했다. "세계에서 가장 유명한 담배 회사 사장이 얼마 전 캐나다의 한 숲으로 휴식을 취하러 갔다가 갑자기 심장마비로 사망했다. 그는 수백만 달러의 재산을 모았지만 61세에 사망한 것이다. 그는 아마도 인생과 '사업 성공'을 맞바꾼 것이리라"라고 카네기는 썼다. 《카네기 행복론》은 과거와 달리 미국인의 관심이 물질적 성공이 아니라 거기에 따르는 개인적이고 심리적인 대가로 향해야 한다는 점을 분명히 했다. 역설적이게도 20세기의 대표적인 성공 아이콘이 이제 "성공에 무슨 가치가 있는가!"라고 말하는 것이었다.[10]

카네기는 경제적 풍요가 어떤 분야에서 걱정을 초래했는지 짚어주었다. 관료주의 조직인 현대 기업은 거미줄 같은 복잡한 절차와 의사 결정 속에 사람들을 꼼짝 못하게 가둬놓음으로써 엄청난 압박감을 주었다. 한 지친 기업가는 "나는 일하는 날마다 하루의 거의 절반을 문제에 대해 토론하면서 보냈다. 이렇게 해야 할까, 저렇게 해야 할까, 아니면 하지 말아야 할까? 신경이 곤두서고 의자에 앉아 몸을 비비 꼬고 회의실 안을 돌아다니고 결론이 나지 않는 이야기를 빙빙 돌며 계속했다. 밤이 되면 말 그대로 녹초가 되어버렸다"라고 말했다. 카네기는 사람들이 하는 걱정의 70퍼센트가 돈에 관한 것이라는 〈레이디스 홈 저널〉의 여론조사 결과를 소개하며 금전적인 걱정이 야기하는 불안을 언급했다. 1930년대처럼 경제적인 부족함의 문제가 아니라 '가진 돈을 어떻게 써야 할지 모르는 상황'인 것이었다. 예산, 수입 관리, 재무 설계, 간편한 신용 구입 제도의 유혹 등 익숙지 않은 것들이 풍요로운 미국인들에게 새로운 골칫거리를 안겨주었다.[11]

현대 소비자 사회에서 훌륭하고 유용한 것 중 하나인 여가마저 예기치 않은 고통을 가져왔다. 평소 사람들은 일하느라 바빠서 초조해할 시간이 없었다. "그러나 일을 마치고 난 뒤의 시간이 위험하다. 여가 활동을 자유롭게 즐길 수 있어 가장 행복해야 할 그때에 걱정의 우울함이 우리를 공격한다. 그때 우리는 앞으로 나아가고 있는지, 판에 박힌 삶을 살고 있지 않은지, 직장상사가 오늘 한 말에 숨겨진 '의도'가 있는 것은 아닌지, 대머리가 되는 것은 아닌지 의아해하기 시작한다"라고 카네기는 적었다. 그는 이 같은 상황을 개탄하며 "불행해지는 비결은 여가에 당신이 행복한지 행복하지 않은지에 대해 신경 쓰는 것이다"라는 조지 버나드 쇼George Bernard Shaw의 말을 인용했다.[12]

그렇다면 카네기는 현대 미국을 휩쓴 심리적 불안과 걱정거리를 줄이는 특효약으로 무엇을 제시했을까? 그는 대담하게도 다시 한번 새로운 문화 윤리를 제안했다. 오늘 하루에 충실하고 자아실현을 추구하라는 것이었다. 그는 첫 챕터에서 과거의 잘못된 결정이나 불운한 상황 또는 완벽한 미래에 대한 꿈에 얽매이지 말라고 강조했다. 과거나 미래에 얽매이는 경향은 과거의 좋은 기억에 맴돌게 하거나 다가올 미래에 대해 두려움을 느끼게 하는 역효과를 낼 수 있다. 카네기는 둘 중 어떤 경우라도 '끝나버린 어제'나 '아직 오지 않은 내일'에 매달리지 말고 현재에 충실하는 것이 올바른 방법이라고 강조했다. 너무 많은 현대인이 "축적된 어제의 짐에 두려운 내일의 짐까지 얹힌 무거운 무게에 쓰러졌다"라고 그는 썼다.

당신과 나는 지금 이 순간 두 개의 영원이 만나는 지점에 서 있다. 영원히 계속될 거대한 과거와 기록된 시간의 마지막을 향해 돌진하는 미래. 우리는 둘 중 어느 쪽에서도 살 수 없다. 단 1초도. 그러나 그렇게 살려고 애쓰면 몸과 마음이 무너진다. 따라서 이제는 우리가 살 수 있는 시간만을 살도록 하자. 지금 이 순간부터 잠들기 전의 시간까지.

즉, 현재에 충실해야만 행복해질 수 있다는 것이다.[13]

카네기는 생산적일 뿐만 아니라 심리적인 만족을 주는 일을 찾아야만 자아실현이 가능해진다고 주장했다. 물론 몇 년 전까지만 해도, 19세기 희소성의 경제 속에서 많은 미국인은 일자리를 찾기만 해도 만족했을 것이다. 그러나 이제 대부분의 사람에게 물질적 풍요를 가져다준 소비자 경제의 발전으로 새로운 접근법이 필요해졌다. 카네기는 '행복과 성공을 가져다주는 일'이라는 챕터에서 그 주제를 다루었다. 그는 직업을 찾는 것이 배우자를 찾는 것과 더불어 인생에서 가장 중요한 두 가지 결정 중 하나라면서 만족감을 느끼고 즐길 수 있는 일을 찾으라고 했다. 한 유명한 사업가는 성공의 가장 중요한 요소에 대해 "즐겁게 할 수 있는 일이어야 한다. 즐기면 오랜 시간 일할 수 있고 전혀 일처럼 생각되지도 않을 것이다. 마치 놀이처럼 느껴질 것이다"라고 했다. 따라서 카네기는 직업을 찾을 때는 신중해야 하며 적성을 고려하고 직업 안내를 받고 생계 수단으로서의 가능성을 고려하는 등 관심 있는 직업에 대한 모든 것을 알아보라고 조언했다. "자신이 좋아하지 않는 일이 얼마나 많은 걱정과 후회와 절망을 안겨다 줄지" 생각해봤을 때라야 비로소 그 목표를 달성하는 가치가 있다고 했다.[14]

카네기는 사람들이 걱정을 이겨내고 직장과 집, 삶에서 행복을 찾을 다양한 방법을 제시하는 데 많은 시간을 투자했다. 서문에서는 "걱정을 멈추고 삶을 즐길 새로운 힘과 자극을 얻지 못한다면 이 책을 쓰레기통에 던져버리기 바란다. 이 책은 당신에게 쓸모가 없으니까"라고 솔직하게 말했다. 그러나 풍요의 시대에 오히려 개인의 자아실현이 어려워진 문제를 다룰 때는 익숙한 방향을 택했다. 이전 저서와 마찬가지로 심리학에 의존함으로써 안전과 위안을 추구했다. 다시 한번 그는 치유 문화에서 편안한 보금자리를 발견했다.[15]

카네기는 《카네기 행복론》의 시작 부분에서 걱정이 인간의 건강과 행복에 끼치는 부정적인 영향에 대해 살펴보면서 스스로 '응용 심리학의 창시자'라고 칭한 윌리엄 제임스의 말을 인용했다. "하나님은 우리의 죄를 용서하실지 몰라도 신경조직은 절대로 용서하지 않는다." 이것은 카네기가 다시 한번 심리학에서 해답을 찾으려고 했음을 보여준다.[16]

카네기는 현대사회의 풍요가 가져온 예측불허의 걸림돌을 거의 전적으로 정신의 적응과 연관 지어 설명했는데, 우선 자전적인 일화로 시작했다. 젊은 시절 뉴욕에 정착하려고 애쓰며 '실망과 걱정, 비통, 저항'의 세찬 파도를 벗어나려고 했지만 거의 무너질 뻔한 이야기를 들려주었다. 이제 그런 경험을 하는 사람들이 많이 증가했다. 일부 전문가들은 "미국인 스무 명 가운데 한 명은 인생 일부를 정신질환자를 위한 기관에서 보낼 것이다"라고 했다. 카네기는 현대인의 불만족에서 정신적인 측면을 강조한 저명한 정신의학자들, 치료사, 의사들의 말을 인용했다. 영국의 저명한 정신의학자 J. A. 해드필드J. A. Hadfield, '정신의학계의 메이요 형제'라 불리는 칼 메닝거Karl Menninger와 윌리엄 메닝거, 위대한 심리학자 알프레트 아들러, 가장 뛰어난 정신의학자 중 한 명인 칼 융Carl Jung, 뉴욕의 심리상담센터Psychological Service Center 소장 헨리 C. 링크, 저명한 정신분석학자 A. A. 브릴A. A. Brill 같은 전문가들이었다. 물론 윌리엄 제임스도 자주 등장시켰다. 이들의 영향을 받은 카네기는 전후 시대에 미국인의 행복을 좀먹는 불안이 막대한 정신적 위기를 초래했다고 결론 내렸다.[17]

카네기의 진단은 아슬아슬한 심리적 위기 상황을 보여주었다. 그는 전쟁이 끝난 후 지치고 불행한 상태로 삶의 목표를 잃어버린 군인의 이야기를 소개했다. 미래에 대한 끝없는 걱정에 시달리던 그는 갑자기 울음을 터뜨리거나 체중이 심하게 줄어드는 등 극심한 신경쇠약증에 걸렸다. 마침내 군 병원에 입원한 그에게 군의관은 그의 문제가 '심리적인 것'이라고 조언해주었다. 그는 그 조언 덕분에 회복에 이를 수 있었다. 카네기는 비즈니스 영역에도 접근하여 성공과 물질 소유에 집착하다 보면 "불안감과 걱정, '불안 신경증'이 만연하는 것은 당연하다"라고 말했다. 그는 풍요로운 전후의 미국에서 또 다른 위험 영역을 찾았는데 '우리가 하는 모든 걱정의 70퍼센트가 돈에 관한 것'이라는 〈레이디스 홈 저널〉의 여론 조사 결과를 인용했다. 이처럼 카네기는 현대인의 삶에 따르는 무수한 압박감, 특히 미래의 문제를 걱정하고 미래의 행복을 꿈꾸고 과거에 한 일을 후회하는 경향을 냉혹하게 비판했다. 그가 보기에 '걱정이라는 마음의 질병'은 '천연두보다 만 배나 큰 피해를 줄 정도로' 만연해졌다. 미국 사회는 '불안, 좌절, 증오,

원한, 저항, 두려움이 몸과 마음을 어떻게 파괴하는지'에 대한 놀라운 모습을 보여주었다.[18]

카네기는 사회에 만연한 마음의 질병을 치유하는 방법을 심리학에서 찾으려고 했다. 그는 약간 희석된 버전의 정신분석학을 옹호했는데 그 이유는 그것이 말의 치유력에 기초하기 때문이었다. "프로이트 시대 이후로 정신분석학자들은 환자가 말할 수만 있다면, 그저 말만 할 수 있다면 내면의 불안이 완화됨을 알고 있었다. '솔직하게 말해서 마음의 짐을 털어버리면' 거의 즉각적으로 위안이 찾아온다는 사실은 누구나 알고 있다. 이제부터 심적인 문제가 있다면 그것을 털어놓을 사람을 찾아보면 어떨까?" 그러나 카네기는 심적인 문제에 대한 평가와 현실적인 해결책 구축 같은 상식적인 전략을 더욱 강조했다. 어떤 문제가 초래할 최악의 상황에 대해 생각해보고 거기서부터 상황을 개선해나가라고 했다. "기꺼이 받아들여라. 일어난 일을 받아들이는 것이 모든 불행의 결과를 극복하는 첫걸음이다"라는 윌리엄 제임스의 말을 인용했다. 그리고 "심리적으로 그것은 에너지의 새로운 발산을 의미한다. 최악의 상황을 받아들이면 더 이상 잃을 것이 없다. 잃을 것이 없다는 것은 자연히 모든 것을 얻을 수 있음을 의미한다!"라고 덧붙였다. 카네기는 불안을 극복하는 방법으로 오랜 세월에 걸쳐 효과가 증명된 방법인 일과 행동에 몰두하는 것을 추천했다. "'작업치료'는 정신의학에서 일을 마치 약처럼 처방할 때 사용하는 용어이다. 어떤 정신의학자라도 일을 하는 것, 즉 계속 바쁘게 지내는 것이야말로 병든 신경을 위한 최고의 마취제라고 말할 것이다."[19]

그러나 카네기가 걱정 해소를 위한 심리적 해결책으로 가장 선호한 방법은 오래전부터 그의 사고방식에 영향을 끼친 긍정적 사고에서 나왔다. 긍정적 사고는 정신적 자원을 이용해 사회적 현실을 만들 수 있다고 강조했다. 《카네기 행복론》의 제4부에서 카네기는 다시 한번 긍정적 사고가 가진 치유력에 의존했다. '평안과 행복을 가져다주는 7가지 정신 상태'라는 제목이 붙은 제4부에서는 '내면의 안정과 행복으로 이어지는 마음가짐'에 대해 이야기했다. "나는 나이를 먹을수록 생각에 깃든 놀라운 힘에 더 큰 확신이 생긴다. 나는 사람들이 생각을 바꿈으로써 걱정, 두려움, 각종 병을 몰아내고 삶을 변화시킬 수 있다는 사실을 안다. 나는 안다. 정말 안다. 정말로 안다!"라고 더욱 힘주어 말했다.[20]

그의 흔들리지 않는 확신의 토대는 몸과 마음, 정신과 육체의 화합에서 나왔다. 그는 "몸과 마음은 하나이므로 따로 고치려고 해서는 안 된다"고 한 플라톤, "우리의 인생은 우리의 생각으로 만들어진다"고 한 마르쿠스 아우렐리우스, "행동이 감정을 따라가는 것처럼 보이지만 사실 행동과 감정은 동시에 일어난다. 의지에 직접 통제받는 행동을 조절하면 의지의 통제를 받지 않는 감정을 간접적으로 조절할 수 있다"고 한 윌리엄 제임스에 이르기까지 위대한 사상가들의 말을 인용하여 자신의 주장을 뒷받침했다. 긍정적인 생각을 하고 부정적인 마음가짐을 몰아내면 자아실현에 이로운 상황이 만들어진다고 카네기는 믿었다. "그렇다. 우리는 행복한 생각을 하면 행복해질 것이다. 불행한 생각을 하면 불행해질 것이다. 두려운 생각을 하면 두려워질 것이다. 병에 걸리는 생각을 하면 몸이 아플 것이고 실패를 생각하면 분명히 실패할 것이다. 자기연민에 빠지면 모든 사람이 우리를 피할 것이다. 노먼 빈센트 필은 '당신은 당신이 생각하는 당신이 아니라 당신의 생각이 바로 당신이다'라고 말했다."[21]

또 카네기는 매우 고무적인 분위기로 '마법 같은 생각의 힘'을 활용해 걱정을 없애라고 주장했다. 마음의 평화와 삶에서 느끼는 즐거움은 "전적으로 정신 상태에서 나온다. 외부 조건은 큰 관계가 없다"라고 강조했다. 즉, 행복은 정신 상태라는 것이다. "하늘에 우러러 거짓 없는 밝은 미소를 지어본다. 어깨를 뒤로 젖히고 심호흡을 하고 노래 한 소절을 불러본다. 노래를 잘 못하면 휘파람을 불어보자. 그러면 윌리엄 제임스가 한 말이 무슨 뜻인지 곧 알게 될 것이다. 행복할 때 나타나는 증상을 행동에 옮기는 동안에는 침울하거나 의기소침해지는 것이 물리적으로 불가능하다는 것을!"[22]

약간 역설적이지만 카네기는 자신의 과거 유물을 더함으로써 긍정적인 사고에 힘을 실었다. 그는 성인이 된 이후 유년 시절 어머니에 의해 주입된 엄격한 개신교의 가르침을 거부했고 사생활에서나 책에서나 종교에 대해 이야기하는 일이 드물었다. 그러나 《카네기 행복론》에서는 영적인 믿음으로 돌아갔다. 그러나 종교로의 회의라기보다는 종교가 가진 정서적인 효용성에 대한 깨달음에 더 가까웠다. "나는 종교의 새로운 개념을 향해 나아갔다. 나는 더 이상 기독교를 가르는 교리 차이에는 관심이 없다."

하지만 종교가 나에게 어떤 도움을 주는지에 대해서는 지대한 관심이 있다. 전기와 양질의 음식, 물이 나에게 주는 도움에 관심을 가지는 것이나 마찬가지다. 이것들은 내가 더 풍요롭고 충만하고 행복하게 살 수 있도록 도와준다. 하지만 종교는 그보다 훨씬 큰 도움을 준다. 종교는 내게 정신적인 가치를 가져다준다. 윌리엄 제임스의 말처럼 "인생을 위한 새로운 활력, 더 많은 삶, 더 크고 풍요롭고 만족스러운 삶"을 준다. 종교는 나에게 신념, 희망, 용기를 준다. 종교는 긴장, 불안, 두려움, 걱정을 없애준다.[23]

다시 말해서 이제 카네기는 종교의 치유 기능을 받아들였다. 구원의 문제나 삼위일체나 복음에 관해서는 언급하지 않았다. 대신 그는 현대인의 행복과 성취를 위하여 영성, 심리학, 종교, 과학이 하나로 합쳐진 방법을 활용해야 한다고 주장했다. 한 예로 많은 정신의학자가 기도와 종교적 믿음이 삶에서 많은 불안과 압박을 없애준다고 말했다고 했다. "정신의학이라는 최신 학문에서는 예수 그리스도가 가르쳤던 것들을 가르친다"라고 적었다. "오늘날에는 정신의학자가 복음 전도자가 되고 있다. 그들은 우리에게 이 세상의 지옥 불을 피하라고 재촉한다. 위궤양, 협심증, 신경쇠약, 정신이상 같은 지옥 불 말이다." 카네기는 몇몇 저명한 심리학자들을 증인으로 내세웠다. 칼 융은 "내 환자 중에 인생의 최종적인 문제가 인생에 대한 종교적 견해를 찾는 것이 아닌 경우는 한 명도 없었다. 그들이 병에 걸린 이유는 모든 시대의 살아 있는 종교가 신도들에게 주었던 것을 잃어버렸기 때문이었으며 자신의 종교적 견해를 되찾지 못한 사람은 누구도 진정으로 치유되지 않았다"라고 썼다. 윌리엄 제임스도 의견을 같이 했다. "믿음은 인간이 살아갈 수 있게 하는 원동력이다. 믿음이 전혀 없다는 것은 무너짐을 의미한다."[24]

카네기는 이러한 경고를 가슴에 새겼다. 자신 역시 전국으로 강연을 다니면서 항상 서두르고 스트레스를 받으며 불안하게 살아왔다고 고백했다. 그래서 교회에 들르는 습관이 생겼다. 평일 오후에 눈에 띄는 교회에 들러 조용한 사색의 시간을 가졌다. "나는 스스로 '잠깐만, 데일 카네기. 왜 그렇게 미친 듯이 서두르는 거지? 잠깐 멈추고 균형을 찾아야 해'라고 말한다." 그는 이어서 "그렇게 하면 초조함이 진정되고 몸이 휴식을 취하며 시각이 분명해지고 가치를 재평가하는 데 도움이 된다"라고 덧붙였다.25

결국 카네기는 이러한 치유법을 통해 전후의 미국에 닥친 또 다른 중요한 문제에 개입하게 되었다. 그는 10년 앞서 발표한 《카네기 인간관계론》에서 현대 미국의 관료주의적 상호작용과 소비자 기대, 여가 욕구에 정확히 들어맞는 새로운 성격 패러다임을 강조했다. 전후로 접어든 지금, 그는 자신이 크게 기여한 새로운 유형의 인간이 낳은 결과에 직면했다. 결과적으로 그는 미국인의 행동과 믿음의 본질을 파고드는 격렬한 논쟁의 한가운데에 놓이게 되었다.

1950년, 데이비드 리스먼David Riesman은 현대 미국 사회를 분석한 《고독한 군중: 변화하는 미국인의 성격 연구The Lonely Crowd: A Study of the Changing American Character》*라는 책을 내놓았다. 시카고 대학교의 사회학 교수로 법학과 문학을 공부한 리스먼은 현대사회에 새롭게 등장한 인간 유형에 매료되었다. 그는 생산과 기업가 정신에 몰두한 19세

---

* 국내 2011년 동서문화사 등 다수 출판사 발간.

기 사회에는 강한 도덕적 가치와 확고한 성품, 끈덕진 노동 윤리를 가진 '내부지향형 성격inner-directed personality'이 개인의 삶을 주도했다고 설명했다. 그러나 20세기 초에 이르러 소비주의, 관료주의 노동 형태, 여가 기회 등에 의해 급격히 발전한 복잡한 경제는 새로운 '타인지향형 성격other-directed personality'을 등장시켰다. 타인지향형 인간은 타인과의 끝없는 상호작용 속에서 살아가며 성격적 특징과 능숙한 인간관계가 성공과 목표 달성을 좌우한다.[26]

리스먼은 현대인의 성격 유형을 자세하게 설명했다. 가족, 교회, 경제가 내재화시킨 원칙에 따라 모든 것을 혼자 힘으로 해냈던 내부지향형과 달리 1920년경에 등장한 범세계적이고 도시적인 인간은 훨씬 광범위한 영향력과 접촉하고 반응한다.

> 타인지향형은 '새로운' 중산층, 즉 관료, 기업 샐러리맨들의 전형적인 성격이 되어가고 있다. 타인지향형 현대인의 보편적 특징은 동시대에 살아가는 타인이 그들에게 방향을 제시한다는 점이다. 자신이 아는 사람이거나 친구나 미디어를 통해 간접적으로 아는 사람일 수도 있다. (……) 인간은 누구나 때때로 타인의 호감을 얻고 싶어 하고 그래야만 하지만, 그것을 주된 관심 영역으로 삼는 사람은 타인지향형 인간뿐이다. (……) 개인이 어떤 사람이고 무엇을 하는지보다 타인이 그를 어떻게 생각하는지가 중요하며 타인을 조종하고 타인에게 조종당하는 능력이 사회 계층간 이동을 좌우한다. (……) 타인지향형 인간에게는 여전히 사회적 이동 욕구가 단단히 자리잡고 있다. 그러나 이제는 생필품도 기계도 아닌 성격이 가장 수요가 많은 상품이다.[27]

이처럼 현대인은 다양한 사람들에게서 나오는 신호를 처리하고 관료주의에 필요한 기술을 연마하고 타인에게 호감을 주고 싶어 자아를 조종하고 성격을 만들어나가게 되었으므로 그에 따른 성공 법칙도 새롭게 만들어졌다. 리스먼에 따르면 현대인에게는 '상호작용적 특징'이 성공 열쇠였다. "현대인은 존경받기보다는 사랑받기를 원한다. 다른 사람을 억압하거나 속이거나 감동시키기를 원하지 않으며 그들과 관계 맺기를 원한다. 다른 사람들과 정서적으로 조화를 이룬다는 확신을 원한다."[28]

리스먼은 내부지향형에서 타인지향형 개인주의로의 변화 과정을 적절한 비유로 설명했다. 자신의 원칙에 따라 목표를 추구한 19세기 인간은 내부의 '자이로스코프', 즉 부모를 비롯한 권위자들이 외부 상황에 상관없이 설정한 나침반에 따라 살아갔다. 그러나 타인지향형 인간은 타인과의 상호작용으로 정의되는 넓은 세상에서 움직인다. 따라서 그는 "넓은 영역에 걸쳐 신호를 받을 수 있어야 한다. 신호의 근원지는 다수이며 급속도로 변한다. 타인지향형은 내재화된 나침반에 의해 움직이기보다 더욱 정교한 심리적 장치인 레이더를 따른다." 개인의 레이더는 타인이 보내는 신호를 끊임없이 참고하여 인생 경로를 보여준다.[29]

리스먼은 역사적으로 모든 문화는 항상 그것이 만들어낸 성격 유형을 제어하려 한다고 강조했다. 이제는 거의 소멸한 전통지향형 성격 유형은 긴밀한 유대관계로 이어진 소규모 공동체 농경 사회에서 등장했는데, 이 유형은 널리 승인된 행동 기준을 어겼을 시 수치심을 느껴야만 했다. 내부 설정으로 움직이는 기업가적인 내부지향형은 경로를 이탈하면 죄책감을 느꼈다. 그러나 타인이 보내는 엄청나게 많고 빠르고 다양한 신호를 해석하느라 바쁘게 움직이는 현대의 타인지향형 인간은 성공을 위해 나아가면서 불안감으로 고통받았다. 타인과 정서적 조화를 이루기 위해 끊임없이 노력해야 하므로 "소비자 교육을 받는 아동이나 부모, 근로자, 선수로 느끼는 불안감이 매우 심하다"라고 리스먼은 적었다. "그는 집단에 적응할 방법을 찾기만 하면 삶이 쉬워질 것이라는 환상과 그렇지 않다는 반쯤 숨겨진 감정 사이에서 괴로워한다."30

《고독한 군중》은 전후 시대 미국 문화에 나타난 강력한 불안감을 다루었다. 대공황과 전쟁은 끝났지만 풍요로운 교외 생활과 사회적 지위 추구에 따르는 심적 부담감으로 혼란스러운 시대의 불안감을 포착했다. 그 책은 학술 서적으로는 전례 없이 150만 부가 팔려나갔고 저자가 〈타임〉 표지를 장식했다. 대학교수로서는 더욱 전례 없는 일이었다. 〈타임〉 표지에는 탐구하는 듯한 진지한 표정의 '사회학자 데이비드 리스먼' 뒤로 자이로스코프를 등에 끈으로 매고 힘차고 자신 있게 걸어가는 구레나룻을 기른 빅토리아 시대 기업가와 레이더 접시를 짊어지고 간절한 표정으로 나아가는 현대 사업가의 그림이 실렸다. 〈타임〉은 리스먼의 사상을 가리켜 급속한 변화로 '미국의 자화상이 초점에서 벗어난' 전후 시대에 대한 반응이라고 설명했다. 또한 많은 사람이 이전의 계급투쟁이나 프런티어 이론*을 벗어난 현대인의 생활을 이해할 방법을 절실하게 찾고 있으며 "리스먼이 그 수많은 미국인

---

* 역사학자 프레더릭 터너가 내놓은 이론으로 개척의 역사가 곧 미국 민주주의의 역사라는 내용이다.

을 이끌고 있는 것으로 보인다. 리스먼의 해석은 일종의 고전적인 지위를 달성했다"라고 평가했다.31

실제로 1940년대 후반에 이르러 미국 문화는 타인지향형 성격이 초래한 불안으로 넘쳐나는 것처럼 보였다. 1948년에 전문가 집단이 실시한 〈라이프〉 원탁회의는 전후 미국의 절박한 행복 추구 현상을 분석했다. 레너드 번스타인Leonard Bernstein은 1949년에 교향곡 제2번 〈불안의 시대〉를 선보였고 같은 해에 퓰리처상을 받은 아서 밀러Arthur Miller의 희곡 〈세일즈맨의 죽음〉이 브로드웨이에서 공연되었다. 타인의 호감을 얻고 싶은 욕망이 간절하지만 인간관계에 실패하고 자신을 파는 데도 실패하자 불안해진 나머지 자살을 결심하는 윌리 로먼Willy Loman의 가슴 아픈 이야기를 그린 작품이었다. 랍비 조슈아 리브먼Joshua Liebman의 베스트셀러 《마음의 평화Peace of Mind》(1946년)는 영적인 가치와 자존감으로 불행을 극복하는 자기계발 공식을 내놓았고, 실존주의 심리학자 롤로 메이Rollo May는 《불안의 의미The Meaning of Anxiety》(1950년)에서 제목 그대로 불안의 의미를 탐구했다. 한편 정치 분야에서는 '불안 시대의 정치'라는 챕터로 시작하는 아서 슐레진저 2세Arthur Schlesinger, Jr.의 《역동적 중심The Vital Center》(1949년)이 큰 영향을 끼쳤다.32

그러나 리스먼이 제시한 타인지향형 현대인의 가장 훌륭한 전형은 의심할 나위 없이 데일 카네기였다. 카네기가 1930년대에 내놓은 베스트셀러 《카네기 인간관계론》은 관료주의와 소비자 경제로 이루어진 복잡한 현대사회를 살아가려면 현대적인 성격 유형이 필요하다는 것을 분명히 보여주었다. 타인에게 중요한 사람이라고 느끼게 해주고,

호감 가는 성격을 보여주고, 타인을 설득하고, 집단 역학에 민감한 레이더 기술이 필요했다. 또한 카네기는 1948년에 발표한 두 번째 베스트셀러에서 새로운 문화 환경의 결과 즉, 리스먼이 설명한 대로 레이더에 걸리는 엄청난 외부 신호를 처리해야만 하는 타인지향형 인간을 괴롭히는 불안감을 다루었다. 실제로 리스먼은 카네기를 언급했다. 《고독한 군중》에서 카네기의 첫 번째 베스트셀러가 "성공뿐만 아니라 인기라는, 일과 연관 없는 모호한 목표를 위해서도 자기조종을 권한다"라고 언급했다. 그리고 카네기의 두 번째 베스트셀러가 제2차 세계대전 이후 '공황에서 완전 고용으로의 변화'뿐만 아니라 "개인의 운명을 사회적 지위에 적응시키기 위해 유아론적인 방법으로" 자기조종을 활용해야만 하는 압박감에 대하여 다룬다고 평가했다.33

리스먼이 카네기에게 느낀 지적 동지애는 정확했다. 정말로 《카네기 행복론》은 전후 미국 사회에서 불안감에 시달리는 타인지향형 인간의 문제를 가장 분명하고 강력한 문화 신호를 이용해 널리 퍼뜨렸다. 그 성격 유형의 원본을 창조했던 카네기는 이제 본능적으로 그것이 가져온 정서적 문제를 제거하는 일에 관심을 기울였다. 그가 제시한 해결책은 두 가지였다. 첫째, 타인지향형 인간은 행복을 가져다주는 진짜 신호와 경로에서 벗어나게 하는 위험한 잡음을 잡아내도록 레이더를 조정해야만 한다. 둘째, 타인지향형 인간은 사회적 요구에 더욱 매끄럽게 적응함으로써 정서적 격리보다 조화를 추구해야 한다.

카네기는 레이더 눈금을 미세하게 매겨야 하는 문제에 관심을 기울였다. 그는 기존보다 더욱 정교하게 발전한 인간관계 기술을 보여주었는데, 인간관계의 기복을 받아들이는 데 행복이 있다고 주장했다.

예를 들어 성공한 사람은 동료와 친구, 가족의 부정적인 행동에 눈을 치켜들기보다 창조적으로 대처해야 한다. 카네기는 배은망덕함, 시기, 질투는 인간의 본성이므로 예상해야 한다고 조언했다. 예수도 나병 환자들을 치료해주었지만 별다른 감사를 받지 못했다면서 "왜 우리는 우리가 베푼 작은 친절에 대해 예수가 받은 감사보다 더 큰 감사를 기대하는 것일까?"라고 했다. 여기에서 얻는 교훈은 분명했다. "인간의 본성은 지금껏 그리고 언제까지나 인간의 본성이었고, 아마도 당신의 일생 동안 변하지 않을 것이다. 그러니 그 본성을 받아들이는 것이 어떨까? 타인에게 감사를 기대하지 말자. 그러면 어쩌다 감사 인사를 받을 때 반가운 놀라움으로 다가올 것이다. 그리고 감사 인사를 받지 못해도 기분 상하지 않을 것이다." 이러한 마음가짐은 두통과 스트레스를 피하기 위해 꼭 필요하다. 적을 미워하고 비난하는 데만 매달리지 말고 용서하고 잊으려고 해야 한다. 마음의 평안과 유쾌한 유머 감각을 발전시켜야 한다. '원수를 사랑하라'는 예수의 가르침은 "건전한 도덕성에 관한 설교인 것만은 아니다. 예수는 20세기 의학에 관해서도 설교하고 있었던 것이다. 예수는 당신과 내가 고혈압, 심장질환, 위궤양, 그 밖에 많은 질병에 걸리지 않을 방법을 말하고 있었다"라고 카네기는 썼다.[34]

실제로 카네기는 현명한 사람이라면 비판을 적극적으로 구해야 한다고 했다. 그는 '내가 저지른 어리석은 행동들'이라는 기록을 보관하고 있다면서 독자들에게 "모든 사람은 하루에 적어도 5분씩은 바보가 된다. 그 한도를 넘지 않는 것이 지혜다"라는 엘버트 허버드의 말을 인용했다. 반대나 비난의 말이라도 귀 기울이고 타당성이 있는지 판단해야 한다. "누구나 비난이나 칭찬이 정당한지에 관계없이 비난을 불쾌해하고 칭찬은 기꺼이 받아들이는 경향이 있다"라고 카네기는 지적했다. 하지만 마음이 건강하고 차분한 사람이라면 "어쩌면 내가 이런 비난을 받을 만한지도 몰라. 그렇다면 오히려 고마워하고 득이 될 수 있도록 해야지"라고 할 것이다. 카네기는 불안을 피하는 방법으로 자신의 믿을 수 있는 원칙을 제시했다. "우리가 저지른 바보 같은 짓을 기록하고 스스로를 비판하자. 편견 없고 유익하고 건설적인 비판을 요청하자."[35]

그러나 마음이 건강한 사람은 자신의 행복을 추구하는 하나의 방법으로 자기 자신을 초월해 타인의 행복을 추구할 필요가 있다. 반면 타인의 성취와 만족, 인정에 레이더의 눈금을 맞추고 기대에 부응하려고 애쓰다 보면 신기하게도 눈앞에 불행만 비친다. 행복한 사람은 자기연민에 빠져서 자신에게만 관심이 집중되기를 바라지 않는다. 조지 버나드 쇼의 말에 따르자면 행복한 사람은 "세상이 왜 나를 행복하게 만드는 데 헌신하지 않느냐며 괴로워하고 슬퍼하고 불평하는 자기중심적이고 속 좁은 바보"가 아니다. 행복한 사람은 타인을 세심하게 배려한다. 카네기는 책에 이렇게 적었다. "식료품점 점원, 신문 가판대 주인, 당신의 구두를 닦아주는 길모퉁이의 구두닦이는 어떤가? 그들도 골칫거리와 꿈, 개인적인 포부로 충만한 사람이다. 또한 그들은 누군가와 그것을 공유할 기회만을 기다린다. 하지만 당신은 그들에게 그런 기회를 선사한 적이 있는가? 한 번이라도 그들이나 그들의 삶에 적극적이고 솔직한 관심을 보여준 적이 있는가? 나이팅게일이나 사회 개혁가가 아니라도 이 세상, 당신이 속한 세상을 보다 좋은 곳으로 만드는 데 일조할 수 있다. 당장 내일 아침에 만나는 사람에게 먼저 시작하라! 그것이 당신에게 무슨 득이 되냐고? 훨씬 커다란 행복을 준다! 당신 자신에 대한 더 큰 만족감과 자부심을 준다!" 그는 누구나 사랑받기를 갈망하지만 사랑받는 유일한 방법은 "사랑을 바라는 것을 멈추고 대가를 바라지 않은 채 사랑을 쏟아주는 것이다"라고 결론지었다.36

이번에도 카네기는 저명한 심리학자들을 끌어들여 주장을 뒷받침했다. 오랫동안 정신의학자로 일한 그의 친구 헨리 C. 링크는 "내 생각에 현대 심리학의 가장 중요한 발견은 자기희생이나 자아실현과 행복의 훈련 필요성을 과학적으로 증명한 것이다"라고 말했다. 칼 융은 자신의 환자들 가운데 약 3분의 1은 임상적으로 정의할 수 있는 신경증으로 고통받는 사람들이 아니라 '무의미하고 공허한 삶으로' 고통받는 사람들이라고 했다. 이러한 상태는 '다른 사람을 돕는 일에 관심을 가지려고' 노력하기만 해도 개선될 수 있다. '위대한 정신의학자' 알프레트 아들러는 저서 《심리학이란 무엇인가》에서 우울증의 해결책을 제시했다. "매일 어떻게 하면 누군가를 기분 좋게 할 수 있는지 생각하라. (……) 인생에서 가장 큰 어려움을 겪는 사람들은 바로 주변 사람에게 관심을 보이지 않는 이들이다." 카네기는 아들러의 조언에서 자신만의 원칙을 이끌어냈다. "타인에게 관심을 기울이면 당신에 대한 걱정거리를 잊을 수 있다. 친구를 많이 사귀고 즐겁게 지내는 데도 도움이 된다. (……) 타인에게 작은 행복을 만들어주려고 노력함으로써 우리의 불행은 잊자. 우리는 타인에게 선행을 베풂으로써 자신에게 최선을 다할 수 있다."37

이처럼 개인의 레이더 눈금을 더욱 세심하게 맞추는 것이 카네기가 제시한 첫 번째 불안의 처방전이라면 두 번째는 적응에 달려 있었다. 카네기는 힘겨운 사회적 요구와 익숙하지 않은 심적 부담감은 비통함이나 분함보다 이해와 차분한 수용을 통해 가장 효과적으로 감당할 수 있다고 주장했다. 그는 《카네기 행복론》의 주요 챕터인 '피할 수 없으면 받아들여라'에서 삶의 압박을 받아들여야 한다고 했다. "수십 년을 살아가는 동안 우리는 대단히 많은 불쾌한 상황과 마주하게 될 것이다. '불쾌할 수밖에 없는' 상황들이다. 하지만 우리에게는 선택권이 있다. 피할 수 없음을 받아들이고 적응하거나 아니면 받아들이지 않고 저항함으로써 삶을 망치고 신경쇠약증에 걸리는 것이다."[38]

그것은 개인적인 결정이다. 카네기는 세상에 적응하는 책임이 각자에게 있으며 역경에 어떻게 대처하는가가 심리 상태를 결정한다고 믿었다. "환경이 우리의 행복과 불행을 결정할 수 없다는 것은 분명하다. 우리가 환경에 반응하는 방식도 우리의 감정을 결정한다. 예수는 천국이 네 안에 있다고 말씀하셨다. 그 안에는 지옥도 있을 수 있다"라고 카네기는 말했다. 삶의 고난이나 불공평함에 불평하거나 괴로워할 수도 있지만 가진 것을 최대한 이용할 수도 있다. 그가 다른 챕터에서 설명했듯이 "레몬이 있으면 레모네이드를 만들 수 있는 것이다." 그는 제대로 대처하기만 한다면 역경이 개선 또는 성취를 위한 자극제가 될 수 있다고 했다. 알프레트 아들러는 인간에게 주어진 가장 값진 능력은 '마이너스를 플러스로 바꾸는 힘'이라고 했다. 윌리엄 제임스도 같은 견해를 보였다. "우리의 약점은 예상치 않게 우리를 도와준다."[39]

그러나 카네기는 좋은 쪽으로 바뀔 수 없는 것들도 있음을 알고 있었다. 절대로 변하지 않는 상황도 있다는 것을 말이다. 그런 경우라면 "우리는 머잖아 배워야만 한다. 피할 수 없다면 받아들여야만 한다는 사실을"이라고 조언했다. 여기에서 카네기는 "단념할 줄 아는 것은 인생 여정을 준비하는 데 가장 중요한 것이다"라는 쇼펜하우어의 말을 소개했다. 하지만 그는 한 가지 중요한 점을 구별했다. "내가 지금 우리 앞에 닥치는 모든 역경에 굴복하라고 주장하는가? 절대로 그렇지 않다! 그것은 운명론에 지나지 않는다"라고 주장했다. "상황을 수습할 수만 있다면 싸워야 한다. 하지만 상식적으로 그럴 수밖에 없는 상황이라면, 절대로 바뀔 수 없다면, 온전한 정신을 유지하기 위해서라도 불가능한 일로 앞뒤 둘러보고 슬퍼하며 갈망하지는 말자."[40]

물론 개선할 수 있는 상황과 매우 어려운 상황의 차이를 설명하는 것이 중요했다. 이에 카네기는 독자들에게 '내가 발견한 걱정에 관한 최고의 조언'을 전해주었다. 그것은 바로 기도였다. "얼굴을 씻을 때마다 마음에서 모든 걱정도 씻어낼 수 있도록 화장실 거울에 붙여놓아야 할 단어들이다." 그것은 저명한 신학자 라인홀트 니부어가 쓴 기도문이다. "신이여, 허락해주옵소서. 바꿀 수 없는 것들을 받아들일 평온과 바꿀 수 있는 것들을 바꿀 용기를. 그리고 그 차이를 구별할 지혜를 주옵소서."[41]

불안에 빠진 타인지향형 현대인을 위한 카네기의 궁극적인 조언은 "자존감을 가꾸라"는 것으로 역시 치유 성향을 나타냈다. 개인의 레이더를 민감하게 조절하고 사회적 요구에 적응하는 것도 물론 중요하지만 최종적으로 불안을 물리치는 것은 자신을 가치 있게 여기는 마음이었다. 카네기는 매우 고무적으로 그 주제를 다루었다. "어떤 경우라도 항상 당신 자신이 되어라. (……) 당신과 나에게는 그럴 능력이 있다. 그러니 단 1초라도 걱정에 시간을 낭비하지 말자. 왜냐하면 우리는 다른 사람들과 다르기 때문이다. 당신은 이 세상에서 새로운 무엇이다"라고 했다. "당신은 당신 자신만을 노래할 수 있다. 당신 자신만을 그릴 수 있다. 당신은 당신의 경험, 당신의 환경, 당신을 만든 유전자일 수밖에 없다. 좋든 싫든 당신은 당신의 작은 정원을 가꿔야 한다. (……) 타인을 모방하려고 하지 말자. 우리 자신을 찾고 우리 자신이 되자."[42]

카네기는 책 중반부에서 치유 프로그램의 형식으로 자존감에 관한 조언을 요약했다. 개인에게 평안과 안정을 주는 단계로 이루어진 '오늘 하루만은'이라는 프로그램으로 타인지향형 현대인의 불안을 해소해줄 수 있었다.

1. 오늘 하루만은 행복하게 지낼 것이다. (……) 행복은 내부에서 나온다. 외부적인 문제가 아니다.
2. 오늘 하루만은 나 자신의 욕망에 모든 것을 맞추려 하지 않고 있는 그대로의 상황에 나를 맞추려고 할 것이다. 나의 가족, 일, 운을 있는 그대로 받아들이고 나 자신을 거기에 맞출 것이다. (……)
3. 오늘 하루만은 내 몸에 신경 쓸 것이다. 운동하고 돌보고 영양을 공급할 것이다.
4. 오늘 하루만은 정신을 강화할 것이다. 쓸모 있는 무언가를 배울 것이다. (……)

5. 오늘 하루만은 세 가지 방법으로 영혼을 단련할 것이다. 누군가에게 선행을 베풀겠다. (……) 그리고 윌리엄 제임스의 제안대로 하고 싶지 않은 일을 연습 삼아서 적어도 두 가지 하겠다.
6. 오늘 하루만은 유쾌한 사람이 되겠다. (……) 전혀 비판하지 않고 어떤 것에도 흠을 잡지 않고 누군가를 통제하거나 개선하려고 하지 않을 것이다.
7. 오늘 하루만은 내 인생의 모든 문제를 한 번에 해결하려고 하지 않고 충실하게 살려고 노력할 것이다. (……)
8. 오늘 하루만은 계획을 세워볼 것이다. (……) 정확히 그대로 따르지는 못한다 해도 서두름과 우유부단함이라는 두 가지 해로움이 사라질 것이다.
9. 오늘 하루만은 30분 동안 혼자만의 조용한 휴식 시간을 가질 것이다. 30분 동안 조금이라도 균형 잡힌 시각으로 내 인생을 바라볼 수 있도록 신에 대해 생각할 것이다.
10. 오늘 하루만은 두려워하지 않을 것이다. 특히 행복해지는 것에 대해, 아름다움을 즐기는 것에 대해, 사랑하는 것에 대해, 내가 사랑하는 사람들이 나를 사랑한다고 믿는 것에 두려움을 가지지 않을 것이다.

 이것은 앞으로 미국 문화 속으로 물밀 듯이 몰려올, 자존감 달성을 목표로 하는 수없이 많은 12단계 프로그램의 원형이었다.[43]
 《카네기 인간관계론》이 미로 같은 현대 관료주의 사회에서 성공하고자 애쓰는 1930년대의 미국 문화를 포착했다면, 《카네기 행복론》

은 물질적으로는 풍요롭지만 심적으로는 혼란에 빠진 전후 미국에 만연한 불안감을 다루었다. 카네기는 첫 번째 책으로는 경제적 결핍에 시달리며 시대에 어울리지 않는 성공 원칙으로 고군분투하는 사람들에게 믿을 만한 지침을 제공했다. 그리고 두 번째 책으로는 풍요가 가져온 예기치 못한 불안감으로 고통받는 현대인에게 위안이 되는 치유 설명서를 제공했다.

| 17장 |

열정이야말로 그의 가장 큰 매력이었다

1950년대로 접어들면서 데일 카네기에게는 행복해야 할 이유가 넘쳐 났다. 이제 60대로 접어든 그는 사랑받는 강사이자 인기 작가로 거둔 결실을 즐기고 있었다. 전국을 다니며 힘찬 강연을 하고 유명한 카네기 강좌를 통해 열광적인 청중과 존경심으로 가득한 수강생들을 끌어당겼다. 일상생활에서도 사람들의 관심을 받는 유명인사였다. 아내 도러시는 "책이나 신문에서 남편의 사진을 본 사람들이 거리에서 그를 알아봤다"라고 말했다. 물론 카네기는 대중이 보내는 열렬한 관심과 존경을 즐겼다. 그러나 자신을 깎아내리는 사람들에게는 겸손한 농담으로 가볍게 웃어넘겼다. "클라크 게이블의 등장으로 내 큼지막한 귀는 최신 유행이 되었다"라는 농담도 종종 했다.[1]

카네기의 사생활 역시 만족스러운 그림을 갖추었다. 1940년대 중반에 지성을 겸비한 매력적이고 강인한 젊은 여성과 결혼해 포리스트 힐스의 아름다운 자택에 정착한 그는 안정된 가정생활이 주는 편안함을 만끽했다. 카네기가 나이 들어가면서 강연과 저술, 대중연설로 이루어진 빡빡한 일정을 차츰 줄여감에 따라 카네기앤드어소시에이츠의 경영에서 도러시가 맡은 비중이 훨씬 커졌다. 카네기는 일에 쏟는 시간을 줄였고 일과 가정이라는 두 영역에서 은퇴 비슷한 생활을 즐겼다. 그런데 평온하기만 했던 그의 삶에 갑작스러운 변화가 찾아왔다. 63세의 나이에 예상치 못하게 딸이 태어난 것이었다. 딸의 탄생은 카네기의 삶에 새로운 기쁨을 더해주었다.

그러나 애석하게도 공적인 인지도와 행복한 가정생활이 최절정에 이른 1950년대 초반에 카네기는 조금씩 균형을 잃고 흔들리기 시작했다. 그가 보인 기이한 행동에 가족과 친구들은 대중의 사랑을 한몸에 받는 이 남자에게 심각한 문제가 생겼음을 분명히 알게 되었다. 카네기는 어떤 병에 걸린 것이 분명해 보였다. 알 수 없는 그 병은 그의 정신과 신체를 나약하게 했고 1950년대 중반에 그를 끝없는 소용돌이로 떨어뜨렸다. 그러나 그가 미국 문화에 남긴 유산은 이미 굳건해진 뒤였다.

1950년대로 접어들 무렵, 카네기의 경력은 찬사와 칭찬의 연속이었다. 당대 미국 최고의 유명인사라는 지위에 걸맞게 강연 초청이 끊이지 않았고 어느 장문의 신문 기사에 나왔듯이 '어디에서나 끊임없는 수요가 있는 강연자'였다. 그는 전국을 순회하며 원고나 메모 없이 자신의 트레이드마크인 15×20센티미터 규격 카드를 이용해 강연했다. 미니아폴리스에서 강연이 끝나고 한 청중이 악수하러 연단에 올라갔다가 대여섯 장의 카드를 보았다. 각 카드에는 단어가 하나씩 인쇄되어 있을 뿐이었다. "카네기 씨는 그런 카드가 잔뜩 있다고 했다.

그중에서 강연 내용을 요약하는 카드 몇 장만 골라서 가지고 다닌다고. 일화를 효과적인 소재로 활용하므로 자세한 요약이 필요 없다고 했다."2

카네기는 강연에서 주로 자신의 책에 담긴 메시지를 전달했다. 인간관계와 성공원칙, 혹은 걱정을 없애고 마음의 평안을 얻는 방법 하나를 강조하는 식이었다. 그러나 그의 강연이 매력적인 이유는 내용이 아니라 스타일 때문이었다. 오랜 경험에서 갈고닦은 절제된 대화 스타일은 청중의 관심을 확 끌어당겨서 붙잡아 놓았다. 혹자는 "사람들은 그가 본래 모습 그대로 말한다는 것을 알 수 있었다. 그는 유머가 넘쳤고 진솔했으며 온화하고 전혀 고루하지 않았다. 신뢰할 수 있다는 느낌을 주었다"라고 말했다. 카네기의 강연은 경쾌함과 삶에 대한 열정과 기쁨으로 넘쳐흘렀다. 그는 무대에 설 때마다 열정으로 활기를 띠었고 중서부 출신 특유의 콧소리와 자신을 깎아내리는 겸손한 유머, 일화 소개, 삶의 가능성에 대한 찬사로 청중을 사로잡았다.3

카네기는 수많은 강연에서 깊은 인상을 남겼다.《카네기 행복론》이 출간되고 몇 달이 지났을 때, 보스턴의 사업가 단체가 그를 초청해 '보스턴 심포니 홀'에서 강연을 부탁했다. 그 단체의 회장이자 뉴잉글랜드 동부의 카네기 강좌 스폰서인 J. 고든 맥키논J. Gordon MacKinnon이 강연을 주최했다. 카네기는 열렬한 반응 속에서 한 시간 동안 연설했고 기립박수를 받았다. 크게 감동한 카네기는 15분 동안 휴식을 취한 후 질문을 받겠다고 했다. 한 사람도 자리를 떠나지 않았고 그는 또 한 시간 동안 질문에 답했다. 주최자 맥키논은 "나는 지금까지 수많은 유명인사를 강단에 세웠고 40년 동안 회의에 참석했다. 하지만 따뜻함과 청중에 대한 관심, 인간관계의 광범위한 지식 등 그날 카네기가 우리와 나눈 모든 것은 그 어떤 연설자와도 견줄 수 없었다"라고 말했다.[4]

몇 년 후, 해마다 열리는 카네기 강좌의 컨벤션을 마무리하는 연회가 유명 라디오 스타 폴 하비Paul Harvey의 연설과 함께 시작되었다. 그의 연설이 워낙 강렬했으므로 많은 사람이 카네기가 그에 미치지 못할 것이라고 염려했다. 그러나 카네기는 평소대로 미묘한 전략을 활용했다. 환한 미소로 청중을 마주 보며 "자기가 전하려는 메시지를 정말로 사랑하는 화끈한 남자의 좋은 본보기였지요!"라고 말했다. 이렇게 먼저 하비의 연설을 한껏 칭찬한 후 자신의 연설을 이어갔다. 그 자리에 있었던 한 사람은 "데일은 폴을 진심으로 칭찬했다. 나는 그가 그토록 강렬한 연설 다음에 곧바로 말해야 한다는 사실이 전혀 걱정되지 않을 만큼 자신감에 넘친다는 사실을 알 수 있었다"라고 말했다. 실제로 그는 카네기의 연설이 끝날 무렵에는 하비에 대해서 완전히 잊어버렸다. "그저 데일 카네기의 연설에 감탄할 수밖에 없었다. 그는 하비의 연설에 이어 더욱 훌륭한 연설을 보여주었을 뿐만 아니라 나는 그가 얼마나 훌륭한 사람인지 느낄 수 있었다. 그렇게 큰 성공을 거둔 유명인인데도 겸손할 줄 아는 사람이었다."[5]

그러나 카네기가 가장 좋아하는 것은 수강생들을 가르치는 일이었고 여전히 카네기 강좌에서 큰 비중을 담당했다. 전국을 다니며 수업을 참관하고 수강생들을 가르치고 영감을 불어넣어 주고 강사들을 감독하며 만나는 모든 사람에게 자신감과 성공 원칙을 주입했다. 도러시는 이렇게 말했다. "남편이 가장 좋아한 것은 가르치는 일이었다.

수업에 지장을 받으면 아무리 값비싼 강연 제의라도 거절했다. 남편은 대단했다. 사람들을 대하는 방식이 경이로웠다. 나로서는 난생처음 보는 모습이었다. 사람들은 남편과 이야기 나눌 때면 활짝 피어났다. 남편은 사람들이 자신의 능력을 최대치로 발휘하도록 도와주고 영감을 주었다. (……) 남편은 가르치는 일에 재능이 있었다. 참으로 훌륭했다."6

수강생들도 카네기가 가르치는 방식에 감탄했다. 훗날 카네기 강좌에서 가르치게 된 리처드 스톰스테드Richard Stomstead는 1950년대 초에 카네기가 캔자스시티의 벨러리브 호텔Bellerive Hotel에서 졸업생들에게 인간관계에 대해 강의하는 모습을 보았다. 스톰스테드는 카네기가 보여준 '진실한 모습'과 자연스러운 유머에 깊은 감명을 받았다. 1952년에 강좌에 등록한 수강생 프레드 화이트Fred White는 카네기가 "대단히 훌륭하고 친절하지만 단호하다는 사실을 알게 되었다. 그는 평가하고 코치하고 또 평가하고 끊임없이 가르치고 영감을 주었다. 진실함과 열정으로 '호흡'한다는 표현마저 과소평가로 느껴질 정도였다." 사람들은 카네기의 친절한 모습도 자주 볼 수 있었다. 1950년 7월 뉴욕에서는 몇 주 동안 강사들을 위한 교육회가 열렸다. 뉴욕에 사는 교육생들은 주말에 집에 다녀올 수 있었다. 카네기는 다른 지역 출신의 교육생들에게 주말마다 점심을 사주고 브로드웨이 연극을 보여주며 각별하게 신경 써주었다.7

또한 그는 카네기 강좌가 자신이 고수하는 기준에 부합하는지 알아보는 주도면밀한 감독관 역할도 수행했다. 1952년에 강사들을 교육하는 일부 지도관들이 속임수를 쓴다는 사실을 알게 된 그는 매니저 앞으로 단호한 메모를 남겼다. "우리의 주요 임무는 강사들이 수강생들에게 용기와 자신감을 주고 인간관계 기술을 개선하도록 돕는 일입니다. 우리가 '속임수'를 제공하는 데 시간을 덜 보낼수록 강사들에게 큰 의욕을 불어넣을 수 있고 용기와 자신감과 리더십을 키우려고 우리를 찾아오는 사람들을 더 많이 도울 수 있습니다. 이 점을 강사 교육과 재교육, 컨벤션에서는 물론 평소에도 거듭 강조하기를 간절히 바라는 바입니다."[8]

카네기는 전국의 수많은 스폰서와도 긴밀한 관계를 유지했다. 워싱턴 D. C의 카네기 강좌 체인점 운영자로 카네기와 가까운 친구가 된 빌 스토버Bill Stover는 1953년에 미주리에 있는 카네기 농장을 방문했다. "카네기는 압박감에서 벗어나고 어린 시절의 추억을 되살리기 위해 그곳을 찾았다. 해외 여행을 계획 중이던 카네기는 내가 인후암에 걸린 것을 알고 휴식을 취해야 한다며 같이 여행을 가자고 강력히 권유했다." 스토버는 크게 감동했다. 게다가 카네기는 스토버의 여행 경비까지 부담해주었다.[9]

카네기의 사업체는 큰 성공을 거두었고 시설 확장이 필요했다. 미국의 거의 모든 대도시 강의실이 수강생들로 넘쳐났고 지역 체인점들도 번창하고 있어 더 이상 포리스트 힐스 자택에서 일을 처리하기가 불가능해졌다. 1953년 2월 27일, 뉴욕 웨스트 55번가 22번지의 5층짜리 적갈색 빌딩에 데일카네기 화술 및 인간관계 연구소 본사가 새로이 문을 열었다. 카네기는 도러시와 매니저들과 함께 저녁에 열린 개소식에 참석했다. 1952년에 공화당 회의에서 드와이트 아이젠하워를 대통령 후보로 추천하는 열정적인 연설로 전국적으로 유명해진 메릴랜드 주지사 시어도어 R. 맥클레딘Theodore R. McKeldin이 행사를 진행했다. 카네기 강좌 졸업생인 그는 그곳에서 배운 원칙 덕분에 정치인으로 성공할 수 있었다는 이야기를 자주 했다.[10]

이처럼 사업체가 계속 승승장구했지만 카네기는 나이가 점점 들어감에 따라 1950년대 초반부터 공식 활동을 많이 줄였다. 초청을 받아들이는 횟수도 줄었고 연설 때도 몇 마디 평범한 내용만으로 만족했다. 그러나 카네기는 오랜 친구 노먼 빈센트 필이 담임 목사로 있는 교회의 설교단에서 인상적인 연설을 보여주었다. 뉴욕 목사들은 일요 예배일에 평신도들이 설교할 수 있는 시간을 마련하기로 합의했다. 필 목사는 자신의 마블 칼리지 교회Marble College Church 신도들을 위해 연설해달라고 카네기에게 부탁했다. 필 목사는 설교단에 앉아 카네기의 감동적인 연설을 지켜보았다. 카네기는 어린 시절의 가난과 독실한 신앙심을 가진 강인했던 어머니에 대해 이야기했다. "집안에 먹을 것이 하나도 없어도 어머니는 조금도 걱정하지 않으셨고 차분하셨습니다. '하나님이 주실 것이다'라고 조용히 말씀하셨지요. 그런 어려운 상황에서도 어머니는 집안에서 '죄 짐 맡은 우리 구주' 같은 찬송가를 부르셨습니다"라고 카네기는 말했다. "그러다 그가 갑자기 말을 멈추었다. 수많은 신도가 조용히 앉아 있었고 데일은 눈물을 흘리며 진정하려고 애썼다. 마침내 여전히 목멘 목소리로 '부모님은 저에게 돈 한 푼 남겨주지 않으셨지만 그보다 훨씬 값진 걸 물려주셨습니다. 바로 축복된 믿음과 확고한 성품입니다'라고 말했다. 내가 들어본 것 중에서 가장 감동적이고 애정 넘치는 연설이었다"라고 필 목사는 설명했다.[11]

이처럼 인생의 황혼기에 접어든 카네기는 40년 동안 자신감을 가르치는 강사와 성공법을 조언하는 저자로 활동하며 대중의 존경과 선의, 감사 등을 얻었고 이를 즐기고 있었다. 카네기 강좌에는 매년 수만 명이 등록했고 그는 여전히 유명 작가로서 많은 사람의 관심을 받으며 평범한 미국인들에게 성공에 대한 꿈을 심어주었다. 그러나 그가 다른 사람들을 위해 그린 자아실현과 물질적 풍요로 빛나는 그림은 단지 환상에 불과한 것이 아니었다. 그것은 만족스러운 자화상이 된 카네기의 삶 자체를 보여주었다.

1948년에 두 번째 베스트셀러 《카네기 행복론》이 출간된 후 카네기는 집안에서 풍요롭고 충만한 생활에 충실했다. 포리스트 힐스 웬도버 로드 27번지 자택에서 아내 도러시와 다양한 취미 활동을 즐겼다. 부부는 여전히 미국 서부와 캐나다 로키 산맥, 유럽, 때로는 미주리의 농장까지 자주 여행을 다녔다. 카네기는 1951년에 이탈리아, 1953년에는 일본을 혼자 다녀왔다. 부부는 연극을 관람하고 맛좋은 레스토랑을 방문하고 친구들을 위해 작은 디너파티를 열고 집안에 가득한 책을 읽는 것을 즐겼다. 모임이 있을 때면 종종 도러시가 피아노를 연주하고 사람들이 노래를 불렀다. 특히 카네기는 '기쁨으로 단을 거두리로다' 같은 찬송가를 열정적으로 불렀다. 두 사람의 결혼생활은 서로에 대한 사랑과 존중심으로 탄탄하게 자리 잡혀 있었다. 하지만 두 사람은 여러모로 성격이 달랐다. 카네기가 필요도 없는 물건을 쌓아두는 성격이라면 도러시는 깔끔함과 효율성을 추구했다. 그녀는 틈날 때마다 집을 리모델링했지만 카네기는 안정적인 배치를 선호했다. 또한 그가 전통적이고 무거운 목재가구를 선호한 반면 그녀는 날렵하고 세련된 스타일을 좋아했다. 그러나 두 사람은 단호한 의지를 가졌다는 점에서는 똑같았다. 언젠가 카네기가 지인이 바다낚시로 잡은 커다란 물고기를 주말에 요리해 먹을 요량으로 가져왔다. 비린내가 심했기에 도러시는 남편에게 물고기가 담긴 나무 상자를 밖에 두라고 했다. 카네기는 밤에 아내가 잠든 것을 확인하고 몰래 물고기를 냉장고에 넣었다. 하지만 그것을 눈치챈 도러시는 남편이 잠들기를 기다렸다가 살그머니 도로 밖에 내놓았다. 두 사람은 밤새 물고기를 안에 들여놓고 밖에 내놓기를 계속했다. 아침이 되자 도러시가 마침내 두 손을 들었지만 두 사람은 서로의 고집에 웃음을 터뜨렸다.[12]

카네기는 공식 활동은 줄였지만 가끔 공적인 문제에 힘을 빌려주기도 했다. 그는 1953년에 뉴욕 상원의원 허버트 H. 레먼Herbert H. Lehman과 적극적으로 서신을 주고받았다. 그는 몇십 년 전 영국이 그랬던 것처럼 미국이 교묘하게 사회주의의 희생양이 되고 있다고 주장한 존 T. 플린John T. Flynn의 《앞에 놓인 길: 미국의 서서히 진행되는 혁명The Road Ahead: America's Creeping Revolution》(1949년)을 읽고, '서구 세계에서 쓰인 가장 중대한 책 중 하나'라며 〈리더스 다이제스트〉에서 발췌한 구절을 포함해 레먼에게 보냈다. 일주일 후 레먼으로부터 직접 쓴 편지가 아닌 인쇄된 감사장이 왔다. 화가 난 카네기는 레먼에게 모든 편지마다 개인적으로 답할 만한 시간이 없다는 것은 잘 알겠지만 정부의 과도한 적자지출로 국가가 파산 위기에 처했으니 개인적인 관심을 기울여야 할 중요 사안이라고 답장했다. "길버트와 설리번* 콤비가 만

---

* 한 쌍이 되어 코미디 오페라를 만들었던 작곡가 아서 설리번과 극작가 윌리엄 길버트를 가리킨다.

든 것 같은 우스꽝스러운 지출 정책이 운영되고 있는 듯하군요. 한 예로 농부들을 보세요. 나는 확실히 그들에게 공감합니다. 내 아버지와 어머니는 평생을 미주리의 농장에서 사셨으니까요. 나 역시 미주리에 농장을 가지고 있습니다. 해리 트루먼이 농사짓던 곳에서 약 6킬로미터 떨어진 곳이지요. 하지만 정부가 농부들에게 감자를 많이 키우라면서 1부셸bushel*당 1.86달러를 지급해놓고 감자를 태운다는 것은 재정적 광기입니다." 일주일 후 레먼 의원은 자신도 정부의 지출 낭비에 반대하며 오로지 "국가의 건강과 복지, 안정에 꼭 필요하다고 생각되는 책정액을 지지합니다"라는 답장을 보냈다.[13]

한편 카네기 집안에 식구가 한 명 늘었다. 와이오밍 대학교에 입학한 도러시의 딸 로즈메리가 1952년에 같은 학교에 다니는 똑똑하고 잘생긴 청년 올리버 크롬Oliver Crom과 약혼한 것이었다. 로즈메리가 그해 크리스마스에 약혼자를 집으로 데려오자 카네기는 평소 성격대로 친절하게 맞아주었다. 그는 장차 사위가 될 크롬이 뮤추얼 펀드 매니저가 되기 위해 공부 중이라는 사실에 즉각 관심을 보였다. 크롬은 자신의 회사가 좋은 성적을 내고 있으며 앞으로도 전망이 낙관적이라고 말했다. 하지만 그는 카네기가 그저 예의상 물어본 것이라 생각하곤 바로 다른 화제로 넘어갔다. 그런데 다음 날 카네기가 "작성해야 할 서류가 있지 않나?"라고 물었다. 크롬이 무슨 말인지 이해하지 못하자 카네기는 "돈을 투자하려면 서류를 작성해야 하는 것 아닌가?"라고 했다. 크롬은 여전히 무슨 말인지 갈피를 잡지 못하며 1월이 되어

---

* 마른 것이나 액체를 측정하는 단위로 약 35리터에 해당한다.

야 펀드 매니저 자격증이 나온다고 답했다. 그러자 카네기는 웃으며 "서류에는 날짜를 1월로 적으면 되지 않겠나?"라고 했다. 크롬이 초조해하며 서류 작성 방법을 모른다고 하자 카네기는 너그러운 미소와 함께 "우리 둘이 머리를 맞대면 충분히 할 수 있을 걸세!"라고 했다. 이렇게 카네기는 크롬을 설득하여 그의 첫 번째 뮤추얼 펀드 매매 고객이 되었고 그 청년이 수년 후 데일카네기앤드어소시에이츠의 사장이 되기 위한 기반을 닦을 수 있게 도와주었다.[14]

카네기는 가정에서 평화로운 생활을 즐기며 정원을 가꾸는 일에 큰 힘을 쏟았다. 물론 정원 일에 빠진 지는 오래되었지만 60대에 접어들어 한가해지면서부터는 더욱 열정적으로 뛰어들었다. 특히 그는 공룡 발자국이 새겨진 판석과 와이오밍에서 가져온 화석화된 나무 그루터기가 정원의 꽃과 식물을 돋보이게 한다는 사실을 자랑스러워했다. 카네기는 뉴욕 헌터 대학Hunter College의 유명 원예학 교수인 패트릭 매케너Patrick McKenna를 고용해 뒤쪽 정원에 근사한 튤립 화단을 만들었다. 폭 3미터, 길이 15미터에 이르는 그 화단은 덩굴장미로 어우러진 향나무 울타리를 등지고 실잔대와 매발톱꽃, 수염붓꽃 같은 다년생 화초 사이로 온갖 색깔의 튤립이 심어져 장관을 이루었다. 1952년에는 몇 집 아래에 있는 공터를 사들여서 역시 매케너의 도움으로 울타리로 둘러싸인 커다란 정원을 꾸몄다. 가장자리를 둘러싼 빽빽한 나무들이 가리개 역할을 했고, 장미와 덩굴식물이 격자 구조물을 타고 올라갔으며, 곡선을 이루는 널따란 공간에는 장미와 일년생 화초와 다년생 화초가 일 년 내내 피었고, 중앙에 마련된 연못에는 수련과 금붕어가 있었다. 혹자에 따르면 정원 맨 끝에 마련된 테라스에는

'카네기가 앉아서 사색에 잠기고 그토록 사랑하는 아름다운 정원을 내다볼 수 있도록' 탁자와 테이블이 놓여 있었다.[15]

〈아메리칸 홈〉은 카네기의 아름다운 정원을 취재하기 위해 1955년에 웬도버 로드를 찾았다. 정원에 대한 설명과 사진은 물론 정원 가꾸기에 대한 카네기의 열정이 담긴 장문의 기사가 실렸다. 카네기는 미주리의 농장에서 유년기를 보냈을 때부터 꽃을 사랑하게 되었다고 말했다. "어머니가 정원 가꾸기를 좋아하셨다. 나도 어머니를 닮은 모양이다. 어린 나는 어머니가 씨앗, 구근, 나무로 키우는 꽃들을 전부 알았다. 튤립, 수선화, 글라디올러스, 달리아, 백일홍, 매리골드, 장미, 라일락, 접시꽃 등이었다. 나는 특히 접시꽃을 좋아한다. 아마도 접시꽃을 보면 농장이 생각나고 유년 시절이 떠오르기 때문인 것 같다. 정원을 가꾸면서 잡초에 대해서도 알게 되었다." 그는 화단에서 잡초가 눈에 띌 때마다 뽑아낸다고 했다.[16]

그러나 카네기에게 정원 가꾸기는 어린 시절의 추억을 떠올리게 해 주거나 미학적인 아름다움을 선사한 것 이상이었다. 그것은 카네기의 개인적인 삶에서 치유적 기능을 담당했다. 그의 비서 마릴린 버크는 카네기가 피로하거나 압박감을 느낄 때면 "정원으로 나가서 몇 시간 동안 쭈그리고 앉아 잡초도 뽑고 꽃도 둘러보고 손에 흙을 묻히셨다. 언제나 정원에서 휴식과 활기를 얻으시는 것 같았다"라고 말했다. "그분은 자신이 가르치는 철학의 산 증인이다. 에너지와 결의가 섞인 평온함의 철학, 중요하지 않은 것이나 자신의 힘으로 어쩔 수 없는 일은 무시하거나 버리고, 상대방의 입장이 되어 좋은 점을 보고, 자신이 하는 일에 믿음과 자신감과 열정을 가지는 것이다. 나는 이렇게 생각한다. 그분은 알아차리지 못했을지도 모르지만 정원의 꽃과 식물이 미묘하게 그분의 철학을 튼튼하게 해준다고 말이다."[17]

그러나 열심히 정원을 가꾸는 일도 자식 농사만큼 중요하지는 않았다. 자식 문제는 그의 정신은 물론이고 일상생활을 일시적인 혼란에 빠뜨렸다. 카네기 부부는 1944년에 결혼한 후 오랫동안 아이를 가지려고 노력했지만 성공하지 못했다. 1940년대 말쯤에는 아기를 입양하려고 했지만 나이가 많다는 이유로 거절당했다. 부부는 어쩔 수 없이 현실을 받아들여야만 했다. 카네기는 1947년에 로웰 토머스에게 보낸 편지에서 느지막한 나이에 아들을 본 친구를 축하해주며 애처롭게 덧붙였다. "나는 종종 내가 삶에서 가장 중요한 것을 놓치고 있는 것은 아닌가 싶다네. '자식' 말일세."[18]

그러나 1951년에 도러시의 갑작스러운 임신은 카네기 부부를 깜짝 놀라게 했다. 카네기는 예기치 못한 아내의 임신 소식에 잔뜩 흥분했고 황홀해하기까지 했다. 도러시가 고령 임신으로 유산을 걱정하자 부부는 가능한 한 오랫동안 사람들에게 알리지 않기로 했다. 그런데 도러시는 임신 사실을 확인하고 며칠 후 목사가 집으로 찾아와 꽃과 함께 축하 인사를 건네자 깜짝 놀랐다. 보나 마나 도저히 가만히 있을 수 없었던 남편의 소행이었다. 사실 카네기는 아내가 임신했고 자신이 곧 아버지가 된다는 사실을 모든 친구에게, 심지어 친하지 않은 사람들에게까지 알렸다. 도러시는 남편이 들뜬 나머지 그랬다는 사실을 용서했지만 자신에게 알리지도 않고 소문낸 것에 당황했다. 1951년 9월에 오래전부터 계획한 이탈리아 여행을 떠난 카네기는 로마에서 이루어진 인터뷰에서 곧 아이가 태어날 예정임을 공식적으로 알렸다. "오늘 작가이자 강사인 데일 카네기는 63세의 나이에 아버지가 될 예정이라고 밝혔다. 《카네기 인간관계론》을 쓴 데일 카네기의 아내는 12월에 출산 예정이다." 이 소식은 곧 전 세계로 퍼져 나갔고 10월에 그가 집으로 돌아오기 전 수백 개의 신문에 실렸다.[19]

그해 가을, 초조해진 카네기는 바쁜 강연 일정을 소화하느라 바삐 움직이면서도 마음은 늘 다른 곳에 가 있었다. 그는 자신의 생일인 11월 28일에 캔자스시티로 달려가 인간관계에 대해 강연했다. 그 지역의 스폰서에 따르면 "카네기 씨가 잔뜩 흥분한 모습이었다는 것이 기억난다. 그날이 그의 생일이었던 데다 다음 날이 아내의 출산 예정일이었기 때문에 빨리 집으로 가고 싶어 했다." 하지만 기다림은 조금 더 길어졌다. 도나 데일 카네기Donna Dale Carnegie는 1951년 12월 11일에 태어났다. 카네기는 어찌할 바를 모를 만큼 몹시 기뻐했다. 그는 즉각 로즈메리에게 전화로 아이의 탄생을 알렸는데 흥분한 나머지 아이의 키와 몸무게가 기억나지 않았다.[20]

카네기는 그 누구보다 자랑스러움으로 가득한 아버지였다. 그는 로웰 토머스의 축하 편지에 몹시 기뻐하며 "작은 천사가 우리 가족에게 찾아왔다네"라고 했다. "자네 말이 맞아, 토미. 나는 앞으로 15년 동안 일 년에 하나씩 천사들을 가질 생각이네"라는 농담도 덧붙였다. 그와 동시에 아버지 역할은 그를 당황하게 만들기도 했다. 그는 63세의 나이가 되도록 갓난아기의 울음이나 기저귀 갈기, 우유 주고 트림시키기 등에 관한 경험이 전혀 없었으므로 아이를 돌보는 손길이 어설프기 짝이 없었다. 도나 데일이 태어나고 몇 개월 후, 그는 낮에 갑자기 일손을 멈추고는 "이 집안에 아기가 있다니 믿어져?"라고 말했다. 기쁨과 경이로움, 걱정이 뒤섞인 남편의 행동에 대해 아내는 "당신을 보면 인류 역사상 갓난아기가 처음 태어난 줄 알겠어요"라며 즐거운 듯 묘사했다.[21]

도나 데일이 아장아장 걷기 시작할 무렵, 딸에 대한 카네기의 사랑은 맹목적이었다. 그는 워낙 딸을 아낀 데다 은퇴 비슷한 생활을 하고 있었고 도러시가 회사를 이끌었으므로 전업주부와 비슷한 상황이었다. 그래서 아이의 기본적인 양육을 그가 담당했다. 거의 온종일 아이와 집안이나 뒷마당에서 유모차를 끌고 놀았고, 잠시 후에는 아이와 함께 걸어 집에서 조금 떨어진 멋진 정원으로 가곤 했다. 대학교에 다니는 로즈메리는 집에 올 때마다 아버지와 도나의 일과를 엿볼 수 있었다. "아버지는 매일 오후에 정원에 나가 일을 하셨는데 그때마다 도나의 유모차도 정원으로 끌고 가셨다. 도나 옆에 가까이 있기 위해서였다. 아버지에게 도나는 넋을 잃게 하는 경이로움이었다. 매일 아침마다 도나를 아래층으로 데려가 소나 에이브러햄 링컨의 사진을 가리키며 열심히 설명하셨다. 도나가 '으아' 같은 소리를 내면 진짜로 말을 하는 거라고 생각하셨다." 카네기는 소중한 딸아이가 링컨 대통령과 송아지를 구분할 수 있다며 껄껄 웃었다.[22]

카네기는 딸을 과잉보호할 때도 있었다. 어느 일요일 오후에 도러시가 활동하는 클럽의 회원인 두 노신사가 작은 강아지를 데리고 방문했다. 물론 카네기는 친절하게 손님들을 맞이했지만 딸에게 위험할 수도 있으니 뒷마당에 개를 묶어놓으라고 했다. 도러시는 몹시 당황했지만 카네기는 요지부동이었다. 카네기에게 과잉보호 성향이 있긴 했지만 딸에게 변함없는 애정을 주었다. 조랑말에 태워주고 꽃을 가

1953년, 딸 도나와 함께 데일과 도러시 카네기 부부.

꾸는 법을 가르쳐주고 '버디'라는 이름의 온순한 코커스패니얼을 선물했다. 또한 그의 표현대로 '송아지와 돼지, 닭, 개똥지빠귀의 노래와 메추라기의 휘파람소리를 사랑하기를 바라는 마음으로' 여름이면 기쁜 마음으로 딸을 미주리 농장으로 데려갔다. 훗날 도나는 아버지와 함께한 어린 시절을 회상했다. "아버지의 무릎에 앉아 있던 일, 아버지의 접시에 담긴 햄을 먹던 일, 정원에서 풀을 뽑던 일, 사무실까지 함께 걸어가던 일, 미주리 농장에서 거북이를 데려와 뒷마당에 놓아주던 일이 기억난다."[23]

도나에 대한 카네기의 깊은 애정을 보여주는 증거는 또 있었다. 카네기는 딸이 태어난 지 몇 주일 만인 1952년 1월부터 '딸에게 보내는

●●
신체와 정신 건강이
악화되면서 사랑하는
딸 도나와 함께
집에서 보내는
시간이 늘어난
데일 카네기.

'편지Letter to My Daughter'라는 제목의 자전적 회고록을 몇 년 동안 틈틈이 작업했다. 회고록의 첫 부분에는 아버지가 된 그의 심리 상태가 잘 드러났다. "사랑하는 내 딸 도나 데일 카네기에게, 이 글을 쓰고 있는 지금 네가 세상에 태어난 지 50일밖에 되지 않았구나. 난 63년이나 살았는데 말이야. 23세 때에 비해 63세인 지금 내가 아는 것은 그리 늘어나지 않았다는 사실이 놀랍구나. 하지만 내가 확실히 아는 게 하나 있단다. 바로 널 사랑한다는 사실이란다. 그래서 나는 이렇게 내 어릴 적 경험에 대해 너에게 알려주려고 이 글을 쓴다. 네가 49세가 되는 2000년에는 늙은 네 아빠가 어릴 적 했던 일에 관심이 생길 수도 있겠지"라고 카네기는 적었다.[24]

이처럼 데일 카네기는 도나 데일을 무척 아꼈으며 딸의 탄생은 그의 말년에 기대치 않은 만족감을 선사했다. 그에게 도나 데일의 존재는 거의 기적이었으며 가능한 한 딸에게 행복한 삶을 선사하려고 노력했다. 하지만 행복으로 가득한 상황은 린다 데일 오펜바흐와 그녀의 엄마 프리다의 존재로 복잡해졌다. 카네기는 가족과 평화롭게 살아가고 있었지만 여전히 그의 가슴에는 두 사람이 남아 있었다. 그는 남몰래 그들에게 계속 관심과 지원과 사랑을 주었다.

카네기는 포리스트 힐스 웬도버 로드에서 평온한 생활을 즐기는 와중에도 계속 뉴 헤이븐의 오벤바흐 가족과 신중하게 연락을 취했다. 도러시가 1950년경에 린다의 방문을 금지했지만 카네기는 몇 년 동안 그 지시사항을 교묘하게 어겼다. 꾸준히 린다에게 편지를 보냈고 린다가 뉴욕에 올 수 있을 때마다 만났으며 프리다와도 전화와 편지로 연락했고 가끔 그들의 집을 찾았다. 도러시와 도나와 행복하게 생활하는 한편, 린다와 프리다와도 애정 담긴 관계를 지속했다. 1950년대 초 내내 이렇게 불안하고 아슬아슬한 균형 잡기는 계속되었다.

린다는 매우 똑똑한 여학생으로 학업 성적이 매우 뛰어나 카네기는 이를 대단히 자랑스러워 했으며 틈날 때마다 칭찬했다. 1950년 11월에 "사랑하는 린다, 네가 평균 점수 94점을 받았다는 소식을 듣고 무척 기뻤단다. 난 그렇게 높은 성적은 받아본 기억이 없는데 네가 정말로 자랑스럽다"라고 썼다. 1954년에는 중학생이던 린다가 700명 가운데 우수학생으로 뽑히자 "당장 밖으로 뛰어나가 모르는 사람들을 붙잡고 '소식 들었어요?'라고 묻고 싶었단다"라고 했다. 또한 그는 린다의 뛰어난 음악적 재능도 칭찬했다. "그래, 라흐마니노프 전주곡 C#

단조를 치고 있다고? 정말 부럽구나. 나도 대학에서 음악 강의를 들었어야 했는데. 그때는 중요하게 생각하지 않았거든. 음악에 시간을 낼 수 없었지. 지금은 후회되는구나."[25]

카네기는 예전과 마찬가지로 '조카'에게 선물 공세를 퍼부었다. 그러나 이제 10대가 된 린다에게 어울리는 선물을 찾기란 쉽지 않았다. "네가 벌써 16세라니 믿어지지 않는구나. 네가 좀 더 오랫동안 어린아이로 남아 있다면 좋을 텐데." 또 한번은 "네가 좋아할 만한 10대 로맨스 소설책 제목을 꼭 좀 알려주려무나"라고 부탁하기도 했다. 카네기는 마침내 그 일을 비서 마릴린 버크에게 부탁했고, 마릴린이 린다에게 편지로 "원한다면 카네기 씨가 《작은 아씨들Little Women》, 《작은 신사들Little Men》, 《여덟 명의 사촌들Eight Cousins》, 《귀여운 로즈의 작은 사랑Rose in Bloom》, 《조의 아이들Joe's Boys》 같은 루이자 메이 올콧의 책을 가져다주실 겁니다. 내가 열두 살, 열세 살 때 가장 좋아했던 책들이에요. 지금도 책장에 놓아두고 계속 읽는답니다"라고 했다.[26]

또한 카네기는 계속 이런저런 일로 린다를 뉴욕으로 초대했다. 린다는 그중 일부를 받아들였고 때로 동생과 함께 갔다. 1950년에 카네기가 보낸 편지에는 "너와 러셀과 함께 로데오를 보러 가서 정말 즐거웠단다. 봄이 오면 서커스를 보러 가자꾸나"라고 적혀 있었다. 한번은 크리스마스부터 새해까지 방학을 맞은 린다에게 "뉴욕으로 와서 공연을 보거나 쇼핑을 했으면 좋겠구나. 그날은 내가 기꺼이 네 남자친구 역할을 하마"라고 했다. 린다의 뉴욕행은 카네기에게 의미 있는 날, 즉 린다의 생일인 경우가 많았다. 1954년에 회사의 컨벤션으로 린다의 방문을 취소해야만 했을 때는 "언제 올 수 있는지 꼭 알려주렴. 7월 8일 네 생일 기념으로 뉴욕에 오는 게 어떻겠니?"라고 간절하게 물었다. 낮 공연인 〈키스멧Kismet〉을 보여주려고 "10일 토요일이나 14일 수요일에 뉴욕에 올 수 있니? 네 생일 당일에 축하해줄 수 없다니 정말 안타깝구나. 하지만 올해는 어쩔 수 없을 것 같구나"라고 했다.27

이제 10대가 된 린다는 카네기를 만나러 가는 일을 점점 내켜 하지 않게 되었다. 린다는 대단한 유명인사인 카네기와 자신의 부모, 그리고 자신의 이상하면서도 복잡하고 수수께끼 같은 관계가 의식되자 카네기가 보이는 엄청난 관심이 의아해지기 시작했다. 린다가 엄마에게 카네기가 자신에게 엄청난 관심을 보이는 이유를 물어본 것도 그 즈음이었다. 하지만 프리다는 직접적인 대답을 피했다. 그뿐만 아니라 린다에게는 뉴욕 방문이 점점 피곤하고 귀찮은 일이 되었다. 인간관계의 미묘한 분위기에 점점 예민해지는 10대 소녀가 된 린다는 카네기가 자신을 기쁘게 해주려고 애쓰면서도 정작 자신을 이해하지 못한다는 생각이 들었던 것이다. 린다는 유명인사인 카네기를 좋아하기는 했지만 그녀의 말에 따르면 "겉치레처럼 느껴졌다. 과장된 몸짓의 달인 같았고 나를 진실하게 대한다는 생각이 들지 않았다."28

그러나 카네기는 린다의 심정을 알지 못했고, 어쩌면 그저 10대 청소년의 고민쯤으로 여겼다. 그리고 여전히 세심한 배려를 계속했다. 마릴린 버크가 린다에게 보낸 편지에는 "주말에 데일 삼촌을 만나게 될 거예요"라고 적혀 있었다. 카네기가 보낸 편지에는 트루먼 대통령의 자필 편지를 받았다면서 "가서 보여주마. 조만간 그럴 수 있었으면 좋겠구나. 너의 매력적인 엄마와 똑똑한 아빠에게도 안부를 전한다"

라고 되어 있었다. 이처럼 린다에게 보낸 편지에서 프리다에 관해 언급한 것은 그가 여전히 프리다와도 꾸준히 연락하고 있음을 나타냈다. 한 예로 카네기는 1954년에 린다의 우수한 성적을 칭찬하면서 린다가 최근에 우수한 성적을 냈다는 사실을 "네 엄마의 편지를 보고 알았단다"라고 했다. 린다를 예쁘고 사랑스러운 소녀로 표현하면서 "내가 어떻게 아느냐고? 너희 엄마가 말해주기 때문이지"라고 했다. 뉴욕으로 초대할 때는 린다가 언제 시간이 나는지를 언급하면서 "너희 엄마가 말하길 네가 그때 방학이라더구나"라고 했다.29

카네기의 편지에는 그가 도러시 모르게 린다, 프리다와 연락을 취하고 있다는 사실이 드러났다. 1954년에 린다에게 보낸 편지에서는 조심스럽게 전화번호 하나를 알려주며 "전화할 일이 있으면 불러바드Boulevard 8-4000번으로 하려무나"라고 했다. 프리다와의 연락도 몰래 하기는 마찬가지였다. 그는 린다에게 "네 엄마한테도 다음에 뉴욕으로 쇼핑하러 오면 불러바드 8-4000번으로 전화하라고 꼭 전해주렴"이라고 말했다. 또 편지에 관해서도 린다에게 특별한 지시를 했다. "나에게 편지를 보낼 때는 뉴욕 시 애스칸 가Ascan Ave. 155번지로 보내렴." 그것은 카네기가 집에서 약 2킬로미터 떨어진 퀸즈의 친구 집 2층에 마련한 사무실 주소였다.30

가족들은 몰랐지만 주변에서는 카네기가 린다와 프리다 오펜바흐와 계속 연락한다는 사실을 알았다. 비서 마릴린 버크는 1950년에 린다에게 쓴 편지에서 "데일 삼촌한테 이야기를 많이 들어서 벌써 아는 사이인 듯 친숙한 느낌이구나. 칭찬이 자자한 멋진 소녀를 언젠가 꼭 만나볼 수 있었으면 좋겠네. 데일 삼촌에게 들은 바에 따르면 너는 품행이 바르고 성적이 뛰어난 학생이라던데"라고 했다. 한편 호머 크로이는 1955년에 이사도어 오펜바흐에게 편지를 받았고 평소 농담하기 좋아하는 성격이 잘 드러난 답장을 보냈다. 이사도어는 린다가 고등학교를 졸업하고 대학에 입학했다고 말했다. "린다가 바사 대학교에 들어갔다니 굉장하군. 프리다 버크는 어떻게 지내는지? 프리다의 현재성이 기억나지 않네. 그녀는 '가우처의 최고 미인'으로 유명했지."[31]

1955년 6월에 린다가 고등학교를 졸업하던 순간은 카네기에게 커다란 감동이었다. 그의 가슴은 린다에 대한 자랑스러움으로 벅차올랐다. 그는 프리다가 동봉해준 것이 분명한 〈뉴헤이븐 레지스터〉의 기사에 린다의 뛰어난 성적에 대해 실린 것을 봤다고 했다. 그 기사에 린다는 '힐하우스 고등학교 우수졸업생: 4년 우등생, 졸업생 대표 축사, 학생회 회계담당, 〈센티널The Sentinel〉 뉴스 편집자, 라틴클럽, 토론클럽, 프랑스어클럽 등 다수 활동'이라고 되어 있었다. 또한 '바사 대학교 입학 예정'이라는 내용도 있었다. 카네기는 린다에게 보낸 편지에서 "너는 내 가슴에 이미 들어와 있단다. 사실 나는 네가 이루어낸 것들을 전부 읽으면서 숨이 가쁠 정도였어. 그렇게 훌륭한 성적을 냈다는 사실이 너도 자랑스럽겠지"라고 적었다. 졸업식 날인 6월 15일에는 전보를 보냈다. "네가 우수한 성적으로 졸업한다는 사실이 정말 자랑스럽구나. 오늘 졸업식에 참석할 수 있었으면 좋겠다. 넌 분명 멋진 축사를 보여줄 거야. 언제나 행복을 기원하며, 사랑을 담아 데일 삼촌."[32]

아내 도러시와 안정된 결혼생활을 이어가고 딸 도나의 아버지 역할에 심취해 있으면서도 린다, 프리다 오펜바흐와의 관계를 조심스럽게 위장하는 것은 여전히 카네기의 삶에서 커다란 부분을 차지했다. 그러나 1950년대 초에 가족과 친구, 일, 심지어 그의 성격과 능력 모든 것에 그림자를 드리우는 문제가 서서히 나타나기 시작했다. 소리 없는 병은 유명한 강사이자 작가인 그의 판단력을 흐려놓고 능력을 저하시키고 냉혹하게 추락시켰다.

문제는 작은 것에서 시작되었다. 카네기는 도나가 태어난 지 얼마 되지 않았을 때부터 일상적인 일을 제대로 기억하지 못하거나 혼란스러워하는 모습을 보이기 시작했다. 첫 번째 사건은 꼼꼼하고 세심하기 이를 데 없는 성격의 그가 새로 구입한 값비싼 코트를 뉴욕 지하철에 두고 온 것이었다. 도러시가 어떻게 된 일인지 묻자 그는 전혀 동요하지 않고 처음에는 코트를 잃어버린 사실을 이해하지 못하는 듯하다가 곧 대단한 일이 아니라고 말했다. 아내는 남편의 행동을 이상하게 여겼다. "몇 달 전만 하더라도 당연히 코트를 찾으러 갔을 텐데." 그 후 아내는 남편이 전화번호를 찾아본 직후에도 헷갈리고 좌절하고 초조해한다는 사실을 발견했다. 동료들도 카네기가 이따금 수업이나 경영 업무에 혼란스러운 모습을 보이고 점점 사람들의 이름과 약속을 잘 기억해내지 못한다는 사실을 알아차렸다. 사랑하는 딸을 돌보는 일에도 문제가 생겼다. 아장아장 걷는 아이를 데리고 집에서 약간 떨어진 정원으로 데려가서는 아이의 존재를 잊어버리고 집에 혼자 돌아왔다. 도러시는 "데일, 도나를 혼자 남겨두면 어떡해요. 연못에 빠질 수도 있다고요!"라고 부드럽게 남편을 꾸짖었고 부부는 곧장 아이를 데리러 달려갔다. 결국 부부는 사고를 막기 위해 연못을 메우고 장미나무를 심을 수밖에 없었다.[33]

인생 마지막 해의
데일 카네기.

카네기의 건망증은 강연에도 영향을 끼치기 시작했다. 한 측근은 캔자스 위치토에서 강좌 졸업생들을 대상으로 이루어진 강연을 기억했다. 유명 강사의 강연을 들으려고 300킬로미터 이상 떨어진 곳에서까지 사람들이 몰려들었다. "카네기 씨는 30분 늦으셨는데 도착해서는 메모지를 찾지 못했다"라고 스폰서는 말했다. 한참 후에 코트 주머니 속에서 찾았지만 주최자는 그 강연을 '기억에 남는 재앙'이라고 기억했다. 그런가 하면 로스앤젤레스에서는 평소와 다름없이 자신 있게 강연을 시작했다. "제가 강의를 시작한 때는……" 그는 어색할 정도로 한참 동안 말을 멈추었다. "아마 1912년인 것 같군요." 그전까지 수백 번이고 입에 올렸던 연도를 더듬더듬 겨우 기억해낸 것이다. 이러한 상황이 점점 늘어나자 도러시는 남편이 대처할 수 있도록 도와주었다. 그녀는 남편의 강의가 '열정', '대중연설', '걱정 없애기', '인간관계'의 네 가지 주제로 간추려지도록 했고 카네기도 숙달되어 대부분의 실수를 피해 갔으므로 '모두가 아는 데일 카네기의 모습 그대로' 남았다.[34]

각종 매체도 카네기의 변화를 알아차리기 시작했다. 카네기는 오랫동안 인간관계와 언론 다루기의 달인이었고 여전히 인터뷰에서 소박한 재치와 자신을 깎아내리는 겸손한 매력을 보여주었다. 하지만 이제는 깜빡깜빡할 때가 있었다. 〈캔자스시티 스타〉 기자는 인터뷰 도중에 카네기가 가끔 무기력한 모습을 보이며 "낮고 자신 없는 목소리로 이야기했다"고 보도했다. 〈아메리칸 홈〉과 정원 가꾸기에 대해 긴 인터뷰를 진행할 때, 카네기는 활기차게 기자를 데리고 가서 화단과 식물을 구경시켜주고는 인상적인 한 마디를 남겼다. 소용돌이처럼 복잡한 표시가 가득한 연한 회색 돌덩어리로 '뇌석'이라는 특이한 이름의 돌을 보여주며 "때로 내 머리가 이렇게 변해가고 있는 느낌이 들어요"라고 말한 것이었다.[35]

카네기는 알츠하이머에 걸렸던 것이다. 도러시에 따르면 그가 보인 치매 증상은 당시에는 잘 알려지지 않았고 동맥경화 때문이라고 했지만, 나중에 과학의 발달로 좀 더 분명하게 진단되었다. 1954년 무렵 남편의 깜빡하고 혼란스러워하는 증상이 심해지자 의료진은 도러시에게 어느 순간 남편에게 관찰 간호가 필요할 것이라고 말했다. 그러나 개인적인 이유와 사업적인 이유로 카네기의 증상은 조심스럽게 비밀에 부쳐졌다.[36]

남편의 상태가 꾸준히 나빠지자 도러시는 남편의 간호뿐만 아니라 회사 운영도 책임졌다. 물론 1944년에 결혼한 후로 도러시는 남편의 사업 파트너로 '도러시 카네기의 여성 강좌'를 운영했고 카네기앤드어소시에이츠의 합병과 확장에 중요한 역할을 담당했다. 카네기는 1945년에 그녀를 부사장으로 임명했다. 이제 남편이 점점 병약해지자 그녀가 맨 앞에 나서서 회사를 운영했다. 그녀가 여자라는 사실은 아무런 방해물이 되지 않았다. 사위 올리버 크롬은 "장모님은 재능 있고 진취적인 여성이라면 여성이라는 사실을 절대로 창피하게 여겨서는 안 된다고 생각하셨다. 목표 달성을 막는 것은 아무것도 없다고 하셨다. 그 어떤 남자와도 평등하다고, 아니 더 낫다고 생각하셨다. 장모님이 들어가면 터프한 남자들도 다리를 떨었다. 정말 강인한 분이었다!"라고 말했다. 손녀의 말은 도러시의 성격을 정확하게 묘사해주었다. "할머니는 사람들이 해방이라는 말의 의미를 알지 못할 때부터 해방되어 있던 여성이다."37

사실 도러시가 사업가로 활발하게 활동한 것에는 상당한 모순이 있었다. 그녀는 1953년에 '데일 카네기 부인'이라는 이름으로 《꿈이 있는 여자가 남편을 성공시킨다》라는 책을 내놓았는데, 어머니와 가정주부의 역할을 극찬하는 내용이었다. 남편의 유명한 베스트셀러의 틀을 빌린 그 책은 1950년대 교외에 거주하는 중산층 가족의 순응적인 생활을 반영했다. 도러시는 책에서 '남편에게 자신감을 주는 4가지 방법', '남편의 목표 결정을 도와주는 방법', '남편에게 편안하고 즐거운 가정을 선사하는 방법', '사람들이 남편을 좋아하게 만드는 방법' 등을 제시했다. 아내와 가족의 행복이 남편에게 달려 있으

1950년대 초반에 데일과 도러시 카네기 부부. 도러시는 사업에서 점점 더 큰 역할을 맡게 되었다.

므로 아내는 남편의 성공을 위하여 내조해야만 한다는 것이 핵심 주장이었다. 따라서 실제 주부 또는 주부가 될 사람들은 "남편의 행복과 이익에 반한다면 일을 포기할 줄 알아야 한다"라고 했다. "아내들이여, 인정하자. 나와 당신의 집에 있는 그 훌륭한 남자는 집안 생계뿐만 아니라 당신의 행복과 아이들의 미래를 위한 기회를 꾸려나가고 있다. 따라서 이제 당신은 그를 내조할 방법을 진지하게 생각해봐야 한다."[38]

그러나 감성적이고 자기희생적인 모습 뒤에 자리한 강철 같은 단단함은 진짜 도러시 카네기를 보여주었다. 그녀는 〈베터 홈 앤드 가든Better Homes and Gardens〉에 쓴 기사에서 책의 내용을 짧게 인용했다. "아내는 결혼이라는 사업에서 침묵하는 파트너가 되어서는 안 된다. 아내는 머리뿐 아니라 필요하다면 체력도 써야 한다." 그리고 또 다른 구절에서는 남편에게 영향을 끼치는 것이 그리 어렵지 않다고 주장했다. "여성의 힘에 대해 들어본 적 있는가? 당연히 있을 것이다. 여성은 새 학교를 짓고 도시의 정치 행정을 바꾸고 범죄와 부패를 없애버릴 만한 힘이 있다는 사실을 계속 보여주었다." 몇 년 후 그녀는 재치 있는 말로 자신감과 야망을 드러냈다. 현실적이고 철저한 오클라호마 출신의 이 여인은 어느 기자에게 회사를 운영하는 일이 압도적일 만큼 힘들지는 않지만 "자리에 앉아 나무를 깎거나 침 뱉을 시간은 없다"고 말했다.[39]

비록 창립자가 심각한 질병으로 고생하고는 있었지만 도러시의 단호하고 안정적인 리더십 덕분에 카네기앤드어소시에이츠는 비틀거리지 않을 수 있었다. 그러나 1955년에 이르러 카네기의 상태는 눈에 띄게 나빠졌다. 지적인 능력이 무너지면서 신체도 매우 약해졌다. 평생 아픈 적이라고는 거의 없던 남자의 삶은 점점 힘겨워졌다.

1955년 6월에 사무실로 날아든 수많은 강연 초청장 중에서 카네기를 잔뜩 흥분시킨 것이 하나 있었다. 모교인 워런스버그의 미주리 주립사범대학교에서 학교 역사상 최초로 그에게 '명예문학박사' 학위를 수여하기로 결정한 것이었다. 학교 측은 카네기에게 1955년 여름에 있을 졸업식에서 졸업 연설을 해달라고 부탁했다. 카네기는 젊은 시절을 보낸 그곳을 방문한다는 사실에 들떠 "졸업 연설이라는 명예로운 일을 부탁해주셔서 매우 영광입니다. 내가 그곳을 방문하는 기쁨의 절반만큼이나 학생들이 내 연설을 듣고 기뻐했으면 좋겠군요"라고 회신을 보냈다. 한 동료는 카네기가 하버드나 옥스퍼드로부터 졸업

연설 제의를 받았다 하더라도 그렇게 기뻐하지는 않았을 것이라고 말했다.[40]

카네기는 7월 29일에 졸업 연설을 위해 미주리 주립사범대학교의 캠퍼스에 도착했고 그곳에서 낮시간을 보냈다. 캔자스시티의 카네기 강좌 관계자인 해럴드 애봇Harold Abbott이 카네기를 워런스버그까지 태워주고 데려왔다. 카네기는 졸업식 오찬에 참석하기로 하고 고관, 교수진, 졸업생들과 반갑게 인사를 나누었다. 〈뉴스위크〉는 카네기가 명예학위를 통해 직업적으로 거둔 성공과 영향력을 입증했다고 보도했다. "오늘날 데일 카네기는 세계적으로 영향력 있는 인물이다. 《카네기 인간관계론》은 성경 이후 비소설 부문의 최고 베스트셀러로 31개 언어로 번역되었으며 영어권에서만 500만 부가 팔렸다. 또한 카네기연구소는 1912년 설립 이후 45만 명의 졸업생을 배출했다."[41]

그러나 카네기의 상태가 좋지 않다는 사실은 분명했다. 지난 몇 년 동안 겉모습도 눈에 띄게 변모했다. 백발의 머리숱은 물론 체중이 부쩍 줄었고 검은 테 안경을 쓴 얼굴은 수척해 보였다. 옷차림은 여전히 말쑥했지만 수척해진 몸에 걸친 양복이 헐렁했다. 워런스버그의 졸업 연설 때는 옅은 색의 근사한 여름용 맞춤 양복에 나비넥타이 차림이었다. 전체적으로 노쇠한 모습이었고 평소에는 생기 있는 눈빛이 가끔 멍해질 때도 있었다. 한 지인은 "아, 날카롭고 효과적인 능력을 갖췄던 사람의 무너지는 모습을 본다는 것이 얼마나 큰 비극인가"라고 말했다. 그는 점점 나빠지는 건강에도 불구하고 "데일이 공식 행사에 설 수 있었던 유일한 이유는 강좌에 대한 깊은 애정 덕분이야"라고 했다는 친구의 말도 전했다.[42]

더욱 충격적인 일은 카네기가 졸업 연설을 할 때 종이에 적힌 글을 읽었다는 사실이다. 그는 수십 년 동안 수강생들에게 열정을 담아 자연스럽게, 성격을 드러낼 수 있도록 가슴에서 우러나오는 말을 하라고 가르쳤다. 《대중연설: 비즈니스맨을 위한 실용 강좌》에서 "읽지 마라. 한 마디 한 마디 외워서 말하려고 하지 마라"고 했다. "그러면 전체적으로 뻣뻣하고 차가우며 색깔과 인간미가 없어 보일 수밖에 없다." 그런데 정작 그는 몇 주 동안이나 졸업 연설문에 매달렸는데도 개요나 방향조차 기억할 수 없었다. 결국 연설문을 보고 읽을 수밖에 없었다.[43]

카네기는 졸업식이 열린 헨드릭스 홀의 연단에 앉아 있었고 총장이 극찬하는 내용이 담긴 표창장을 읽었다.

근처 농장에서 이 학교에 다닌 학생이 있었습니다. 그는 각고의 노력과 결의를 통해 소심하고 내성적인 농장 소년에서 연설 대회에서 연속으로 우승을 거둔 뛰어난 대중연설자로, 고난과 역경을 딛고 유명한 대중연설가와 응용 심리학 강사로, 해당 분야의 작가로 거듭났습니다. 그는 세계적인 명성을 얻었고, 수많은 사람이 두려움을 극복하고 타고난 능력과 자신감을 증진하도록 도운 인류의 후원자로 세계 각국에서 환영받았습니다. 인류의 행복과 발전에 공헌한 바로 전 세계에 거의 전설로 알려졌으며 앞으로도 그렇게 기억될 주인공, 명예문학박사 학위의 주인공을 소개합니다. 데일 카네기입니다.

조지 W. 디머George W. Diemer 총장은 데일 카네기에게 명예학위를

••
세상을 떠나기 몇 달 전인
1955년 7월, 모교
센트럴 미주리 주립대학교에서
명예학위를 수여받는
데일 카네기.

수여했고 학교 졸업생이자 카네기 강좌의 수료생이기도 한 J. 하워드 하트J. Howard Hart 부인이 몇 마디 덧붙였다. "'봉사를 위한 교육'이라는 우리 학교의 목표가 지닌 의미를 카네기 씨보다 완전하게 달성한 졸업생은 없을 것입니다. 카네기 씨는 전 세계의 남녀에게 자신감과 미래에 대한 희망, 인간관계의 기쁨과 확신을 선사하셨습니다."44

그다음 카네기가 자리에서 일어나 가장 좋아하는 '열정의 가치'를 주제로 연설했다. 그는 오랜 기간 자신을 버티게 해준 정신력을 최대한 끌어모아 열정이야말로 성공의 열쇠라면서 뉴욕 센트럴 철도 회사의 사장이었던 고故 프레더릭 D. 윌리엄슨Frederick D. Williamson의 말을 인용했다. "나이가 들수록 열정이야말로 잘 알려지지 않은 성공 비결이라는 사실을 확신한다. (……) 2급 능력을 갖춘 열정적인 사람이 1급 능력을 갖춘 열정 없는 사람을 능가한다." 카네기는 자신이 가장 좋아하는 일화도 전했다. 수년 전 수강생 하나가 나무를 태운 재를 마당에 뿌렸더니 다음 해 봄에 파란색 잔디가 나더라는 이야기를 매우 열정적으로 전한 까닭에 수강생들이 그 말을 곧이곧대로 믿은 일이었다. "똑똑한 기업가들에게 히커리 나무를 태운 재로 파란 잔디를 만들어낼 수 있다고 믿게 했다면, 이보다 아주 조금이라도 분별 있는 말이라면 열정으로 그 무엇이 불가능하겠습니까?"라고 했다.[45]

그러나 의도하지 않게 카네기는 한 구절에서 열정의 힘에 부정적인 부분도 있음을 시사했다. 사람을 속이는 데 사용될 수 있다고 말이다. 그는 세일즈맨으로 일하던 젊은 시절, 사우스다코타 소도시의 거리 모퉁이에 몰려든 군중을 보았다. 거리의 장사꾼이 엄청난 열정으로 상품을 홍보하고 있었다. 장사꾼은 굽 있는 신발을 신는 남자는 땅과의 전기 연결이 잘 안 되므로 대머리가 된다고 주장했다. 그가 파는 제품, 남자의 구두에 고정시키는 강철판이 대머리를 막아준다고 했다. 카네기는 사람들이 그 물건을 샀다면서 이렇게 농담했다. "나는 4년 동안 대학에 다녔으므로 그것이 말도 안 되는 주장이라는 것을 알고 있었습니다. 하지만 그 남자는 너무나도 열정적이었습니다. (……) 그래요, 여러분이 짐작하다시피 나도 그 물건을 샀습니다. 보세요, 효과가 있지요!" 그는 자신의 머리를 가리켰다.[46]

카네기는 "그렇습니다. 열정적인 사람에게는 아무리 고되고 힘들어도 일이 놀이의 일부가 됩니다"라며 자신의 일에 적극 헌신하는 모습을 극찬하면서 마음의 치유 효과에 대해 마무리했다. 그는 위대한 미국의 장군이 된 더글러스 맥아더Douglas MacArthur가 제2차 세계대전 때, 치열한 전투가 이어졌던 어두운 날들을 헤치고 태평양 전역에서 승리를 거두도록 부대를 이끌었다고 말했다. 맥아더 장군이 군 사령부의 사무실에 걸어둔 문구는 그의 성공 비결을 말해주었다. "당신은 당신의 믿음만큼 젊어지고 당신의 의심만큼 늙는다. 당신의 자신감만큼 젊어지며 당신의 두려움만큼 늙는다. 당신의 희망만큼 젊어지며 당신의 절망만큼 늙는다. 세월은 피부에 주름살을 더하지만 열정을 포기하면 영혼에 주름살이 생긴다."47

카네기는 청중의 갈채를 받으며 자리에 앉았다. 〈뉴스위크〉 기사는 이렇게 끝맺었다. "카네기는 여전히 중서부 억양을 담아 평소의 단호함과 열정으로 말했다. 자연스러운 몸짓은 시기적절했으며 호소력 있는 내용은 강렬했다. 청중이 '잘한다!'라고 환호성을 지르지 못한 것은 분명 엄숙한 졸업식장이었기 때문이다." 워런스버그 연설은 그가 모습을 드러낸 마지막 공식 석상이었다. 평소 중서부의 뿌리를 소중하게 여긴 카네기에게 잘 어울리는 마지막이었다.48

그 후 몇 달 동안 카네기의 몸 상태는 급격히 악화했다. 심각한 대상포진이 나타났고 고통스러운 몸 상태 때문에 기력이 떨어졌다. 그러나 그는 서서히 회복하는 듯했고, 도러시는 태양과 바다의 공기가 남편의 기운을 되살려주기를 바라며 회복과 휴식을 위해 남편을 버뮤다로 데려갔다. 훗날 도나 데일은 '버뮤다에서 보낸 저녁, 모래, 아버지와 함께 현관에서 우유를 마시고 해변에서 소풍을 즐긴 일'을 회상했다. 하지만 카네기는 더욱 쇠약해졌고 며칠 만에 전세기로 뉴욕의 병원으로 후송되었다. 신장 기능 감소로 인한 급성 질환인 요독증이 온

몸에 퍼졌기 때문이다.⁴⁹

　수술 실패 후 감염으로 심각한 고열 증세가 나타났다. 남편이 죽어 가고 있다는 사실이 분명해지자 도러시는 남편을 집으로 데려왔다. 가장 친한 친구 호머 크로이가 병상에 누운 카네기를 방문했다. 얼마 후 크로이는 "데일의 말년은 정말로 슬펐다. 마지막 아흐레 동안 나는 그를 보러 갔지만 심한 고열로 나를 알아보지 못했다. 수술 후 감염되지만 않았다면 그는 모든 것을 이겨내고 생존했을 것이다. 하지만 고열이 하루하루 계속되었다. 그 어떤 약으로도 가라앉힐 수 없는 열이었다. 정말 슬펐다"라고 했다. 카네기는 67번째 생일을 3주 앞둔 1955년 11월 1일, 오전 6시 10분에 세상을 떠났다.⁵⁰

　포리스트 힐스의 정원 교회Church in the gardens에서 장례식이 열렸다. 전 세계에서 화환과 애도의 물결이 몰려왔다. 크로이에 따르면 그중에서 가장 인상적인 것은 "남아프리카의 카네기 강좌에서 보낸 커다란 화환이었다. 라디오에서 사망 소식이 보도되자 뉴욕 꽃집에 돈을 송금해 화환을 보내도록 한 것이었다." 장례식을 집도한 목사는 카네기가 에이브러햄 링컨을 존경했으며 카네기 또한 '지혜, 인내, 관용, 유머, 겸손함, 믿음 같은 링컨의 자질들'을 보였다고 말했다. 〈뉴스위크〉, 〈타임〉, 〈캔자스시티 스타〉, 〈뉴욕 타임스〉에 부고가 실렸고 그의 영향력이 미국을 넘어 전 세계까지 퍼진 사실을 언급했다. 아마도 카네기의 생애를 가장 심오하게 요약한 것은 한 신문사에 실린 부고 내용일 것이다. "데일 카네기는 저서와 강좌에서 평범한 사람들에게 자신감 부족을 극복하는 방법, 인상적으로 말하는 방법을 가르치려고 했다. 그는 세계의 심오한 수수께끼를 푼 사람이 아니었다. 그러나 그는 그의 세대 그 누구보다도 인간이 서로 어울리며 사는 법을 배우는 데 기여했다. 때로 그것은 우리 모두에게 가장 필요한 것이다."[51]

그의 유산과 겸손한 성품에 걸맞게 카네기의 시신은 장례식 후 미주리 주 벨턴의 작은 묘지로 옮겨져 부모 곁에 묻혔다. 작은 대리석 묘비에는 '데일 카네기, 1888~1955년'이라고만 적혔다. 살아생전 엄청난 영향력을 끼친 인물에게 어울리지 않는 지나치게 소박한 모습이었다. 실제로 몇십 년 동안 그의 강좌와 책은 현대 미국 문화의 발전에 커다란 영향을 끼쳤다. 그는 20세기 초에 발생한 가치와 태도, 방식, 도덕의 혁명에 주도적인 역할을 했다. 그것은 카네기의 죽음 후에도 현대인의 생활 속에서 거부할 수 없는 힘으로 퍼져 나갔다.

닫는 글
데일 카네기가 남긴 자기계발의 유산

2001년 9월 23일, 세계무역센터 쌍둥이 빌딩을 무너뜨린 충격적인 테러 사건이 일어난 지 약 2주 후, 뉴욕 시는 양키 스타디움에서 추모 행사를 열었다. 슬픔에 잠긴 수만 명의 시민과 빌 클린턴 전 대통령, 에드워드 케네디 상원의원, 조지 파타키George Pataki 주지사, 루돌프 줄리아니Rudolph Giuliani 시장을 비롯한 수십 명의 인사가 침통한 표정으로 한 줄로 서서 입장했다. 군중은 성조기와 희생자들의 사진을 든 채 눈물이 뒤범벅된 얼굴로 60년 만에 발생한 미국 최악의 사건에 희생당한 이들을 기리는 각종 연설과 노래, 기도에 귀 기울였다.

 그 행사에서 가장 눈에 띄는 특징이 있었다. 토크쇼 진행자이자 자기계발 분야의 거물인 오프라 윈프리가 진행자로 나선 것이었다. 그녀는 공감적이고 고무적이고 카리스마 넘치는 스타일로 수백만 명에게 활기를 불어넣어 21세기 최고의 인기인이 된 주인공이었다. 그녀는 차례마다 연설자와 공연자들을 소개한 후 자신이 준비한 연설문, '미국을 위한 기도'를 큰 소리로 읽었다. 비록 공격당했지만 "우리 미국인들은 산산이 조각나는 것을 거부합니다. 우리를 갈라놓으려고 벌어진 일이 오히려 우리를 하나로 만들었으며 우리는 꿈쩍하지 않을 것입니다"라고 선언했다. 그녀는 사건이 준 교훈을 더욱 높이 승화시켰다. "사랑하는 사람을 잃은 일은 당신이 아는 천사를 얻은 일입니다. 우리에게 남은 시간 동안 더 깊은 의미를 만들고, 정말로 중요한 것이 무엇인지 알아갑시다." 그녀는 자신의 트레이드마크인 연민과 활기가 어우러진 멘트와 함께 마무리했다. "이제 우리는 삶이 연약하고 불확실하지만 얼마나 특별한지 확실히 알게 되었습니다. 항상 그것을 기억합시다."[1]

실로 강력한 힘이 느껴지는 순간이었다. 국가적인 비극의 순간, 정치계나 종교계 지도자가 아니라 자기계발 문화를 대표하는 인물이 국가의 상처를 보듬고 가장 고귀한 염원을 선언한 것이다. 1941년 말에 일어난 진주만 공격이나 1960년대 존 F. 케네디 대통령이나 마틴 루서 킹의 암살 이후였다면 도저히 불가능한 일이었을 것이다. 그러나 21세기 초에는 그야말로 적절한 것처럼 보였다. 수많은 미국인의 세계관 속에는 자존감, 개인적 성장, 정신 건강, 긍정적 사고 같은 자기계발 이념이 깊숙이 새겨져 있었다. 그것은 온 미국을 비탄에 빠뜨린 9월의 그 사건에 대처하는 자연스러운 틀을 제공해주었다. 오프라 윈프리는 그러한 세계관을 훌륭하게 표현했다.

또한 그 일은 데일 카네기가 남긴 유산을 보여주었다. 카네기는 1930년대와 1940년대에 저서 《카네기 인간관계론》과 《카네기 행복론》, 성인 대상 강좌를 통해 현대 자기계발 문화의 본판을 수립했다. 그는 성공과 행복을 호감 가는 성격, 긍정적 사고, 긴밀하게 집중된 내적 원천, 모호한 영성, 인간관계 기술 같은 특징을 발달시키는 개인적인 능력과 연결시켰다. 내면의 필요와 욕망을 억누르는 것이 아니라 실현해야만 삶의 기쁨과 만족이 흘러나온다는 개념을 대중화시켰다. 그의 손을 거쳐 단호한 성품과 도덕성은 물질적으로나 정서적으로 풍요로운 삶을 찾으려는 노력으로 대체되었다. 그렇게 급변하는 미국 문화의 범위와 중요성은 카네기의 죽음 이후 더욱 분명해졌다.

20세기 중반 미국 문화에서는 카네기가 퍼뜨린 영향력의 신호가 어디에서나 나타났다. 그의 유명한 강좌는 워런 버핏Warren Buffet, 리 아이어코카Lee Iacoca 같은 기업가를 배출했다. 1950년대에 카네기 강좌를 수료한 것이 그들의 성공과 영향력에 큰 도움을 주었다. 1960년대의 거대한 정치 대변동 속에서 린든 존슨Lyndon Johnson 대통령과 급진적인 제리 루빈Jerry Rubin도 데일 카네기의 모델을 활용했다. 존슨의 단호하고 강력한 성격은 1930~1931년에 휴스턴의 카네기 강좌에서 강사로 활동하며 더욱 발전되었다. 이피당Yippie Party의 급진적 지도자이며 '시카고 7인' 중 한 명이었던 제리 루빈도 《카네기 인간관계론》 덕분에 연설의 두려움을 극복했다. 대중문화 속에서 카네기의 사상은 시대를 불문하고 언제나 큰 영향력의 증거인 패러디를 양산했고 커다란 찬사를 받았다. 셰퍼드 미드Shepherd Mead의 베스트셀러이자 브로드웨이 뮤지컬로 만들어진 《성공 시대How to Succeed in Business Without Really Trying》(1952)는 카네기의 성공 원칙을 웃음거리로 삼았고, 논란 많은 코미디언 레니 브루스Lenny Bruce의 《비열하게 말하고 사람들에게 영향을 끼치는 방법How to Talk Dirty and Influence People》(1965년)은 카네기의 베스트셀러 제목을 따서 중산층의 사회적 관습을 신랄

하게 비판했다.²

또한 카네기는 현대인에게 더 가까이 다가간 인지 심리학과 신경 심리학의 발달을 예측하기도 했다. 그가 잠재적인 정서적 욕구와 심적 과정에 대한 인식과 이해를 강조한 것은 20세기 접어들어 수많은 저서에서 표면화되었고 대중에게 퍼져 나갔다. 대니얼 카너먼Daniel Kahneman의 《생각에 관한 생각Thinking, Fast and Slow》, 대니얼 골먼Daniel Goleman의 《EQ 감성지능Emotional Intelligence: Why It Can Matter More Than IQ》, 대니얼 길버트Daniel Gilbert의 《행복에 걸려 비틀거리다Stumbling on Happiness》, 캐스 선스타인Cass Sunstein과 리처드 H. 탈러Richard H. Thaler 의 《넛지: 똑똑한 선택을 이끄는 힘Nudge: Improving Decisions About Health, Wealth, and Happiness》, 말콤 글래드웰Malcolm Gladwell의 《블링크: 첫 2초의 힘Blink: The Power of Thinking Without Thinking》 같은 책들은 이 사회를 살아가려면 이성보다는 인간의 필요와 욕망을 제대로 인지하는 것이 훨씬 도움이 된다는 사실을 저마다 다양하지만 상호보완적인 방식으로 시사하고 있다. 마찬가지로 《완전한 행복Authentic Happiness: Using the New Positive Psychology to Realize Your Potential for Lasting Fulfillment》의 마틴 셀리그만Martin Seligman이나 《모나리자 미소의 법칙Happiness: Unlocking the Mysteries of Psychological Wealth》의 에드 디너Ed Diener와 로버트 비스와스-디너Robert Biswas-Diener 같은 현대 '긍정 심리학' 지지자들도 카네기의 길을 따라 긴밀한 사회적 유대감, 영성, 친절함이나 진실함, 감사 같은 대인관계 덕목, 사랑할 수 있는 능력이 행복으로 가는 마음의 길을 닦아준다고 했다.³

그러나 더욱 넓고 깊은 맥락에서 카네기가 개척한 자기계발의 치유 문화는 그의 가장 큰 유산이었다. 20세기 후반 내내 다수의 후계자들이 카네기의 유산을 현대 생활의 구석구석으로 퍼뜨렸다. 이 운동은 자기통제와 강인한 자립적 도덕성으로 이루어진 옛 빅토리아 시대의 마지막 흔적을 없애고 개인의 성장과 정신 건강, 빛나는 성격을 토대로 하는 새로운 가치관을 키워주었다. 치유적 자기계발의 옹호자들은 마음의 질병과 회복 모델을 받아들여 부당한 괴롭힘을 극복하려 애쓰고 자존감이 삶의 중심에 놓여야 한다고 주장했다. 그들은 정서적인 권한 부여가 행복의 열쇠라고 보았다. 물론 카네기가 이러한 문화 혁명에 유일하게 영감을 준 인물은 아니었다. 그밖에 '긍정적 사고' 설교자이자 저자인 노먼 빈센트 필 목사, 심리학자이자 사회학자인 엘튼 메이요, 광고인이자 전기 작가인 브루스 바튼Bruce Barton, 자녀양육 전문가 벤저민 스포크 박사 등의 공헌도 컸다. 그러나 대단히 인기 있는 성공학 작가이자 강사였던 카네기야말로 그 주도자이자 주창자이자 가장 널리 대중화시킨 장본인이었다.

성공학 분야에서는 몇몇 유명한 인물들이 카네기가 밝힌 등불을 들고 계속 나아갔다. 성공 방법을 다루는 책들이 무더기로 쏟아져 나왔다. 모두들 자신감을 길러주고 성격을 강화해주고 긍정적으로 생각하게 해주고 내적 원천을 모아 사회적, 물질적 성공을 달성하게 해준다는 심리 전략을 내세웠다. 한 예로 1960년대에 사람들이 타인과의 관계에 적응하고 심리적인 쇠약감을 극복하는 '교류 분석' 이론을 제시한 토머스 해리스Thomas Harris의 《마음의 해부학: 친밀한 관계를 만드는 소통의 비밀I'm Okay, You're Okay》(1967년)이 베스트셀러 1위에 올랐다. 그 후 앤서니 로빈스는 《무한 능력Unlimited Power》(1986년)

과 《네 안에 잠든 거인을 깨워라Awaken the Giant Within》(1991년) 같은 책은 물론 '개인 파워'와 '파워 토크'에 관한 수백 회에 이르는 해설식 광고와 세미나를 열었다. 이를 통해 신경언어 프로그래밍 전략 또는 얕은 최면법으로 잠재의식을 움직여 두려움을 없애고 자신감을 증진해 더욱 충만한 삶과 인간관계 개선이라는 이득을 얻을 수 있다고 널리 홍보했다. '자기계발의 여왕'이라는 별명이 붙은 심리학 박사 수잔 제퍼스Susan Jeffers는 《진짜 두려운 것은 없다Feel the Fear and Do It Anyway》(1987년)를 발판으로 삼아 긍정적 사고와 소심함 극복의 메시지를 전파했다. 조이스 브라더스 박사의 《우리는 99%의 행운을 가지고 있다How to Get Whatever You Want Out of Life》(1978년), 웨인 다이어 박사의 《행복한 이기주의자Your Erroneous Zones: Advice for Escaping the Trap of Negative Thinking and Taking Control of Your Life》(1976년), 론다 번Rhonda Byrne의 《시크릿The Secret》(2006년)은 심리학을 이용한 성공 전략으로 대중적인 찬사를 받은 자기계발계의 수많은 거물 중 일부일 뿐이다.[4]

카네기와 똑같은 혈통의 문화에서 내려온 대중 서적의 또 다른 장르는 자존감을 현대인의 행복과 성취를 위한 핵심 요소로 내세웠다. 멜로디 비티Melodie Beattie의 《상호의존성이란 무엇인가Codependent No More: How to Stop Controlling Others and Start Caring for Yourself》(1986년) — 이 베스트셀러는 '이 책을 나에게 바칩니다'라는 말로 시작한다 — 는 독자들에게 타인에 대한 '상호의존성'을 극복하고 내면을 가꿔나가라고 했다. 존 브래드쇼John Bradshaw의 《상처받은 내면아이 치유Homecoming: Reclaiming and Championing Your Inner Child》(1990년)는 어린 시절의 고통과 방치, 수치, 슬픔 문제를 이겨내 '회복'에 도달하고 자존감을 찾아야 한다고 주장했다. 잭 캔필드Jack Canfield는 1993년에 감동적인 사연을 모은 《영혼을 위한 닭고기 스프》 시리즈를 처음 내놓았고 현재 200가지가 넘는 관련 도서가 나왔으며 총 5억 부가 넘게 팔렸다. 캔필드는 자존감재단Foundation for Self-Esteem 회장으로 '자존감 세미나'를 개최하여 계속 메시지를 전파해나갔다. 실제로 자존감 패러다임은 더 넓은 곳까지 퍼져 나갔다. 1990년대에 〈새터데이 나이트 라이브〉는 코미디언 앨 프랑켄Al Franken(현재 미네소타 상원의원)이 회복 프로그램에 중독된 불운한 청년 스튜어트 스몰리Stuart Smalley로 등장하는 코미디극을 선보였다. 비틀거리는 삶이지만 주변 사람들에게 힘과 영감을 얻은 스튜어트 스몰리는 힘들 때마다 거울을 보며 "나는 충분히 잘났어, 나는 충분히 똑똑해, 빌어먹을, 사람들도 나를 좋아한다고!"라고 외쳤다.[5]

현대 종교도 점점 카네기가 치유로 각인시킨 영성을 드러내기 시작했다. 1993년에 〈크리스채너티 투데이Christianity Today〉는 강력한 '치유 혁명'이 현대의 개신교를 변화시켰다고 보도했다. "아무도 관심을 기울이지 않은 채, 기독교 심리학은 복음주의의 중심으로 이동했다." 물론 그 선구자는 노먼 빈센트 필 목사였다. 그는 뉴욕 시 자신의 교회에 '종교-정신의학클리닉Religio-Psychiatric Clinic'을 개설했고 거대한 조직의 토대를 만들어준 베스트셀러 《적극적 사고방식》(1952년)을 썼다. 다른 성직자들도 이내 그 뒤를 따랐다. 그중에는 '자존의 신학'과 TV 방송 설교 〈능력의 시간Hour of Power〉으로 유명한 캘리포니아 수정교회의 로버트 슐러, 《긍정의 힘Your Best Life Now: 7 Steps to Living at Your Full Potential》(2004년)을 쓴 휴스턴 레이크우드 교회의 조엘 오스틴Joel Osteen 목사가 있다. 그 밖에 치유 종교의 대표적인 인물로는 저서 《아직도 가야 할 길The Road Less Traveled: A New Psychology of Love, Traditional Values, and Spiritual Growth》(1988년)을 통해 종교적 연관성을 떠나 비판단적으로 심리학과 영성을 융합한 M. 스캇 펙이 있다. 21세기 초에 이르러 《준비된 기독교인: 청소년의 신앙으로 보는 미국 교회Almost Christian: What the Faith of our Teenagers is Telling the American Church》(2010년)의 켄다 크리시 딘Kenda Creasy Dean 같은 성직자들은 '도덕적인 치유 이신론'이 현대 기독교의 핵심이 되었다고 결론지었다. 카네기와 꼭 빼닮은 심리학적이고 비신학적인 영성은 하나님이 신자들의 자존감을 올려주는 자애로운 힘인 '친절의 복음'으로 등장했다. 또한 하나님에 대한 믿음이 재정적 축복을 가져다준다고 주장하는 '번영의 복음'이 변형된 특징을 띠기도 했다. 현대 기독교 모델에서는 영적인 갈망이 자기계발, 물질적 풍요, 정신 건강을 합친 회복 운동으로 변하면서 판단 기준이 죄에서 병으로 옮겨갔다.[6]

20세기 중반에 이르러 현대 교육에서도 카네기의 치유적 자기계발 모델을 채택했다. 1960년대에 전문가들은 자존감을 전국 교과 과정 일부로 짜 넣어 학생들의 자기 이미지와 교육적 성취를 연결했다. 처벌과 권위, 엄격한 기준은 점점 교실에서 해로운 것으로 낙인찍혔고, 정체성 강화와 대인관계가 성취에 필수적인 것으로 여겨졌다. 교육계 지도자들은 학생들의 '낮은 자존감'이 그들을 "더욱 순종적이고 내성적으로 만들며 때로는 정반대로 극도의 공격성과 지배성을 갖게 하기도 한다"고 주장했다. 이처럼 학생들의 심리 발달이 교과 과정과 교육학의 중심으로 옮겨가면서 새로운 패러다임이 등장했다. 학교는 점점 아이들이 유능함 또는 숙달된 실력을 보일 수 있는 교과외 활동이나 자기표현을 장려했고 다른 '학습 방식'에 민감한 포트폴리오 프로그램 같은 새로운 유형의 시험을 강조했다. 한편 교사들은 학생들의 잘못된 점을 비난하기보다 긍정적인 평가로 자신감을 키워주어 바람직한 행동을 강화하라고 권고받았다. 이렇게 아동 중심의 진보적인 교육에서는 학생들의 자기가치 의식을 길러주는 것이 핵심적인 목표로 떠올랐다. 1990년에 캘리포니아에서 결성된 교육대책본부는 '자존감의 사회적 중요성'이라는 제목의 보고서를 내놓아 '자존감 부족'이 현대의 사회 문제와 개인적 문제의 핵심이며 학생의 자기긍정을 교과 과정의 핵심으로 두는 교육 개혁이 해결책이라고 했다. 같은 해에 뉴욕 주 평의원이사회New York state Board of Regents는 전통적인 교과 과정이 젊은이들, 특히 여성과 소수집단의 정신을 해쳤으며 학생들에게 '높은 자존감'을 심어줄 새로운 다문화 모델이 필요하다고 주장하는 보고서 '포용의 교과 과정'을 지지했다.[7]

카네기식 원칙은 현대의 자녀양육 모델에도 영향을 주었다. 벤저민 스포크 박사가 '건전한 심리학과 함께하는 건전한 소아학'이라고 표현한 《아이와 육아》(1946년)는 부모가 자녀에게 대인관계, 사회적 기술, 자연스러운 성격을 키울 수 있는 가르침을 제시하며 현대적인 자녀양육 모델의 기준점이 되었다. 그 후로 자녀양육서는 옳고 그름의 학습, 성품 함양, 공동체 책임 인식 등 도덕성을 강조하던 기존의 방식에서 정서적 충족, 성격 발달, 정신 건강을 강조하는 새로운 치유법을 강조하는 쪽으로 옮겨갔다. 1970년에 이르러 도러시 C. 브릭스Dorothy C. Briggs는 《자녀의 자존감: 자녀 인생의 열쇠Your Child's Self-Esteem: A Key to His Life》에서 "자존감이 높은 사람은 성공한 것이다"라며 '자녀의 탄탄한 자기가치 의식'을 길러줄 단계별 과정을 제시했다. 아델 페이버Adele Faber와 일레인 마즐리시Elaine Mazlish의 저서 《어떤 아이라도 부모의 말 한마디로 훌륭하게 키울 수 있다How to Talk so Kids Will Listen and Listen》 (1980년)는 '아이 감정 이해의 중요성'을 강조했으며 루이즈 하트 Louise Hart의 《승리하는 가족: 부모와 자녀의 자존감 기르기The Winning Family: Increasing Self-Esteem in Your Children and Yourself》(1987년)는 부모에게 "자존감은 부모가 자녀에게 줄 수 있는 최고의 선물이다. 그것은 정신 건강, 학습, 행동의 초석이다"라고 조언했다.[8]

미국의 기업들 역시 정서적 민감성과 정신 건강을 강조하는 카네기의 원칙을 채택했다. 엘튼 메이요는 일찍이 1920년대에 유명한 시카고 제너럴일렉트릭 공장 연구를 통해 집단 관계와 소속감을 강조한 '인간관계' 관리 모델을 제시했다. 1950년대에 이르러 피터 드러커 Peter Drucker는 관리자가 현대의 '지식 노동자들'을 해방시키고 공통된 방향으로 이끄는 분권화decentralization와 노동자의 권한 이임을 토대로 한 경영 모델을 만들었다. 그 후 W. 에드워즈 데밍W. Edwards Deming을 비롯한 '전사적 품질경영Total Quality Management, TQM' 개혁자들은 '노동자의 권한 이임', 협동적인 작업 집단, '윈윈' 사고로 정의된 치유 환경을 옹호했다. 톰 차펠Tom Chappell은 《거꾸로 경영: 가치 중심 리더십의 7가지 목적Managing Upside Down: The Seven Intentions of Values-Centered Leadership》(1999년)에서 개인이 자아실현을 통해 일에서 의미를 찾고 인간관계를 추구하고 타인의 감정을 의식할 수 있도록 장려하는 기업상을 제시했다. 그러나 물론 현대 비즈니스의 으뜸가는 권위자로 떠오른 것은 스티븐 코비였다. 그는 《성공하는 사람들의 7가지 습관The

Seven Habits of Highly Effective People》(1990년)에서 자기인식과 정서적 공감, 성격 변화를 토대로 한 심리적인 관리법을 내놓았다. 그는 세상과의 상호작용 방법을 재검토하고('패러다임의 변화') 타인과 창조적으로 협동해야 한다고('시너지 내기') 강조했다. 그가 내놓은 마지막 일곱 번째 '습관'은 '끊임없이 쇄신하라'로, 카네기의 자기계발에 담긴 가장 중요한 가치를 표현했다. 즉, 경험에서 교훈을 배우고 끊임없이 쇄신하라는 것이었다.[9]

실제로 카네기의 치유적 자기계발은 20세기 후반 미국 현대 문화 속 어디에서나 번성했다. 덕분에 디팩 초프라의《성공을 부르는 일곱 가지 영적 법칙Seven Spiritual Laws of Success》(1994년)이 최고 베스트셀러가 되었고 TV 심리치료사 필 맥그로Phil McGraw가 엄청난 인기를 누렸다. 또한 그것은 성경의 가르침과 정서적 권한 이임, 지지집단을 통한 유대감으로 '하나님의 사람들' 육성을 목표로 하는 '약속을 지키는 사람들Promise Keepers' 같은 보수적인 운동에도 영향을 미쳤다. 또한 페미니스트 사상에도 영향을 주어 캐럴 길리건Carol Gilligan의《다른 목소리로In a Different Voice: Psychological Theory and Women's Development》(1982년)와 글로리아 스타이넘Gloria Steinem의《내부로부터의 혁명 Revolution From Within: A Book of Self-Esteem》(1993년)*은 정체성의 치유적 문제와 정서 회복이 여성을 위한 성공 열쇠라고 강조했다. 또한 치유적 자기계발은 인종에 관한 공식도 만들어냈다. 코넬 웨스트Cornel West는 아프리카계 미국인들에게는 민주사회주의와 혁명적인 기독교

---

* '닫는 글'에 나오는 외서 중 국내 출간본 목록은 573~574쪽 각주 참조 바람.

운동의 의제뿐만 아니라 그들의 공동체를 비탄에 빠뜨린 '심각한 심리적 우울증과 자기 무가치 의식, 사회적 절망'에 대처하는 자기애 프로그램도 필요하다고 주장했다. 마찬가지로 그것은 1995년 10월에 일어난 '밀리언 맨 마치Million Man March'에도 영감을 주었다. 아프리카계 미국인 남성들이 정체성의 정치, 남성의 유대, 회복-집단 속죄라는 해결책을 수용한 것이다. 심지어 정치 담론에서도 치유적인 해결책과 자기계발의 중요성을 받아들였다. 한 예로 빌 클린턴은 '나는 당신의 고통을 이해합니다! Feel Your Pain'라는 슬로건으로 대통령에 당선되었다. 그리고 재임 기간에 닥친 위기 때도 앤서니 로빈스나 마리앤 윌리엄슨, 스티븐 코비 같은 자기계발 분야의 권위자들과 뉴에이지계 고문들을 캠프 데이비드Camp David*로 불러 재충전의 시간을 가졌다.[10]

카네기의 치유적 자기계발이 현대의 가치와 감성을 얼마나 지배하는지 보여주는 통계가 있다. 1940년대 후반에만 해도 미국에는 임상 심리학자가 2500명, 사회복지사가 3만 명, 결혼과 가족 상담치료사는 500명 미만이었다. 그러나 60년 후인 2010년에는 임상 심리학자 7만 7000명, 임상 사회복지사 19만 2000명, 정신건강상담사 10만 5000명, 결혼과 가족 상담치료사 5만 명, 간호 심리치료사 1만 7000명, 인생 코치 3만 명으로 늘어났다. 최근에는 치유를 통한 자기계발에 대한 관심이 더욱 광범위해져서 불안과 정신적 문제를 치료해주는 '심리치료 애플리케이션(앱)'까지 개발되었다. 환자들이 스마트폰의 앱을 통해 4~6주 동안 1주일에 2회씩 치료받은 결과, 정신적 문제의 극복에

---

* 미국 대통령의 전용 별장.

두드러진 변화가 나타났다.[11]

그러나 미국 문화에서 치유적인 자기계발 가치의 승리를 가장 분명하게 보여준 것은 아마도 뉴욕에서 열린 9·11테러 추모 행사를 진행한 여성의 존재일 것이다. 이제는 부정할 수 없이 오프라 윈프리의 시대이다. 그녀는 1980년대부터 현대 미국 문화에서 비할 데 없는 강력한 영향력을 가진 인물로 자리매김했다. 전국으로 방송되는 시청률 1위 토크쇼를 기반으로 엄청난 수익과 영향력을 얻은 그녀는 2002년 무렵에는 세계 여성 부자 1위로 등극할 정도였고, 직접 제작회사를 설립해 다수의 영화, TV 미니 시리즈, 고무적인 세미나, 라디오 쇼, 책, 잡지를 만들었다. 또한 그녀는 적극적인 자선활동으로도 유명하다. 〈뉴스위크〉, 〈보그〉, 〈새터데이 이브닝 포스트〉, 〈뉴 리퍼블릭〉, 〈레이디스 홈 저널〉, 〈피플〉 표지 모델로 등장했으며 1998년 〈타임〉 커버스토리에서 '모든 미디어의 여왕'이라는 영광스러운 칭호를 얻었다.

그러나 오프라 윈프리의 엄청난 성공과 영향력의 비결은 치유를 통한 자기성취와 새로운 시대의 영성을 합친 그녀만의 독특한 방식에 있었다. 그녀는 자신의 TV쇼를 거대한 집단 상담 시간으로 만들었다. 출연자의 다양한 개인적 문제를 다루고 아동 학대, 마약 중독, 강박적인 체중 증가 같은 문제를 극복한 자신의 투쟁을 고백했다. 그녀는 청중에게 '최선의 삶을 살아라', '더욱 훌륭해지고 더욱 특별해져라', '잠재력을 완전히 발휘해라' 같은 고무적인 개념을 전달했고 현대 자기계발 분야의 대변인으로 떠올랐다. 그녀는 개인의 힘과 능력을 강조하는 메시지와 함께 모든 미국인의 상담치료사가 되었다. 역사적으로 볼 때 데일 카네기가 20세기 전반에 시작한 임무를 오프라 윈프리가

완성한 것이다.[12]

마지막으로 막대한 영향력을 끼친 카네기의 문화적 유산은 우리에게 무엇을 보여주는가? 21세기가 시작될 무렵, 평범한 미주리 출신의 데일 카네기가 발전시킨 치유적 자기계발의 세계관은 미국 사회에 의기양양하게 자리 잡았다. 그의 책과 강좌 덕분에, 또한 그의 후계자들과 생각이 비슷한 사람들 덕분에 정신 건강이 도덕성을 대체했고, 성격이 성품을 대체했고, 인간관계가 권위를 대체했고, 세심함이 미덕을 대체했고, 자존감이 공동체의 기대를 대체하는 행동 지침으로 굳건히 자리 잡았다. 심리학적인 가치관이 주요 단체로 확산되었고 해방 운동도 마찬가지였다. 이러한 문화적 변화는 중대한 결과를 가져왔다.

한편으로 카네기의 치유적 자기계발은 주목할 만한 성과를 이루었다. 첫째, 지난 시대에 종종 곪아 터졌던 개인의 병적 측면과 불행을 경감시킴으로써 인간의 정서적 욕구에 더욱 큰 관심이 쏠리도록 장려했다. 카네기와 그의 지지자들은 평범한 사람들이 개인적인 고통을 개선할 수 있도록 새로운 방법으로 돕고자 했다. 둘째, 그러한 추세는 현대사회의 '심리적 인간'의 기준을 수립했다. 그것은 인간의 충성심과 노력을 영적이거나 물질적이거나 정치적인 것으로 편협하게 바라보는 이전의 '종교적 인간'이나 '경제적 인간' 또는 '이념적 인간'보다 인간의 행동과 욕구를 잘 이해하게 하는 모델이었다. 셋째, 현실적인 측면에서 카네기의 원칙은 친절과 세심함, 유머, 타인의 약점에 대한 인내를 사회적 기준으로 장려했다. 이는 절대로 사소한 업적이 아니다. 출세 제일주의, 오만, 탐욕, 타인 경시가 만연하고 사회적 무능함이나 무지가 방해물로 작용하는 현대사회에서 제대로 된 성격 적응, 세심하게 배려하는 행동, 정신 건강은 충분한 매력으로 다가온다. 마지막으로 좋은 삶이란 정서적으로나 물질적으로나 풍요로운 것이라는 카네기의 관점은 미국인의 생활에 깊숙이 자리했다. 17세기 식민지 건설 이후 18세기 후반에 공화국 건설로 미국이 풍요와 만족감을 찾으려고 노력하는 사람들을 위한 기회의 땅이라는 인식이 강해졌고, 전 세계에서 수억 명의 이민자들이 몰려왔다. 아마도 그것은 미국의 자기 인식self-definition에서 가장 핵심적인 요소일 것이며 카네기는 누구보다 큰 영향력으로 그것을 옹호했다.

그러나 한편으로 카네기의 치유적인 자기계발이 거둔 승리에는 무거운 대가도 따랐다. '자기 만족감'에 대한 끝없는 욕구를 만들어낸 것이다. 환각에 빠지기 위해 점점 더 많은 약물이 필요한 중독자처럼, 너무도 많은 현대인이 만족을 위해 계속 더 큰 자기충족을 추구했다. 이러한 비현실적인 사고방식은 무엇이든 해낼 수 있다고 믿는 거창한 '권한 이임empowerment'과 개인의 행복할 권리를 방해하기 위해 외부의 힘이 끊임없이 음모를 꾸미고 있다는 애처로운 '피해자 의식victimization' 사이에서 흔들리게 한다. 게다가 카네기가 내세운 원칙은 개인적인 감정을 초월하여 세상에 대해 사고하는 능력을 약화시켰다. 인간관계와 세심함, 비非판단을 강조함으로써 정서적으로 상처받은 개인의 욕구는 중요해진 반면, 도덕성과 사회 정의, 심지어 경제적 행복의 틀마저 옆으로 밀려나고 말았다.

카네기의 세계관에서는 성공과 성취가 종종 심리 전략의 결과물인 경우가 있었는데, 그로 인해 위선과 속임수에 대한 두려움이 현대 문화의 틀 속에 자리 잡게 되었다. 성품이 아니라 성격 이미지가 중요해짐으로써 찬사와 아첨, 세심함과 교묘한 통제, 인간관계와 조종이 종이 한 장 차이가 되었고 실제로 둘의 차이가 완전히 없어지는 경우도 흔해졌다. 또한 치유를 통한 자기계발 문화는 개인을 공동체 의식에서 분리시켰다. 많은 현대인이 자신의 정서적 욕구에 관심을 집중한 나머지, 공통 관심사와 자신 사이의 관계를 개념화하기가 어렵거나 불가능해졌다. 자기충족의 현대 문화 속에서 권위나 시민의 의무 또는 공동체 기준에 관한 개념은 거의 모순이 되었다.

카네기가 현대 미국인의 문화를 포착한 일은 행복에 관해서는 누구에게나 평등한 권리가 있다는 감정의 민주화를 장려했다. 그와 동시에 개인의 짐이 통째로 공공 영역으로 옮겨가는 민주주의의 병리화도 일어났다. 개인의 욕망, 두려움, 문제 같은 인간의 상호작용과 지배는 심리치료나 지지집단 또는 치유 형태를 띨 수밖에 없으므로 공익에 관련된 모든 관심사를 압도하는 경향이 있다.

이처럼 치유적 자기계발이 지배하는 현대사회는 긴장감이 가득하지만 그래도 우리를 향해 손짓하는 보상이 있다. 인간 행동에 대한 더욱 균형 잡히고 미묘한 관점은 감정뿐만 아니라 이성, 역기능 상태뿐만 아니라 건전한 본능, 강화해야 마땅한 자존감뿐만 아니라 정정이 필요한 위험한 본능 등의 가치를 인정한다. 그 관점은 도덕성과 정의를 행동 기반으로 삼으며 정서적 욕구와 동등한 위치에 둔다. 공공 영역과 개인 영역의 복잡하고 다면적인 연관성을 보여줌으로써 개인의 삶을 개인적인 병이나 정체성의 문제를 타인에게 떠맡기는 모판seedbed이 아니라 공동의 사회생활에 필요한 가치와 특징을 준비하는 무대로 바라보게 해준다. 그 관점은 역기능뿐만 아니라 의무도, 불안뿐만 아니라 성취도, 정서적 고통에서의 회복뿐만 아니라 삶의 유용한 가치도, 끝없는 자기충족뿐만 아니라 제한의 필요성도 인정하도록 해준다.[13]

그러나 카네기의 영향력을 아무리 비판적으로 평가한다고 해도 그가 현대 미국인의 생활에 막대한 영향을 끼쳤다는 사실만은 부정할 수 없다. 빅토리아 후기의 자기통제 문화 속에서 태어난 그는 자기충

---

* 《생각에 관한 생각(Thinking, Fast and Slow)》, 2012년 김영사 발간.
《EQ 감성지능(Emotional Intelligence: Why It Can Matter More Than IQ)》, 2008년 웅진지식하우스 발간.
《행복에 걸려 비틀거리다(Stumbling on Happiness)》, 2006년 김영사 발간.
《넛지: 똑똑한 선택을 이끄는 힘(Nudge: Improving Decisions About Health, Wealth, and Happiness)》, 2009년 리더스북 발간.
《블링크: 첫 2초의 힘(Blink: The Power of Thinking Without Thinking)》, 2005년 21세기북스 발간.
《완전한 행복(Authentic Happiness: Using the New Positive Psychology to Realize Your Potential for Lasting Fulfillment)》, 2004년 물푸레 발간.
《모나리자 미소의 법칙(Happiness: Unlocking the Mysteries of Psychological Wealth)》, 2009년 21세기북스 발간.
《마음의 해부학: 친밀한 관계를 만드는 소통의 비밀(I'm Okay, You're Okay)》, 2008년 21세기북스 발간.
《무한 능력(Unlimited Power)》, 2005년 씨앗을뿌리는사람 발간.
《네 안에 잠든 거인을 깨워라(Awaken the Giant Within)》, 2002년 씨앗을뿌리는사람 발간.
《진짜 두려운 것은 없다(Feel the Fear and Do It Anyway)》, 2000년 도솔 발간.
《우리는 99%의 행운을 가지고 있다(How to Get Whatever You Want Out of Life)》, 2002년 문예춘추사 발간.
《행복한 이기주의자(Your Erroneous Zones: Advice for Escaping the Trap of Negative Thinking and Taking Control of Your Life)》, 2006년 21세기북스 발간.
《시크릿(The Secret)》, 2007년 살림Biz 발간.

족을 중요시하는 현대 문화를 만드는 데 주도적인 역할을 했다. 마음 치유와 풍요로운 삶에 몰두하는 자기계발의 틀을 만든, 현대적인 자기계발 운동의 메시아가 되었다. 그의 책과 강좌는 현대적인 자기계발 운동의 분명한 강점(인간의 정서적 욕구에 대한 세심함)은 물론이고 변치 않는 약점(자아의 자기도취적인 몰두)도 역시 드러냈다. 자존감 치유 문화를 어떻게 이해하든 미주리 농장 출신의 카네기가 그것을 형성하는 데 중대한 역할을 했다는 사실은 인정하지 않을 수 없다. 오래전 토머스 제퍼슨은 '행복의 추구'라는 가장 미국적인 문구를 만들어냈다. 데일 카네기는 그 말의 현대적 의미를 정의했다.

《상호의존성이란 무엇인가(Codependent No More: How to Stop Controlling Others and Start Caring for Yourself)》, 2013년 살림출판사 발간.
《상처 받은 내면아이 치유(Homecoming: Reclaiming and Championing Your Inner Child)》, 2004년 학지사 발간.
《적극적 사고방식(The Power of Positive Thinking)》, 2001년 세종서적 발간.
《긍정의 힘(Your Best Life Now: 7 Steps to Living at Your Full Potential)》, 2005년 두란노 발간.
《아직도 가야 할 길(The Road Less Traveled: A New Psychology of Love, Traditional Values, and Spiritual Growth)》, 1991년 열음사 발간.
《어떤 아이라도 부모의 말 한마디로 훌륭하게 키울 수 있다(How to Talk so Kids Will Listen and Listen)》, 2001년 명진출판사 발간.
《성공하는 사람들의 7가지 습관(The Seven Habits of Highly Effective People)》, 2003년 김영사 발간.
《성공을 부르는 일곱 가지 영적 법칙(Seven Spiritual Laws of Success)》, 2010년 슈리크리슈나다스아쉬람 발간.
《다른 목소리로(In a Different Voice: Psychological Theory and Women's Development)》, 1997년 동녘 발간.
《내부로부터의 혁명(Revolution From Within: A Book of Self-Esteem)》, 1992년 본당 발간.

감사의 말

이 책이 나오기까지 많은 빚을 진 사람들에게 이 자리를 빌려 감사할 수 있어 기쁘다. 이 책의 집필과 조사 과정에서 데일 카네기의 가족과 연구소 관계자분들이 친절하게도 큰 도움을 주었다. 카네기의 손녀 브렌다 리 존슨Brenda Leigh Johnson은 내가 이 책을 시작할 수 있게 도와주었고 조사를 위해 몇 차례 롱아일랜드를 방문할 수 있게 자리도 만들어주었다. 그녀는 카네기의 일과 생애에 관한 정보를 나눠주는 한편 소중한 자료를 모아주기도 했다. 카네기의 딸 도나 카네기도 이 책을 응원해주었다. 인터뷰와 메모로 소중한 정보를 보태주었고 이 책의 마지막 완성 단계에서 따뜻한 격려의 말과 도움도 아끼지 않았다. 카네기의 사위인 올리버 크롬Oliver Crom은 인터뷰에서 데일과 도로시 카네기, 그리고 그들의 사업에 관해 이야기해주었다. 거의 막바지 단계에서 합류한 무리엘 골드스타인Murial Goldstein은 이 책에 수록할 사진을 모으는 데 값진 도움을 주었다.

특히 나 같은 외부인에게 카네기의 자필 편지를 공개해준 린다 폴스비Linda Polsby에게 깊은 감사를 전한다. 린다는 카네기와 그녀, 그리고 그녀의 엄마 프리다 오펜바흐가 주고받은 편지들을 공개했다. 또한 카네기와 그녀 가족의 길고도 복잡했던 관계에 대해서도 허심탄회하게 이야기해주었고 가족사진 몇 장을 사용할 수 있도록 허락해주었다. 린다의 도움 덕분에 현대 문화를 논할 때 빠뜨릴 수 없는 데일 카네기의 삶과 업적을 바라보는 새로운 창이 열렸다. 또한 카네기의 대학교 재학 시절 활동 자료를 수집하도록 도와준 센트럴 미주리 대학교 아서 F. 맥클루어 II 기록보관소Arthur F. McClure II Archives의 비비안 리처드슨Vivian Richardson과 로웰 토머스 콜렉션에 포함된 카네기의 자료를 보내준 마리스트 대학 기록보관소 및 스페셜 콜렉션Marist College Archives and Special Collection의 존 앤슬리John Ansley와 낸시 데커Nancy Decker에게도 감사의 말을 전한다.

뜨거운 지적 열정으로 편집자 역할을 해준 아더 프레스Other Press의 주디스 구어위치Judith Gurewich에게도 감사한다. 그녀는 수차례의 흥미롭고 적극적인 대화로 내가 카네기와 현대의 지성사, 그리고 미국의 문화를 커다란 그림에서 해석할 수 있도록 이끌었다. 세부적인 원고 작업 때도 그녀의 예리한 조언 덕분에 산더미처럼 쌓인 자료를 정리하고 아이디어를 분명하게 표현할 수 있었다. 좀 더 나중에 이루어진 편집 작업에서는 마조리 드윗Marjorie DeWitt이 문체를 다듬고 강화시키고 문맥을 분명하게 잡아주었다. 또한 산더미 같은 제작 업무를 처리해준 이본느 E. 카르데나스Yvonne E. Cardenas와 타이난 코게인Tynan Kogane에게도 고마움을 전한다. 이 책이 만들어지기까지 평소와 다름없이 발 벗고 나서준 나의 친구이자 에이전트인 로널드 골드파브

Ronald Goldfarb에게도 감사한다. 로널드는 이 책의 기획부터 완성 단계까지 계약과 집필 문제는 물론이고 개인적으로도 좋은 조언을 많이 해주었다.

이 책의 원고를 읽고 견해를 나눠준 친구와 동료 아르만도 파바자Armando Favazz, 메리 제인 기번Mary Jane Gibbon, 신디 셀트마이어Cindy Sheltmire, 조너선 스퍼버Jonathan Sperber, 돈 테넌트Don Tennant, 존 위거John Wigger에게도 감사하고 싶다. 그들이 다양한 관점에서 조언해준 덕분에 훨씬 좋은 책이 나올 수 있었다. 뛰어난 컴퓨터 활용 능력으로 크고 작은 문제를 도와준 멜린다 록우드Melinda Lockwood도 고맙다. 하지만 누구보다 가족에게 가장 감사하고 싶다. 평소 독서와 그림 그리기, 바비 인형, 승마, 피아노 연습, 애완견 보살피기 등으로 바쁜 딸 올리비아 와츠Olivia Watts는 나에게 데일 카네기에 대한 흥미로운 질문을 던졌고 산뜻한 책표지 디자인을 보고 자신만의 합격 도장을 찍어주었다. 그리고 아내 패티 소콜리치 와츠Pattie Sokolich Watts는 초고를 꼼꼼히 읽은 후 나와 복잡하고도 흥미로운 주제로 대화를 나누었고 유용한 아이디어를 많이 내주었다. 그녀는 진정한 스타이다.

주석

이곳에 사용된 약어는 다음과 같다.

DC   데일 카네기
DCA   데일 카네기 기록보관소. 뉴욕 롱아일랜드 호파지(Hauppauge)에 있는 데일 카네기앤드어소시에이츠 내에 위치한다.
LPA   린다 폴스비 기록보관소 (린다가 소장하고 있는 데일 카네기가 프리다 오펜바흐, 이사도어 오펜바흐, 린다 오펜바흐에게 보낸 편지들)

사용된 지명 약어는 다음과 같다.

CT(코네티컷 주), FL(플로리다 주), IL(일리노이 주), IN(인디애나 주), KS(캔자스 주), MA(매사추세츠 주), MN(미네소타 주), MO(미주리 주), NC(노스캐롤라이나 주), NJ(뉴저지 주), NY(뉴욕 주)

따로 표기된 경우를 제외하고 편지, 강연, 자서전용 메모의 일부분, 에세이 원고, 소설 원고, 회사 홍보책자, 일기, 스크랩북 등 데일 카네기와 관련된 미공개 자료는 모두 DCA에 보관되어 있다.

■■ 서문

1. DC, 《카네기 인간관계론》(뉴욕, 1936년)에 실린 로웰 토머스의 서문에 설명된 내용, 1~2.
2. DC, 1937년 3월 12일, 로이 리프먼(Roy Lippman) 부인에게 보낸 편지로 '방금 도착한' 리언 심킨의 편지 내용 그대로, DCA.
3. DC, 《카네기 인간관계론》의 헌사와 속표지 앞장에 수록된 '이 책을 통해 당신이 해낼 수 있는 12가지.'

주석 • 579

4. '사람들의 삶을 바꾼 책들', 〈뉴욕 타임스〉, 1991년 11월 20일. '20세기의 가장 영향력 있는 미국인', 〈라이프〉, 1990년 9월 1일. 조너선 야들리(Jonathan Yardley) '미국인의 성품을 만든 책 10권', 〈아메리칸 헤리티지〉 1985년 4~5월, 24~31.

1장

1. DC, 《카네기 인간관계론》(뉴욕, 1936), 34, 67.
2. DC, 《카네기 행복론》(뉴욕, 1948년), 154, 157~158.
3. DC, 1930년대 신문 연재 기사 두 편, '내가 조화 속에서 살았을 때', '데일의 마음은 노더웨이에', 데일 카네기의 데일리 칼럼, 날짜 없음, DCA. DC, 《카네기 행복론》, 150~151. DC, '딸에게 보내는 편지'(1952년 1월~1955년), 11, 12, 32, DCA.
4. DC, '딸에게 보내는 편지', 7.
5. 상게서, 5~6, 8, 38. '데일 카네기의 혈통', 윌리엄 애덤스 라이트와이스너(William Addams Reitwiesner) 편집, http://wargs.com/other/carnegie.html. Reitwiesner, 미국 인구조사국 자료 참고.
6. 테론 L. 스미스(Theron L. Smith), http://archiver.rootsweb.ancestry.com '데일 카네기의 하비슨 혈통' 참고. 라이트와이스너와 마찬가지로 스미스는 미국 인구조사국 자료를 참고함. 에이브러햄 하비슨의 징병에 관해서는 《노더웨이의 과거와 현재(Past and Present of Nodaway County)》 제2권(인디애나폴리스, 1910년), 1024.
7. DC, '딸에게 보내는 편지', 8~10.
8. 상게서, 4.
9. 상게서, 23, 26~27, 28, 30, 《사람들이 본 데일 카네기(Dale Carnegie as Other Saw Him)》에서 어린 시절 친구 메이 에번스(May Evans)가 한 말 인용(가든 시디, NY, 1987년), 18.
10. DC가 제임스와 아만다 카네기에게, 1913년 2월 24일, DCA. DC, '딸에게 보내는 편지', 12, 21, 19, 63, 22.
11. DC, '딸에게 보내는 편지', 21, 해럴드 B. 클레멘코(Harold B. Clemenko)의 '그는 성공을 판다'에서 데일 카네기가 한 말 인용, 〈룩〉, 1948년 5월 25일, 68.
12. DC, '노더웨이 카운티에서 보낸 소년 시절', 〈모닝 스타〉(콘셉시온, 미주리), 1938년 2월 21일. DC, '딸에게 보내는 편지', 23, 2~3, 48~55.
13. DC, '딸에게 보내는 편지', 29, 27, 30. DC, 《카네기 행복론》, 226.
14. DC, '딸에게 보내는 편지', 31~32.
15. DC, 《카네기 행복론》, 149, DC, 1937년 9월 29일, 《데일 카네기 강좌의 대중연설》

에서 '대중 집회에서 말하기', 2~3, DCA.
16. DC, '딸에게 보내는 편지', 57~58, 39~40. DC,《카네기 행복론》에도 이 사건에 대한 짧은 설명이 소개됨, 67.
17. DC, '딸에게 보내는 편지', 42~43.
18. DC, '딸에게 보내는 편지', 37. DC,《카네기 행복론》, 149. 호머 크로이, '성공 공장', 〈에스콰이어〉, 1937년 6월, 240.
19. DC,《카네기 행복론》, 226, 149. DC, '딸에게 보내는 편지', 35, 37, 41, 47.
20. DC, '딸에게 보내는 편지', 43~44. DC, '노더웨이 카운티에서 보낸 소년 시절'.
21. DC, '딸에게 보내는 편지', 44. '베디손의 삶은 파리의 삶보다 더 흥미롭다', 오려낸 신문기사, 손으로 쓴 날짜 1924년 10월 18일, 인용 없음, DCA. 인민주의 저항은 로런스 굿윈(Lawrence Goodwyn)의《인민주의 순간: 미국 농민들의 저항에 관한 짧은 역사(The Populist Moment: A Short History of the Agrarian Revolt in America)》(뉴욕, 1978년). 로버트 C. 맥그레스(Robert C. McGrath)의《미국의 인민주의: 사회적 역사, 1877~1898(American Populism: A Social History, 1877~1898)》(뉴욕, 1993년). 찰스 포스텔(Charles Postel)의《인민주의 비전(The Populist Vision)》(뉴욕, 2007년) 참고.
22. DC,《카네기 행복론》, 150. DC, '딸에게 보내는 편지', 43~44.
23. DC,《카네기 행복론》, 151. DC, '딸에게 보내는 편지', 18, 19, 12, 63.
24. DC, '딸에게 보내는 편지', 64, 21, 6. 크로이, '성공 공장', 240.
25. DC,《카네기 행복론》, 112.《사람들이 본 데일 카네기》에서 노먼 빈센트 필의 말 인용, 24.
26. 윌리엄 A. H. 버니(William A. H. Bernie), '대중성, 합쳐지다', 〈뉴욕 월드 텔레그램 위크엔드 매거진〉, 1937년 2월 27일. DC,《카네기 행복론》, 151,《카네기 인간관계론》, 15.
27. DC, '딸에게 보내는 편지', 11, 64.
28. 상게서, 12, 26.
29. 상게서, 24, 13~14, DC,《카네기 행복론》, 61.
30. DC, '딸에게 보내는 편지', 34, 18.
31.《사람들이 본 데일 카네기》, 11. DC, '전직 대통령 가라사대, 대니얼 에버솔은 쿠노보다 더 인상적이다', 〈노더웨이 민주주의-포럼〉, 1933년 9월 25일. '두 유명작가가 미주리에서 보낸 소년 시절을 회상하다', 〈캔자스시티 스타〉, 1936년 1월 1일. DC, '딸에게 보내는 편지', 26.
32. DC, '딸에게 보내는 편지', 64. 마거릿 케이스 해리먼(Margaret Case Harriman)의 '그는 희망을 판다'에서 데일 카네기의 말 인용, 〈새터데이 이브닝 포스트〉, 1937년

8월 14일, 13.
33. DC, '내가 조화 속에서 살았을 때', 데일 카네기의 데일리 칼럼, 날짜 없음, DCA. DC, '딸에게 보내는 편지', 45~47.
34. DC, 《카네기 인간관계론》, 30.
35. DC, '딸에게 보내는 편지', 14~15.

■■ 2장

1. DC, 《카네기 인간관계론》(뉴욕, 1936년), 52~54, 110~112.
2. 상게서, 93, 103, 81, 36.
3. 《미주리 주 존슨 카운티의 역사(The History of Johnson County)》(캔자스시티, MO, 1881년), 388~448. 어빙 코크렐(Erving Cockrel)의 《미주리 주 존슨 카운티의 역사 (History of Johnson County, Missouri)》(토페카, KS, 1918년). 102~105.
4. 《시간의 사암: 센트럴 미주리 주립대학교의 캠퍼스 역사》(워런스버그, MO, 1995년), 5~8. 《미주리 주 존슨 카운티의 역사》(1881년), 290~314. 어빙 코크렐의 《미주리 주 존슨 카운티의 역사》, 143~150. 《미주리 주립사범대학교 연례 카탈로그 1907~1908》, 속표지에 나온 캠퍼스 스케치, 21~22. 맥클루어 기록보관소, 커크패트릭 도서관, 센트럴 미주리 대학교.
5. 모니아 C. 모리스(Monia C. Morris)가 리처드 M. 후버(Richard M. Huber)에게, 1955년 12월 7일. 맥클루어 기록보관소, 커크패트릭 도서관, 센트럴 미주리 대학교. 《미주리 주립사범대학교 연례 카탈로그 1907~1908》, 22~23, 43~50.
6. DC, '딸에게 보내는 편지'(1952년 1월~1955년), 15, DCA.
7. DC, 《데일 카네기 강좌의 대중연설》, '대중 집회에서 말하기', 1937년 9월 29일, 2~3, DCA. 조지프 케이(Joseph Kaye). '소심한 소년에서 세계적인 유명인사로', 〈캔자스시티 스타〉, 1955년 7월 24일. DC, '딸에게 보내는 편지', 16.
8. DC, '딸에게 보내는 편지', 16~17. DC, '대중 집회에서 말하기', 3.
9. DC, '대중 집회에서 말하기', 3. DC, 《카네기 행복론》(뉴욕, 1944년), 61.
10. DC, 《카네기 행복론》, 151~152.
11. DC가 아만다 카네기에게, 1910년 10월 17일. DC가 제임스와 아만다 카네기에게, 1913년 5월 16일. DC가 제임스와 아만다 카네기에게, 월일 없음, 1913년. 모두 DCA.
12. DC, '딸에게 보내는 편지', 65. DC, '대중 집회에서 말하기', 4.
13. DC, '딸에게 보내는 편지', 65~66. 마거릿 케이스 해리먼, '그는 희망을 판다', 〈새터

데이 이브닝 포스트〉, 1937년 8월 14일, 13, 30.
14. DC, '딸에게 보내는 편지', 65. DC, '대중 집회에서 말하기', 4.
15. 모리스가 후버에게, 1955년 12월 7일. 《미주리 주립사범대학교 연례 카탈로그 1907~1908》.
16. 《레토, 1908》, 8, 맥클루어 기록보관소, 커크패트릭 도서관, 센트럴 미주리 대학교. DC, '딸에게 보내는 편지', 65. DC, '대중 집회에서 말하기', 5.
17. 호머 크로이, '성공 공장', 〈에스콰이어〉, 1937년 6월, 240. www.historyplace.com/speeches/vest.htm, 조지 그레이엄 베스트(George Graham Vest)의 '역사의 장소, 훌륭한 연설 모음'. DC, '카네기가 개에게 바치는 추도사에서 중요한 시절을 회고하다', 1930년대 신문 칼럼, 날짜 없음, DCA.
18. DC, '딸에게 보내는 편지', 66~67. 해리먼, '그는 희망을 판다', 30. DC, 《비즈니스 대중연설》의 로웰 토머스 서문(뉴욕, 1953년[1926년]), vi. 358~360.
19. 크로이, '성공 공장', 240. DC, '대중 집회에서 말하기', 5. DC, '딸에게 보내는 편지', 66~67.
20. 《레토, 1907》, 58, 157, 맥클루어 기록보관소, 커크패트릭 도서관, 센트럴 미주리 대학교.
21. 《레토, 1908》, 161, 163, 164, 165, 170. 콜리 스몰(Collie Small)의 '데일 카네기: 메시지를 가진 남자', 〈콜리어〉, 1949년 1월 15일.
22. 대니얼 부어스틴, 《미국인들: 민주주의 경험(The Americans: The Democratic Experience)》(뉴욕, 빈티지북스, 1973년), 463~466.
23. 상게서, 466~467.
24. 칼 R. 월리스의 《미국의 화술 교육 역사: 배경 연구(History of Speech Education in America: Background Studies)》(뉴욕, 1954년)에 실린 두 편의 에세이 참고, 클로드 L. 셰이버의 '스틸 맥카이와 델사르트식 전통', 202~218, 에디스 렌쇼(Edyth Renshaw)의 '사립 화술 학교 다섯 곳', 301~325.
25. 미국의 진보적인 시대의 문화 변동에 관한 폭넓은 분석은 모턴 화이트(Morton White)의 《미국의 사회적 사상: 형식주의에 대한 저항(Social Social Thought in America: The Revolt Against Formalism)》(뉴욕, 1976년[1947년]), 루이스 메넌드(Louis Menand)의 《형이상학 클럽: 미국의 생각 이야기(The Metaphysical Club: A Story of Ideas in America)》(뉴욕, 2001년) 참고. 렌쇼의 '사립 화술 학교 다섯 곳', 322~323, 델사르트식의 현대적 변화를 제안, 조지프 파헤이(Joseph Fahey)의 '조용한 승리: 미국 여성이 델사르트주의를 통해 만든 전문적인 정체성'은 연극에서 여성을 빅토리아 시대의 제약에서 해방시킨 델사르트주의의 역할을 살펴봄, 〈마임 저널〉 2004~2005.
26. 《레토, 1908》에 실린 애봇의 소개 참고, 21. 레슬레 앤더스(Leslie Anders), 《봉

사를 위한 교육: 센트럴 미주리 주립대학교의 100년 역사(Education for Service: Centennial History of Central Missouri State College)》(워런스버그, MO, 1971년), 36, 44.
27. 《워너의 읽기 자료와 암송 제8번(Werner's Readings and Recitations No. 8)》(뉴욕 1892년)에서 애봇이 사우스윅의 책에 대하여 한 말, 212. F. 타운센드 사우스윅의 《연설법과 액션》(뉴욕, 1897년), 6, 15, 130~131.
28. DC, 《비즈니스 대중연설》, 197~198, 204, 212, 241. 조지프 케이의 '소심한 소년에서 세계적인 유명인사로'에서 DC의 말 인용.
29. DC가 제임스와 아만다 카네기에게, 1913년 2월. DC가 제임스와 아만다 카네기에게, 1913년 2월 24일. 둘 다 DCA.
30. DC, '딸에게 보내는 편지', 15. DC, 《카네기 행복론》, xii. DC, '비즈니스맨을 위한 자신감 증진과 설득력 있는 연설', YMCA 대중연설 강좌 교수요목 B-15 추가, 1919년 10월 15일, DCA.

3장

1. DC, 《카네기 인간관계론》(뉴욕, 1936년), 47, 16, 40 그리고 해리 O. 오버스트리트를 인용한 40쪽.
2. 상계서, 57~103, 135~136, 201~203.
3. DC, '딸에게 보내는 편지'(1952년 1월~1955년), 67, DCA.
4. 상계서, 68, 22.
5. 상계서, 67~68.
6. 제임스 D. 왓킨슨(James D. Watkinson)의 '성공을 위한 교육: 펜실베이니아 주 스크랜턴의 국제통신학교', 〈펜실베이니아 역사 및 생물학 매거진(Pennsylvania Magazine of History and Biography)〉, 1996년 10월, 343~369.
7. 상계서.
8. DC, '딸에게 보내는 편지', 68~69. 조지프 케이의 '소심한 소년에서 세계적인 유명인사로', 〈캔자스시티 스타〉, 1955년 7월 24일.
9. DC, '딸에게 보내는 편지', 68~69. 조지프 케이의 '소심한 소년에서 세계적인 유명인사로'.
10. DC가 아만다 카네기에게, 1909년 1월 11일. DC가 아만다 카네기에게, 1910년 7월 2일. DC가 아만다 카네기에게, 1910년 2월 2일. 벤저민 L. 시웰이 J. W. 카네기에게 1911년 2월 5일. DC, '딸에게 보내는 편지', 80. 모두 DCA. 《센트럴 미주리 주립사범

대학교 50년 1871~1921》에 따르면 벤저민 L. 시웰은 1897년부터 1909년까지 워런스버그의 미주리 주립사범대학교에서 생물학을 가르쳤다. 맥클루어 기록보관소, 커크패트릭 도서관, 센트럴 미주리 대학교.
11. DC, '딸에게 보내는 편지', 69~70.
12. 왓킨슨, '성공을 위한 교육', 350, 358.
13. 케이, '소심한 소년에서 세계적인 유명인사로'. DC, '딸에게 보내는 편지', 70~71.
14. 루돌프 A. 클레멘(Rudolf A. Clemen)의 《미국의 가축 및 정육 산업(The American Livestock and Meat Industry)》(뉴욕, 1923년), 149~156, 387~390, 456~457.
15. DC, '딸에게 보내는 편지', 71.
16. 20세기 소비자 자본주의의 성장을 다룬 다수의 책과 기사 중에서 잭슨 리어스(Jackson Lears)의 '구원에서 자아실현까지: 1880~1930년 소비자 문화의 광고와 치료법의 뿌리' 참고, 잭슨 리어스와 리처드 W. 폭스의 《소비의 문화: 1880~1930년까지 미국 역사에 관한 비평적 에세이(The Culture of Consumption: Critical Essays in American History, 1880~1980)》(뉴욕, 1983년) 3~38. 윌리엄 리치(William Leach)의 《욕망의 땅: 상인, 힘, 새로운 미국 문화의 등장(Land of Desire: Merchants, Power, and the Rise of a New American Culture)》(뉴욕, 1993년). 대니얼 호로비츠(Daniel Horowitz)의 《소비의 도덕성: 1875~1950년 미국 소비자 문화에 대한 태도(The Morality of Spending: Attitudes Toward the Consumer Culture in America, 1875~1950)》(볼티모어, 1985년). 사이먼 J. 보너(Simon J. Bonner)의 《소비 비전: 1880~1920년 미국의 상품의 축적과 진열(Consuming Visions: Accumulation and Display of Goods in America, 1880~1920)》(뉴욕, 1989년). 올리비에 춘츠(Olivier Zunz)의 《미국 기업 만들기, 1870~1920년(Making America Corporate, 1870~1920)》(시카고, 1995년). 스티븐 와츠, 《사람들의 거물: 헨리 포드와 미국의 세기》(뉴욕, 2005년).
17. 리어스의 '구원에서 자아실현까지'를 포함해 현대적인 광고의 등장을 다룬 이들의 저작물들. 잭슨 리어스의 《풍요로움에 관한 우화: 미국 광고의 문화적 역사(Fables of Abundance: A Cultural History of Advertising in America)》(뉴욕, 1994년). 롤랜드 마천드(Roland Marchand)의 《아메리칸 드림 광고: 현대성의 길을 열어주다, 1920~1940년(Advertising the American Dream: Making Way for Modernity, 1920~1940)》(뉴욕, 1985년). 파멜라 W. 레어드(Pamela W. Laird)의 《진보를 광고하다: 미국의 비즈니스와 소비자 마케팅의 등장(Advertising Progress: American Business and the Rise of Consumer Marketing)》(볼티모어, 1998년).
18. 월터 A. 프리드먼, 《세일즈맨의 탄생: 미국 판매의 변화(Birth of Salesman: The Transformation of Selling in America)》(케임브리지, MA, 2004년), 4~6, 12~13, 7.

19. DC가 아만다 카네기에게, 1910년 2월 21일. DC가 아만다 카네기에게, 1910년 2월 2일. DC가 아만다 카네기에게, 1909년 1월 4일. DC, '딸에게 보내는 편지', 84, 71. 모두 DCA.
20. DC가 아만다 카네기에게, 1909년 8월 24일, DCA. DC, '딸에게 보내는 편지', 73.
21. DC, '딸에게 보내는 편지', 71~72. 케이의 '소심한 소년에서 세계적인 유명인사로.'
22. DC, '딸에게 보내는 편지', 73, 81; DC가 아만다 카네기에게, 1910년 7월 2일, DCA.
23. DC가 아만다 카네기에게, 1910년 2월 2일. DC가 제임스와 아만다 카네기에게, 1910년 2월 21일. DC가 아만다 카네기에게, 1910년 4월 11일. 모두 DCA.
24. DC가 아만다 카네기에게, 1909년 8월 24일. DC가 아만다 카네기에게, 1910년 2월 2일. DC가 제임스와 아만다 카네기에게, 1910년 2월 21일. DC가 아만다 카네기에게, 1910년 7월 2일. 모두 DCA.
25. '미국 세일즈맨의 탄생: 월터 프리드먼 질문과 답변', 〈하버드 경영대학교 업무 지식(Harvard Business School Working Knowledge)〉, 2004년 4월 19일, http://hbswk.hbs.edu/cgi-bin/print/4068.html 참조.
26. DC가 아만다 카네기에게, 1909년 8월 24일, DCA.
27. DC가 아만다 카네기에게, 1909년 1월 4일. DC가 제임스와 아만다 카네기에게, 1910년 2월 21일. 모두 DCA.
28. DC가 아만다 카네기에게, 1909년 1월 11일. DC가 아만다 카네기에게, 1910년 7월 2일. DC가 제임스와 아만다 카네기에게, 1910년 2월 21일. DC가 아만다 카네기에게, 1910년 10월 17일. 모두 DCA.
29. DC, '딸에게 보내는 편지', 86~88.
30. 케이의 '소심한 소년에서 세계적인 유명인사로', DC, '딸에게 보내는 편지', 71, 89, 73.
31. DC, '딸에게 보내는 편지', 73~74.
32. DC가 아만다 카네기에게, 1910년 10월 17일, DCA. DC, '딸에게 보내는 편지', 90.
33. DC, '딸에게 보내는 편지', 89~90.
34. 벤저민 프랭클린의 《자서전과 기타 저작물(The Autobiography and Other Writings)》(뉴욕, 1961년), 38~39. 허레이쇼 앨저의 《누더기를 입은 딕》(뉴욕, 1973년[1867년]), 102~104. 허레이쇼 앨저의 《누더기를 입은 딕》과 《신분상승 투쟁기》(뉴욕, 1985년[1890년]) 참고. 이 문화적 모티브에 관한 통찰력 있는 고찰은 캐런 할트넌(Karen Halttunen)의 《자신감 있는 남자와 그려진 여성: 1830~1870년 미국 중산층 문화에 대한 연구(Confidence Men and Painted Women: A Study of Middle-Class Culture in America, 1830~1870)》(뉴 헤이븐, CT, 1982년) 특히 11~13 참고.
35. DC, '딸에게 보내는 편지', 90~91.

4장

1. DC, 《카네기 인간관계론》(뉴욕, 1936년), 70, 166.
2. 상게서, 59~60, 165~166, 171, 86. 근대 초기에 시장과 연극이 나란히 등장해 깊이 얽히게 된 현상을 분석해놓은 장 크리스토프 애그뉴(Jean-Christophe Agnew)의 《분리된 세계: 앵글로 아메리칸 사상에서 시장과 연극, 1550~1750년(Worlds Apart: The Market and the Theater in Anglo-American Thought, 1550~1750)》(케임브리지, 1988년) 참고.
3. 20세기 초 미국의 문화적 변화에 대한 고찰은 존 캐슨(John Kasson)의 《대중에게 즐거움을: 코니아일랜드의 개장(Amusing the Million: Coney Island at the Turn of the Century)》(뉴욕, 1978년). 래리 메이(Lary May)의 《과거의 차단: 대중문화의 탄생과 영화 산업(Screening Out the Past: The Birth of Mass Culture and the Motion Picture Industry)》(시카고, 1980년). 루이스 A. 에런버그(Lewis A. Erenberg)의 《밖으로: 뉴욕의 밤의 생활과 미국 문화의 변화, 1890~1930년(Steppin'Out: New York Nightlife and the Transformation of American Culture, 1890~1930)》(시카고, 1981년) 참고.
4. DC, '딸에게 보내는 편지'(1952년 1월~1955년), 91~92, DCA.
5. 상게서.
6. 상게서, 92, 90. 마거릿 케이스 해리먼의 '그는 희망을 판다', 〈새터데이 이브닝 포스트〉(1937년 8월 14일), 30.
7. 미국 연극예술아카데미의 역사는 제러드 레이먼드(Gerard Raymond)의 '125주년, 그리고 역사는 계속 된다: 미국 연극예술아카데미의 특별한 기념일', 〈백스테이지〉(2009년 11월 26일~12일 2일), 6~7, 그리고 제임스 H. 맥티그(James H. McTeague)의 《스타니슬라브스키 이전: 미국의 전문 연기 학교와 연기 이론, 1875~1925년(Before Stanislavsky: American Professional Acting Schools and Acting Theory, 1875~1925)》(메투첸, NJ, 스케어크로 프레스, 1993년), 45~93 참고.
8. 프랭클린 H. 사전트의 '무대 초보자들을 위한 준비', 〈뉴욕 드라마틱 미러〉(1911년 7월 10일), 5, 맥티그의 《스타니슬라브스키 이전》, 73 참고.
9. 맥티그, 《스타니슬라브스키 이전》, 80~84, 67.
10. 상게서, 67, 58, 사전트의 '무대 초보자들을 위한 준비', 5.
11. 가프 B. 윌슨(Garff B. Wilson)의 《미국 연기의 역사(A History of American Acting)》(블루밍턴, IN, 1966년), 100~101.
12. 상게서, 103, 맥티그의 《스타니슬라브스키 이전》, 48, 55, 65. 사전트의 '무대 초보자들을 위한 준비', 5. 알제논 타신(Algernon Tassin)의 '미국의 연기 학교', 〈더 북

맨〉(1907년 4월), 161.
13. 해리먼의 '그는 희망을 판다' 30. DC가 아만다와 제임스 카네기에게, 1911년 4월 1일, DCA.
14. DC가 아만다와 제임스 카네기에게, 1911년 4월 1일, DCA.
15. DC,《카네기 행복론》(뉴욕, 1944), 124.
16. 맥티그의 〈스타니슬라브스키 이전〉에 인용된 사전트의 말, 72, 91, 93.
17. DC가 아만다 카네기에게, 1911년 8월 17일, DCA. 마가렛 마요, 〈서커스단의 폴리: 3막의 코미디 드라마〉(뉴욕, 1933년).《옥스퍼드 컴패니언 시리즈 미국 연극편 (Oxford Companion to American Theatre)》(뉴욕, 2004년)에서 '서커스단의 폴리 (1907년)', 504.
18. DC, '딸에게 보내는 편지', 74. DC가 아만다 카네기에게, 1911년 8월 17일, DCA.
19. DC, '딸에게 보내는 편지', 74~75. 하워드 린지가 저자에게 보낸 편지로 리처드 M. 후버의《성공에 관한 미국적인 생각(The American Idea of Success)》(뉴욕, 1971년)에 인용된 말, 233.
20. DC가 아만다 카네기에게, 1912년 1월 5일, DCA.
21. DC가 아만다 카네기에게, 1911년 8월 17일, DCA. 하워드 린지가 저자에게 보낸 편지로 리처드 M. 후버의《성공에 관한 미국적인 생각》에 인용, 233. DC가 아만다 카네기에게, 1912년 3월 8일, DCA.
22. DC, '딸에게 보낸 편지', 75~76. 윌리엄 A. H. 버니의 〈뉴욕 월드 텔레그램 위크엔드 매거진〉의 '대중성, 합쳐지다'에 인용된 DC의 말, 1937년 2월 27일, 9. 해리먼의 '그는 희망을 판다', 30.
23. DC가 아만다 카네기에게, 1912년 3월 8일, DCA.
24. 진보 시대의 주요 트렌드에 관한 두 가지 훌륭한 개요는 스티븐 다이너(Steven Diner)의《매우 다른 시대: 진보 시대의 미국인들(A Very Different Age: Americans of the Progressive Era)》(뉴욕, 1998년)과 로버트 H. 위베(Robert H. Wiebe)의《질서를 찾아서, 1877~1920년(The Search for Order, 1877~1920)》(뉴욕, 1967년)을 참고할 것.
25. 자동차가 미국인의 생활에 끼친 영향에 관한 분석은 제임스 J. 플링크(James J. Flink)의《자동차 문화(The Car Culture)》(케임브리지, MA, 1975년)와 스티븐 와츠의《사람들의 거물: 헨리 포드와 미국의 세기》(뉴욕, 2005년)를 참고할 것.
26. DC, '딸에게 보내는 편지', 88~89.
27. DC가 아만다 카네기에게, 1912년 5월 5일, DCA.
28. DC, '딸에게 보내는 편지', 76, 89. DC가 아만다 카네기에게, 1912년 12월 12일. DC가 가족들에게, 1913년 2월. 모두 DCA.

29. DC가 아만다 카네기에게, 1913년 2월 1일, DCA.
30. 상게서, DC가 가족들에게, 1913년 2월 17일. DC가 가족들에게, 1913년 2월 24일. DC가 가족들에게, 1913년 3월 4일. DC가 아만다 카네기에게, 1913년 3월 18일. 모두 DCA.
31. DC가 아만다 카네기에게, 1913년 3월 18일, DCA.
32. DC가 피에르 침례교회의 '침례교 젊은이들 모임'에 보낸 편지, 1911년 4월 1일. DC가 아만다 카네기에게 1912년 1월 5일. DC가 아만다 카네기에게, 1912년 12월 12일. DC가 가족들에게, 1913년 1월 14일. DC가 가족들에게, 1913년 2월. DC가 가족들에게, 1913년 6월 16일. 모두 DCA.
33. DC가 가족들에게, 1913년, 날짜 없음, DCA.
34. DC가 가족들에게, 1913년 3월 25일. DC가 가족들에게 1913년 2월 17일. DC가 가족들에게, 1913년 5월 16일. 모두 DCA.
35. DC가 아만다 카네기에게, 1912년 3월 8일. DC가 가족들에게, 1913년 1월 14일. DC가 아만다 카네기에게, 1913년 3월 18일. DC가 가족들에게, 1913년 3월 25일. DC가 가족들에게, 1913년 2월 17일. 모두 DCA.
36. DC가 아만다 카네기에게, 1911년 8월 17일. DC가 아만다 카네기에게, 1912년 3월 8일. 모두 DCA.
37. DC가 아만다 카네기에게, 1912년 12월 12일. DC가 아만다 카네기에게, 1913년 2월 1일. 모두 DCA.
38. DC, '딸에게 보내는 편지', 76. DC, 《카네기 행복론》, xi.
39. DC가 가족들에게, 1913년, 날짜 없음. DC가 가족들에게, 1913년 5월 16일, DCA. 조지프 케이의 '소심한 소년에서 세계적인 유명인사로'에 인용된 DC의 말, 〈캔사스 시티 스타〉, 1955년 7월 24일. DC가 '딸에게 보내는 편지', 76.
40. DC가 가족들에게, 1913년 10월 19일, DCA. DC, 《카네기 행복론》, xi.
41. DC가 아만다 카네기에게, 1913년 2월 1일. DC가 가족들에게, 1913년 6월 16일. 모두 DCA.
42. DC가 가족들에게, 1913년 2월 24일. DC가 가족들에게, 1913년 3월 25일. DC가 가족들에게, 1913년 3월 4일. DC가 가족들에게, 1913년 10월 19일. 모두 DCA.
43. DC가 가족들에게, 1913년 6월 16일, DCA. DC, 《카네기 행복론》, xii.
44. DC가 가족들에게, 1913년 6월 16일. DC가 가족들에게, 1913년 6월 3일. DC가 가족들에게, 1913년 7월 8일. DC가 아만다 카네기에게, 1913년 3월 18일. DC가 가족들에게, 1913년 10월 19일. 모두 DCA.
45. DC가 가족들에게, 1913년 3월 4일. DC가 가족들에게, 1913년 날짜 없음. DC가 가족들에게, 1913년 6월 16일. DC가 가족들에게, 1913년, 날짜 없음. DC가 가족들에

게, 1913년 7월 8일. 모두 DCA.
46. DC가 가족들에게, 1913년 2월 17일, DCA.
47. DC가 가족들에게, 1913년 10월 19일. DC가 가족들에게, 1913년, 날짜 없음. 모두 DCA.

5장

1. DC, 《카네기 인간관계론》(뉴욕, 1936년), 12~15, 56.
2. 상게서, 12~17.
3. DC, 《카네기 행복론》(뉴욕, 1944년), xi-xii. DC, 《데일 카네기 강좌의 대중연설》 '대중 집회에서 말하기'(1937년 9월 29일), 6, DCA.
4. DC, '딸에게 보내는 편지'(1952년 1월~1955년), 93~94, DCA. 마거릿 케이스 해리먼의 '그는 희망을 판다', 〈새터데이 이브닝 포스트〉(1937년 8월 14일), 30. 제임스 케이의 '소심한 소년에서 세계적인 유명인사로', 〈캔자스시티 스타〉, 1955년 7월 24일. 리처드 후버의 《성공에 관한 미국적인 생각》(뉴욕, 1971년), 233~234.
5. DC, '딸에게 보내는 편지', 76~77.
6. 케이의 '소심한 소년에서 세계적인 유명인사로'. DC, 《카네기 행복론》, xii, DC, '대중 집회에서 말하기', 7.
7. 이 기관에 대한 설명은 니나 미아그키(Nina Mjagkij)와 마가렛 스프래트(Margaret Spratt)의 《남녀의 표류: 도시의 YMCA와 YWCA(Men and Women Adrift: The YMCA and the YWCA in the City)》(뉴욕, 1997년) 참고. 3쪽에서 인용.
8. DC, '딸에게 보내는 편지', 77. 존 재니(John Janney)의 '일어선 채로 빠르게 생각할 수 있는가?', 〈아메리칸 매거진〉(1932년 1월), 94. 케이의 '소심한 소년에서 세계적인 유명인사로'.
9. DC는 첫 수업일 1912년 10월 22일 이후로 몇 년 동안 여러 곳에서 '대중 집회에서 말하기'를 포함한 강의를 진행함. 아서 R. 펠(Arthur R. Pell)의 《데일 카네기 식으로 당신의 삶을 풍요롭게 만들어라(Enrich Your Life the Dale Carnegie Way)》(가든 시티, NY, 1979년)에 인용된 DC의 말. 37. DC, '딸에게 보내는 편지', 96, 77.
10. 해리먼의 '그는 희망을 판다' 30. DC, '딸에게 보내는 편지', 94~98.
11. 재니의 '일어선 채로 빠르게 생각할 수 있는가?', 94. DC, '딸에게 보내는 편지', 77, 98.
12. DC가 아만다 카네기에게, 1913년 2월 1일. DC가 가족들에게, 1913년 2월. DC가 가족들에게, 1913년 5월 16일. 모두 DCA.
13. DC가 가족들에게, 1913년 10월 19일, DCA. DC가 가족들에게, 1913년 3월 4일,

DCA. DC가 아만다 카네기에게, 1912년 12월 12일, DCA. DC와 버그 에센웨인이 공저한 《대중연설 기법》(스프링필드, MA, 1915년)의 속표지에 수록된 카네기의 강의 경력. 해리먼의 '그는 희망을 판다', 30. DC가 가족들에게, 1913년 2월 24일, DCA. DC가 가족들에게, 1913년 6월 3일, DCA.

14. DC가 가족들에게, 1913년 10월 19일, DCA. 〈레슬리 일러스트레이티드 위클리〉 (1913년 10월 16일)에 실린 DC의 '전쟁', 365. DC는 에센웨인과 공저한 《대중연설 기법》에 〈레슬리〉에 실린 자신의 기사를 재인쇄해 넣었다, 84~86.
15. DC가 가족들에게, 1913년 10월 19일, DCA.
16. 새 잡지들에 관한 설명은 리처드 오만(Richard Ohmann)의 《판매 문화: 20세기 초기의 잡지, 시장, 그리고 계급(Selling Culture: Magazines, Markets, and Class at the Turn of the Century)》(뉴욕, 1996년). 매튜 슈네이로브(Matthew Schneirov)의 《새로운 사회 질서의 꿈: 미국의 대중 잡지, 1893~1914년(The Dream of a New Social Order: Popular Magazines in America, 1893~1914)》(뉴욕, 1994년). 크리스토퍼 P. 윌슨(Christopher P. Wilson)의 《소비의 수사학: 대중 시장 잡지와 관대한 독자의 죽음, 1880~1920년(The Rhetoric of Consumption: Mass-Market Magazines and the Demise of the Gentle Reader, 1880~1920)》 참고. 잭슨 리어스와 리처드 폭스의 《소비의 문화》(뉴욕, 1983년), 39~64.
17. DC의 '남극 얼음에서 생존을 위해 투쟁하다', 〈일러스트레이티드 월드〉(1915년 9월), 22~26. DC의 '세계에서 가장 유명한 떠돌이', 〈아메리칸 매거진〉(1914년 10월), 페이지 없음. DC의 '앳우드 부인: 노동자들의 큰 누님', 〈일러스트레이티드 월드〉(1916년 2월), 808~809. DC의 '미국 최고의 기금 모금자', 〈월드 아웃룩〉(1917년 2월), 3~4, 26.
18. DC의 '미래를 정확히 조준하다', 〈일러스트레이티드 월드〉(1915년 12월), 507~509.
19. DC의 '영화 시나리오로 돈 벌기', 〈아메리칸 매거진〉(1916년 6월), 32. DC의 '극작가들을 위한 풍요로운 보상', 〈아메리칸 매거진〉(1916년 4월), 65~66. DC의 '높은 봉급을 위한 토대를 쌓는 방법', 〈아메리칸 매거진〉(1916년 8월), 16.
20. DC, '극작가들을 위한 풍요로운 보상', 34. DC, '영화 시나리오로 돈 벌기', 32. DC, '높은 봉급을 위한 토대를 쌓는 방법', 16.
21. DC, '미국 최고의 기금 모금자', 26. DC, '노동자들의 큰 누님', 808. DC, '극작가들을 위한 풍요로운 보상', 68. DC, '높은 봉급을 위한 토대를 쌓는 방법', 16~17.
22. DC가 '미국 최고의 기금 모금자', 3~4. DC, '판매 창구를 보여주어라', 〈아메리칸 매거진〉(1917년 10월), 126~130.
23. DC, '극작가들을 위한 풍요로운 보상', 70. DC, '노동자들의 큰 누님', 808. DC, '5000번이나 이루어진 강연', 55. DC, '남극 얼음에서 생존을 위해 투쟁하다', 26.

'높은 봉급을 위한 토대를 쌓는 방법', 17.
24. DC, '두려움을 극복하고 연간 만 달러를 벌다', 〈아메리칸 매거진 5000〉(1918년 11월), ~51, 137~139.
25. 상게서.
26. DC가 이 기사를 재인쇄한 사건은 J. M. 오닐의 '만 달러짜리 두려움의 진실'에 분석되어 있음, 〈화술 교육 계간지〉(1919년 3월), 128~137.
27. DC가 가족들에게, 1913년 5월 16일, DCA.
28. J. 버그 에센웨인과 DC의 《대중연설 기법》.
29. '대학 교수들이 가르치는 통신 교육', 〈프라이머리 에듀케이션〉(1910년 11월), 535. '다양한 학교 수업', 《미국의 대학과 사립학교 안내 책자 제6권(College and Private School Directory of the United States, Vol. 6)》(뉴욕, 1913년), 177. 프랭크 H. 팔머(Frank H. Palmer)의 '통신학교', 〈에듀케이션〉(1910년 9월), 49~51.
30. 토머스 윌리엄 헤링쇼(Thomas William Herringshaw)의 《헤링쇼의 미국 전기도서관(Herringshaw's National Library of American Bigoraphy)》(1909년) 제2권에 나온 '조지프 버그 에센웨인', 395. 1906~1907년 《미국인명사전(Who's Who in America)》(시카고, 1906년)에 나온 '조지프 버그 에센웨인', 561. 위키피디아, 《새 국제 백과사전(New International Encyclopedia)》(뉴욕, 1914~1916년)을 인용. 에센웨인 '당신도 작가가 될 수 있을까?', 〈애틀랜틱 먼슬리〉(1922년 6월), 47.
31. 에센웨인과 DC의 《대중연설 기법》, 5, 8, 80, 272, 358.
32. 상게서, 356, 357~358, 359.
33. 상게서, 109, 3, 94, 106~107, 95.
34. 상게서, 88, 83, 91.
35. 상게서, 4, 107, 301~302, 374~376.
36. 상게서, 102~103, 101, 262, 263~267, 270, 275~276, 273.
37. 상게서, 355, 357, 358.
38. 상게서, 356, 358, 361, 360.

6장

1. DC, 《카네기 인간관계론》(뉴욕, 1936년), 첫 인쇄 종이에 실린 '이 책을 통해 당신이 해낼 수 있는 12가지'(페이지 없음), 10, 14, 17.
2. 상게서, 29, 58, 70, 135, 48, 71.
3. DC, '딸에게 보내는 편지'(1952년 1월~1955년), 48, DCA.

4. DC, 《대중연설: 연합 YMCA 학교 표준 강좌》 제2권(뉴욕, 어소시에이션 프레스, 1920), 17~20.
5. 상게서 제3권, 127~128.
6. 상게서 제3권, 127~128, 129~130, 131. 호머 크로이의 '성공 공장', 〈에스콰이어〉 (1937년 6월), 241. 《사회개혁 백과사전(The Encyclopedia of Social Reform)》(뉴욕, 1909년)에서 '셔터쿼 읽기 강좌'에 관한 짧은 설명 참고, 162, 좀 더 폭넓은 분석은 존 C. 스콧(John C. Scott)의 '셔터쿼 운동: 대중 교육의 개혁', 〈하이어 에듀케이션 저널(Journal of Higher Education)〉(1999년 7/8월), 389~412.
7. 신사상에 대해서는 도널드 메이어(Donald Meyer)의 《긍정적 사상가들: 메리 베이커 에디에서 노먼 빈센트 필에 이르기까지 건강, 부, 개인의 힘을 찾으려는 미국인에 관한 연구(The Positive Thinkers: A Study of the American Quest for Health, Wealth, and Personal Power from Mary Baker Eddy to Norman Vincent Peale)》(가든 시티, NY, 1966년[1965년]). 리처드 M. 후버의 《성공에 관한 미국적인 생각》(뉴욕, 1971년), 124~176. 리처드 바이스의 《미국의 성공 신화: 허레이쇼 앨저에서 노먼 빈센트 필까지(The American Myth of Success: From Horatio Alger to Norman Vincent Peale)》(어배너, IL, 1988), 195~240. 베릴 새터(Beryl Satter)의 《누구나 왕국을 언짢아한다: 미국 여성과 성적 순수성 그리고 신사상 운동, 1875~1920년 (Each Mind a Kingdom: American Women, Sexual Purity, and the New Thought Movement, 1875~1920)》(버클리, 1999년) 참고.
8. 메이어의 《긍정적 사상가들》, 51. 후버의 《성공에 관한 미국적인 생각》, 235. 바이스의 《미국의 성공 신화》 131~210. 워런 서스먼의 《역사로서의 문화(Culture as History)》(뉴욕, 1984년)에 나온 '성격과 20세기 문화 만들기', 특히 277~279 참고. 스티븐 와츠의 《사람들의 거물: 헨리 포드와 미국의 세기》(뉴욕, 2005년), 323~324.
9. J. 버그 에센웨인과 DC, 《대중연설 기법》(스프링필드, MA, 가정통신학교, 1915년), 189, 80, 197~198, 359.
10. 마거릿 케이스 해리먼의 '그는 희망을 판다', 〈새터데이 이브닝 포스트〉(1937년 8월 31일), 30, 33. 자일스 켐프(Giles Kemp)와 에드워드 클래플린(Edward Claflin)의 《데일 카네기: 수백만 명에게 영향을 끼친 남자(Dale Carnegie: The Man Who Influenced Millions)》(뉴욕, 1989년), 121. DC가 에드워드 프랭크 앨런에게 보낸 편지, 1916년 4월 8일, 사무용 편지지에 '카네기 홀, 스튜디오 824'라는 주소가 인쇄되어 있었음, DCA.
11. 프랭크 베트거의 《실패에서 성공으로(How I Raised Myself from Failure to Success in Selling)》(뉴욕, 1992년[1947년]), 5~6, 15~16.

12. 1917년 '카네기 대중연설 강좌' 홍보 팸플릿, DCA. DC, 《대중연설: 연합 YMCA 학교 표준 강좌》 1~4권.
13. DC, 《대중연설: 연합 YMCA 학교 표준 강좌》 제3권, 119, 122, 133, 제1권, 1~2, 21.
14. DC, 《대중연설: 연합 YMCA 학교 표준 강좌》 제3권에 수록된 러셀 H. 콘웰의 '다이아몬드 밭(Acres of Diamonds)', 3~28. 콘웰의 전기는 후버의 《성공에 관한 미국적인 생각》 55~61쪽과 주디 힐키(Judy Hilkey)의 《성품은 자본이다: 도금 시대의 성공 매뉴얼과 남성성(Character is Capital: Success Manuals and Manhood in Gilded Age America)》(채플 힐, NC, 1997년), 58, 92, 102~103쪽 참고.
15. 러셀 H. 콘웰의 '당신의 의지력으로 무엇을 할 수 있는가', 〈아메리칸 매거진〉 (1916년 4월), 16, 96~100. 러셀 H. 콘웰의 《당신의 의지력으로 무엇을 할 수 있는가(What You Can Do With Your Willpower)》(뉴욕, 1917년), 42~43. DC와 에센웨인의 《대중연설 기법》, 82~83. DC의 《대중연설: 연합 YMCA 학교 표준 강좌》, 제3권, 26, 84, 87~88, 그리고, 2~28.
16. DC의 《대중연설: 비즈니스맨을 위한 실용 강좌》(뉴욕, 어소시에이션 프레스, 1926년)에 수록된 엘버트 허버드의 '가르시아 장군에게 보내는 편지', 553~557. 허버드의 생애에 관해서는 후버의 《성공에 관한 미국적인 생각》 79~85쪽 참고.
17. 엘버트 허버드의 《비즈니스 책》(이스트 오로라, NY, 1913년), 89, 158. DC와 에센웨인의 《대중연설 기법》 3~4. 엘버트 허버드의 《사랑, 삶, 일(Love, Life and Work)》 (이스트 오로라, NY, 1906년), 43~44. 《카네기 인간관계론》에는 더욱 길게 인용되어 있음, 71~72. 바이스의 《미국의 성공 신화》는 1900년대 초에 허버드가 신사상 지지자가 된 사실을 강조, 189, 191.
18. 제임스 앨런의 홈페이지 jamesallen.wwwhubs.com에서 '제임스 앨런: 상을 받지 못한 천재, 1864~1912년.' 제임스 앨런의 《생각의 지혜(As a Man Thinketh)》(뉴욕, 1909년)에 수록된 미치 호로비츠(Mitch Horowit)의 '제임스 앨런: 간결한 생애'.
19. DC의 《대중연설: 연합 YMCA 학교 표준 강좌》 제4권 제2부에 수록된 제임스 앨런의 '생각의 지혜', 2~23.
20. 〈비즈니스 필로소퍼〉의 편집자 아서 J. 포브스(Arthur J. Forbes)가 1921년 11월 8일 DC에게 보낸 편지, DCA. DC가 《대중연설: 연합 YMCA 학교 표준 강좌》 제3권에 인용함, 122.
21. 마든의 생애에 대해서는 후버의 《성공에 관한 미국적인 생각》, 145~164, orisonswettmarden.wwwhubs.com의 '오리슨 스웨트 마든(1850~1924년): 〈석세스〉의 창립자' 참고. 서스먼의 《역사로서의 문화》 279쪽에는 마든이 '성품'에서 '성격'을 강조하게 된 변화에 대해 설명되어 있음.
22. 마든의 저서 《위대한 생각의 힘》(뉴욕, 1903년), 11. 《평화, 힘, 풍요로움》(뉴욕,

1909년), viii, x. 《미라클》(뉴욕, 1910년), ix~x.
23. DC의 《대중연설: 연합 YMCA 학교 표준 강좌》 제1권, 7, 제3권, 129~130, 제3권, 1, 제3권 32. 마든의 '특별 강연' 내용이 아닌 목차만 수록. 대개는 '대중연설'이라는 제목 아래 《전면 공격으로 성공하라》(뉴욕, 1911년 판)'의 한 챕터를 수록했다, 411~423. 이 부분은 411쪽에서 인용.
24. 20세기 초 미국의 상담치료에 관해서는 바이스의 《미국의 성공 신화》, 195~214. 네이선 G. 헤일(Nathan G. Hale)의 《프로이트와 미국인들: 미국 정신분석학의 시작, 1876~1917년(Freud and the Americans: The Beginnings of Psychoanalysis in the United States, 1876~1917)》(뉴욕, 1995년)의 4~7장 참고. 메이어의 《긍정적 사상가들》, 65~75. 새터의 《누구나 왕국을 언짢아한다》의 7장 '신사상과 대중 심리학'에는 1900년대 초 신사상과 심리학의 교차점이 분석되어 있음, 217~247.
25. DC와 에센웨인의 《대중연설 기법》, 8, 80, 308, 360.
26. DC의 《대중연설: 연합 YMCA 학교 표준 강좌》 제3권, 37, 제4권, 6, 67~68, 78, 24~35.
27. 상게서, 제2권, 16, 제3권, 44, 제4권, 24.
28. 윌리엄 제임스의 《종교적 경험의 다양성》(뉴욕, 1905년), 94~95, 115, 108. 윌리엄 제임스의 '인간의 힘', 〈아메리칸 매거진〉(1907년 11월), 57~65. 제임스는 이 글의 내용을 '인간의 에너지'라는 제목으로 여러 차례 강연했음.
29. DC의 《대중연설: 연합 YMCA 학교 표준 강좌》 제3권, 136, 제4권, 18~19.
30. H. 애딩턴 브루스(H. Addington Bruce)의 '정신의 대가들', 〈아메리칸 매거진〉(1910년 11월), 71~81. 브루스의 '과학에 의거한 새로운 마음 치료'도 참고, 〈아메리칸 매거진〉(1910년 10월), 773~778. 그 외 브루스의 저서들 《성격의 수수께끼(The Riddle of Personality)》(뉴욕, 1908년), 《과학적인 정신 치유(Scientific Mental Healing)》(보스턴, 1911년), 《신경 통제와 그 방법(Nerve Control and How to Gain It)》(뉴욕, 1919년), 《자기계발: 야망 있는 사람들을 위한 안내서(Self-Development: A Handbook for the Ambitious)》(뉴욕, 1921년). 브루스의 생애에 관한 정보는 새터의 《누구나 왕국을 언짢아한다》, 244쪽 참고.
31. DC, 《대중연설: 연합 YMCA 학교 표준 강좌》, 제1권, 26.
32. 상게서, 제3권, 28~29, 제4권, 19, 2, 69.
33. 상게서 제3권, 125~126. DC는 거기에서 윌리엄 어니스트 헨리의 시 〈굴복하지 않으리〉를 인용함.
34. DC의 징병등록카드 제59번, 제10구역, 징병위원회 44, 등록자 보고서 31-9-44-A, 날짜 1917년 6월 5일, 〈제1차 세계대전 선발징병제 등록 카드, 1917~1918년〉(국립공문서관, 워싱턴 D. C). '얍행크, 육군 신병을 맞이하다', 〈뉴욕 타임스〉, 1917년 9월

20일. '캠프 업튼', 〈브룩헤이븐 히스토리〉, http:www.bnl.gov/bnlweb/history/camp_upton1.asp.
35. DC, '딸에게 보내는 편지', 19~20.
36. DC의 《대중연설: 비즈니스맨을 위한 실용 강좌》, 353, 355~356.
37. 메트로폴리탄 캔버스 위원회 제23 구역 찰스 휀(Charles Whann) 대위가 M. 맥케임(M. McCaim) 부장군에게, 1918년 7월 12일. DC가 아만다 카네기에게, 1918년 12월 3일. DC가 아만다 카네기에게, 1919년 1월 29일. 모두 DCA.
38. DC가 아만다 카네기에게, 1919년 1월 29일. DC가 아만다 카네기에게, 1919년 5월 11일. 둘 다 DCA.
39. DC, '교수요목 B-15 추가: 비즈니스맨을 위한 자신감 증진과 설득력 있는 연설', 1919년 10월 15일, DCA.
40. DC의 '두려움을 극복하고 연간 만 달러를 벌다', 〈아메리칸 매거진〉(1918년 11월), 50~51, 137~139. J. M. 오닐의 '만 달러짜리 두려움의 진실', 〈화술 교육 계간지〉(1919년 3월), 128~137.
41. 오닐, '만 달러짜리 두려움의 진실', 132, 135~136.
42. 상게서, 136, 137.
43. DC, 《대중연설: 연합 YMCA 학교 표준 강좌》, 제3권, 117~134.

▪▪ 7장

1. DC, 《카네기 인간관계론》(뉴욕, 1937년), 12, 111, 17.
2. 상게서, 16, 15, 26.
3. DC, 《카네기 행복론》(뉴욕, 1948년), 134, 121~122, 123~124.
4. 마거릿 케이스 해리먼의 '그는 희망을 판다', 〈새터데이 이브닝 포스트〉(1937년 8월 31일), 33. 로웰 토머스의 《좋은 저녁입니다, 여러분(Good Evening Everybody)》(뉴욕, 1976년), 109.
5. 로웰 토머스가 H. W. 터너에게, 1917년 3월 8일. 1917년에 볼티모어의 카네기 강좌 광고에 수록됨. DCA.
6. 조엘 C. 호지슨(Joel C. Hodgson)의 《아라비아의 로런스와 미국의 문화: 대서양을 뛰어넘는 전설 만들기(Lawrence of Arabia and American Culture: The Making of a Transatlantic Legend)》(웨스트포트, CT, 1995년), 11~26.
7. 상게서, 11, 28~30.
8. 해리먼, '그는 희망을 판다', 33. 토머스, 《좋은 저녁입니다, 여러분》, 200. DC의 자전

적 메모, 제목과 날짜 없음, DCA.
9. DC가 아만다 카네기에게, 1919년 8월, DCA. 토머스, 《좋은 저녁입니다, 여러분》, 200. DC가 아만다 카네기에게, 1919년 7월 31일, DCA.
10. 토머스, 《좋은 저녁입니다, 여러분》, 200~201. DC의 《대중연설: 비즈니스의 화술과 사람들에게 영향을 끼치는 방법》(뉴욕, 1953년[1926]), 194.
11. 토머스, 《좋은 저녁입니다, 여러분》, 201~202. DC가 아만다 카네기에게, 1919년 8월 18일, DCA. DC, 〈자전적 파편〉, DCA. 호지슨의 《아라비아의 로런스와 미국의 문화》, 30~31. 〈팔레스타인의 앨런비, 아라비아의 로런스〉의 홍보 팸플릿에 인용된 〈로이드 위클리 뉴스〉와 〈런던 타임스〉 기사, DCA. 《아라비아의 로런스와 미국의 문화》에 쇼의 전체적인 묘사가 되어 있음, 33~35.
12. 〈팔레스타인의 앨런비와 아라비아의 로런스〉 홍보 팸플릿, DC가 아만다 카네기에게, 1919년 8월. 둘 다 DCA. 몇 년 후인 1925년 2월 2일에 DC가 A. B. 윌리엄슨 교수에게 보낸 편지에서 자신이 업무에 대해 설명한 것, DCA.
13. DC가 아만다 카네기에게, 1919년 8월. DC가 가족들에게, 1919년 가을, 날짜 없음. DC가 아만다 카네기에게, 1920년 1월 27일. DC가 아만다와 제임스 카네기에게, 1920년 3월 12일. 모두 DCA.
14. DC가 아만다와 제임스 카네기에게, 1920년 12월. DC가 아만다 카네기에게, 1919년 8월. DC가 아만다와 제임스 카네기에게, 1920년 3월 12일. 모두 DCA.
15. 호지슨, 《아라비아의 로런스와 미국의 문화》, 41. DC, 〈자전적 파편〉, DCA. DC가 아만다와 제임스 카네기에게, 1920년 5월 14일, DCA.
16. DC가 아만다와 제임스 카네기에게, 1920년 5월 26일, DCA. 해리먼의 '그는 희망을 판다', 33.
17. 토머스, 《좋은 저녁입니다, 여러분》, 219.
18. DC가 아만다와 제임스 카네기에게, 1920년 12월, DCA.
19. 상게서, DC가 A. B. 윌리엄슨 교수에게, 1925년 2월 2일. 〈로스 스미스의 비행: 영국에서 호주까지〉의 홍보 팸플릿. 모두 DCA.
20. '데일 카네기 결혼하다', 〈벨튼 헤럴드〉, 1921년 8월 4일. 《영국과 웨일스, 결혼 지수: 1916~2005년》의 '1921년 7월, 8월, 9월에 등록된 혼인'(Ancestry.com).
21. 롤리타 B. 카네기, 1922년 5월 10일 로마에서 여권 신청, 〈미국 여권 신청, 1795~1925년〉(Ancestry.com, 국립공문서관), 찰스 C. 해리스, 〈1900년 미국 연방 인구조사〉, 〈1910년 미국 연방인구조사〉, 둘 다 Ancestry.com 자료.
22. '데일 카네기 결혼하다', 찰스 C. 해리스, 〈1920년 미국 연방인구조사〉(Ancestry.com 자료). 롤리타 카네기, 여권 신청. 도로시 카네기 비디오 인터뷰, 1996년, DCA. 남편에게 들은 내용을 바탕으로 남편의 첫 결혼에 대해 이야기함.

23. DC가 1920년대에 부모에게 보낸 엽서, 사진, 편지 참고, DCA.
24. '데일 카네기 부인에게서 도착한 흥미로운 뉴스', 〈벨튼 헤럴드〉, 1922년 2월 10일. 롤리타 카네기, 여권 신청. DC, '데일 카네기, 유럽에서 여름을 보내며 그곳의 생활에 대해 이야기하다', 〈메리빌 트리뷴〉, 1922년 10월 22일.
25. DC의 '대니얼 에버솔은 쿠노보다 더 인상적이다', 〈메리빌 민주주의-포럼〉, 1923년 9월 25일. DC의 《비즈니스맨을 위한 실용 강좌》(뉴욕, 어소시에이션 프레스, 1926년), 174~175. 날짜 없는 엽서, DCA.
26. 날짜 없는 엽서들, DCA. DC의 '데일 카네기가 말하기를, 노더웨이 카운티의 여성들은 철의 심장을 가진 남자라도 녹일 수 있을 것이다', 〈메리빌 민주주의-포럼〉, 1924년 11월 13일. DC, '딸에게 보내는 편지'(1952년 1월~1955년), 20~21, DCA.
27. DC의 '데일 카네기가 말하기를, 노더웨이 카운티의 여성들은 철의 심장을 가진 남자라도 녹일 수 있을 것이다.'
28. '베디슨의 삶은 파리의 삶보다 더 흥미롭다', 오려낸 신문기사, 손으로 쓴 날짜, 1924년 10월 18일, 인용구 없음, DCA. DC, '카네기가 말하기를, 노더웨이 카운티의 여성들은 철의 심장을 가진 남자라도 녹일 수 있을 것이다', DC가 자신에게 쓴 편지, 날짜 없으나 1920년대 후반 추정, DCA.
29. DC, '데일 카네기, 유럽에서 여름을 보내며 그곳의 생활에 대해 이야기하다.' DC가 아만다와 제임스 카네기에게, 1920년 12월, DCA. 토머스 H. 넬슨(Thomas H. Nelson)이 파리의 퍼시 페익소토에게, 날짜 없음, DCA. '대중 앞에서 말하고 싶은가? 자리에 일어선 상태에서 생각하는 법을 배워라', 〈뉴욕 헤럴드〉(유럽판, 파리), 1924년 11월 25일. DC가 A. B. 윌리엄슨 교수에게, 1925년 2월 2일, DCA.
30. '카네기 셰퍼드 사육 및 훈련 농장' 팸플릿, 날짜 없음, DCA. 제임스 카네기의 '폐업 세일' 발표, 날짜가 없으나 그의 74번째 생일이 '가까운' 1926년 1월로 추정, 폐업 안내문은 DC가 쓴 것이 확실함, DCA. DCA는 뒤에 롤리타의 글씨가 적힌 저먼 셰퍼드의 사진을 약 열 장 정도 보유하고 있음.
31. 찰스 켐프와 에드워드 클래플린의 《데일 카네기: 수백만 명에게 영향을 끼친 남자》(뉴욕, 1989년), 128. '내가 저지른 어리석은 행동들' 파일, 1927년 12월 31일. '내가 저지른 어리석은 행동들' 파일, 날짜 없음, DCA.
32. DC, '내가 저지른 어리석은 행동들', 1927년 12월 9일. DC, '데일 카네기, 유럽에서 여름을 보내며 그곳의 생활에 대해 이야기하다', 날짜 없는 엽서, DCA.
33. 해리먼의 '그는 희망을 판다', 33~34. DC의 《데일 카네기의 링컨 이야기》(뉴욕, 1959년[1932년]), 51, 55~56, 71~72.
34. DC, 《데일 카네기의 링컨 이야기》, 55~56, 77, 84, 86.
35. 롤리타 카네기가 DC에게, 1932년 3월 16일, DCA. DC는 1928년 1월 5일에 여권을

신청하고 그해에 롤리타와 함께 독일, 스위스, 노르웨이, 프랑스를 여행했음. 기록에 따르면 그는 10월 5일에 혼자 프랑스 셰르부르에서 뉴욕으로 건너감.
36. '유명 작가 대열에 들어선 데일 카네기', 〈메리빌 민주주의-포럼〉, 1914년 12월 6일.
37. DC, 《카네기 인간관계론》, 62. DC, 《카네기 행복론》, 77.
38. '유명 작가 대열에 들어선 데일 카네기'. DC의 '대니얼 에버솔은 쿠노보다 더 인상적이다.' DC, '데일 카네기가 말하기를, 노더웨이 카운티 여성들은 철의 심장을 가진 남자라도 녹일 수 있을 것이다.'
39. 말콤 카울리(Malcolm Cowley)의 《추방인의 귀국(Exiles Return: A Literary Odyssey)》(뉴욕, 1975년[1934년]), 9. 잃어버린 세대 작가들에 관한 정보는 크레이크 몽크의 《잃어버린 세대를 쓰다: 추방 자서전과 미국의 모더니즘(Writing the Lost Generation: Expatriate Autobiography and American Modernism)》(아이오와 시티, 2008년)과 앨프레드 케이진(Alfred Kazin)의 《고국에 서서: 현대 미국 산문 문학의 한 해석(Native Grounds: An Interpretation of Modern American Prose Literature)》(뉴욕, 1942년)의 '30년대 속으로: 모든 잃어버린 세대' 참고.
40. 칼 밴 도런(Carl Van Doren)의 《현대 미국 소설가들, 1900~1920년(Contemporary American Novelists, 1900~1920)》(뉴욕, 1922년), 146. 케이진의 《고국에 서서》의 '새로운 사실주의: 셔우드 앤더슨과 싱클레어 루이스' 참고.
41. '내가 가진 모든 것'(미출간 원고), DCA.
42. 상게서, 3, 4, 31~32.
43. 상게서, 101~102.
44. 상게서, 183~184.
45. 상게서, 20~21, 100.
46. 상게서, 10~12.
47. 상게서, 38, 88.
48. DC가 '작가가 된 노더웨이 카운티 출신, 여전히 기본을 알다', 〈메리빌 민주주의-포럼〉, 1925년 10월. '휴전 소설' 스케치, DCA. DC가 작문에 관해 모은 기사들, DCA.
49. DC, 《카네기 행복론》, 77~78.
50. 상게서, '딸에게 보내는 편지', 21.
51. DC가 아만다와 제임스 카네기에게, 1920년 5월 14일, DCA. DC가 아만다와 제임스 카네기에게, 1920년 5월 26일, DCA. DC, '데일 카네기가 말하기를, 노더웨이 카운티의 여성들은 철의 심장을 가진 남자라도 녹일 수 있을 것이다.'

8장

1. DC,《카네기 인간관계론》(뉴욕, 1937년), 2~3, 12.
2. 상게서, 54, 68~69, 42~43, 34, 126, 160, 179, 98, 160, 190.
3. DC, '데일 카네기가 말하기를, 노더웨이 카운티의 여성들은 철의 심장을 가진 남자라도 녹일 수 있을 것이다', 〈메리빌 민주주의-포럼〉, 1924년 11월 13일. DC, '작가가 된 노더웨이 카운티 출신, 여전히 기본을 알다', 1925년 10월. 〈메리빌 민주주의-포럼〉. DC의《대중연설: 비즈니스맨을 위한 실용 강좌》(뉴욕, 어소시에이션 프레스, 1926년).
4. 마거릿 케이스 해리먼, '그는 희망을 판다', 〈새터데이 이브닝 포스트〉(1937년 8월 31일), 36. 아돌프 E. 메이어(Adolph E. Meyer)의 '데일 카네기가 친구를 사귄 방법', 〈아메리칸 머큐리〉, 1943년 7월, 44.
5. 해리먼, '그는 희망을 판다', 36.
6. DC가 A. B. 윌리엄슨 교수에게, 1925년 2월 2일. 윌리엄 F. 허쉬(William F. Hirsch), 연합 YMCA 학교 사무국장이 DC에게, 1920년 12월 2일. DC가 윌리엄 F. 허쉬에게, 1921년 1월 8일. 모두 DCA.
7. DC, '데일 카네기, 유럽에게 여름을 보내며 그곳의 생활에 대해 이야기하다', 〈메리빌 트리뷴〉, 1922년 10월 10일.
8. DC,《대중연설: 비즈니스맨을 위한 실용 강좌》, 201, 37, 38~40, 153~154, 175.
9. 상게서, 7~9.
10. 윌리엄 앨런 화이트(William Allen White)의《바빌론의 청교도(A Puritan in Babylon)》(뉴욕, 1938년), 253. 제임스 프로스로(James Prothro)의《달러 10년(The Dollar Decade)》(뉴욕, 1954년), 224쪽에서 인용한 쿨리지 대통령의 말.
11. 스티븐 와츠의《사람들의 거물: 헨리 포드와 미국의 세기》(뉴욕, 2005년) 120~122쪽에서 포드를, 1920년대 번영에 대해서는 폴 보이어(Paul Boyer)의《지속적인 비전: 미국 사람들의 역사(The Enduring Vision: A History of the American People)》(렉싱턴, MA, 1996년) 참고, 772~773.
12. 윌리엄 리치의《욕망의 땅: 상인, 힘, 새로운 미국 문화의 등장》(뉴욕, 1988년), xiii~xiv. 새로운 소비주의를 다룬 두꺼운 문헌으로는 워런 서스먼의《역사로서의 문화: 20세기 초 미국 사회의 변화》(뉴욕, 1984년), 대니얼 호로비츠의《소비의 도덕성: 미국 소비자 문화에 대한 태도, 1875~1950년》(볼티모어, 1985년), 베티나 버치(Bettina Berch)의 '가정에서의 과학적인 관리: 황후의 새로운 의상', 〈저널 오브 아메리칸 컬처〉(1980년 가을), 440~445, 글레나 매튜스(Glenna Matthews)의《그저 가정주부일 뿐: 미국 가정의 흥망성쇠(Just a Housewife: The Rise and Fall of

Domesticity in America》(뉴욕, 1987년)의 '가정주부와 가정 경제학자', 145~171.
13. 엘리스 할리(Ellis Hawley)의 《위대한 전쟁과 현대 질서의 탐색(The Great War and the Search for a Modern Order)》(뉴욕, 1979년), v, 80, 99. 킴 맥퀘이드(Kim McQuaid)의 '미국 비즈니스 공동체의 법인 자유주의, 1920~1940년', 〈비즈니스 히스토리 리뷰〉(1978년 가을), 342~368. 리치의 《욕망의 땅》.
14. DC의 《대중연설: 연합 YMCA 학교 표준 강좌》(뉴욕, 1920년), 제3권, 16, 19, 제4권, 69~71, 72. '대중연설과 자신감'이라는 제목의 홍보 팸플릿(1917년), DCA.
15. DC가 A. B. 윌리엄슨 교수에게 1925년 2월 2일, DCA.
16. DC의 《대중연설: 비즈니스맨을 위한 실용 강좌》, 3~5, 12.
17. 상게서, 31, 228.
18. 상게서, 31, 172~173.
19. 상게서, 47, 82, 332, 395~396.
20. 상게서, 134, 166, 192.
21. 상게서, 401~402.
22. 상게서, 48~49.
23. 상게서, 247, 37.
24. 워런 서스먼의 《역사로서의 문화》, 274, 280.
25. 올리비에 춘츠, 《미국 기업 만들기, 1870~1920년》(시카고, 1990년), 201~202. '조직적 통합'에 관한 다양한 문헌도 참조. 앨프레드 D. 챈들러(Alfred D. Chandler)의 《보이는 손: 미국 비즈니스의 관리 혁명(The Visible Hand: The Managerial Revolution in American Business)》(케임브리지, 1977년). 리처드 R. 존(Richard R. John)의 '정교화, 수정, 반대: 앨프레드 D. 챈들러 주니어의 20년 후의 보이는 손', 〈비즈니스 히스토리 리뷰〉(1997년 여름), 151~200. 루이스 갈람보스(Louis Galambos)의 '기술, 정치 경제, 전문화: 조직 통합의 핵심 주제', 〈비즈니스 히스토리 리뷰〉(1983년 겨울), 471~493.
26. DC, '비즈니스맨을 위한 자신감 증진과 설득력 있는 연설', YMCA 대중연설 강좌 교수요목 B-15 추가, 1919년 10월 15일, DCA. DC의 《대중연설: 연합 YMCA 학교 표준 강좌》제4권, 66~67, 85~87.
27. DC, 《대중연설: 비즈니스맨을 위한 실용 강좌》, 143~144.
28. 상게서, 203.
29. 상게서, 225, 226.
30. 상게서, 228, 229, 230, 238, 239, 242.
31. 상게서, 423~424.
32. 상게서, 298~299, 425, 391.

33. 리처드 바이스의 《미국의 성공 신화: 허레이쇼 앨저에서 노먼 빈센트 필까지》(어배너, IL, 1988년), 196. DC, 《대중연설: 비즈니스맨을 위한 실용 강좌》, 389.
34. DC, 《대중연설: 비즈니스맨을 위한 실용 강좌》, 240, 175, 389.
35. 상게서, 386, 474~475.
36. 상게서, 387~388.
37. 프랭크 프레스브리(Frank Presbrey)의 《광고의 역사와 발달(The History and Development of Advertising)》(뉴욕, 1929년)에서 쿨리지 대통령 인용, 620, 622, 625.
38. DC, 《대중연설: 비즈니스맨을 위한 실용 강좌》, 470, 387.
39. 브루스 바튼의 《아무도 모르는 남자(The Man Nobody Knows)》(뉴욕, 2000년[1925년]), 5, 18, 50, 66, 33~35, 13~18, 19~25, 42. 바튼과 새로운 성격 문화에 대한 더 자세한 분석은 T. J. 리어스와 리처드 폭스의 《소비문화: 미국 역사에 관한 비평적 에세이, 1880~1980년》(뉴욕, 1983년)에 나오는 리어스의 '구원에서 자아실현까지: 1880~1930년 소비자 문화의 광고와 치료법의 뿌리' 참고, 3~38, 특히 29~38.
40. DC, 《대중연설: 비즈니스맨을 위한 실용 강좌》, 429~430.
41. 이 패러다임을 해석해주는 두 권의 책으로 존 G. 카웰티(John G. Cawelti)의 《자수성가한 남자의 추종자들(Apostles of the Self-Made Man)》(시카고, 1965년), 주디 힐키의 《성품인 자본이다: 도금시대의 성공 매뉴얼과 남성성》(채플 힐, NC, 1997년) 참고.
42. '내가 저지른 어리석은 행동들' 파일, DCA.
43. DC, 《대중연설: 비즈니스맨을 위한 실용 강좌》, 33, 65, 140, 68, 135, 231.
44. '대중연설 강좌가 어떤 도움을 줄 수 있는가', 1930년 홍보 팸플릿, DCA.
45. '필라델피아 엔지니어클럽: 데일 카네기 강좌로 이익을 올린 뉴욕과 필라델피아의 엔지니어들', 1930년 홍보 팸플릿, DCA.
46. DC의 '은행가가 대중연설을 배워야 하는 이유', 〈미국 은행협회 회보〉(1927년 1월), 23~30.
47. 〈아메리칸 매거진〉의 '그들은 어떻게 성공했나' 연재 기사, 1929년 9월: 88, 174, 1929년 10월: 78, 192, 1929년 12월: 73, 1930년 1월: 144, 1930년 4월: 208, 1930년 5월: 204, 1930년 7월: 82, 94, 124, 1931년 1월: 80. 앨버트 T. 레이드에 관한 간략한 설명은 '캔자스 역사 협회' 웹사이트 칸자피디아: kshs.org/kansapedia/albert-t-reid/12182 참고.
48. '그들은 어떻게 성공했나', 〈아메리칸 매거진〉(1929년 11월), 80.

9장

1. 대공황의 영향에 대한 통계수치는 로버트 L. 하일브로너(Robert L. Heilbroner)의 《미국의 경제 변화(The Economic Transformation of America)》(뉴욕, 1977년) 179, 185쪽 참고.
2. 로즈메리 크롬의 《사람들이 본 데일 카네기》(가든 시티, NY, 1977년), 10, 12. DC가 호머 크로이에게, 1931년 9월 15일(호머 크로이 페이퍼, 미주리 주립역사협회). DC, 《카네기 행복론》(뉴욕 1948년)에 소개되는 호머 크로이의 슬픈 이야기, 266~268.
3. 로즈메리 크롬의 《사람들이 본 데일 카네기》에서 애비 코넬의 회고, 25. DC가 아만다와 제임스 카네기에게, 1930년 12월 31일, DCA.
4. 《역사로서의 문화: 20세기 초 미국 사회의 변화》(뉴욕, 1984년)에 수록된 워런 서스먼의 에세이 참고, '문화와 책임', 196~198, '30년대의 문화', 154, 164.
5. 프랭클린 루스벨트 대통령의 취임 연설은 데이비드 M. 케네디(David M. Kennedy)의 《두려움에서 자유를: 대공황과 전쟁 속의 미국인, 1929~1945년(Freedom From Fear: The American People in Depression and War, 1929~1945)》(뉴욕, 1999년) 참고, 133~134.
6. DC의 '자력으로 일어서라', 〈콜리어〉(1938년 3월 5일), 14~15.
7. 상게서, 14, 15, 37.
8. 《사람들이 본 데일 카네기》에서 중국에 대한 DC의 회고, 25. 〈콜리어〉(1938년 3월 5일)에 쓴 '자력으로 일어서라'에도 중국과 미국의 대공황에 대한 그의 관점이 똑같이 나와 있음.
9. DC, 《효과적인 연설을 위한 데일 카네기 강좌》, 1934년, 12.
10. DC가 로웰 토머스에게, 1934년 5월 21일. 로웰 토머스 페이퍼, 마리스트 대학 기록보관소 및 스페셜 콜렉션. '소득을 올리고 리더십을 키우는 방법', 카네기 강좌의 전면 신문 광고, 1932~1935년, DCA. 《말하기의 주제와 수업 일정: 데일 카네기 강좌》 1934년, 27.
11. DC, 《말하기의 주제와 수업 일정: 데일 카네기 강좌》, 12.
12. 상게서, 41~47.
13. 존 재니의 '일어선 채로 빠르게 생각할 수 있는가?', 〈아메리칸 매거진〉(1932년 1월), 94, 41.
14. '소득을 올리고 리더십을 키우는 방법', '두려움이 당신의 목을 조르는가?', 카네기 비즈니스 강좌의 전면 광고, 〈뉴스위크〉, 1935년 8월 17일. 마거릿 케이스 해리먼의 '그는 희망을 판다', 〈새터데이 이브닝 포스트〉(1937년 8월 14일), 34.
15. '효과적인 화술 강좌에서 무엇을 얻을 수 있는가? 데일 카네기가 답하는 11가지 질

문', 1930년대 초 홍보 팸플릿, DCA. '소득을 올리고 리더십을 키우는 방법', '화술 강좌가 나에게 무엇을 해줄 수 있는가', 1930년 홍보 팸플릿, DCA. DC의 '우리에게는 오늘 밤이 있다', 〈리더스 다이제스트〉(1936년 11월), 56. 존 재니의 '일어선 채로 빠르게 생각할 수 있는가?', 92.
16. '소득을 올리고 리더십을 키우는 방법', '효과적인 화술 강좌에서 무엇을 얻을 수 있는가?', '화술 강좌가 나에게 무엇을 해줄 수 있는가'. DC, 《데일 카네기의 효과적인 비즈니스 화술 강좌》, 15, 16. 뉴욕 광고클럽 부회장 H. B. 르 콰트(H. B. Le Quatte)와 뉴욕 시 사업가들의 추천 편지, 1933년, DCA.
17. 해리먼의 '그는 희망을 판다', 12. 재니의 '일어선 채로 빠르게 생각할 수 있는가?' 94. 로웰 토머스가 《비즈니스 대중연설》(뉴욕, 1953년[1926년]에 쓴 서문, 6.
18. DC, 《데일 카네기의 링컨 이야기》(뉴욕, 1959년[1932년]), vii.
19. 호머 크로이가 DC에게, 1931년 4월 7일(호머 크로이 페이퍼, 미주리 주립역사협회). DC, 《데일 카네기의 링컨 이야기》, viii.
20. DC, 《데일 카네기의 링컨 이야기》, 43, 48~49, 78, 99.
21. 상게서, 133, 186~188.
22. 상게서, 44, 145, 90.
23. 상게서, 32, 27~28, 42.
24. 상게서, 29, 35, 96, 192.
25. 상게서, 155~156, 170.
26. 서스먼, '문화와 책임', 192, 199.
27. '감성적 민중주의'에 관해서는 스티븐 와츠의 《마법의 왕국: 월트 디즈니와 미국인의 삶의 방식》(보스턴, 1997년), 63~100. 와츠의 《사람들의 거물: 헨리 포드와 미국의 세기》(뉴욕, 2005), 401~426 참고. 그 외 1930년대 민중주의를 다룬 책으로 앨런 브링클리(Alan Brinkley)의 《저항의 목소리: 휴이 롱, 코플린 신부, 대공황(Voices of Protest: Huey Long, Father Coughlin, and the Great Depression)》(뉴욕, 1982년), 에리카 도스(Erika Doss)의 《벤튼, 폴록과 모더니즘 정치: 지역주의에서 추상 표현주의까지(Benton, Pollock and the Politics of Modernism: From Regionalism to Abstract Expressionism)》(시카고, 1991년) 참고. 인용문은 서스먼의 '문화와 책임'에서, 205.
28. 거트루드 에머릭(Gertrude Emerick)의 '데일 카네기: 링컨을 알아가는 모험을 한 남자', 〈브루클린 이글〉, 1936년 1월 9일. DC, 《데일 카네기의 링컨 이야기》, ix. 뉴 살렘의 재건축은 벤저민 토머스(Benjamin Thomas)의 《링컨의 뉴 살렘(Lincoln's New Salem)》(스프링필드, IL, 1934년), 특히 제3장 참고.
29. DC, 《데일 카네기의 링컨 이야기》, 21, 31, 22, 36, 55.

30. 상게서, 104, 189.
31. '라디오 방송을 하게 된 데일 카네기', 1933년 8월, 오러낸 뉴스, DCA. 루터 F. 시스(Luther F. Sies)의 《미국 라디오 백과사전, 1920~1960년(Encyclopedia of American Radio, 1920~1960)》(제퍼슨, NC, 2000년), 335.
32. DC가 로웰 토머스에게, 1934년 8월 26일, 로웰 토머스 페이퍼, 마리스트 대학 기록보관소 및 스페셜 콜렉션. 새뮤얼 C. 크루트 광고 회사에서 로웰 토머스에게, 1933년 7월 7일. 로웰 토머스 페이퍼, 마리스트 대학 기록보관소 및 스페셜 콜렉션. DC의 《유명인에 관해 몰랐던 사실들》(뉴욕, 1934년), 115.
33. DC가 로웰 토머스에게, 1933년 8월 28일, 로웰 토머스 페이퍼, 마리스트 대학 기록보관소 및 스페셜 콜렉션. 뉴욕광고클럽 매니저 J. R. 볼튼(J. R. Bolton)이 DC에게, 1933년 8월 23일, DCA.
34. DC, '딸에게 보내는 편지'(1952년 1월~1955년), 82, 'NBC 사람들, 데일 카네기', 1934년 9월 16일, DCA.
35. '라디오 방송이 가장 어렵다는 카네기', 〈로런스 텔레그램〉, 1937년 3월 10일. 조 랜섬(Jo Ransom)의 '포리스트 힐스의 데일 카네기가 뉴스 해설자들의 장점에 대해 말한다', 〈브루클린 데일리 이글〉, 1937년 3월 28일.
36. 라디오 쇼의 대본이 현재까지 남아 있지 않으므로 실제 방송된 내용과 거의 비슷하게 엮어서 편찬한 책 《유명인에 관해 몰랐던 사실들》에서 인용함, 213, 189, 57, 77, 81.
37. DC, 《대중연설: 비즈니스맨을 위한 실용 강좌》(뉴욕, 1926), 428. 랜섬의 '포리스트 힐스의 데일 카네기가 뉴스 해설자들의 장점에 대해 말한다'에서.
38. DC, 《유명인에 관해 몰랐던 사실들》, 199, 228, 65, 105~107. 대니얼 부어스틴의 《이미지와 환상》(뉴욕, 1962년), 57.
39. DC가 호머 크로이에게, 1933년 12월 14일과 19일, 1934년 5월 31일, 모두 호머 크로이 페이퍼, 미주리 주립역사협회.
40. 스티븐 민츠(Steven Mintz)와 랜디 로버츠(Randy Roberts)의 《할리우드의 미국: 영화를 통해 보는 미국의 역사(Hollywood's America: Unites States History Through Its Films)》(뉴욕, 2008년)에서 모리 클라인(Maury Klein)의 '눈물을 흘리며 웃어라: 공황에 대한 할리우드의 답', 87. 앤드루 버그먼(Andrew Bergman)의 《우리는 돈 속에 있다: 공황기의 미국과 영화(We're in the Money: Depression America and its Films)》(뉴욕, 1972년), xvi, 167~168. 캐런 스턴하이머(Karen Sternheimer)의 《유명인사 문화와 아메리칸 드림: 스타덤과 사회 이동성(Celebrity Culture and the American Dream: Stardom and Social Mobility)》(뉴욕, 2011년), 특히 제4장 '자력으로 일어나라: 개인의 실패와 대공황', 72~94. C. 데이비드 헤이

만(C. David Heymann)의 《가엾은 부자 소녀(Poor Little Rich Girl)》(뉴욕, 1983년) 참고.
41. 루터 F. 시스의 《미국 라디오 백과사전, 1920~1960년》, 335. '유명인에 관해 몰랐던 사실들', 〈뉴욕 저널〉, 날짜 없음, DCA. '유명인에 관해 몰랐던 사실들', 〈커리어 프리 프레스〉, 날짜 없음, DCA. '라디오 전기', 〈뉴욕 헤럴드 트리뷴〉, 1934년 11월 24일.
42. DC, 《데일 카네기 비즈니스 화술 강좌》에 포함된 NBC 아티스트 서비스 홍보, 36. 'NBC 사람들, 데일 카네기.'

10장

1. 롤리타 보케르가 DC에게, 1932년 3월 16일. 1939년 제임스 카네기가 사망했을 때 롤리타 보케르가 DC에게. 도러시 카네기, 1996년 인터뷰. 모두 DCA.
2. 아만다 카네기가 DC에게, 1931년 8월 10일. DC, '딸에게 보내는 편지'(1952년 1월 ~1955년), 9~10. 모두 DCA.
3. '사이먼앤드슈스터를 이끄는 힘, 리언 심킨, 81세에 사망', 〈뉴욕 타임스〉, 1988년 5월 26일. 로즈메리 F. 캐럴(Rosemary F. Carroll)의 〈대공황이 성공에 대한 미국인의 태도에 끼친 영향: 노먼 빈센트 필, DC, 존슨 오코너의 프로그램 연구(The Impact of the Great Depression on American Attitudes Toward Success: A Study of the Programs of Norman Vincent Peale, Dale Carnegie, and Johnson O'Connor)〉(박사 논문, 러트거스 대학교, 1968년)에 실린 저자와 리언 심킨의 인터뷰, 102~103.
4. 로즈메리 크롬의 《사람들이 본 데일 카네기》(가든 시티, NY, 1987년)에서 리언 심킨의 회고, 25. 캐럴의 〈대공황이 성공에 대한 미국인의 태도에 끼친 영향〉에 실린 리언 심킨 인터뷰, 103.
5. 해럴드 B. 클레멘코의 '그는 성공을 판다', 〈룩〉(1948년 5월 25일), 62. 호머 크로이의 '성공 공장', 〈에스콰이어〉(1937년 6월), 239. DC의 '말하기의 주제와 수업 일정: 데일 카네기 강좌', 1934년, 17.
6. DC, '자서전을 위한 메모', 1950년대 초, DCA.
7. 사이먼앤드슈스터가 책 속에 광고와 우편주문 신청서를 포함시켰다고 설명한 〈퍼블리셔스 위클리〉(1937년 1월 23일). 줄리안 L. 왓킨스(Julian L. Watkins)의 《100가지 훌륭한 광고: 누가 만들었고 무엇을 했는가(The One Hundred Greatest Advertisements: Who Wrote Them and What They Did)》(뉴욕, 1959년)에도 슈워브의 광고에 대한 설명이 나옴, 92~93. www.dalecarnegie.com의 '친구를 얻고 사람들에게 영향을 끼치기 캠페인.'

8. 사이먼앤드슈스터의 삽입 광고, 〈퍼블리셔스 위클리〉, 2. 마거릿 케이스 해리먼의 '그는 희망을 판다', 〈새터데이 이브닝 포스트〉(1937년 8월 14일), 33. 1949년 판 《카네기 인간관계론》 표지 커버에 기록된 판매 부수 452만 부. '데일 카네기: 성공에 대한 설교로 성공한 남자', 〈룩〉(1937년 12월 21일), 41. '책 100만 부를 판 광고'에서 빅터 O. 슈워브가 광고의 성공에 대하여 설명, 〈프린터스 위크 먼슬리〉(1939년 11월), 50~52.
9. DC, '자서전을 위한 메모', 로즈메리 크롬의 《사람들이 본 데일 카네기》에 실린 심킨의 회고, 25. '그는 성공을 판다'에 인용된 데일 카네기의 말, 62.
10. DC, 《카네기 인간관계론》, 56. 해리먼의 '그는 희망을 판다', 12, 33.
11. DC, 《카네기 인간관계론》, 3, 12, 13, 15.
12. 상게서, 201~202.
13. 상게서, 19, 123, 88, 74, 170.
14. 상게서, 154, 94, 110~111.
15. 상게서, 77~78.
16. 상게서, 55, 12~13, 28, 79.
17. 상게서, 29, 31, 93, 154.
18. 상게서, 93, 39, 40~41, 51.
19. 워런 서스먼의 《역사로서의 문화: 20세기 초 미국 사회의 변화》(뉴욕, 1984년)에 인용된 터켈의 인터뷰, 194~195.
20. 스티븐 와츠의 《마법의 왕국: 월트 디즈니와 미국인의 삶의 방식》(뉴욕, 1997년), 69~82.
21. 서스먼의 《역사로서의 문화》, 154~160. 앤드루 버그먼의 《우리는 돈 속에 있다: 공황기의 미국과 영화》(뉴욕, 1971년)에 인용된 프랭클린 루스벨트 대통령, 167.
22. DC, 《카네기 인간관계론》, 16, 52, 54, 17, 102.
23. 윌리엄 A. H. 버니, '대중성, 합쳐지다', 〈뉴욕 월드 텔레그램 위크엔드 매거진〉, 1937년 2월 27일. 해리먼의 '그는 희망을 판다', 12.
24. 1930년대에 활동한 또 다른 성공학 작가들은 캐럴의 〈대공황이 미국인의 성공에 대한 태도에 끼친 영향〉 참고.
25. DC의 '그들은 어떻게 성공했나: 찰스 슈워브, 가장 강력한 살아 있는 인간자석', 〈아메리칸 매거진〉(1929년 11월), 80. 찰스 슈워브의 생애는 케네스 워런(Kenneth Warren)의 《산업의 천재: 찰스 마이클 슈워브의 일(Industrial Genius: The Working Life of Charles Michael Schwab)》(피츠버그, 2007년) 참고.
26. DC, 《카네기 인간관계론》, 67, 168~169, 177.
27. 상게서, 34~35. 또한 50, 67, 81, 129 참고.

28. 잭슨 리어스와 리처드 폭스의 《소비문화: 미국 역사에 관한 비평적 에세이, 1880~1980년》(뉴욕, 1983년)에서 잭슨 리어스의 '구원에서 자아실현까지: 소비자 문화의 광고와 치료법의 뿌리, 1880~1930년)', 8. DC의 《대중연설: 비즈니스맨을 위한 실용 강좌》(뉴욕, 어소시에이션 프레스, 1926년), 225.
29. DC, 《카네기 인간관계론》, 68.
30. 상게서, 57~103.
31. DC, 《대중연설: 비즈니스맨을 위한 실용 강좌》, 228~229.
32. DC, 《카네기 인간관계론》, 12~13. 〈퍼블리셔스 위클리〉의 《카네기 인간관계론》 광고, 1937년 1월 23일.
33. DC, 《카네기 인간관계론》, 30, 51.
34. 상게서, 196~199.
35. 상게서, 25~26, 71, 42~43, 60~61, 216, 157~158, 101.

11장

1. DC, 《카네기 인간관계론》(뉴욕, 1936년), 10, 14. '사람들과 잘 지내는 방법', 〈리터러리 다이제스트〉, 1936년 11월 21일, 28. 호머 크로이의 '성공 공장', 〈에스콰이어〉 (1937년 6월), 112.
2. DC, 《카네기 인간관계론》 앞부분의 헌사와 속표지 바로 앞에 수록된 '이 책을 통해 당신이 해낼 수 있는 12가지', 27.
3. 필립 리프, 《프로이트: 도덕주의자의 정신(Freud: The Mind of the Moralist)》(시카고, 1979년[1959년]), 356~357.
4. '효과적인 화술 강좌에서 무엇을 얻을 수 있는가? 데일 카네기가 답하는 11가지 질문', 1930년대 초 홍보 팸플릿, 5, 12. '두 가지를 인정하라: 데일 카네기 강좌의 첫 수업'. 1933년 광고 전단지, '소득을 올리고 리더십을 키우는 방법', 카네기 강좌의 전면 신문 광고, 1932~1935년. 모두 DCA.
5. DC의 심리학 분야 동료 목록은 〈뉴욕 월드 텔레그램 위크엔드 매거진〉(1937년 2월 27일)의 윌리엄 A. H. 버니의 '대중성, 합쳐지다'와 호머 크로이의 '성공 공장' 참고.
6. 해리 A. 오버스트리트의 《인간 행동에 영향을 미치는 방법》(뉴욕, 1925년), vii, 43. 에두아르트 C. 린데만(Eduard C. Lindeman)의 서평, '행동하는 심리학', 〈뉴 리퍼블릭〉(1926년 5월 26일), 40~41.
7. 오버스트리트, 《인간 행동에 영향을 미치는 방법》, 2, 3, 4, 17~18, 45~46.
8. 상게서, 44, 49, 69.

9. DC, '내가 저지른 어리석은 행동들' 파일, 1928년. DCA, 〈맥콜〉(1928년 8월)에 실린 해리 오버스트리트의 '남편과 아내를 리모델링하라'도 인용. 오버스트리트가 카네기 강좌에서 강연한 것은 '성공 공장'에 설명되어 있음. 그가 카네기에게 매우 큰 영향을 끼쳤다는 사실은 "카네기에게 가장 큰 영향을 끼친 것은 H. A. 오버스트리트의 《인간 행동에 영향을 미치는 방법》일 것이다. 거기에는 카네기의 책에 제시된 응용 심리학의 원칙이 대부분 포함되어 있다"라는 리처드 후버의 말에서 확인됨. 리처드 M. 후버의 《성공에 관한 미국적인 생각》(뉴욕, 1971년), 235.
10. 링크의 생애와 경력은 리처드 S. 테들로(Richard S. Tedlow)의 '산업 심리학자 헨리 C. 링크에 관한 에세이', 《미국 전기 사전(Dictionary of American Biography)》(뉴욕, 1977년), 433~434. 도널드 메이어의 《긍정적 사상가들: 메리 베이커 에디에서 노먼 빈센트 필에 이르기까지 건강, 부, 개인의 힘을 찾으려는 미국인에 관한 연구》(가든 시티, NY, 1966년), 224~230. 프랭크 고블(Frank Goble)의 《제3세력: 에이브러햄 매슬로의 심리학(The Third Force: The Psychology of Abraham Maslow)》(뉴욕, 1970년), 149~151. 링크의 역할은 폴 S. 아킬레스(Paul S. Achilles)의 '응용 심리학에서 심리학 법인의 역할', 〈미국 심리학 저널〉(1937년 11월), 229~247.
11. 헨리 C. 링크, 《종교에의 귀의》(뉴욕, 1936년), 89, 11, 13, 69, 70. 메이어, 《긍정적 사상가들》도 참고, 226.
12. 링크, 《종교에의 귀의》, 39~40, 49, 33~34.
13. 링크가 카네기 강좌에서 특별 강연을 했다는 사실은 크로이의 '성공 공장'에 언급되어 있음, 239. 인용문은 DC의 《카네기 인간관계론》에서 가져온 것, 66.
14. 바시 영, 《나누고 싶은 부》(인디애나폴리스, 1931년), 20~21, 35, 49, 77, 85, 46~47.
15. 바시 영, 《아낌없이 주는 사람: 보다 나은 삶의 방식》(뉴욕, 1934년), 15~16, 39~40, 18.
16. 상게서, 18, 244.
17. DC, 《카네기 인간관계론》, 47~48. 바시 영, 《아낌없이 주는 사람》, 241.
18. 아서 프랭크 페인의 《산업적인 주제의 교수법: 직업 교육 행정과 직업 안내 조직의 자매편(Methods of Teaching Industrial Subjects: a Companion Volume to Administration of Vocational Education and Organization of Vocational Guidance)》(뉴욕, 1926년), 페인의 '인간의 과학적 선택', 〈사이언티픽 먼슬리〉(1920년 7~12월), 544~547 참고.
19. 아서 프랭크 페인의 《부모: 친구인가 적인가》(뉴욕, 1932년) 참고. 페인의 라디오 활동에 대해서는 피터 J. 베런스(Peter J. Behrens)의 '심리학 방송: 전쟁 사이의 미국 라디오 심리학, 1926~1939년', 〈아메리칸 소셜로지스트〉(2009년), 214~227 참고. 페인의 카네기 강좌 강연은 '대중성, 합쳐지다'에서 설명됨.

20. 비슈의 초기 활동에 대한 정보는 dossiers.net/louis-e-bisch/ 참고. 루이스 E. 비슈의 '과학과 범죄자', 〈대중 과학 월간지〉(1916년 4월), 555~558. 번스 맨틀(Burns Mantle)의 《1924~1925년 최고의 연극(The Best Plays of 1924~1925)》(뉴욕, 1926년)
21. 루이스 E. 비슈가 쓴 글 '방어 장벽은 약함의 신호', 〈맨스필드 뉴스〉, 1928년 9월 17일. '성공한 사람의 자녀는 실패하는 경우가 많다', 〈코코모 트리뷴〉, 1928년 4월 23일. '열등감과 치과교정술의 관계', 〈덴탈 코스모스〉(1928년 7월), 697~698. 그 밖에도 '할리우드의 이혼 증가 현상을 정신의학으로 분석하다', 〈스크린 북〉(1933년 10월). '정신의학과 광고: 모방이 인간의 감정에 호소하는 이유', 〈프린터스 잉크〉(1938년 1월 6일). '장애를 자산으로 바꿔라', 〈리더스 다이제스트〉(1937년 11월). '배우들에게도 열등감이 있는가?', 〈포토플레이〉(1927년 8월). '우리가 할리우드 스캔들에 끌리는 이유', 〈포토플레이〉(1930년 1월)가 있음.
22. 루이스 E. 비슈, 《신경과민인 것을 기뻐하라》(뉴욕, 1936년), 5~13.
23. 상게서, 55, 60, 223, 230. 비슈가 카네기 강좌에서 강연한 사실은 '성공 공장'에 설명되어 있음. 239.
24. DC, 《카네기 인간관계론》, 151, 159.
25. 상게서, 216, 229, 230.
26. 상게서, 29, 30, 230, 58~59.
27. 상게서, 48, 112, 27.
28. 상게서, 63, 75, 172, 204~205.
29. 상게서, 17, 189, 71,70, 190.
30. 필에 관해서는 캐럴 V. R. 조지(Carol V. R. George)의 《하나님의 세일즈맨: 노먼 빈센트 필과 긍정적 사고의 힘(God's Salesman: Norman Vincent Peale and the Power of Positive Thinking)》(뉴욕, 1993년), 88~93. 리처드 후버의 《성공에 관한 미국적인 생각》, 315~325. 도널드 메이어의 《긍정적 사상가들》, 239~275 참고.
31. 나폴레온 힐, 《생각하라 그러면 부자가 되리라》(뉴욕, 1963년[1937년]), 27, 85, 36, 68, 248. 힐의 생애와 업적은 존 G. 카웰티의 《자수성가한 남자의 추종자들》(시카고, 1988년 [1965년]), 209~218. J. M. 에머트(J. M. Emmert)의 '나폴레온 힐의 이야기', 〈석세스 매거진〉(2009년 1월 6일) 참고.
32. 아들러의 삶과 사상에 관해서는 조세프 래트너(Josef Rattner)의 《알프레트 아들러》(뉴욕, 1983년)와 마네스 스퍼버(Manes Sperber)의 《외로움의 가면: 알프레트 아들러의 관점(Masks of Loneliness: Alfred Adler in Perspective)》(뉴욕, 1974년) 참고. 아들러에 대한 비평은 러셀 제이코비(Russell Jacoby)의 《사회적 건망증: 아들러에서 랭까지 순응주의 심리학 평론(Social Amnesia: A Critique of Conformist

Psychology from Adler to Laing》(보스턴, 1975년), 21~40 참고.
33. 수전 퀸(Susan Quinn)의 《그녀만의 마음: 카렌 호나이의 생애(A Mind of Her Own: The Life of Karen Horney)》(뉴욕, 1987년).
34. 네이션 G. 헤일 주니어, 《미국 정신분석학의 시작과 위기: 프로이트와 미국인들, 1917~1985년》(뉴욕, 1995년), 139. 서스먼, 《역사로서의 문화》, 166, 203. 리처드 H. 펠스(Richard H. Pells)의 《급진적인 비전과 아메리칸 드림: 대공황기의 문화와 사회적 사상(Radical Visions and American Dreams: Culture and Social Thought in the Great Depression)》(뉴욕, 1973년), 114. 《영혼의 비밀: 정신분석의 사회적, 문화적 역사(Secrets of the Soul: A Social and Cultural History of Psychoanalysis)》(뉴욕, 2004년)의 엘리 자레츠키(Eli Zaretsky)는 호나이의 사상을 더 급진적인 페미니스트와 인민전선 좌익주의 옹호로 해석할 것을 주장함, 208~211.
35. 헤일, 《정신분석의 시작과 위기》, 173, 139. 설리번의 자세한 전기는 헬렌 스윅 페리(Helen Swick Perry)의 《미국의 정신의학자: 해리 스택 설리번의 생애(Psychiatrist of America: The Life of Harry Stack Sullivan)》(케임브리지, MA, 1982년) 참고.
36. 크리스토퍼 래시, 《무정한 세상의 천국: 포위당한 가족(Haven in Heartless World: The Family Besieged)》(뉴욕, 1977년), 75. 헤일, 《정신분석의 시작과 위기》, 175~176 참고. 설리번의 '대인관계 심리학'이 미국의 '정신분석이 개인의 건강과 성취에 대한 추종'으로 변하게 만든 주요 기준점이라는 비판에 대해서는 크리스토퍼 래시의 《최소 자아: 힘든 시대의 초자연적인 생존(The Minimal Self: Psychic Survival in Troubled Times)》(뉴욕, 1984년), 209~210 참고. 랠프 M. 크롤리(Ralph M. Crowley)의 '사회 비평가 해리 스택 설리번', 〈미국 정신분석 아카데미 저널〉(1981년), 211~226. 설리번의 '자존감' 단어 사용에 대해 설명함.
37. 펠스, 《급진적인 비전과 아메리칸 드림》, 113~114. 자레츠키, 《영혼의 비밀》, 278~279. 리처드 길레스피(Richard Gillespie), 《제조된 지식: 호손 실험의 역사(Manufactured Knowledge: A History of the Hawthorne Experiments)》(케임브리지, MA, 1991년).
38. 워런 서스먼, 《역사로서의 문화: 20세기 초 미국 사회의 변화》, 166.
39. DC, 《카네기 인간관계론》, 58, 66.
40. 상게서, 40, 159, 36.
41. 상게서, 92, 145, 221, 127, 145, 150, 58.
42. 상게서, 135~136.
43. 서스먼, 《역사로서의 문화》, 200.
44. DC, '데일 카네기 강좌: 말하기 주제와 수업 일정', 1934년, 39. DC, '데일 카네기 비즈니스 강좌', 1934년, 9.

45. 버니, '대중성, 합쳐지다', 로웰 토머스의 《카네기 인간관계론》 서문, 4.
46. 잭 알렉산더의 '초록색 연필', 〈뉴요커〉(1937년 12월 11일), 56, 57. '미국 엔지니어 클럽의 데일 카네기 강좌 홍보 문헌', 1930년, DCA. 프랭크 베트거, 《실패에서 성공으로》(뉴욕, 1986년[1947년]), 6. 오먼드 드레이크의 '카네기 씨와의 만남' 회고, 2, DCA. 《카네기 인간관계론》 삽입광고에 수록된 증언들, 〈퍼블리셔스 위클리〉(1937년 1월 23일), 6.
47. 잭슨 리어스와 리처드 폭스의 《소비문화》(뉴욕, 1983년)에서 잭슨 리어스의 '구원에서 자아실현으로', 4.
48. 크리스토퍼 래시, 《나르시시즘 문화: 기대가 줄어드는 시대의 미국인의 삶(The Culture of Narcissism: American Life in an Age of Diminishing Expectations)》(뉴욕, 1978년), 250, 13. 리어스, '구원에서 자아실현으로', 29. 리처드 바이스, 《미국 성공 신화: 허레이쇼 앨저에서 노먼 빈센트 필까지》(어배너, IL, 1988년), 201~202.
49. DC, 《카네기 인간관계론》, 28, 29, 52.
50. 상게서, 15, 69, 16, 37.
51. 필립 리프, 《치료법의 승리: 프로이트 이후 믿음의 활용(The Triumph of the Therapeutic: The Uses of Faith After Freud)》(뉴욕, 1968년), 3, 5, 13, 252. 리프, 《프로이트: 도덕주의자의 정신》, 356~357.

12장

1. 도리스 블레이크(Doris Blake)의 '칭찬은 성과를 가져온다', 〈뉴욕 데일리 뉴스〉 (1937년 3월 14일). 마거릿 마셜의 '칼럼니스트들의 행진: 데일 카네기', 〈네이션〉 (1938년 3월 19일), 328. '부드러운 대답', 〈뉴욕 타임스〉(1937년 2월 27일)
2. DC, 데일 카네기와 카네기 강좌 교육생들의 질문과 대답 '효과적인 화술과 인간관계를 가르치는 방법', 1938년 5월 21일, 5, 3, DCA
3. DC, 《카네기 인간관계론》(뉴욕, 1936), 154, 102, 40.
4. '익살꾼', 〈타임〉, 1937년 9월 20일.
5. 어빙 트레슬러, 《친구를 잃고 사람들과 멀어지는 방법》(뉴욕, 1937년), 14, 19, 23~24.
6. 《미국인명사전(Who's Who in America)》(시카고, 1943년)에서 '어빙 다트 트레슬러', T. J. 데이비스, 앤 켄들 트레슬러(미망인)과의 인터뷰, teedysay.blogspot.com, 2011년 8월 15일.
7. 트레슬러, 《친구를 잃고 사람들과 멀어지는 방법》, 36~37, 42, 45.

8. 상게서, 38, 96, 41, 47.
9. 상게서, 80, 101, 108, 111, 160.
10. 상게서, 93, 155~156.
11. '베스트셀러를 비난하는 목사', 〈브루클린 리딩 이글〉, 1938년 3월 18일.
12. '부드러운 대답', 블레이크의 '칭찬은 성과를 가져온다', 제임스 애스웰(James Aswell)의 '나의 뉴욕', 〈패터슨 모닝 콜〉(1837년 3월 12일).
13. 제임스 서버(James Thurber), '미소를 띠는 목소리', 〈새터데이 리뷰 오브 리터러처(Saturday Review of Literature)〉(1937년 1월 30일), 6. DC, 《카네기 인간관계론》, 92.
14. W. W. 우드러프가 데일 카네기에게, 1942년 2월 26일, LPA.
15. 헤이우드 브라운(Heywood Broun)의 '내가 보기에는', 〈애틀랜타 저널〉(1937년 3월 2일). 윌리엄 A. H. 버니, '대중성, 통합되다', 〈뉴욕 월드 텔레그램 위크엔드 매거진〉, 1937년 2월 27일.
16. DC, 《카네기 인간관계론》, 221.
17. 상게서, 228.
18. 상게서, 13, 70.
19. 상게서, 54~55.
20. 상게서, 36~37, 208.
21. 상게서, 37, 92~93
22. DC, '효과적인 화술과 인간관계를 가르치는 방법', 3, 4.
23. 캐런 할트넌의 《자신감 있는 남자와 그려진 여성: 미국 중산층 문화에 대한 연구, 1830~1870년》(뉴 헤이븐, 1982년), 미국인의 삶에서 자신감 있는 인간의 등장에 대한 통찰을 제시. 필자는 할트넌의 책에 나온 카네기의 해석에 영향을 받았음, 208~210.
24. 싱클레어 루이스, '자동차 예스맨(Car-Yes-Man)', 〈뉴스위크〉(1937년 11월 15일), 31.
25. DC와 J. 버그 에센웨인의 《대중연설 기법》(스프링필드, MA, 1915년), 103~104, 263. 버니, '대중성 통합되다.'
26. 테슬러, 《친구를 잃고 사람들과 멀어지는 방법》, 43, 246~247.
27. 상게서, 189, 180, 186. 멘켄은 1922년에 종교적이고 소비주의적이며 도덕화 경향을 가진 미국 중산층을 깎아내리는 단어 '부봐지(booboisie)'를 처음 사용함. 멘켄은 〈아메리칸 머큐리〉에 칼럼을 실었는데 매달 부봐지의 인용구를 모으는 것이 그 칼럼의 가장 큰 특징이었음. 테리 티차우트(Terry Teachout)의 《회의론자: H. L. 멘켄의 생애(The Skeptic: A Life of H. L. Mencken)》(뉴욕, 2003년).

28. 루이스, '자동차 예스맨', 31.
29. 싱클레어 루이스, '1인 혁명(One Man Revolution)', 〈뉴스위크〉(1937년 11월 22일), 33. 마크 쇼러(Mark Schorer)가 쓴 싱클레어 루이스 자서전 《싱클레어 루이스: 미국인의 삶(Sinclair Lewis: An American Life)》(뉴욕, 1961년)에 따르면 루이스는 1930년대 초반 내내 여러 강연에서 카네기를 '음유시인 배빗'이라고 부르며 비난했음, 634.
30. DC, 《카네기 인간관계론》, 13, 16, 52, 69. 1930년대 신문 연재 기사, '데일의 마음은 노더웨이에', 데일 카네기의 데일리 칼럼, 날짜 없음, DCA.
31. '베스트셀러를 비난하는 목사.'
32. 필모어 하이드(Fillmore Hyde), '당신의 신호(Your Cue)', 〈큐〉(1939년 6월 3일), 11.
33. DC, 《카네기 인간관계론》, 127~128.
34. '러드로 대학살'에 대한 자세한 정보는 론 처노의 《부의 제국 록펠러(Titan: The Life of John D. Rockefeller)》(2010년 21세기북스 발간) 제29장과 토머스 G. 프랭클린(Thomas G. Franklin)의 《석탄을 위한 살인: 미국 최악의 노동 전쟁(Killing for Coal: America's Deadliest Labor War)》(메사추세츠 케임브리지, 2008년) 참고.
35. DC, 《카네기 인간관계론》, 13, 75.
36. 상게서, 184, 198.
37. 상게서, 60, 73~74, 197.
38. '베스트셀러를 비난하는 목사.' 마셜, '칼럼니스트들의 행진.'
39. 루이스, '자동차 예스맨', 31. 마셜, '칼럼니스트들의 행진', 328.

13장

1. 당시를 직접 회고하는 휘팅의 이야기는 윌리엄 롱굿(William Longgood)의 《말로 성공에 이르다: 데일 카네기 강좌 이야기(Talking Your Way to Success: The Story of the Dale Carnegie Course)》(뉴욕, 1962년) 참고, 227~228.
2. '작가 데일 카네기는 가난했던 시절이 있었다', 〈애크런 타임스 프레스(Akron Times-Press)〉, 1937년 4월 13일. DC, '자서전을 위한 메모', 1950년대 초, DCA.
3. '비즈니스 메시아', 〈위치토 비컨〉 1940년 10월 12일. '작가 데일 카네기는 가난했던 시절이 있었다', 〈애크런 타임스 프레스〉. '친구 제조자가 도착하다'와 '데일 카네기, 사람들에게 영향을 끼치는 기술을 보여주다'는 모두 〈커머셜 어필(Commercial Appeal)〉(1941년 1월 13일).
4. 〈애슈빌 시티즌〉, 1939년 3월 23일.

5. 마거릿 케이스 해리먼의 '그는 희망을 판다', 〈새터데이 이브닝 포스트〉(1937년 4월 4일). 호머 크로이의 '성공 공장', 〈에스콰이어〉(1937년 6월). '친구를 얻고 사람들에게 영향을 끼치는 방법', 〈룩〉(1937년 4월), 34~35. '1분 전기', 〈룩〉(1937년 6월 8일), 12. '데일 카네기: 성공에 대한 설교로 성공한 남자', 〈룩〉(1937년 12월 21일), 31~32.
6. 해럴드 B. 클레멘코, '그는 성공을 판다', 〈룩〉(1948년 5월 25일), 68.
7. 해리먼, '그는 희망을 판다', 34. 칼 앤더슨의 '헨리: 미국에서 가장 웃긴 소년', 〈뉴욕 데일리 미러〉, 1939년 11월 13일.
8. 터릿 담배의 광고, DCA.
9. DC, '자서전을 위한 메모.' 로즈메리 크롬의 《사람들이 본 데일 카네기》(가든 시티, NY, 1987년)에서 애비 코넬의 회고, 12.
10. 루터 F. 시스, 《미국 라디오 백과사전, 1920~1960년》(제퍼슨, NC, 2000년), 148. 자일스 켐프와 에드워드 클래플린의 《데일 카네기: 수백만 명에게 영향을 끼친 남자》(뉴욕, 1989년), 142~143.
11. 로웰 토머스와 테드 셰인(Ted Shane), 《소프트볼이 어쨌다고?(Softball! So What?)》(뉴욕, 1940년), 98~106.
12. 상게서, 106~111, 125.
13. 상게서, 101, 116~117, 225~226.
14. 상게서, 71, 104, 6, 118.
15. 호머 크로이가 DC에게, 1940년 3월 30일, DCA. 토머스와 셰인, 《소프트볼이 어쨌다고?》, 12, 13, 137.
16. 토머스와 셰인, 《소프트볼이 어쨌다고?》, 10~11.
17. DC, 《대중연설: 비즈니스맨을 위한 실용 강좌》(뉴욕, 어소시에이션 프레스, 1926년), 428. DC, 《카네기 인간관계론》(뉴욕, 1936년), 14.
18. DC의 일기, 1939년 4월 24일, DCA.
19. DC, '자서전을 위한 메모.'
20. 상게서.
21. 켐프와 클래플린의 《데일 카네기: 수백만 명에게 영향을 끼친 남자》에 인용된 데일 카네기의 말, 160.
22. DC가 호머 크로이에게, 1938년 10월 31일, 호머 크로이 페이퍼, 미주리 주립역사협회. 로즈메리 크롬, 《사람들이 본 데일 카네기》에 카네기의 자택 사진 여러 장 및 저자와 린다 오펜바흐 폴스비와의 인터뷰도 수록되어 있음. 인터뷰에서 린다 오펜바흐 폴스비가 어릴 적 자주 카네기의 집을 방문했다고 설명함. 2011년 6월 6~8일.
23. 데일 카네기의 손녀딸 브렌다 리 존슨(Brenda Leigh Johnson)과의 인터뷰, 2011년

3월 23일. DC가 로웰 토머스에게, 1936년 2월 20일, 로웰 토머스 페이퍼, 마리스트 대학 기록보관소 및 스페셜 콜렉션.
24. DC가 아만다 카네기에게, 1938년 2월 18일, DCA.
25. 클리프턴 카네기가 DC에게, 1939년 12월. DC가 클리프턴 카네기에게, 1939년 12월 23일. 둘 다 DCA.
26. '데일 카네기 스크랩북'에 포함된 메리빌 신문에 실린 기사와 부고, 노더웨이 카운티 역사협회의. DC가 이사도어와 프리다 오펜바흐에게, 1939년 12월 8일, LPA.
27. 1938년 신문 기사와 DC의 1939년 일본 방문에 관한 스크랩북, DCA.
28. DC의 일기, 1939년 5월 11일, 12일, DCA.
29. 저자와 린다 오펜바흐 폴스비의 인터뷰.
30. 상게서, 나이 든 친척을 통해 두 사람이 쿠바의 유람선에서 만났다는 이야기가 전해짐. 카네기의 메모가 담긴 그녀 소유의 책 《유명인에 관해 몰랐던 사실들》.
31. ancestry.com의 버코비츠(버크) 가족에 관한 파일, 저자와 린다 폴스비의 인터뷰.
32. 저자와 린다 폴스비의 인터뷰.
33. 상게서, Ancestry.com에서 프리다 버크의 파일.
34. 저자와 린다 폴스비의 인터뷰. Ancestry.com에서 이사도어 에드먼드 오펜바흐 파일, familytreemaker, genealogy.com에서 샬롬(솔로먼) 오펜바흐의 파일, 이사도어 오펜바흐가 1980년대에 밝힌 1900년대의 어린 시절과 아버지의 생애.
35. 저자와 린다 폴스비의 인터뷰.
36. 상게서, 저자와 캐럴 커(Carol Kur)의 인터뷰, 2011년 12월 5일.
37. 프리다 오펜바흐가 DC에게, 1942년 여름, DCA.
38. DC의 일기, 1939년 봄, DCA. 프리다 오펜바흐의 '문화 주기의 초기 단계와 독성' 〈실험생물학의학협회 회보〉 35호(1936년 11월), 385~386. DC가 (린다) 데일 오펜바흐에게, 1938년 7월 12일, LPA.
39. 프리다 오펜바흐가 DC에게, 1942년 여름, DCA. 저자와 린다 폴스비의 인터뷰. DC가 프리다 오펜바흐에게, 전보 날짜 1940년 8월 26일, LPA. DC가 프리다 오펜바흐에게, 1940년 8월 22일, LPA.
40. 프리다 오펜바흐가 DC에게, 1942년 여름. 프리다 오펜바흐가 DC에게, 1942년 가을. 프리다 오펜바흐가 DC에게, 1941년 초여름. 모두 DCA.
41. 프리다 오펜바흐가 DC에게, 1941년 초여름, DCA. DC가 프리다 오펜바흐에게, 1939년 12월 22일, LPA. DC가 프리다 오펜바흐에게, 1940년 11월 24일, LPA.
42. DC와 프리다 오펜바흐의 사진, LPA.
43. 저자와 린다 폴스비의 인터뷰.
44. DC가 이사도어 오펜바흐에게, 1939년 12월 20일, LPA.

45. DC가 이사도어 오펜바흐의 부인에게, 웨스턴 유니언 전보, 1938년 6월 8일. 데일 카네기가 린다 데일 오펜바흐에게, 1938년 7월 12일. 둘 다 LPA.
46. DC가 린다 데일 오펜바흐에게, 1939년 7월 8일. DC가 린다 데일 오펜바흐에게, 1939년 12월 3일. DC가 린다 데일 오펜바흐에게, 1940년 4월 1일. DC가 린다 데일 오펜바흐에게, 1940년 7월 6일. DC가 린다 데일 오펜바흐에게, 1940년 9월 9일. 모두 LPA.
47. DC가 린다 데일 오펜바흐에게, 1939년 7월 8일. DC가 린다 데일 오펜바흐에게, 1955년 6월. 둘 다 LPA.
48. 저자와 린다 폴스비의 인터뷰.
49. DC가 이사도어와 프리다 오펜바흐에게, 1939년 12월 8일. DC가 프리다 오펜바흐에게, 1940년 9월 8일. DC가 린다 데일 오펜바흐에게, 1940년 4월 1일. DC가 린다 데일 오펜바흐에게, 1940년 7월 6일. 모두 LPA.

14장

1. 아돌프 E. 메이어의 '데일 카네기가 친구를 사귄 방법', 〈아메리칸 머큐리〉(1943년 7월), 40, 44~45. 콜리 스몰(Collie Small)의 '데일 카네기: 메시지를 가진 남자', 〈콜리어〉(1949년 1월 15일), 36. 해럴드 B. 클레멘코의 '그는 성공을 판다', 〈룩〉(1948년 5월 25일), 67~68.
2. '카네기가 주장하는 4개월 유예', 〈채터누가 데일리 타임스〉, 1940년 3월 11일. '데일 카네기 학교가 문을 열다', 〈위치토 비컨〉(1940년 10월 14일). '청년회의소가 데일 카네기를 캔자스시티로 초청하다', 〈캔자스시티 저널〉 광고, 1940년 4월 3일.
3. DC가 프랭클린 D. 루스벨트 대통령에게, 1940년 5월 20일, DCA. 로즈메리 크롬, 《사람들이 본 데일 카네기》(시티 가든, NY, 1987년), 19.
4. 〈지그스와 메리〉에 관한 정보는 movies.amctv.com에서 참고.
5. 〈매그니피센트 도프〉에 관한 정보는 tcm.com에서 참고.
6. 데이비드 L. 콘(David L. Cohn)의 《좋은 옛 시절: 1905년부터 현재까지 시어스 로벅 카탈로그를 통해 살펴보는 미국인의 도덕과 태도(The Good Old Days: A History of American Morals and Manners as Seen Through the Sears Roebuck Catalogue 1905 to the Present)》(뉴욕, 1940년), 469.
7. 잭 알렉산더, '카네기 강좌에 간 기자: 초록색 연필', 〈뉴요커〉(1937년 12월 11일), 42.
8. 상게서, 42, 43.

9. 상게서, 58, 60.
10. 상게서, 50, 55, 58, 50~52, 62.
11. 상게서, 42. 호머 크로이의 '성공 공장', 〈에스콰이어〉(1937년 6월), 241.
12. 〈데일 카네기 훈련의 역사: 1912~1997년〉(뉴욕, 데일카네기앤드어소시에이츠, 1997년), 8, DCA. 크로이, '성공 공장', 112.
13. 크로이, '성공 공장', 112, 236. 윌리엄 A. H. 버니, '대중성, 합쳐지다', 〈뉴욕 월드 텔레그램 위크엔드 매거진〉(1937년 2월 27일).
14. 〈데일 카네기 훈련의 역사〉, 8. DC, '자서전을 위한 메모', 1950년대 초, DCA.
15. DC, '자서전을 위한 메모.'
16. 아서 시코드가 로즈메리 크롬에게, 1985년 10월 11일, DCA. DC, 《카네기 행복론》(뉴욕, 1948년), 83. 저자와 올리 크롬의 인터뷰, 2012년 3월 2일, 카네기가 빌딩을 구입한 것이 실수였음을 확인해줌.
17. DC, '자서전을 위한 메모.'
18. 윌리엄 롱굿, 《말로 성공에 이르다: 데일 카네기 강좌 이야기》(뉴욕, 1962년), 51~52, 9.
19. 알렉산더, '초록색 연필', 43, 60, 62. J. P. 맥이보이(J. P. McEvoy)의 '그는 두려움을 이용해 돈을 번다', 〈유어 라이프〉(1948년 11월), 25. DC, 〈데일 카네기 훈련의 역사〉, 910. DC, '자서전을 위한 메모.' 오먼드 드레이크, '카네기 씨와의 만남' 회고, 4, DCA.
20. 클레멘코, '그는 성공을 판다', 62, 65.
21. 맥이보이, '그는 두려움을 이용해 돈을 번다', 23~24.
22. 크롬, 《사람들이 본 데일 카네기》, 레드 스토리의 회고, 27. 팻 존스의 회고, 21. 그리고 존 버거의 회고도 참고, 8.
23. 켄 보턴이 로즈메리 크롬에게, 1986년 11월 29일, DCA.
24. 브릭 브리켈의 '회상', 1980년대, DCA.
25. 켄 보턴이 로즈메리 크롬에게, 1986년 11월 29일, DCA. 브리켈의 '회상.'
26. 켄 보턴이 로즈메리 크롬에게, 1986년 11월 29일, DCA. R. G. 샌더슨이 로즈메리 크롬에게, 1985년 2월 5일, DCA.
27. 크롬, 《사람들이 본 데일 카네기》에서 로저 잭슨의 회고, 20~21. 아서 시코드의 회고, 25.
28. 상게서, 해리 O. 햄의 회고, 19, 레드 스토리의 회고, 27.
29. 존 버거가 로즈메리 크롬에게, 1985년 3월 28일, DCA.
30. 윌리엄 A. D. 밀리슨의 '데일 카네기의 교수법 평가', 〈스피치 저널 계간지〉, 제27호, 1(1947년), 67~73. 또한 앨런 니콜스(Alan Nichols)의 '레이 키슬러 이멜', 〈스피치

저널 계간지〉, 제32호, 1번(1946년), 31~33쪽 참고.
31. '세일즈맨의 관점', 〈애슈빌 시티즌〉, 1939년 3월 26일. '나치의 호감을 얻기', 〈제네바 타임스(Geneva Times)〉(제네바, NY), 1939년 4월 12일.
32. '책이 독일에서 많이 팔렸지만 별 도움은 되지 않을 거라고 말하는 데일 카네기', 〈크녹스빌 뉴스 센티널(Knoxvill News Sentinel)〉, 1941년 11월 20일.
33. '미국의 전쟁 지원을 더 해야 한다는 데일 카네기', 〈밴쿠버 선〉, 1940년 11월 18일. '책이 독일에서 많이 팔렸지만 별 도움은 되지 않을 거라고 말하는 데일 카네기.'
34. '데일 카네기도 히틀러의 성격은 어쩔 수 없다 정상이 아니까', 〈채터누가 뉴스 프리 프레스〉, 1941년 3월 10일. '히틀러를 다스릴 수 있는 것은 오직 총뿐', 〈데일리 오클라호먼〉, 1941년 1월 26일.
35. '성공한 삶의 철학', 〈로스앤젤레스 이브닝 헤럴드 프레스〉, 1939년 9월 21일.
36. '일본이 독일기를 치웠다고 말하는 데일 카네기'와 만화 그림, 〈뉴욕 데일리 미러〉, 1939년 10월 6일.
37. '성공한 삶의 철학', '세계의 걱정거리와 그 원인', 〈포틀랜드 오리거니언(Portland Oregonian)〉, 1940년 9월.
38. 《카네기 인간관계론》의 작가는 나쁜 늑대를 걱정하지 않는다. 그것이 히틀러라고 할지라도', 〈팜 비치 포스트〉, 1941년 2월 18일.
39. 전쟁 국채 광고, 〈워싱턴 포스트〉, 1943년 5월 3일.
40. '책이 독일에서 많이 팔렸지만 별 도움은 되지 않을 거라고 말하는 데일 카네기.' 앤디 로건과 러셀 맬러니, '마을에서의 대화: 친구와 영향력', 〈뉴요커〉(1943년 3월 20일), 14. 메이어, '데일 카네기가 친구를 사귄 방법', 48. 1947년 광고 전단지, 스크랩북, DCA.
41. '여대생들에게 남편 만나는 법을 알려주는 데일 카네기', 〈더 스튜던트(The Student)〉(센트럴 미주리 주립사범대학교), 1940년 4월 9일. '학교의 비효율성을 지적하는 카네기', 〈올랜도 센티널 스타(Orlando Sentinel-Star)〉, 1941년 3월 2일.
42. '청소년 지도를 촉구하는 카네기', 〈뷰몬트 저널(Breumont Journal)〉, 1939년 3월 15일.
43. '대학을 나오지 않았다는 이유로 열등감을 느끼는가?', 기사 원고, 1940년대, 1~2. DC, '나는 대학에 갈 기회가 없었다' 기사 원고, 1940년대, 3. 둘 다 DCA.
44. '대학을 나오지 않았다는 이유로 열등감을 느끼는가?', 12~13, 15~16.
45. '여전히 찬사받는 카네기', 〈뉴올리언스 아이템〉, 1939년 4월 2일. '나는 대학에 갈 기회가 없었다', 10. '학교의 비효율성을 지적하는 카네기.'

15장

1. 에릭 에릭슨의 《정체성과 인생 주기(Identity and the Life Cycle)》(뉴욕, 1980년 〔1959년〕), 104~104쪽 참고.
2. 브럭 브리켈, '회상', 1980년대, DCA.
3. 해럴드 B. 클레멘코, '그는 성공을 판다', 〈룩〉(1948년 5월 25일), 60.
4. 상게서, 68. 아돌프 E. 메이어의 '데일 카네기가 친구를 사귄 방법', 〈아메리칸 머큐리〉(1943년 7월), 46~47.
5. 클레멘코의 '그는 성공을 판다', 65. 콜리 스몰, '데일 카네기: 메시지를 가진 남자', 〈콜리어〉(1949년 1월 15일), 70.
6. 메이어, '데일 카네기가 친구를 사귄 방법', 46~47. 스몰, '데일 카네기: 메시지를 가진 남자', 70.
7. 브리켈, '회상.'
8. 스몰, '데일 카네기: 메시지를 가진 남자', 70. 브리켈, '회상.'
9. 로즈메리 크롬, 《사람들이 본 데일 카네기》(가든 시티, NY, 1987년), 12~13. 브리켈, '회상.'
10. 크롬, 《사람들이 본 데일 카네기》, 26. 브리켈, '회상.'
11. 마릴린 버크가 로즈메리 크롬에게, 1985년 5월 13일, DCA.
12. 도러시 카네기, 《남편을 성공시키는 방법》(뉴욕, 1953년), 171~172. 오먼드 드레이크, '카네기 씨와의 만남', 5, DCA. '로터리의 20번째 생일', 〈메리빌 데일리 포럼〉, 1948년 6월 4일.
13. 로웰 토머스 페이퍼에서 아래 편지들 참고, 마리스트 대학 기록보관소 및 스페셜 콜렉션. DC가 로웰 토머스에게, 1940년 6월 1일. DC가 로웰 토머스에게, 1942년 1월 1일. DC가 로웰 토머스에게, 1944년 4월 11일. DC가 로웰 토머스에게 1947년 12월 17일. 저자와 올리버 크롬의 인터뷰도 참고, 2012년 3월 2일.
14. 하워드 런지, '마을에서의 대화: 데일은 최고', 〈뉴요커〉(1949년 3월 26일), 18~19.
15. '휴식 시설과 서부의 환대가 카네기를 이곳으로 불러들였다', 〈라라미 부메랑〉, 1943년 6월 18일.
16. 스몰, '데일 카네기: 메시지를 가진 남자', 70. 아서 시코드가 로즈메리 크롬에게, 1985년 10월 11일, DCA.
17. DC, '대학을 나오지 않았다는 이유로 열등감을 느끼는가?', 기사 원고, 1940년대, 7~8, DCA. 크롬, 《사람들이 본 데일 카네기》, 26. 해리 햄이 로즈메리 크롬에게, 1985년 2월 27일, DCA.
18. 해리 햄이 로즈메리 크롬에게, 1985년 2월 27일, DCA. 크롬, 《사람들이 본 데일 카

네기》, 26. 클레멘코, '그는 성공을 판다', 65~66.

19. 〈메리빌 데일리 포럼〉, 1940년 3월 25일. '어머니에게 받은 영감으로 새 책을 쓴 데일 카네기', 〈메리빌 데일리 포럼〉, 1948년 6월 4일. DC의 미주리 여행에 대해서는 '데일 카네기가 며칠 휴식을 취하기 위해 이곳을 찾다' 참고, 〈메리빌 데일리 포럼〉, 1941년 5월 29일. '여대생들에게 남편 만나는 법을 알려주는 데일 카네기', 〈더 스튜던트〉(센트럴 미주리 주립사범대학교), 1940년 4월 9일. '데일 카네기 방문', 〈메리빌 데일리 포럼〉, 1945년 10월 15일. '로터리의 20번째 생일.' 자일스 켐프와 에드워드 클래플린, 《데일 카네기: 수백만 명에게 영향을 끼친 남자》(뉴욕, 1989년), 166. 클레멘코, '그는 성공을 판다', 66. 마릴린 버크가 로즈메리 크롬에게, 1985년 5월 13일, DCA.
20. 스몰, '메시지를 가진 남자', 36, 70. 크롬, 《사람들이 본 데일 카네기》, 26. DC, 《카네기 행복론》(뉴욕, 1948년), 83.
21. 브렌다 리 존슨이 저자에게, 2012년 2월 7일. 저자와 올리버 크롬의 인터뷰. 윌리엄 롱굿, 《말로 성공에 이르다: 데일 카네기 강좌 이야기》(뉴욕, 1962년), 52~53. 클레멘코, '그는 성공을 판다', 68.
22. 스몰, '데일 카네기: 메시지를 가진 남자', 70. 브렌다 리 존슨이 저자에게, 2012년 2월 7일. DC, 《카네기 행복론》, 154. 저자와 올리버 크롬의 인터뷰.
23. 브렌다 리 존슨이 저자에게, 2012년 2월 7일. 센트럴 고등학교 졸업 앨범(털사), 1930년.
24. 브렌다 리 존슨이 저자에게, 2012년 2월 7일. 1931년 오클라호마 대학교 졸업앨범, 139. '도러시 카네기, 성공의 길에 오르다', 〈팜 비치 포스트〉(〈뉴욕 타임스〉 기사 재수록), 1973년 5월 29일. 저자와 올리버 크롬의 인터뷰.
25. 브렌다 리 존슨이 저자에게, 2012년 2월 7일. '도러시 카네기, 성공의 길에 오르다'. '도러시 카네기 리브킨, 85세, 데일 카네기의 전부인 사망', 〈뉴욕 타임스〉, 1998년 8월 8일. 저자와 올리버 크롬의 인터뷰. 저자와 도나 카네기의 인터뷰, 2012년 8월 1일.
26. 롱굿, 《말로 성공에 이르다》, 53. 〈메리빌 데일리 포럼〉, 1944년 10월 23일. 켐프와 클래플린, 《데일 카네기: 수백만 명에게 영향을 끼친 남자》, 162. 〈타임〉에 실린 결혼 발표, 1944년 11월 13일, 42.
27. 크롬, 《사람들이 본 데일 카네기》, 19.
28. 도러시 카네기, 《남편을 성공시키는 방법》, 107~110.
29. 클레멘코, '그는 성공을 판다', 68. 브렌다 리 존슨이 저자에게, 2012년 2월 8일. 크롬, 《사람들이 본 데일 카네기》, 22.
30. 브렌다 리 존슨이 저자에게, 2012년 2월 6일. DC, '나는 대학에 갈 기회가 없었다'

기사 원고, 1940년대, 11, DCA.
31. 스몰, '데일 카네기: 메시지를 가진 남자', 70. 브렌다 리 존슨이 저자에게, 2012년 2월 16일. 저자와 올리버 크롬의 인터뷰.
32. '데일 카네기 방문.'
33. 롱굿, 《말로 성공에 이르다》, 51~54. 〈데일 카네기 훈련의 역사: 1912~1997〉(뉴욕, 데일카네기앤드어소시에이츠, 1997년), 9, DCA.
34. 저자와 올리버 크롬의 인터뷰.
35. 브렌다 리 존슨이 저자에게, 2012년 2월 8일. 저자와 올리버 크롬의 인터뷰. DC, '나는 대학에 갈 기회가 없었다', 11.
36. 크롬, 《사람들이 본 데일 카네기》, 13~14.
37. 브렌다 리 존슨이 저자에게, 2012년 2월 8일, 3월 6일. 저자와 올리버 크롬의 인터뷰.
38. 〈라이프〉(1950년 5월 1일), 9.
39. 크롬, 《사람들이 본 데일 카네기》, 14.
40. DC가 린다 데일 오펜바흐에게, 1944년 7월 3일, LPA.
41. 프리다 오펜바흐가 DC에게, 1941년 초여름과 1942년 여름, DCA. DC가 린다 데일 오펜바흐에게, 1944년 7월 3일, LPA. DC가 린다 데일 오펜바흐에게, 1942년 7월 7일, LPA. DC가 린다 데일 오펜바흐에게, 1943년 7월 7일, LPA. DC가 린다 데일 오펜바흐에게, 1941년 7월 7일, LPA. DC가 프리다 오펜바흐에게, 1942년 7월 8일, LPA. DC가 프리다 오펜바흐에게, 1942년 8월 18일, LPA.
42. '데일 카네기: 자기통제', 〈스포캔 데일리 크로니클〉, 1939년 7월 5일.
43. 저자와 린다 오펜바흐 폴스비의 인터뷰, 2011년 6월 6~8일.
44. DC가 린다 데일 오펜바흐에게, 1941년 7월 7일. DC가 린다 데일 오펜바흐에게, 1942년 7월 7일. DC가 린다 데일 오펜바흐에게, 1943년 7월 7일. DC가 린다 데일 오펜바흐에게, 1948년 12월 6일. 모두 LPA.
45. DC가 린다 데일 오펜바흐에게, 1941년 7월 7일. DC가 린다 데일 오펜바흐에게, 1942년 7월 7일. 서명된 서류, 제목 없음, 1942년 7월 24일로 기재. 모두 LPA.
46. DC가 린다 데일 오펜바흐에게, 1942년 2월 17일. DC가 린다 데일 오펜바흐에게, 1949년 7월 7일. 둘 다 LPA.
47. 저자와 린다 폴스비의 인터뷰.
48. DC가 프리다 오펜바흐에게, 1950년 9월 1일, LPA. 린다 오펜바흐 폴스비가 가지고 있는 책 《전기의 종합(Biographical Roundup)》(포리스트 힐스, NY, 1944년), 책 안쪽에는 DC가 1950년 크리스마스에 남긴 메모가 들어 있음.

16장

1. '미국의 기적', 〈룩〉(1948년 5월 25일), 56~57. 로버트 그리피스(Robert Griffith)의 '미국의 판매: 광고위원회와 미국의 정치, 1942~1960년'도 참고, 〈비즈니스 히스토리 리뷰〉(1983년 가을), 388~412.
2. '미국의 기적', 56, 57.
3. '행복에 관한 라이프 원탁회의', 〈라이프〉(1948년 7월 12일), 95~113.
4. 상게서, 95, 97.
5. 상게서, 112~113.
6. DC, 《카네기 행복론》(뉴욕, 1948년), xiii~xiv.
7. '정강이 걸어차기', 〈타임〉(1948년 6월 14일), 101.
8. DC, 《카네기 행복론》, 20~21.
9. 상게서, xiii, 219, 18.
10. 상게서, 19~20.
11. 상게서, 38, 225~230.
12. 상게서, 49, 53.
13. 상게서, 2~3, 6.
14. 상게서, 214~221, 특히 214~215, 217.
15. 상게서, xv.
16. 상게서, 13, 25.
17. 상게서, xi~xiii, 21. 해드필드에 관한 내용은 91. 매닝거스는 21, 217. 아들러는 128, 138, 139. 융은 142, 156. 링크는 143~144, 153. 브릴은 153. 제임스는 13, 67~68, 97, 99, 152, 154, 157 참고.
18. 상게서, 4~6, 219, 225, 18, 21.
19. 상게서, 190~191, 13, 48~49.
20. 상게서, 89~148, 특히 93.
21. 상게서, 20, 89, 97, 90.
22. 상게서, 91, 89, 95, 97.
23. 상게서, 152~153.
24. 상게서, 153, 157.
25. 상게서, 157~158.
26. 데이비드 리스먼, 《고독한 군중: 변화하는 미국인의 성격 연구》(뉴 헤이븐, CT, 1973년[1950년]).
27. 상게서, 20, 21, 22, 25, 45~46.

28. 상게서, xxxii.
29. 상게서, 16, 15, 45, 47도 참고.
30. 상게서, 24~25, 160, 47~48, 51, 261도 참고.
31. 〈타임〉(1954년 9월 27일), 표지 제목 '사회학자 데이비드 리스먼: 미국인의 특성은 무엇인가?', 안에는 '자유, 새로운 스타일'이라는 제목의 기사가 수록됨, 22~25(인용문은 22쪽에서 가져온 것). 《고독한 군중》에 담긴 역사적, 문화적 의미에 대한 분석은 토드 기틀린(Todd Gitlin)의 '군중이 고독해진 이유', 〈뉴욕 타임스〉, 2000년 1월 9일 참고.
32. 이 주제는 윌리엄 S. 그래브너(William S. Graebner)의 《의심의 시대: 1940년대 미국의 생각과 문화(The Age of Doubt: American Thought and Culture in the 1940s)》(보스턴, 1991년)에 잘 설명되어 있음, 101~103.
33. 리스먼, 《고독한 군중》, 149~150.
34. DC, 《카네기 행복론》, 110~111, 172~173, 101~102.
35. 상게서, 175~178.
36. 상게서, 137, 143, 111.
37. 상게서, 143~144, 142, 138, 148.
38. 상게서, 66~75, 특히 67.
39. 상게서, 69, 128, 133, 128~134.
40. 상게서, 69, 71.
41. 상게서, 75.
42. 상게서, 122~124, 126~127.
43. 상게서, 100.

■■ 17장

1. 도러시 카네기, 비디오 인터뷰, 1996년, DCA.
2. 조지프 케이, '소심한 소년에서 세계적인 유명인사로', 〈캔자스시티 스타〉, 1955년 7월 24일. 존 버거가 로즈메리 크롬에게, 1985년 3월 28일, DCA.
3. 도러시 카네기, 비디오 인터뷰. 저자와 올리버 크롬의 인터뷰, 2012년 3월 2일.
4. 로즈메리 크롬, 《사람들이 본 데일 카네기》(가든 시티, NY, 1987년), 22.
5. 상게서, 8.
6. 도러시 카네기, 비디오 인터뷰.
7. 크롬, 《사람들이 본 데일 카네기》, 22, 29, 6.

8. DC의 메모, 1952년 4월 30일, '고무적으로 말하는 방법' 파일, DCA.
9. 빌 스토버, '데일 카네기: 전설 뒤의 진짜 모습', 〈석세스 언리미티드〉(1976년 4월), 38~39.
10. 로웰 토머스에게 보낸 초대장, 토머스 페이퍼, 마리스트 대학 기록보관소 및 스페셜 콜렉션.
11. 케이, '소심한 소년에서 세계적인 유명인사로.' 크롬, 《사람들이 본 데일 카네기》, 24.
12. 도러시 카네기, 비디오 인터뷰. 저자와 올리버 크롬의 인터뷰. 저자와 도나 카네기의 인터뷰, 2012년 8월 1일.
13. '허버트 H. 레먼의 특수 파일'에서 DC와 상원의원 레먼이 1950년 5월 17일과 25일, 그리고 6월 1일에 주고받은 편지 참고, 레먼 페이퍼, 컬럼비아 대학교, 디지털 판. 뉴딜 정책 좌파 지지자에서 '잠행적 사회주의' 비평가로 변한 플린에 대한 설명은 존 모서(John Moser)의 《우회전: 존 T. 플린과 미국 자유주의의 변화(Right Turn: John T. Flynn and the Transformation of American Liberalism)》(뉴욕, 2005년) 참고.
14. 저자와 올리버 크롬의 인터뷰.
15. R. I. D. 시모어, '친구를 얻고 툴립에 영향을 끼치는 방법', 〈아메리칸 홈〉(1955년 10월), 156, 64, 69. 케이, '소심한 소년에서 세계적인 유명인사로'도 참고.
16. 시모어, '친구를 얻고 툴립에 영향을 끼치는 방법', 64, 156.
17. 상게서, 156.
18. DC가 로웰 토머스에게, 1947년 11월 11일, 토머스 페이퍼, 마리스트 칼리지 기록보관소 및 스페셜 콜렉션. 도러시 카네기, 비디오 인터뷰.
19. 도러시 카네기, 비디오 인터뷰. 브렌다 리 존슨이 저자에게, 2012년 2월 16일. 1951년 9월 26일에 로마 언론에 보도된 내용이 〈컴버랜드 이브닝 타임스〉, 〈페어뱅크스 데일리 뉴스 마이너〉 등 미국 전역의 신문에 실렸다. '뉴욕 승객 목록, 1820~1957년'의 기록에 따르면 DC는 이탈리아 나폴리에서 '헌법' 호를 타고 1951년 10월 15일에 뉴욕으로 돌아옴, Ancestry.com.
20. 크롬, 《사람들이 본 데일 카네기》, 27, 13.
21. DC가 로웰 토머스에게, 1952년 1월 7일. 토머스 페이퍼, 마리스트 칼리지 기록보관소 및 스페셜 콜렉션. 크롬, 《사람들이 본 데일 카네기》, 13. 도러시 카네기, 비디오 인터뷰.
22. 브렌다 리 존슨이 저자에게, 2012년 2월 16일. 저자와 올리버 크롬의 인터뷰. 크롬, 《사람들이 본 데일 카네기》, 13.
23. 도러시 카네기, 비디오 인터뷰. 시모어, '친구를 얻고 툴립에 영향을 끼치는 방법', 64. DC, '딸에게 보내는 편지'(1952년 1월~1955년), 33, DCA. 크롬, 《사람들이 본

데일 카네기》, 4.
24. DC, '딸에게 보내는 편지', 1.
25. DC가 린다 오펜바흐에게, 1950년 11월 18일. DC가 린다 오펜바흐에게, 1954년 6월 8일. DC가 린다 오펜바흐에게, 1950년 11월 18일. 모두 LPA.
26. DC가 린다 오펜바흐에게, 1954년 6월 25일. DC가 린다 오펜바흐에게, 1950년 11월 18일. 마릴린 버크가 린다 오펜바흐에게, 1950년 12월 13일. 모두 LPA.
27. DC가 린다 오펜바흐에게, 1950년 11월 9일. DC가 린다 오펜바흐에게, 1954년 12월 7일. DC가 린다 오펜바흐에게, 1954년 6월 16일. DC가 린다 오펜바흐에게, 1954년 6월 25일. 모두 LPA.
28. 저자와 린다 폴스비의 인터뷰, 2011년 6월 6~8일.
29. 마릴린 버크가 린다 오펜바흐에게, 1950년 12월 13일. DC가 린다 오펜바흐에게, 1950년 11월 9일. DC가 린다 오펜바흐에게, 1954년 6월 8일. DC가 린다 오펜바흐에게, 1954년 12월 7일. 모두 LPA.
30. DC가 린다 오펜바흐에게, 1954년 6월 8일, LPA. DC가 린다 오펜바흐에게, 1954년 6월 25일, LPA. DC가 린다 오펜바흐에게, 1954년 6월 16일, LPA. 저자와 도나 카네기의 인터뷰, 2012년 8월 1일.
31. 마릴린 버크가 린다 오펜바흐에게, 1950년 12월 13일, LPA. 호머 크로이가 이사도어 오펜바흐에게, 1955년 늦가을, 호머 크로이 페이퍼, 미주리 주립역사협회.
32. DC가 린다 오펜바흐에게, 1955년 6월 초. DC가 린다 오펜바흐에게 보낸 전보, 1955년 6월 15일, 둘 다 LPA.
33. 도러시 카네기 비디오 인터뷰. 브렌다 리 존슨이 저자에게, 2012년 2월 16일. 저자와 올리버 크롬의 인터뷰.
34. R. G. 샌더슨이 로즈메리 크롬에게, 1985년 2월 5일, DCA. 저자와 올리버 크롬의 인터뷰. 브렌다 리 존슨이 저자에게, 2012년 2월 16일.
35. 케이, '소심한 소년에서 세계적인 유명인사로.' 시모어, '친구를 얻고 튤립에 영향을 끼치는 방법', 156.
36. 도러시 카네기, 비디오 인터뷰. 저자와 올리버 크롬의 인터뷰.
37. 브렌다 리 존슨이 저자에게, 2012년 2월 6일. 저자와 올리버 크롬의 인터뷰. 브렌다 리 존슨이 저자에게, 2012년 2월 7일.
38. 도러시 카네기, 《남편을 성공시키는 방법》(뉴욕, 1953년), 114. 〈베터 홈 앤드 가든〉(1955년 4월)에 실린 '남편의 성공을 도와주는 방법'에 책의 내용을 인용함, 24. 〈코로넷〉(1954년 1월)에도 책의 내용을 발췌한 기사가 실림, 65~74.
39. 데일 카네기 부인, '남편의 성공을 도와주는 방법', 24. '성공의 길로 들어선 도러시 카네기', 〈팜 비치 포스트〉, 1973년 5월 29일.

40. DC가 센트럴 미주리 주립대학교의 G. W. 디머 총장에게, 1955년 6월 25일, 아서 F. 맥클루어 II 기록보관소, 센트럴 미주리 대학교. 윌리엄 롱굿,《말로 성공에 이르다: 데일 카네기 강좌 이야기》(뉴욕, 1962년), 55. 센트럴 미주리 대학교에서 초청장을 비롯한 연관 정보를 찾아볼 수 있음. 초청장 날짜는 1955년 6월 17일. 그밖에 관련 날짜는 6월 29일, 6월 30일, 7월 21일.
41. DC가 센트럴 미주리 주립대학교의 G. W. 디머 총장에게, 1955년 7월 25일, 아서 맥클루어 II 기록보관소, 센트럴 미주리 대학교. '유명한 졸업생에게 명예학위를 수여하다',〈센트럴 미주리 주립대학교 회보〉(1955년 10월), 2. '영향력을 가진 친구',〈뉴스위크〉(1955년 8월 8일), 71.
42. 리즈 웨이드(Reese Wade)가 조지 W. 디머 총장에게, 1955년 8월 2일, 맥클루어 II 기록보관소, 센트럴 미주리 대학교.
43. 롱굿,《말로 성공에 이르다》, 55. DC,《대중연설: 비즈니스맨을 위한 실용 강좌》(뉴욕, 어소시에이션 프레스, 1926년), 82.
44. '유명한 졸업생에게 명예학위를 수여하다',〈워런스버그 데일리 스타 저널〉, 1955년 7월 29일. '센트럴 미주리 주립대학교, 1955년 7월 29일, 데일 카네기 명예학위수여', 아서 F. 맥클루어 II 기록보관소, 센트럴 미주리 대학교.
45. '열정의 가치', DC가 미주리 주 워런스버그의 센트럴 미주리 주립대학교에서 한 졸업연설, 1955년 7월 29일, DCA.
46. 상게서.
47. 상게서.
48. '카네기의 세계',〈뉴스위크〉(1955년 8월 8일), 70.
49. 도러시 카네기, 비디오 인터뷰. 저자와 올리버 크롬의 인터뷰. 크롬,《사람들이 본 데일 카네기》, 4.
50. 도러시 카네기, 비디오 인터뷰. 저자와 올리버 크롬의 인터뷰. 호머 크로이가 이사도어 오펜바흐에게, 1955년 늦가을, 미주리 주립역사협회.
51. 호머 크로이가 이사도어 오펜바흐에게, 1955년 늦가을, 미주리 주립역사협회. 다음에 부고가 실림.〈타임〉(1955년 11월 14일), 114. '친절한 남자',〈뉴스위크〉(1955년 11월 14일), 41~42. '데일 카네기 사망',〈캔자스시티 스타〉, 1955년 11월 1일. '작가 데일 카네기 사망',〈뉴욕 타임스〉, 1955년 11월 2일. 워싱턴 신문에 실린 부고는 스토버의 '데일 카네기: 전설 뒤의 진짜 모습'에 인용됨, 40.

에필로그

1. 추모 행사에 대한 설명은 '도전받은 국가: 추모행사', 〈뉴욕 타임스〉, 2011년 9월 24일, '수천 명의 기도가 양키 스타디움을 가득 채우다', 〈시카고 트리뷴〉, 2011년 9월 24일 참고. 오프라 윈프리의 '미국을 위한 기도(A Prayer for America)'를 포함해 양키 스타디움 추모행사의 모든 연설 전문은 transcripts.cnn.com/TRANSCRIPT 참고.
2. '워런 버핏 BBC에서 데일 카네기에 대해 말하다', 유튜브, 2009년 12월 4일. '데일 카네기 리더십을 수료한 리 아이어코카', dalecarnegie.com. 로버트 카로(Robert Caro)의 《린든 존슨의 시절: 권력으로 가는 길(The Years of Lyndon Johnson: The Path to Power)》(뉴욕, 1990년), 212. 제리 루빈, 《37세에 여전히 성장하다(Growing Up at 37)》(뉴욕, 1976년), 89. 셰퍼드 미드의 《성공시대》(뉴욕, 1952년), 레니 브루스의 《비열하게 말하고 사람들에게 영향을 끼치는 방법》(뉴욕, 1965년).
3. 대니얼 카너먼의 《생각에 관한 생각》(뉴욕, 2011년). 대니얼 골먼의 《EQ 감성지능》(뉴욕, 1995년). 대니얼 길버트의 《행복에 걸려 비틀거리다》(뉴욕, 2005년). 캐스 선스타인과 리처드 H. 탈러의 《넛지: 똑똑한 선택을 이끄는 힘》(뉴욕, 2009년). 말콤 글래드웰의 《블링크: 첫 2초의 힘》(뉴욕, 2005년). 마틴 셀리그먼의 《완전한 행복》(뉴욕, 2002년). 에드 디너와 로버트 비스와스-디너의 《모나리자 미소의 법칙》(뉴욕, 2008년) 참고.
4. 토머스 해리스의 《마음의 해부학: 친밀한 관계를 만드는 소통의 비밀》(뉴욕, 1967년). 앤서니 로빈스의 《무한 능력》(뉴욕, 1986년), 《네 안에 잠든 거인을 깨워라》(뉴욕, 1992년). 수잔 제퍼스의 《진짜 두려운 것은 아무것도 없다》(뉴욕, 1987년). 조이스 브라더스 박사의 《우리는 99%의 행운을 가지고 있다》(뉴욕, 1978년). 웨인 다이어 박사의 《행복한 이기주의자》(뉴욕, 1976년). 론다 번의 《시크릿》(뉴욕, 2006년) 참고.
5. 멜로디 비티의 《상호의존성이란 무엇인가》(센터 시티, MN, 1986년). 존 브래드쇼(John Bradshaw)의 《상처받은 내면아이 치유》(뉴욕, 1990년). 잭 캔필드와 마크 빅터 한센의 《영혼을 위한 닭고기 스프》(디어필드 비치, FL, 1993년). 스티븐 데닝(Steven Denning)의 '영혼을 위한 닭고기 스프의 브랜드 확장', Forbes.com/sites/stevedenning/2011/04/28/hpw-chicken-soup-for-the-soul-dramatically-expanded-its-brand/. 〈새터데이 나이트 라이브〉에서 선보인 스튜어트 스몰리 동영상은 유튜브에서 시청 가능. 앨 프랑켄, 《스튜어트 스몰리의 매일 주문: 나는 충분히 잘났어, 나는 충분히 똑똑해, 빌어먹을, 사람들도 나를 좋아한다고(I'm Good Enough, I'm Smart Enough, and Doggone It, People Like Me: Daily

Affirmations by Stuart Smalley)》(뉴욕, 1992) 참고.

6. 팀 스태포드(Tim Stafford)의 '치료 혁명: 기독교 카운슬링이 교회를 어떻게 변화시키고 있는가', 〈크리스채너티 투데이〉(1993년 5월 17일), 24~32. 캐럴 V. R. 조지의 《하나님의 세일즈맨: 노먼 빈센트 필과 긍정적 사고의 힘》(뉴욕, 1993). 데니스 보스컬(Dennis Voscull)의 《산을 금광으로: 로버트 슐러와 성공의 복음(Mountains into Goldmines: Robert Schuller and the Gospel of Success)》(뉴욕, 1983년). 조엘 오스틴의 《긍정의 힘》(뉴욕, 2004년). M. 스캇 펙의 《아직도 가야 할 길》(뉴욕, 1988년). 켄다 크리시 딘의 《준비된 기독교인: 청소년 신앙으로 보는 미국 교회》(뉴욕, 2010년) 참고.

7. 스탠리 쿠퍼스미스(Stanley Coopersmith), 《자존감의 선행조건(The Antecedents of Self-Esteem)》(샌프란시스코, 1967년), 45. 캘리포니아 주 교육부, '참여의 교과 과정'(1990). 뉴욕 주 교육부, '참여의 교과 과정'(1990). 이 트렌드에 관한 비판은 찰스 J. 사이크스(Charles J. Sykes)의 《아이들을 바보로 만드는 교육: 미국 아이들이 자존감은 높지만 읽기, 쓰기, 산수 능력은 떨어지는 이유(Why American Children Feel Good About Themselves but Can't Read, Write, or Add)》(뉴욕, 1995년). 모린 스타우트(Maureen Stout)의 《필굿 교과 과정: 자존감이라는 이유로 미국 아이들을 바보로 만든다(The Feel-Good Curriculum: The Dumbing Down of America's Kids in the Name of Self-Esteem)》(뉴욕, 2001년) 참고.

8. 벤저민 스포크 박사, 《아이와 육아》(뉴욕, 1946년). 도로시 C. 브릭스, 《자녀의 자존감: 자녀 인생의 열쇠》(뉴욕, 1970년), 2~3. 아델 페이버(Adele Faber)와 일레인 마즐리시(Elaine Mazlish), 《어떤 아이라도 부모의 말 한마디로 훌륭하게 키울 수 있다》(1980년). 루이즈 하트(Louise Hart), 《승리하는 가족: 부모와 자녀의 자존감 기르기》(뉴욕, 1987년), 5. 현대의 자녀양육에 관한 문헌을 포괄적으로 살펴보려면 피터 스턴스(Peter Stearns)의 《불안한 부모들: 미국의 현대 자녀양육의 역사(Anxious Parents: A History of Modern Childrearing in America)》(뉴욕, 2004년) 참고.

9. 리처드 길레스피, 《제조된 지식: 호손 실험의 역사》(케임브리지, MA, 1991년). 피터 드러커, 《경영의 실제(The Practice of Management)》(뉴욕, 1954년). 메리 월튼(Mary Walton), 《데밍의 경영 방식(The Deming Management Method)》(뉴욕, 1988년). 톰 차펠, 《거꾸로 경영: 가치 중심 리더십의 7가지 목적》(뉴욕, 1999년). 스티븐 코비, 《성공하는 사람들의 7가지 습관》(뉴욕, 1990년) 참고. 더욱 포괄적인 비평은 존 미클와이트(John Micklewait)와 아드리안 울리지(Adrian Woolridge)의 《마법사들: 경영의 대가들 파헤치기(The Witch Doctors: Making Sense of the Management Gurus)》(뉴욕, 1998년) 참고.

10. 디팩 초프라, 《성공을 부르는 일곱 가지 영적 법칙》(뉴욕, 1994년). 필 맥그로 박

사, 《인생 멘토링(Self Matters: Creating Your Life From the Inside Out)》(뉴욕, 2001년). 데인 S. 클라우센(Dane S. Claussen), 《약속을 지키는 사람들: 남성성과 기독교에 관한 에세이(The Promise Keepers: Essays on Masculinity and Christianity)》(제퍼슨, NC, 2000년). 해나 로진(Hanna Rosin)의 '약속에 우는 사람들', 〈뉴 리퍼블릭〉(1997년 10월 27일), 11~12. 캐럴 길리건, 《다른 목소리로》(케임브리지, MA, 1982년). 글로리아 스타이넘, 《내부로부터의 혁명》(뉴욕, 1993년). 코넬 웨스트, 《인종 문제는 중요하다(Race Matters)》(보스턴, 1993년), 12~13, 17. 클라렌스 페이지의 '약속을 지키는 사람들과 밀리언 맨 마치', 〈시카고 트리뷴〉, 1991년 9월 7일. '우리는 자존감을 되돌릴 것이다', 〈보스턴 글로브〉, 1995년 10월 20일. 빌 클린턴에 관한 내용은 '크로니클스', 〈타임〉(1995년 1월 23일), 밥 우드워드의 '힘든 시기에, 내면을 들여다보려는 영부인', 〈워싱턴 포스트〉, 1996년 6월 23일 기사 참고.

11. 로널드 W. 드워킨(Ronald W. Dworkin)의 '관심 산업의 등장', 〈폴리시 리뷰〉(2010년 6월 1일), 베데닉트 캐리(Benedict Carey)의 '언제, 어디서든 가능해진 상담치료', 〈뉴욕 타임스〉(2012년 2월 14일) 참고.

12. 오프라 윈프리의 일생에 관한 사실적인 기록은 키티 켈리(Kitty Kelley)의 《내 인생 최고의 쇼(Oprah: A Biography)》(뉴욕, 2010년) 참고. 오프라 윈프리가 미국인의 생활에 끼친 정치적 역할에 대한 분석은 재니스 펙(Janice Peck)의 《오프라의 시대: 신자유주의 시대의 문화 아이콘(The Age of Oprah: Cultural Icon for the Neoliberal Era)》(뉴욕, 2008년) 참고. 오프라 윈프리에 대한 이 책의 관점은 필자가 오랫동안 집필해온 '내면을 바라보다: 오프라 윈프리와 미국의 행복 추구(What Lies Within: Oprah Winfrey and America's Pursuit of Happiness)'(가제)에서 참고했음.

13. 치료 문화에 대한 필자의 관점은 크리스토퍼 래시의 《나르시시즘의 문화: 기대가 줄어드는 시대의 미국인의 삶》(뉴욕, 1979년), 웬디 카미너(Wendy Kaminer)의 《우리 모두가 고장 난 사람들: 회복 운동을 비롯한 자기계발 방식(I'm Dysfunctional, You're Dysfunctional: The Recovery Movement and Other Self-Help Fashions)》(레딩, MA, 1992년), 에바 S. 모스코비츠(Eva S. Moskowitz)의 《우리는 치료법을 믿는다: 자기충족에 집착하는 미국(In Therapy We Trust: America's Obsession with Self-Fulfillment)》(볼티모어, 2001년) 등 수많은 비평가의 영향을 받았음.

옮긴이 정지현

충남대학교 자치행정과를 졸업했다. 일상의 정취가 묻어나는 이야기를 사랑하는 그녀는 딸을 키우며 번역에 대한 사랑도 함께 키워나가고 있다. 현재 출판번역 에이전시 베네트랜스에서 전속 번역가로 활동 중이다.
옮긴 책으로는 《행복이란 무엇인가》《대화사전》《마지막에 결혼하는 여자가 이긴다》《프루걸리스타 다이어리》《왜 다른 사람과의 섹스를 꿈꾸는가》《길 위에서 사랑은 내게 오고 갔다》《재난이 닥쳤을 때 필요한 단 한 권의 책》《핑크 리본》《나를 괴롭혀라》《주식투자, 심리학에 길을 묻다》《마크 트웨인과 마시는 한 잔의 커피》《돈을 잘 쓰는 방법 8가지》《10대를 위한 행복 체크리스트》《우체부 프레드 2》《완전 호감 기술》《대화의 심리학》《감사》《내게 도움을 준 모든 것》《2배 빨리 2배 많이 야무지게 책읽기》 등이 있다.

인간관계를 발명한 남자

초판 인쇄 2014년 3월 7일
초판 발행 2014년 3월 25일

지은이 스티븐 와츠
옮긴이 정지현
펴낸이 강병선
편집인 김성수

기획·책임편집 김성수 디자인 문성미 교정 네오북(김미화)
마케팅 방미연 이지현 함유지 온라인 마케팅 김희숙 김상만 한수진 이천희
제작 강신은 김동욱 임현식

펴낸곳 (주)문학동네
출판등록 1993년 10월 22일 제406-2003-000045호
임프린트 아템포

주소 413-120 경기도 파주시 회동길 210
문의전화 031-955-1930(편집) 031-955-2655(마케팅) 팩스 031-955-8855
전자우편 kss7507@munhak.com

ISBN 978-89-546-2434-3 13320

- 아템포는 문학동네 출판그룹의 임프린트입니다. 이 책의 판권은 지은이와 아템포에 있습니다.
- 이 책 내용의 전부 또는 일부를 재사용하려면 반드시 양측의 서면동의를 받아야 합니다.
- 이 도서의 국립중앙도서관 출판시도서목록(CIP)은 서지정보유통지원시스템 홈페이지(http://seoji.nl.go.kr)와 국가자료공동목록시스템(http://www.nl.go.kr/kolisnet)에서 이용하실 수 있습니다.
  (CIP제어번호: CIP2014007444)

www.munhak.com